Olivier Defaux
La Table des rois

CHRONOI
Zeit, Zeitempfinden, Zeitordnungen /
Time, Time Awareness, Time Management

—

Herausgegeben von

Eva Cancik-Kirschbaum, Christoph Markschies
und Hermann Parzinger

Im Auftrag des Einstein Center Chronoi

Band 8

Olivier Defaux

La Table des rois

Contribution à l'histoire textuelle des
Tables faciles de Ptolémée

DE GRUYTER

ISBN 978-3-11-130395-6
e-ISBN (PDF) 978-3-11-130445-8
e-ISBN (EPUB) 978-3-11-130673-5
ISSN 2701-1453
DOI https://doi.org/10.1515/9783111304458

This work is licensed under the Creative Commons Attribution-NonCommercial-NoDerivatives 4.0 International License. For details go to https://creativecommons.org/licenses/by-nc-nd/4.0/.

Creative Commons license terms for re-use do not apply to any content (such as graphs, figures, photos, excerpts, etc.) not original to the Open Access publication and further permission may be required from the rights holder. The obligation to research and clear permission lies solely with the party re-using the material.

Library of Congress Control Number: 2023939072

Bibliographic information published by the Deutsche Nationalbibliothek
The Deutsche Nationalbibliothek lists this publication in the Deutsche Nationalbibliografie; detailed bibliographic data are available on the internet at http://dnb.dnb.de.

© 2023 the author(s), published by Walter de Gruyter GmbH, Berlin/Boston
This book is published with open access at www.degruyter.com.

Typesetting: Integra Software Services Pvt. Ltd.
Printing and binding: CPI books GmbH, Leck

www.degruyter.com

Avant-propos

Document tout à fait unique, la Table des rois n'est pas une simple liste de souverains remontant au VIIIe siècle avant l'ère chrétienne. Elle n'est pas non plus, à l'origine, un catalogue historique précis des durées de règne de chaque roi ou reine puisque son utilité est avant tout astronomique : il s'agit de compter les années égyptiennes écoulées, préalable nécessaire à tout calcul dans le cadre de l'astronomie ptoléméenne. Si l'on peut considérer l'astronome Claude Ptolémée (IIe siècle) comme son concepteur, et qu'on ne peut remonter à un état du texte antérieur, celui-ci n'est que l'un des relais au sein d'une histoire textuelle qui a commencé neuf siècles avant lui et qui s'est poursuivie près de treize siècles après sa rédaction. Il existe peu de documents qui, comme la Table des rois, ont été transmis et complétés sur un temps aussi long, prolongés régulièrement par des générations de scribes et d'érudits. C'est un texte dont les versions les plus récentes nous donnent à voir, en quelques pages, une succession ininterrompue de souverains depuis la cité de Babylone au milieu du VIIIe siècle avant J.-C. jusqu'à la conquête romaine de l'Égypte, puis jusqu'à la chute de Constantinople. On y voit les noms de Nabuchodonosor II, Darius et Alexandre le Grand, Cléopâtre et Auguste et puis, pour les versions plus tardives, Dioclétien, Héraclius, Irène l'Athénienne, les empereurs de Nicée ou encore Constantin Paléologue. Reliant chronologiquement plusieurs royaumes de l'Antiquité, la Table des rois a reçu une attention toute particulière de la part des spécialistes de l'histoire universelle en Europe à partir de la fin du XVIe siècle mais elle était déjà connue et utilisée par des historiens alexandrins dès le IVe siècle.

Cette étude n'est pas une enquête historique et scientifique exhaustive sur la Table des rois de Ptolémée. Une telle entreprise demanderait l'exploration poussée de tous les auteurs – de langue grecque mais aussi syriaque et arabe – qui ont, d'une manière ou d'une autre, au cours de l'histoire, utilisé cette Table des rois. Il ne s'agit pas non plus de résoudre immédiatement tous les problèmes de chronologie posés par ce document, ses sources et ses continuateurs. Le but ici est de faire le point sur nos connaissances à propos d'un texte à l'histoire complexe, en se concentrant sur le témoignage des manuscrits grecs. Il s'agit surtout de combler une lacune de l'histoire des ouvrages de Ptolémée : l'absence d'une édition critique de la Table des rois sur la base d'un inventaire le plus exhaustif possible des témoins manuscrits. Cependant, plus que l'édition critique elle-même, c'est l'histoire de la transmission du texte, de Ptolémée jusqu'aux manuscrits conservés qui doit en permettre une meilleure compréhension. En somme, plus que son histoire, c'est la biographie d'un texte que j'ai tenté d'esquisser. Après le chapitre d'introduction, on trouvera une première partie centrée sur l'inventaire et la description des témoins manuscrits, puis l'édition et la traduction de la Table des rois de Ptolémée. La troisième partie retrace les grandes étapes de l'histoire du texte jusqu'aux historiens modernes. Après une conclusion, on trouvera plusieurs annexes utiles à la compréhension de l'étude.

La présente monographie est le résultat des recherches réalisées durant mon post-doctorat au sein de l'Einstein Center Chronoi de Berlin au cours de l'année 2021. Je souhaite remercier l'équipe de Chronoi pour leur aide tout au long de ce projet, en particulier Stefanie Rabe, Irene Sibbing-Plantholt et Sandra Weißbach pour leur travail aussi remarquable qu'indispensable. Je remercie Emmanuel Faure pour la grande qualité de sa relecture. Mes remerciements s'adressent également à Jürgen Renn, qui a bien voulu appuyer ma candidature, ainsi qu'aux directeurs de l'institut, Eva Cancik-Kirschbaum, Christoph Markschies et Hermann Parzinger, pour m'avoir fait confiance, et à l'ensemble de mes collègues qui ont contribué à enrichir ces travaux par leurs remarques et leurs critiques lors de nos réunions en ligne. Je remercie également Gerd Graßhoff de m'avoir donné l'occasion de présenter l'avancée de mes recherches à plusieurs reprises lors de son séminaire à l'Université Humboldt de Berlin, ainsi qu'Émilie Villey, qui a initié et encouragé depuis plusieurs années mon apprentissage du syriaque, me donnant ainsi accès à un corpus de sources inestimable. Enquêter sur l'histoire d'un texte qui a traversé d'innombrables siècles aurait été impossible sans l'aide de collègues et amis qui m'ont permis de comprendre ou éclaircir certains aspects de mes recherches en me conseillant ou en me donnant accès à une documentation nouvelle : Nicola Barbagli, Sabrina Bier, Fabio Guidetti, Glenn Most et Razieh Sadat-Mousavi. Renate Burri et Argyro Lithari m'ont apporté une aide cruciale, notamment en consultant pour moi plusieurs manuscrits auxquels je n'avais pas alors accès. Grâce à leur lecture patiente et méticuleuse, et à nos discussions, régulières et toujours enrichissantes, Arygro ainsi que Lorenzo Salerno ont permis de corriger et d'améliorer mon texte sur de très nombreux points. Silvia Di Vincenzo a accepté de collationner pour moi plusieurs manuscrits arabes. Tous ont contribué à rendre possible cette étude et je leur exprime ma profonde gratitude pour leur soutien, leur enthousiasme et leur amitié.

Cette enquête m'a également amené à réaliser plusieurs séjours de recherche dans différentes bibliothèques. Je remercie les personnels de la Biblioteca apostolica Vaticana – en particulier Federica Orlando –, de la Bibliotheca Laurenziana de Florence, de la Biblioteca Marciana de Venise et de la Bibliothèque nationale de France à Paris pour m'avoir offert à chaque fois des conditions de travail idéales malgré un contexte très particulier. Tous mes remerciements vont également au personnel de la Bodleian Library d'Oxford, de la Bibliothèque nationale Széchényi de Budapest et de l'Österreichische Nationalbibliothek de Vienne pour avoir bien voulu, parfois gracieusement, mettre à ma disposition des reproductions de certains manuscrits, aide précieuse durant une année où les voyages et les séjours de recherche à l'étranger ont longtemps été impossibles.

Mes remerciements et ma gratitude s'adressent enfin à celles et ceux qui, depuis des années, rendent mon travail de recherche et mon quotidien plus heureux en France, en Italie et au Portugal mais, avant tout, à Berlin.

Berlin, 30 novembre 2022.

Sommaire

Avant-propos —— V

Note sur les traductions et le système de notation des dates —— XI

La Table des rois : éléments d'introduction —— **3**
1 Ptolémée et les *Tables faciles* —— **3**
2 Donner une origine aux mouvements des astres —— **6**
3 Compter les années écoulées —— **9**
4 Les sources de la Table des rois —— **15**
5 Le témoignage des manuscrits —— **28**

Première partie: **Description des manuscrits**

Inventaire —— **43**
Chapitre 1 Le *Leidensis* BPG 78 et ses descendants —— **45**
Chapitre 2 La famille ω2 —— **83**
Chapitre 3 Le *Pluteus* 28/26 et la famille de l'*Ambrosianus* H 57 sup —— **108**
Chapitre 4 La famille du *Vaticanus gr.* 175 —— **124**
Chapitre 5 Le *Vaticanus gr.* 1291 —— **152**
Conclusion et *stemma codicum* —— **156**

Deuxième partie: **Édition**

Sigles —— **165**
Ptolémée, Table des rois de Nabonassar à Alexandre le Grand (C1a) —— **166**
Ptolémée, Table des rois de Philippe Arrhidée à Antonin (C1b) —— **168**
Commentaires —— **170**

Troisième partie: **Histoire du texte**

Introduction —— **177**
Chapitre 1 Brève histoire des *Tables faciles* —— **178**
Chapitre 2 Listes de rois aux IIIe et IVe siècles —— **193**
Chapitre 3 La Table des rois depuis Ptolémée jusqu'au VIe siècle —— **202**
Chapitre 4 La Table des rois aux VIIe–XIIIe siècles —— **228**
Chapitre 5 Des premiers Paléologues à l'époque moderne —— **252**

Chapitre 6 Les éditions imprimées —— 271
Conclusion générale —— 283

Quatrième partie: Annexes

Annexe A Catalogue des scolies sur la Table des rois —— 291

Annexe B Transcriptions des tables V, F^1, H^1 et H^2 —— 301

Annexe C Édition de Jean Chortasménos —— 312

Annexe D Rois de Babylone de Nabonassar à Alexandre : Ptolémée et les sources babyloniennes —— 319

Annexe E Liste des rois des Perses chez Eusèbe de Césarée, Georges le Syncelle et Ptolémée —— 321

Annexe F Liste simplifiée des rois de Babylone, d'Égypte et des empereurs romains —— 324

Bibliographie —— 331

Index général —— 351

Index des sources anciennes —— 363

Index des manuscrits —— 365

Note sur les traductions et le système de notation des dates

Sauf mention, les traductions sont les miennes. Bien que sur de nombreux points, j'aie pu bénéficier des remarques et recommandations de collègues plus compétents, la responsabilité de toute erreur est la mienne. Lorsqu'un manuscrit grec est écrit en onciales sans accents, la transcription est donnée en minuscules sans accents. Pour les noms propres pour lesquels il existe un nom d'usage bien établi en français, c'est ce dernier qui a été adopté : Darius, Georges le Syncelle, Antoine Éparque, Nicéphore Grégoras, etc. Les noms des rois babyloniens posent un certain nombre de problèmes à différents niveaux. D'une part, il existe différentes conventions pour les transcriptions de noms propres à partir des sources cunéiformes, et les formes restituées en alphabet latin sont souvent différentes selon les publications, par exemple : Aššur-nādin-šumi, Ashur-nadin-shumi ou Assur-nadin-shumi. J'ai suivi ici autant que possible les formes utilisées dans le *Reallexikon der Assyriologie und vorderasiatischen Archäologie*, série fondée par Erich Ebeling et Bruno Meissner. Pour certains souverains, il existe néanmoins une forme française plus répandue que la translittération de l'akkadien. Ces noms, hérités des formes gréco-latines, remontent dans certains cas à des formes tirées de la Bible, par exemple Sargon pour Šarru-ukīn, Nabuchodonosor pour Nabû-kudurri-uṣur, Nabonide pour Nabû-na'id. En général, sauf quand le contexte est absolument clair, les deux formes sont données. D'autre part, les formes grecques utilisées par Ptolémée sont cependant souvent uniques, différentes des noms akkadiens ou de leurs formes françaises ou d'origine biblique ; elles sont au génitif et, à l'origine, sans doute écrites sans accentuation, ce qui rend la restitution des formes au nominatif incertaine. Selon les contextes, on choisira la forme akkadienne, la forme grecque au génitif ou les deux.

La notation historique des dates a été préférée à la notation astronomique. Par exemple, l'année julienne 331 avant J.-C. est notée « 331 av. J.-C. » et non « -330 ». En l'absence de spécification, une année julienne est comprise comme « après J.-C. » Dans les cas où il est nécessaire de préciser, j'ai adopté la notation latine « AD » (*Anno Domini*) ; par exemple, 285 après J.-C. est noté « 285 AD ». L'expression « année 660 de Nabonassar » doit être comprise comme « la 660ᵉ année depuis le début du règne de Nabonassar » ; de même pour Philippe Arrhidée, Auguste ou Dioclétien. Le calendrier byzantin se fonde sur un comput des années juliennes depuis la création du monde, placée en 5509 av. J.-C. Les années de l'ère byzantine sont notées ici « AM » (*Anno Mundi*) et elles commencent le 1ᵉʳ septembre. Par exemple, l'année byzantine 6126 correspond à la période du 1ᵉʳ septembre 617 au 31 août 618 de l'année julienne – on notera 6126 AM ou 617/618 AD. L'année égyptienne peut commencer à n'importe quelle date du calendrier julien. L'année (égyptienne) 941 de Philippe couvre la période du 22 mars 617 au 21 mars 618 du calendrier julien – on notera aussi 617/618 AD. Les dates conventionnelles des années de règne pour les rois babyloniens ayant été reconstruites en grande partie à partir de la Table des rois, elles sont données à titre indicatif seulement.

πρὸ τῆς πραγματείας τῆς τῶν ἀστέρων κινήσεως ἀναγκαίου ὄντος διαλαβεῖν περὶ χρόνου, ἐπεὶ καὶ ἐν τούτῳ ἡ κίνησις.

Avant de traiter du mouvement des astres, il est nécessaire de parler du temps, puisque c'est dans celui-ci que se fait le mouvement.

Théon d'Alexandrie, *Grand Commentaire* aux *Tables faciles*, 94.13–14.
Traduction Mogenet et Tihon (1985, 160).

La Table des rois : éléments d'introduction

1 Ptolémée et les *Tables faciles*

Claude Ptolémée (ca. 95–ca. 170), dont l'activité à Alexandrie d'Égypte peut être datée des règnes d'Hadrien (117–138) et d'Antonin le Pieux (138–161), est à bon droit considéré comme l'un des plus importants mathématiciens et astronomes de l'Antiquité. Il est, entre autres, l'auteur d'un imposant traité d'astronomie (*Almageste*), d'un traité d'astrologie (*Tétrabiblos*) et d'un manuel de cartographie (*Géographie*)[1]. Chacun dans son domaine, ces ouvrages ont durablement marqué l'histoire des sciences jusqu'à l'époque moderne. Un quatrième ouvrage – de prime abord, plus modeste – a été appelé, lui aussi, à une grande postérité. Il s'agit d'une collection de tables astronomiques, géographiques et chronologiques, connue dès l'Antiquité sous le nom de *Tables faciles* (Πρόχειροι κανόνες[2]), qu'Otto Neugebauer présentait comme l'un des plus importants documents astronomiques de l'Antiquité[3]. Le projet de Ptolémée était de fournir toutes les données nécessaires au calcul de la position du soleil, de la lune et des cinq planètes, et ainsi de mettre en pratique, au moyen de tables numériques, les modèles en grande partie géométriques développés dans l'*Almageste*. Cet ensemble de tables était précédé, à l'origine, par un court *Manuel* d'utilisation[4] où Ptolémée précisait son ambition :

> Ἡ μὲν σύστασις, ὦ Σύρε, τῆς εἰς τὰς παρόδους τῶν πλανωμένων προχείρου κανονοποιίας γέγονεν ἡμῖν ἀκολούθως πως ταῖς ὁμαλαῖς καὶ ἐγκυκλίοις αὐτῶν ὑποθέσεσιν ἕνεκεν τοῦ δύνασθαι καὶ διὰ τῶν ἐπιπέδων καταγραφομένων ἐκκέντρων τε καὶ ἐπικύκλων ἐν τοῖς διὰ τῆς συντάξεως ἀποδεδειγμένοις λόγοις τὰς πρὸς τὸν ζῳδιακὸν θεωρουμένας αὐτῶν κατὰ μῆκος παρόδους συμφώνους ταῖς ἐκ τῆς ψηφοφορίας συναγομέναις ἐπιδεικνύειν τῶν κατὰ πλάτος παραχωρήσεων εἰς μὲν τὰς τοιαύτας καταγραφὰς πεσεῖν μὴ δυναμένων, μεθοδευομένων δὲ διὰ τῆς τῶν οἰκείων κανόνων εἰσαγωγῆς[5].

> La composition de ces *Tables faciles* pour les mouvement des planètes, Syrus, a été faite par nous conformément, pour ainsi dire, à leurs hypothèses moyennes et circulaires, afin de pouvoir aussi au moyen des excentriques et des épicycles tracés dans un plan selon les rapports démontrés dans la *Syntaxe* indiquer leurs mouvements en longitude considérés par

---

[1] Parmi les nombreuses publications concernant la production scientifique de Ptolémée et le corpus ptoléméen, on consultera avec profit Jones (2020).
[2] Sur le titre de l'ouvrage, voir Tihon (2011, 17–18), et Acerbi et Del Corso (2014, 42).
[3] Neugebauer (1975, 969).
[4] Le titre donné par Heiberg (1907, 159) – Προχείρων κανόνων διάταξις καὶ ψηφοφορία – n'est pas attesté tel quel dans les manuscrits.
[5] Ptolémée, *Manuel* des *Tables faciles* 159.3–13.

rapport au zodiaque en accord avec les résultats obtenus par les calculs, tandis que les écarts en latitude, ne pouvant tomber dans de tels tracés, seront calculés méthodiquement au moyen de l'introduction de tables spécifiques[6].

Dans la tradition manuscrite, le *Manuel* nous a été transmis indépendamment des tables pour constituer un traité à part mais il reste une source essentielle pour comprendre la nature et la composition originelle des *Tables faciles*. Le *Petit Commentaire* de Théon d'Alexandrie sur les *Tables faciles*, plus détaillé et plus scolaire, a semble-t-il été assez tôt préféré au texte composé par Ptolémée comme guide pour utiliser les tables[7]. Édité par Johan Ludvig Heiberg[8], le *Manuel* permet cependant de déterminer quelles étaient les tables présentes à l'origine dans la collection organisée par Ptolémée.

Les *Tables faciles* ont une histoire textuelle particulièrement complexe puisqu'à l'ouvrage original s'est progressivement ajouté, au fil des siècles, un ensemble protéiforme fait de tables, de diagrammes, de scolies dont Ptolémée n'est pas l'auteur. Plus abordables que l'*Almageste*, et pensées dès l'origine comme un ouvrage pratique et facile à utiliser, les *Tables faciles* ont en effet été largement diffusées dans le monde hellénophone et, au-delà, dans les milieux syriaques et de langues arabe et perse. Grâce au travail fondamental d'Anne Tihon, et de Heiberg avant elle, on connaît maintenant plus précisément les contours de la collection telle que Ptolémée l'a conçue. On y trouve vingt tables strictement astronomiques (A1–A20), une table géographique (G1) et une table chronologique (C1, voir la liste ci-dessous). Les *Tables faciles* n'ont toujours pas fait l'objet d'une édition critique complète. Anne Tihon a réalisé en 2011 une édition critique des deux premières tables – celle des ascensions de la sphère droite (A1) et celle des ascensions obliques (A2) – mais elle a surtout montré à quel point une telle édition critique ne pouvait se concevoir sans une étude précise de l'histoire du texte. L'écart entre le projet tel que Ptolémée l'a imaginé et ce que l'on trouve dans nos témoins manuscrits est conséquent. L'intérêt pour l'histoire des sciences n'est pas seulement d'établir le texte de Ptolémée mais de montrer comment, à diverses époques, la collection des *Tables faciles* a été lue, utilisée, augmentée.

---

6 Traduction Tihon (2011, 1) modifiée.
7 Sur Théon d'Alexandrie et son activité de commentateur, voir p. 180.
8 Heiberg (1907, 157–185).

Tables astronomiques (A)[9]
A1	Ascensions de la sphère droite
A2	Ascensions obliques pour les sept climats
A3	Mouvements moyens du Soleil et de la Lune
A4	Anomalie du Soleil et de la Lune
A5	Obliquité du Soleil et latitude de la Lune
A6	Table préliminaire
A7	Table de correction
A8	Éclipses de Soleil
A9	Grandeurs des éclipses
A10	Prosneuses
A11	Éclipses de Lune
A12	Diagramme des horizons
A13	Parallaxes pour les sept climats
A14	Mouvements moyens des cinq planètes
A15	Anomalie des cinq planètes
A16	Latitude des cinq planètes
A17	Stations des cinq planètes
A18	Phases des cinq planètes
A19	Distances des phases par rapport au Soleil
A20	Table des étoiles fixes

Tables pour la latitude de Byzance (B)
*B1	Ascensions pour le climat de Byzance
*B2	Parallaxes pour le climat de Byzance
*B3	Phases pour le climat de Byzance
*B4	Diagramme des horizons pour le climat de Byzance

Tables chronologiques (C)
C1	Table des rois
*C2	Table des consuls
*C3	Table des bissextes
*C4	Table circulaire pour trouver les épactes
*C5	Tables pour trouver les jours de la semaine
*C6	Concordance de divers calendriers
*C7	Concordance des mois égyptiens, romains, grecs
*C8	Jours selon la Lune
*C9	Cycles lunaires et solaires
*C10	Épactes et bissextes de 6800 AM (1291/1292 AD) à 6847 AM (1338/1339 AD)
*C11	Jours des mois romains

---

9 Cette nomenclature est reprise à Tihon (2011, 61–66). Les tables précédées d'un astérisque ne font pas partie de la collection des *Tables faciles* établie par Ptolémée, mais s'y trouvent associées dans les manuscrits.

Table géographique (G)
G1   Table des villes illustres

Tables supplémentaires (S)
*S1   Parcours de la Lune dans les signes du zodiaque, par mois romains et égyptiens
*S2   *Bathmoi* de Mercure
*S3   Élévation du pôle et différence des heures
*S4   Diagramme non élucidé
*S5   Latitude de la Lune, degré par degré
*S6   Vitesse horaire de la Lune en fonction de son *bathos* (anomalie)
*S7   Diagramme du monde
*S8   Degrés du Soleil depuis l'équinoxe
*S9   Table des fractions d'heure (différente de S16)
*S10   Table des méridiens et des parallèles pour les éclipses de Soleil
*S11   Diagramme ressemblant à une projection d'astrolabe, montrant les horizons des sept climats
*S12   Parties des constellations du zodiaque
*S13   Table de vitesse lunaire (en deux tableaux)
*S14   Phases des planètes pour la Phénicie
*S15   Diagramme enluminé donnant les dates et heures d'entrée du Soleil dans les signes du zodiaque
*S16   Fractions d'une heure équinoxiale (1h = 15°, d'où 1/2 = 450′, etc.) (différente de S9)
*S17   Mouvements moyens de la Lune (ou du Soleil et de la Lune) par fractions d'heure
*S18   Liste de 30 étoiles brillantes

2 Donner une origine aux mouvements des astres

2.1 Origine chronologique des tables

Les tables astronomiques de Ptolémée contiennent des données numériques organisées systématiquement et qui permettent, si l'on suit la bonne procédure, de calculer la position d'un astre pour une date et un instant donnés. Les tables elles-mêmes ont été établies par Ptolémée par rapport à un point de départ chronologique (ἐποχή)[10] précis. C'est sans doute Théon d'Alexandrie qui l'explique le plus clairement :

---

[10] Le terme ἐποχή, que l'on peut difficilement traduire par « époque » dans ce contexte, désigne précisément un point fixe dans le temps par rapport auquel la position d'un astre est définie et à partir duquel son mouvement est calculé. Par extension, on peut parler d'origine chronologique d'une table. L'auteur de l'*Almagesti minor* utilise le terme *radix* (racine, fondement, origine) pour rendre ἐποχή, voir Zepeda (2018, 645).

2 Donner une origine aux mouvements des astres — 7

Ἐπεὶ οὖν τὴν σύστασιν τῶν προκειμένων προχείρων κανόνων περιέχουσαν τὰς κινήσεις τῶν ἀστέρων ἀπὸ χρόνου τινὸς ἐχρῆν προυφεστάναι καὶ τοῦ κατ' αὐτὸν τόπου τῶν ἀστέρων, ἐπεὶ καὶ κινήσεώς ἐστιν ἀρχὴ τόπος καὶ χρόνος, πεποίηται ταύτην ἀπὸ τοῦ πρώτου ἔτους Φιλίππου τοῦ μετὰ Ἀλέξανδρον τὸν κτίστην κατ' Αἰγυπτίους καθ' οὓς ὁ ἐνιαύσιος χρόνος ἡμερῶν τυγχάνει τξε μόνον, θὼθ νεομηνίᾳ τῆς μεσημβρίας ὅπερ ἐστὶ πληρωθείσης ὥρας ἕκτης καὶ ἀρχομένης ἑβδόμης ὡς πρὸς τὴν ἡμετέραν κατ' Αἴγυπτον Ἀλεξάνδρειαν διὰ τὸ καὶ παρὰ τὰς χώρας γίνεσθαι κατὰ ἄλλον καὶ ἄλλον χρόνον τὴν μεσημβρίαν[11].

Puisque la composition des *Tables faciles* se trouvant sous nos yeux, contenant les mouvements des astres, devait commencer à partir d'un temps quelconque et de la position occupée par les astres à ce moment – puisqu'au départ d'un mouvement il y a un lieu et un temps –, il [*sc.* Ptolémée] a établi ces tables à partir de la première année de Philippe, le successeur d'Alexandre le Fondateur, selon les Égyptiens pour qui la durée de l'année est de 365 jours seulement, à la néoménie de thôth à midi c'est-à-dire, pour notre Alexandrie d'Égypte, lorsque la sixième heure est achevée et que la septième commence, puisque le midi se fait, selon les régions, à des instants différents[12].

Le premier jour du mois de thôth de la première année de Philippe correspond pour nous au 12 novembre 324 av. J.-C.[13]. Afin d'utiliser les tables pour une date et un instant donnés, il faut donc connaître la durée du temps qui s'est écoulé entre la date que l'on s'est donnée et l'origine chronologique des tables. Cette origine est, comme le rappelle Théon, qui reprend le texte de Ptolémée lui-même[14], liée à la première année du règne de Philippe Arrhidée, qui a succédé à Alexandre le Grand. Il s'agit du début de ce qu'on appelle communément l'ère de Philippe[15], et Ptolémée se réfère à celle-ci en mentionnant les « années depuis la mort d'Alexandre » (ἀπὸ τῆς Ἀλεξάνδρου τελευτῆς) – dénomination que l'on retrouve dans la tradition manuscrite des *Tables faciles* et chez les commentateurs tardo-antiques et byzantins de Ptolémée[16]. Ajoutons que l'origine des tables contenues dans l'*Almageste* est fixée au premier jour du mois de thôth à midi, la première année du règne de Nabonassar[17]. Depuis la première année de Nabonassar jusqu'au début du règne de Philippe se sont écoulées, nous dit Ptolémée,

---

11 Théon, *Petit Commentaire* 199.11–200.7.
12 Traduction Tihon (1978, 301) modifiée.
13 Mercier (2011, 52).
14 Ptolémée, *Manuel des Tables faciles* 160.20–25.
15 Précisons : l'ère de Philippe ne désigne pas seulement son règne – comme l'ère victorienne désigne la période du règne de la reine Victoria – mais l'ensemble des années comptées depuis le début de son règne.
16 Mercier (2011, 52–54). Le P. Fouad inv. 267A (IIe ou IIIe siècle) présente aussi la formule ἀπὸ τῆς Ἀλεξάνδρου τελευτῆς pour se référer à l'ère de Philippe, voir Fournet et Tihon (2014, 22–23).
17 *Alm.* III.9 (263.16–18 Heiberg).

424 années égyptiennes ; l'année 1 de l'ère de Philippe est donc l'année 425 de l'ère de Nabonassar[18].

2.2 Questions de calendriers

Ptolémée a établi ses tables sur la base du calendrier égyptien (κατ' Αἰγυπτίους). L'année égyptienne comporte exactement 365 jours répartis en douze mois de trente jours avec cinq jours dit épagomènes à la fin de l'année. Les mois de l'année égyptienne sont les suivants : thôth, phaôphi, athyr, choiak, tybi, méchir, phaménôth, pharmouthi, pachôn, payni, épiphi, mésôri et les cinq jours épagomènes. L'année égyptienne commence le 1er thôth. Puisqu'elle ne compte que 365 jours, soit un peu moins d'un quart de jour qu'une année solaire, l'année égyptienne se décale régulièrement par rapport à celle-ci ; on parle d'année « vague ».

Le calendrier julien en usage à Rome à l'époque de Ptolémée comporte 365 jours, répartis en douze mois (de janvier à décembre) de trente ou trente-et-un jours, le mois de février comptant seulement vingt-huit jours. Tous les quatre ans est ajouté un vingt-neuvième jour au mois de février et l'année julienne compte alors 366 jours. Entre la réforme du calendrier romain introduite par Jules César, donnant naissance au calendrier julien, et la réforme de ce calendrier entreprise par Auguste, il y a eu une certaine irrégularité dans la durée des années. Pour réduire l'énorme retard pris par le calendrier romain par rapport à l'année solaire dans les années 40 av. J.-C., César décrète une année de 445 jours en 46 av. J.-C., puis des années bissextiles ont été introduites tous les trois ans (de 42 à 9 av. J.-C.). Ces intercalations trop nombreuses ont été corrigées par Auguste, et les années 5 et 1 av. J.-C. puis 4 AD n'ont pas été bissextiles. Les intercalations quadriennales ont été ensuite régulières à partir de 8 AD[19]. Les années juliennes auxquelles les historiens modernes se réfèrent correspondent au calendrier julien réformé par Auguste, dont le principe a été étendu rétrospectivement aux années précédentes[20].

Le calendrier dit alexandrin, introduit en Égypte à la suite de la conquête romaine, est à mi-chemin entre le calendrier égyptien et le calendrier julien. Comme ce dernier, il comporte 365 jours avec une année bissextile tous les quatre

---

[18] *Alm.* III.7 (256.10–13 Heiberg).
[19] C'est en tout cas la reconstruction généralement acceptée de ce problème particulièrement complexe, voir Samuel (1972, 155–158) et Bennett (2003).
[20] Voir Samuel (19572, 156) ; Bennett (2003) et Grzybek (2007). Voir aussi la courte présentation de Mosshammer (2008, 376).

ans. Il reprend cependant les noms des douze mois égyptiens avec les cinq jours épagomènes, qui passent au nombre de six lors des années bissextiles. Le début de l'année alexandrine est fixé au 1er thôth et il correspond chaque année au 29 août du calendrier julien (ou au 30 août en cas d'année bissextile).

Par rapport aux calendriers julien et alexandrin, le calendrier égyptien avec ses années vagues se décale d'un jour tous les quatre ans. Le 1er thôth alexandrin de l'année 26 av. J.-C. correspondait au 1er thôth égyptien et au 29 août julien. À partir de cette date, le début de l'année égyptienne « recule » d'un jour tous les quatre ans par rapport à l'année julienne et alexandrine. Le 1er thôth égyptien de l'an 22 av. J.-C. coïncide donc avec le 28 août julien, et ainsi de suite. Le retour à la synchronisation (ἀποκατάστασις) du début des années égyptienne, alexandrine et julienne a lieu 1460 ans après le début du cycle (365 × 4), soit le 29 août 1434 AD. On notera enfin que pour la période qui s'étend entre les réformes de César et d'Auguste, la date julienne (dans le calendrier alors en usage) équivalente au 1er thôth égyptien doit être calculée au cas par cas, puisque les intercalations des années bissextiles n'ont pas eu lieu de manière régulière tous les quatre ans.

3 Compter les années écoulées

3.1 La Table des rois dans le *Manuel* des *Tables faciles*

Afin de compter au mieux les années égyptiennes écoulées, Ptolémée insère dans sa collection des *Tables faciles* une table chronologique (C1), que nous appelons « Table des rois ». Dans le *Manuel* des *Tables faciles*, après avoir présenté la Table des villes illustres (G1), celle des ascensions de la sphère droite (A1) et des ascensions obliques (A2), Ptolémée précise :

> οἱ δὲ μετὰ τοὺς εἰρημένους κανόνας καὶ τὸ ἐπ' αὐτοῖς προκανόνιον τῆς τῶν ἀπὸ τῆς ἐποχῆς βασιλέων χρονογραφίας περιέχουσι τὰς ὁμαλὰς παρόδους ἡλίου τε καὶ σελήνης καὶ ἔτι τήν τε τοῦ ἐπὶ τῆς καρδίας τοῦ Λέοντος ἀπλανοῦς ἀστέρος καὶ τὰς τῶν πέντε πλανωμένων εἰκοσαπενταετηρίδων τε καὶ ἐνιαυτῶν καὶ μηνῶν καὶ ἡμερῶν καὶ ὡρῶν […]²¹.

> Les tables qui viennent après les tables dites et, en plus de celles-ci, la table préliminaire de la chronologie des rois à partir de l'origine contiennent les mouvements moyens du soleil et de la lune, et encore celui de l'étoile fixe du Cœur du Lion et ceux des cinq planètes, pour les périodes de vingt-cinq ans, années, mois, jours et heures […]²².

---

21 Ptolémée, *Manuel* des *Tables faciles* 160.7–13.
22 Traduction Tihon (2011, 13).

Ptolémée parle de προκανόνιον (« table préliminaire » ou « table annexe ») et non de κανών ou de κανόνιον. Il s'agit en effet d'une table à laquelle l'utilisateur a recours avant même de se lancer dans tout calcul astronomique. Mais le terme – qui n'apparaît jamais comme titre de la table dans les manuscrits – illustre dans une certaine mesure la fortune de cette table : elle est certes utile mais elle n'est pas à proprement parler indispensable et de nombreux manuscrits des *Tables faciles* ne l'ont pas. En théorie, si pour une date donnée on connaît le nombre d'années égyptiennes écoulées depuis Auguste, il est assez facile de retrouver le nombre d'années écoulées depuis Nabonassar ou Philippe Arrhidée. Il est en effet tout à fait possible de se baser sur le texte de l'*Almageste*, où Ptolémée dit clairement :

> ἀπὸ μὲν τῆς Ναβονασσάρου βασιλείας μέχρι τῆς Ἀλεξάνδρου τελευτῆς ἔτη συνάγεται κατ' Αἰγυπτίους υκδ, ἀπὸ δὲ τῆς Ἀλεξάνδρου τελευτῆς μέχρι τῆς Αὐγούστου βασιλείας ἔτη σϙδ[23].
>
> Depuis le règne de Nabonassar jusqu'à la mort d'Alexandre on totalise 424 années égyptiennes, et depuis la mort d'Alexandre jusqu'au règne d'Auguste, 294 années.

En réalité, dans les manuscrits astronomiques, l'écrasante majorité des scolies à caractère chronologique qui présentent des conversions entre les ères de Nabonassar, de Philippe, d'Auguste ou de Dioclétien et les années depuis la Création ne font aucune mention de la Table de rois[24]. Certains commentaires astronomiques tardo-byzantins, comme celui de Nicolas Cabasilas sur le livre III de l'*Almageste*[25] ou la *Tribiblos* de Théodore Méliténiotès, expliquent la nécessité, pour utiliser Ptolémée, de calculer le nombre des années écoulées depuis Nabonassar ou depuis Philippe mais sans jamais nommer la Table des rois en particulier[26]. Jean Chortasménos, auteur d'une édition de la Table des rois, ne mentionne jamais celle-ci dans les dizaines de calculs astronomiques réalisés à partir de l'*Almageste* et des *Tables faciles*[27].

L'emploi du terme χρονογραφία par Ptolémée peut étonner s'il l'on considère qu'il a été utilisé pour désigner des ouvrages historiques comme ceux de Jean Malalas, Georges le Syncelle ou Théophane, qui relèvent clairement d'un genre littéraire différent de la Table des rois. Même s'il a pu aussi désigner des ouvrages d'histoire au sens large, le terme χρονογραφία est relativement rare – tout comme

---

[23] *Alm.* III.7 (256.10–13 Heiberg).
[24] Voir par exemple la collection de scolies chronologiques du *Paris. gr.* 2491 (ff. 1–4) ou les scolies sur le *Commentaire* de Stéphanos, Lempire (2016, 63–65), et annexe A, pp. 291–294.
[25] Pour le commentaire de Cabasilas, qui a remplacé celui de Théon sur le troisième livre de l'*Almageste* dans l'édition de Bâle, voir Camerarius (1538, 131–194).
[26] Méliténiotès, *Tribiblos* II.2.13–16, 67–75.
[27] Voir les très nombreux calculs de la main de Chortasménos dans le *Vat. gr.* 1059.

l'équivalent français *chronographie* – mais indiquait à l'origine un calcul ou un comput chronologique[28]. C'est dans ce sens que Ptolémée l'utilise et le terme *chronologie*, peut-être moins vieilli et plus univoque que *chronographie*, est sans doute une bonne traduction[29]. Ni χρονογραφία ni προκανόνιον ne sont cependant attestés dans les manuscrits de la Table des rois et il semble que l'expression utilisée par Ptolémée dans son *Manuel* n'ait jamais été reprise après lui[30].

3.2 Structure et principes de construction

Ère de Nabonassar, ère de Philippe

La Table des rois est avant tout un outil qui permet de dénombrer les années égyptiennes écoulées. Elle est composée de deux parties chronologiques.

(A) La première partie commence avec Nabonassar et se termine à la fin du règne d'Alexandre le Grand, en comptant 424 années écoulées. Cette partie de la Table des rois présente donc les années de l'ère de Nabonassar. Celle-ci n'est pas directement utile pour les *Tables faciles*, dont l'origine chronologique est la mort d'Alexandre, et on peut à bon droit se demander si cette section faisait partie de la table originelle. Ptolémée a néanmoins pour habitude de fournir à ses lecteurs une documentation la plus large possible, sans se réduire au strict nécessaire pour effectuer des calculs astronomiques pour Alexandrie. Il suppose que son lecteur peut avoir affaire à des sources mentionnant une observation réalisée entre les règnes de Nabonassar et d'Alexandre, tout comme dans l'*Almageste* par exemple, où sont citées des éclipses ayant eu lieu lors des deux premières années de Mardokempad (Marduk-apla-iddina, 721–720 av. J.-C.)[31] ou lors de la cinquième année de Nabopolassar (621 av. J.-C.)[32]. Cette section est donc aussi utile à la lecture de l'*Almageste*.

---

[28] Burgess et Kulikowski (2016, 94–96).
[29] J'emprunte ma définition d'un ouvrage *chronographique* à Richard Burgess (2013, 3), qui le définit comme « a collection of genealogies and regnal lists, usually in the form of a chronological outline of human history, to which or into which can be added any other sorts of texts that relate to chronology, such as lists of important historical events, episcopal lists, calendars, and consular lists, as well as analyses and discussions of that chronology. »
[30] Élie de Nisibe, lorsqu'il introduit la liste de Ptolémée (*Chronographie* I 37.3), utilise l'expression *menyānā d-šnayā d-malkē* (« nombre des années des rois ») où *menyānā* peut éventuellement être compris comme « comput » voire « chronologie », mais il utilise la même formule pour d'autres listes de rois qui ne sont pas tirées de Ptolémée, voir *Chronographie* I 30.12, 31.11, 32.20, etc.
[31] Voir par exemple *Alm.* IV.6 (302.14 et 303.8 Heiberg).
[32] *Alm.* V.14 (418.8 Heiberg).

(B) La seconde partie de la table commence un nouveau comput avec le règne de Philippe Arrhidée, et elle se poursuivait probablement, dans la version de Ptolémée, jusqu'aux premières années du règne d'Antonin (138–161 AD). L'*Almageste* mentionne en effet une observation d'équinoxe « la troisième année d'Antonin, c'est-à-dire la 463ᵉ année depuis la mort d'Alexandre[33] » et une observation de Mercure et de Vénus la quatrième année d'Antonin[34]. Son catalogue d'étoiles présente leurs longitudes telles qu'elles pouvaient être observées au début du règne du même Antonin[35]. Il est donc probable que la Table des rois rédigée par Ptolémée contenait une ultime entrée pour cet empereur, même incomplète. Cette seconde partie de la table décompte les années de l'ère de Philippe utilisée dans les *Tables faciles*.

Structure de la table
La structure de la table est plutôt simple et relativement intuitive, ce qui explique peut-être que ni Ptolémée ni ses commentateurs ne la décrivent en détail. D'après le témoignage des manuscrits, la Table des rois est composée de trois colonnes :

(I) Nom du roi. Ptolémée utilise dans son *Manuel* le terme βασιλεύς, qu'il applique aux rois de Babylone, aux rois macédoniens d'Égypte, puis aux empereurs romains. Les rubriques de la table, quand elles sont présentes, reprennent ce terme : Περσῶν βασιλεῖς, Ῥωμαίων βασιλεῖς. Les noms des rois sont normalement donnés au génitif : Ναβονασσάρου, Φιλίππου, Τραϊανοῦ, etc. Il faut comprendre *années de* Nabonassar, *années de* Philippe, *années de* Trajan[36].

(II) Nombre d'années égyptiennes complètes attribuées au roi.

(III) Nombre total d'années égyptiennes écoulées depuis le début de la table jusqu'à la fin du règne du roi. Dans la première partie de la table, de Nabonassar à Alexandre, ce nombre représente le nombre d'années égyptiennes écoulées depuis le début du règne de Nabonassar. Dans la seconde partie, il correspond au nombre d'années égyptiennes écoulées depuis le début du règne de Philippe.

---

33 *Alm.* III.1 (204.7–8 Heiberg) : τῷ γ΄ ἔτει Ἀντωνίνου, ὅ ἐστιν υξγ΄ ἀπὸ τῆς Ἀλεξάνδρου τελευτῆς.
34 *Alm.* IX.7 (263.23 Heiberg²), IX.8 (273.19 Heiberg²), X.1 (297.5 Heiberg²) ; voir Toomer (1984, 469).
35 *Alm.* VII.4 (36.14–16 Heiberg²).
36 Halma (1822, LXX–LXXI), dans sa traduction française de la table, rend le génitif par « de Nabonassar », etc. Le nominatif est cependant très utilisé dans les manuscrits, voir p. 171.

	A			B		
I	II	III	I	II	III
Nabonassar	14	14	Philippe	7	7
Nabû-nādin-zēri	2	16	Alexandre IV	12	19
.	.	.	.	.	.
.	.	.	.	.	.
.	.	.	.	.	.
.	.	.	.	.	.
.	.	.	.	.	.
Darius	4	416	Hadrien	21	460
Alexandre	8	424	Antonin		

Structure schématique de la Table des rois

Calcul des années égyptiennes

Chez Ptolémée, la première année de Nabonassar ne commence pas au jour de son accession au trône dans le calendrier babylonien, mais au début de l'année égyptienne au cours de laquelle Nabonassar a commencé son règne. Cette date – le 1er thôth de l'an 1 de Nabonassar – correspond au 26 février 747 av. J.-C. dans le calendrier julien[37]. La Table des rois n'est donc pas une liste historique de la durée de chaque règne[38]. Chaque année égyptienne entière est attribuée à un roi ou à un empereur, selon le principe suivant : l'année de règne égyptienne commence toujours le 1er thôth ; si un roi meurt avant la fin de l'année égyptienne – ce qui est presque toujours le cas[39] – on attribue cette année non terminée à son successeur. Pour le dire autrement, « la première année du règne d'un roi coïncide avec l'année égyptienne pendant laquelle il monte sur le trône[40] ». Ce principe fondamental qui structure la Table des rois n'est pas décrit explicitement par Ptolémée, mais il correspond à la pratique courante pour compter les années de règne en Égypte[41]. On peut aussi s'en assurer grâce à certains passages de l'*Almageste*. Par exemple, à propos de l'équinoxe d'automne observé par Ptolémée la dix-septième année d'Hadrien, le septième jour d'athyr, deux heures équinoxiales après midi :

---

[37] Pour connaître la date julienne équivalente au 1er thôth égyptien, on peut se reporter à la table de Theodore Skeat (1954, 8–18) qui couvre la période 331–330 av. J.-C. ou Wilhelm Kubitschek (1928, 219–226) pour la période de 776 av. J.-C. à 395 AD. Dans les deux cas, les dates juliennes sont données dans le calendrier réformé par Auguste, même pour la période qui précède sa réforme.
[38] On ne saurait trop insister sur la nature de la Table des rois, qui n'est pas le texte d'un historien mais celui d'un astronome, comme le rappelle par exemple Patricia Varona (2018, 393–395).
[39] La seule exception, à ma connaissance, est Auguste, voir *infra*.
[40] Pestman (1967, 5).
[41] Samuel (1962, 4) ; Pestman (1967, 5). Voir aussi Skeat (1954, 2–3).

> ἀλλ' ἀπὸ μὲν τῆς Ναβονασσάρου βασιλείας μέχρι τῆς Ἀλεξάνδρου τελευτῆς ἔτη συνάγεται κατ' Αἰγυπτίους υκδ, ἀπὸ δὲ τῆς Ἀλεξάνδρου τελευτῆς μέχρι τῆς Αὐγούστου βασιλείας ἔτη σϟδ, ἀπὸ δὲ τοῦ α΄ ἔτους Αὐγούστου κατ' Αἰγυπτίους τῆς ἐν τῷ Θὼθ α΄ μεσημβρίας, ἐπειδὴ τὰς ἐποχὰς ἀπὸ μεσημβρίας συνιστάμεθα, μέχρι τοῦ ιζ΄ ἔτους Ἀδριανοῦ Ἀθὺρ ζ΄ μετὰ δύο ἰσημερινὰς ὥρας τῆς μεσημβρίας ἔτη γίνεται ρξα΄ καὶ ἡμέραι ξϛ΄ καὶ ὧραι ἰσημεριναὶ β΄· καὶ ἀπὸ τοῦ α΄ ἔτους ἄρα Ναβονασσάρου κατ' Αἰγυπτίους τῆς ἐν τῇ τοῦ Θὼθ α΄ μεσημβρίας ἕως τοῦ χρόνου τῆς ἐκκειμένης μετοπωρινῆς ἰσημερίας συναχθήσεται ἔτη Αἰγυπτιακὰ ωοθ΄ καὶ ἡμέραι ξϛ΄ καὶ ὧραι ἰσημεριναὶ β΄.[42]
>
> Mais depuis le règne de Nabonassar jusqu'à la mort d'Alexandre on totalise 424 années égyptiennes ; depuis la mort d'Alexandre jusqu'au règne d'Auguste, 294 années ; depuis la première année d'Auguste, le 1er thôth pour les égyptiens à midi – puisque nous fixons les époques à midi – jusqu'à la 17e année d'Hadrien, 7 athyr, à deux heures équinoxiales après midi, cela fait 161 années et 66 jours et 2 heures équinoxiales. Et donc depuis la première année de Nabonassar, le 1er thôth pour les Égyptiens à midi jusqu'au moment de l'équinoxe d'automne mentionné, on totalisera 879 années égyptiennes et 66 jours et 2 heures équinoxiales.

De ce calcul, il ressort clairement que les évènements mentionnés – début du règne de Nabonassar, mort d'Alexandre (donc début du règne de Philippe) et début du règne d'Auguste – ne correspondent pas à leurs dates historiques respectives. Chaque début de règne est pris comme s'il commençait au début d'une année égyptienne, soit le premier jour du mois de thôth. En d'autres termes, la mort d'Alexandre et le début du règne de Philippe Arrhidée ne coïncident pas avec le 10 ou 11 juin 323 av. J.-C. (lorsqu'Alexandre meurt à Babylone) mais avec le 1er thôth de l'année égyptienne en cours, c'est-à-dire le 12 novembre 324 av. J.-C. Ainsi, dans le cadre des calculs astronomiques de l'*Almageste*, il s'est écoulé un nombre entier d'années égyptiennes entre le début du règne de Nabonassar et celui du règne de Philippe (424), et la première année de Philippe est la 425e année de Nabonassar.

Si un roi ne règne que quelques mois et que son successeur accède au trône avant la fin de l'année, alors ce court règne n'est pas comptabilisé. Lors de l'année 392 de Philippe (du 6 août 68 au 5 août 69), Othon, puis Vitellius, puis Vespasien accèdent à l'Empire : la règle doit être d'attribuer cette année 392 à celui qui termine l'année, Vespasien. C'est ce qui apparaît dans la Table des rois. De la même manière, les régences, les rois associés au trône, les co-empereurs et les usurpateurs ne forment pas, en règle générale, d'entrées particulières dans la Table des rois. Par souci de simplification, pour des périodes complexes d'accessions et de successions à la couronne ou à l'Empire, de petites entorses à la règle du comput ont pu être introduites. C'est le cas de la période qui va de Néron à Vespasien. La fin du règne de Néron a lieu en juin 68, quelques semaines avant la fin de l'année égyptienne en cours (6 août 67 au 5 août 68, année 391 de Philippe). Galba lui succède jusqu'en

---

[42] *Alm.* III.7 (256.10–23 Heiberg).

janvier 69. L'année 391 de Philippe, au cours de laquelle Galba accède à l'Empire, la quatorzième année commencée de Néron, devrait être comptée comme la première de Galba. Or, la Table des rois attribue quatorze années à Néron et aucune à Galba[43]. Il y a cependant plusieurs exceptions à la règle du comput des années égyptiennes qui ne correspondent pas à ce genre de simplification, et il est parfois difficile de distinguer ce qui relève de la nature de la documentation utilisée d'une part, et de la méthode de comput d'autre part[44].

4 Les sources de la Table des rois

La question des sources directes de la Table des rois, en particulier pour les rois babyloniens, est épineuse puisque ni l'*Almageste* ni aucun autre ouvrage de Ptolémée ne donnent d'indice clair sur la documentation historique et chronologique qui se trouvait à sa disposition. Ce problème rejoint la *quaestio vexata*, plus vaste, du transfert des connaissances babyloniennes – en particulier astronomiques – vers le monde hellénophone[45]. Par ailleurs, on retiendra que la Table des rois de Ptolémée repose sur un comput des années égyptiennes alors même que ce calendrier n'était pas en usage à Babylone, et qu'il n'était plus utilisé dans les documents officiels en Égypte romaine après l'introduction de la réforme d'Auguste instituant le calendrier dit alexandrin.

4.1 Documentation babylonienne

La Table des rois et les sources babyloniennes

Dans la Table des rois, la liste de Nabonassar à Darius III reflète une documentation strictement babylonienne. Le texte grec restitue à deux reprises les noms babyloniens de rois assyriens : Pūlu (Πώρου, Ποροῦ) pour Teglath-Phalasar III et Ulūlāyu (Ἰλουλαίου) pour Salmanazar V[46]. La table ne fait pas commencer le règne de Teglath-Phalasar III à la date de son accession au trône d'Assyrie (745 av. J.-C.), mais

---

43 Clément d'Alexandrie présente une liste où figurent quatorze années pour Néron mais aussi une pour Galba ; voir p. 196 et la discussion chez Usener (1898, 440).
44 Voir aussi pp. 25–28.
45 Jones (1991, 443) résume ainsi : « La façon dont les Grecs ont acquis ces connaissances reste controversée et, en effet, aucun canal de transmission ne semble adéquat pour expliquer l'ensemble des connaissances astronomiques babyloniennes attestées dans les sources grecques. » (Ma traduction). Trente ans après, ce jugement me semble toujours valide.
46 Grayson (1975, 242, 248–249).

au début de son règne personnel sur Babylone en 728 av. J.-C. La table comporte également deux entrées pour des périodes sans roi, d'abord deux années entre Sargon II (Ἀρκεανοῦ) et Bēl-ibni (Βηλίβου), puis huit années entre Mušēzib-Marduk (Μεσησημορδάκου) et Assarhaddon (Ἀσαριδίνου). Ces deux périodes sans roi (704–703 et 688–681 av. J.-C.) correspondent à la domination de Sennachérib, roi assyrien célèbre pour sa destruction de la cité de Babylone en 689 av. J.-C. La liste dont est tirée la table de Ptolémée omet sciemment son nom. La *Liste A* des rois babyloniens mentionne le règne de Sennachérib pour ces deux périodes,[47], mais la *Chronique néo-babylonienne* qualifie de « sans roi » les huit années qui suivent le sac de Babylone[48], comme dans la table de Ptolémée. Par ailleurs, le début du règne de Cyrus II ne correspond pas, dans la Table des rois, à sa fondation de l'Empire perse vers 559 av. J.-C., mais à sa victoire sur Nabonide et son accession au trône de Babylone en 539 av. J.-C. Pour Albert Grayson, néanmoins, Ptolémée s'est basé sur une documentation différente de la *Chronique néo-babylonienne* :

> Il y a peu de preuves d'une connexion entre la série de la Chronique néo-babylonienne et le Canon de Ptolémée en ce qui concerne leur contenu. Les seules similarités évidentes sont que les deux documents commencent leurs listes des rois babyloniens par Nabonassar et que les deux utilisent la forme courte du nom de Nabû-nādin-zēri. Le fait que le Canon de Ptolémée omette Nabû-šuma-ukin II ; qu'il utilise le nom babylonien de Salmanazar V tandis que la Chronique utilise son nom assyrien ; qu'il ne reconnaisse pas le règne à Babylone de Sargon [II] comme le fait la Chronique ; et qu'il compte le nombre d'années de l'interrègne avant Assarhaddon et le nombre d'années de règne d'Assarhaddon d'une manière différente de la Chronique, tout cela montre que la ou les sources utilisées par Ptolémée adoptaient certainement un point de vue différent de celui de la Chronique[49].

> Le Canon de Ptolémée, contrairement à la Liste A des rois babyloniens et à la Chronique, ne reconnaissait pas le règne de Sargon [II] à Babylone mais nommait simplement cette période « cinq années d'anarchie[50] ».

---

47 Le texte communément appelé *Liste A* des rois babyloniens (Babylon King List A) est connu par une tablette (BM 33332) dont le texte a dû être compilé après le VIIe siècle av. J-C. Le fragment préservé donne une liste de rois et leurs années de règne depuis Ili-ma-An (XVIIIe ou XVIIe siècle av. J.-C. ?) à Kandalānu (647–626 av. J.-C.). Voir Grayson (1983, 90–96) pour une édition et Pritchard (1969, 272) pour une traduction du texte.
48 Grayson (1975, 70–86, 238–240). La série de textes appelée *Chronique néo-babylonienne* englobe sept fragments de chroniques appartenant au même ensemble documentaire, couvrant la période qui s'étend du règne de Nabonassar (747–734 av. J.-C.) à la conquête de Babylone par les Perses (539 av. J.-C.). Cette chronique nous est connue par plusieurs tablettes et, pour la partie la plus ancienne du texte, par plusieurs copies. Voir Grayson (1975, 8–22).
49 Grayson (1975, 11–12). Ma traduction.
50 Grayson (1975, 237). Ma traduction.

La liste de Ptolémée et la *Chronique* ont en réalité plus de points communs que ne l'affirme Grayson[51]. La Table des rois ne parle nulle part de cinq années d'anarchie mais reconnaît bien les cinq années de règne de Sargon II – même si la forme grecque Ἀρκεανοῦ ou Ἀρκαιανοῦ est une transcription un peu éloignée du nom babylonien Šarru-ukīn ou Šarru-kīn[52]. De plus, l'omission de Nabû-šuma-ukin II, qui a régné moins de deux mois après Nabû-nādin-zēri (Ναδίου) en 732 av. J.-C., est tout à fait logique. Selon le principe de construction de la Table des rois, il n'y avait pas lieu de lui attribuer une année égyptienne entière. La seule différence apparente concerne le règne d'Assarhaddon (Ἀσαριδίνου), auquel la *Chronique néobabylonienne* et la *Chronique d'Assarhaddon*[53] attribuent douze années contre treize dans la Table des rois. Julia Neuffer a cependant montré qu'une année devait être comptée entre la fin du règne d'Assarhaddon et la première année de Šamaš-šuma-ukin (Σαοσδουχίνου) ; la treizième année donnée par la Table des rois inclut cette année intermédiaire[54]. La *Liste d'Uruk* présente une succession (aujourd'hui fragmentaire) des rois de Kandalānu à Séleucos II avec la durée de leurs règnes[55]. La Table des rois est semblable à une version simplifiée de cette liste, en omettant des règnes courts ou en fusionnant plusieurs entrées[56], mais les computs des deux listes sont équivalents.

---

51 Schmidtke (1952, 28) va même plus loin en déclarant : « la chronologie de cette période est établie, soutenue par le Canon de Ptolémée, qui puise sa matière dans la Chronique babylonienne mais lui-même est assuré par la liste des éponymes et les calculs astronomiques. » (Ma traduction). Il précise cependant plus loin (p. 41) que la documentation à l'origine de la Table des rois comprenait aussi d'autres sources. Pour Neuffer (1979, 41), l'existence de sources communes à la Table des rois, à la *Liste A* et à la *Chronique néo-babylonienne* est tout à fait plausible.
52 Grayson se rapporte à l'édition de Schmidtke (1952, 98–99), qui donne bien Ἀρκεανοῦ. J'ai du mal à imaginer que Grayson ait pu prendre le nom Ἀρκεανοῦ pour une déformation du grec ἀναρχία.
53 La Chronique dite d'Assarhaddon, connue par une tablette assez mutilée (BM 25091), relate les évènements ayant eu lieu au cours du règne d'Assarhaddon (680–669 av. J.-C.) et au début du règne de Šamaš-šuma-ukin (668–648 av. J.-C.). Voir Grayson (1975, 30–32).
54 Neuffer (1979, 42). Voir Oppenheim (1977, 340 et 347).
55 La *Liste d'Uruk* (Uruk King List) est connue par un fragment de tablette (IM 65006) découvert à Uruk en 1960, publié par van Dijk (1962, 53–60). La liste a été compilée à l'époque séleucide. Voir aussi l'édition et la présentation de Grayson (1983, 97–98). Pour une traduction, voir Pritchard (1969, 566).
56 Par exemple, l'année de règne attribuée à Sîn-šumu-līšir et Sîn-šarra-iškun dans la *Liste d'Uruk* est attribuée à leur prédécesseur Kandalānu chez Ptolémée. Dans la *Liste d'Uruk*, trois ans et huit mois sont attribués à Nergal-šarra-uṣur (Nériglissar) puis trois mois à Lābāši-Marduk. La Table des rois attribue directement quatre années à Nergal-šarra-uṣur. Voir Annexe D, pp. 319–320.

La prise de Babylone par Cyrus II en 539 av. J.-C. permet d'assurer une continuité dans le comput des années grâce aux souverains perses[57]. Bien que les Achéménides aient conquis l'Égypte dès le règne de Cambyse II (530–522 av. J.-C.), la Table des rois se concentre uniquement sur la royauté babylonienne et ne prend pas en compte, par exemple, la perte du contrôle de l'Égypte sous Artaxerxès II. Les chroniques babyloniennes couvrant la période achéménide aujourd'hui préservées sont très fragmentaires[58] et ne permettent pas de comparaison très précise avec la Table des rois.

Le calendrier babylonien et le calendrier égyptien sont très différents, et le début de l'année babylonienne, le premier jour du mois de nisanu, coïncide très rarement avec le premier jour du mois de thôth du calendrier égyptien. La pratique babylonienne est de compter la première année de règne d'un roi à partir du jour de l'an suivant son accession au trône, contrairement à la pratique égyptienne[59]. Pourtant, le comput que présente la Table des rois est cohérent avec la documentation babylonienne[60]. Pour expliquer cette bonne concordance, deux options principales sont envisageables. (1) Si la documentation babylonienne à l'origine de la table de Ptolémée était basée sur des dates de début et de fin de règne précises, alors une forme de conversion de ces dates du calendrier babylonien vers le calendrier égyptien a dû être entreprise par Ptolémée, sa source directe ou une source intermédiaire. (2) Il est aussi envisageable, et pas plus improbable, que la documentation utilisée ait simplement donné un nombre entier d'années de règne pour chaque roi et que ce comput d'années babyloniennes ait été repris tel quel comme s'il s'agissait d'années égyptiennes comptées à la manière égyptienne[61].

Le rôle d'Hipparque

Une hypothèse assez ancienne fait de Bérose, érudit babylonien et auteur d'une *Histoire de Babylone* rédigée en grec vers 290 av. J.-C., le chaînon ayant permis la transmission d'une chronologie des rois babyloniens, sous la forme d'une liste des

---

57 La *Chronique néo-babylonienne* insiste sur l'absence d'une quelconque rupture dans la vie religieuse de la cité à la prise du pouvoir par Cyrus II, voir Grayson (1975, 110). Voir aussi Briant (1996, 50–55) sur la transition entre Nabonide et Cyrus.
58 Grayson (1975, 23–24 et 112–114).
59 Schmidtke (1952, 14).
60 Voir Mercier (2011, 64) ; Neuffer (1979, 41–43) ; Schmidtke (1952, 28) ; Pinches (1884, 194) ; ou encore Schrader (1887a).
61 Outre les listes de rois comme la *Liste A* ou la *Liste d'Uruk* qui donnent uniquement les noms et les durées de règne de chaque roi, la *Chronique néo-babylonienne* récapitule, à intervalles réguliers, la durée règne de chaque roi avec une phrase de la forme « pendant [x] années, [le roi] régna à Babylone », voir Grayson (1975, 69–87).

règnes depuis Nabonassar, à un lectorat hellénophone[62]. Le scénario est envisageable, mais il est difficilement démontrable. Si l'on prend Ptolémée comme point de départ, il est très peu probable qu'il soit allé lui-même à Babylone fouiller dans des archives pour y retrouver des textes historiques et reconstruire une chronologie continue des rois depuis le VIIIe siècle avant J.-C. L'idée selon laquelle la documentation de Ptolémée comprenait une liste déjà faite des différentes années de règne des rois babyloniens est bien plus plausible[63]. Ptolémée aurait alors ajouté à cette liste un comput des années cumulées depuis Nabonassar, opération à l'origine de la Table des rois telle qu'on la connaît.

Ptolémée a puisé chez Hipparque (ca. 190–ca. 120 av. J.-C.) une assez vaste documentation d'origine babylonienne relative à des observations astronomiques datées de façon précise et réalisées à Babylone[64]. A-t-il également tiré tout ou une partie de cette documentation sur les rois babyloniens de sa principale source, Hipparque ? L'utilisation de l'ère de Nabonassar semble être propre à Ptolémée et il faut sans doute lui attribuer la paternité de l'établissement d'un comput des années égyptiennes à partir de Nabonassar. En effet, un comput systématique des années à partir de ce roi n'est pas attesté dans les sources babyloniennes[65], malgré le témoignage, souvent mentionné, de Georges le Syncelle[66]. Ces mêmes sources n'associent le règne de Nabonassar à aucune rupture historiographique ou chronologique majeure[67], même s'il est vrai que nos sources babyloniennes sur les éclipses ne remontent pas au-delà du milieu du VIIIe siècle av. J.-C.[68]. Lorsqu'il cite les éclipses de lune mentionnées et utilisées par Hipparque, Ptolémée insiste sur l'utilisation

---

[62] Le possible rôle joué par Bérose dans la transmission de la Table des rois avant Ptolémée est une hypothèse déjà présente chez Perizonius (1711) et Des Vignoles (1738, 351–356), et reprise par Mercier (2011, 69–70).
[63] Neuffer (1976, 45).
[64] Voir par exemple, *Alm.* IV.2 (270.19–21 Heiberg) ; Jones (1991, 443–444).
[65] Schmidtke (1952, 28) ; Brinkman (1968, 226–227).
[66] Georges le Syncelle, *Chron.* 244.32–245.4 : Ἀπὸ δὲ Ναβονασάρου τοὺς χρόνους τῆς τῶν ἀστέρων κινήσεως Χαλδαῖοι ἠκρίβωσαν καὶ ἀπὸ Χαλδαίων οἱ παρ' Ἕλλησι μαθηματικοὶ λαβόντες, ἐπειδή, ὡς ὁ Ἀλέξανδρος καὶ Βηρωσσός φασιν οἱ τὰς Χαλδαϊκὰς ἀρχαιολογίας περιειληφότες, Ναβονάσαρος συναγαγὼν τὰς πράξεις τῶν πρὸ αὐτοῦ βασιλέων ἠφάνισεν, ὅπως ἀπ' αὐτοῦ ἡ καταρίθμησις γίνεται τῶν Χαλδαίων βασιλέων. (« À partir de Nabonassar, les Chaldéens ont compté avec exactitude le temps des mouvements des astres, et les astronomes grecs se sont inspirés des Chaldéens, puisque, comme le disent Alexandre et Berossos, compilateurs des antiquités chaldéennes, Nabonassar, ayant rassemblé les actes des rois avant lui, les fit disparaître, si bien que le comput des rois chaldéens commence avec lui. ») Voir Brinkman (1968, 227) et Mercier (2011, 58 et 70–71). Cette histoire ou légende est citée, grandement amplifiée, par Théodore Méliténiotès (*Tribiblos* II.1.13–42), qui dit la tenir d'une « syntaxe perse » traduite en grec.
[67] Glassner (2004, 111–113).
[68] Neugebauer (1975, 352) ; Hunger (2001, 2–3). Voir aussi Kugler (1924, 162–171).

du calendrier égyptien par son prédécesseur, mais la mention des années depuis Nabonassar semble être due à Ptolémée lui-même[69]. Pourtant, ce dernier n'a pas de problème, en général, à reconnaître son accord avec les hypothèses de ses prédécesseurs, que ce soit sur la valeur de la précession des équinoxes, la longueur de l'année tropicale ou la méthode de calcul de l'anomalie de la lune chez Hipparque[70], ou encore sur l'obliquité de l'écliptique chez Ératosthène[71]. Or, lorsqu'il justifie son utilisation de l'ère de Nabonassar, il n'indique se conformer ni à une tradition déjà établie, ni à un prédécesseur en particulier :

> λοιποῦ δ' ὄντος τοῦ τὴν ἐποχὴν τῆς ὁμαλῆς τοῦ ἡλίου κινήσεως συστήσασθαι πρὸς τὰς τῶν κατὰ μέρος ἑκάστοτε παρόδων ἐπισκέψεις ποιησόμεθα καὶ τὴν τοιαύτην ἔκθεσιν ἀκολουθοῦντες μὲν καθόλου πάλιν ἐπί τε τοῦ ἡλίου καὶ τῶν ἄλλων ταῖς ὑφ' ἡμῶν αὐτῶν ἀκριβέστατα τετηρημέναις παρόδοις, ἀναβιβάζοντες δὲ ἀπ' αὐτῶν τὰς τῶν ἐποχῶν συστάσεις εἰς τὴν ἀρχὴν τῆς Ναβονασσάρου βασιλείας διὰ τῶν ἀποδεικνυμένων μέσων κινήσεων, ἀφ' οὗ χρόνου καὶ τὰς παλαιὰς τηρήσεις ἔχομεν ὡς ἐπίπαν μέχρι τοῦ δεῦρο διασωζομένας[72].

> Comme il nous reste à fixer le point de départ du mouvement moyen du soleil pour le calcul de ses positions à chaque moment donné, nous ferons aussi cet exposé en suivant – c'est généralement le cas pour le soleil mais aussi pour les autres astres – les positions que nous avons nous-mêmes observées avec la plus grande précision mais, à partir de celles-ci, en faisant remonter l'établissement des points de départ jusqu'au début du règne de Nabonassar, grâce aux mouvements moyens démontrés, époque à partir de laquelle les anciennes observations aussi, toutes celles qui sont disponibles, ont été transmises jusqu'à aujourd'hui[73].

Ptolémée ne rapporte pas d'observation remontant au règne de Nabonassar lui-même. La plus ancienne observation qu'il cite dans l'*Almageste* est une éclipse de lune ayant eu lieu la première année du règne de Mardokempad (Marduk-apla-iddina), dans la nuit du 19 au 20 thôth selon le calendrier égyptien (19–20 mars 721 av. J.-C.), c'est-à-dire lors de la vingt-septième année de l'ère de Nabonassar[74]. On sait cependant que Ptolémée n'utilise pas toute la documentation à sa disposition,

---

69 Par exemple, *Alm.* IV.11 (340.1–10 Heiberg). Neugebauer (1975, 313) suggère qu'Hipparque pourrait avoir utilisé l'ère de Nabonassar, mais sans étayer son hypothèse.
70 Voir respectivement *Alm.* VII.2 (12.4–16.11 Heiberg²), *Alm.* III.1 (206.21–208.14 Heiberg), *Alm.* IV.5 (294.21–23 Heiberg).
71 *Alm.* I.12 (67.17–68.6 Heiberg).
72 *Alm.* III.7 (254.2–13 Heiberg). Comme suggéré par Toomer (1984, 166), à la deuxième ligne j'ai choisi la leçon ποιησόμεθα du *Vat. gr.* 180 plutôt que ἐποιησάμεθα, retenu par Heiberg.
73 La fin de ce passage, à partir de « ἀφ' οὗ χρόνου », a été l'objet d'interprétations (et de traductions diverses), en particulier sur le sens à donner à ὡς ἐπίπαν ; voir à ce sujet l'excellente remarque de Depuydt (1995, 104). Cet extrait est cité presque littéralement par Théodore Méliténiotès (*Tribiblos* II.1.10–12).
74 *Alm.* IV.6 (302.12–17 Heiberg). Sur la question des doubles dates chez Ptolémée, voir Toomer (1984, 12).

en particulier lorsqu'il juge les comptes-rendus d'observation trop imprécis[75]. Le choix de Nabonassar relève au moins en partie d'une volonté de rendre l'utilisation de ses tables commode, afin que tout calcul, même se rapportant à des périodes anciennes, puisse avoir lieu dans le cadre d'un système chronologique unique[76]. Hipparque avait compilé un grand nombre d'observations babyloniennes et grecques, dont il avait transposé les dates dans une chronologie uniforme basée sur le calendrier égyptien[77]. Il disposait déjà d'un comput continu des années égyptiennes, sous une forme ou sous une autre. Pour la période qui commence vers le règne d'Alexandre le Grand, il utilisait les cycles de Callippe[78]. Il avait aussi à disposition des observations plus anciennes, réalisées sous le règne de Darius Ier (521–486 av. J.-C.)[79] et à l'époque de Méton et Euctémon (Ve siècle av. J.-C.)[80]. Ptolémée rapporte qu'Hipparque aurait compté 152 années entre le solstice d'été observé sous l'archontat d'Apseudès à Athènes (432 av. J.-C.) et le solstice observé par Aristarque lors de la cinquième année du premier cycle callippique (280 av. J.-C.)[81]. Pour les périodes plus anciennes, qui précèdent Alexandre le Grand, il est difficile de dire sur quelles bases chronologiques précises se basait Hipparque pour calculer de longs intervalles.

Si l'on élargit un peu la perspective, il faut se demander dans quelles conditions un astronome grec comme Hipparque ou Ptolémée peut transposer à son époque des rapports d'observations réalisés dans un contexte scientifique, linguistique et culturel différent du sien, comme celui de l'astronomie babylonienne. La langue utilisée dans les tablettes cunéiformes pour les rapports d'observations est particulièrement technique et n'était sans doute pas à la portée de tous les scribes babyloniens eux-mêmes[82]. Au-delà des problèmes de terminologie, l'un des obstacles les

---

75 Voir par exemple *Alm.* III.1 (203.7–22 Heiberg), IV.6 (301.1–5 Heiberg), X.1 (296.10–13 Heiberg^2). Voir aussi Jones (2016) pour une étude plus poussée sur les observations de planètes utilisées par Ptolémée.
76 Dans sa *Géographie*, Ptolémée fait coïncider son méridien zéro avec l'extrémité occidentale de sa carte. Ainsi, toute longitude, exprimée en degrés, peut être considérée comme étant à l'est de ce méridien, et non pas, comme pour le méridien d'Alexandrie, par exemple, en partie à l'ouest et en partie à l'est de cette ligne, ce qui aurait nécessité une spécification pour chaque longitude dans le catalogue. Dans l'*Almageste*, toutes les dates peuvent être exprimées à partir d'un repère unique, sans avoir à préciser si la date en question est située avant ou après celui-ci. Dans les deux cas, le choix relève d'une attention portée à l'εὐχρηστία de ses ouvrages.
77 Jones (2006, 279).
78 Voir par exemple le long développement sur la longueur de l'année, *Alm.* III.1 (204.1–208.2 Heiberg). Sur les cycles de Callippe et son utilisation par Hipparque, voir Toomer (1984, 12–13).
79 *Alm.* IV.9 (332.14–17 Heiberg).
80 *Alm.* III.1 (203.7–12 Heiberg).
81 *Alm.* III.1 (206.4–8 Heiberg).
82 Steele (2004, 340–342).

plus sérieux pour les astronomes grecs était la nécessité, comme le rappelle John Steele, de convertir les dates babyloniennes dans un cadre chronologique plus pratique et familier comme le calendrier égyptien[83]. Tirés des tablettes babyloniennes, les rapports d'observations ont été transposés et traduits en grec, opération nécessitant une grande compétence à la fois linguistique et scientifique ; ce transfert a pu avoir lieu, d'après Alexander Jones, à un moment donné entre la fin du IIIe siècle av. J.-C. et le Ier siècle de notre ère[84]. On a vu qu'Hipparque a pu transposer des dates d'observations babyloniennes dans le calendrier égyptien. Cette transposition d'un système chronologique à un autre n'a pu avoir lieu de manière efficace, il me semble, que si la documentation astronomique babylonienne transmise à Hipparque ou à sa source directe comprenait aussi une liste continue des rois babyloniens avec leurs années de règne, documentation dont dépend, en dernier lieu, Ptolémée. Une transmission plus tardive, après Hipparque, d'une liste de rois babyloniens à un lectorat hellénophone et spécialiste d'astronomie est peut-être moins probable. La fin de la domination séleucide et la prise de Babylone par les Parthes dans la seconde moitié du IIe siècle av. J.-C. me paraît fournir un contexte historique moins propice à ce genre d'échanges que sous l'Empire séleucide.

4.2 Documentation sur les souverains d'Égypte

Cambyse II, grand roi de l'Empire perse et roi de Babylone, conquiert l'Égypte après la bataille de Péluse en 525 av. J.-C. Il devient pharaon, comme tous les souverains achéménides jusqu'à Darius III[85]. Néanmoins, c'est le passage du pouvoir entre Darius III et Alexandre le Grand qui fait la charnière dans la Table des rois entre la liste des rois de Babylone et celle des souverains d'Égypte. Ptolémée attribue quatre années à Darius III ; elles correspondant aux années 336/335 à 333/332 av. J.-C. La *Liste d'Uruk* lui attribue cinq années de règne[86] puisque sa défaite à Gaugamèles a eu lieu en octobre 331 et qu'il ne meurt qu'à l'été de l'année 330 av. J.-C. La raison pour laquelle Ptolémée ne lui attribue que quatre années est qu'il fait débuter le règne d'Alexandre dès sa conquête égyptienne : l'an 1 d'Alexandre en Égypte, dans les sources démotiques, est l'année 332/331 av. J.-C.[87] et correspond à la cinquième année de Darius III à Babylone. Dès le règne d'Alexandre, la perspective adoptée

---

[83] Steele (2004, 342).
[84] Jones (2006, 290).
[85] Artaxerxès II, roi perse de 404 à 358 av. J.-C., perd le contrôle de l'Égypte au tout début de son règne. Elle ne sera reconquise que sous son successeur, Artaxerxès III (Ochos), en 343 av. J.-C.
[86] Grayson (1983, 97).
[87] Pestman (1967, 10–11).

par Ptolémée est celle de la documentation égyptienne. Il paraît assez logique qu'un astronome alexandrin comme Ptolémée, établissant un comput des années égyptiennes, ait voulu continuer sa liste à l'aide des rois d'Égypte plutôt qu'avec les successeurs d'Alexandre sur le trône de Babylone. Par ailleurs, contrairement aux rois babyloniens, Ptolémée n'a sans doute pas eu de grandes difficultés à se procurer une liste continue des souverains lagides avec leurs années de règne, si cette liste ne faisait pas partie de la documentation astronomique à sa disposition.

La Table des rois attribue huit années à Alexandre le Grand (332/331 à 325/324 av. J.-C.) et sept à son successeur, Philippe Arrhidée (324/323 à 318/317 av. J.-C.). On rencontre dans les sources démotiques une neuvième année d'Alexandre, et dans les sources babyloniennes une huitième année de Philippe[88]. Ce genre d'années posthumes est très courant. L'année 9 d'Alexandre est ainsi comprise comme l'année 1 de Philippe ; l'année 8 de Philippe comme l'année 1 d'Alexandre IV. Ce dernier, fils d'Alexandre le Grand et de Roxane, a régné à partir de l'année 317/316 av. J.-C. et a trouvé la mort vers 310/309 av. J.-C. au cours de sa huitième année de règne. Les sources démotiques continuent cependant le comput des années d'Alexandre IV jusqu'à sa treizième année, qu'elles font correspondre à la première année de Ptolémée Ier Sôter[89]. La Table des rois suit exactement la même logique en attribuant douze années à Alexandre IV (317/316 à 306/305 av. J.-C.). La première année de Ptolémée Ier est donc 305/304 av. J.-C. On notera qu'un autre comput des années de Ptolémée Ier est attesté dans des documents de langue grecque, mais reste complètement étranger à la documentation qui sous-tend la Table des rois, qui suit ici de très près la documentation démotique[90]. La succession des quatre souverains Alexandre (huit ans), Philippe Arrhidée (sept ans), Alexandre IV (douze ans) et Ptolémée Ier (vingt ans) fait écho à la documentation démotique et babylonienne[91], mais parmi les sources de langue grecque, elle n'est attestée sous cette forme que par la Table

---

[88] Pestman (1967, 10–11) ; Mercier (2011, 62–63).
[89] Pestman (1967, 12–13).
[90] Des papyrus grecs retrouvés à Éléphantine mais aussi une inscription grecque mentionnant la mort de Ménandre (*IG* XIV 1184) attestent de l'utilisation d'un comput différent, basée sur l'année macédonienne et prenant comme début du règne de Ptolémée Ier le jour suivant la mort d'Alexandre le Grand. C'est en effet le début de sa charge de satrape d'Égypte, qu'il exerce sous les règnes de Philippe Arrhidée et Alexandre IV. Ce comput donne donc en tout quarante années de règne, soit dix-sept comme satrape et vingt-trois comme roi d'Égypte (dont deux ans avec son fils). On trouve ces quarante années chez Porphyre de Tyr, repris par Eusèbe de Césarée, *Chronique* I, éd. Aucher (1818a, 236–237 et 251), qui a influencé une bonne partie de la tradition chronographique postérieure. Voir Samuel (1962, 11–25).
[91] On trouvera une discussion des différences entre la Table de Ptolémée, les sources babyloniennes, égyptiennes et proche-orientales pour le début de la période hellénistique chez Boiy (2007, 73–104).

des rois de Ptolémée. Le comput repris par Eusèbe de Césarée à Porphyre de Tyr, qui ne prend pas en compte les règnes de Philippe Arrhidée et Alexandre IV, s'impose en effet très largement dans les sources chronographiques après lui.

À partir de Ptolémée Ier, la Table des rois suit la succession des souverains lagides. Ptolémée II Philadelphe a régné deux années avec son père, Ptolémée Ier (285/284 et 284/283 av. J.-C.). On trouve dans les sources démotiques comme dans les sources grecques un comput de Ptolémée II à partir de la première année où il règne seul (283/282 av. J.-C.), mais vers 267 av. J.-C., un nouveau comput – rétroactif – est mis en place, à partir de son association au trône de son père (285/284 av. J.-C.)[92] – c'est celui qui correspond à la Table des rois. Sous les premiers Lagides, la cohabitation des années de règne macédoniennes et égyptiennes, basées sur les systèmes non synchrones, a conduit à l'utilisation de doubles dates dans la documentation en provenance d'Égypte[93]. À partir du IIe siècle av. J.-C., le calendrier macédonien est progressivement assimilé au calendrier égyptien et perd son autonomie[94]. Les années de règne ne sont alors plus données que dans le système égyptien, celui que suit la Table des rois. De Ptolémée III Évergète à Ptolémée V Épiphane, la Table des rois est cohérente avec la documentation démotique.

À partir de sa douzième année de règne (170/169 av. J.-C.), Ptolémée VI Philométor associe au trône son frère Ptolémée VIII Évergète II, avec le commencement d'un nouveau comput pour leur règne conjoint[95]. À la mort de Ptolémée VI au cours de sa trente-sixième année (146/145 av. J.-C.), Ptolémée VIII, qui avait été associé au trône par intermittence depuis 170/169 av. J.-C., entame son règne personnel[96]. Le comput de ses années n'est cependant pas recommencé ; sa première année de règne reste l'année 170/169 av. J.-C. et le comput est continué jusqu'à sa mort, après cinquante-trois années de règne. C'est celui que l'on retrouve dans la documentation grecque et démotique[97]. Dans la Table des rois, cependant, le règne conjoint de Ptolémée VI et VIII n'est pas compté ; les années attribuées à Ptolémée VIII commencent après la mort de Ptolémée VI, soit vingt-neuf pour ce dernier et trente-cinq pour son frère et successeur. Une simplification similaire a été opérée pour le règne

---

92 Samuel (1962, 25–28) ; Pestman (1967, 14–19).
93 Samuel (1962, 31). Dans le comput macédonien attesté en Égypte aux IIIe et IIe siècle av. J.-C., le début de la première année de règne coïncide avec l'accession au trône et elle se termine à la fin de l'année civile en cours. Ainsi, les premières et dernières années de chaque roi ne correspondent pas à des années entières ; voir Samuel (1962, 108).
94 Samuel (1962, 129) ; Samuel (1972, 149–150).
95 Les onze premières années de Philométor se retrouvent par exemple dans le comput de Julius Africanus, voir Wallraff et al. (2007), fragments F86 et T86a.
96 Ptolémée VII, fils de Ptolémée VI, n'a pas régné personnellement ; il a été associé au trône sous le règne de son père, puis placé brièvement sous la régence de sa mère avant son assassinat.
97 Samuel (1962, 140–141) ; Pestman (1967, 49–65).

de Ptolémée IX Sôter II. Celui-ci succède à son père Ptolémée VIII en 117/116 av. J.-C. Le frère cadet, Ptolémée X, se proclame roi en 114/113 av. J.-C. avant d'écarter Ptolémée IX du trône à partir de 107/106 av. J.-C. Ptolémée X règne alors jusqu'à sa mort en 88 av. J.-C., date à laquelle Ptolémée IX règne à nouveau, jusqu'en 81/80 av. J.-C., sa trente-septième année de règne. La Table des rois résume cette situation en attribuant simplement trente-six années à Ptolémée IX (117/116 à 82/81 av. J.-C.). Le court règne de Cléopâtre Bérénice III et Ptolémée XI, respectivement fille et petit-fils de Ptolémée IX, en 81/80 av. J.-C. n'est pas comptabilisé, tout comme la régence de Bérénice IV (58–55 av. J.-C.) durant le règne de son père Ptolémée XII (Néos Dionysos). Depuis son avènement en 80 av. J.-C. jusqu'à sa mort en 51 av. J.-C., le comput du règne de Ptolémée XII a été continu dans les sources démotiques et grecques[98]. Ses vingt-neuf années de règne égyptiennes sont reprises dans la Table des rois d'un seul bloc. À sa mort, la rivalité entre ses enfants, Cléopâtre VII, Ptolémée XIII et Ptolémée XIV, rend confus l'établissement des années de règne. Un comput continu des années de Cléopâtre, de 52/51 à 31/30 av. J.-C., est cependant bien attesté et correspond aux vingt-deux années données par la Table des rois.

4.3 Les rois romains d'Égypte

Le règne d'Auguste constitue la charnière entre la liste des souverains lagides et celle des empereurs romains. Cette période est marquée par plusieurs réformes du calendrier, tant à Rome qu'en Égypte, débouchant sur l'introduction du calendrier dit alexandrin. La partie de la table qui va d'Auguste à Antonin présente plusieurs particularités vis-à-vis du comput traditionnel des années de règne égyptiennes.

Début du règne d'Auguste
La première particularité concerne Octave/Auguste lui-même. Octave prend possession de l'Égypte le 1er août 30 av. J.-C. lors de la vingt-deuxième année de Cléopâtre. Il s'agit de l'année 294 de Philippe. Précisément, la prise d'Alexandrie est datée du 8 mésori de cette année dans le calendrier égyptien et le sénat romain acte le début de la première année du règne d'Octave en Égypte ce même 8 mésori[99]. L'année égyptienne en cours se terminant avec la fin du cinquième jour épagomène, il reste donc vingt-huit jours avant le 1er thôth suivant. Octave ayant commencé son règne avant la fin de l'année 294 de Philippe, cette année devrait lui être attribuée. Or, la « première année d'Auguste » dans la Table des rois est l'année 295 de Philippe.

---
[98] Samuel (1962, 156) ; Pestman (1967, 83).
[99] Skeat (1994).

L'ambition d'Octave et du sénat était de faire commencer un nouveau comput des années égyptiennes à partir du 8 mésôri et non plus du 1er thôth[100]. Cette réforme n'a, en réalité, été appliquée que quelques années tout au plus et les documents grecs et démotiques datés[101] montrent que le comput qui s'impose très rapidement, dès la sixième année d'Auguste et l'introduction du calendrier alexandrin, est celui adopté par Ptolémée : la période de vingt-huit jours – c'est-à-dire du 8 mésôri au cinquième jour épagomène inclus de l'année 294 de Philippe – est finalement « accordée » à Cléopâtre ; la première année d'Auguste est l'année 295 de Philippe[102].

Début du règne de Tibère

Les souverains meurent rarement le dernier jour de l'année égyptienne – sauf si l'on est fils du Divin César et que l'on a conquis l'Égypte. Le jour de la mort d'Auguste, le 19 août 14 AD, coïncide en effet avec le dernier jour de l'année égyptienne 337 de Philippe (13/14 AD). À partir du 20 août, premier jour de l'année 338 de Philippe, l'empereur est donc Tibère[103]. Le calendrier alors utilisé pour compter les années de règne en Égypte dans les documents officiels était en principe le calendrier alexandrin dont le 1er thôth coïncide toujours avec le 29 août de l'année julienne (ou le 30 août les années bissextiles). À la mort d'Auguste il restait donc neuf jours avant la fin de l'année alexandrine 13/14 AD. Contrairement à la règle, les documents officiels comptent cependant l'année 14/15 comme la première de Tibère, comme dans la Table des rois. La pratique normale aurait été de compter l'année 13/14 à la fois comme la quarante-troisième et dernière année d'Auguste et comme la première de Tibère. Pieter Pestman pense que ce comput spécial est lié au temps nécessaire pour que la nouvelle de la mort d'Auguste et l'avènement de son successeur parvienne en Égypte[104]. Ce calcul, cohérent avec les années égyptiennes, rend la Table des rois concordante avec les documents officiels.

---

100 L'idée était donc non pas de considérer la vingt-deuxième année de Cléopâtre (294e de Philippe) comme l'an 1 d'Auguste, mais de faire commencer *de facto* la nouvelle année égyptienne, et donc la première année d'Auguste le 8 mésôri. L'année 22 de Cléopâtre serait ainsi une année « complète » mais de 337 jours seulement.
101 Pestman (1967, 84–91).
102 Il est possible qu'attribuer rétrospectivement l'année 22 de Cléopâtre à Auguste, en décalant ainsi complètement le comput d'environ onze mois, ait été plus compliqué que de retarder de quelques jours le début du règne effectif d'Auguste.
103 Sur les règnes d'Auguste et Tibère et leurs durées dans les différentes sources chronologiques antiques et médiévales, voir Burgess (2014, 39–43).
104 Pestman (1967, 90). Je me demande dans quelle mesure l'utilisation parallèle en Égypte du calendrier égyptien et du calendrier alexandrin (introduit depuis une quarantaine d'années) aurait pu influencer ce comput non conforme à la règle dans le cadre du calendrier alexandrin.

Règnes de Trajan, Hadrien et Antonin

On a vu plus haut que Galba aurait dû selon toute logique se voir attribuer l'année 391 de Philippe. Son absence de la Table des rois s'explique peut-être par la volonté de simplifier la situation incommode de l'année des quatre empereurs. Le cas des règnes de Trajan et Hadrien, empereurs dont Ptolémée est le contemporain, est plus complexe. La date précise de la mort de Trajan n'est pas certaine, mais l'évènement a été officiellement rendu public vers le 9 ou le 11 août 117[105]. Cette date tombe un peu plus de deux semaines après le début de l'année égyptienne correspondant à l'année de Philippe 441 (du 25 juillet 117 au 24 juillet 118). L'année 441 de Philippe devrait donc être comptée comme la première année d'Hadrien, et l'année 440 comme la vingtième et dernière de Trajan. Hadrien meurt dans la première moitié du mois de juillet 137, peu avant la fin de l'année égyptienne (année 461 de Philippe, du 20 juillet 137 au 19 juillet 138) ; cette année devrait être comptée comme la première de son successeur, Antonin. Le comput devrait donc donner :

> Trajan : 20 années (Philippe 421–440)
> Hadrien : 20 années (Philippe 441–460)
> Antonin : 23 années (Philippe 461–483)

Or, tous les témoins de la Table des rois donnent le comput suivant :

> Trajan : 19 années (Philippe 421–439)
> Hadrien : 21 années (Philippe 440–460)
> Antonin : 23 années (Philippe 461–483)[106]

Il ne s'agit pas d'une erreur dans la tradition manuscrite. Ptolémée cite lui-même dans l'*Almageste* des observations de Vénus au cours de la vingt-et-unième année d'Hadrien[107]. Le comput de Ptolémée peut s'expliquer de deux manières : (1) sa source pour la mort de Trajan donnait une date antérieure au début de l'année égyptienne, donc avant le 25 juillet 117. C'est l'idée avancée par Hermann Usener sur la base du témoignage de la liste d'empereurs transmise dans la compilation dite du Chronographe de 354, qui donne pour date de la mort de Trajan le septième jour avant les calendes de juillet, soit le 9 juillet[108]. (2) Ptolémée a ici suivi le comput

---

[105] Sur les évènements de l'été 117, la mort de Trajan et la succession d'Hadrien, voir Bennett (1997, 205–207).
[106] Il n'est pas du tout certain que Ptolémée ait vécu jusqu'à la mort d'Antonin ; les vingt-trois années données par la table ne sont pas attribuables à Ptolémée avec certitude.
[107] *Alm.* X.1 (298.9 Heiberg²), X.2 (300.8 Heiberg²).
[108] Usener (1898, 442). Il cite l'édition de Mommsen (1892, 146). Sur ce point, voir les remarques de Burgess (2014, 54–56), qui n'exclut pas la possibilité d'une tradition différente de la version adoptée par les autres sources.

des années que l'on retrouve dans les sources en provenance d'Égypte qui utilisent le calendrier alexandrin[109]. En effet, l'année alexandrine commence le 29 août (ou le 30 août lors des années bissextiles). Le 9 août tombe après le début de l'année égyptienne (25 juillet 117) mais avant le début de l'année alexandrine (29 août 117). Dans ce cas, l'année alexandrine non terminée par Trajan (sa vingtième) est attribuée au successeur, Hadrien, donnant bien dix-neuf années entières à Trajan et vingt-et-une à Hadrien.

Pour qu'il y ait une différence dans le comput des années de règne selon les calendriers alexandrin et égyptien, il faut que la mort de l'empereur et sa succession aient lieu dans l'intervalle qui sépare le début de l'année égyptienne du début de l'année alexandrine. Entre Auguste et Antonin, seule la succession de Trajan à Hadrien correspond à ce cas. Cependant, puisque cette différence n'entraîne pas de divergence dans le nombre total d'années, il est possible que Ptolémée ait préféré suivre ici le comput alexandrin.

5 Le témoignage des manuscrits

Aucun inventaire exhaustif des manuscrits contenant les *Tables faciles* n'a été réalisé à ce jour. Anne Tihon a dressé une liste de plus d'une quarantaine de manuscrits grecs qui en contiennent la totalité ou une partie, mais cette liste n'est pas fermée[110]. Les tables astronomiques sont généralement assez mal référencées dans les catalogues des bibliothèques. Il est parfois impossible, sans consulter directement les manuscrits, d'identifier la nature des tables qu'ils contiennent et leurs liens ou non avec Ptolémée. En particulier, il existe de très nombreuses listes de rois et d'empereurs, sous des formats divers, qui n'ont pas de liens avec la Table des rois de Ptolémée. Dans les descriptions des catalogues, les diverses mentions *index regum*, *catalogus imperatorum*, *series imperatorum*, *ratio annorum et regnorum*, *notitia regum*, *computus annorum* parmi d'autres, et leurs équivalents en langues modernes, rendent plutôt ardu l'établissement de la liste précise des témoins de la Table des rois de Ptolémée. Parmi les témoins identifiés des *Tables faciles*, certains ne contiennent pas la Table des rois ou ne la contiennent plus, et d'autres n'en présentent qu'une partie. Une dizaine d'entre eux n'ont pas la partie de la table qui va de Nabonassar à Alexandre le Grand. L'inventaire dressé plus loin reste une liste ouverte[111]. Le cas du *Paris. gr.* 1765, manuscrit contenant presque uniquement des

---

109 Pestman (1967, 102–105).
110 Tihon (2011, 47–48).
111 Voir pp. 43–44.

chroniques et des textes historiques, sans aucune table astronomique, mais avec un exemplaire de la Table des rois – et identifié de manière quasi fortuite par l'auteur de ces lignes – illustre d'une part la nécessité de définir et de cataloguer de manière plus précise les différentes listes de rois, et d'autre part, la certitude que de nouveaux exemplaires de la table de Ptolémée seront mis au jour dans les prochaines années.

5.1 Ptolémée, auteur ou co-auteur ?

La totalité des témoins manuscrits de la Table de rois présente une liste continuée bien après le règne d'Antonin le Pieux. La description de la Table des rois dans le *Manuel* des *Tables faciles* est très sommaire et ne permet pas de dire si les tables contenues dans les manuscrits sont absolument fidèles ou non à ce que Ptolémée avait rédigé en premier lieu. Dans l'*Almageste*, lorsque Ptolémée mentionne le nombre d'années écoulées depuis Nabonassar ou Philippe jusqu'à l'année de règne d'un autre souverain (Mardokempad, Nabopolassar, Cambyse, Darius Ier, Ptolémée Philadelphe, Ptolémée Philopator, Auguste, Domitien, Trajan, Hadrien, Antonin), ce comput est en parfaite cohérence avec celui de la Table des rois telle qu'on la trouve dans les manuscrits. On peut néanmoins trouver, dans certaines publications modernes, quelques doutes sur l'adéquation entre la table telle qu'on peut la reconstruire à l'aide des manuscrits et celle qu'a établi Ptolémée ; ces doutes peuvent s'étendre à la paternité réelle des tables contenues dans les manuscrits. Pour certains auteurs, la Table des rois a été réalisée par « des astronomes alexandrins[112] » ou nous est connue « principalement par l'intermédiaire de Ptolémée[113] ». Dans une courte contribution publiée en 1962, Otto Neugebauer déclare à propos des *royal canons* utilisant un comput des années égyptiennes basé sur les années de règne :

> Il est inapproprié d'appeler de telles tables chronologiques « canon ptoléméen ». L'*Almageste* de Ptolémée n'a jamais contenu un tel canon [...], mais nous savons qu'une βασιλέων χρονογραφία avait été incluse dans ses *Tables faciles* qui, cependant, n'existent plus. Théon, dans la seconde moitié du IVe siècle, fait référence à un κανών τῶν βασιλειῶν dans l'introduction de ses *Tables faciles*, mais la plus ancienne version préservée d'un canon royal de ce type semble être les tables de l'empereur Héraclius (610–641). On peut espérer que la version de Ptolémée est (dans la mesure du possible) identique, comme on le suppose généralement, à cette version qui nous est parvenue cinq siècles plus tard[114].

---

112 Brickerman (1980, 81–82).
113 Ginzel (1906, 138).
114 Neugebauer (1962, 209). Ma traduction.

L'idée selon laquelle Théon serait le véritable auteur des *Tables faciles* telles qu'elles nous ont été transmises – idée que Neugebauer nuancera lui-même quelques années après[115] – et la présentation d'Hermann Usener qui parle de *laterculus Heraclianus* et *laterculus Leoninus* pour désigner les différentes versions manuscrites de la Table des rois, ont certainement joué un rôle dans cette déclaration[116]. En réalité, on n'a pas de raison de douter que Ptolémée avait inclus dans sa collection une table des rois de la même nature que celle que nous ont transmise les manuscrits byzantins. Il aurait sans doute été plus satisfaisant et rassurant qu'une majorité de témoins manuscrits ait pour titre βασιλέων χρονογραφία ou une formule semblable proche des mots de Ptolémée dans son *Manuel*. L'appellation fréquente de « Canon de Ptolémée », surtout dans les publications anglo-saxonnes, est certainement aussi à l'origine de conceptions erronées sur la nature du document en question. Ce que nous avons aujourd'hui sous les yeux est une table établie par Ptolémée à partir de sa documentation, continuée ensuite par différentes mains pendant plusieurs siècles. Les Tables des rois que l'on trouve dans les manuscrits sont des exemplaires qui, s'ils étaient publiés comme des articles scientifiques modernes, devraient indiquer Ptolémée comme l'initiateur du projet – son innovation principale ayant été l'introduction d'un comput continu depuis Nabonassar – et l'un de leurs co-auteurs. Cela ne doit pas empêcher de le considérer comme le véritable auteur de la première partie de la table, de Nabonassar à Hadrien, voire Antonin. L'appellation plus neutre de « Table des rois » ou « Canon des rois » est peut-être moins trompeuse. La première a été préférée ici afin d'éviter toute confusion avec l'utilisation du terme « canon » en liturgie et dans la littérature exégétique.

5.2 Titre(s) et mise(s) en page.

La Table des rois est appelée κανὼν τῶν βασιλέων, κανόνιον τῶν βασιλειῶν ou encore κανόνες τῶν βασιλέων par Théon d'Alexandrie[117]. Au début du XIVe siècle, elle est désignée sous le nom de κανὼν ou κανόνιον τῶν βασιλειῶν par Théodore Métochitès et Jean Catrarios[118]. Dans les manuscrits des *Tables faciles*, cependant, il

---

115 Neugebauer (1975, 969 et 973).
116 Neugebauer (1962, 210) renvoie explicitement à Usener (1898c). La même idée est reprise par exemple par Brinkman (1968, 22). Sur le rôle de Théon et l'idée d'une édition théonienne, voir p. 185.
117 Théon, *Petit Commentaire* 205.13 (ἐν τῷ κανονίῳ τῶν βασιλειῶν [ἐν τῷ κανόνι τῶν βασιλέων *Paris. gr.* 2394]), *id.* 206.5 (ἐκ τοῦ τῶν βασιλειῶν [βασιλέων *Paris. gr.* 2394] κανόνος), *Grand Commentaire* 112.13 (τοῖς τῶν βασιλέων κανόσιν).
118 Voir pp. 252–256.

n'y a généralement pas de titre et la formule utilisée par Ptolémée dans le *Manuel* (τὸ προκανόνιον τῆς τῶν ἀπὸ τῆς ἐποχῆς βασιλέων χρονογραφίας) n'apparaît jamais. Seuls certains manuscrits contenant des recensions tardo-byzantines de la table utilisent κανόνιον βασιλέων (*Plut.* 28/48, *Paris. gr.* 2497), κανόνια βασιλέων (*Vindob. Phil. gr.* 140, *Sinaiticus* 2124) ou κανὼν βασιλειῶν (*Ambr. gr.* H 57 sup [A¹]) ; le *Paris. gr.* 2394 emploie βασιλεῖς ἐπίσημοι et βασιλεῖς Περσῶν. Les manuscrits les plus anciens ajoutent parfois en haut de la table des formules un peu plus longues, qui étaient peut-être à l'origine des scolies, placées ensuite comme en-têtes de la table :

ἔτη βασιλέων Περσῶν τῶν ἕως Ἀλεξάνδρου καὶ αὐτοῦ (*Leidensis* BPG 78 [H²])

ἔτη βασιλέων τῶν Μακεδονῶν μετὰ τὴν τοῦ Ἀλεξάνδρου τοῦ βασιλέως τελευτήν (*Leidensis* BPG 78 [H²])

ἀπὸ Ναβονασάρου μέχρι τῆς Ἀλεξάνδρου τελευτῆς· ἔτη υκδ (*Plut.* 28/26 [F¹])

ετη βασιλεων των μετα αλεξανδρον τον κτιστην (*Vat. gr.* 1291 [V])[119]

Les en-têtes de colonnes montrent également une certaine variabilité et le contenu de chaque colonne de la table n'est pas toujours décrit précisément. La première colonne est généralement intitulée βασιλεῖς, βασιλέων ou ἔτη βασιλέων ; la deuxième simplement ἔτη dans la grande majorité des manuscrits ; la troisième ἔτη ἐπισυναγόμενα, ἐπισυναγωγή, συναγωγή voire ὁμοῦ. L'expression la plus courante employée par Ptolémée dans l'*Almageste* pour décrire les tables qui contiennent une colonne avec des sommes cumulées est ἐπισυναγωγή[120]. Théon mentionne également les ἐπισυναγωγαί de la Table des rois[121]. La mise en page graphique de la table est variable selon les manuscrits mais on retrouve presque systématiquement les trois colonnes (roi, années, années cumulées) dans cet ordre.

---

[119] Pour la table du *Vat. gr.* 1291, la phrase est coupée en deux (« ετη βασιλεων » et « των μετα αλεξανδρον τον κτιστην »), les deux parties étant placées au-dessus des deux colonnes donnant les noms des rois. Il s'agit sans doute d'une formule qui servait à l'origine de titre pour l'ensemble de la table.
[120] Voir sa description de la table d'ascensions : *Alm.* II.7 (133.15–16 Heiberg) et *Alm.* II.9 (142.22, 144.16, 144.19, 144.24, 145.1–2 Heiberg), tout comme celle des mouvements moyens du soleil : *Alm.* III.3 (209.24–25 Heiberg). Dans le *Paris. gr.* 2399 en marge du *Petit Commentaire* (f. 3r), Jean Chortasménos rapporte cette « scolie ancienne » (σχόλιον παλαιόν) : ἡ ἀρχὴ τῆς Διοκλητιανοῦ βασιλείας ἦν ἐν τῷ ͵εψϟβῳ ἔτους ἀπὸ κτίσεως κόσμου· ὡς ἐκ τῆς ἐπισυναγωγῆς τῶν ἐτῶν ἐστι δῆλον. L'expression ἐκ τῆς ἐπισυναγωγῆς τῶν ἐτῶν pourrait faire allusion à la troisième colonne d'une Table des rois.
[121] Théon, *Petit Commentaire* 205.13.

5.3 Scolies

De nombreuses scolies ont été progressivement ajoutées à la Table des rois. La plupart ne sont pas datées mais, quand elles le sont, une grande partie d'entre elles est à placer à l'époque byzantine. Un petit groupe est daté du VIIIe siècle et d'autres, plus nombreuses, des XIVe et XVe siècles. Elles sont autant de repères pour retracer l'histoire textuelle de la Table des rois. Datées ou non, ces scolies se répartissent en trois catégories : (I) des notes chronologiques liées au comput des années, (II) des ajouts à la table ou des indications de variantes et (III) des précisions d'ordre historique comme la mention de personnages vivant ou d'évènements ayant eu lieu sous le règne de tel roi ou de tel empereur. Ces trois catégories sont le reflet de fonctions différentes endossées par la Table des rois tout au long de son histoire : à sa fonction première – le comput des années égyptiennes liée à l'utilisation des tables astronomiques – s'ajoutent l'emploi de la Table des rois dans le cadre de l'écriture d'une histoire universelle et son usage comme une sorte de frise chronologique pour situer des évènements historiques. L'ensemble de ces scolies demanderait une investigation spécifique ; pour la présente étude, on donnera seulement en annexe un catalogue de ces scolies, numérotées et transcrites, avec les références des manuscrits dans lesquels elles se trouvent mais aussi, dans les descriptions des manuscrits, la liste précise des scolies qu'ils contiennent. Quelques exemples représentatifs sont présentés ci-après ; les numéros des scolies se rapportent au catalogue placé en annexe.

Notes relatives à un comput des années

Plusieurs scolies relient le comput de Ptolémée avec une ère commençant à la création du monde, par exemple :

> (1*) ἀπαρχῆς κόσμου ἕως ἀρχῆς Φιλίππου ἔτη ͵ερπε.
>
> Depuis le commencement du monde jusqu'au début de Philippe, 5185 années.
>
> (10*) ἰστέον ὅτι ἀπὸ τοῦ Ἀδὰμ μέχρι τοῦ α[ου] ἐπὶ τῆς βασιλείας Ναβονασσάρου ἔτη ͵δψξα καὶ ἡμέραι ρο· μέχρι δὲ Ἀλεξάνδρου τελευτῆς ͵ερπε. τὸ τοῦ Βρυεννίου βιβλίον εἶχεν ὅτι τὰ ἀπὸ Ἀδὰμ ἄχρι τῆς τελευτῆς Ἀλεξάνδρου ἔτη ͵ερο.
>
> Il faut savoir que depuis Adam jusqu'à la 1ère année du règne de Nabonassar, 4761 années et 170 jours ; jusqu'à la mort d'Alexandre 5185. Le livre de Bryennios maintient que depuis Adam jusqu'à la mort d'Alexandre, il y a 5170 années.
>
> (12*) ἀπὸ Ἀδὰμ ἕως τοῦ α[ου] ἔτους τῆς βασιλείας Κωνσταντίνου, ἔτη ͵εωιβ.
>
> Depuis Adam jusqu'à la 1ère année du règne de Constantin, 5812 années.

On trouve une série de notes relatives aux ères de Philippe, Auguste et Dioclétien, en lien avec une date choisie par le scoliaste :

> (3*) σημείωσαι ἀπὸ Φιλίππου ἕως Αὐγούστου ἔτη σϙδ· ἀπὸ Αὐγούστου ἕως Διοκλητιανοῦ ἔτη τιγ· ὁμοῦ ἔτη χζ. ἀπὸ Διοκλητιανοῦ ἕως Λέοντος καὶ Κωνσταντίνου υἱοῦ αὐτοῦ ἰνδικτίωνος ιδ ἔτη υϙα· ἀπὸ Φιλίππου ͵αϙη.

> *Nota bene.* Depuis Philippe jusqu'à Auguste, 294 années ; depuis Auguste jusqu'à Dioclétien, 313 années ; en tout, 607 années. Depuis Dioclétien jusqu'à Léon et Constantin son fils, 14ᵉ indiction, 491 années. Depuis Philippe, 1098 années.

> (7*) ἀπὸ Φιλίππου ἕως Λέοντος καὶ Κωνσταντίνου τῶν νέων ἰνδικτίωνος γ ἔτη ͵αργ· ἀπὸ τοῦ ε ἔτους Αὐγούστου ωδ· ἀπὸ Διοκλητιανοῦ υϙς.

> Depuis Philippe jusqu'aux nouveaux Léon et Constantin, 3ᵉ indiction, 1103 années ; depuis la 5ᵉ année d'Auguste, 804 ; depuis Dioclétien, 496.

> (17*) καὶ μετὰ τὴν τελευτὴν Ἀλεξάνδρου ἕως τὴν σύμερον [sic] ὅπερ ὅσον ἔτους ͵ϛϡμη· ἔνε χρόνοι ͵αψξγ.

> Et depuis la mort d'Alexandre jusqu'à ce jour, c'est-à-dire l'an 6948, il y a 1763 années.

Ce genre de scolies est très répandu dans les manuscrits astronomiques et ne sont pas spécifiques à la Table des rois. On en trouve soit sous forme de paragraphes formant de petits corpus autonomes, comme dans le *Paris. gr.* 2491 (ff. 1–4) ou encore comme remarques sur les ouvrages de Ptolémée, Théon d'Alexandrie ou Stéphanos, entre autres[122].

Notes à caractère philologique
Il s'agit de scolies qui précisent, expliquent, complètent ou corrigent la table. Elles sont assez peu nombreuses, les copistes ayant tendance à corriger directement leur exemplaire plutôt qu'à le commenter.

> (44*) Διοκλητιανοῦ κ̄ χκζ : καὶ Κωνστ(αντίνου) δ̄ χλα.

> Dioclétien, 20, 627 ; et Constantin, 4, 631.

Cette scolie dans le *Plut.* 28/12 est de la main du copiste principal (deuxième quart du XIVᵉ siècle). Le manuscrit est une copie du *Leidensis* BPG 78 qui a la particularité de présenter deux exemplaires différents de la Table des rois. Notée dans la marge supérieure, elle complète la table sur le folio qui présente une entrée unique pour « Dioclétien et Constance » de vingt-quatre ans, à partir du second exemplaire de la table contenu dans son modèle.

---

[122] Voir Lempire (2016, 63–65).

(47*) ἴσθι ὅτι διὰ τούτων Γάϊος παραλέλειπται καὶ Αὐγούστου ἀντὶ νς ἐνιαυτῶν μγ ἀνέγραψε ἐπειδὴ βασιλευούσης Κλεοπάτρας καὶ Γάϊος καὶ Αὔγουστος πλείονας ἐβασίλευσαν χρόνους.

Sache que, à travers ces entrées, il a omis Gaïus et pour Auguste il a inscrit 43 ans contre 56 puisque, sous le règne de Cléopâtre, Gaïus avec Auguste régnèrent plus d'années [*i. e.* que 43].

Cette scolie du *Leidensis* BPG 78 est de la main du copiste principal (début du IXe siècle), mais elle est peut-être plus ancienne encore. Le scoliaste fait remarquer que le comput de Ptolémée n'inclut ni la dictature de Jules César ni les années où Octave se présente comme son héritier – période où Cléopâtre est reine d'Égypte (depuis 51 av. J.-C.) – mais fait commencer les années d'Auguste à sa victoire sur Cléopâtre et sa conquête de l'Égypte. Le scoliaste a peut-être en tête le *Canon* d'Eusèbe de Césarée, qui compte cinq années pour Jules César et, directement après lui, cinquante-six années et six mois pour Octave/Auguste, présentation que l'on retrouve dans un grand nombre de sources[123].

Notes à portée historiographique
On trouve une série de scolies associant des astronomes au souverain sous lequel se situent leurs activités, par exemple :

(26*) ἐπὶ τούτου τὸν κανόνα ἔγραψεν Πτολεμαῖος.

[À propos d'Antonin] Sous son règne Ptolémée rédigea la table [ou les *Tables faciles*[124]].

(23*) ἐπὶ τούτου τοῦ Πτολεμαίου ἦν Τιμοχάρης.

[À propos de Ptolémée II Philadelphe] Sous le règne de ce Ptolémée vivait Timocharis.

Ces mentions d'astronomes se trouvent dans différentes branches de la tradition manuscrite. Elles couvrent une vaste période et nomment Méton et Euctémon d'Athènes, Timocharis d'Alexandrie, Conon de Samos, Hipparque, Ptolémée et Pappos[125]. Il est difficile de savoir si ces scolies ont pour origine un seul et unique

---

123 Eusèbe de Césarée, *Chronique* II, éd. Aucher (1818b, 252–253). Voir aussi Burgess (2014, 39–40).
124 Outre l'appellation répandue Πρόχειροι κανόνες on trouve à l'occasion le terme ὁ κανών au singulier pour désigner l'ensemble des *Tables faciles*. Ces occurrences sont cependant plus tardives que Théon d'Alexandrie, qui utilise Πρόχειροι κανόνες, la désignation courante à partir du IIIe siècle, voir Tihon (2011, 17–18). On trouve ὁ Κανών chez Olympiodore (*in Paulum Alex.* 24.12, 39.2, etc.) et, selon toute vraisemblance, dans le *Chronographeion syntomon*, voir Lempire (2016, 5–6). La Souda emploie aussi le singulier dans sa notice sur Pappos. L'auteur de la scolie anonyme du *Vat. gr.* 1594 éditée par Mogenet (1962), datée de la première moitié du XIe siècle, alterne entre singulier (Πρόχειρος κανών) et pluriel (Πρόχειροι κανόνες).
125 Voir scolies 22* à 27* et pp. 204–205.

lecteur de la table. Parmi les scolies anciennes se trouvent aussi quelques mentions relatives au transfert de la capitale impériale de Rome à Constantinople :

> (36*) ὁ ἐν Κωνσταντινουπόλει.
>
> [À propos de Constantin Ier] Il [a régné] à Constantinople.
>
> (34*) ὅτι ὁ μέγας Κωνσταντῖνος ἐβασίλευσεν ἐν μὲν Ῥώμῃ ἔτη ιβ· ἐν δὲ Κωνσταντινοπόλει ἔτη κ· τὰ δὲ πάντα αὐτοῦ ἐν τῇ βασιλείᾳ ἔτη λβ· ὅλη δὲ ἡ ζωὴ αὐτοῦ ἔτη ξε.
>
> Constantin le Grand régna à Rome 12 années et à Constantinople 20 années. Toutes ses années de règne ensemble, 32 années. Sa vie entière, 65 années.

Autre exemple, parmi les scolies plus tardives, celles du cardinal Bessarion sur son exemplaire personnel de la Table des rois[126] :

> (14*) ἡ τοῦ Κυρίου Ἰησοῦ γέννησις ἐπὶ τοῦ λ^ου ἔτους Αὐγούστου γεγένηται· καὶ ἐπὶ τοῦ κ^ου Τιβερίου ἡ σταύρωσις.
>
> La naissance de Jésus le Seigneur a eu lieu durant la 30e année d'Auguste, et durant la 20e de Tibère, la Crucifixion.
>
> (38*) ἐπὶ τούτου ἡ τῆς Ῥώμης ἐκκλησία τῆς Κωνσταντινουπόλεως ἀπεσχίσθη.
>
> [À propos de Basile II] Sous son règne, l'Église de Rome se détacha de celle de Constantinople.
>
> (37*) ἐπὶ τούτου Μάξιμος ἦν ὁ Ὁμολογητής.
>
> [À propos de Constant II Héraclius] Sous son règne vivait Maxime le Confesseur.

Comme pour les mentions d'astronomes, ces scolies sur l'histoire de la chrétienté montrent que la Table des rois a aussi servi de support chronologique pour définir un certain nombre de repères historiques.

5.4 Validité de la table et ajouts

En suivant le principe de construction appliqué par Ptolémée, et si l'on dispose de dates précises de début et de fin de règne, il est possible de continuer la table et d'assigner chaque année égyptienne à un empereur jusqu'à la chute de Constantinople, et au-delà. Une telle table « idéale » n'a évidemment jamais circulé et n'aurait aucune valeur historique. Elle peut éventuellement servir de point de comparaison. Ce qui ressort de l'étude des témoins manuscrits, c'est que les ajouts à la Table des

---

126 Voir la description du manuscrit pp. 55–57.

rois ont été réalisés à des époques, dans des contextes, selon des modalités différentes et avec des succès inégaux si on les compare au projet originel de Ptolémée.

Theodore Skeat insiste sur la grande exactitude de la Table des rois, si on en comprend le principe de construction[127], largement confirmée par les sources cunéiformes et les papyrus documentaires d'origine égyptienne. Dès la conquête romaine de l'Égypte et jusqu'au règne d'Antonin, la Table des rois s'écarte à plusieurs reprises d'un comput des années de règne selon la stricte coutume égyptienne, mais reste très proche du comput attesté dans les sources de langue grecque et démotique, en particulier pour les années d'Auguste, de Galba, de Trajan et d'Hadrien. L'introduction en Égypte du calendrier alexandrin, puis la mise en place d'un comput selon les cycles d'indiction au début du IVe siècle ont fait du calcul des années égyptiennes une pratique de moins en moins quotidienne dans les siècles qui suivent la rédaction des *Tables faciles*. Timothy Janz juge peu probable que les années de règne de la Table des rois aient continué à être calculées sur la base de l'année vague égyptienne pendant une très longue période après Ptolémée ; les règnes les plus récents, ajoute-t-il, sont probablement basés sur l'année civile byzantine qui commence le 1er septembre[128]. Hermann Usener pense aussi qu'aux Ve et VIe siècles, les années de Dioclétien, comptées dans le calendrier alexandrin, ont progressivement remplacé le comput des années égyptiennes de Philippe[129]. Alden Mosshammer avance l'idée que dès Pappos et Théon d'Alexandrie, c'est-à-dire après Dioclétien, les astronomes n'ont pas prolongé la Table des rois et auraient plutôt utilisé une liste consulaire ; après la disparition de l'année consulaire et le décret de Justinien exigeant l'inclusion dans les formules de datation de l'année de règne de l'empereur, il aurait alors été nécessaire, pour les astronomes, de prolonger la Table des rois ; Stéphanos aurait dès lors entrepris cette tâche[130].

Il n'est pas toujours possible de déterminer *a posteriori* à partir de quel calendrier le nombre d'années de règne attribué à un souverain a été calculé. Pour qu'il y ait une différence dans le comput des années de règne dans les calendriers égyptien d'une part, et julien, alexandrin ou byzantin d'autre part, il faut que la mort de l'empereur et sa succession aient lieu dans l'intervalle qui sépare le début de l'année égyptienne du début de l'année julienne, alexandrine ou byzantine, ce qui n'est pas toujours le cas. Par ailleurs, il y a parfois un intervalle plus ou moins long

---

[127] Skeat (1954, 3).
[128] Janz (2003, 162–163).
[129] Usener (1898, 445).
[130] Mosshammer (2008, 177). Cette reconstruction est intéressante, mais elle repose sur peu d'éléments indiscutables. Les différentes versions de la Table des consuls (C2) transmises dans certains manuscrits des *Tables faciles* n'ont pas fait l'objet d'une édition en dehors des transcriptions d'Usener (1898b).

entre la fin du règne *de facto* d'un souverain et le début officiel du règne de son successeur. Enfin, il arrive souvent que nous n'ayons pas, dans nos sources, de date précise au jour près pour le passage d'un règne à un autre. Il arrive à plusieurs reprises qu'un empereur mort avant la fin de l'année égyptienne se voie attribuer l'ensemble de son année non terminée, la première année de son successeur étant comptée au début de l'année suivante. Par exemple, Constantin Ier meurt le 22 mai 337, moins de dix jours avant la fin de l'année égyptienne en cours (année 660 de Philippe) ; cette année lui est cependant attribuée dans la Table des rois, sans doute parce que la question de sa succession n'est officiellement réglée qu'en septembre 337, au cours de l'année 661 de Philippe. Jovien règne du 27 juin 363 au 17 février 364 : ces quelques mois sont contenus dans l'année 687 de Philippe (du 24 mai 363 au 23 mai 364). Cette année ne devrait pas être attribuée à Jovien mais à son successeur, Valentinien Ier. Or, tous les témoins manuscrits de la Table des rois donnent à Jovien la 687e année de Philippe. La vérification de l'application de la règle du comput des années égyptiennes doit être réalisée pour chaque exemplaire de la Table des rois puisque, dès le règne d'Antonin et encore plus après celui de Dioclétien, les divergences entre les manuscrits augmentent sensiblement[131].

Étroitement associé à l'utilisation des tables de Ptolémée et à la lecture de l'*Almageste*, le calendrier égyptien était cependant bien familier pour les astronomes alexandrins, puis byzantins les plus sérieux. Le calcul des tétraétérides, c'est-à-dire des jours de décalage entre l'année égyptienne et julienne ou alexandrine, est un problème bien connu et attesté dans les commentaires de Théon et Stéphanos d'Alexandrie[132] comme dans des scolies d'époque byzantine[133]. Au début du XIVe siècle par exemple, Théodore Métochitès savait parfaitement que les tables de Ptolémée reposaient sur des années égyptiennes et revient longuement sur les différences entre les années égyptiennes et romaines[134]. Lorsque les copistes byzantins ajoutent à la table des durées de règne en années, mois et parfois jours, il devient clair que le principe de comput posé par Ptolémée pour la Table des rois est complètement oublié. Par exemple, dans le *Vat. gr.* 1291, une entrée est ajoutée pour les quatre mois du règne conjoint de Justin et Justinien. On trouve des entrées avec des durées en années et mois ou années, mois et jours dans ce même *Vat. gr.* 1291 à partir de Staurakios, dans le *Plut.* 28/26 à partir de Michel V, dans le *Paris. gr.* 2399 et *Vat. gr.* 1059 avec Alexis IV et V, dans le *Paris. gr.* 2394 à partir de Romain III, dans le *Paris. gr.* 2492 à partir de Romain II. Il est possible que le désintérêt progressif des

---

131 Voir par exemple les cas mentionnés par Usener (1898, 443–446).
132 Théon, *Grand commentaire* 112.20–114.16 ; *Petit commentaire* 203.4–205.8 ; Stéphanos, *Commentaire* 92.4–24.
133 Mogenet (1969, 75 et 89) ; Tihon (1973, 81–83).
134 Métochitès, *Éléments d'astronomie* 1.20, éd. Paschos et Simelidis (2017, 184.208–186.242).

astronomes pour la Table des rois dans le calcul des années égyptiennes vienne en partie de la suspicion éprouvée par les astronomes les plus scrupuleux face à des tables visiblement complétées en dehors de la méthode employée par Ptolémée et, de fait, impossibles à utiliser.

Première partie: **Description des manuscrits**

J'ay eu l'honneur de vous informer des désordres que le feu a causés dans le quartier des Grecs[1]. *Me voilà de nouveau arrêté au milieu de ma course ; à l'incendie vient de succéder la peste. Depuis quelques jours cinq personnes en ont été attaquées dans la maison de notre voisin le plus proche ; maintenant toutes les portes du palais sont fermées, et je languis dans une oisiveté qui ne quadre, ni avec mon goût, ni avec ma manière de penser. Heureusement le mal ne fait aucun progrès et je me flatte de recouvrer incessamment ma liberté, dont je destine les premiers jours à un voyage sur le canal de la mer Noire. On m'a averti que, dans certains villages des environs, il y avoit quelques centaines de manuscrits, dont deux, suivant la tradition du pays, ont été copiés sous le règne de Justinien. Le fait est très douteux ; mais, en pareil cas, il est essentiel de tout entendre et de tout voir, sans quoy point de découvertes à espérer.*

Lettre de l'abbé Sevin au ministre Maurepas[2].
Constantinople, 18 septembre 1729.

---

1 Il s'agit d'un grand incendie durant l'été 1729 qui a détruit une grande partie du quartier du Phanar.
2 Lettre éditée par Omont (1906, 497–503) à partir du BnF, *NAF* 5384, ff. 92–95. Dans les années 1728–1730, la mission des abbés Sevin et Fourmont auprès du marquis de Villeneuve, ambassadeur de Louis XV à Constantinople, est à l'origine de la réalisation du *Parisinus gr*. 2394, manuscrit contenant un exemplaire de la Table des rois de Ptolémée, copié en 1733 dans la bibliothèque de Nicolas Mavrocordato, prince de Valachie, décédé en septembre 1730.

Inventaire

Budapest, Országos Széchényi Könyvtár
Bu   4° Gr. 01 (Kubinyi 10), ff. 70v–71r   XVIe siècle
Firenze, Biblioteca Medicea Laurenziana
G^1 *Pluteus* 28/12, ff. 198r–199r   XIVe siècle (2/4)
G^2 *Pluteus* 28/12, ff. 209r–210v   XIVe siècle (2/4)
T   *Pluteus* 28/21, f. 81rv   XIVe siècle (2/4 ?)
F^1 *Pluteus* 28/26, f. 39rv   vers 886–902
F^2 *Pluteus* 28/26, f. 129r   milieu du XVe siècle
Q   *Pluteus* 28/31, f. 9rv   XIVe siècle (1/2)
L   *Pluteus* 28/48, f. 79rv   XIVe siècle (1/2)
Leiden, Bibliotheek der Rijksuniversiteit
H^1 *Leidensis* BPG 78, ff. 54r–55r   début du IXe siècle
H^2 *Leidensis* BPG 78, ff. 64r–65r   début du IXe siècle
Milano, Biblioteca Ambrosiana
A^1 *Ambrosianus gr.* H 57 sup. (437), ff. 66r–67v   milieu du XIVe siècle
A^2 *Ambrosianus gr.* H 57 sup. (437), f. 164rv   milieu du XIVe siècle
Monastère Sainte-Catherine du Sinaï
J   Grec 2124 (Beneševič 534), ff. 23r–24r   vers 1439
München, Bayerische Staatsbibliothek
Mo   *Cod. graec.* 490, f. 1r   XVe siècle (2/2)
Oxford, Bodleian Library
Au   *Auct.* F. 1. 2 (Misc. 85), ff. 23r–24r   vers 1600
Cr   *Cromwell* 12, p. 765   XVIe siècle (1/2)
Sa   *Savile* 2 (*SC* 6549), pp. 45–48   1581
U   *Savile* 51 (*SC* 6611), ff. 74v–75r   XIVe siècle (2/2)
Paris, Bibliothèque nationale de France
Pa   *Parisinus gr.* 1765, ff. 333r–338r   XVIIe siècle
r^1 *Parisinus gr.* 2394, pp. 911–912   1733
r^2 *Parisinus gr.* 2394, p. 926   1733
R   *Parisinus gr.* 2399, ff. 45r–46v   début du XIVe siècle
P   *Parisinus gr.* 2492, ff. 9v–10r   milieu du XIVe siècle
K   *Parisinus gr.* 2497, ff. 74v–76v   début du XIVe siècle
Vaticano, Biblioteca Apostolica Vaticana
Ba   *Barberinianus gr.* 362, ff. 113r–114v, 125v–126r   1640
Ot   *Ottobonianus gr.* 181, ff. 112v–113r   XVe siècle (3/4)
Ro   *Rossianus* 897, f. 18r   fin du XVe, début du XVIe siècle
Va   *Vaticanus gr.* 175, f. 85rv   vers 1322
q   *Vaticanus gr.* 214, f. 7rv   XIVe ou XVe siècle
S   *Vaticanus gr.* 1059, ff. 123r–125r   XVe siècle (1/4)
V   *Vaticanus gr.* 1291, ff. 16v–17r   début du IXe siècle
Venezia, Biblioteca Nazionale Marciana
Z^1 *Marcianus gr.* Z 315 (1028), ff. 110r–111r   XIVe siècle (1/2)
Z^2 *Marcianus gr.* Z 315 (1028), ff. 121v–122v   XIVe siècle (1/2)

Ma	*Marcianus gr.* Z 406 (791), ff. 145v–146r	XVe siècle (3/4)

Wien, Österreichische Nationalbibliothek

W	*Vindobonensis Phil. gr.* 140, ff. 95r–96r	XVe siècle (3/4)

*

Ont été examinés *in situ* les *Plut.* 28/12, *Marc. gr.* Z 315, *Marc. gr.* Z 406, *Paris. gr.* 2399, *Paris. gr.* 2492, *Barb. gr.* 362, *Vat. gr.* 175, *Vat. gr.* 214, *Vat. gr.* 1059 et *Ross.* 897. Les autres manuscrits ont été consultés via des numérisations ou des copies en couleurs (*Ambros.* H 57 sup., *Budapest.* 4° Gr. 01, *Leidensis* BPG 78, *Plut.* 28/21, *Plut.* 28/26, *Plut.* 28/31, *Plut.* 28/48, *Vat. gr.* 1291, *Vat. Ottob. gr.* 181, *Vindob. Phil. gr.* 140) et en noir et blanc (*Bodl. Auct.* F. 1. 2, *Bodl. Savile* 2, *Bodl. Savile* 51, *Bodl. Cromwell* 12, *Monac. cod. gr.* 490, *Paris. gr.* 1765, *Paris. gr.* 2394, *Paris. gr.* 2497, *Sinaiticus gr.* 2124).

Par ailleurs, les manuscrits suivants, qui ne contiennent pas la Table des rois, mais sont cités, ont aussi été examinés *in situ* : *Vat. gr.* 198, *Vat. gr.* 208, *Vat. gr.* 214, *Vat. gr.* 304, *Vat. gr.* 1852 et *Marc. gr.* Z 315. Les autres manuscrits cités ont été consultés via des numérisations en couleurs ou en noir et blanc.

*

Dans les pages qui suivent, les manuscrits sont rangés par familles autant qu'il a été possible. Pour chaque famille, les manuscrits font l'objet d'une description individuelle, puis les liens entre témoins d'une même famille sont étudiés. Les notices descriptives sont bâties sur un modèle similaire à celles de Tihon (1978) et Lempire (2016) :

(a) Description physique : support, nombre de folios, dimension, date et lieu de copie
(b) Description de la Table des rois
 – Titre et en-têtes de colonnes
 – Mise en page de la table
 – Copistes et contenu de la table
 – Annotations marginales ; les numéros des scolies renvoient au catalogue placé en annexe.
(c) Contenu du codex
(d) Histoire du manuscrit
(e) Références bibliographiques

Chapitre 1
Le *Leidensis* BPG 78 et ses descendants

Le *Leidensis* BPG 78, manuscrit constantinopolitain copié au début du IXe siècle est l'un des rares témoins en onciales de la Table des rois et l'un des plus importants pour l'histoire du texte et la diffusion de la table dans le monde byzantin. Ce manuscrit comprend deux exemplaires de la table, chacun d'eux descendant certainement de deux branches différentes de la tradition. La descendance des deux Tables des rois contenues dans le *Leidensis* est nombreuse et très diverse, allant de la copie très fidèle à la réalisation de recensions tardo-byzantines. Ce groupe contient les manuscrits suivants :

G^1 et G^2	Firenze, Biblioteca Medicea Laurenziana, *Pluteus* 28/12
L	Firenze, Biblioteca Medicea Laurenziana, *Pluteus* 28/48
H^1 et H^2	Leiden, Bibliotheek der Rijksuniversiteit, BPG 78
K	Paris, Bibliothèque nationale de France, *Parisinus gr.* 2497
J	Sinaï, Monastère Sainte-Catherine, grec 2124
Ba	Biblioteca apostolica Vaticana, *Barberinianus gr.* 362
Ro	Biblioteca apostolica Vaticana, *Rossianus* 897
Z^1 et Z^2	Venezia, Biblioteca Nazionale Marciana, *Marc. gr.* Z 315 (coll. 1028)
W	Wien, Österreichische Nationalbibliothek, *Phil. gr.* 140

À ces témoins peuvent être ajoutés les manuscrits suivants, tous fragmentaires et présentant un certain nombre de remaniements, descendants lointains du *Leidensis* :

Mo	München, Bayerische Staatsbibliothek, *Cod. gr.* 490
Ot	Vaticano, Biblioteca apostolica Vaticana, *Ottobonianus gr.* 181
Ma	Venezia, Biblioteca Nazionale Marciana, *Marc. gr.* Z 406 (coll. 791)

A – Description des manuscrits

1 Firenze, Biblioteca Medicea Laurenziana, *Pluteus* 28/12 [G]

(a) Papier, IV + 409 ff. + III, 232 × 148 mm, deuxième quart du XIVe siècle, Constantinople (?)
(b) Table G^1 : ff. 198r–199r
   – Pas de titre ni d'en-tête de colonne.
   – Chacune des trois pages contient une table de quatre colonnes dont la deuxième est vide. Les lignes des tables séparent deux lignes d'écriture.

- On compte respectivement trente-deux, trente-quatre et trente-six lignes d'écriture par table.
- L'ensemble est copié par une seule main, l'encre est bistre. La table va de Nabonassar à Alexandre le Grand (f. 198r), de Philippe à Dèce (f. 198v) et de Trébonien Galle et Volusien à Phocas (f. 199r). Les noms de Nabonassar à Philippe sont au génitif, et au nominatif d'Alexandre IV à Phocas, sauf Dioclétien et Constance Chlore, mis au génitif.
- Annotations marginales de la main principale : (51*) f. 198r *mg. inf.* ; (1*, 2*, 23* et 49*) f. 198v ; (3*, 27*, 34*, 36* et 44*) f. 199r.

Table G² : ff. 209r–210v

- Titre : ἔτη βασιλέων Περσῶν τῶν ἕως Ἀλεξάνδρου καὶ αὐτοῦ Ναβονασάρου, Ναδίου [sic][1] (f. 208r) ; ἔτη βασιλέων Μακεδόνων μετὰ τὴν Ἀλεξάνδρου τοῦ βασιλέως τελευτήν (f. 209v). Pas d'en-tête de colonne.
- Chacune des quatre pages contient une table de trois colonnes ; les lignes séparent deux lignes d'écriture ; trente-deux lignes d'écriture par table. Certains noms sont ajoutés hors table, dans les marges supérieures ou inférieures.
- L'ensemble est copié par la même main qu'aux folios 198r–199r. La table va de Mukīn-zēri et Pūlu (les deux premiers rois babyloniens sont omis, leurs noms ont été accidentellement insérés dans le titre) à Alexandre le Grand (f. 209r), de Philippe à Trébonien Galle et Volusien (f. 209v), de Valérien à Justinien II (f. 210r), et de Philippicos à Romain II (f. 210v). Les noms sont au génitif sauf de Michel Ier ou Léon V[2] à Romain II, où ils sont au nominatif.
- Annotations marginales de la main principale : (26*, 25*, 32*, 47* et 57**) f. 209v, (5* et 6*) f. 210r, (7*, 8*, 59**) f. 210v.

(c) La plupart des textes du codex sont astronomiques. Le manuscrit contient le traité de Théon de Smyrne sur les mathématiques (ff. 1r–40v), une partie du *Grand Commentaire* de Théon (ff. 41r–94v), le *Manuel* des *Tables faciles* et une série de scolies (ff. 97r–115r), le traité Περὶ κριτηρίου (ff. 115v–122r) et les *Hypothèses des planètes* de Ptolémée (ff. 123r–130r), le *Petit Commentaire* de Théon (ff. 133r–164r), des textes relatifs aux tables géographiques et chronologiques (ff. 164r–183r), un ensemble de tables astronomiques et chronologiques (ff. 187r–338r), un texte sur les syzygies (ff. 297r–300v), des extraits de l'*Almageste* (ff. 340r–350v), l'*Hypotypose* de Proclus (ff. 355r–390r), les cha-

---

[1] Voir la description du *Leidensis* BPG 78, pp. 49–51.
[2] Le nom Μιχαήλ est invariable.

pitres 24 à 30 du *Commentaire aux Tables faciles* de Stéphanos (ff. 393r–400v) et divers textes astronomiques (ff. 401r–409v).

(d) Le manuscrit contient un petit corpus de notes chronologiques, copié par l'une des mains principales du codex, qui mentionne deux dates : 6822 AM (1313/1314 AD, f. 168v) et 6836 AM (1327/1328 AD, f. 169r). On trouve, intégrée au texte du *Petit Commentaire*[3], toujours de la même main, la date 6833 AM (1324/1325 AD, f. 151r), et une scolie marginale d'une autre main contemporaine, 6830 AM (1321/1322 AD, f. 134r). Ces dates nous orientent vers une copie du manuscrit à partir du deuxième quart du XIVe siècle. Deux scolies (f. 264r et 266r) de la main qui a copié les deux Tables des rois mentionnent des tables de Bryennios, c'est-à-dire certainement un exemplaire des *Tables faciles* ayant appartenu à Manuel Bryennios (ca. 1275–ca. 1340)[4]. Bryennios est connu pour avoir été le maître de Théodore Métochitès (1270–1332), les deux ayant vécu et travaillé à Constantinople. Les tables du *Plut.* 28/12 descendent du *Leidensis* BPG 78, manuscrit constantinopolitain. Considérant la date et le lieu probables de la production du *Plut.* 28/12, mais aussi le choix des textes et les scolies mentionnant Bryennios, il est tentant de situer ce codex dans l'entourage de Métochitès, qui a abondamment travaillé sur l'astronomie de Ptolémée et ses commentateurs, Stéphanos et Théon d'Alexandrie, à Constantinople sous le règne d'Andronic II (1282–1328). — Le *Plut.* 28/12 a appartenu à Janus Lascaris (1445–1534), comme en témoigne le pinax de sa main f. IVv[5]. Le codex apparaît dans l'inventaire des manuscrits grecs de la bibliothèque des Médicis réalisé entre 1508 et 1510 par Fabio Vigili (*Barb. lat.* 3185, n° 257) et a été consulté par Lucas Holstenius lors de son séjour à Florence en 1640.

(e) Bandini (1768, 21–25) ; De Nolhac (1886, 257) ; Heiberg (1907, CLXVI, CXCVIII–CXCIX) ; Usener (1898b, 364) ; Kubitschek (1915, 59–60) ; Tihon (1978, 137–139) ; Lempire (2016, 13–14) ; Muratore (2009, II 197) ; Fryde (1996, 460–461, 775).

---

3 Voir Tihon (1978, 138).
4 Ces deux scolies commentent les tables d'anomalie de Mercure et Vénus ; f. 264r : ση(μείωσαι) ὅτι εὗρον ἔν τισιν προχείροις γράφοντα τὰ ὅλλα οὐδέν· καὶ μάλιστα τοῦ βρυαινίου ; f. 266r : ἐν μὲν ἄλλοις προχείροις εὕρομεν γράφοντα τὰ τοῦ ἐξοσελιδ(ίου)· καὶ μάλιστα τοῦ βρυαινίου. La seconde scolie fait référence à la petite colonne supplémentaire ajoutée par le copiste et qui contient des variantes : ces dernières se retrouvent dans la table du *Vat. gr.* 1365 f. 182v, manuscrit de Métochitès. Voir Ševčenko (1962, 116).
5 Pour Hermann Usener, le codex aurait fait partie des manuscrits acquis par le cardinal Ridolfi auprès de Lascaris (et numéroté 57 dans l'inventaire édité par De Nolhac) mais Anne Tihon considère cette identification comme incertaine. Il ne présente pas de numéro de Ridolfi et n'est pas identifiable dans les inventaires de 1589 et 1597.

2 Firenze, Biblioteca Medicea Laurenziana, *Pluteus* 28/48 [L]

(a) Parchemin, III + 162 ff. + III, 226 × 150 mm, première moitié du XIVe siècle, Constantinople.

(b) f. 79rv
- Titre : <κ>ανόνιον βασιλέων (f. 79r) ; ἔτη βασιλέων τῶν μετὰ τὴν τελευτὴν Ἀλεξάνδρου (f. 79v). En-têtes : βασιλεῖς | ἔτη βασιλέων | ἔτη ἐπισυναγόμενα (f. 79rv).
- Le f. 79r contient une table de trois colonnes, avec trente lignes d'écriture hors en-têtes ; le f. 79v contient deux tables séparées, de trois colonnes avec trente-six lignes d'écriture par table hors en-têtes. Les lignes des tables séparent deux lignes d'écriture. Le titre du recto et les rubriques sont en rouge.
- La table du recto va de Nabonassar à Alexandre le Grand ; celle du verso va de Philippe Arrhidée à Léon III l'Isaurien. Une seule main a copié l'ensemble. Tous les noms sont au génitif.
- Annotations marginales de la main principale, seulement sur le f. 79v : (27*) *mg. sup.* ; (23*, 49*, 32*, 25*, 26*) *mg. ext.* ; (3*) *mg. inf.*

(c) Le codex contient l'*Hypotypose* de Proclus (ff. 1r–23r), des textes astronomiques anonymes (ff. 23r–24r, 74r–75r), le *Petit Commentaire* de Théon (ff. 25r–73v), un ensemble de tables chronologiques et astronomiques avec plusieurs textes anonymes intercalés (ff. 75v–162v).

(d) D'après la table des épactes et des bissextes pour la période 1291/1292–1338/1339 AD (f. 76r = C10) et une scolie donnant un exemple pour le 16 mai 1318 (f. 23rv), Anne Tihon situe la copie du manuscrit dans la première moitié du XIVe siècle. Le texte de la Table des rois appartient à une version qui emprunte aux deux tables *Leidensis* BPG 78. D'après Karl Manitius, le texte de l'*Hypotypose* de Proclus du *Plut.* 28/48 a servi de modèle au texte du *Plut.* 70/5[6]. Ce dernier est un codex dont la réalisation a été supervisée par Nicéphore Grégoras à Constantinople, dans le monastère de Chôra ou dans son école. Jean-Baptiste Clérigues situe la copie du *Plut.* 70/5 entre 1334/1335 et 1341/1342. Le *Plut.* 28/48, copié entre 1318 et 1342, se trouvait donc dans la bibliothèque de Grégoras dans les années 1330–1340. — Dans un contrat de vente conclu le 3 avril 1492 à Candie, en Crète, entre Janus Lascaris et Niccolò di Giacomo da Siena se trouve la mention d'un manuscrit de parchemin « *item proclus in astronomia* » parmi d'autres livres acquis en Grèce,

---

6 Confirmé par Argyro Lithari, sur la base des diagrammes (communication personnelle). Le diagramme « manquant » dans le *Plut.* 28/48 d'après Jean-Baptiste Clérigues (2007, 33), est cependant bien présent dans celui-ci (f. 13r).

qu'Enea Piccolomini propose d'identifier au *Plut.* 28/48. Ce dernier est en effet le seul manuscrit de parchemin de Proclus connu et la note du f. 162v (*procli diadochi astronomia / theonis alexandrini mathematica cum tabulis*) est de la main de Janus Lascaris. Il faut sans doute l'identifier au n° 264 de l'inventaire des manuscrits grecs de la bibliothèque des Médicis réalisé entre 1508 et 1510 par Fabio Vigili (*Barb. lat.* 3185).

(e) Manitius (1909, VII, XXIII–XXVIII) ; Tihon (1978, 103–104) ; Clérigues (2007) ; Piccolomini (1874, 414).

3 Leiden, Bibliotheek der Rijksuniversiteit, BPG 78 [H]

(a) Parchemin, 163 ff., 190 × 145 mm, manuscrit de différentes époques, mains du IXe au XIVe siècle, Constantinople.

(b) Table H^1 : ff. 54r–55r.
 - Pas de titre. En-têtes : (col. 1) ετη βασιλεων | (col. 2–3) ετη συναγομεν(α) (f. 54r), (col. 1) βασιλεις | (col. 2–3) ετη επισυναγομ(ενα) (f. 54v et 55r).
 - Ces folios se trouvent dans la partie la plus ancienne du codex, datée du IXe siècle. Les trois pages contiennent chacune une table de trois colonnes. Les en-têtes sont hors cadre. Les lignes des tables séparent deux lignes d'écriture, trente-quatre lignes d'écriture par table. Les noms des trois derniers empereurs (Tibère Constantin, Maurice, Phocas) sont écrits sous le cadre de la dernière table.
 - La table du f. 54r va de Nabonassar à Alexandre le Grand (les noms sont au génitif) ; la table des ff. 54v–55r va de Philippe Arrhidée à Dèce, puis de Trébonien Galle et Volusien à Phocas (les noms sont au nominatif sauf Dioclétien et Constance Chlore). Une seule main, en onciales, est responsable de la copie, y compris les noms ajoutés sous la dernière table.
 - Nombreuses scolies et annotations marginales de diverses époques. De la main principale : (22*) f. 54r, *mg. ext.* ; (43*) f. 54v, *mg. sup.* ; (23*, 2* et 46*) f. 54v, *mg. ext.* ; (45*) f. 54v, *mg. inf.* ; (49*) f. 54v *mg. int.* ; (27*, 36*) f. 55r, *mg. int.* ; (3*) f. 55r, *mg. ext.* Annotations d'autres mains : (1*) f. 54v, *mg. ext.*, minuscules ; (34*) f. 55r, *mg. ext.*, minuscules (XIe s. ?) ; (35*) f. 55r, *mg. ext.*, minuscules (XIVe ou XVe s. ?). Des astérisques, sans doute de la main principale, sont placés en face des noms de Philippe Arrhidée, Auguste et Dioclétien. Une main postérieure a ajouté ὁ εὐσεβής après Antonin (f. 54v). Plusieurs entrées ont été érasées dans la dernière partie de la table, mais sans doute par la main principale elle-même. D'autres traces de corrections postérieures sont visibles, en particulier sur les durées de règne (Héliogabale, Constantin Ier, Zénon).

Table H² : ff. 64r–65v
- Titre : ετη βασιλεων περσων τ(ων) εως αλεξανδρ(ου) κ(αι) αυτ(ου) (f. 64r) ; ετη ͵β.β [*i. e.* βασιλέων] τ(ων) μακεδον(ων) μετα τ(ην) αλεξανδρ<ου> του βα(σιλεως) τελευτην (f. 64v). Pas d'en-tête à proprement parler, mais les mots επισυν(α)γο(μενα) ετη sont insérés juste sous le titre f. 64v.
- Ces folios se trouvent dans la partie la plus ancienne du codex, datée du IXe siècle. Chaque page contient une table de trois colonnes. Les lignes des tables séparent deux lignes d'écriture, trente-quatre lignes d'écriture par table. Certaines entrées sont écrites au-dessus du cadre ; les noms Πτο(λεμαίου) de la table f. 64v sont dans la marge à gauche du cadre.
- Le copiste principal est celui de la table H¹. La table f. 64r va de Nabonassar à Alexandre le Grand, les noms sont au génitif. La table des ff. 64v–65v va de Philippe Arrhidée à Trébonien Galle et Volusien, puis de Valérien à Justinien II, et de Philippicos à Michel Ier (les noms sont au génitif). Une deuxième main a complété la liste de Léon V à Constantin VII et sa mère Zoé (cette dernière entrée ne mentionne pas les années de règne). Cette seconde main écrit en onciales avec un ductus qui penche vers la droite, à l'encre brun clair. Enfin, une troisième main en onciales, à l'encre grisâtre, a ajouté deux entrées (Romain II et peut-être Nicéphore Phocas ?) sans les années ; ces entrées sont pratiquement effacées aujourd'hui[7]. Les noms ajoutés par les deux dernières mains sont au nominatif. Plusieurs entrées de la main principale sont écrites sur des parties érasées, comme au f. 55r.
- Nombreuses scolies de la main principale : (51*) f. 64r, *mg. int.* ; (25*, 26*, 32*, 47*, 57*) f. 64v, *mg. ext.* ; (5*, 6*) f. 65r, *mg. ext.* ; (58*, 8*, 7*) f. 65v, *mg. ext.* ; (59*) f. 65v, *mg. inf.* D'une main plus récente : (9*) f. 65v, *mg. ext.*, minuscules.

(c) Le codex contient le *Petit Commentaire* de Théon (ff. 3r–49r), un ensemble de tables astronomiques, géographiques et chronologiques dont la plupart copiées en onciales (ff. 1v–2v, 49v–155r), un fragment du *Petit Commentaire* avec scolies en onciales (ff. 156r–161v).

(d) La partie en onciales du manuscrit remonte sans doute au règne de Léon V l'Arménien (813–820) puisque la main principale de la table H² s'est arrêtée au règne de Michel Ier et Staurakios (811–813). On note une scolie datée de 6320 AM (811/812 AD, scolie 6*), à peu près contemporaine de la copie du manus-

---

[7] Anne Tihon (2011, 28) pense que ces deux entrées effacées étaient celles de Romain Ier avec Constantin et de Stéphanos avec Constantin. Cependant, les deux apographes du *Leidensis* (*Plut.* 28/12 et *Marc. gr.* Z 315) donnent tous les deux Ῥωμανὸς υἱὸς Κωνσταντίνου pour la première entrée (ce qui correspond aux traces encore visibles dans le *Leidensis*), mais ne reportent pas la seconde.

crit. Divers éléments témoignent qu'une partie du matériau copié par la première main remonte aux VIIe [8], VIIIe [9] et IXe siècles[10]. Des notes sur des éclipses de lune sont datées de la seconde moitié du XIIIe siècle[11]. Le *Petit Commentaire* de Théon a été ajouté à la fin du XIIIe ou au début du XIVe siècle. Le codex semble être resté à Constantinople, où il a été utilisé comme modèle pour des manuscrits du début du XIVe siècle. Il contient enfin la trace d'utilisateurs des XIVe et XVe siècles[12]. Malgré le nombre de mains intervenues au cours des siècles d'existence du manuscrit, aucun copiste ou érudit n'a été formellement identifié. Le codex a été ramené de Constantinople à la fin des années 1620 par Jacob Golius, qui l'a donné à la bibliothèque de Leyde. Une copie en a été faite par Isaac Vossius (1618–1689), utilisée par Henry Dodwell (1684).

(e) De Meyïer (1965, 166–171) ; Kubitschek (1915, 59) ; Schnabel (1930, 222) ; Tihon (1992, 58–61) ; Tihon (1978, 105–106) ; Tihon (2011, 24–31) ; Usener (1898b, 363) ; Van der Hagen (1735, 305–318).

4 München, Bayerische *Staatsbibliothek*, *Cod. gr.* 490 [Mo]

(a) Papier, I + 502 ff., ca. 220 × 145/150 mm, deuxième moitié du XVe siècle, Italie (Rome ou Venise ?)
(b) f. 1r
   – Il n'y a pas de titre ; la rubrique περσῶν βασιλεῖς introduit la liste. Il s'agit d'une liste à la mise en page désordonnée, à la fois en colonne et sous forme de texte continu ; un trait sépare les rois perses des empereurs romains.
   – La liste comprend les rois perses de Cyrus à Darius II puis Alexandre le Grand et Philippe Arrhidée. Les rois hellénistiques sont résumés par la mention οἱ σατράπαι· βασιλεῖς· καὶ μερησμὸς [sic] τῆς ἀρχῆς comme dans le *Marc. gr.* Z 406. La liste donne ensuite les empereurs romains depuis Auguste jusqu'à Valérien et Gallien, puis une liste très fragmentaire de quatorze empereurs byzantins de Léon V (surnommé ici l'Isaurien) à Andronic Ier Comnène. Les noms sont au nominatif, il n'y a pas d'années de règne.

---

8 La table des consuls (C2, ff. 55v–63v) couvre les années 222 à 630 et porte une scolie datée de 615/616 AD. La Table des rois H[1] se termine avec le règne de Phocas (602–610), ajouté sous la table.
9 Voir les scolies du dernier quart du VIIIe siècle, pp. 231–232.
10 Une scolie est datée de 6349 AM (840/841 AD ; f. 52r).
11 Notes aux f. 1 (1286, 1290, 1292 et 1302 AD) et f. 161rv (1258 et 1298).
12 On note une liste d'étoiles pour 6854 AM (1345/1346 AD, f. 53v), une scolie avec un exemple daté du 7 avril 6912 AM (1404 AD, f. 155v) et une note datée de 1480 (f. 162r). La table A14 f. 114v couvre les années 1701–1776 de Philippe (1376/1377–1451/1452 AD).

(c) Le codex contient un très grand nombre de textes, en particulier des lettres et des ouvrages de rhétorique, dont on trouvera la liste chez Hardt (1812) ou plus récemment, chez D'Alessio (2014). On y trouve notamment des extraits de Pléthon (119r–120r, 129r–138v, 171rv, r–464r), Bessarion (150v–152r), Cyriaque d'Ancône (152rv) et un traité de Charitonyme Hermonyme (ff. 232r–234r).

(d) La présence d'un filigrane de l'année 1464 environ (n° 11 Harlfinger) et de deux lettres de 1462 (l'une étant de Bessarion) nous invite à placer la réalisation du codex dans la seconde moitié du XVe siècle. Plus précisément, c'est l'activité de la main des ff. 148–153, qui contiennent ces lettres, que l'on peut placer après 1462 : il s'agit de l'anonyme 22 de Harlfinger, qui semble être, d'après Ciro Giacomelli et David Speranzi, le concepteur du volume. Dieter Harlfinger attribue à l'anonyme 22 la copie du f. 1r qui contient la liste des rois. Cette identification est crédible mais l'écriture du f. 1r est beaucoup plus rapide et moins soignée que dans les autres folios. La réalisation du *Monac. gr.* 490 est à mettre en relation avec la bibliothèque de Pléthon et ses élèves. Outre plusieurs textes de Pléthon et des collections d'extraits rassemblés par lui, on y trouve les écritures de Charitonyme Hermonyme, Grégoire Hiéromonachos et Démétrios Trivolis, élèves de Pléthon à Mistra. Cependant, s'il faut placer la réalisation du codex et l'activité de l'anonyme 22 au moins après 1462, alors le lieu le plus probable serait l'Italie – et non Mistra, comme l'avance Paola D'Alessio. En effet, même si certains cahiers du codex ont pu avoir été réalisés à Mistra auparavant, l'anonyme 22 a annoté les folios copiés par Grégoire Hiéromonachos. Or, l'activité de ce dernier est attestée en Italie, d'abord à Rome en 1459, puis à Venise en 1463, où il collabore avec Bessarion[13]. Le manuscrit a ensuite été la propriété du cardinal Domenico Grimani (1461–1523) et, au début du XVIe siècle, de la bibliothèque d'Augsbourg (il figure dans le catalogue de 1633).

(e) Hardt (1812, 71–142) ; Harlfinger (1971, 419) ; D'Alessio (2020, 238–246) ; D'Alessio (2014) ; Giacomelli et Speranzi (2019, 122, 132) ; De Gregorio (1994, 271–272).

5 Paris, Bibliothèque nationale de France, *Parisinus gr.* 2497 [K]

(a) Papier, V + 166ff. + V, 240 × 170 mm, début du XIVe siècle, Constantinople.
(b) ff. 74r–75r et 76v

---

[13] Démétrios Trivolis est présent à Gortyne en 1464/1465 puis à Rome en 1468/1469. Nous n'avons pas d'indice sur l'activité romaine de Charitonyme Hermonyme avant 1467.

- Titre : ἔτη βασιλέων τῶν μετὰ τὴν Ἀλεξάνδρου τοῦ βασιλέως τελευτήν (f. 74v). En-têtes : ἔτη βασιλέων | ἔτη συναγόμενα (f. 74r) ; βασιλεῖς | ἔτη ἐπισυναγόμενα (f. 75r).
- Chaque folio contient une table composée de trois colonnes. Chaque ligne de la table sépare deux lignes de texte ; trente-quatre lignes d'écriture par table. Les lignes sont tracées à l'encre rouge. Les en-têtes des ff. 74r et 75r sont hors cadre. Les trois derniers empereurs du f. 75r (Tibère Constantin, Maurice, Phocas) sont écrits sous le cadre de la table.
- La première partie de la table (f. 74r) va de Nabonassar à Alexandre le Grand ; les noms sont au génitif. La seconde partie (ff. 74v-75r) va de Philippe Arrhidée à Dèce, puis de Trébonien Galle et Volusien à Phocas ; les noms sont au nominatif sauf Dioclétien et Constance Chlore, mis au génitif. La troisième partie (f. 76v) va d'Héraclius à Alexandre et Constantin VII, les noms sont au génitif. De prime abord, deux mains semblent avoir participé, l'une pour les ff. 74r-75r, l'autre pour le f. 76v ; je pense cependant qu'il s'agit du même copiste, que l'on connaît par ailleurs sous le nom de Phocas Choumnos (voir *infra*).
- Les rubriques sont indiquées par des croix en marge. Annotations de la main principale : (45*) f. 74v *mg. inf.* ; (27*) f. 75r *mg. ext.* ; (3*) f. 75r *mg. inf.* Annotation de mains postérieures : ajout de « με » à côté des années de règne d'Auguste (μγ) ; (59*) f. 76v *mg. inf.*, note obscure à caractère astrologique ou médical.

(c) Le codex contient le *Traité de l'astrolabe* de Jean Philopon (ff. 1r-11v), l'*Hypotypose* de Proclus (ff. 11v-40v), le *Petit Commentaire* de Théon (ff. 41r-65v) et un ensemble de textes anonymes ainsi que des tables astronomiques et chronologiques (ff. 66r-166v).

(d) Il y a un changement d'encre et de ductus entre les ff. 74r-75r et le f. 76v. L'écriture du f. 76v, plus soignée, est celle que l'on retrouve dans une grande partie du codex, dont le *Petit Commentaire*. Anne Tihon proposait avec beaucoup de prudence de rapprocher cette main de celle des ff. 1-104 et 110-117v du *Monac. gr.* 419, manuscrit qui présente des filigranes similaires au *Paris. gr.* 2497 (Briquet 7924-7925)[14]. Il me semble que cette identification est très certaine[15]. Les textes des deux manuscrits se complètent et offrent un ensemble astronomique et

---

14 Mogenet et Tihon (1985, 15).
15 Outre l'écriture en tous points semblable, avec un ductus légèrement penché vers la droite, on note la même façon de numéroter les chapitres en marge et les cahiers dans le coin inférieur gauche sur le premier recto.

astrologique cohérent[16]. Par ailleurs, Brigitte Mondrain a identifié ce copiste du *Paris. gr.* 2497 avec le copiste principal du *Vat. gr.* 419, codex contenant des textes essentiellement théologiques[17]. Son nom nous est connu grâce à la signature au f. 314r : « Phocas Choumnos, notaire impérial et exarque des *taboularioi*[18] ». Les ff. 74r–75r du *Paris. gr.* 2497 présentent un ductus plus rapide, moins soigné, où les accents sont très souvent liés à leur voyelle. Dans le *Vat. gr.* 419, quand le ductus de Phocas Choumnos se fait plus rapide (par exemple ff. 307r–308v), il présente les mêmes caractéristiques que la main des ff. 74r–75r du *Paris. gr.* 2497. Il semble donc que l'ensemble de la Table des rois ait été copié par le même Phocas Choumnos, peut-être à deux moments différents. La table f. 74r–75r est une copie de la table H^1. La table f. 76r est tirée de la table H^2 mais les noms à partir de Léon V sont tous au génitif, alors que cette partie, ajoutée postérieurement dans H^2, les avait mis au nominatif. — Le manuscrit est daté du début du XIVe siècle à partir des filigranes ; le texte f. 166rv présente un exemple de calcul pour le 20 septembre 6825 AM (1316 AD). Si, au moment de la copie, Phocas Choumnos occupait une position importante à la chancellerie impériale, il est très probable que la Table des rois du *Paris. gr.* 2497 soit une copie directe du *Leidensis* BPG 78 (comme c'est sans doute aussi le cas pour le texte du *Petit Commentaire* de Théon), réalisée à Constantinople, où se trouvait le *Leidensis* au début du XIVe siècle[19]. Au f. 105 se trouve une scolie portant la date du 13 septembre 6886 AM (1377 AD) en marge de la table A3. — Le manuscrit est acquis à Venise par Andreas Coner en 1508 (f. 1r : *Andrea Conerj 1508 Venetijs*). D'après Manuela Mencherini, le *Paris. gr.* 2497 fait partie des manuscrits de Coner acquis, à la mort de ce dernier en 1527, par Lattanzio Tolomei, ambassadeur de la république de Sienne auprès du pape Paul III. Le manuscrit est passé ensuite en possession du Cardinal Ridolfi (1501–1550 ; cf. le pinax rédigé par Matteo Devaris sur le contreplat et la cote *n⁰ 33*), puis de Pietro Strozzi. À la mort de ce dernier, c'est Catherine

---

16 Le *Monac. gr.* 419 contient le Περὶ φύσεως ἀνθρώπου de Némésios d'Émèse, la Στοιχείωσις φυσική de Proclus, la *Tétrabiblos* de Ptolémée, le *Carpos* du Ps.-Ptolémée, le *Commentaire* de Porphyre à la *Tétrabiblos* de Ptolémée, des textes astrologiques anonymes et le *Grand Commentaire* de Théon.
17 Mondrain (2004, 427) ; Mondrain (2011, 102–103). Pérez Martín (2022, 483) pense que Choumnos n'est pas le copiste du *Vat. gr.* 419 mais seulement son possesseur.
18 *Vat. gr.* 419 f. 314r : ὁ ἀπὸ τῶν βασιλικῶν νοταρίων ἔξαρχος τῶν ταβουλαρίων Φωκᾶς ὁ Χοῦμνος. Voir la description du manuscrit par Devreesse (1937, 131–134).
19 Choumnos a également utilisé d'autres manuscrits des *Tables faciles* : la table G1 du *Paris. gr.* 2497 (ff. 80r–85v) est très différente de celle du *Leidensis ;* A3 (ff. 105v–106v) et A14 (ff. 127r–129v) sont continuées avec des tables pour les années de Philippe 1501 à 1726 (1176/1177 à 1401/1402 AD), ce qui n'est pas le cas dans le *Leidensis* : on trouve ces compléments, peut-être de la main de Nicéphore Grégoras dans le *Plut.* 28/26 (f. 1r), voir Bianconi (2010, 53–54).

de Médicis qui récupère le manuscrit. Ses volumes sont finalement intégrés à la bibliothèque royale en 1594. Le *Paris. gr.* 2497 a conservé sa reliure vénitienne.

(e)   Tihon (1978, 106–108) ; Weddigen (2016b) ; Mencherini (2014, 1178) ; Muratore (2009, I 183, II 209).

6   Sinaï, Monastère Sainte-Catherine, grec 2124 (Beneševič 534 = Kamil 2221) [J]

(a)   Papier, 350 ff., 218 × 145 mm[20], vers 1439, Florence.

(b)   f. 23r–24r
   - Titre : κανόνια [sic] βασιλέων (f. 23r et 23v). En-têtes : βασιλεῖς | ἔτη βασιλέων | ἔτη ἐπισυναγόμενα (f. 23rv).
   - Le f. 23r contient deux tables de trois colonnes ; chaque ligne des tables sépare deux ou trois lignes d'écriture ; trente à trente-deux lignes d'écriture. Le f. 23v contient deux tables, une de trois colonnes, l'autre de quatre colonnes dont une entièrement barrée ; chaque ligne des tables sépare trois ou quatre lignes d'écriture ; quarante-deux lignes d'écriture par table. Le f. 24r ne contient pas de table mais une courte liste de quatre lignes et de trois colonnes.
   - La table va de Nabonassar à Maximin Ier (f. 23r), puis de Gordien III à Alexis V Murzuphle (f. 23v), et présente enfin quatre empereurs hors table (f. 24r : Théodore Lascaris, Jean III Vatatzès, Théodore II et Michel VIII). La dernière partie de la table du f. 23v, de Constantin V à Alexis V, contient une première colonne pour les années cumulées, manifestement erronée, que le copiste a barrée sur toute la longueur avant d'ajouter une nouvelle version de la colonne des années cumulées juste à côté. Les valeurs pour les quatre empereurs hors table ont été aussi corrigées, mais directement sur le texte. Un seul copiste est responsable de l'ensemble, il s'agit selon toute vraisemblance de Bessarion. Tous les noms sont au génitif.
   - Plusieurs scolies du copiste principal, dont certaines intégrées à l'intérieur de la table : (23*, 25*, 26* et 49*) f. 23r ; (14*, 37* et 38*) f. 23r *mg. ext.*

(c)   Le codex contient le traité astronomique de Georges Gémiste Pléthon (ff. 2r–7v), des tables astronomiques assorties de scolies (ff. 8v–15r), des textes astrologiques dont des extraits de la *Syntaxe perse* de Georges Chrysococcès (ff. 17r–20v), des notes sur des philosophes célèbres (f. 22v), la Table des rois (ff. 23r–24r).

---

[20] D'après Beneševič (1965, 426). Ciro Giacomelli (2021, 272) donne 242 × 218 mm, sans doute d'après le carton placé en tête du microfilm, mais ces dimensions sont visiblement erronées.

Ensuite, on trouve la *Politique* d'Aristote (ff. 25r–167v), un lexique latin-grec et grec-latin (ff. 168r–311v), le traité de Jean Pédiasimos sur la mesure de la terre (ff. 312r–321r) et des notes en latin (ff. 323r–345r).

(d) Le codex a été copié par plusieurs mains. La première partie, contenant des textes astronomiques et astrologiques avec la Table des rois (ff. 1–24), est sans doute de la main de Bessarion, qui a aussi copié le texte de Pédiasimos[21]. La seconde partie, comprenant la *Politique* (ff. 25–167v), a été copiée à Florence par un certain Théodore pour Bessarion, alors métropolite de Nicée[22] – charge qu'il occupait au moment du concile de Ferrare-Florence (1438–1439), avant d'être élevé à la dignité de cardinal à la fin de 1439. La troisième partie, contenant le lexique latin-grec et grec-latin, est de la main d'un troisième copiste[23]. Les tables astronomiques des ff. 9–15 ont été établies pour le 13 décembre 1433 (6942 AM, f. 9r) et plusieurs tables et scolies datent de 1446–1448 (f. 1v : 6956 AM, f. 8v : 6955 AM). Un échange épistolaire entre Bessarion et Pléthon nous apprend que le premier avait quelque difficulté à utiliser le traité d'astronomie du second. Bessarion a en outre laissé plusieurs notes dans ces folios relatives à la longitude de l'embouchure du Pô (αἱ τοῦ Τράδου ποταμοῦ ἐκβολαὶ μοῖρ(αι) λε, f. 1r), de Florence (τὸ τῆς Φλωρεντίας μῆκος μοῖρ(αι) λγ Λγ΄, f. 3r) et du Péloponnèse (τὸ τῆς μῆκος τῆς Πελοποννησίου μῆκος μοῖρ(αι) ν, f. 3r), où se trouve Mistra. Deux de ses scolies sur la Table des rois mentionnent la séparation des Églises de Rome et de Constantinople sous le règne de Basile II (976–1025)[24] ainsi que la vie de Maxime le Confesseur (ca. 508–662) sous le

---

[21] Cette identification proposée par Dieter Harlfinger est acceptée par Ciro Giacomelli (2021, 271 et 272) et Fabio Acerbi (2021, 114) mais rejetée par Anne Tihon (1998, 14), pour qui la main des ff. 1–24 est celle d'un collaborateur de Bessarion, par ailleurs intervenu dans le *Marc. gr.* Z 333.

[22] Théodore a laissé une souscription au f. 167v : ἐγράφη ἐν τῇ Φλωρεντείᾳ τῷ πανιερωτάτῳ Μητροπολίτῃ Νικαίας παρ' ἐμοῦ διακόνου Θεοδώρου τοῦ νομικοῦ καὶ ὑπομνηματογράφου τῆς μεγάλης ἐκκλησίας.

[23] Giacomelli (2021, 271) propose de l'identifier, du moins pour le grec, avec la main qui a copié les traductions de Cicéron et de Macrobe dans le *Marc. gr.* Z 508 (ff. 1–122v).

[24] Scolie 38* : ἐπὶ τούτου ἡ τῆς Ῥώμης ἐκκλησία τῆς Κωνσταντινουπόλεως ἀπεσχίσθη. L'existence d'un schisme sous le règne de Basile II et le patriarcat de Serge II, plusieurs années avant les évènements de 1054, est mentionnée en particulier par un opuscule de Nicétas, cartophylax de Nicée, sur l'histoire des ruptures entre les Églises de Rome et Constantinople : ἐπὶ Σεργίου πατριάρχου τοῦ ἐπὶ τοῦ Βουλγαροκτόνου, σχίσμα (*De schismate Graecorum* 715, éd. Pavlov (1878, 134) sur la base d'un manuscrit conservé à Moscou, *Sinod. gr.* 368). Ce texte a circulé sous des versions différentes – voir Anton (1925, 20–27) – mais il est presque certain que le scoliaste l'avait en tête, à en juger par la proximité de la scolie et du titre porté par l'opuscule dans plusieurs manuscrits : […] ποσάκις ἡ τῶν Ῥωμαίων ἐκκλησία τῆς Κωνσταντινουπόλεως ἀπεσχίσθη. Le texte de Nicétas a circulé à Constantinople parmi les membres de la délégation byzantine du concile de Ferrare-Florence. On en re-

règne de Constant II Héraclius (641–668)[25]. Ces deux éléments évoquent l'ordre du jour du concile de Ferrare-Florence. Tout converge pour situer la copie de la Table des Rois en 1438–1439, à Florence, où Bessarion se trouvait[26]. Le manuscrit fait partie de l'inventaire de la donation de Bessarion à Venise (1468, n° 370) et de l'inventaire de 1474 (n° 34) de la bibliothèque marcienne. Le codex était donc encore à Venise à ce moment-là. Anne Tihon suggère que le transfert du manuscrit vers l'Égypte, au monastère de Sainte Catherine du Sinaï, a pu avoir eu lieu par l'intermédiaire de l'école monastique Sainte-Catherine de Candie, en Crète, qui dépendait du monastère du Sinaï.

(e) Beneševič (1965, 426–428) ; Tihon et Mercier (1998, 14–18) ; Mondrain (2013) ; Labowsky (1979, 489).

7 Vaticano, Biblioteca apostolica Vaticana, *Barberinianus gr.* 362 [Ba]

(a) Papier, III + 191 ff.[27], 209 × 140 mm, 1640, Florence.
(b) ff. 113r–114v, 125v–126r
 – Titre : ἔτη βασιλέων Περσῶν τῶν ἕως Ἀλεξάνδρου ἀπὸ τοῦ Ναβονασάρου (f. 113r, *mg. sup.*) ; ἔτη βασιλέων Μακεδόνων μετὰ τὴν Ἀλεξάνδρου τοῦ βασιλέως τελευτήν (f. 113r, *mg. inf.*). Pas d'en-tête de colonne.
 – Les noms, années de règne et années cumulées sont disposés en trois colonnes, sans lignes (sauf en partie au f. 114r), un bloc par page.
 – La table va de Nabonassar à Alexandre (f. 113r), puis de Philippe à Théodose III (ff. 113v–114v) et de Léon III à Romain II (ff. 125v–126r). Les noms sont au génitif de Nabonassar à Philippe Arrhidée, puis au nominatif jusqu'à Phocas (sauf Dioclétien et Constance Chlore, mis au génitif), puis au génitif d'Héraclius à Nicéphore Ier ou Michel Ier[28] et à nouveau au nominatif jusqu'à Romain II. Une main a copié l'ensemble, Lucas Holstenius.
 – Scolies et annotations marginales, écrites de la main principale : (51*) f. 113r *mg. inf.* ; «principio isag. reg.» f. 113r *mg. inf.* ; (1*, 2*, 23*, 26*, 45*

---

trouve un exemplaire dans le *Vat. gr.* 1858, sous le titre cité plus haut, copié par l'anonyme 29 de Harlfinger, un proche de Bessarion dans sa jeunesse à Constantinople, voir Orlandi (2021, 763–764).
25 Voir scolie 37*.
26 Par ailleurs, comme l'a remarqué Anne Tihon, la numérotation des cahiers indique que la partie astronomique et la *Politique* faisaient bien partie du même codex dès l'origine.
27 Après les trois pages de garde, le premier folio est noté I. On a ensuite 190 folios numérotés de 1 à 186, auxquels s'ajoutent les folios 19a, 60a et 60b. Le folio 187 n'est pas numéroté.
28 Le nom Μιχαήλ est invariable.

et 49*) f. 113v *mg. ext. et inf.* ; (3*, 27*, 34*, 36* et 44*) f. 114r ; (7*) f. 126r. Holstenius a aussi ajouté une note de renvoi à la fin de la table f. 114v («*cætera in finis ad hoc signum* ☿») vers le f. 126v («*supra pag. 4 ad signum* ☿ *post Theodosium adiungendi sequentes imperatores ex eodem ms^to*»).

(c) Le codex contient divers extraits d'ouvrages, aucun n'étant astronomique : Alexandre de Lycopolis, *Contra Manichaeos* (ff. 1r–16v), un fragment attribué au *De universo* d'Hippolyte de Rome par les éditeurs (*inc.* καὶ οὗτος μὲν ὁ περὶ δαιμόνων λόγος, ff. 17r–19v)[29] ; Didyme d'Alexandrie, *Contra Manichaeos* (ff. 22r–33r) ; des notes de Lucas Holstenius sur le contenu du *Plut.* 9/23 (f. 34r) ; Hippolyte de Rome, *Refutatio omnium haeresium* (premier livre, sous le nom d'Origène, ff. 37r–56r) ; Nicéphore Choumnos, *Adversus Plotinum* (ff. 57r–69v)[30] ; Anastase le Sinaïte, *Homélies sur la création de l'homme* (ff. 71r–95r) ; Moschion, *Hypothecae* (ff. 98r–99r) ; Pseudo-Plutarque, *De proverbiis Alexandrinorum* (ff. 100r–106v) ; Table des rois (ff. 113r–114v, 125v–126r) ; Table des consuls (ff. 115r–125r) ; Eusèbe de Césarée, *De mensuris et ponderibus* (ff. 129r–130) ; un commentaire sur Denys le Thrace attribué à Porphyre (ff. 133r–175r)[31] ; un extrait de Théophraste, *Historia plantarum* (IX.8.2–10.3, *inc.* ὀπισμὸς γίνεται τῶν ὀπιζομένων, *des.* Βέλτιστοι δὲ καὶ οἷς, ff. 180r–181v).

(d) Le codex rassemble des extraits copiés à partir de différents manuscrits de la bibliothèque des Médicis par Lucas Holstenius (1596–1661) lors de son séjour florentin de 1640[32]. Les Tables des rois et des consuls ont été copiées à partir du *Plut.* 28/12, même si Holstenius précise seulement : *Canon Chronologicus cum Fastis Consularibus ex ms^to Bibliothecae Mediceae* (f. 111r)[33]. La comparaison

---

[29] Ce court texte était placé parmi des fragments de Flavius Josèphe d'après le modèle du manuscrit, voir la note d'Holstenius sur la page de garde (*item fragmentus [sic] ex libro Josephi contra gentes ex antiquissimo ms. Medicéo*) et sur le f. 19v (*hoc fragmentum in Medicéo codice subiungitur cæteris Fl. Josephi operibus sed falso eidem tribui etc.*). Le texte est édité par Holl (1899, 137–143).
[30] Le texte est placé sous le nom de Charikleios dans le manuscrit (τοῦ σοφωτάτου ἐπισκόπου Χαρικλείου) ; édité et attribué à Nicéphore Choumnos par Chrestou (2002, 58–86).
[31] Texte édité par Hilgard (1901, 128.27–136.15), *tit.* Πορφυρίου περὶ προσῳδίας, *des.* τὰ δὲ πνεύματα καὶ οἱ χρόνοι εἰς δύο ἀεί [sic].
[32] Voir Rietbergen (1987, 209) et Mirto (1999, 14). Parmi les manuscrits utilisés par Holstenius, on trouve les *Plut.* 85/3 (Théophraste), *Plut.* 9/23 (Alexandre de Lycopolis, Didyme d'Alexandrie), *Plut.* 4/10 (Moschion), *Plut.* 9/32 (Hippolyte sous le nom d'Origène, Choumnos sous le nom de Charikleios – cette attribution est reprise au *Vat. gr.* 1374f. 50v), *Plut.* 7/1 (Anastase) et le *Plut.* 28/12 pour les tables chronologiques.
[33] Dans sa liste de manuscrits de la bibliothèque laurentienne, rédigée en 1640 (*de libris optimis ac maximam partem ineditis bibliothecæ Mediceæ*), Holstenius décrit un codex *in charta* du *scamnum* 28 contenant Théon de Smyrne, des tables astronomiques et chronologiques dont des fastes consulaires, voir Lilienthal (1715, 97–98). Ce manuscrit a de très fortes chances d'être le *Plut.* 28/12.

entre les tables du *Plut.* 28/12, conservé à Florence au moins depuis le début du XVIᵉ siècle, et celles du *Barb. gr.* 362 ne laisse aucun doute à ce sujet. Rapporté depuis Florence jusqu'à Rome, où Holstenius occupait la charge de bibliothécaire du cardinal Francesco Barberini (1597–1679), le codex a fait partie des collections du palais Barberini avant de rejoindre la bibliothèque vaticane en 1902.

(e) Ricci (1907, 109) ; Uthemann (1985, XXXIV–XXXV) ; Uthemann (1990, 143).

8 Vaticano, Biblioteca apostolica Vaticana, *Ottobonianus. gr.* 181 [Ot]

(a) Papier, I + 113 ff. + I, 214 × 140 mm, troisième quart du XVᵉ siècle.
(b) ff. 112v–113r
- Pas de titre ni d'en-têtes.
- Il s'agit d'une liste organisée en cinq rubriques : α. ἀσιρίων [sic] βασιλεῖς / β. μίδον [sic] βασιλεῖς / γ. περσῶν βασιλεῖς / δ. μακεδόνων βασιλεῖς ἢ ἑλλίνων [sic] / ε. ῥωμαίων βασιλεῖς. Les rubriques γ à ε sont des extraits de la Table des rois. Les noms sur le folio 112v sont organisés en deux colonnes ; le f. 113r montre une mise en page similaire, mais seules les quatre premières lignes de la colonne gauche et la moitié inférieure de la colonne droite sont utilisées, le reste du folio étant vide : l'ensemble ressemble plus à un brouillon qu'à une table ou une liste mise au propre.
- La liste commence par Ninos, roi légendaire d'Assyrie, puis Anakindaraxès (Ἀνακηνδαρήξης) et Sardanapale (Σαρδανάπαλος). La seconde rubrique contient les rois mèdes Arbakès (Ἀρβάκης), Déiokès (Δηιόκης), Phraortès (Φραόρτις), Cyaxare (Κυαξάρης) et Astyage (Ἀστιάγης). Les troisième et quatrième rubriques contiennent les rois perses de Cyrus à Darius III, puis les rois macédoniens d'Alexandre le Grand à Cléopâtre. La dernière rubrique contient les empereurs romains d'Auguste à Jovien, puis d'Andronic Iᵉʳ Comnène à Constantin Paléologue. Seuls les empereurs d'Andronic Iᵉʳ à Michel VIII sont assortis de la durée de leurs règnes. La liste semble écrite d'une seule main, mais le ductus, la qualité du tracé et la plume sont légèrement différents entre la première partie de la liste (jusqu'à Jovien) et la liste des empereurs tardo-byzantins du f. 113r. Cette main a été identifiée comme celle de Démétrios Raoul Kavakès. Les rois assyriens et mèdes sont au nominatif. La liste à partir de Cyrus – c'est-à-dire l'extrait de la Table des rois – était dans un premier temps rédigée au génitif mais tous les noms ont été mis au nominatif dans un second temps, sans doute par Kavakès lui-même.
- Quelques notes commentent la liste. De la main de Kavakès : (31*) f. 112v. D'une écriture légèrement différente mais peut-être toujours Kavakès : (42*) f. 112v ; (41*) f. 113r.

(c) Le codex contient une collection de textes copiés par différentes mains, souvent des extraits, un peu disparates, notamment de Synésios (f. 3r), Thomas Magister (f. 6r), des pièces d'Aristophane (ff. 7r–82v) et Julien l'Apostat (ff. 87v–104) ainsi que des lettres de Pléthon (ff. 104r–105v), Bessarion (ff. 105v–107r) et Georges Amiroutzès (ff. 107v–110v).

(d) La liste des rois fait partie des folios du codex utilisés par Démétrios Raoul Kavakès (1415–1505/1506) pour un ensemble de notes personnelles et de divers extraits (ff. 1r–2r, 3r–5v, 86v, 105v–111r, 112v–113r). On y retrouve son orthographe très personnelle (ἀσιρίων, μίδον, ἑλλίνων)[34] ainsi que l'adjectif τοῦ γενεοτάτου (*i.e.* γενναιοτάτου) associé à l'empereur Julien[35]. Kavakès a été l'élève de Pléthon à Mistra jusqu'à la fin des années 1440, puis a travaillé à la cour de Constantin Paléologue (1449–1453). Entre la chute de Constantinople et la fin définitive du despotat de Morée en 1460, il se trouvait probablement à nouveau dans le Péloponnèse. Son activité de copiste est attestée à Rome à partir de 1466. La liste des empereurs inclut Constantin Paléologue, qualifié de τελευτ[αῖος], donc le travail de Kavakès est sans doute postérieur à 1453. En outre, Micol Muttini a montré que le texte du *Ploutos* d'Aristophane contenu dans l'*Ottob. gr.* 181 est un apographe du *Marc. gr.* Z 473 (= 800), lequel est daté, d'après les filigranes, des années 1440–1450[36], ce qui confirme le *terminus a quo* à la fin des années 1440 pour la copie de l'*Ottob. gr.* 181. Franco Bacchelli date l'*Ottob. gr.* 181 de la période romaine de Kavakès, donc après 1466[37]. Le manuscrit a ensuite appartenu à Guglielmo Sirleto (1514–1585) : il fait partie de l'inventaire du legs de Sirleto réalisé par Giovanni Santamaura entre 1585 et 1588. Cette collection, avec l'*Ottob. gr.* 181, est vendue en 1588 à Ascanio Colonna (1560–1608), puis acquise en 1611 par le duc Giovanni Angelo d'Altemps. Une partie de bibliothèque de ce dernier (dont l'*Ottob. gr.* 181) est achetée en 1690 par le pape Alexandre VIII, mais la collection n'entre à la bibliothèque vaticane qu'en 1748 sous Benoît XIV.

(e) Feron et Battaglini (1893, 104–105) ; Canart (1963, 62) ; Lucà (2012).

---

[34] Voir De Gregorio (1994, 247–248, 272) et Bacchelli (2007, 129, 134). Ševčenko (1962, 130) qualifie Kavakès d'« *archôn* semi-lettré » et son orthographe de « pittoresque » (*idem*, 114).

[35] L'empereur Julien, lorsqu'il est associé à un surnom dans la Table des rois, est ὁ Ἕλλην (H¹) ou ὁ Παραβατής (F¹A¹S). Le terme γενναιότατος pour désigner Julien est propre à la table de l'*Ottob. gr.* 181 et cohérent avec la personnalité de Kavakès, grand admirateur de Julien et ses ouvrages, comme son maître Pléthon. Voir Bacchelli (2007).

[36] Voir Mioni (1985, 263). Muttini (2019, 316) date la copie du *Ploutos* dans le *Marc. gr.* Z 473 de la première moitié ou du milieu du XVᵉ siècle sur critères paléographiques.

[37] Bacchelli (2007, 130).

9 Vaticano, Biblioteca apostolica Vaticana, *Rossianus* 897 (*olim* XI, 50 = Gollob 37) [Ro]

(a) Papier, VI + 95 ff. + VI, 207 × 156 mm, fin du XVe siècle ou début du XVIe siècle.

(b) f. 18r
  - Titre : ἔτη βασιλέων. Pas d'en-tête.
  - Il s'agit d'une petite table sommaire formée de deux paires de colonnes reliées entre elles.
  - La table va de Nabonassar à Nabonide, avec les années de règne mais sans les années cumulées. La première entrée est « Ναβονασάρου ἔτη | ιδ ». Après l'entrée de Nabonide se trouve le total des années depuis Nabonassar sous la forme d'une entrée « ὁμοῦ ἔτη | σθ ». Les entrées de Ulūlāyu (Ἰουγαῖου) et Marduk-apla-iddina (Μαρδοκεμπάδου) sont inversées. Tous les noms sont au génitif.
  - La table est de la main de l'unique copiste du codex. Il n'y a pas d'annotation marginale.

(c) Le codex contient des textes scientifiques de divers auteurs dont Héron d'Alexandrie (f. 2r–6v, 21v–39v, 41r–52r, 55v–57v, 59r–68v), Jean Pédiasimos (f. 52v), Didyme (ff. 53r–55v) et Julien de Laodicée (ff. 93r–95v), et des textes anonymes touchant aux mathématiques (ff. 9r–10r, 19r–21r, 39v–40v), à la métrologie (ff. 57v–58v), à la chronologie (ff. 7v–8v) et à l'astronomie (ff. 10v–18v, 68v–92v[38]). Au milieu de ces notes, Anne Tihon (1978, 193) a identifié le chapitre 12 du *Petit Commentaire* de Théon (f. 90rv). On y trouve aussi une table des tétraétérides et des épactes calculés pour la période 6831–6855 AM (1322–1347 AD, f. 8v), divers calculs pour l'année 936 d'Auguste (906/907 AD), pour 6349 AM (840/841 AD), 6803 AM (1294/1295 AD), 6825 AM (1316/1317 AD) et la scolie 4* (f. 72r) qui reprend la scolie 3* datée de l'année 1099 de Philippe (775/776 AD)[39] mais complétée pour 6831 AM (1322/1323 AD), puis pour 6882 AM (1373/1374 AD).

(d) Gollob note deux filigranes très semblables à Briquet 2537 et 3404, lesquels sont datés respectivement de 1494 et 1503. Vu les notes chronologiques, le *Ross.* 897 descend d'un manuscrit utilisé dans la seconde moitié du XIVe siècle. Le texte de la Table des rois du *Ross.* 897 est très proche de celui du *Paris. gr.* 2497 (K). Les deux manuscrits partagent en outre un certain nombre de textes et de tables en commun, et ont tous deux été achetés par

---

[38] Dont un extrait du quadrivium édité par Heiberg (1929) sous le titre Σύνοψις εὐσύνοπτος ἀστρονομίας ff. 91r–92r (5.2–14.2, *des*. ὁ αὐτὸς λαμβάνεται ἀριθμός).

[39] La scolie compte 1098 années écoulées depuis Philippe, donc l'auteur se situe au cours l'année 1099 de Philippe.

Andreas Coner à Venise en 1508. L'histoire du *Ross.* 897, à partir de son achat par Coner (f. 2r : *1508· Venetijs· Andreae Conerj*)[40], a été retracée assez précisément par Manuela Mencherini. Résidant à Rome jusqu'en 1537, Andreas Coner meurt à Ostie la même année et plusieurs de ses manuscrits sont acquis par Lattanzio Tolomei, ambassadeur de la république de Sienne auprès du pape Paul III (f. 95v, disposés en croix : + ΠΘ L. Ph.)[41]. Plus tard, le codex est en possession de Marzio Milesi Sarazani (ca. 1570–1637, cf. f. 1r *Martii Milesii Sarazanii*), puis des théatins de San Silvestro al Quirinale (estampille f. 2r). C'est sans doute auprès de ces derniers que Giovan Franceso de Rossi (1796–1854) acquiert le manuscrit au milieu du XIXe siècle. Léguée en 1855 à la Compagnie de Jésus, la biblioteca Rossiana est transférée à Vienne en 1877. Les volumes de cette dernière sont, après la chute de l'Empire austro-hongrois, donnés au pape Benoît XV et intègrent les collections de la bibliothèque vaticane en 1922.

(e) Gollob (1910, 93–101) ; Mencherini (2014).

10 Venezia, Biblioteca Nazionale Marciana, *Marc. gr.* Z 315 (coll. 1028) [Z]

(a) Papier, 145 ff., 250 × 186 mm, première moitié du XIVe siècle, Constantinople (?).

(b) Table Z^1 : ff. 110r–111r
- Titre : ἔτη βασιλέων ἔτη συναγομένων (en-têtes de colonnes mais placées en haut du folio 110r). En-têtes : βασιλεῖς | ἔτη ἐπισυναγόμενα (f. 110v et 111r).
- Chaque folio contient une table, entourée d'une double ligne, de trois colonnes. Les doubles lignes sont coloriées à l'encre rouge en alternant à chaque ligne horizontale de la table, créant une sorte de motif à damier. Les lignes des tables séparent deux lignes d'écriture, trente-quatre lignes d'écriture par table. Les trois derniers empereurs (Tibère Constantin, Maurice, Phocas) sont écrits sous le cadre de la dernière table (f. 111r).
- La table du f. 110r va de Nabonassar à Alexandre le Grand (les noms sont au génitif) ; la table du f. 110v de Philippe Arrhidée à Dèce et celle du f. 111r de Trébonien Galle et Volusien à Phocas (les noms sont au nomi-

---

[40] Coner a laissé quelques annotations marginales dans le codex (f. 57r : *uncia* et série de nombres f. 59r, par exemple).

[41] Tolomei a laissé quelques annotations marginales. Il a par exemple complété une lacune du texte des *Stereometrica* d'Héron d'Alexandrie (f. 60r) : γίνονται <πα ἀφαιρῶ τὰ *in mg.*> κε.

natif sauf Dioclétien et Constance Chlore, au génitif). Une seule main est responsable de la copie ; même copiste que la table des ff. 121r–122v.
- Scolie de la main principale : (43*) f. 110v *mg. sup.*

Table Z² : f. 121r–122v
- Titre : ἔτη βασιλέων Περσῶν, τῶν ἕως Ἀλεξάνδρου καὶ αὐτοῦ (f. 121r) ; ἔτη ͵ β̅β̅ [*i. e.* βασιλέων] τῶν Μακεδόνων μετὰ τὴν Ἀλεξάνδρου τοῦ βασιλέως τελευτήν (f. 121v). Pas d'en-tête à proprement parler, mais les mots ἐπισυν(α)γό(μενα) ἔτη sont insérés juste sous le titre f. 121v.
- Chaque page contient une table de trois colonnes, avec le même motif à damier pour les doubles lignes qu'aux ff. 110r–111r. Les lignes des tables séparent deux lignes d'écriture, trente-quatre lignes d'écriture par table. Certaines entrées sont écrites au-dessus du cadre.
- La table f. 121r va de Nabonassar à Alexandre le Grand (les noms sont au génitif). La table des ff. 121v–122v va de Philippe Arrhidée à Trébonien Galle et Volusien (f. 121v), puis de Valentinien et Gallien à la restauration de Justinien II (f. 122r) et enfin de Philippicos à Romain II (sans années de règne pour Constantin VII et Romain II). Les noms sont au génitif jusqu'à Nicéphore Ier (ou Michel Ier), puis au nominatif jusqu'à la fin. Une seule main est responsable de la copie ; même copiste que la table des ff. 110r–111r.
- Scolie de la main principale : (51*) f. 121r *mg. int.*

(c) Le codex contient le *Petit Commentaire* de Théon (ff. 1r–38v), des textes astronomiques anonymes (ff. 38v–43r) et les *Tables faciles* de Ptolémée (ff. 43r–145v).

(d) D'après les filigranes, le manuscrit est daté de la première moitié, voire du premier tiers du XIVe siècle. Il y a de fortes chances pour que le *Marc. gr.* Z 315 ait été copié directement sur le *Leidensis* BPG 78, donc sans doute à Constantinople. Il y a quelques interventions d'autres mains sur le texte du *Petit Commentaire* de Théon (ff. 1–38), mais pas sur les autres folios. Peu de choses sont connues sur l'histoire du codex au cours du siècle qui suit sa réalisation. Il a ensuite appartenu au cardinal Bessarion (*ex libris* f. 1r en grec et en latin, et correspond au n° 234 du catalogue de 1468).

(e) Tihon (1978, 142) ; Mioni (1985, 28–30).

11 Venezia, Biblioteca Nazionale Marciana, *Marc. gr.* Z 406 (coll. 791) [Ma]

(a) Papier, 147 ff., 224 × 142 mm, troisième quart du XVe siècle.
(b) ff. 145v–146r

- Titre : περσῶν βασιλεῖς.
- La mise en page est très sommaire. Le tableau, tracé à main levée, est composé d'une large colonne, divisée en deux dans la moitié inférieure du f. 145v et sur le f. 146r. Chaque ligne du tableau sépare deux, trois ou quatre lignes de textes.
- La table comprend les rois perses de Cyrus à Darius III puis Alexandre le Grand et Philippe Arrhidée. Les rois hellénistiques sont résumés par la mention οἱ σατράπαι· βασιλεῖς· καὶ μερησμὸς [sic] τῆς ἀρχῆς sans liste détaillée, comme dans le *Monac. gr.* 490. On trouve ensuite les empereurs romains d'Auguste à Valérien et Gallien, et une liste très fragmentaire de dix-sept empereurs byzantins, de Léon V (surnommé ici l'Isaurien) à Théodore Ier Lascaris. Suit la mention barrée d'un Léon. Les noms sont au nominatif, il n'y a pas d'années de règne indiquées.
- Quelques commentaires, intégrés à la liste, de la main principale : (29* et 30*) f. 145v.

(c) Le codex contient une vaste collection d'extraits d'œuvres géographiques et historiques, dont Appien (ff. 42r–57v), Strabon (ff. 62r–73v), Théophraste (ff. 74r–76v), Aristote (ff. 78v–93v), Diodore de Sicile (ff. 94r–114v), Denys d'Halicarnasse (ff. 117r–119r) ou Agathémère (f. 140v) en partie rassemblées par Gémiste Pléthon. On y trouve aussi des textes de ce dernier (ff. 132r–139v) et un extrait de l'*Histoire des Florentins* de Léonardo Bruni (ff. 141r–145r).

(d) Gémiste Pléthon (ca. 1355–1452) est le copiste principal du codex (ff. 2r–114v, 122rv, 123r–135v, 137v–140r) avec au moins quatre autres mains[42]. D'après Marie Cronier, suivant une idée d'Aubrey Diller, Pléthon a copié les extraits de Théophraste lors de son séjour à Florence en 1439. La Table des rois est cependant un ajout plus tardif d'une main qui, jusqu'à présent, n'a pas été identifiée, mais qui pourrait être Kavakès, le copiste de la liste de l'*Ottob. gr.* 181. L'orthographe souvent approximative, l'utilisation d'un accent grave sur les voyelles finales non suivies d'un autre mot, l'ajout de commentaires historiques sous le même format que dans l'*Ottob. gr.* 181, plaident à mon avis pour cette hypothèse. Le codex a appartenu à Jean Dokéianos d'après Filippomaria Pontani. Dokéianos était l'élève de Pléthon à Mistra, puis copiste à Constantinople sous Mehmed II dans les années 1460[43]. D'après Pontani, corrigeant une hypothèse de Diller, Dokéianos a travaillé sur le codex non pas à Mistra avec Pléthon, mais plutôt, après la mort de ce dernier, à la fin des années 1450 ou

---

[42] Il règne un certain désaccord entre Diller (1956), Eleuteri (1994) et Pontani (2014) sur le découpage des différentes mains du codex, divergences qui ne seront pas étudiées ici en détail.
[43] Sur l'activité de Dokéianos, voir Calia (2020, 488–501).

durant les années 1460 à Constantinople. Sans doute par l'intermédiaire d'un autre possesseur, le *Marc. gr.* Z 406 est entré dans la bibliothèque de Bessarion, au moins avant 1468 puisqu'on le trouve dans l'inventaire de sa donation à Venise (n° 333). Sur l'identité de ce possesseur intermédiaire, fidèle de Pléthon, Pontani avait d'abord pensé à Raoul Kavakès, avant de se raviser, sur la base d'une comparaison paléographique avec le *Marc. gr.* IX.21. La présence possible de la main de Kavakès pour la liste des rois rend l'intuition première de Pontani – faire de Kavakès l'intermédiaire entre Dokéianos et Bessarion – moins improbable. Si cette reconstruction – encore bien incertaine, admettons-le – est exacte, alors il faudrait plutôt dater l'intérêt de Kavakès pour la Table des rois de ses années romaines, à partir du milieu des années 1460, précisément la période et le lieu où Trivolis, un autre ancien élève de Pléthon et proche de Bessarion, copie la Table des rois dans le *Vindobonensis Phil. gr.* 140.

(e) Mioni (1985, 157–159) ; Diller (1956, 34–39) ; Eleuteri (1994) ; Pontani (2014, 33–37) ; Cronier (2020, 181–182).

12 Wien, Österreichische Nationalbibliothek, *Phil. gr.* 140 [W]

(a) Papier, 114 ff., 230/234 × 160 mm, troisième quart du XVe siècle, Rome (?).

(b) ff. 95r–96r
- Titre : κανόνια βασιλέων (f. 95rv). En-têtes : βασιλεῖς | ἔτη βασιλέων | ἔτη ἐπισυναγόμενα (f. 23rv).
- Le f. 95r contient deux tables de trois colonnes ; chaque ligne des tables sépare deux ou trois lignes d'écriture ; trente à trente-deux lignes d'écriture. Le f. 95v contient deux tables de trois colonnes ; chaque ligne sépare trois ou quatre lignes d'écriture ; quarante-deux lignes d'écriture par page. Le f. 96r ne contient pas de table mais une courte liste de quatre lignes et de trois colonnes.
- La table va de Nabonassar à Maximin Ier (f. 95r) puis de Gordien III à Alexis V Murzuphle (f. 95v). Un seul copiste (Démétrios Trivolis) est responsable des deux folios ainsi que des quatre noms accompagnés de leurs années du folio 96r (Théodore Lascaris, Jean III Vatatzès, Théodore II et Michel VIII). Tous les noms sont au génitif.
- On note plusieurs scolies du copiste principal, dont certaines intégrées à l'intérieur de la table (23*, 25*, 26* et 49*) ; (14*, 37* et 38*) f. 95v *mg. ext.*

(c) Le codex contient des textes d'Héron d'Alexandrie (ff. 1r–77v) et, dans la seconde partie (ff. 78r–96v), les mêmes textes et tables que le *Sinaiticus gr.* 2124.

(d) La seconde partie du *Vindob. Phil. gr.* 140, qui contient la Table des rois, est la copie du *Sinaiticus gr.* 2124, comme l'a montré Anne Tihon. Le copiste a été identifié comme Démétrios Trivolis par Emil Gamillscheg et Brigitte Mondrain. Comme Bessarion, avec qui il a travaillé à plusieurs reprises, Démétrios Trivolis a étudié auprès de Pléthon à Mistra. Les filigranes sont datés des années 1448–1460, ce qui permet de placer la copie dans le troisième quart du XVe siècle. Trivolis était à Rome en contact avec Bessarion dans les années 1460 et jusqu'à la mort du cardinal en 1472. La copie a donc sans doute été réalisée à Rome avant l'arrivée du *Sinaiticus* à Venise avec le legs de Bessarion en 1468. Le *Vindob. Phil. gr.* 140 a plus tard appartenu à Johannes Alexander Brassicanus (1500–1539), d'après l'*ex libris* f. IIIr. Il correspond au codex n° 823 de l'inventaire du legs de Brassicanus réalisé en décembre 1539. D'après András Németh, le manuscrit faisait certainement partie des collections de la bibliotheca Corviniana, où Brassicanus a acquis de nombreux volumes lors d'une mission diplomatique à Buda en 1524–1525. Sebastian Tengnagel, directeur de la bibliothèque impériale de Vienne de 1608 à 1636, acquiert le manuscrit en 1619 (*ex libris* f. IVr) avant de le léguer à sa mort à la bibliothèque de Vienne en 1636.

(e) Hunger (1961, 245–246) ; Tihon et Mercier (1998, 18–20) ; Mondrain (2013) ; Gamillscheg (2010, 294) ; Németh (2013) ; Stefec (2014, 183).

B – Classement des manuscrits

Le *Leidensis* BPG 78 contient, à quelques folios de distance, deux exemplaires de la Table des rois (H^1 et H^2) qui dérivent de deux modèles différents et sur lesquels on reviendra dans le chapitre suivant. Le *Leidensis* a été réalisé à Constantinople au début du IXe siècle, sans doute sous le règne de Léon V (813–820), a fait l'objet de remaniements aux XIIIe et XIVe siècles et n'a quitté Constantinople qu'au début du XVIIe. Au cours de cette longue période, il a été abondamment utilisé, et ses apographes directs ont également eu une descendance importante. Par la présence de deux tables dans le même manuscrit, la descendance du *Leidensis*, en particulier dans la première moitié du XIVe siècle, se révèle à la fois prolifique et diverse, certains copistes ayant choisi de recopier fidèlement les deux tables, d'autres ayant produit de nouvelles versions de la table à partir des deux exemplaires.

1 Le *Leidensis* BPG 78 et ses apographes

1.1 Le *Leidensis* BPG 78 (H) et le *Plut*. 28/12 (G)

Les deux tables du *Plut*. 28/12 (G¹ et G²) sont des copies assez fidèles des deux tables du *Leidensis* BPG 78 (H¹ et H²), même si le copiste du *Plut*. 28/12 se révèle parfois distrait. H¹ et G¹ contiennent les mêmes entrées avec les mêmes valeurs numériques et la même mise en page en trois parties (Nabonassar à Alexandre, Philippe à Dèce, Trébonien Galle et Volusien à Phocas). G¹ ajoute cependant un certain nombre de variantes dont les plus importantes sont :

> ναδιου **H¹** Καδίου **G¹**
> απρααναδιου **H¹** Ἀπαραναδίο **G¹**
> ωχου **H¹** Βωχοῦ **G¹**
> πτολεμαιος λαγοως **H¹** Πτολεμαῖος Λαγωοῦ **G¹**

H² et G² contiennent également les mêmes entrées, avec les mêmes valeurs numériques et la même mise en page, notamment la série d'abréviations πτο(λεμαίου) à gauche du cadre de la table face aux Ptolémées. G² a écrit les entrées de Mukīn-zēri avec Pūlu et Ulūlāyu au-dessus du cadre de la table, ce qui constitue la seule différence importante avec H². Les deux copies partagent la variante Ἀρταρξέρξου pour Artaxerxès et Κλαυδίο pour Claude. La copie de G² sur H² a eu lieu à une époque où la fin de la table était encore lisible. G² a introduit quelques variantes dans les nombres des années :

> Tibère Apsimaros : ˏακη **H²** ˏακγ **G²**
> Michel II : ˏαρνα **H²** ˏαρ **G²**
> Théophile : ˏαρξυ **H²** ˏαξγ **G²**

Le copiste a repris une grande partie des scolies du *Leidensis*, parfois sous une forme abrégée, parfois en introduisant quelques variantes dont certaines sont sans doute causées par une lecture difficile du *Leidensis* et ses nombreuses abréviations. La scolie 44* placée au-dessus de la table G¹ est tirée de la table H² ou G². De manière générale, les variantes introduites par le copiste de G¹ et G² ne rendent pas nécessaire l'existence d'un intermédiaire entre H et G : elles peuvent s'expliquer par des maladresses du copiste. Néanmoins, pour d'autres parties des *Tables faciles*, le *Pluteus* ne semble pas être une copie directe du *Leidensis*[44],

---

[44] Pour la table des anomalies de Mercure et Vénus, il semble que le modèle du *Pluteus* n'ait pas été le *Leidensis* lui-même. Le copiste de cette table dans le *Pluteus* – qui est aussi celui des deux Tables des rois – a collationné sa copie avec au moins un autre exemplaire. Il a en particulier indiqué à deux endroits des variantes importantes qu'il a trouvées dans d'autres exemplaires (ἔν τισιν προχείροις, ἐν ἄλλοις προχείροις), notamment dans un exemplaire ayant appartenu à Bryennios

contrairement à ce qu'avançait Usener, repris par plusieurs après lui[45]. Il faudrait une étude de l'ensemble des tables de ces deux manuscrits pour s'en assurer. Dans tous les cas, qu'elle soit directe ou non, la filiation pour la Table des rois entre H^1 et G^1 d'une part, H^2 et G^2 d'autre part, reste assurée et on peut proposer le stemma suivant :

$$\begin{array}{cc} H^1 & H^2 \\ | & | \\ G^1 & G^2 \end{array}$$

1.2 Le *Barb. gr.* 362 et l'édition de Lucas Holstenius

Le *Barb. gr.* 362 (Ba) présente un exemplaire de la Table des rois, réalisé par Lucas Holstenius, qui emprunte aux deux exemplaires du *Plut.* 28/12 (G^1 et G^2). La dépendance entre les deux manuscrits est claire grâce à la note laissée par Holstenius lui-même (*ex ms^{to} Bibliothecae Mediceae*, f. 111r) mais aussi grâce à un certain nombre de variantes textuelles. Holstenius s'est principalement basé sur la table G^1 pour la section de la table qui va de Nabonassar à Phocas :

> Νιρηκασολασσάρη G^1**Ba** Νηριγασσολασσάρου G^2
> Βωχοῦ G^1**Ba** Ὤχου G^2
> Φιλίππου τοῦ μετὰ Ἀλέξανδρον τὸν κτίστην G^1**Ba** Φιλίππου G^2

La séquence de Julien à Phocas, très différente dans G^1 et G^2, est strictement identique dans Ba et G^1. Holstenius a maintenu le nominatif, comme dans G^1, et on y retrouve toutes les scolies de G^1. Holstenius s'est ensuite servi de la table G^2 pour amender sa copie, comme en témoigne l'entrée de Pūlu et Ulūlāyu :

> καὶ ποροῦ· Ἰουγαίου G^1 Ἰλουλαίου G^2 καὶ Πόρου Ἰλουλαίου **Ba**

(μάλιστα τοῦ βρυαινίου, ff. 264r et 266r). Or, la table qu'il a copiée dans un premier temps diffère à ces deux endroits du *Leidensis*, tandis que les corrections proposées sont exactement les leçons du *Leidensis*. Néanmoins, ce n'est pas toujours le cas pour les variantes indiquées par γρ(άφεται) sur les *Tables faciles* du *Pluteus*. La situation est similaire pour la Table des villes illustres : celle du *Pluteus* semble fortement apparentée à celle du *Leidensis*, mais à plusieurs endroits le copiste du *Pluteus* ajoute des variantes en marge, dont certaines correspondent au *Leidensis*, tandis qu'ailleurs, la table donne la leçon du *Leidensis* et des variantes différentes sont indiquées en marge. Notons aussi que le texte du *Petit Commentaire* du *Pluteus* n'est pas non plus tiré du *Leidensis* – voir Tihon (1978, 157–159) – et que d'autres textes astronomiques du *Pluteus* descendent du *Marc. gr.* Z 314 (coll. 733), voir Tihon (1973, 52–53).

[45] Usener (1898b, 364) ; Kubitschek (1915, 60) ; Schnabel (1930, 222).

Il a aussi barré l'entrée Σεβῆρος καὶ Ἀντωνῖνος pour la remplacer par le texte de la scolie 45* qui reprend la leçon de H² et G². La section de la table qui va d'Héraclius à Romain II est directement reprise à G². Holstenius a aussi apporté quelques corrections personnelles, généralement mineures :

Γάϊος Ἰούλλϊος Κέσαρ **G¹** Γαίου **G²** Γάϊος **Ba**
Δομετϊανός **G¹** Δομετιανοῦ **G²** Δομητιανός **Ba**
Αὐρίλλιος **G¹** Αὐρίλλιανοῦ **G²** Αὐρήλιος **Ba**
Ἰουστινιανοῦ τοῦ α΄ **G²** om. **G¹** Ἰουστινιανοῦ τοῦ β **Ba**
Ἀλέξανδρος μετὰ Κωνσταντίνου **G²** om. **G¹** Ἀλέξανδρος μετὰ Κωνσταντίνον **Ba**

Lucas Holstenius a également complété les années cumulées de Michel II et Théophile, laissées incomplètes dans G² mais qui peuvent être facilement déduites. Il a enfin ajouté la rubrique βασιλεῖς Αἰγύπτου (après Ptolémée Iᵉʳ), information que l'on peut aisément tirer de la scolie 32* dans la table G² (οὗτοι Αἰγύπτου ἐκράτουν), et ajouté des signes de renvoi pour les différentes scolies. Quelques erreurs de lecture ou de copie se sont glissées dans le texte[46]. Holstenius a ainsi opéré une synthèse entre les deux tables de son modèle, que l'on peut représenter de cette façon :

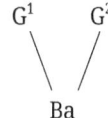

1.3 Le *Leidensis* BPG 78 (H) et le *Marc. gr.* Z 315 (Z)

Les deux tables du *Marc. gr.* Z 315 (Z¹ et Z²) sont des copies très fidèles des deux tables du *Leidensis* BPG 78 (H¹ et H²). H¹ et Z¹ contiennent les mêmes entrées avec les mêmes valeurs numériques et la même mise en page en trois parties (Nabonassar à Alexandre, Philippe à Dèce, Trébonien Galle et Volusien à Phocas avec les trois derniers noms sous la table). Z¹ ajoute cependant quelques variantes mineures, par exemple :

δαριου **H¹** Δαρειου **Z¹**
αρταρξερξου προτου **H¹** Ἀρταξέρξου πρώτου **Z¹**
νεος διωνυσος **H¹** Νέος Δυόνυσιος **Z¹**
κομοδος **H¹** Κωμωδός **Z¹**
σευηρος και αντων(ινος) **H¹** Σεβῆρος καὶ Ἀντων' *sic* **Z¹**

---

[46] Par exemple Ὀηγεβήλου pour Ῥηγεβήλου, ou Ναβοοῦωδίου pour Ναβοναδίου. Le texte attribue aussi cinquante-et-une années (να) à Xerxès Iᵉʳ au lieu de vingt-et-une (κα).

θεοδοσιος ος σπανος εν βυζαντιω **H¹** Θεοδόσιος ὁ Σπανὸς ἐν Βυζαντίῳ **Z¹**
Philippe Arrhidée : ζ **H¹** ς **Z¹**
Trébonien Galle et Volusien : φος **H¹** φοα **Z¹**
Carus et Carin : ε *ante corr.*, β *post. corr.* **H¹** θ **Z¹**

Z² est également une copie très fidèle de H² avec la même mise en page (Nabonassar à Alexandre avec les entrées de Nabonassar et Nabû-nādin-zēri au-dessus du cadre ; Philippe Arrhidée à Trébonien Galle et Volusien ; Valérien à Justinien II ; Philippicos à Romain II). Comme pour G², la copie de Z² a été réalisée à une époque où la fin de H² était encore lisible. On note aussi la graphie de μεσησημορδακου avec le delta écrit au-dessus du mot, κλαυδις pour κλαυδιο (pour Claude le Gothique), κωνσταντινου (après Dioclétien) avec le dernier νυ exponctué comme dans le modèle et l'itacisme τϊν δυσιν qui montrent que le copiste de Z a très certainement H sous les yeux. Il n'y a presque aucune variante textuelle entre H² et Z². Le copiste de Z, qui n'a pas su accentuer la plupart des mots[47], n'était certainement pas familier de ces noms :

αλεξανδρου μακεδονος **H²** Ἀλεξάνδρου Μακεδόνος γ **Z²** (le gamma se réfère à Darius III mentionné une ligne plus haut)

νερουα **H²** Νέρου α **Z²** (l'alpha est écrit de telle sorte que le copiste a pensé au chiffre 1)

Les variantes présentées respectivement par G et par Z – les deux sont copiés vers la même époque, sans doute à Constantinople – ainsi que leurs scolies excluent une copie de l'un sur l'autre. Tous ces éléments permettent de postuler la relation suivante :

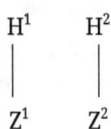

---

[47] Le même phénomène est visible pour la Table des villes illustres : le copiste de Z n'a pas accentué la plupart des toponymes, comme dans le *Leidensis*, a reporté une grande partie des annotations marginales en utilisant les mêmes symboles et, quand le copiste du *Leidensis* s'est autocorrigé en ajoutant des lettres au-dessus des toponymes concernés, le copiste de Z a généralement recopié l'entrée de la même manière, sans introduire la lettre dans le toponyme. Il a aussi tendance par endroits à imiter l'écriture en onciales du *Leidensis*.

2 Le groupe λ

Les tables du *Plut.* 28/48 (L), du *Sinaiticus gr.* 2421 (J) et du *Vindob. Phil. gr.* 140 (W), très proches, sont clairement apparentées. Elles présentent une version du texte qui emprunte à la fois à H^1, à H^2 et vraisemblablement à d'autres sources. Déterminer les liens exacts entre ces trois manuscrits, qui dérivent en partie du *Leidensis*, est cependant compliqué.

2.1 Le *Sinaiticus gr.* 2421 (J) et le *Vindobonensis phil. gr.* 140 (W)

La relation la plus évidente à établir est celle du *Sinaiticus* (J), copié par Bessarion, et du *Vindobonensis* (W), copié par Démétrios Trivolis. Anne Tihon a montré que les ff. 78–96 du *Vindobonensis* étaient une copie des ff. 2–24 du *Sinaiticus*[48]. Leurs exemplaires de la Table des rois confirment cette filiation. Ils partagent la même mise en page, le même titre (κανόνια [sic] βασιλέων) et les mêmes entrées, W reprenant aussi l'erreur des années de Claude et Caligula de J.[49] La table de W ajoute cependant un petit nombre de variantes en propre, dont deux erreurs dans les années de règne :

Σαοσδουχῖνοῦ **J** Σαοσδοχινοῦ **W**
Νηρικασολασσάρου **J** Νηρικασσολασσάρου **W**
Ptolémée Philadelphe : λη **J** λε **W**
Hadrien : κα **J** κδ **W**
Φωκᾶ Μαυρικίου **J** Μαυρικίου **W**

Le copiste de W n'a pas repris la partie de la table J qui était barrée, mais il a repris toutes les scolies de son modèle aux mêmes places. La relation entre J et W peut donc être représentée par le stemma suivant :

---

48 Tihon (1997, 19).
49 Caligula | ιδ | τογ / Claude | δ | τοζ. Le copiste de J a manifestement inversé les durées de règne des deux empereurs, et a changé les années cumulées de Philippe à Caligula en conséquence.

2.2 La recension λ

Les liens entre le *Sinaiticus* (J) et le *Plut*. 28/48 (L) sont beaucoup plus complexes à établir. Le manuscrit L date de la première moitié du XIVe siècle, le manuscrit J a été copié vers 1439 par Bessarion. La table de L est remplie jusqu'à la fin du f. 79v et s'arrête à Léon III l'Isaurien, avec ses années de règne. La table de J, au contraire, va jusqu'à Michel VIII, avec ses années de règne. Comme on le verra, quelques indices plaident pour une dépendance de J vis-à-vis de L, mais le plus probable est que les deux dépendent d'un modèle commun que l'on appellera λ. Cet exemplaire présentait une édition particulière de la Table des rois, établie à partir des deux tables du *Leidensis*, et sa réalisation est à placer sous les premiers Paléologues. Plus précisément, l'auteur de la recension λ a utilisé la première partie de la table H^1 jusqu'à Alexandre le Grand, puis H^2 au moins jusqu'à Léon III l'Isaurien (717–741), mais l'utilisation d'autres sources se fait sentir dès les entrées de Constantin III Héraclius (641) et Constant II Héraclius (641–668).

Avant d'entrer dans le détail des particularités de la recension λ se pose la question d'une filiation directe entre H et λ ou de l'utilisation par λ de l'un des descendants connus de H. On connaît deux exemplaires dérivés de H qui ont copié les deux tables (H^1 et H^2) au début du XIVe siècle et qui – chronologiquement parlant – auraient pu servir de modèles à λ. Les tables Z^1 et Z^2 sont les apographes les plus fidèles de H^1 et H^2. Cependant, l'absence de toute scolie dans Z permet d'éliminer une filiation directe entre Z et λ ; les scolies communes aux exemplaires de la famille λ se retrouvent dans H. La même question peut se poser pour les tables G^1 et G^2. Néanmoins, le copiste de G a introduit dans son exemplaire un certain nombre d'erreurs et de variantes qu'on ne retrouve pas dans les manuscrits λ :

> ναδιου H^1 Καδίου G^1 Ναδίου LJ
> αρκαιανου H^1 Ἀρκαανοῦ G^1 Ἀρκαιανοῦ LJ
> απρααναδιου H^1 Ἀπαραναδίο G^1 Ἀπραναδίου LJ

L'auteur de λ a donc visiblement utilisé ou bien les deux tables du *Leidensis* directement, ou bien un apographe de ce dernier, aujourd'hui perdu.

Pour la première partie de la table λ, jusqu'à Alexandre le Grand, on retrouve la leçon Ἰουγαίου caractéristique de la table H^1 [50]. Pour la seconde partie, à partir de Philippe Arrhidée, la filiation entre λ et H^2 est assez évidente, notamment du fait des leçons communes suivantes :

> φιλιππου H^2 Φιλίππου LJ φιλιππου του μετα αλεξανδρον τον κτιστιν H^1
> γαϊου H^2 Γαΐου LJ γαιος ϊουλιος κεσαρ H^1
> μαρκου αντονινου και βηρου H^2 Μάρκου Ἀντωνίνου καὶ Βήρου LJ *om.* H^1

---

50 ϊουγαιου H^1 Ἰουγαίου LJ ϊλουλαιου H^2. On note aussi αρκαιανου H^1 Ἀρκαιανοῦ LJ αρκεανου H^2.

σεβηρου **H²** Σεβήρου **LJ** σευηρος και αντων(ινος) **H¹**
αντονινου καρακαλου **H²** Ἀντωνίνου Καρακάλου **LJ** om. **H¹**
αντονινου αλλου **H²** Ἀντωνίνου ἄλλου **LJ**, αντωνινος νεος **H¹**

On retrouve dans L et J l'inversion des entrées de Valens et Valentinien, caractéristique de la table H² (voir *infra*). Enfin, l'auteur de la recension λ a introduit un certain nombre de variantes, assez mineures, dans le libellé des entrées, qui ne remettent pas en cause la filiation avec H :

Χινζύρου καὶ Πώρου **LJ** χινζηρος και πορου **H¹** χινζιρος και πορου **H²**
Ἀπραναδίου **LJ** απρααναδιου **H¹** απαραναδιου **H²**
Νηρικασολασσάρου **LJ** νηρικασολασσαρῦ **H¹** νηριγασολασσαρου **H²**
Ἀλεξάνδρου τοῦ Μακεδόνος **LJ** αλεξανδρου μακεδονος **H¹H²**
Γάλλου καὶ Βαλλεσιανοῦ **L** Γάλλου καὶ Βαλεσιανοῦ **J** γαλος και βιλλουσιανος **H¹** γαλλου και βολλουσιανου **H²**
Κωνσταντίνου τοῦ Μεγάλου **LJ** κωνσταντινος **H¹** κωνσταντινου **H²**
Θεοδοσίου τοῦ Ἰσπανοῦ **LJ** θεοδοσιος ος σπανος εν βυζαντιω **H¹** θεοδοσιου **H²**
Φωκᾶ Μαυρικίου **LJ** μαυρικιος **H¹** μαυρικιου φωκα **H²**

Deux particularités graphiques passées de manière identique dans L et J remontent certainement à ce modèle commun : la rubrique Περσῶν βασιλεῖς est écrite après Cyrus, sur la même ligne ; l'entrée de Darius III, avec ses années, est écrite sur la même ligne que l'entrée d'Artaxerxès IV, de sorte que les deux entrées, années comprises, sont juxtaposées :

Ὤχου	κα	υι
Ἀρώγου· Δαρείου τρίτου	β δ	υιβ υις
Ἀλεξάνδρου τοῦ Μακέδονος	η	υκδ

Enfin, certaines scolies de L et J ont été prises à la fois à H¹ (3*, 23*, 27*, 49*) et à H² (25*, 26*, 32*), avec quelques variantes.

À partir de Valentinien, la liste des empereurs de L et J est toujours identique à H², mais les valeurs numériques divergent. En effet, la table H² a inversé les entrées de Valens et Valentinien et leurs années[51], mais sans conséquence sur le reste de la liste. Une main plus tardive a cependant corrigé les années de règne de Valens (quatorze années au lieu des quatre données par la première main de H²) sans pour autant changer le reste de la liste. Les apographes G² et Z² ont repris la table dans cet état, sans rien changer. L'auteur de la recension λ, sur la base de la correction des années de Valens, a choisi le corriger l'intégralité des années cumulées après cet empereur, et a donc ajouté dix ans à chaque entrée. À partir de Léonce, le manus-

---

51 Voir infra p. 99.

crit L a introduit une erreur qui n'est pas dans J : après ses trois ans de règne, le nombre d'années depuis Philippe devrait être 1031 (comme dans le manuscrit J), or la table de L donne 1030, et décale toutes les années cumulées jusqu'à Léon III, qui est la dernière entrée de sa table. Il semble donc que L présente un état plus dégradé de la table que J, même si une correction de la part du copiste de J reste envisageable pour cette erreur mineure et facile à repérer.

Une question reste à trancher : le manuscrit L a-t-il pu servir de modèle, de façon directe ou non, au manuscrit J ? La table L s'arrête à Léon III, avec ses années de règne. Cette dernière entrée occupe la dernière place possible dans la table, ce qui peut s'expliquer de diverses manières : ou bien le copiste de L a rempli la table avec la place qu'il avait à disposition et s'est arrêté par hasard à Léon III, ou bien son modèle comprenait la suite de la table mais le copiste de L a choisi de ne pas la recopier, ou bien la table qui a servi de modèle à L s'arrêtait à Léon III[52]. Un dernier scénario, moins plausible cependant, est que la dernière partie de la table L ait été perdue par la suite[53]. Deuxième élément, la table de J au f. 23v est composée de deux parties : de Gordien III à Léon III (cette dernière entrée se trouve donc en bas de la table, comme dans L) et de Constantin V à Alexis II ; cette deuxième partie, qui se trouve donc juste après Léon III, contient une colonne pour les années cumulées qui a été barrée (les nombres sont erronés) et à laquelle une seconde version de la colonne, corrigée, de la même main, a été accolée. L'origine de cette erreur est assez évidente : au lieu d'ajouter les trente-quatre ans de règne de Constantin V aux années cumulées de son prédécesseur, Léon III (34 + 1074), ces trente-quatre ans ont été ajoutés aux années cumulées de Maximin Ier (34 + 560). Le reste de la table répercute cette erreur jusqu'à Michel VIII. L'entrée de Maximin Ier se trouve justement en fin de table au f. 23r, tout comme Léon III se trouve en fin de table au f. 23v : l'erreur vient donc d'une forme de saut du même au même et dépend ainsi davantage du concepteur de la table que du copiste – si on admet qu'un simple copiste ne calcule généralement pas lui-même les valeurs de sa table. Puisque la table de L s'arrête justement à Léon III, on ne peut pas savoir si cette erreur se trouvait aussi dans son modèle. À partir de là, deux scénarios au moins sont envisageables :

---

52 On notera que la table des consuls et la table géographique, qui dérivent aussi plus ou moins directement du *Leidensis*, sont également incomplètes.
53 Dans le manuscrit L, la Table des rois occupe le folio 79. Ce folio fait partie aujourd'hui d'un quinion (ff. 79–88) qui contient aussi une table des consuls (ff. 80–83), la Table des villes illustres (ff. 84–86) et la table B1 (ff. 87–88). On ne voit pas de trace d'un folio qui aurait été coupé. Si un bifeuillet, contenant le reste de la Table des rois, avait été perdu, alors il y aurait également une lacune dans la table B1. Or cette dernière est complète.

(1) L'auteur de la table de J a eu à disposition un modèle qui descend de L (ou L lui-même) et a lui-même complété la table après Léon III, d'abord en faisant une erreur grossière dans les années cumulées, puis en ajoutant une version corrigée de cette colonne. Le travail de J sur la table se serait alors étendu jusqu'au règne de Michel VIII (1259-1282[54]), mais n'aurait pas été poursuivi plus loin ; à l'époque de la copie de J, vers 1439, la table aurait pu être étendue jusqu'à Jean VIII (1425-1448). Il reste cependant à expliquer pourquoi la table L s'arrête à Léon III (717-741) alors que H^2, dont L dépend en dernier lieu, va jusqu'à Romain II (959-963)[55].

(2) La table J ne dépend pas de L, mais les deux descendent d'un modèle commun. Ce modèle, qui présente une recension particulière du texte, avait une table complétée jusqu'à Michel VIII et contenait déjà l'erreur dans les années cumulées à partir de Constantin V. Dans ce cas, le copiste de L, repérant l'erreur, a pu choisir de ne pas copier cette partie de la table, manifestement erronée, et donc de s'arrêter à Léon III. À l'inverse, après avoir recopié l'intégralité de la table jusqu'à Michel VIII, le copiste de J a pu entreprendre de corriger lui-même sa copie. Il faut aussi admettre, dans ce cas, que la copie de L dans la dernière partie de la table a été particulièrement peu soignée, ou bien qu'il y a eu un intermédiaire entre le modèle commun λ et J.

C'est le second scénario qui apparaît le plus plausible. Un élément supplémentaire est davantage compatible avec le scénario d'un modèle commun plutôt qu'avec une filiation directe L–J. En effet, certaines scolies de J ont été placées aux mauvais endroits, notamment les scolies 23*, 49* et 25*. Or dans L ces scolies sont placées correctement et incluent des signes de renvoi qui sont clairs : si le copiste de J avait le manuscrit L sous les yeux, on comprend mal comment il aurait pu se tromper à ce point. Cette situation s'explique mieux si L et J dépendent d'un modèle qui ne comprenait pas de signes de renvoi ou dont la place des scolies était peu claire (ce qui est parfois le cas dans H lui-même).

---

[54] Tous les manuscrits avec une entrée pour Michel VIII comptent vingt-quatre ans de règne, ce qui correspond aux vingt-et-un ans en tant qu'empereur de Byzance auxquels sont ajoutées les trois années comme empereur de Nicée.

[55] La première main de H^2 s'arrête à Michel Ier (811-813). Une main postérieure a complété jusqu'à Constantin VII et la régence de Zoé (913-918), puis une troisième main a ajouté deux entrées, une pour Romain II et une dernière aujourd'hui illisible. Ces deux dernières entrées ont été en grande partie érasées mais étaient encore lisibles, du moins pour Romain II, dans la première moitié du XIVe siècle, puisque G^2 et Z^2 donnent cette entrée.

Il faut mentionner un dernier élément. La table A¹ de l'*Ambrosianus* H 57 sup. et les tables de la famille λ partagent de nombreuses caractéristiques, si bien qu'il est très plausible que l'auteur de la table A¹, datable du milieu du XIVe siècle, ait eu à disposition un exemplaire très proche de la famille λ. Notons que, si l'utilisation d'un exemplaire λ par A¹ est surtout visible pour la partie qui précède les empereurs romains, on voit que A¹ et J donnent les noms de famille de Michel Ier Rhangabé et Romain Ier Lecapène, et précisent que Constantin VIII est le frère de Basile II[56]. Ces éléments ne se retrouvent pas dans le reste de la tradition de la Table des rois, sauf chez Jean Chortasménos, dont l'activité est plus tardive que le manuscrit A¹. De même, A¹ et J ont tous les deux Κώνσταντος pour Constant II Héraclius, alors que le reste de la tradition donne Κωνσταντίνου ; ces deux manuscrits donnent également « Constantin (III) fils d'Héraclius » (Κωνσταντίνου τοῦ εἰς τὴν δύσιν· υἱοῦ Ἡρακλείου J, Κωνσταντίνου υἱοῦ αὐτοῦ A¹) quand le reste de la tradition donne « Constantin Héraclius » voire « Constantin avec Héraclius ». Encore une fois, ces caractéristiques se retrouvent seulement plus tard chez Jean Chortasménos. Ces éléments plaident pour l'existence, dès la première moitié du XIVe siècle, d'un modèle commun à L et J, complété jusqu'à Michel VIII, et indiquent que la partie de la table qui suit Léon III n'est sans doute pas à attribuer au copiste de J mais à ce modèle λ. Le manuscrit L ne présenterait alors qu'une version tronquée et dégradée de ce modèle commun[57]. La correction des années à partir de Valens est commune à L et J et faisait donc partie du modèle λ. En revanche, les entrées corrigées de Caligula et Claude dans J et de Léonce dans L leur sont propres. De plus, on n'observe ni rature ni trace de correction à ces endroits de la table, comme si ces changements étaient déjà dans leurs modèles directs, d'où l'hypothèse plausible d'un intermédiaire entre λ et L d'une part, et entre λ et J d'autre part.

Se pose enfin la question de l'autre ou des autres source(s) utilisée(s) par l'auteur de la recension λ pour compléter la table : H¹ s'arrête à Phocas (602–610), tandis que la première main de H² s'arrête à Michel Ier (811–813), mais cette dernière a été complétée ensuite jusqu'à Romain II (959–963). Pour compléter sa table jusqu'à Michel VIII (1259–1282), l'auteur de la recension λ a donc dû utiliser une source différente. Or on remarque l'influence d'une source extérieure à H pour la table de J, et donc sans doute de λ, dès les entrées de Constantin III (641) et Constant II (641–668) et surtout à partir de Léon III (717–741). L'utilisation d'une autre source

---

[56] La plupart des exemplaires de la table ne mentionnent même pas Constantin VIII, préférant attribuer à cinquante-deux ans de règne à Basile II.
[57] Les différences entre L et J dans la toute dernière partie de la table (de Maurice et Léon III) s'expliquent davantage par la maladresse ou la fatigue du copiste de L dont la table présente deux erreurs numériques (938 ans depuis Philippe à Maurice au lieu de 935 ; 1030 ans pour Léonce au lieu de 1031) et des entrées plus courtes.

pour éditer la table avant Romain II tient sans doute à la difficulté de dresser une liste consensuelle des différents empereurs au VIIIe siècle : l'usurpation d'Artabasdos (741–743), la régence d'Irène puis le règne personnel de Constantin VI et celui de sa mère ont mené à établir des listes des règnes forts divergentes, comme l'atteste l'ensemble de la tradition manuscrite de la Table des rois. Il ne paraît dès lors pas improbable que la source mise à profit par l'auteur de la recension λ ait eu, pour le VIIIe siècle, un texte assez différent de la table H² et qu'il ait délaissé cette dernière au profit de son autre source. Cette autre source est en effet particulière. La table de J (et donc sans doute λ elle-même) rassemble les règnes de Constantin VI et Irène sous la même entrée (vingt-trois ans), puis indique dix-huit (!) ans de règne pour Nicéphore Ier, une seule année pour Michel Ier, une seule entrée pour Michel III (vingt-cinq ans)[58] et dix ans pour le premier règne de Constantin (avant le couronnement de Romain II).

Toutes ces caractéristiques permettent d'établir la relation suivante entre L, J et leur modèle commun :

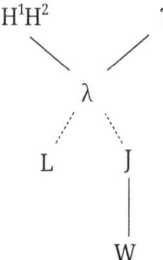

L'activité de l'auteur de la recension λ n'est pas antérieure au règne de Michel VIII (1259–1282), et doit certainement être placée sous le règne de son successeur Andronic II (1282–1328). Le manuscrit L, copié dans les premières décennies du XIVe siècle, est donc, chronologiquement, assez proche du modèle λ.

2.3 Les descendants lointains de la recension λ et le cercle de Bessarion

Trois manuscrits de la seconde moitié du XVe siècle présentant une forme très dégradée de la Table des rois appartiennent à la famille λ : *Ottob. gr.* 181, *Marc. gr.* Z 406 et *Monac. gr.* 490.

---

58 Tous les autres manuscrits donnent une entrée pour la régence de Théodora (treize ou quatorze ans) et une pour le règne personnel de Michel III (onze ou douze ans).

On peut considérer la liste – très incomplète – de l'*Ottob. gr.* 181 (Ot), copiée puis autocorrigée par Démétrios Kavakès, comme un fragment de la Table des rois. Kavakès a complété la liste avec des rois assyriens et mèdes, ajouté des rubriques, et continué la table jusqu'à Constantin Paléologue. Il s'agit plutôt d'un brouillon ou d'un document de travail que d'un texte rédigé en bonne et due forme. Les noms des rois, originellement au génitif, ont été mis au nominatif dans un second temps par Kavakès lui-même. Il est difficile d'identifier avec certitude l'exemplaire qui a servi de modèle, mais celui-ci devait être apparenté à la famille λ, en particulier à J et W :

Πτολεμαίου (-ος$^{p.c.}$) Διονύσου (-ος$^{p.c.}$) Νέου **Ot** Πτολεμαίου Διονύσου Νέου **LJW**
Γάλλου (-ος$^{p.c.}$) καὶ Βαλεσιανοῦ (-ος$^{p.c.}$) **OtJW** Γάλλου καὶ Βαλλεσιανοῦ **L**
Κώνσταντος **OtJW** Κωνσταντίνου **L**

La section de Cyrus à Jovien présente les mêmes entrées dans les manuscrits λ et dans Ot à quelques variantes près, sans importance :

Ἀνδριανοῦ **Ot** Ἀδριανοῦ **LJW**
Οὐαλεριοῦ (-ος$^{p.c.}$) καὶ Γαλίου (-ος$^{p.c.}$) **Ot** Οὐαλερίνου καὶ Γαλίνου **LJW**
Ἰουβιανοῦ **Ot** Ἰοβιανοῦ **LJW**

La section d'Andronic Ier Comnène à Michel VIII, indiquant cette fois les années de règne, est identique aux manuscrits J et W, sauf deux variantes :

Ἀνδρόνικος Κομνηνός **Ot** Ἀνδρονίκου ἐγγόνου Ἀλεξίου τοῦ πρώτου **JW** (*om.* **L**)
Ἰωάννης Βατάτζης **Ot** Ἰωάννης Βατάσου **J** Ἰωάννης Βατάτζου **W** (*om.* **L**)

Les listes des *Marc. gr.* Z 406 (Ma) et *Monac. gr.* 490 (Mo) sont très fragmentaires et offrent un état retravaillé de la Table des rois, mais s'inscrivent dans la même branche de la tradition. La table de Ma (ff. 145v–146r) est présentée sous forme de tableau, très rudimentaire et incomplet, avec des rubriques en marge. Il s'agit sans doute d'un document de travail, peut-être un brouillon préparatoire[59], auquel correspondent aussi les notes du f. 147v. Ces dernières contiennent Mahomet et les premiers califes, les sept rois de Rome ainsi que quatre reines. Une bonne partie de ces noms se retrouvent dans d'autres textes du *Marc. gr.* Z 406, en particulier dans deux petits textes de la main de Pléthon (ff. 123rv)[60]. L'auteur de la liste, qui est

---

[59] Les lignes du tableau sont visiblement tracées à main levée et on note quelques ratures et mots barrés.
[60] La liste contient Mahomet (Μωάμέτην qualifié de ἄρχον καὶ νωμοθέ(της) [sic]), Abou Bakr (Ἀβουβάχαρ), Omar (Οὔμαρος), Yazid (Ἰαδιν) et Muawiya (Μαυῖαν). Le copiste ajoute aussi ἀράβων en guise de rubrique. Ces noms se trouvent tous – avec cette orthographe et le qualificatif νομοθέτης – dans le petit texte de Pléthon sur les deux premiers siècles de l'Islam, dont le *Marc. gr.* Z 406 f. 123rv

peut-être Démétrios Kavakès, semble avoir rassemblé divers noms de souverains, peut-être en vue de réaliser un traité, une table ou un texte historique ou chronographique quelconque. Le tableau des ff. 145v–146r reprend plusieurs parties de la Table des rois telle qu'on la retrouve dans les manuscrits du groupe λ :

> Γάλος καὶ Βαλεσιάνὸς **Ma** Γάλλου καὶ Βαλεσιανοῦ **JW** Γάλλου καὶ Βαλλεσιανοῦ **L**[61]
> Κωνσταντίνος ὁ Ἴσαβρος **Ma** Κωνσταντίνου τοῦ (τ)οῦ Ἰσαύρου **JW**
> Λέοντος υἱοῦ αὐτοῦ τοῦ ἐκ Ζαχα(..) *sic* **Ma** Λέοντος υἱοῦ αὐτοῦ τοῦ ἐκ Χαζάρ(ας) **JW**
> Κωνσταντίνου ἀδελ(φοῦ) ἐξ Ἰρήνης *sic* **Ma** Κωνσταντίνου ἀδελφοῦ αὐτοῦ ἐξ Εἰρήνης **JW**
> Ἀλέξανδρος ἀδελφοῦ αὐτοῦ **JWMa**
> Κωνσταντίνου τὸ δεύτερον **JWMa**
> Ἀνδρόνηκος ἐγκόν(ου) Ἀλέξ(ιου) τοῦ πρώτου *sic* **Ma** Ἀνδρονίκου ἐκγόνου Ἀλεξίου τοῦ πρώτου **JW**

L'auteur a également revu les rubriques et ajouté quelques éléments à la table[62]. Il utilise l'orthographe Ἀνδριάνὸς pour Hadrien, comme Kavakès dans l'*Ottob. gr.* 181. Il est difficile d'identifier avec certitude le modèle auquel a eu recours l'auteur de la table du *Marc. gr.* Z 406, mais il se rattache sans aucun doute à la famille des manuscrits J et W ou dépend directement de l'un de ces deux exemplaires.

La liste du *Monac. gr.* 490 (Mo) est de toute évidence une copie, sous forme de texte continu plutôt désordonné, du tableau contenu dans le *Marc. gr.* Z 406 (Ma). La liste de Mo est encore plus fragmentaire que le tableau de Ma, mais il reprend notamment ses rubriques (οἱ σατράπαι· βασιλεῖς· καὶ μερησμὸς τῆς ἀρχῆς) et toutes ses leçons caractéristiques (Ἀντώνιος Ἀβίτος). De plus, Mo reprend l'orthographe et l'accentuation particulière de Ma (Οὐέσπεσιάνὸς, Τραϊάνος, Ἀνδριάνὸς, Οὐάλέριος, Ἀντώνιος). Mo ajoute cependant quelques éléments qu'on ne retrouve pas dans Ma :

> Ἰουλλίος Αὔγουστος Κέσαρ **Mo** Αὔγουστος Κέσαρ **Ma**
> ἑτέρος Σεβήρος **Mo** Σεβήρος **Ma**

---

est l'autographe. Voir aussi Diller (1956, 37). Les quatre reines – Sémiramis (Σεμίραμις), Nitocris (Νίτοκρις), Zarina (Σακῶν Ζαρίνα) et Tomyris (Τομοιρις Μεσαγέτων [sic]) – sont mentionnées par Hérodote, mais on trouve aussi la mention de Sémiramis et Zarina dans l'extrait du livre II de Diodore de Sicile copié aux ff. 94r–114v du même *Marc. gr.* Z 406.

61 Le reste de la tradition, lorsque Volusien est mentionné, écrit Βιλλουσιανός ou Βολουσιανός.
62 « Ἀρταξέρξεις· δεύτερος· ὃς ἐπολέμεισεν, μετὰ Κήρου τοῦ ἀδ(ελφοῦ) », « Δαρεῖος, τρίτος· καὶ τελευτέος ».

Malgré ces deux ajouts, à la portée de n'importe quel copiste un peu instruit, il faut sans doute faire descendre Mo (plus lacunaire) de Ma et non l'inverse. Le désordre dans le texte de Mo s'explique par le passage d'un format de tableau à celui d'un texte, où les rubriques sont mal intégrées. Enfin, l'entrée pour Philippe Arrhidée est notée Ἀρριδαίος, ὁ κ(αὶ) Φίλιππος ou ὁ κε Φίλιππος – la lecture de l'abréviation καὶ est difficile à lire. Le texte de Mo a Ἀρριδαίος, ὁ με Φίλιππος ou ὁ κε Φίλιππος.

Les *Ottob. gr.* 181 (Ot), *Marc. gr.* Z 406 (Ma) et *Monac. gr.* 490 (Mo) sont des produits fortement remaniés de la Table des rois transmise par la recension λ. D'un point de vue philologique, il est difficile de préciser les liens qu'ils entretiennent avec le manuscrit de Bessarion (J) et celui de Trivolis (W). Vu leurs lacunes respectives, Ot ne peut pas avoir été copié sur Ma et vice versa, tous les deux dépendent d'une source proche voire commune. J'ai émis plus haut l'hypothèse que le copiste de Ot, Kavakès, était aussi celui de Ma. Kavakès et Trivolis sont tous les deux d'anciens élèves de Pléthon travaillant avec Bessarion à Rome dans le milieu des années 1460. Il me semble raisonnable de penser que Trivolis, qui a recopié la partie astronomique du *Sinaiticus gr.* 2421 (J) de Bessarion dans le *Vindob. Phil. gr.* 140 (W), ait pu fournir à Kavakès, particulièrement intéressé par l'histoire ancienne, un exemplaire de cette table ou même sa propre copie.

3 Le *Parisinus gr.* 2497 (K) et le *Ross.* 897 (Ro)

Le *Paris. gr.* 2497 présente une version de la Table des rois qui emprunte aux deux tables du *Leidensis* BPG 78. Il est tentant d'attribuer cette version à Phocas Choumnos, qui en est le copiste et a pu avoir facilement accès au *Leidensis* BPG 78 à Constantinople. La première partie a pour modèle la table H^1 jusqu'à Phocas (la table H^1 s'arrête à cette entrée) et H^2 d'Héraclius à Alexandre. La table de Philippe à Phocas reprend la mise en page de H^1, où les entrées de Tibère Constantin, Maurice et Phocas sont ajoutées sous le cadre de la table. De nombreuses leçons montrent cette filiation entre K et H^1 :

Ναβοναζάρου **K** ναβοναζαρου H^1 ναβονασαρου H^2
Ἰουγαίου **K** ϊουγαιου H^1 ϊλουλαιου H^2
Ἀρκαϊανοῦ **K** αρκαιανου H^1 αρκεανου H^2
Νηρϊκασολάσσρϊ **K** νηρικασολασσαρϋ H^1 νηριγασολασσαρου H^2
Φιλίππου τοῦ μετὰ Ἀλέξανδρον τὸν κτίστην **K** φιλιππου του μετα αλεξανδρον τον κτιστιν H^1 φιλιππου H^2
Γάϊος Ἰούλϊος Καίσαρ **K** γαιος ϊουλιος κεσαρ H^1 γαΐου H^2
μαρκου αντονινου και βηρου H^2 *om.* H^1**K**
Οὐαλεντινιανὸς καὶ Βάλης **K** ουαλεντινιανος και βαλης H^1 ουαλεντος H^2
Οὐάλης καὶ Γρατιανὸς ἐν Ῥώμῃ **K** ουαλεντος και γρατιανος εν ρωμη H^1 ουαλεντινιανου H^2

À quelques reprises, K présente des leçons plus simples que son modèle, en particulier là où H^1 a des entrées longues :

Ἰουλιανός **K** ϊουλιανος ελ(λην) ζ εις δυσ(ιν) δ κ(ατα) βυζαν(τιον) **H^1**
Οὐαλεντινιανός ἐν Ῥώμῃ **K** θεοδοσιος και ουαλεντιανος εν ρωμη **H^1**
Ἀνθήμιος ἐν Ῥώμῃ **K** λεων και ανθημιος εν ρωμη **H^1**

La partie copiée sur H^2 offre un texte et des valeurs numériques pratiquement identiques à son modèle. On note une seule variante (Théophile : ˏαρξγ **H^2** ˏαρξλ **K**) mais le copiste ou l'auteur de la recension, par souci de cohérence, a mis au génitif une partie des noms de Léon V à Alexandre, entrées qui avaient été ajoutées par une main plus récente et au nominatif dans H^2. Le texte de K est par endroits assez corrompu et Phocas Choumnos, son copiste, a une écriture souvent difficile à lire[63]. Entre autres, les alpha sont souvent de très petit module et passent aisément pour des empattements ; les delta sont penchés avec une haste courte et ressemblent à des sigma. On note aussi les leçons très corrompues Λαβοπολασσάρου et Λαγοκολασσάρου pour Ναβοπολασσάρου et Ναβοκολασσάρου, qui viennent d'une mauvaise lecture du modèle[64], si ce dernier est bien la table H^1. La table de K reprend seulement trois scolies du *Leidensis* (3*, 27* et 45*) venant de la table H^1. Les tables Z^1 et Z^2, qui ne contiennent pas de scolies, ne peuvent pas avoir servi de modèle à K. De même, un certain nombre de variantes dans les tables G par rapport à H et K permettent d'écarter l'utilisation de G^1 et G^2 par K. Ces caractéristiques permettent d'établir la relation suivante :

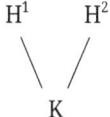

Le *Ross.* 897 (Ro), qui présente une table très fragmentaire, semble descendre du *Paris. gr.* 2497. Outre les leçons caractéristiques Λαβοπολασσάρου et Λαγοκολασσάρου communes aux deux manuscrits, mais aussi Νηρικασολάσσρι pour Nériglissar, on trouve dans le *Ross.* 897 des leçons qui s'expliquent facilement par l'écriture particulière de K[65]. Le *Ross.* 897 a cependant ajouté un certain nombre de variantes

---

63 Cette écriture malaisée à déchiffrer par endroits est à l'origine de certaines (mauvaises) leçons de l'édition de Denis Pétau (1636), voir p. 274.
64 Je ne pense pas qu'il faille y voir une influence du nom Λαβοσόρδαχος ou Λαβορασοάρκοδος (Lābāši-Marduk), fils de Nériglissar (Nergal-šarra-uṣur).
65 Ἀρκϊανοῦ **Ro** Ἀρκαϊανοῦ **K** ; Ἀπραναδίου **Ro** Ἀπρααναδίου **K** ; Ἰαλοαροδάμου **Ro** Ἰλλοαροδάμου **K**. Denis Pétau (1636) fait la même erreur de lecture pour Ἰλλοαροδάμου.

par rapport au texte de K[66] et interverti les entrées de Ulūlāyu (Ἰουγαῖου) et Marduk-apla-iddina (Μαρδοκεμπάδου). Les deux manuscrits renferment plusieurs textes en commun, comme ceux du folio 166rv de K, qui se retrouvent dans les folios 68v–71v de Ro. Le texte intitulé Ἑρμηνεία τοῦ ἐξαναλόγου[67] se trouve aussi dans K (f. 40v) et dans Ro (ff. 71v–72r) dans une version qui s'arrête à la phrase ἤτοι τοῖς παρακειμένοις ἐν αὐτῷ, tout comme le texte intitulé Σύντομος ἑρμενεία τοῦ προκειμένου κανόνος (*inc.* εἰ ζητεῖς ἐπιγνῶναι), daté de 840/841 AD[68], et le texte commençant par ἡ διάμετρους τῆς σκιᾶς τῆς γῆς (K f. 40r, Ro f. 72r). Les tables des ff. 72r–73r de K se retrouvent aux ff. 15r–16v de Ro. Certains indices en dehors de la Table des rois font penser que Ro n'est cependant pas une copie directe de K. Les tables des tétraétérides et des épactes des deux manuscrits (K f. 67v, Ro f. 8v) sont construites de manière similaire, avec les mêmes colonnes et les mêmes en-têtes, mais celle de K est calculée pour la période 6800–6847 AM (soit 1291–1339 AD ; elle est la copie de la même table contenue dans le *Leidensis* f. 51r) tandis que celle de Ro est calculée pour la période 6831–6855 AM (1322–1346 AD). De plus, K reprend (comme d'autres descendants du *Leidensis*) la scolie 3* de la Table des rois datée de 775/776 AD ; dans le *Ross.* 897, cette scolie n'est pas copiée à côté de la Table des rois mais fait partie de la collection de textes astronomiques des ff. 68r–72v et elle a été augmentée par deux fois, d'abord avec un calcul pour 6831 AM (1322/1323 AD), ensuite pour 6882 AM (1373/1374 AD). Copiée par une seule main, cette scolie (4*) porte ainsi la trace de deux étapes dans l'histoire du modèle du *Ross.* 897, l'une ayant eu lieu à une période assez proche de la copie du *Paris. gr.* 2497 et sans doute contemporaine de la table des tétraétérides et des épactes (f. 8v, 1322–1346 AD), l'autre un demi-siècle plus tard.

---

66 Ναβονασσάρου **Ro** Ναβοναζάρου **K** ; Χίνζιρος **Ro** Χϊνζηρος **K** ; ἀβασιλ(...) τοῦ πρώτου **Ro** ἀβασιλεύτου πρώτου **K** ; Μεσησιμορδάκου **Ro** Μεσησσημορδάκου **K**.
67 Tihon (1978, 361), texte 22.
68 Ce texte figure aussi dans le *Leidensis* BPG 78 f. 52r, ancêtre de K et Ro.

Chapitre 2
La famille ω2

Le *Leidensis* BPG 78 présente deux exemplaires de la Table des rois qui appartiennent à deux branches différentes de la tradition textuelle. Les descendants du *Leidensis* ont recopié ces deux tables ou bien ont réalisé des versions nouvelles à partir de celles-ci. Pour la partie qui va de Nabonassar à Dioclétien, la table H^1 est apparentée aux autres tables en onciales connues (*Plut.* 28/26 et *Vaticanus gr.* 1291) et descend en dernier lieu d'un modèle qu'on appellera ω1. La table H^2, en revanche, entretient des liens étroits avec le *Paris. gr.* 2399 (R) et le tardif *Paris. gr.* 2394 (r). Ce dernier tient une place un peu à part, puisqu'il contient deux tables qui semblent relever à la fois de la famille ω1 et de la famille ω2. Les manuscrits appartenant à la famille ω2 sont les suivants :

- H^2 Leiden, Bibliotheek der Rijksuniversiteit, BPG 78
- Pa Paris, Bibliothèque nationale de France, *Parisinus gr.* 1765
- r^2 Paris, Bibliothèque nationale de France, *Parisinus gr.* 2394
- R Paris, Bibliothèque nationale de France, *Parisinus gr.* 2399
- S Vaticano, Biblioteca apostolica Vaticana, *Vaticanus gr.* 1059

A – Description des manuscrits

1 Leiden, Bibliotheek der Rijksuniversiteit, BPG 78 [H]

La table H^2 du *Leidensis* BPG 78 (ff. 64r–65v) appartient à la famille ω2. Pour la description du manuscrit, voir pp. 49–51.

2 Paris, Bibliothèque nationale de France, *Parisinus gr.* 1765 [Pa]

(a) Papier, IV + 395 ff. + I^1, env. 210 × 170 mm, XVIIe siècle, Paris.
(h) ff. 333r–338r
  – Titre : ἔτη βασιλέων Περσῶν τῶν ἕως Ἀλεξάνδρου καὶ αὐτοῦ (f. 333r) ; ἔτη βασιλέων τῶν Μακεδονῶν μετὰ τὴν τοῦ Ἀλεξάνδρου τοῦ βασιλέως τελευτήν (milieu du f. 334r, entre Alexandre et Philippe Arrhidée). En-têtes : ἔτη | ἐπὶ

---

[1] Je reprends la foliotation récente, dans le coin supérieur droit.

συναγωγῆς [sic] αὐτῶν (f. 333r, 333v avant Artaxerxès Ier mais texte barré, 334r).
- Les rois, années de règne et années cumulées sont disposés en colonnes sans trait de séparation, un bloc de trois colonnes par page. La partie de Théodore Ier Lascaris à Jean V (f. 338r) présente une colonne supplémentaire dans la marge gauche, comme dans le *Paris. gr.* 2399, pour le comput des années depuis la Création.
- La table se compose de deux parties. La première va de Nabonassar à Alexandre le Grand (ff. 333r–334r) ; les noms sont au génitif. La deuxième partie commence par un nouveau titre, comme dans le *Paris. gr.* 2399 et va de Philippe Arrhidée à Jean V (ff. 334r–338r). Les noms sont au génitif jusqu'à Alexis V (sauf pour Basile II), puis au nominatif jusqu'à Jean V. La table est copiée par une seule main, mais le titre, les premiers en-têtes et les trois premières entrées sont écrits avec une main différente (ou par le même copiste changeant de ductus) : certains incipit d'autres textes contenus dans le manuscrit montrent la même caractéristique (f. 2r, 392v)[2].
- Annotations marginales de la première main : (28*) f. 333v ; « περσῶν βασιλεῖς » f. 333v s.v. Cyrus ; réclame Ἰωάννου Κομνηνοῦ en bas du f. 337. Annotations d'une seconde main[3] : « *f° κτίστου vi[de] apud Syncell. p. 918* » f. 333r *mg. int.* face au titre; « *legitur* αρσοῦ ὤχου *vi[de] in chronic. alexand. p. 396* » f. 333v *mg. ext.* s.v. Ἀρώγου; (12*) f. 335v *mg. ext.* ; (13*) f. 336r *mg. int.*

(c) Excepté un court texte à caractère astrologique (ff. 303r–305v), le codex est entièrement composé d'une quinzaine de textes historiques, anonymes, sous forme de chroniques plus ou moins longues. Les deux textes les plus importants sont une Ἐκλογὴ τῶν χρονικῶν composée d'extraits de Jean Malalas, Georges le Syncelle et Théophane (ff. 2r–38v et 264v–301r[4]) et une copie acéphale d'un *Commentaire sur l'Hexaméron* parfois attribué à Eustathe d'Antioche (ff. 39r–264r[5]). On trouve aussi des chroniques brèves, couvrant la période depuis la Création jusqu'à Justinien (ff. 359v–365v), Manuel Ier

---

2 Voir aussi le *Paris. gr.* 1766, ff. 410 et 441.
3 Il s'agit très certainement de la main qui a copié le pinax f. 1r et qui a relu le codex (voir par exemple les indications ff. 339v, 369v, 374v (avec la mention de Scaliger), 389r). C'est la même main qui a copié le pinax et laissé le même genre d'annotations dans le *Paris. gr.* 950, également propriété d'Étienne Baluze.
4 Ce texte est copié sur les ff. 143r–160v du *Paris. gr.* 1336, voir Odorico (2019) avec bibliographie.
5 *Inc.* Σεμιράμεως τοῦ Ἀβραὰμ τοῖς ἔτεσι. Comme la chronique qui le précède, ce texte est copié sur le *Paris. gr.* 1336 (ff. 9r–111r), voir Odorico (2014, 779–780).

(ff. 306r–310v), Théodore Lascaris (ff. 376r–389) ou Constantin Paléologue (ff. 389v–390v et 391rv). Au milieu se trouvent la Table des rois et un texte de Jean Chortasménos sur la nouvelle ἐποχή choisie par Théodore Métochitès (ff. 338v–340r).

(d) La notice d'Henri Omont (1888, 137) date le manuscrit du XVIIᵉ siècle[6]. Le *Paris. gr.* 1765 et le *Paris. gr.* 1766 formaient à l'origine une seule unité, en témoignent le pinax (*Paris. gr.* 1765 f. 1r) et la pagination continue[7]. Deux copistes ont collaboré à la réalisation de l'ensemble : l'un a copié certains incipit et est (sans doute) responsable du pinax ; le second a copié la plupart des textes. Le *Paris. gr.* 1765 est une importante collection de chroniques et de textes historiques provenant de divers modèles. Les cotes, tirées du catalogue Rigault, des modèles utilisés sont reportées (en chiffres romains) en tête de chaque début de cahier et à chaque changement de modèle ; ces cotes sont reprises par le pinax (en chiffres arabes). La copie des *Paris. gr.* 1765 et 1766 doit donc être placée après la réalisation du catalogue de Nicolas Rigault, achevé en 1622. Tous les manuscrits utilisés proviennent ainsi de la bibliothèque royale : un manuscrit vient d'Antoine Éparque, acquis en 1538 (*Paris. gr.* 1774), deux viennent de Guillaume Pellicier, acquis entre 1542 et 1545 (*Paris. gr.* 2316 et 2875), et la majorité, de la collection de Catherine de Médicis acquise en 1594 (*Paris. gr.* 40, 900, 1303, 1310, 1336, 1773, 2399). La Table des rois du *Paris. gr.* 1765 et le texte de Chortasménos sur la nouvelle ἐποχή choisie par Métochitès sont des copies directes du *Paris. gr.* 2399 (R). Je n'ai pas pu resserrer davantage le contexte de production de ce manuscrit, copié quelque part entre 1622 et 1719 : le codex (avec le *Paris. gr.* 1766) a en effet appartenu à Étienne Baluze (1630–1718), qui a administré la bibliothèque de Colbert de 1667 à 1700 (voir la marque *cod. Bal.* 757 f. 1r). Il n'y a pas d'autre note de provenance. La collection personnelle de Baluze est intégrée à la bibliothèque royale en 1719 – au *Paris. gr.* 1765 est attribuée la cote 3406 ; il apparaît dans le catalogue réalisé par Bernard de Montfaucon en 1739.

(e) Omont (1888, 137–138) ; Ševčenko (1962, 281) ; Thurn (2000, 8*) ; Jackson (2006) ; Weierholt (1966, 24–26).

---

[6] Date reprise par Weierholt (1966, 24) et Ševčenko (1962, 281). Jackson (2006, 36) le date du milieu du XVIᵉ siècle, ce qui ne me paraît pas possible (voir *infra*).

[7] Les deux manuscrits présentent à la fois une pagination (commune aux deux parties) et une foliotation (plus tardive, indépendante pour les deux parties).

3 Paris, Bibliothèque nationale de France, *Parisinus gr.* 2394 [r]

(a) Papier, 7 folios non numérotés + 1034 pages + 1 folio non numéroté, 320 × 210 mm, 1733, principauté de Valachie.

(b) Table r^1 : pp. 911–912
- Titre : βασιλεῖς ἐπίσημοι (répété trois fois, p. 911) ; la rubrique βασιλεῖς χριστιανῶν est reprise en haut de la p. 912 sous forme de titre.
- La table p. 911 occupe une grande partie de la page ; elle est composée de trois fois trois colonnes. La table p. 912 occupe la moitié de la page et est composée de huit colonnes de tailles différentes, les colonnes 4 et 8 étant vides. Les lignes de la table séparent une seule ligne d'écriture. L'exécution et l'écriture sont globalement peu soignées. Pas d'en-têtes de colonne.
- Une seule main a copié la table, qui va de Philippe Arrhidée à Constantin VIII Porphyrogénète (p. 911) et de Romain III Argyre à Jean V Paléologue et son fils Manuel II (p. 912). Les années cumulées ne sont plus notées après Constantin VII. Pour Jean V, les années de règne ne sont pas indiquées. Manuel II est inscrit sous l'entrée : Μανουὴλ ὁ υἱὸς αὐτοῦ ἐφ' οὗ τέλος γέγονε τῆς βασιλείας τῶν Ῥωμαίων καὶ τῆς εὐτυχίας αὐτῶν. Tous les noms sont au nominatif.
- Quelques annotations marginales de la main principale (p. 911) : (15*) *mg. sup.* ; (23*, 24*, 52*, 53* et 48*) *mg. int.* ; (56*) *mg. ext.* ; réclame Ῥωμανός en bas de la page 911.

Table r^2 : p. 926
- Titre : βασιλεῖς περσῶν. En-têtes : βασιλεῖς | ἔτη | ὁμοῦ.
- Petite table composée de trois fois trois colonnes. Les lignes de la table séparent deux lignes d'écriture sauf la dernière qui délimite une seule ligne, pour un total de onze lignes, hors en-tête.
- Une seule main a copié la table, la même qu'aux pages 911–912. La table va de Nabonassar à Alexandre le Grand. Tous les noms sont au génitif.
- Scolie de la main principale : (10*) p. 926 *mg. inf.*

(c) Le codex contient l'*Almageste* (pp. 1–617), la paraphrase de la *Tétrabiblos* de Ptolémée par Proclus (pp. 623–778), le *Petit Commentaire* de Théon (pp. 783–897), des textes et tables astronomiques, astrologiques et géographiques (pp. 902–909), les *Tables faciles* (pp. 910–996), le *Traité de l'astrolabe* de Jean Philopon (pp. 999–1034).

(d) Le *Paris. gr.* 2394 est un témoin textuel tout à fait particulier du *Petit Commentaire* de Théon par les leçons et les scolies qu'il contient[8]. Les deux tables

---

[8] Voir Tihon (1978, 171–183).

appelées ici r^1 et r^2 offrent un cas particulier et difficile à situer par rapport aux autres témoins manuscrits. En l'état actuel du codex, ces deux tables sont séparées par plusieurs folios et présentent des titres et des en-têtes différents. Cependant, elles se complètent et devaient à l'origine se trouver l'une à la suite de l'autre. Grâce aux réclames ajoutées par le copiste et à la succession des tables, on peut clairement voir que l'ordre des folios a été mélangé au moment où le codex a été relié[9]. L'ordre correct des premières tables doit être restitué ainsi : pp. 909–910 (table S18 avec scolie), pp. 925–926 (suite de la scolie de la page 910, table C7 et Table des rois r^2), pp. 911–912 (Table des rois r^1 puis A12), pp. 913–924 (B1, B3, B2, A6, A1, A2), pp. 927–930 (suite et fin de la table A2). La Table des rois de Nabonassar à Alexandre (r^2) devait donc précéder la table de Philippe à Manuel II (r^1), un peu à la façon de la table H^1 par exemple. Il sera cependant plus commode de les désigner séparément (r^1 et r^2) puisque les deux semblent apparentées à des modèles différents. —Le *Paris. gr.* 2394 est la copie d'un manuscrit de la bibliothèque de Nicolas Mavrocordato, prince de Valachie, mort en 1730. Cette copie a été réalisée par un certain Jean[10], travaillant pour le compte de Draco Suczo qui a servi d'intermédiaire entre Constantin, le jeune prince de Valachie, héritier de Nicolas, et le Marquis de Villeneuve, ambassadeur auprès de la Sublime Porte. La plupart des manuscrits de Mavrocordato se trouvaient alors en Valachie[11]. D'après la souscription p. 617, la copie de l'*Almageste*, qui introduit le volume, a été terminée en octobre 1733. Dans une lettre datée du 28 octobre 1734, Villeneuve annonce au ministre Maurepas l'envoi vers la France de plusieurs manuscrits dont le *Paris. gr.* 2394. Le copiste précise que l'exemplaire qu'il copie est daté de 1290[12], mais cette date correspond au modèle qu'il utilise pour le texte de l'*Almageste*, sans assurance que ce manuscrit de 1290 ait servi de modèle aux autres textes du codex. Anne Tihon n'a pas retrouvé, dans les différents catalogues de la bibliothèque des Mavrocordato, quel manuscrit a pu servir de modèle au *Petit Commentaire* du

---

9 Le manuscrit a été envoyé à Paris non relié, « en feuilles dans des enveloppes », voir Omont (1902, 682).

10 Ce même Jean a aussi copié le *Paris. gr.* 2480, contenant l'*Introduction à l'arithmétique* de Nicomaque de Gérase, codex réalisé dans les mêmes conditions que le *Paris. gr.* 2394. Voir Omont (1902, 683).

11 Une partie des collections de Nicolas Mavrocordato se trouvait à Constantinople, mais l'incendie de l'été 1729 en a, semble-t-il, détruit une partie, voir Omont (1902, 518) et Pissis (2020, 342). À la mort de Nicolas, des caisses contenant certains de ses volumes se trouvaient encore à Constantinople mais la plupart étaient en Valachie, voir Omont (1902, 674–676).

12 Heiberg (1907, XXV) lit ͵ασκʹ (1220) dans la souscription, tout comme Boudreaux dans le *CCAG* VIII/4, date reprise par Jarry (2015, XCI). Avec Tihon (1978, 171) je lis cependant ͵ασϟʹ (1290).

Paris. gr. 2394[13]. L'ultime entrée de la Table des rois r¹ mentionne l'accession au trône de Manuel II (1391–1425), sans années de règne. Le libellé de cette entrée (Μανουὴλ ὁ υἱὸς αὐτοῦ ἐφ' οὗ τέλος γέγονε τῆς βασιλείας τῶν Ῥωμαίων καὶ τῆς εὐτυχίας αὐτῶν), au ton assez pathétique, s'applique assez bien au début du règne de Manuel II sous le sultanat de Bajazet Ier (1389–1402). Il est donc assez tentant de dater la dernière partie de la table du tournant des XIVe et XVe siècles.

(e) Tihon (1978, 171–183) ; Schnabel (1930, 223) ; Heiberg (1907, LXXIII–LXXIV, LXXVI) ; Jarry (2009, 34) ; Omont (1902, 663–686).

4 Paris, Bibliothèque nationale de France, *Parisinus gr.* 2399 [R]

(a) Papier, III + 121[14] + III, 254 × 180 mm, début du XIVe siècle, Thessalonique (?)
(b) ff. 45r–46v
- Titre : ἔτη βασιλέων Περσῶν τῶν ἕως Ἀλεξάνδρου καὶ αὐτοῦ (f. 45r *mg. sup.*) ; ἔτη βασιλέων τῶν Μακεδονῶν μετὰ τὴν τοῦ Ἀλεξάνδρου τοῦ βασιλέως τελευτήν (milieu du f. 45r, entre Alexandre et Philippe Arrhidée). En-têtes : ἔτη | ἐπισυναγωγὴ αὐτῶν (f. 45rv, 46r).
- La table n'a pas de cadre ni de séparation pour les colonnes ; les rois, années de règne et années cumulées sont mis en page sous forme de deux blocs de trois colonnes aux ff. 45r–46r. Les entrées sont séparées par des traits horizontaux plus ou moins longs. La partie copiée sur le f. 46v est un peu différente : la table se compose de quatre colonnes (années depuis la Création, rois, durée du règne, années cumulées depuis Philippe Arrhidée) et les lignes des colonnes sont tracées. Des traces d'humidité ont effacé une partie du texte.
- La table se compose de trois parties. La première partie (f. 45r) va de Nabonassar à Alexandre le Grand, copiée par un premier copiste (main 1) ; les noms sont au génitif. La deuxième partie (f. 45r–46r) est séparée de la précédente par une ligne ornementée à l'encre rouge et va de Philippe Arrhidée à Nicéphore III Botaniatès (main 1) ; elle est complétée par une seconde main, qui est Jean Chortasménos, depuis Alexis Ier Comnène jusqu'à Alexis V Doukas Murzuphle et au sac de Constantinople en 1204. Chortasménos a continué la liste par la petite table au f. 46v, de Théodore

---

[13] Nicolas Mavrocordato avait la réputation d'avoir « fouillé » Constantinople et tous les monastères de la Grèce à la recherche de manuscrits. En l'état, il m'est impossible de savoir d'où vient le modèle qui a servi au *Petit Commentaire* ou aux *Tables faciles*.
[14] Les folios sont numérotés 1 à 70 et 72 à 122, le numéro 71 ayant été oublié.

Ier Lascaris à la fin du règne de Jean V. Les noms sont au génitif de Philippe à Alexis V (sauf pour Basile II), puis au nominatif à partir de Lascaris.
- Annotation marginale de la première main : (33*) f. 45r *mg. ext.* Scolies et annotations de Jean Chortasménos : (28*) f. 45r ; « περσῶν βασιλεῖς » *mg. int.* ; (50*) f. 45r *mg. ext.* ; (12*) f. 45v *mg. ext.* ; (13*) f. 46r *mg. ext.* ; (39*) f. 46r *mg. inf.* On note une scolie en grande partie coupée dans la marge extérieure du f. 45r : « ἐλθεν ?.../ τὸν λο/γιστήν... » Chortasménos a aussi ajouté « Αὐγούστου | ε » avant et « πάλιν » en marge devant Auguste (f. 45v), et « Πωγονάτου » s.v. Constantin IV.

(c) Le codex contient le *Petit Commentaire* de Théon (ff. 1r–32r), des tables astronomiques et géographiques (ff. 33r–122r) avec quelques textes astronomiques, dont un texte de Jean Chortasménos à propos de la nouvelle ère proposée par Théodore Métochitès (f. 46v).

(d) La notice d'Henri Omont (1888, 253) date le manuscrit des XIIIe et XIVe siècles. Le codex est composé de quinze cahiers, la plupart numérotés[15]. Le papier des cahiers 1 et 11[16] présente un filigrane fleur de lys alternant avec la lettre P, très proche de Briquet 6732, attesté à Bologne vers 1297–1300. Le papier des cahiers 5, 6 et 14[17] montrent le nom « ANDRUZO A » très proche, mais pas exactement identique à Briquet 12005 et 12028[18]. Ce papier a été produit à Fabriano entre 1305 et 1312. Le papier utilisé est donc d'origine italienne, ce qui n'est pas un cas unique pour un manuscrit copié dans l'Empire byzantin : si l'on suit l'étude de Jean Irigoin (1999) sur l'utilisation de ce papier dans les manuscrits grecs, on peut situer la réalisation du *Paris. gr.* 2399 assez précisément autour des années 1309–1314. Dans le *Plut.* 32/2, on trouve également du papier avec un filigrane fleur de lys (Briquet 6714) assez proche de celui du *Paris. gr.* 2399, le filigrane ANDRUZO A (Briquet 12005), mais aussi le filigrane hache Briquet 7478 ; on trouve au f. 56 du *Paris. gr.* 2399 un filigrane non identique, mais très proche des filigranes Briquet 7478–7480. Le *Plut.* 32/2 est daté du début du XIVe siècle et a été en partie copié par Nicolas et Démétrius Triclinius, sans doute à Thessalonique. Dans le *Paris. gr.* 2399, la liste géographique tirée de Ptolémée présente un gros point rouge, aujourd'hui

---

[15] La composition, hors pages de garde, est la suivante : cinq quaternions (ff. 1–40), un quaternion moins un folio coupé (ff. 41–47), deux quaternions (ff. 48–55), un ternion (ff. 64–69), cinq quaternions (ff. 70–110, la foliotation a oublié le n° 71) et un sénion (ff. 111–122).

[16] En particulier les ff. 4, 5, 7, 72–77, 87–88, 90 et 92.

[17] En particulier les ff. 36, 40, 41, 43, 45, 111, 114, 115 et 120–121.

[18] Le filigrane Briquet 12005 est aussi présent dans le *Plut.* 32/2, *Marc. gr.* Z 467, *Monac. gr.* 250, Moscou *Sinod. gr.* 86 (Vlad. 76), *Paris. gr.* 2210 et *Vat. gr.* 224, voir Irigoin (1958, 45). La forme du U est celle de Briquet 12028 mais la forme du D et du dernier A me semblent celles de Briquet 12005.

assez effacé, en face de Thessalonique (f. 35v), et la longitude de cette ville a été corrigée par deux mains différentes[19]. L'association de plusieurs papiers d'origine italienne semblables au *Plut.* 32/2 et l'attention de plusieurs mains sur la ville de Thessalonique dans la liste géographique me poussent à formuler l'hypothèse d'une production thessalonicienne pour le *Paris. gr.* 2399. —Le modèle utilisé par la première main devait peut-être dater du règne d'Alexis Ier Comnène (1081–1118) puisque sa liste s'arrête à Nicéphore III avec ses années de règne. Le codex a ensuite appartenu à Jean Chortasménos (ca. 1370–1431), alors νοτάριος auprès du patriarche de Constantinople, ce qui laisser penser qu'il a acquis le volume à un moment donné, dans les années 1392–1415[20]. Au moins deux mains différentes avaient annoté le manuscrit avant Chortasménos[21]. Le codex devait donc se trouver au tournant des XIVe–XVe siècles à Constantinople, ville où Chortasménos a travaillé sur le *Vat. gr.* 1059 à l'aide du *Paris. gr.* 2399. Celui-ci a complété la table jusqu'à la fin du règne de Jean V Paléologue (1391), on peut donc dater son activité sur le manuscrit du règne de Manuel II (1391–1425), ce qui correspond à la table qu'il a réalisée dans le *Vat. gr.* 1059. —Le manuscrit a appartenu à Janus Lascaris (1445–1534) avant d'être acquis par le cardinal Ridolfi en 1525[22]. Il a ensuite été la propriété de Pietro Strozzi et enfin de Catherine de Médicis, avant de rejoindre la bibliothèque royale en 1594.

(e) Tihon (1978, 124–125) ; De Nolhac (1886, 257) ; Irigoin (1958) ; Irigoin (1999) ; Muratore (2009, I 164 et II 197, 210–211).

5 Vaticano, Biblioteca apostolica Vaticana, *Vaticanus gr.* 1059 [S]

(a) Papier (ff. 1–2 parchemin), II + 598 ff. + II, 298 × 221 mm, premier quart du XVe siècle, Constantinople.

(b) ff. 123r–125r
- Titre : κανόν(ιον) περιέχον τοὺς χρόνους τῶν ἐπισήμων βασιλειῶν· ἀρχόμενον ἀπὸ κτίσεως κόσμου. Le nom Ἀδάμ est noté au-dessus de la

---

[19] La première main donne με Λγ´ (45°50´), qu'une seconde main a corrigé en μθ Λγ´ (49°50´). Jean Chortasménos a ensuite réécrit au-dessus la première leçon, με Λγ´.
[20] Chortasménos a laissé une note de possession au f. 1r : ιω^ου π(ατ)ριαρχοῦ νοταρίου τοῦ Χορτασμένου. Voir aussi Hunger (1969, 14–21).
[21] Voir par exemple les f. 2v ou 5r, où les scolies marginales de Chortasménos contournent des scolies plus anciennes.
[22] Il s'agit du numéro 36 dans l'inventaire de 1589 des volumes de Ridolfi, et non du 57 comme le propose Jackson (1999, 104).

table. Les en-têtes sont notés en bas du f. 123r : (1) ἐπισυναγωγή | (2) βασιλεῖς | (3) ἔτη ἁπλᾶ | (4) σύνθεσις. Un autre en-tête est noté en haut de la dernière colonne de la table f. 123v (ἐπισυναγωγαὶ τῶν ἐτῶν ἀπὸ Φιλίππου τοῦ Ἀριδαίου).

- Table de quatre colonnes : la première donne les années cumulées depuis Adam ; la deuxième les noms de règne (ou ceux d'évènements bibliques dans la première partie de la table) ; les troisième et quatrième donnent les années de règne et leurs années cumulées. Une double ligne sépare les entrées d'Alexandre et de Philippe Arrhidée, ainsi que les deux entrées dédiées à Auguste (d'abord cinq années puis trente-huit).
- La table va d'Adam à Nabuchodonosor (identifié à Nabonassar) ; dans cette section de la table, les colonnes 3 et 4 ont fusionné. Le comput des années de règne est ensuite recommencé à partir de Nabuchodonosor et la table reprend les deux colonnes de Ptolémée (années de règne et années cumulées). La table va alors jusqu'à Artaxerxès II (f. 123r), puis d'Ochos (Artaxerxès III) à Marc Aurèle (f. 123v), de Commode à Phocas (f. 124r), d'Héraclius à Romain III (f. 124v) et de Michel IV à Manuel II Paléologue (f. 125r). Les années ne sont plus comptées à partir d'Andronic II. Les noms sont au nominatif d'Adam à Nabuchodonosor, puis au génitif jusqu'à Alexandre et enfin au nominatif à partir de Philippe Arrhidée. Une seule main a copié la table, Jean Chortasménos.
- Une cinquième colonne, collée à la table, contient une longue scolie de la main de Chortasménos (f. 123rv)[23]. Il n'y a pas d'annotation marginale en dehors de cette scolie. Le titre et les en-têtes sont écrits avec une encre rouge tirant sur le rose ; les valeurs numériques également, mais elles sont parfois complétées en noir. Le reste est à l'encre noire.

(c) Le codex contient un grand nombre de textes, tables et calculs astronomiques de la main de Chortasménos (ff. 7r–17r, 26r–29r, 88r–162v, 449r–480v, 515r, 545r–598v), une lettre de Manuel Comnène sur l'astrologie (ff. 19r–21v), les scolies d'Isaac Argyros à la *Géographie* de Ptolémée (ff. 22r–23v), l'*Hypotypose* de Proclus (ff. 30r–61v), les *Traité de l'astrolabe* de Jean Philopon et Isaac Argyros (ff. 62r–69v et 70r–77v), le *Traité sur les Tables nouvelles* du même Argyros (ff. 78r–87v), la *Géographie* de Ptolémée (ff. 163r–201v), des traités d'Isaac Argyros sur les cycles lunaires et solaires, et sur la date de Pâques (ff. 219r–233v), la *Tribiblos* de Théodore Méliténiotès (ff. 228r–447r) avec, intercalés, des chapitres du *Petit Commentaire* de Théon (ff. 112rv, 261v–263r, 266r–268r, 270r–271v, 274r–275r, 277v–278v, 289v–290v, 301v–304r,

---

[23] Voir Annexe C, pp. 312–313.

312v–314r, 339v–343r, 540r–544v), le *Traité sur les Tables latines* de Démétrios Chrysoloras (ff. 482r–512r), des extraits de Stéphanos d'Alexandrie (f. 524r).

(d) Le manuscrit est un codex de travail constitué par Jean Chortasménos (ca. 1370–1431), qui en est donc le principal copiste[24]. D'après les dates des tables et calculs astronomiques, il a dû être copié au cours des années 1404–1415 – ce que confirment les filigranes – et tous ses calculs prennent Constantinople comme exemple[25]. Le *Vat. gr.* 1059 présente une édition de la Table des rois réalisée par Chortasménos lui-même, prolongée jusqu'au règne de Manuel II (1391–1425). L'un des modèles utilisés est le *Paris. gr.* 2399, manuscrit qui lui appartenait. Le codex a été utilisé dans les années 1420 par Bessarion, alors élève de Chortasménos, pour certaines parties du *Marc. gr.* Z 333[26]. Le *Vat. gr.* 1059 est mentionné dans l'inventaire de la bibliothèque vaticane de Fabio Vigili réalisé en 1508–1513[27], mais il faisait peut-être déjà partie des collections papales dès 1475[28].

(e) Tihon (1978, 127–131) ; *CCAG* V/3, 64–70 ; Leurquin (1990, 51–67) ; Canart et Prato (1981, 125–131) ; Lempire (2016, 27–29) ; Hunger (1969, 25–26).

B – Classement des manuscrits

Les témoins de cette famille partagent certaines caractéristiques qui démontrent d'une part qu'ils sont apparentés, d'autre part qu'ils sont isolés du reste de la tradition. Leurs liens exacts et l'origine de leur modèle commun ne peuvent être établis avec certitude, plusieurs scénarios sont envisageables. L'histoire textuelle de ce groupe de manuscrits est en grande partie hypothétique et cette section du *stemma codicum* de la Table des rois reste ici, en l'absence de nouveaux éléments, largement spéculative. L'objectif sera ici de présenter les éléments du problème et de proposer une hypothèse de travail plausible.

---

24 Souscriptions aux ff. 163r, 228r, 349r et 447r.
25 On note en particulier une table astronomique calculée pour l'année 1415, f. 17r.
26 Acerbi (2021, 155–156).
27 Devreesse (1965, 162).
28 Devreesse (1965, 60) suggérait de l'identifier à l'un des volumes présents dans l'inventaire de 1475 (*Theodori Metochite opus, et Theonis in Ptolomeum expositio, et Nicephori super astrolabio. Ex papiro in rubeo*) mais vu la description, l'identification me paraît incertaine.

1 Les *Paris. gr.* 2399 et 1765

Éliminons d'emblée un cas assez facile – le seul dans cette famille de manuscrits –, celui du *Paris. gr.* 1765 (Pa), qui est une copie directe du *Paris. gr.* 2399 (R). Le pinax de Pa et la note en haut du f. 333r, sans doute contemporains de la copie, reprennent la cote 932, qui est le numéro du *Paris. gr.* 2399 dans le catalogue réalisé par Nicolas Rigault en 1622. Le *Paris. gr.* 1765 présente en effet les mêmes en-têtes et les mêmes entrées que le *Paris. gr.* 2399, ainsi que le texte de Chortasménos (de sa propre main dans R) sur la nouvelle ἐποχή de Théodore Métochitès. Une partie des noms des rois au f. 333rv est amputée, leurs premières syllabes étant remplacées par des points : cette partie correspond exactement aux noms du f. 45r de R dont la page est devenue partiellement illisible à cause de l'humidité.

Concernant le texte lui-même, on relève dans Pa une série de variantes caractéristiques du texte de R, comme les trente-quatre et vingt-neuf années attribuées à Philadelphe et Évergète Ier, l'entrée d'Auguste corrigée par Chortasménos (Αὐγούστου ε | πάλιν Αὐγούστου λη) ou encore la forme Βολλοσιακοῦ pour Volusien. Le copiste de Pa, parfois peu attentif, introduit néanmoins un certain nombre de variantes en propre, notamment :

> Χϊήρερος καὶ Πώρου **R** Χιηρέρου καὶ Πόρου **Pa**
> Πτολεμαίου Λάγου **R** Πτολεμαίου Λάνου **Pa**
> Νέρωνος **R** Νέστωνος **Pa**
> Νερούα **R** Νεσούα **Pa**
> Ἀντωνίνου Καρακάλου **R** Ἀντωνίνου Κορακόλλου **Pa**

Le *Paris. gr.* 1765 présente aussi deux notes marginales, visiblement contemporaines ou du moins très proches de la copie, renvoyant notamment à l'ouvrage de Georges le Syncelle.

2 Les deux tables du *Leidensis*

Le *Leidensis* BPG 78 a la particularité d'être le seul de nos témoins en onciales à présenter deux versions différentes de la Table des rois. D'après la composition du codex, reconstituée par De Meyier, les deux premiers cahiers originels du *Leidensis* contenaient des tables chronologiques : C5 (ff. 52r–53r), C1 (ff. 54r–55r = H^1), C2 (ff. 55v–63v), C1 (ff. 64r–65r = H^2), folios auxquels on peut associer les ff. 1 et 2 qui contiennent C3 et C4. Une note en haut du f. 54v (H^1, scolie 43*) se rapporte explicitement à ces deux exemplaires de la Table des rois :

> ετη βασιλεων των μετα την αλεξανδρου του βασιλεως / τελευτην κ(αι)καυται δε κ(αι) μετεγραφη ασφαλως μετα τους / υπατους

Cette note a été longtemps mal comprise[29], mais Hermann Usener l'édite ainsi :

> Ἔτη βασιλέων τῶν μετὰ τὴν Ἀλεξάνδρου τοῦ βασιλέως τελεύτην κεκάκωται δὲ καὶ μεταγέγραπται ἀσφαλῶς μετὰ τοὺς ὑπάτους

Soit :

> Années des rois après la mort du roi Alexandre, [la table] a été corrompue mais est copiée de manière fiable après les consuls.

La mention des consuls fait référence à la Table des consuls (C2) qui se trouve entre les deux exemplaires de la Table des rois. Cette note est de la première main du codex, qui ne semble pas être l'auteur de la note, vu la leçon κ(αι)καυται. Elle est composée de deux parties, un titre de la table (Ἔτη βασιλέων τῶν μετὰ τὴν Ἀλεξάνδρου τοῦ βασιλέως τελεύτην) et une remarque sur la copie des tables, collées comme si le copiste avait fusionné le titre et la scolie sous le titre qui se trouvaient dans son modèle. Ce dernier possédait donc déjà sans doute deux exemplaires de la Table des rois. Il est difficile de savoir à quel aspect « corrompu » de la table la note fait précisément référence : les quelques rares erreurs dans les années ? Le fait que la table s'arrête à Phocas ou qu'elle donne les noms des rois au nominatif à partir de Philippe ? La nature des entrées elles-mêmes ? Dans tous les cas, malgré leurs différences, les deux tables aboutissent à un même nombre d'années à la fin du règne d'Antonin, de Théodose II ou de Phocas. Le verbe μεταγράφειν peut être compris comme « altérer un texte » mais aussi simplement « transcrire, copier ». C'est ce dernier sens qui me paraît ici le plus probable. Si on donne en effet à μεταγράφειν un sens proche de διορθοῦν, alors on peut imaginer que la seconde table (H^2) serait une version corrigée ou éditée de la première (H^1). Il n'y a pas d'indice convaincant qui plaiderait en faveur de cette hypothèse, mais rien ne peut l'exclure à coup sûr. Que la table H^2 donne, à certains endroits, de meilleures leçons que H^1 n'implique pas nécessairement que H^2 soit une version « corrigée ». Les leçons « meilleures » peuvent venir d'une branche de la tradition qui a conservé de meilleures variantes. De plus, si la table H^1, considérée comme corrompue, avait servi de base à la version H^2, pourquoi l'avoir gardée ? La scolie est placée en haut de la table qui commence au règne de Philippe et fait explicitement référence à celle-ci ; la table de Nabonassar à Alexandre, qui se trouve sur le recto du folio, ne semble donc pas concernée. Or, la table H^2 contient à nouveau la section de Nabonassar à

---

[29] Van der Hagen (1735, 319) proposait de lire και ταυτα ιδε και μεταγραφη (ou encore και αυτα ιδε), ce qui, comme l'a fait remarquer Semler (1750, 193), ne fait pas plus de sens. Semler (1750, 193-194) propose de comprendre καὶ τ'αὐτὰ <ἔτη> ἴδε… et traduit : « eben dieselben (Jahre) siehe nach, und sie sind sehr richtig weiter hinten zu finden untern Bürgermeistern » – ce qui ne me paraît pas davantage convaincant.

Alexandre avec de nombreuses variantes. Les ensembles de scolies autour de H^1 et H^2 sont également différents. Le scénario qui me paraît donc le plus crédible est que la table H^2 ait été empruntée à un modèle différent de celui qui a donné H^1 et jugé plus fiable par l'auteur de la note. Les nombreuses annotations marginales autour de la table H^2 n'aident guère. Parmi celles que l'on peut dater, on trouve une scolie datée de 812 (6*, f. 65r) et deux scolies de 780 et 798 (7* et 8*, f. 65v)[30]. On peut seulement dire que le modèle de cette table H^2 était déjà établi sous le règne de Constantin VI (780–797). La table H^1 présente une scolie (3*) presque contemporaine, datée de 775/776, ce qui montre que le *Leidensis* a été particulièrement utilisé sous les règnes de Léon IV et Constantin VI.

Les liens entre H^2, R et r^2 ne peuvent pas être définis avec une certitude suffisante pour confirmer ou rejeter catégoriquement l'hypothèse d'une version corrigée de H^1 qui aurait donné H^2. Avant d'entrer dans le détail, précisons d'emblée que, si R et r^2 descendent de H^2, alors il doit y avoir eu au moins un intermédiaire, sans doute en onciales lui aussi, dont la lecture était difficile. Les différences entre R et r^2 d'une part, H^2 d'autre part, me semblent s'expliquer plus aisément par l'existence d'un exemplaire ω2 dont dépendent, de manière différente, H^2, R et r^2.

3 Les principaux manuscrits du groupe ω2

Les tables des manuscrits du groupe ω2 partagent un petit nombre de caractéristiques communes qui les isolent des autres témoins, dépendant quant à eux d'un modèle que l'on appellera ω1. Rappelons que la table de r^2 s'arrête à Alexandre le Grand et ne permet pas de comparaison pour le reste de la table avec les autres témoins. Les tables F^1 et Va, témoins importants de la famille ω1, n'ont pas la partie de la table allant de Nabonassar à Alexandre, ce qui rend la comparaison entre ces deux grandes familles encore plus ardue. Notons enfin que la table de H^2 est le seul témoin en onciales à être rédigé entièrement au génitif, pour la partie copiée par la première main – caractéristique qu'elle partage avec R.

Une seule variante importante concerne la partie de la table allant jusqu'à Antonin. Il s'agit de l'entrée du roi babylonien Ulūlāyu (Salmanazar V) :

ϊλουλαιου **H^2** Ἰλουλαίου **Rr^2** ϊουγαιου **H^1** Ιουγεου **V**

La leçon de R, r^2 et H^2 est meilleure que celle de H^1 et V. On retrouve la leçon Ἰλουλαίου chez Georges le Syncelle et sans doute déjà chez Panodoros au IVe siècle. Les deux leçons sont suffisamment différentes et le nom d'Ulūlāyu tellement rare

---

30 Usener (1898, 451–452) ; Tihon (2011, 27–28).

dans la littérature grecque que l'apparition de la variante Ἰουγαίου à deux reprises de manière indépendante est très peu probable. À cet élément peuvent être ajoutées les deux variantes suivantes, certes moins caractéristiques :

αρκεανου **H²** Ἀρκεανοῦ **Rr²** αρκαιανου **H¹** Αρκαιανου **V**

νηριγασολασσαρου **H²** Νηρεγησοκάρου **r²** [...]γασοκάρου **R³¹** νηρικασολασσαρῠ **H¹** Νηρικασσοδασσαρου **V**

Pour le dernier exemple, on note la syllabe -γα- ou -γη- utilisée par les témoins ω2, là où les témoins ω1 ont -κα-. Concernant la section des empereurs romains, la principale différence entre les manuscrits des familles ω1 et ω2 porte sur les entrées des empereurs Marc Aurèle, Lucius Verus, Commode, Septime Sévère et Caracalla. Celles-ci sont organisées de manière différente dans les deux familles, mais aboutissent au même total d'années :

H²R (ω2)			H¹VF¹Va (ω1)		
Antonin	23	483	Antonin	23	483
Marc Aurèle et L. Verus	19	502			
Commode	13	515	Commode (et Marc Aurèle **F¹Va**)	32	515
Septime Sévère	18	533			
Caracalla	7	540	Septime Sévère et Caracalla	25	540
Héliogabale	4	544	Héliogabale	4	544

Les tables H¹, V, F¹ et Va dépendent donc d'un modèle offrant une version « compacte » des règnes de Marc Aurèle à Caracalla tandis que les tables H² et R donnent une version plus détaillée[32]. Les scolies 45* et 46* que l'on trouve à côté de la table H¹ reprennent justement des éléments de la version détaillée.

Une autre série de variantes, liées à des corrections apportées à la table H² par son copiste principal, doit être discutée. La première concerne l'entrée de Mušēzib-Marduk :

Μεσησιμοράκου **R** Μοσησιμοράκου **r²** μεσησημορ\δ/ακου **H²** μεσησσημορδακου **H¹** Μεσσησιμορδακου **V**

Les manuscrits R et r² donnent une version du nom sans delta (-μοράκου), quand les manuscrits de la famille ω1 donnent -μορδάκου. La leçon du manuscrit H² est ambiguë : le delta a été ajouté, visiblement par la main principale, au-dessus de la

---

31 La leçon dans R est en partie illisible aujourd'hui. Le manuscrit S, qui lui est apparenté, donne Νηριγασσοκάρου.

32 Il faut noter que, pour l'entrée de Marc Aurèle et Lucius Verus, R donne de façon erronée Μάρκου Ἀντωνίνου Σεβήρου quand H² a bien μαρκου αντονινου και βηρου.

ligne. Il peut s'agir d'une autocorrection du copiste sur la base du même modèle, ou bien, si la leçon de son modèle était bien μεσησημορακου, on peut penser que le copiste a corrigé le texte sur la base d'un autre exemplaire. On observe une situation similaire pour l'entrée de Valérien et Gallien :

> ουαλερι\α/νου και γαλλινου **H²** Οὐαλερινοῦ καὶ Γαλλίνου **R** ουαλεριος και γαλλινος **H¹** Οὐαλεριανὸς καὶ Γαλληῖνος **F¹** γαλληνος **V** Γαληνός **Va**

Cet alpha ajouté par H² à ουαλερι\α/νου ne se trouve pas dans R, on peut donc aussi supposer que le copiste de H² a puisé cette leçon dans un autre exemplaire. La troisième entrée où l'on note une correction de la part du copiste principal dans H² concerne une section particulière de la table, qui va des règnes de Dioclétien à Constantin. Les dernières années de la tétrarchie, de l'abdication de Dioclétien au début du règne de Constantin Ier, sont complexes. Tous les témoins de la Table des rois optent cependant pour une version très simplifiée. La plupart donnent vingt ans pour Dioclétien, soit les années 608 à 627 de Philippe (c'est-à-dire les années 284/285–303/304 AD), et vingt-neuf ans pour Constantin Ier, soit les années 632 à 660 de Philippe (c'est-à-dire 308/309–336/337 AD). Il reste quatre années – les années 628, 629, 630 et 631 de Philippe (304/305 à 307/308 AD) – que les témoins attribuent soit à « Constance » (Κώνστας ou Κωνστάντιος), qui semble être Constance Chlore[33], soit à « Constantin »[34]. Pour cette entrée, plusieurs manuscrits hésitent entre Κωνστάντιος et Κωνσταντῖνος et portent des traces d'autocorrections à cet endroit de la table. Constance Chlore a été Auguste durant un peu plus d'une année (de mai 305 à juillet 306) ; les quatre années qui lui sont attribuées sont fictives et servent à combler la liste entre Dioclétien et Constantin Ier, ce qui a pu mener à une certaine confusion de la part des copistes de la table[35]. Dans la table H², les quatre années sont attribuées à κωνσταντι[[ν]]ου – le nu ayant été exponctué, sans doute par la main principale. Or le manuscrit R a bien Κωνσταντίνου, ce qui tend à indiquer que le copiste de H² a corrigé sa table à partir d'un autre modèle[36].

---

33 La table H¹ donne une seule entrée de vingt-quatre ans pour « Dioclétien et Constance » (διοκλητιανου και κωνσταντ(ος)).
34 Certains manuscrits optent pour des solutions bancales, attribuant vingt ans à Dioclétien et vingt-cinq ou vingt-neuf ans à Constantin (notamment les manuscrits V et Va), ce qui donne un total d'années trop faible.
35 Aucun témoin de la Table des rois ne mentionne l'empereur Galère, dont l'augustat de 305 à 311 aurait pu être utilisé comme entrée dans la table entre Dioclétien et Constantin.
36 La table r¹, qui suit principalement un modèle proche de Va comptant seulement vingt ans pour Dioclétien et vingt-neuf pour Constantin Ier, a ajouté une entrée de quatre ans pour Constance, qu'il nomme Κωνσταντίνου, comme dans R et H² avant correction, mais les années cumulées n'ont pas été modifiées en conséquence, ce qui rend la table fausse. Avec la section de Marc Aurèle à

Il semble que l'on puisse attribuer au modèle commun ω2 l'entrée de Mušēzib-Marduk sans delta, la mention de Valérien sous la forme Οὐαλεριvοῦ et quatre années attribuées à Constance Chlore sous la forme Κωνσταντίνου. Si la table de R descendait de la table H², on aurait du mal à comprendre pourquoi aucune des trois corrections apportées par la main principale de H² ne serait reprise dans R.

Il reste cependant plusieurs autres variantes qui nous permettent d'éclaircir les liens entre H², R et r². Les tables R et r² contiennent en particulier une variante pour l'entrée de Mukīn-zēri et Pūlu qui les isole de H² (mais également des manuscrits de la famille ω1) :

Χϊήρερος καὶ Πώρου **R** Χιάρηερος καὶ Πώρου **r²** χινζιρος και πορου **H²** χινζηρος και πορου **H¹** Χινδειρια **V**

La seule existence de cette variante importante, où un rho a été substitué au zêta, nous amène à supposer un modèle commun à R et r² dont ne dépend pas H², au moins pour la partie de Nabonassar à Alexandre. En somme, il semble que l'on puisse écarter une filiation directe entre H² et R. Un certain nombre de variantes dans R et r² peuvent plutôt s'expliquer par une mauvaise lecture d'un manuscrit en onciale (comme la leçon XINZHPOC/XIHPEPOC), mais qui ne serait pas H² lui-même :

σαοσδουχινου **H²** [Σ]αοσδουλιχίνου **R** Σωγδολιήνου **r²**

La leçon σαοσδουχινου est très claire dans H². Les onciales X et Λ peuvent cependant être facilement mal lues. La leçon -λιχι- de R peut s'expliquer par exemple si le modèle de R présentait une leçon de la forme CAOCΔOYΛINOY où une correction « XI » aurait été inscrite au-dessus du mot et intégrée par erreur dans la copie. D'autres variantes entre H², R et r² peuvent s'expliquer par un ou plusieurs intermédiaires en onciales, comme ΑΠΑΡΑΝΑΔΙΟΥ (H²R) / ΑΠΑΡΛΟΥΑΔΙΟΥ (r²) ou ΚΑΙ ΒΗΡΟΥ (H²) / CΕΒΗΡΟΥ (R). La table R présente aussi deux différences avec H² dans les années de règne de Ptolémée Philadelphe (trente-quatre au lieu de trente-huit dans le reste de la tradition) et Évergète Ier (vingt-neuf au lieu de vingt-cinq), qui semblent être une intervention volontaire. Les en-têtes de R et H² sont également différentes. De plus, un certain nombre de variantes permettent d'écarter une filiation directe entre de r² sur R :

βασιλεῖς Περσῶν **r²** *om.* **R**
Ἀπαρλουαδίου **r²** Ἀπαραναδίου **R**
Σωγδολιήνου **r²** [Σ]αοσδουλιχίνου **R**
Ναβοκορασσάρου **r²** [Να]βοκοσσάρου **R**

Caracalla (voir *supra*), c'est l'une des traces de l'influence d'un modèle proche de la famille ω2 sur la table r¹.

Pour la partie qui va de Philippe Arrhidée à Michel Ier (la dernière entrée de la première main de H^2), les tables H^2 et R ont le même nombre d'entrées et les mêmes valeurs numériques. Les entrées de Valens et Valentinien présentent une particularité. Dans un premier temps, la table H^2 attribue dix ans à Valentinien Ier et quatre ans à Valens, mais le copiste a interverti les deux entrées :

ϊοβιανου	α	χπζ	Jovien	1	687
ουαλεντος	δ	ψα	Valens	4	701
ουαλεντινιανου	ι	χϙζ	Valentinien	10	697
θεοδοσιου	ις	ψιζ	Théodose	16	717

Grâce aux années depuis Philippe, on voit que l'entrée de Valentinien devait se trouver avant celle de Valens. Une main, sans doute postérieure, mais ce fait est difficile à juger, a corrigé de la façon suivante :

ϊοβιανου	α	χπζ	Jovien	1	687
ουαλεντος	**ιδ**	ψα	Valens	**14**	701
ουαλεντινιανου	ι	~~χϙζ~~	Valentinien	~~10~~	~~697~~
θεοδοσιου	ις	ψιζ	Théodose	16	717

Les dix années sont reversées à Valens, et le nom de Valentinien, non barré, se trouve ainsi associé au règne de Valens. Le manuscrit R, quant à lui, présente une unique entrée avec 14 ans pour Valens, sans mention de Valentinien. Néanmoins, dans R, l'entrée de Théodose est écrite après grattage, et il est à peu près assuré que le nom qui a été écrit en premier est plus long que Θεοδοσίου et que sa finale était -νοῦ. Ce nom a toutes les chances d'être Οὐαλεντινιανοῦ, ce qui suggère que le modèle de R contenait bien une entrée pour Valentinien entre Valens et Théodose. Le copiste de R a fait un choix différent du correcteur dans H^2 en supprimant simplement l'entrée prévue pour Valentinien. On ne peut pas savoir si cette particularité était dans le modèle commun à R et r^2 puisque cette dernière s'arrête à Alexandre le Grand. Il est évident que ce passage pourrait être interprété comme la preuve d'une copie de R sur H^2, le copiste de R ayant corrigé un passage déjà signalé comme corrompu dans son modèle. Cependant, il me semble que l'erreur dans la séquence des années depuis Philippe (χπζ, ψα, χϙζ, ψιζ) est tellement évidente que deux copistes ont pu la repérer et la corriger de manière indépendante.

Notons enfin que la partie de la table H^2 qui a été complétée par des mains postérieures à partir de Léon V a eu recours à des sources dont on ne retrouve pas la trace dans les autres témoins manuscrits. Tous ces éléments permettent de postuler les relations suivantes, même si, comme on l'a vu, il reste un certain nombre d'incertitudes :

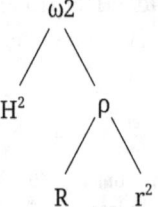

Le manuscrit ρ, qui est l'ancêtre commun le plus proche de R et r², est bien sûr difficile à dater, même grossièrement. Cousin de H², il s'agit certainement d'un manuscrit en onciales, donc peut-être des IXe ou Xe siècles, mais sans certitude. Le seul *terminus ante quem* est la copie de R, au début du XIVe siècle.

4 Le *Parisinus gr.* 2399 et le *Plut.* 28/26

Les tables R et H² sont liées par un modèle commun (ω2) pour la section qui couvre les règnes de Nabonassar à Michel Ier (811–813). À partir de Léon V (813–820), les deux tables divergent. La table H² a été complétée par deux mains postérieures qui ont ajouté des entrées couvrant les règnes de Léon V à Romain II. Le manuscrit R a une table complétée de Léon V jusqu'à Nicéphore III, avant que Jean Chortasménos ne la continue jusqu'à Jean VIII. Il semble que la section de Léon V à Nicéphore III du manuscrit R soit fortement apparentée à la même section dans le *Plut.* 28/26 (F¹) :

Paris. gr. 2399 (**R**)			*Plut.* 28/26 (**F¹**)		
Λέοντος	κε	͵ασλε	Λέων	κε	͵ασλε
Ἀλεξάνδρου	α	͵ασλς	Ἀλέξανδρος	α	͵ασλς
Κωνσταντίνου	ιε	͵ασνα	Κωνσταντινό(ς)	ιε	͵ασρα
Ῥωμανοῦ	λζ	͵ασπη	Ῥωμανός	κζ	͵ατιη
Ῥωμανοῦ ἄλλου	γ	͵ασρα	Ῥωμανό(ς) ἄλλο(ς)	γ	͵ατκα
Νικηφόρου τοῦ Φωκᾶ	ς	͵ασρζ	Νικηφόρ(ος) ὁ Φωκ(ᾶς)	ς	͵ατκζ
Ἰωάννου τοῦ Τζυμισκῆ	ς	͵ατγ	Ἰω(άννης) ὁ Τζμισκ(ή)ς	ς	͵ατλγ
Βασιλείος	νβ	͵ατνε	Βασίλειος	νβ	͵ατπε
Ῥωμανοῦ τοῦ Ἄρεος [sic]	ε	͵ατξ	Ῥωμανό(ς) ὁ Ἀρ(γυρός)	ε	͵ατϙ
Μιχαὴλ τοῦ Παφλαγόνος	η	͵ατξη	Μιχ(αὴλ) ὁ Παφλαγώ(ν)	η	͵ατϙη
Μιχαὴλ τοῦ Καλαφάτου	α	͵ατξθ	Μιχ(αὴλ) ὁ Καλαφά(της)	μην. ε	͵ατϙη μην. ε
Κωνσταντίνου			Κων(σταντῖνος)		

τοῦ Μονομάχου	ιβ	͵ατπα	ὁ *Μονομάχ(ος)*	ιβ· μην. ζ	͵αυια	
Θεοδώρας	α	͵ατπβ	ἡ κ(ύρα) Θεοδώρα	μην. ζ	͵αυια μην. ζ	
τοῦ Γέροντος	α	͵ατπγ	ὁ Γέρων	α	͵αυια μην. ζ	
τοῦ Κομνηνοῦ	β	͵ατπε	ὁ Κομνηνός	β· μην. γ	͵αυια μην. ι	
τοῦ Δούκα	ζ	͵ατϙβ	ὁ Δούκας	ζ· μην. ς	͵αυιθ μην. δ	
τῆς Εὐδοκίας	α	͵ατϙγ	ἡ κ(ύρα) Εὐδοκία	μην. ζ	͵αυιθ μην. ια	
τοῦ Διογένους	δ	͵ατϙζ	ὁ Διογένης	γ· μην. η	͵αυκγ μην. ζ	
Μιχαήλ	ς	͵αυγ	ὁ κ(ύριος) Μιχ(αήλ)	ε· μην. ζ	͵αυκθ μην. β	
τοῦ Βοτανειάτου	γ	͵αυς	ὁ Βοτανειάτης	γ	͵αυλβ μην. β	

La section allant de Léon V à Nicéphore III dans le *Plut.* 28/26 (F¹) est copiée par deux mains, l'une étant intervenue sous le règne de Constantin IX Monomaque (main 2, en italiques dans le tableau ci-dessus), l'autre sous Alexis Ier Comnène (main 3). On trouve dans R et F¹ les mêmes entrées, notamment une seule entrée pour Constantin VII suivie de l'entrée pour Romain Ier Lecapène, mais aussi des entrées pour les régences de Théodora et Eudocie seules. Les libellés des entrées sont presque identiques, même si R maintient le génitif. On note cependant l'entrée Βασιλείος dans R, laissée par mégarde au nominatif, trahissant un modèle au nominatif. Les valeurs numériques sont cependant différentes sur deux points. La table F¹ donne à Constantin VII cinquante-cinq années de règne suivies de vingt-sept années à Romain Ier, ce qui aboutit à un total d'années beaucoup trop élevé ; la table R donne, de manière plus raisonnable mais toujours erronée, quinze ans pour Constantin VII et trente-sept pour Romain Ier, de sorte que le total des années est différent dans R et F¹ pour le reste de la table. La table F¹ donne, à partir de Michel V le Calfat, des durées de règne en mois et années. La table R semble se baser sur les mêmes valeurs, mais en les arrondissant à un nombre entier d'années. Un dernier élément, paléographique, semble bien indiquer que cette partie de la table de R est directement dérivée du manuscrit F¹ : l'entrée pour Romain III Argyre est fortement abrégée dans F¹ et notée « Ῥωμανὸς ὁ Ἀρ~ ». Le signe diacritique est très semblable à l'abréviation, très répandue, pour -ως voire -εως, ce qui peut expliquer assez facilement la leçon très étrange Ἄρεος dans le manuscrit R[37]. La main 3 de F¹ qui a copié la section de Théodora à Alexis Ier Comnène laisse l'entrée de ce dernier sans années de règne, ce qui peut expliquer que la première main du manuscrit R n'ait pas recopié cette entrée.

---

[37] La seconde main du *Plut.* 28/31 (Q) a utilisé, tout comme R, la table F¹ au moment où elle était complétée jusqu'à Alexis Ier. La table de Q reprend toutes les leçons de F¹ (à quelques variantes minimes près) et restitue correctement Ῥωμανὸς ὁ Ἀργυρός. Cette leçon permet d'écarter une filiation directe entre R et Q, et nous oriente plutôt vers l'utilisation de F¹ comme modèle par R et Q, indépendamment l'un de l'autre.

Il reste à dater cet ajout. Le copiste du manuscrit R a-t-il lui-même consulté F^1 ? Par rapport à F^1, R présente des valeurs numériques différentes, qui sont le résultat des interventions volontaires, puisque les années cumulées sont modifiées en conséquence : ce travail semble avoir déjà été réalisé dans le modèle direct de R ; on ne relève pas de trace d'autocorrection ou d'hésitation à cet endroit. La table F^1, après l'entrée d'Alexis Ier Comnène (1081–1118), n'a été complétée que sous le règne de Jean VIII (1425–1448), donc l'utilisation de F^1 a pu avoir lieu à n'importe quel moment entre le règne d'Alexis Ier et la copie de R, au début du XIVe siècle. Néanmoins, on ne relève pas d'indice suffisamment fort qui nécessiterait de supposer un intermédiaire entre F^1 et R – la table de R, par ailleurs un assez bon exemplaire, a pu avoir été réalisée au brouillon avant d'être recopiée au propre par le même copiste.

5 Le *Vat. gr.* 1059 et l'édition de Chortasménos

Le *Paris. gr.* 2399 (R) et le *Vat. gr.* 1059 (S) sont deux manuscrits liés à Jean Chortasménos (ca. 1370–1431). Celui-ci a complété et modifié la table de R et il est le copiste et l'auteur de la table de S. Cette dernière n'est pas une copie de la Table des rois à proprement parler : il s'agit d'une édition de la table réalisée par Chortasménos à partir de la table de Ptolémée, empruntant également à la chronologie biblique. Dans la scolie qui sert de texte introductif à la table, il précise avoir effectué les calculs lui-même et avoir comparé ses résultats avec les traités de Ptolémée, Théon, Stéphanos, Théodore Métochitès et Théodore Méliténiotès[38].

Chortasménos a d'abord fusionné le comput ptoléméen avec un comput des années depuis Adam[39], le pivot avec la table de Ptolémée étant le règne de Nabuchodonosor, qu'il identifie à Nabonassar. Cette identification n'est pas propre à Chortasménos ; on la retrouve dans un texte datable de la fin du VIIIe siècle attribué à un certain Stéphanos le Philosophe[40], dans une scolie au *Petit Commentaire*

---

[38] Voir Annexe C pp. 312–313.
[39] Pour la partie de la table qui précède Nabonassar/Nabuchodonosor, Chortasménos compte 2262 années entre Adam et le Déluge, ce qui le place dans la tradition de Julius Africanus, contre Georges le Syncelle, voir Wallraff et al. (2007) fragments F16b, T22a et T45 (Georges le Syncelle) et T16g (*Chronicon Paschale*). Le reste de son comput n'est pas compatible avec la chronologie d'Africanus, ni avec celle de Georges le Syncelle, voir Adler et Tuffin (2002, LXXI). La question des sources de Chortasménos pour son comput biblique reste à étudier. Les 4761 années écoulées données par Chortasménos depuis Adam jusqu'à Nabonassar/Nabuchodonosor sont mentionnées par Théodore Méliténiotès (*Tribiblos* II.2.15) et, avant lui, dans une longue scolie anonyme à l'*Almageste* datée du XIe siècle, voir Mogenet (1962, 210).
[40] Voir p. 186. Je me demande dans quelle mesure cette identification de Nabonassar à Nabuchodonosor, qui se démarque de l'identification à Salmanazar, plus ancienne, transmise par Georges le

dans plusieurs manuscrits du début du XIVe siècle[41], mais surtout chez Théodore Métochitès[42] et Théodore Méliténiotès[43], deux des sources justement mentionnées par Chortasménos. De plus, il a transformé le format de la table en lui ajoutant une colonne pour les années écoulées depuis la création du monde. Le début de sa table se présente ainsi :

Ἀδάμ

(1)	(2)		(3)	(4)
,βσξβ	Κατακλυσμός			,βσξβ
,βψϟε	Πυργοποιία			φλγ
,γσνδ	Ἀβραάμ			υνθ
,γχπδ	Ἐξέλευσις Ἑβραίων			υλ
,δυμα	Οἰκοδομὴ Ναοῦ			ψνζ
,δψξα	Ναβουχοδονόσορ ἔτη	ιδ		τκ
,δψοε	Ναδίου		β	ις
,δψοζ	Χἰήρεως καὶ Πώρου		ε	κα
,δψπβ	Ἰλουλαίου		ε	κς
...			...	...

On a donc quatre colonnes principales : (1) années depuis Adam, (2) évènements bibliques ou rois, (3) années de règne, (4) années depuis Nabonassar/Nabuchodonosor, puis depuis Philippe Arrhidée. Chortasménos a aussi ajouté un nouveau titre (κανόνιον περιέχον τοὺς χρόνους τῶν ἐπισήμων βασιλειῶν· ἀρχόμενον ἀπὸ κτίσεως κόσμου, « Table contenant les années des règnes importants, commençant avec la création du monde ») et de nouveaux en-têtes : (1) ἐπισυναγωγή (« sommes cumulées »), (2) βασιλεῖς (« rois »), (3) ἔτη ἁπλᾶ (« années simples »), (4) σύνθεσις (« addition »).

Pour son édition, Chortasménos s'est servi du *Paris. gr.* 2399 (R). La filiation entre R et S est clairement établie grâce aux leçons suivantes, communes aux deux manuscrits : Μεσησιμοράκου, Σαοσδουλιχίνου, Ναβοκοσσάρου. Les computs des années de règne et des années cumulées sont identiques dans R et S, à l'exception d'une erreur de copie de la part de Chortasménos ; elle porte sur les années de règne pour Artaxerxès I, Darius II et Artaxerxès II, qui montrent une sorte de saut du même au même :

Syncelle, dénote une influence de sources arabes. Chez Al-Battānī et Al-Bīrūnī par exemple, le nom Nabonassar est remplacé par Bukhtanaṣar, l'équivalent arabe de Nabuchodonosor.
41 Notamment les *Vat. gr.* 175 f. 41r et *Plut.* 28/12 f. 134r : [...] ἡ μὲν μεγάλη σύνταξις ἀπὸ τῆς ἀρχῆς τῆς βασιλείας Ναβουνασσάρου λαμβάνει ὃς λέγεται καὶ Ναβουχοδονόσωρ [...].
42 Métochitès, *Éléments d'astronomie* 1.1.37, éd. Bydén (2003, 441.728–730).
43 Méliténiotès, *Triblos* II.2.13 : Οὗτος [sc. Ναβονάσσαρος] δ' ὁ Βαβυλώνιος Ναβουχοδονόσορ ἐστίν [...].

R			S		
Δαρείου πρώτου	λς	σξβ	Δαρείου πρώτου	λς	σξβ
Ξέρξου	κα	σπγ	Ξέρξου	κα	σπγ
Ἀρταξέρξου πρώτου	μα	τκδ	Ἀρταξέρξου πρώτου	λς	τκδ
Δαρείου δευτέρου	ιθ	τμγ	Δαρείου δευτέρου	κα	τμγ
Ἀρταξέρξου δευτέρου	μς	τπθ	Ἀρταξέρξου δευτέρου	μα	τπθ

Cette erreur n'a pas entraîné de changement dans les années depuis Nabonassar/Nabuchodonosor (colonne 4) ou dans les années depuis Adam (colonne 1). Le calcul de la colonne 1 a été réalisé à partir du texte du modèle de Chortasménos et non à partir de la copie fautive du *Vat. gr.* 1059[44]. À ces erreurs de copie s'ajoutent, à partir d'Artaxerxès II, un changement dans le comput et la mise en page de la table : depuis l'entrée d'Adam, le nombre de la colonne 1 représente les années écoulées depuis Adam jusqu'au *début* du règne en question ; les nombres de la colonne 4, qui commencent avec Nabonassar/Nabuchodonosor, représentent en revanche le nombre d'années écoulées depuis ce dernier jusqu'à la *fin* du règne en question. À partir d'Artaxerxès II, Chortasménos a décidé d'aligner sa mise en page sur celle de Ptolémée : le nombre de la colonne 1 correspond alors à la somme des années écoulées depuis Adam jusqu'à la fin du règne en question. L'entrée d'Artaxerxès Ier a donc deux sommes dans la colonne 1 : 5104 années depuis Adam jusqu'au début de son règne et 5150 années depuis Adam jusqu'à la fin de son règne.

Chortasménos a retravaillé la table de son modèle à plusieurs endroits. La table a été prolongée jusqu'à Manuel II (1391–1425)[45], le libellé des entrées a été souvent modifié, le nominatif a remplacé le génitif à partir de Philippe Arrhidée, et de nombreux surnoms ont été ajoutés, par exemple :

Φιλίππου **R** Φίλιππος ὁ Ἀριδαίου **S**
Ἐπιφάνους **R** Πτολεμαῖος Ἀντίοχος Ἐπιφανής **S**
Φιλομήτορος **R** Πτολεμαῖος Ἀντίοχος Φιλομήτωρ **S**
Σωτῆρος **R** Πτολεμαῖος ὁ καλούμενος Σωτήρ **S**
Ἀντωνίνου ἄλλου **R** Ἄβιτος ὁ καὶ Ψευδαντωνῖνος **S**
Δεκίου **R** Δέκιος ὁ καὶ Βαλλεριανός **S**
Διοκλητιανοῦ **R** Διοκλητιανὸς καὶ Μαξιμιανός **S**
Κωνσταντίνου **R** Κωνσταντῖνος ὁ Χλωρός **S**

---

44 On note aussi, plus loin dans la table, trois erreurs de calcul ou de copie, sans conséquence : 5328 et 5357 années depuis Adam pour Ptolémée Sôter et Ptolémée Néos Dionysos au lieu de 5428 et 5457, et 6243 au lieu de 6249 pour Léon III.
45 Cependant, les sommes des colonnes 1 et 4 ne sont pas complétées à partir d'Andronic II, contrairement à la table R.

Chortasménos réalise aussi deux changements visant à rendre la table plus facile à utiliser pour les calculs astronomiques : il dédouble les entrées d'Auguste et d'Héraclius, afin d'indiquer clairement le nombre d'année écoulées depuis Nabonassar ou depuis Adam jusqu'à la cinquième année d'Auguste incluse et jusqu'à la neuvième année d'Héraclius incluse. La sixième année d'Auguste est celle à partir de laquelle les calendriers alexandrin et égyptien commencent à nouveau à se décaler d'un jour tous les quatre ans ; la neuvième année d'Héraclius est l'exemple pris par Stéphanos dans son *Commentaire* aux *Tables faciles*. Le dédoublement du règne d'Auguste est également inséré par Chortasménos dans la table R.

Notons enfin que la table R, complétée jusqu'au règne de Nicéphore III (1078–1081) par la première main, ne présente qu'un décalage de deux années dans le comput depuis Philippe par rapport à un calcul moderne, soit une erreur assez minime en comparaison avec les autres témoins de la table[46]. Dans le détail, on note parfois un décalage d'une année, principalement dû à la manière de compter la première année de règne d'un empereur, décalage généralement rattrapé avec l'empereur suivant. La table R est néanmoins exacte dans le comput pour un certain nombre de repères importants : l'année 1 de Dioclétien est bien l'année 608 de Philippe (284/285 AD) et la neuvième année d'Héraclius est bien l'année 942 de Philippe (618/619 AD). Jusqu'au règne d'Alexandre (912/913 AD), la table est correcte. Un décalage important a cependant lieu autour des règnes de Constantin VII et Romain Ier : ensemble, la table R leur attribue cinquante-deux années, soit six de trop. Ce décalage est ensuite progressivement rogné – la table retire une année respectivement à Romain II, Jean Ier, Romain III, Constantin X et Jean II – jusqu'à disparaître complètement à la fin du règne de Jean III : sa dernière année de règne (1253/1254) correspond bien à l'année 1578 de Philippe. De même, à la fin de la table de R complétée par Chortasménos, la dernière année de Michel VIII (1281/1282) correspond à l'année 1606 de Philippe, ce qui est exact. Néanmoins, les entrées d'Alexis IV Ange (9 mois, 20 jours) et Alexis V Murzuphle (2 mois, 10 jours) dans R et S, même intégrées au comput de façon correcte, ne respectent pas à la lettre le projet de Ptolémée d'attribuer chaque année égyptienne entière à un règne. La table R et l'édition de Chortasménos (S) restent néanmoins les meilleurs exemplaires complétés de la Table des rois, si on les compare aux autres témoins manuscrits et à une table calculée idéalement.

---

[46] Les tables R et S donnent 1406 années écoulées depuis Philippe à la fin du règne de Nicéphore III. Sa dernière année complète correspond en réalité à l'année 1404 de Philippe (1079/1080 AD). C'est un résultat bien meilleur, à titre de comparaison, que la table A^1 (année 1381 de Philippe), F^1 et Q (1432) ou J et W (1425).

6 La table r¹ du *Paris. gr.* 2394 et la famille ω2

La table r² du *Paris. gr.* 2394 est directement apparentée aux autres manuscrits de la famille ω2. Bien que la table r¹ jusqu'à Basile Ier soit très proche du *Vat. gr.* 175 (Va) – donc de la famille ω1 –, on y trouve une influence importante de la famille ω2, en particulier de Philippe à Dioclétien. Le cas de la table r¹ est très complexe, il y a plusieurs façons d'envisager ses liens avec les autres témoins et on peut formuler différentes hypothèses à son sujet. Paul Schnabel faisait l'hypothèse que la collection des tables du *Paris. gr.* 2394 et celle du *Vat. gr.* 175 étaient des copies des tables du *Marc. gr.* Z 331[47]. Les tables géographiques du *Marc. gr.* Z 331, de Va et r sont en effet très proches, et mon examen (non exhaustif) des tables astronomiques de ces trois manuscrits accrédite l'hypothèse d'une proche parenté. Les liens entre r¹ et la famille du *Vat. gr.* 175 seront précisés dans le chapitre consacré à ce dernier[48]. Néanmoins, la présence de la table r² dans le *Paris. gr.* 2394 et certaines caractéristiques de la table r¹ montrent l'utilisation ou l'influence d'un modèle des *Tables faciles* proche de la famille ω2, dont il s'agira ici de mettre en lumière les liens.

L'influence de la famille ω2 est surtout visible dans la première partie de la table r¹, de Philippe à Dioclétien, puis semble complètement absente à partir de ce dernier. La table r¹ présente la version détaillée des règnes de Marc Aurèle à Caracalla, caractéristiques de la famille ω2, seuls les libellés de quelques entrées varient :

H²	R	r¹
ελλιου αντονινου	Αἰλίου Ἀντωνίνου	Αἴλιος Ἀντωνῖνος
μαρκου αντονινου και βηρου	Μάρκου Ἀντωνίνου Σεβήρου	Μάρκος
κομμοδου	Κομμόδου	Κόμμοδος [Περτίναξ mg.]
σεβηρου	Σεβήρου	Σεβῆρος
αντονινου καρακαλου	Ἀντωνίνου Καρακάλου	Καράκαλλος
αντονινου αλλου	Ἀντωνίνου ἄλλου	Ἀντωνῖνος ἄλλος

La table r¹ donne aussi sept années à Philippe l'Arabe et deux années à Trébonien Galle, comme dans H² et R (tout comme H¹ également) contre Va, F¹ et V, les autres chefs de file de la famille ω1, qui donnent six années à Philippe et une année à Trébonien Galle. Enfin, la section des règnes de Dioclétien et Constantin le Grand montre que le modèle de r¹, à l'origine identique à Va (les deux donnent 656 années de Philippe à la fin du règne de Constantin), a été corrigé à l'aide d'un autre modèle proche de H² et R :

---

47 Schnabel (1930, 223).
48 Voir pp. 149–151.

H²R			r¹			Va		
Dioclétien	20	627	Dioclétien	20	627	Dioclétien	20	627
Constantin	4	631	Constantin	4	631			
Constantin	29	660	Constantin	29	656	Constantin	29	656
Constance II	24	684	Constance II	24	680	Constance II	24	680

Il semble assez assuré que l'entrée des quatre années de « Constantin » a été ajoutée maladroitement au modèle de la table r^1 sans que les totaux n'aient été modifiés en conséquence. De nombreuses différences, dans la section de Philippe à Dioclétien, entre r^1 et les manuscrits H² et R, laissent penser que le modèle principal de cette partie de la table r^1 n'était pas apparenté à ces derniers, mais doit plutôt être situé dans la famille de Va (donc du *Marc. gr.* Z 331, comme le supposait Paul Schnabel). Les rapprochements entre r^1 et les manuscrits ω2 sont plutôt à interpréter comme une contamination, à l'aide d'un manuscrit apparenté à ω2, à l'image de la section de Dioclétien à Constantin. Sachant que le modèle de r^1 a connu sous le règne de Manuel II une étape importante au cours de laquelle la table a été complétée, peut-être à partir de l'entrée de Léon VI, on pourrait imaginer que cet érudit de la fin du XIVe siècle est à l'origine d'une correction de la table à l'aide d'un manuscrit proche de la famille ω2 et – si l'on pousse plus loin l'hypothèse – qu'il a pu aussi ajouter à la table r^1 une table de Nabonassar à Alexandre le Grand, alors manquante (comme dans Va), qui est notre table r^2.

Chapitre 3
Le *Pluteus* 28/26 et la famille de l'*Ambrosianus* H 57 sup

Le *Plut.* 28/26 contient un témoin en onciales de la Table des rois, dont la copie peut être située sous le règne de Léon VI (886–912). Cet exemplaire présente deux particularités : la table ne contient pas les rois babyloniens et perses, et elle a été complétée par quatre mains différentes jusqu'à Constantin Paléologue, le dernier empereur byzantin. L'histoire de ce manuscrit est étroitement liée à celle de l'*Ambrosianus* H 57 sup. – c'est la raison de leur description dans le même chapitre – mais aussi à celles du *Paris. gr.* 2399 et du *Plut.* 28/31. Les manuscrits dont il est question dans ce chapitre sont les suivants :

F^1 et F^2	Firenze, Biblioteca Medicea Laurenziana, *Pluteus* 28/26
A^1 et A^2	Milano, Biblioteca Ambrosiana, *Ambrosianus* H 57 sup.
Au	Oxford, Bodleian Library, *Auct.* F. 1. 2
Sa	Oxford, Bodleian Library, *Savile* 2

A – Description des manuscrits

1 Firenze, Biblioteca Medicea Laurenziana, *Pluteus* 28/26 [F]

(a) Parchemin, III + 134 ff. + I (ff. 132–134 de papier), 230 × 175 mm, vers 886–902 et milieu du XVe siècle, Constantinople.
(b) Table F^1 : f. 39rv
    – Titre : ἀπὸ ναβονασάρου μέχρι τῆς ἀλεξάνδρου τελευτῆς· ἔτη υκδ. En-têtes : ἔτη βασιλέων | ἔτη | ἐπισυναγογή (f. 39rv).
    – Chacune des deux pages contient deux tables, non reliées entre elles, de trois colonnes. La phrase placée en titre est en réalité une note résumant la première partie de la Table des rois, de Nabonassar à Alexandre le Grand, qui ne figure pas dans le manuscrit[1]. Les en-têtes de colonne sont rouge et or. Les lignes des tables séparent deux lignes d'écriture ;

---

[1] Cette phrase a pu être inspirée par un passage de l'*Almageste* (III.7, 256.10–13 Heiberg), où Ptolémée calcule le temps écoulé entre le début du règne de Nabonassar et la dix-septième année d'Hadrien : ἀπὸ μὲν τῆς Ναβονασσάρου βασιλείας μέχρι τῆς Ἀλεξάνδρου τελευτῆς ἔτη συνάγεται κατ' Αἰγυπτίους υκδ.

hors en-têtes, trente-quatre lignes d'écriture par table. L'unique rubrique Ῥωμαίων est à l'encre rouge.
- La table est copiée par une main principale en onciales, complétée par quatre mains postérieures. La première partie de la table va de Philippe Arrhidée à Léon VI (sans les années), d'abord au nominatif, puis au génitif à partir de Jovien et à nouveau au nominatif à partir de Michel Ier ou Léon V [2] jusqu'à Léon VI. Une deuxième main (encre brun foncé) a ensuite complété les noms depuis Alexandre jusqu'à Constantin IX Monomaque, avec les durées de règne (sauf pour Constantin IX) mais sans les années cumulées ; les noms sont au nominatif. Une troisième main (minuscules, encre bistre) a complété les années cumulées laissées vides par la deuxième main et copié les entrées de l'impératrice Théodora à Alexis Ier Comnène, au nominatif, avec les durées de règne au mois près et les années cumulées (sauf pour Alexis Ier). Une quatrième main (encre grise) a complété la durée de règne d'Alexis Ier et la liste de Jean II Comnène à Jean VIII Paléologue ; les durées de règne ne sont inscrites que jusqu'à Michel VIII et les années cumulées sont absentes. Enfin, une cinquième main, à l'encre bleu céruléen, a ajouté le nom de Constantin Paléologue. Cette main est identifiée à Cyriaque d'Ancône par Daniele Bianconi.
- Pas d'annotation marginale, sauf des astérisques dans la marge en face des noms de Dioclétien et d'Héraclius.

Table F^2 : f. 129r
- Pas de titre. En-têtes : βασιλέων | ἔτη | συναγωγή.
- Table à la mise en page rudimentaire, composée de trois colonnes, tracées à la mine de plomb. Les en-têtes de colonnes et les rubriques sont écrits avec une encre bistre tirant sur le jaune doré. Le reste du texte est écrit avec une encre bleu céruléen. Les lignes des tables séparent deux lignes d'écriture ; hors en-têtes, trente-deux lignes d'écriture.
- La table est copiée par une seule main, que l'on peut attribuer à Cyriaque d'Ancône, d'après Daniele Bianconi. Il s'agissait sans doute de compléter la table du f. 39. Elle va de Nabonassar à Alexandre IV de Macédoine, tous les noms sont au génitif. Il manque les années cumulées pour Alexandre le Grand, Philippe Arrhidée et Alexandre IV. — Pas d'annotations marginales.

(c) Le codex contient le *Petit Commentaire* de Théon (copié par une main du XIVe siècle, ff. 2r–31v) et les *Tables faciles* (ff. 1rv, 32r–128r) dont les folios 34v–50v et 55r–128r sont copiés en onciales. Les ff. 128v–129v contiennent plusieurs textes astronomiques anonymes et la copie de la Table des rois par Cyriaque d'Ancône.

---

2 Le nom Μιχαήλ est invariable.

(d) D'après la Table des rois, la partie en onciale sans doute été copiée sous le règne de Léon VI (886–912). Les tables A3 (f. 71v) et A14 (f. 91v, 92r) présentent quatre points disposés en losange, du copiste principal, en marge de l'entrée pour les années de Philippe 1201–1225, soit 877/878–901/902 AD, ce qui nous permet de resserrer la datation de la copie du manuscrit aux années 886–902. Les différentes mains qui sont intervenues sur la Table des rois indiquent des mises à jour à différentes périodes, en particulier sous le règne de Constantin Monomaque (1042–1055) puis d'Alexis Ier Comnène (1081–1118), sans doute vers 1085[3], de Jean VIII Paléologue (1425–1448) et au cours du règne de l'ultime empereur byzantin, Constantin Paléologue (1449–1453). Un travail important a été effectué au début du XIVe siècle avec l'ajout du *Petit Commentaire* de Théon et d'autres tables ; d'après Daniele Bianconi, cette étape a sans doute été réalisée dans l'entourage de Théodore Métochitès au monastère de Chôra, et Nicéphore Grégoras pourrait peut-être être identifié comme le copiste d'une des tables ajoutées. C'est à cette époque que ce manuscrit croise l'histoire de l'*Ambros.* H 57 sup. Dans la première moitié du XVe siècle, sans doute à la fin des années 1440, le *Plut.* 28/26 a été la propriété de Cyriaque d'Ancône (ca. 1391–ca. 1452), qui a lui-même contribué à la table du f. 39 et a copié la table du f. 129r. L'activité de Cyriaque d'Ancône sur le manuscrit ne peut pas précéder l'année 1449, et le modèle dont il s'est servi pour la table f. 129r est très certainement l'*Ambros.* H 57 sup. D'après Daniele Bianconi, il est envisageable que Cyriaque ait ramené le *Plut.* 28/26 avec lui en Italie ; une note de Cristoforo da Rieti, qui a visité la bibliothèque de Cyriaque à Ancône, sans doute peu après la mort de ce dernier, vers 1453, mentionne en effet un « *Ptholomeum in astrologia volumen quidem pergrande et nobile graecis litteris scriptum* » qui pourrait bien être le *Plut.* 28/26[4]. À une date inconnue, le codex a intégré les collections de la bibliothèque des Médicis.

(e) Bandini (1768, 46–52) ; Bianconi (2004, 543) ; Bianconi (2010) ; Kubitschek (1915, 58) ; Schnabel (1930, 222) ; Tihon (1978, 139–141 ; Usener (1898b, 364–365) ; Tihon (2011, 24–29) ; Janz (2002).

---

[3] Cette troisième main a laissé au f. 35r une note qui porte la date du mois de mai 6593 AM, c'est-à-dire mai 1085 AD. Il me semble qu'il s'agit de la même main qui annota le texte de l'*Almageste* du *Paris. gr.* 2389 à plusieurs endroits (ff. 28v, 29r, 31r, 44r, 53r–54v, 65v, 68v, 69r, 72r–74v, 76rv, 78rv, 80r, 85r, 90v, 93r, 99v, 100rv, 102r, 103v, 106rv, 107r, 108rv). Tout comme le *Plut.* 28/26, le *Paris. gr.* 2389 porte les traces d'une restauration importante du codex et de son texte dans l'entourage de Théodore Métochitès, voir Acerbi (2020, 244).

[4] Voir Bianconi (2010, 61–63) et Janz (2002, 17).

2 Milano, Biblioteca Ambrosiana, *Ambrosianus* H 57 sup. [A]

(a) Parchemin, III + 180 ff. + III, 240 × 164 mm, milieu du XIVe siècle, Constantinople (?).

(b) Table A^1 : ff. 66r–67r
- Titre : κανὼν βασιλειῶν. En-têtes : βασιλέων | ἔτη | συναγωγή (f. 66rv, 67r).
- Chaque page contient deux tables, encadrées, de trois colonnes chacune. Le titre, les noms des colonnes et des rubriques à l'intérieur de la table sont à l'encre rouge. Les lignes des tables séparent deux lignes d'écriture. Hors en-tête, trente lignes d'écriture par table.
- La table va de Nabonassar à Antonin (f. 66r), puis de Commode à Basile Ier (f. 66v) et de Léon VI à « Mourad » (ὁ Μουρἀτ). Trois mains sont intervenues dans la copie de la table. La première, qui est la main principale du manuscrit (encre brune), a copié les noms et les années depuis Nabonassar jusqu'à Basile Ier et les noms des empereurs de Léon VI à Jean V Paléologue, mais sans les années. Une deuxième main (encre grise) a complété les colonnes des années laissées vides par la première[5] et a ajouté les règnes de Manuel II, Jean VIII et Constantin Paléologue avec les années[6] Une troisième main (encre brun clair) a corrigé les années de la colonne 3 (qui avait été complétée par la deuxième main) et ajouté en fin de table : καὶ ὁ Ἀμηρᾶς, ὁ Μουρἀτ | ιγ | ͵αψλζ. À l'exception de cette dernière entrée, les noms sont tous au génitif.
- Rares annotations marginales : ση(μείωσαι), main 1, s.v. Philippe Arrhidée ; χρ(ιστιαν)ῶν, main 1, encre rouge, s.v. Constantin Ier ; (61*) main 3[7], f. 67r *mg. ext.*

---

[5] Les années cumulées, à partir de Léon VI, sont toutes fausses, en grande partie à cause du désordre dans les années de règne attribuées à Constantin VII, Romain Lecapène et Romain II. Le décalage atteint trente-trois ans dès Nicéphore Phocas et jusqu'à quarante-cinq ans pour la fin du règne de Constantin Paléologue, dont la fin du règne est datée de l'année 1731 de Philippe, soit 1406/1407 AD au lieu de 1453. Les corrections apportées par la main 3 n'améliorent ce comput qu'à la marge (Philippe 1754, *i.e.* 1429/1430 AD).

[6] Anne Tihon (1978, 89) attribue à une main différente l'ajout de Constantin. Il me semble en réalité qu'on a affaire à un changement de plume de la deuxième main, qui, par manque de place, réduit le module des lettres.

[7] David Pingree (1982, 186) différencie la main qui a copié καὶ ὁ Ἀμηρᾶς, ὁ Μουρἀτ de celle qui a copié les années (ιγ | ͵αψλζ) et la note marginale. Mais, de son propre aveu, il base sa lecture sur des photographies.

Table A² : f. 164rv
- Titre (scolie rubriquée) : ἀπὸ Ναβονασάρου μέχρι τῆς Ἀλεξάνδρου τελευτῆς, ἔτη υκδ (f. 164r). En-têtes : ἔτη βασιλέων | ἔτη | ἐπισυναγωγή (f. 164rv).
- Chaque folio contient deux tables, encadrées, de trois colonnes chacune. Le titre, les en-têtes des colonnes sont à l'encre rouge, tout comme la seule rubrique Ῥωμαίων. Les lignes des tables séparent deux lignes d'écriture. Hors en-tête, trente-deux lignes d'écriture par table.
- Une seule main – la main principale du codex – a copié la table, qui comprend les règnes depuis Philippe Arrhidée jusqu'à Léon VI, avec les années. Les noms sont au nominatif de Philippe à Julien l'Apostat, puis au génitif de Jovien à Nicéphore Ier, et à nouveau au nominatif à partir de Michel Ier ou Léon V[8] jusqu'à Léon VI. — Pas d'annotation marginale.

(c) Le codex contient le *Petit Commentaire* de Théon (ff. 1r–40r), des textes astronomiques anonymes (ff. 40r–44v), le *Manuel* des *Tables faciles* (ff. 45r–54v) suivi de scolies (ff. 54v–58r), les *Hypothèses des planètes* de Ptolémée (ff. 58r–65v), les *Tables faciles* (ff. 66r–145v), le *Traité de l'astrolabe* de Jean Philopon (ff. 147v–159v), un traité anonyme sur l'astrolabe (ff. 159v–162r), des tables et textes astronomiques et géographiques (ff. 162v–179v) dont un oracle sur les fortifications de l'isthme de Corinthe sous le titre Χρησμὸς εἰς τὸν Πελοποννήσου ἰσθμὸν εὐρεθεὶς ἐν Ῥόδῳ (f. 162v), des notes sur la chronologie juive (f. 163r) ; le f. 180r contient l'index d'un ouvrage théologique d'une main différente et des notes chronologiques.

(d) D'après Heiberg, le manuscrit a été copié en Orient, mais Anne Tihon et David Pingree apportent des éléments qui plaident pour une réalisation constantinopolitaine. Des scolies au *Petit Commentaire* (f. 21v), de la main principale, portent la date de 6866 AM (1357/1358 AD), pouvant donner la date approximative de la copie du manuscrit. Cette date correspond à la Table des rois A¹, dont la première main donne les empereurs jusqu'à Jean V Paléologue (1341–1376 et 1379–1391). Les numéros de cahiers montrent que le codex a été réarrangé, probablement avant les années 1430[9]. En effet, deux notes datées de 6940 AM (1431/1432 AD) et 6946 AM (1437/1438) sont visibles au f. 180r et une note, en partie effacée, portant à nouveau la date de 6946 AM, est sur le f. 180v : ce folio était sans doute déjà le dernier du codex à ce moment-là. — L'histoire de l'*Ambros.* H 57 sup. (A) est étroitement liée à celui du *Plut.* 28/26 (F). La table F¹ a servi de modèle à A² et Cyriaque d'Ancône (ca. 1391–ca. 1452) a complété F¹ et a recopié le début de la table A¹ à la fin du *Plut.* 28/26 (= F²). L'activité de

---

8 Le nom Μιχαήλ est invariable.
9 Pingree (1982, 185).

Cyriaque sur cette Table des rois est à placer dans les dernières années de sa vie, après 1449, mais il possédait peut-être ce codex depuis plus longtemps. Grand voyageur, Cyriaque d'Ancône a pu trouver ce manuscrit à Constantinople ou encore à Mistra, où il s'est rendu deux fois entre 1437 et 1448. Le texte de l'oracle sur les fortifications de l'isthme de Corinthe, écrit au f. 162v, est sans doute à mettre en relation avec son activité. Ce texte à l'histoire complexe a été vu et recopié par Cyriaque lors de son voyage à Corinthe en 1436[10]. La main qui l'a copié dans l'*Ambrosianus* peut être située de manière très large dans la seconde moitié du XVe siècle[11]. Il est plausible que ce soit Cyriaque d'Ancône qui ait ramené le manuscrit en Italie. — La deuxième main de la table A^1, qui a complété la table jusqu'aux trois ans de règne de Constantin Paléologue inclus, est à situer après la chute de Constantinople. La troisième main, qui a ajouté l'entrée ὁ Ἀμηρᾶς ὁ Μουράτ, lui est encore postérieure. Cette entrée est liée d'une part à la scolie (61*) qui lui fait face – μῆν(ες) γ ἕως Αὐγ(ούστου) – et d'autre part à une série de notes laissées par une main postérieure au f. 163r. Dans l'une de ces notes, du reste assez embrouillée, l'auteur calcule : « depuis la Crucifixion jusqu'à Mourad, l'émir qui a pris la Ville, les années sont, depuis le 29e jour de mai, 1466, trois mois jusqu'au mois d'août entier de la 14e indiction, au total 6972 années. Il reste jusqu'à 7000, 26[12]. » La note prend comme référence la Crucifixion et non l'Incarnation du Christ, mais le mois de mai 1466 fait bien partie de la quatorzième indiction, et correspond aux treize années de règne de « Μουράτ » (depuis 1453) inscrites dans la table. Vu le texte de la note, notamment la date du 29 mai, le Mourad en question semble bien être Mehmed II qui succède directement à Constantin Paléologue. Cependant, une telle entrée n'a pas grand sens puisque Mehmed II meurt en 1481, vingt-huit années après la prise de Constantinople. Au-delà des calculs, plutôt obscurs, de cette note, il semble plausible que cette main soit intervenue à la fin du mois d'août 1466 sur la Table des rois[13]. L'intervention de la deuxième main, plus ancienne, est donc à dater des années 1453–1466. — Au cours du siècle suivant, on perd la trace de l'*Ambrosianus*, qui est vraisemblablement resté en

---

10 Voir Bodnar (1960).
11 L'écriture comporte de nombreux traits que l'on retrouve chez des copistes de l'entourage de Bessarion ; voir par exemple le *Marc. gr.* Z 333.
12 ἀπὸ δὲ τῆς Σταυρώσεως ἕως Μουράτου τοῦ Ἀμηρᾶ τοῦ τὴν πόλιν ἑλώντος ἔναι χρόνοι, ἀπὸ μαΐου κθ ἡμέρας ͵αυξς μηνες γ· ἕως ὅλου Αὐγούστου ιδ´ ἰνδικτιῶνος· ὁμοῦ ἔτη ͵ςϡοδ· λοιπ(οὶ) ἕως ζ κς. Plus haut dans la note, l'expression ὅδε ἰνδικτιῶνος ιδ´ Αὐγούστου μηνὸς indique bien qu'il s'agit de la date à laquelle écrit l'auteur.
13 On note par ailleurs que, dans la table A^1, la treizième année de Mehmed II est donnée comme la 1737e année de Philippe, soit 1412/1413 AD.

Italie. Marcella Grendler a en effet identifié ce manuscrit dans la liste (*Ambros.* B 311 suss., f. 191r, l. 30.) établie en février 1609 de volumes ayant appartenu à Gian Vincenzo Pinelli (1535–1601), propriétaire d'une riche bibliothèque à Padoue dont une partie a ensuite, après un voyage rocambolesque à Naples, rejoint la bibliothèque ambrosienne au début du XVIIe siècle. Si cette identification est exacte[14], elle est en cohérence avec le contexte de la réalisation du *Savile* 2, qui en est la copie. L'*Ambros.* H 57 sup. devait donc appartenir au moins depuis 1581, date de la copie du *Savile* 2, à la bibliothèque de Pinelli.

(e) Martini et Bassi (1906, 527–530) ; Heiberg (1907, VIII) ; *CCAG* III, 17 ; Tihon (1978, 88–90, 96–101) ; Pingree (1982) ; Jarry (2015, CXIII–CXIX) ; Grendler (1980, 414).

3 Oxford, Bodleian Library, *Auct.* F. 1. 2 (Misc. 85, *SC* 2946) [Au]

(a) Papier, IV + 320 ff., 356 × 223 mm[15], vers 1600, Oxford.
(b) ff. 23r–24r
- Titre : κανὼν βασιλειῶν (f. 23r). En-têtes : βασιλέων | ἔτη | συναγωγή (f. 23rv, 24r).
- Chaque page contient deux tables, encadrées, de trois colonnes chacune. Les lignes des tables séparent deux lignes d'écriture. Hors en-tête, trente lignes d'écriture par table.
- Une seule main a copié la table, qui va de Nabonassar à Antonin (f. 23r), puis de Commode à Basile Ier (f. 23v) et de Léon VI à « Mourad » (ὁ Μουράτ) (f. 24r). À l'exception de cette dernière entrée, les noms sont tous au génitif.
- Pas de scolie sauf, de la main principale, l'abréviation χρ(ιστιαν)ῶν face à la rubrique χριστιανῶν ῥωμαίων βασιλεῖς (f. 23v) et une réclame βασιλέων en bas du f. 23v.

(c) Le codex contient les *Hypothèses des planètes* de Ptolémée (ff. 1r–10v), le *Manuel des Tables faciles* (ff. 11r–22v), les *Tables faciles* (ff. 23r–114r), le *Petit Commentaire* de Théon (ff. 115r–155v), le *Grand Commentaire* de Théon (ff. 157r–233v), deux textes de Théodore Métochitès (la table des matières des *Éléments d'astronomie* et un éloge de l'*Almageste*, ff. 134r–246v) et le *Traité sur la musique* d'Aristide Quintilien (ff. 247r–313r).

---

14 Marcella Grendler ne donne pas de transcription de cette liste et je n'ai pas pu consulter le manuscrit, toujours inédit. L'*Ambros.* H 57 sup., restauré en 1954, ne porte pas de trace visible de ses possesseurs. Trois manuscrits du *Petit Commentaire* de Théon sont conservés à l'Ambrosienne, dont l'*Ambros.* E 104 sup. (311) entré dès 1607 dans les collections milanaises, et l'*Ambros.* H 67 sup. (440), qui commence par l'*Hypotypose* de Proclus. L'identification de Grendler est très plausible.
15 Mathiesen (1988) donne 355 × 216 mm.

(d) Le *Petit Commentaire* ainsi que l'ouvrage d'Aristide Quintilien sont copiés sur le *Savile* 2 (lui-même copié à Padoue en 1581), comme sans doute le reste du manuscrit : la séquence des tables et leurs titres sont identiques dans l'*Auct.* F. 1. 2 et dans le *Savile* 2. D'après Madan et Craster, le copiste est le même que celui de l'*Auct.* F. 1. 3 (*Misc.* 86, *SC* 2947) et la copie a pu avoir lieu autour de l'an 1600, mais les auteurs du catalogue n'expliquent pas leur datation. D'après Anne Tihon, le copiste est peut-être le même que le *Savile* 1 (écrit en février 1589), James Dalrymple of Ayr. Ce dernier a travaillé comme copiste chez Gian Vincenzo Pinelli à Padoue, où il a copié plusieurs manuscrits pour Thomas Savile en 1589. Si James Dalrymple est bien le copiste de l'*Auct.* F. 1. 2, que son modèle était le *Savile* 2 et que la copie date de l'an 1600 environ, alors il a dû travailler à Oxford, puisque c'est là que Henry Savile (frère de Thomas) a ramené le *Savile* 2 à la fin de l'année 1582. L'*Auct.* F. 1. 2 a appartenu à Henry Savile lui-même, qui en a fait don (avec l'*Auct.* F. 1. 3) à la Bodléienne en 1609, ce qui donne un *terminus ante quem* pour la copie du manuscrit.

(e) Coxe (1853–1854, 670–671) ; Hunt (1953, 94) ; Madan et Craster (1922, 555) ; Tihon (1978, 92) ; Sosower (2006) ; Mathiesen (1988, 325–327) ; Gamillscheg et al. (1981, 89).

4 Oxford, Bodleian Library, *Savile* 2 (*SC* 6549) [Sa]

(a) Papier, X + 602 pages, 330 × 220 mm[16], 1581, Padoue.
(b) pp. 45–47
  – Titre : κανὼν βασιλειῶν (p. 45). En-têtes : βασιλέων | ἔτη | συναγωγή (pp. 45–47).
  – Chaque page contient deux tables, encadrées, de trois colonnes chacune. Les lignes des tables séparent deux lignes d'écriture. Hors en-tête, trente lignes d'écriture par table.
  – Une seule main a copié la table, qui va de Nabonassar à Antonin (p. 45), puis de Commode à Basile Ier (p. 46) et de Léon VI à « Mourad » (ὁ Μουράτ) (p. 47). À l'exception de cette dernière entrée, les noms sont tous au génitif.
  – Rares annotations marginales. De la main principale : « χρ(ιστιαν)ῶν » face à la rubrique χριστιανῶν ῥωμαίων βασιλεῖς (p. 46). Une main plus tardive a corrigé le total des années de Nabonassar à Darius III (υιβ, corr. υις) et réécrit υις en marge ; (54*) p. 46 *mg. ext.*[17].

---

[16] Mathiesen (1988) donne 321 × 211 mm.
[17] Les nombres donnés par la scolie (*1039* et *842*, en chiffres arabes) correspondent aux années depuis Philippe des empereurs Anastase II et Anastase Ier.

(c) Le codex contient les *Hypothèses des planètes* de Ptolémée (pp. 1–20), le *Manuel des Tables faciles* (pp. 21–44), les *Tables faciles* (pp. 45–228), le *Petit Commentaire* de Théon (pp. 229–312), le *Grand Commentaire* de Théon (pp. 313–452), deux textes de Théodore Métochitès (la table des matières des *Éléments d'astronomie* et un éloge de l'*Almageste*, pp. 453–476) et le *Traité sur la musique* d'Aristide Quintilien (pp. 477–600).

(d) La collection de textes contenus dans le *Savile* 2 a été copiée par Camillo Zanetti (Camillus Venetus)[18] à Padoue en 1581 pour Henry Savile (1549–1622), alors en voyage en Italie[19]. L'exemplaire utilisé par Zanetti pour le *Grand Commentaire* de Théon est l'*Ambros.* A 101 sup. (28), qui a également servi de modèle à un autre manuscrit du *Grand Commentaire* copié par le même Zanetti, l'*Ambros.* C 263 inf. (903). L'*Ambros.* A 101 sup. appartenait à Gian Vincenzo Pinelli (1535–1601), propriétaire d'une riche bibliothèque à Padoue où Camillo Zanetti a travaillé comme copiste. Le texte du *Petit Commentaire* de Théon du *Savile* 2 est en revanche une copie fidèle du texte de l'*Ambros.* H 57 sup. (propriété de Pinelli[20]), tout comme la Table des rois (copiée sur A^1), la Table des villes illustres et celle des consuls de 138 à 372 AD. Le *Savile* 2, ramené à Oxford à la fin de l'année 1582, fait partie des volumes donnés aux chaires d'astronomie et de géométrie créées par Henry Savile en 1620. Il sera notamment utilisé par John Bainbridge (1620) et Henry Dodwell (1684) pour leurs éditions. Le manuscrit a pendant un temps été la propriété de Peter Turner (mort en 1651), mais la bibliothèque bodléienne le récupère en 1653[21].

(e) Madan et al. (1937, 1095–1096) ; Tihon (1978, 93) ; Tihon (1973) ; Mogenet et Tihon (1985, 22) ; Hunt (1953, 111) ; Sosower (2006) ; Mathiesen (1988, 342–344) ; Bainbridge (1620, 47–51) ; Dodwell (1684, 81–97).

B – Classement des manuscrits

1 Le *Savile* 2 (Sa) et l'*Auct.* F. 1. 2 (Au)

Anne Tihon et Thomas Mathiesen ont montré que le *Savile* 2 a servi de modèle pour la copie du *Petit Commentaire* de Théon et du *Traité sur la musique* de Quintilien dans l'*Auct.* F. 1. 2. Cette relation est confirmée par la Table des rois. La mise en page

---

18 Thomas Mathiesen attribue la main à « Bartholomeus de Zanettis ».
19 C'est la conclusion de Sosower (2006, 162).
20 Grendler (1980, 414).
21 Le lot acquis par la Bodléienne en 1653 en provenance de la bibliothèque de Peter Turner comprend les *Savile* 2–5, 7, 9, 11, 13 et l'*Auct.* F. 1. 4 ; voir Hunt (1953, 111).

dans les deux manuscrits est rigoureusement identique. Les deux partagent notamment les leçons suivantes, qui les isolent des autres témoins de la même famille :

Χυνιλαδάνου **SaAu** Κυνιλαδάνου **A¹** Κϋννιλαδάνου **F²**
Artaxerxès Ier : μα **SaAu** μβ **A¹F²**
Λέοντος Ἰσιώρου **SaAu** Λέοντος Ἰσαύρου **A¹**

Les deux partagent également les mêmes leçons pour les années des trois derniers empereurs – Manuel II (‚αχοθ), Jean VIII (‚αψνα) et Constantin Paléologue (‚αψνδ) – là où l'*Ambrosianus*, à cause de plusieurs corrections successives, est pratiquement illisible. Le *Savile* 2 a subi une petite série de corrections par une main postérieure – qui visait notamment à corriger un certain nombre d'erreurs dans les valeurs numériques, dont certaines dérivent directement des erreurs de l'*Ambrosianus* – mais la copie de l'*Auct.* F. 1. 2 a dû avoir lieu avant ces corrections :

Darius III : υιβ **Sa**[a.c.]**Au** υις **Sa**[p.c.]
Ptolémée Philometor : ροκ **Sa**[a.c.]**Au** ροη **Sa**[p.c.]
Basile II : ‚ατις **Sa**[a.c.]**Au**, ‚ατιε **Sa**[p.c.][22]
Michel VI : ‚ατμθ **Sa**[a.c.]**Au** ‚ατμη **Sa**[p.c.]
Théodora : ‚ατμζ **Sa**[a.c.]**Au** ‚ατμθ **Sa**[p.c.]
Isaac Ier : ‚ατνθ **Sa**[a.c.]**Au** ‚ατνα **Sa**[p.c.]
Constantin IX : ‚ατνβ **Sa**[a.c.] ‚ατνιβ *sic*[23] **Au** ‚ατνη **Sa**[p.c.]

Ces éléments de collation ainsi que ce que nous savons de l'histoire de ces deux manuscrits nous permettent d'assurer la relation suivante :

---

[22] Le copiste de Au semble avoir écrit ε dans un premier temps, ce qui est la valeur correcte et très facile à calculer de tête (‚ασξε [1265] + ν [50] = ‚ατιε [1315]) mais, par fidélité à son modèle dont la première main avait écrit ‚ατις, le copiste de Au s'autocorrige. Le correcteur de Sa a ensuite corrigé le ς en ε.
[23] La leçon première du *Savile* 2 pour les années de Constantin IX comporte juste avant le β une hésitation du copiste qui n'a pas été corrigée ; on lit quelque chose comme ϥβ, ce que le copiste de Au a rendu par ιβ, d'où la leçon aberrante ‚ατνιβ.

2 Le *Savile* 2 (Sa) et l'*Ambrosianus* H 57 sup. (A¹)

Anne Tihon a montré que le texte du *Petit Commentaire* de Théon du *Savile* 2 est une copie fidèle du texte de l'*Ambros.* H 57 sup. C'est aussi le cas pour la Table des villes illustres et celle des consuls de 138 à 372 AD. La Table des rois du *Savile* 2 est également une copie de la table A^1 de l'*Ambros.* H 57 sup. : les deux partagent la même mise en page, le même titre, les mêmes en-têtes et rubriques, et les mêmes entrées. Seules quelques rares leçons divergent entre le modèle et la copie :

> Χυνιλαδάνου A^1 Κυνιλαδάνου **Sa**
> Artaxerxès Ier : μβ A^1 μα **Sa**
> Λέοντος Ἰσαύρου A^1 Λέοντος Ἰσιώρου **Sa**
> Mourad : ιγ A^1 ξγ **Sa**

À partir de Léon VI, A^1 a subi deux séries de corrections qui ont rendu les valeurs numériques par endroits difficile à lire. Le copiste du *Savile* 2 avait sous les yeux cette version corrigée et a fait des choix clairs pour chaque entrée. La comparaison avec le *Savile* 2, dont le texte est *de facto* très dégradé, est peu pertinente. La relation entre les deux manuscrits reste cependant assurée :

3 Le *Plut.* 28/26 (F¹, F²) et l'*Ambrosianus* H 57 sup. (A¹, A²)

Le *Plut.* 28/26 et l'*Ambrosianus* H 57 sup., deux manuscrits constantinopolitains, présentent chacun deux tables et leurs histoires textuelles se sont croisées à deux reprises.

3.1 Les tables F¹ et A²

La table F^1, plus précisément la partie primitive de la table, de Philippe à Léon VI, a servi de modèle à la table A^2 de l'*Ambrosianus* : les deux tables sont rigoureusement identiques.

3.2 La table A¹ et ses modèles

Anne Tihon et Claude Jarry ont montré que les textes du *Petit Commentaire* de Théon et du *Traité de l'astrolabe* de Philopon contenus dans l'*Ambrosianus* constituent des éditions byzantines de ces deux textes, réalisées à partir de différents modèles. L'*Ambrosianus* est un manuscrit d'excellente facture, sur parchemin, enluminé, et sans doute, d'après Anne Tihon, destiné à un riche bibliophile désirant « posséder un volume de luxe contenant les tables astronomiques avec les traités qui les expliquaient et qui fût en même temps une véritable édition critique[24] ». La recension du *Petit Commentaire* emprunte à la fois au *Plut.* 28/7 (lui-même dérivant en dernier lieu du *Leidensis* BPG 78) et à un autre exemplaire non identifié. Le texte du *Traité de l'astrolabe* appartient à la famille ε du texte (qui comprend entre autres le *Mutinensis Estensis gr.* α. R. 7. 14 [Puntoni 24]) tout en empruntant à un exemplaire proche du *Paris. gr.* 2497[25]. Le *Paris. gr.* 2497 est le manuscrit K de la Table des rois et descend des deux tables du *Leidensis* BPG 78. Le même phénomène est à l'origine de la Table des rois A^1 : il s'agit d'une recension érudite de la table – loin d'être très réussie[26] – qui emprunte au moins à deux modèles différents. La première partie de la table a été tirée d'un manuscrit de la famille de H^1 (avec notamment la leçon Ἰουγαίου). Au sein de cette famille, A^1 est plus proche des manuscrits du groupe λ (LJW) que de K ou de H^1 et ses copies directes (G^1Z^1) :

> Ναβονασσάρου **A¹JW** Ναβουνασσάρου **L** ναβοναζαρου **H¹** Ναβοναζάρου **Z¹G¹K**
> Χινζίρου καὶ πώρου **A¹** Χινζύρου καὶ Πώρου **LJW** χινζηρος και πορου **H¹Z¹** Χίνζηρος καὶ Ποροῦ **G¹** Ξϊνζηρος καὶ Πορου **K**
> Ἀσσαραδίνου **A¹** Ἀσαραδίνου **LJW** ασαριδινου **H¹Z¹** Ἀσαρΐδινου **G¹** Ἀσαρϊδϊνοῦ **K**
> Ἀλεξάνδρου τοῦ Μακεδόνος **A¹LJW** αλεξανδρου μακεδονος **H¹** Ἀλεξάνδρου Μακεδόνος **Z¹G¹K**

Par rapport aux manuscrits de la famille λ, A^1 contient une petite erreur en propre qui concerne les années d'Artaxerxès Ier (μβ **A¹** μα **H¹**λ). Pour débrouiller les liens complexes qui existent entre A^1 et ce premier modèle proche de H^1 et de la famille λ,

---

24 Tihon (1978, 101).
25 Jarry (2015, CXIII–CXX).
26 Les choix faits par l'auteur de la table sont rarement très heureux. On notera, entre autres, les quatre années manquantes entre Dioclétien et Constantin Ier, le choix de donner onze années à Valens puis trois à Gratien et dix-sept à Théodose Ier, ou encore les trente-et-un ans attribués à Héraclius, même si le total des années depuis Philippe à la fin du règne de Basile Ier est correct (1209 années). Après l'entrée de Basile, les deux colonnes des années sont complétées par d'autres mains. Dans tous les cas, le total des années depuis Philippe jusqu'à la fin du règne de Constantin Paléologue donné par A^1 complétée est beaucoup trop faible : 1724 au lieu de 1776.

il peut être utile de considérer le stemma du *Petit Commentaire* de Théon. Le texte du *Plut.* 28/7 (B) partage avec les manuscrits H, L et A la relation suivante, d'après A. Tihon[27]:

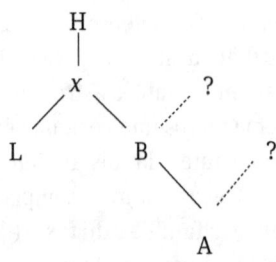

L'exemplaire *x* est postulé par Anne Tihon pour expliquer les liens entre les manuscrits H, L et B. La situation est assez semblable pour la Table des rois. Malheureusement, le *Plut.* 28/7 (B) n'a pas – ou n'a plus – la Table des rois. La première partie de la Table des rois de A^1 dérive en dernier lieu de H, par l'intermédiaire de la famille de λ, modèle commun aux manuscrits L et J, et qui présente une recension particulière de la table à partir de H^1 et H^2. Le manuscrit J est trop tardif pour avoir servi de modèle à A^1. Le manuscrit L est en revanche plus ancien que A^1 et pourrait avoir été l'exemplaire utilisé par A^1 mais (i) aucun indice probant ne vient confirmer cette relation et (ii) une série d'itacismes identiques dans A^1 et J contre L nous encourage à faire dépendre A^1 de l'exemplaire commun à L et J – c'est-à-dire λ – ou bien d'un exemplaire très proche, plutôt que de L. Il est donc tentant de voir dans le *Plut.* 28/7 l'hypothétique chaînon manquant entre A^1 et les autres manuscrits du groupe λ.

Pour la partie de la table qui va de Philippe Arrhidée à Mourad, l'auteur de la table A^1 a mis à profit à la fois cet exemplaire $λ^{28}$ et, plus souvent, un autre modèle. Ce modèle est apparenté aux manuscrits de la famille du *Vat. gr.* 175, mais aussi au *Paris. gr.* 2394 (r^1). Les entrées suivantes montrent la parenté de A^1, Va et r^1 :

Διονυσίου **A^1** Διόνυσιος **Va** et **r^1** νεος διωνυσος **H^1** Νεος Διονυσος **VF^1** πτο(λεμαιου) διονυσου ναιου **H^2** Πτολεμαίου Διονύσου Νέου **LJ**

Ἀντωνίνου (Antonin) **A^1** Ἀντωνῖνος **Va** αιλιος αντονινος [ὁ εὐσεβὴς *al. m.*] **H^1F^1** ελλιου αντωνινου **H^2** Αἴλιος Ἀντωνῖνος **Vr^1** Αἴλιος Ἀντωνῖνος **F^1** Αἰλίου Ἀντωνίνου **LJ** Ἀντωνῖνος [Αἴλιος *al. m.*] **Q**

---

27 Tihon (1978), stemma général.
28 La séquence de Ptolémée Lagos à Ptolémée Philométor est identique dans A^1 et LJ mais différente dans les autres familles.

Ἀντωνίνου (Héliogabale) **A¹** Ἀντωνῖνος **Va** αντονινος νεος **H¹** αντωνινος νεος **V** αντωνινου αλλου **H²** Αὐριλλιανὸς Ἀντωνίνος **F¹** Ἀντωνίνου ἄλλου **LJ** Ἀντωνῖνος ἄλλος **r¹** Αὐλ.αιανὸς *sic* [Ἀντωνῖνος *al. m.*] **Q**

Γάλλου **A¹** Γάλλος **Va** et **r¹** γαλος και βιλλουσιανος **H¹** γαλλου και βολλουσιανου **H²** Γάλλος **V** Γάλλος καὶ Βολουσιανός **F¹** Γάλλου καὶ Βαλεσιανοῦ **L** Γάλλου καὶ Βαλεσιανοῦ **J**

Γαληνοῦ **A¹** Γαληνός **Va** et **r¹** ουαλεριος και γαλλινος **H¹** ουαλεριανου και γαλλινου **H²** Γαλληνος **V** Οὐαλεριανὸς καὶ Γαλληῖνος **F¹** Οὐαλερινοῦ καὶ Γαλίνου **LJ**

Κάρου **A¹** Κάρος **Va** et **r¹** καρος και καρινος **H¹** καρου και καρινου **H²** Καρου και Καρινος **V** Κάρος καὶ Καρινος **F¹** Κάρου καὶ Καρίνου **LJ**

De plus, les années de Dioclétien et Constantin Ier sont identiques dans A¹ et Va, et se démarquent du reste de la tradition en comptant 656 années depuis Philippe jusqu'à la fin du règne de Constantin Ier (au lieu de 660 ou 652 pour les autres familles de manuscrits). La table r¹ descend également d'un modèle donnant des entrées identiques à A¹ et Va pour les années de Dioclétien et Constantin, mais un copiste a introduit entre ces deux règnes une entrée pour « Constantin » avec quatre années, cependant sans corriger les années depuis Philippe :

A¹			**Va**		
Διοκλητιανοῦ	κ	χκζ	Διοκλητιανός	κ	χκζ
Κωνσταντίνου μεγάλου	κθ	χνς	Κωνσταντῖνος	κθ	χνς

H¹			**V**		
διοκλητιανου και κωνσταντ(ος)	κδ	χλα	διοκλητιανου μαξημινος σεβαστος	κ	κχζ
κωνσταντινος	κε	χξ	κωνσταντινος	κε	χνβ

H²			**r¹**		
διοκλιτιανου	κ	χκζ	Διοκλητιανός	κ	χκζ
κωνσταντι[[ν]]ου	δ	χλα	Κωνσταντῖνος	δ	χλα
κωνσταντινου	κθ	χξ	Κωνσταντῖνος ὁ Μέγας	κθ	χνς

LJ			**F¹**		
Διοκλητιανοῦ	κ	χκζ	διοκλιτιανος καὶ μαξιμ(ινος)	κ	χκζ
Κωνσταντίνου **L**, Κώνσταντος **J**	δ	χλα	Κωνστας	δ	χλα
Κωνσταντίνου τοῦ μεγάλου	κθ	χξ	Κωνσταντινος ὁ α΄ βασιλεὺς τῶν χριστιανῶν	κθ	χξ

La séquence de Valens à Théodose II est identique dans A¹, Va et r¹, tout comme la séquence d'Héraclius à Basile I[er][29]. En particulier, ces trois manuscrits (et leurs apo-

---

[29] Les noms sont au nominatif dans Va et r¹ et au génitif dans A¹. Le manuscrit r¹ donne par erreur 1015 ans depuis Philippe pour le premier règne de Justinien II au lieu de 1019 dans A¹ et Va.

graphes) donnent une entrée pour Artabasdos, usurpateur de Constantin V de 741 à 743 (Ἀρταβάσδου **A¹** Ἀρτάβασδος **Va r¹**). Ces manuscrits sont également les seuls (avec V) à donner trente-et-un ans pour Héraclius contre trente dans le reste de la tradition[30]. Cet exemplaire commun à A¹, Va et r¹ a de fortes chances d'être le *Marc. gr.* Z 331, manuscrit des *Tables faciles* en onciales, aujourd'hui très fragmentaire, sans doute copié sous Léon VI (886–912)[31].

La table A¹ présente cependant une véritable recension de la table, qui emprunte librement à ses différents modèles et montre certaines variantes (passées également à ses descendants) que l'on ne retrouve pas dans les autres familles, en particulier :

Πτολεμαίου Εὐεργέτου τοῦ ἄλλου **A¹** ευεργετις β **H¹** πτο(λεμαιου) ευεργετου β **H²** ευεργετης β **V** εὐεργέτης β **F¹** Πτολεμαίου Εὐεργέτου **LJ** Εὐεργέτης ἄλλος **Va** et **r¹** Εὐεργέτης ἄλλος [δεύτερος *al. m.*] **Q**

Φιλίππου Ἀριδαίου **A¹** φιλιππου του μετα αλεξανδρον τον κτιστιν **H¹** φίλιππος ὁ μετὰ ἀλέξανδρον τὸν κτίστιν **F¹Q** φιλιππου **H²** φιλιππος **V** Φιλίππου **Rr¹LJ** Φίλιππος **Va**

L'auteur de A¹ a également ajouté de nouvelles rubriques : Ἀσσυρίων καὶ Μήδων, Ἑλλήνων βασιλ(εῖς) ἐν Αἰγύπτῳ et Χριστιανῶν Ῥωμαίων βασιλεῖς. Il a en outre mis à profit d'autres sources, en particulier pour les surnoms des empereurs, notamment Νicéphore Ier ὁ Γενικός et Constantin VII Πορφυρογέννητος qu'il est le seul de la tradition à donner. Il semble donc que l'auteur de A¹ ait mis à profit au moins un exemplaire proche de λ et un exemplaire proche du modèle dont descendent Va et r¹ – exemplaire qui remonte peut-être en dernier lieu au *Marc. gr.* Z 331 :

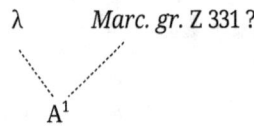

L'auteur de la table A¹ ajoute également quelques surnoms qui n'apparaissent pas dans Va et r¹ (par exemple, Κωνσταντίνου τοῦ Πωγωνάτου ou Τιβερίου Ἀψιμάρου) et ajoute le nom d'Irène au règne de Constantin VI (780–797). Le nombre d'entrées et les années de règne restent cependant les mêmes dans ces trois manuscrits, et les isolent du reste de la tradition.

30 Contrairement à l'affirmation de Mossman Roueché (2011, 16), il faut attribuer trente ans et non trente-et-un à Héraclius dans la Table des rois. Son couronnement a eu lieu juste après l'assassinat de Phocas le 5 octobre 610. Si la date de sa mort est bien le 11 février 641 (voir Mango [1990, 174, 191]), alors cet évènement a eu lieu au cours de l'année 964 de Philippe, qui a commencé le 16 mars 640. Selon la règle de construction de la Table des rois, cette année doit être attribuée à son successeur, Héraclonas. Le règne d'Héraclius couvre donc les années 934 à 963 de Philippe, soit trente années dans la table. Le résultat est le même si l'on se base sur des années alexandrines ou juliennes et non égyptiennes.

31 Voir pp. 147–149.

3.3 La table F² de Cyriaque d'Ancône et la table A¹

Daniele Bianconi a identifié le copiste de la table F² avec Cyriaque d'Ancône (ca. 1391–ca. 1452). Il s'agit d'une table qui va de Nabonassar à Alexandre IV de Macédoine. Elle a un texte presque identique au début de la table A¹, et partage en particulier les leçons suivantes :

> Artaxerxès Iᵉʳ : μβ **A¹F²** μα *codd. cett.*
> Ἀσσυρίων καὶ Μήδων **A¹F²** *om. codd. cett.*

Cyriaque d'Ancône a cependant introduit un petit nombre de variantes mineures :

> ῥιγηβήλου **A¹** Ρηγηβήλου **F²**
> Κυνιλαδάνου **A¹** Κυννιλαδάνου **F²**
> Σαοσδουχινοῦ **A¹** Σάοσδουκινοῦ **F²**
> Nabû-kudurri-uṣur (Nabokolassar) : ρπς **A¹** ρκς **F²**
> Alexandre le Grand : η **A¹** ιβ **F²**

La relation entre les tables A¹ et F² est assez simple à établir :

Chapitre 4
La famille du *Vaticanus gr.* 175

Le *Vaticanus gr.* 175, copié en 1321/1322 à Thessalonique, est le chef de file d'une demi-douzaine de témoins manuscrits de la Table des rois. Le *Vaticanus gr.* 175 descend probablement en dernier lieu du *Marc. gr.* Z 331, manuscrit en onciales copié sans doute autour des années 902–912 mais qui, très fragmentaire aujourd'hui, ne contient pas – ou plus – la Table des rois[1]. Cette famille contient les manuscrits suivants :

- Bu   Budapest, Országos Széchényi Könyvtár, 4° Gr. 01
- T   Firenze, Biblioteca Medicea Laurenziana, *Pluteus* 28/21
- Q   Firenze, Biblioteca Medicea Laurenziana, *Pluteus* 28/31
- Cr   Oxford, Bodleian Library, *Cromwell* 12
- U   Oxford, Bodleian Library, *Savile* 51
- r[1]   Paris, Bibliothèque nationale de France, *Parisinus gr.* 2394
- P   Paris, Bibliothèque nationale de France, *Parisinus gr.* 2492
- Va   Vaticano, Biblioteca apostolica Vaticana, *Vaticanus gr.* 175
- q   Vaticano, Biblioteca apostolica Vaticana, *Vaticanus gr.* 214

A – Description des manuscrits

1 Budapest, Országos Széchényi Könyvtár, 4° Gr. 01 (Kubinyi 10) [Bu]

(a)   Papier, 140 ff. + pp. 280–288, 231 × 180 mm, XVIᵉ siècle, Italie (Rome ?).

(b)   ff. 70v–71r
- Pas de titre. En-têtes : βασιλεῖς | ἔτη | ἐπισυναγ(ω)γ(ή).
- Chaque page contient deux tables, non reliées, de trois colonnes chacune. Les en-têtes des colonnes sont au-dessus du cadre de la table. Les lignes des tables (tracées avec peu de soin) séparent deux lignes d'écriture. On compte vingt-huit lignes d'écriture par table.
- La table va de Philippe à Justin II (f. 70v) puis de Tibère Constantin à Léon VI (f. 71r), sans années de règne indiquées pour ce dernier. Tous les noms sont au nominatif.
- La table est copiée par une seule main, scolies comprises, et montre un certain nombre de corrections qui sont sans doute de la main de ce même

---

[1] Voir pp. 147–149.

copiste. Scolies : (23*, 24*, 25*, 26*) f. 70v *mg. ext.* Au-dessus de la table f. 70v se trouvent deux épigrammes attribuées à Ptolémée, comme dans le *Vat. gr.* 175 (f. 85r).

(c) Le codex contient le dialogue astrologique *Hermippe* (ff. 2v–28v), une table astronomique avec scolies (f. 29v), le *Petit Commentaire* de Théon (ff. 30r–53v), une série de textes astronomiques anonymes (ff. 53v–66r) et les *Tables faciles* de Ptolémée (ff. 66v–140v et pp. 280–288.)

(d) Le texte du *Petit Commentaire* descend du *Vat. gr.* 175 et contient les mêmes textes et tables que ce dernier, notamment la scolie datée de 6939 AM (1430/1431 AD, f. 30v, cf. *Vat. gr.* 175 f. 40v). Le *Vat. gr.* 175 se trouvait dans les collections de la Vaticane dès le pontificat de Paul III (1464–1471). Si le *Budapestinensis*, copié au XVIe siècle, est bien un apographe direct du *Vat. gr.* 175, alors la copie a dû avoir lieu à Rome. Le manuscrit a appartenu à Guillaume Pellicier, ambassadeur de François Ier à Venise entre 1539 et 1542, où il a rassemblé un certain nombre de livres. À la mort de Pellicier en 1568, le manuscrit devint la propriété de Claude Naulot-Duval (paraphe f. 1r et p. 287 avec la date de 1573), puis du Collège des Jésuites de Clermont à Paris, où il fut acheté par Gerard Meermann en 1764 (voir f. 2r). À la vente de la collection de Meermann en 1824, le manuscrit a sans doute rejoint la Hongrie, où il fut acheté par Nicolas Jankovich en 1830 (voir f. 1r et p. 288).

(e) Tihon (1978, 15–16) ; Kubinyi (1956, 24–28).

2 Firenze, Biblioteca Medicea Laurenziana, *Pluteus* 28/21 [T]

(a) Parchemin, IV + 203 ff. + III, 222 × 156/160 mm, XIVe siècle (deuxième quart ?), Thessalonique (?)

(b) f. 81rv
  – Pas de titre. En-têtes : βασιλεῖς | ἔτη | ἐπισυναγ(ω)γ(ή) (f. 81rv).
  – Chaque page contient deux tables, encadrées, de trois colonnes chacune. Les en-têtes de colonnes sont placés au-dessus de la table, à l'encre rouge. Les lignes des tables séparent deux lignes d'écriture ; vingt-huit lignes d'écriture par table.
  – L'ensemble est copié par la même main. La table va de Philippe Arrhidée à Justin II (f. 81r) puis de Tibère Constantin à Basile Ier, avec les années de règne (f. 81v). Les noms sont tous au nominatif.
  – Quelques annotations de la main principale : (23*, 24*, 25*, 26*) f. 81r *mg. int.*

(c) Le codex contient le *Traité de l'astrolabe* de Jean Philopon (ff. 1r–14r), un traité anonyme sur l'astrolabe (ff. 15r–17r), le traité anonyme de 1252 sur le calcul selon les Indiens (ff. 17v–30v), le *Petit Commentaire* de Théon (ff. 31r–64v), des textes astronomiques anonymes (ff. 64v–73v), un ensemble de tables astronomiques (ff. 74r–153v), des extraits du livre VI de l'*Almageste* (ff. 154r–182v) et d'autres textes astronomiques anonymes (ff. 183r–203r).

(d) D'après Anne Tihon, le *Vat. gr.* 175 (daté de 1321/1322) a servi de modèle au *Plut.* 28/21 pour le *Petit Commentaire* de Théon. La Table des Rois est également une copie très fidèle du *Vat. gr.* 175. Pour Fryde, la copie du *Plut.* 28/21 date probablement du deuxième quart du XIVe siècle. Le copiste n'a pas reporté Léon VI dans sa table, laissée sans les années de règne indiquées dans le modèle. La Table des villes illustres contient une croix face à Thessalonique. David Speranzi a récemment mis en évidence une note de possession d'Harmonios d'Athènes au f. 1r : αὕτη ἡ βίβλος ἐστὶν Ἁρμωνίου τοῦ Ἀθηναίου ἔχει φλουρία ιε΄. Harmonios est un diplomate et espion, copiste et possesseur de manuscrits, actif en Italie avant d'être banni de Florence à la fin des années 1470. Il devient ensuite secrétaire du sultan sous le nom de Mourad Rim. Le *Plut.* 28/21 n'apparaît pas dans l'inventaire de 1495 de la bibliothèque des Médicis mais, comme le note David Speranzi, la mention *filosafo* en bas du f. 1r indique que le codex était dans la collection des Médicis au moins vers la fin du XVe siècle ; d'après lui, c'est peut-être à l'occasion de son bannissement que Laurent de Médicis a pu confisquer à son profit certains volumes de la bibliothèque d'Harmonios. Le *Plut.* 28/21 apparaît dans l'inventaire des manuscrits grecs de la bibliothèque des Médicis réalisé entre 1508 et 1510 par Fabio Vigili (*Barb. lat.* 3185, n° 267).

(e) Bandini (1768, 39–40) ; Tihon (1978, 18–19, 27–29) ; Jarry (2015, CXXII); Pontani (1991, 561–565) ; Speranzi (2010, 251) ; Fryde (1996, 417, 463, 776).

3 Firenze, Biblioteca Medicea Laurenziana, *Pluteus* 28/31 [Q]

(a) Papier, III + 143 ff. + III, 226 × 145 mm, première moitié du XIVe siècle, Thessalonique.

(b) f. 9rv
- Pas de titre à proprement parler, deux scolies sont placées au-dessus de la table : (16* et 11*). En-têtes : βασιλεῖς | ἐτῶν | ἐπισυναγ(ω)γή.
- Chaque page contient deux tables, reliées par une ligne en bas et sur les côtés, de trois colonnes chacune. Les en-têtes des colonnes, hors cadre de la table, sont à l'encre rouge. Les lignes des tables séparent deux lignes d'écriture ; trente-quatre lignes d'écriture par table.
- La table va de Philippe Arrhidée à Anastase II (f. 9r) et de Théodose III à Alexis Ier Comnène (sans les années pour ce dernier, f. 9v). Tous les

noms sont au nominatif. Une analyse paléographique du codex a récemment été réalisée par Daniele Bianconi. Deux mains très proches se partagent la copie, l'une principalement responsable des tables dans la première partie du manuscrit et identifiée à Nicolas Triclinius, l'autre ayant surtout copié le *Petit Commentaire* de Théon d'Alexandrie à partir du f. 85r, identifiée à un copiste nommé Jean[2]. C'est Nicolas Triclinius qui a copié la partie de la table chronologique qui va de Philippe Arrhidée à Léon VI. Un troisième copiste a complété la table depuis Alexandre jusqu'à Alexis Ier Comnène (sans les années pour ce dernier). Ce copiste est également responsable de divers ajouts dans la partie de la table copiée par Triclinius, en particulier les surnoms (νέος, Τύραννος, ὁ Ἀρμένιος, ὁ Δύσγλωσσος, etc.), les co-empereurs (καὶ υἱὸς Δεκίου, καὶ Βολουσιανός, καὶ Καρῖνος, καὶ Κωνσταντῖνος, καὶ Σταυράκιος, etc.) et sans doute les deux notes au-dessus de la table. Il a aussi inséré une entrée après Dioclétien (Κώνστας | δ | χλα) et a corrigé les années cumulées entre Dioclétien et Théodose II. Daniele Bianconi a identifié cette main avec celle du « copiste F », connu entre autres comme le copiste du manuscrit F d'Eschyle (*Plut.* 31/8) et actif dans le cercle de Triclinius entre les années 1320 et 1350[3].

– Scolies de deux mains postérieures : (17*) f. 9r, *mg. ext.* ; (18* et 40*) f. 9v, *mg. inf.*

(c) Le codex contient des tables astronomiques (ff. 1r–83v), le *Petit Commentaire* de Théon (ff. 85r–116v), des textes astronomiques anonymes (ff. 117r–125v), un traité anonyme sur l'astrolabe attribué à Ammonios (ff. 126r–128r), le *Traité de l'astrolabe* de Jean Philopon (ff. 128v–141r) et des notes astronomiques (ff. 141v–143r).

(d) La copie du codex peut raisonnablement être située dans la première moitié du XIVe siècle, dans le cercle de Nicolas Triclinius, à Thessalonique. La Table des rois dépend cependant de deux modèles : un premier, utilisé par Triclinius, apparenté au *Vat. gr.* 175 ; un second modèle remontant à Alexis Ier Comnène (1081–1118), que le copiste F a utilisé pour compléter et amender

---

[2] Il s'agit du copiste de l'*Urb. gr.* 151 qui a laissé son nom dans une souscription au f. 304v de ce manuscrit.

[3] Sans contester l'analyse de Daniele Bianconi, il reste une incertitude, à mon avis, sur l'identité du copiste qui a ajouté la rubrique ῥωμαίων (f. 9r) entre Cléopâtre et Auguste. Le rho avec une haste courbe vers la droite n'est typique d'aucun des trois scribes du codex, qui utilisent de préférence une haste courte et droite (hors ligatures). Le nu avec haste descendante et l'absence de tréma sur l'iota sont des caractéristiques de la main de Triclinius, mais pas du copiste F. De plus, la main qui a copié dans le *Vat. gr.* 175 les folios 9 à 38 me semble également très proche de celle du copiste F.

la partie écrite par Triclinius. Ce second modèle est peut-être le *Plut.* 28/26 ou un manuscrit qui lui est directement apparenté. La scolie (18*) en bas du f. 9v qui mentionne l'année en cours 6856 AM (1347/1348 AD) donne un *terminus ante quem* pour la copie du manuscrit. Cette main a semble-t-il aussi en partie annoté le *Traité de l'astrolabe* de Jean Philopon. Si le *Plut.* 28/31 est bien un descendant du *Vat. gr.* 175, dont la date de copie en 1321/1322 est assurée, alors la date de copie du *Plut.* 28/31 est à situer entre 1321/1322 et 1347/1348. Daniele Bianconi penche plus précisément pour une copie dans les années 1320. Cette date est cohérente avec les signes laissés en marge de la table A3 (f. 34r)[4]. La main qui a noté la scolie (17*) au f. 9r avec la date de 6948 AM (1439/1440 AD) a aussi ajouté la ville de Pruse de l'Olympe (Bursa) et ses coordonnées géographiques à la Table des villes illustres (f. 82r). Le contexte dans lequel le *Plut.* 28/31 est arrivé dans les collections des Médicis n'est pas connu.

(e) Bandini (1768, 55) ; Tihon (1978, 19–20) ; Jarry (2015, CXXVI) ; Bianconi (2012, 655–677).

4 Oxford, Bodleian Library, *Cromwell* 12 [Cr]

(a) Papier, 1254 pages, 223 × 150 mm, première moitié du XVIe siècle, Corfou (?).
(b) pp. 789–790
- Pas de titre. En-têtes : βασιλεῖς | ἔτη | ἐπισυναγωγή (p. 789–790).
- Chaque page contient deux tables, encadrées, de trois colonnes chacune. Les en-têtes sont inscrits dans des cartouches en forme de chapiteau. Les lignes du tableau séparent une seule ligne d'écriture ; vingt-neuf lignes d'écriture pour la table p. 789, vingt-trois pour la table p. 790, mais seules dix-neuf sont utilisées.
- La table va de Philippe Arrhidée à Justin Ier (p. 789), puis de Justinien Ier à Michel IV le Paphlagonien (p. 790). Tous les noms sont au nominatif. La table a été copiée par une seule main. On note, peut-être du copiste principal, une série d'astérisques formés de trois points après certains noms : Ptolémée Philopator, Ptolémée Épiphane, Ptolémée Sôter, Vespasien, Domitien, Trajan, Jovien, Gratien, Théodose II, Marcien, Léon Ier, Romain Ier et Constantin VII. Je n'ai pas su trouver la logique – s'il y en a une – de cette sélection. Une série de corrections a été entreprise, peut-

---

[4] La table A3 (f. 34v) présente une série de points signalant les entrées des années de Philippe 1651–1675, soit 1326/1327–1350/1351 AD. L'encre utilisée est semblable à celle du copiste principal. Deux autres marques ont été laissées par une encre brun clair pour les années de Philippe 1676–1700 (1351/1352–1375/1376 AD) et 1701–1725 (1376/1377–1400/1401 AD).

être par le même copiste, à l'aide d'un autre modèle, à la fois sur les noms et sur les valeurs numériques.
- Dans le bas de la première table, après Antonin le Pieux, le copiste a repris la note du *Paris. gr.* 2492 (κενὸν τὸ χωρίον τόδε). Pas d'annotations marginales.

(c) Le codex contient un très grand nombre de textes mathématiques, astronomiques et astrologiques, parmi lesquels le *Calcul selon les Indiens* de Maxime Planude (pp. 1–52), des extraits de l'*Almageste* (pp. 58–78), des extraits du *Commentaire à l'Almageste* de Théon (pp. 79–156, 175–188, 327), les *Hypothèses des planètes* de Ptolémée (pp. 157–166), des scolies sur les *Tables faciles* (pp. 167–171, 174–175), l'*Hypotypose* de Proclus (pp. 247–293, 303–315), une série de tables astronomiques (p. 765–976), le *Petit Commentaire* de Théon (pp. 981–1024), le *Commentaire* aux *Tables faciles* de Stéphanos (pp. 1025–1110), mais aussi des ouvrages de Cléomède, Héron d'Alexandrie, Isaac Argyros, ainsi que de nombreux textes anonymes, tables et diagrammes.

(d) La date de rédaction du manuscrit est confirmée par des exemples datés des années 1531–1533. Les textes du *Petit Commentaire* de Théon et du *Commentaire* de Stéphanos – tout comme la Table des rois – sont la copie directe du *Paris. gr.* 2492, dont certains folios ont été insérés dans le *Cromwell* 12. Plus largement, le contenu du *Paris. gr.* 2492 se retrouve dans le *Cromwell* 12 aux pages 765–1152. Un autre modèle a été mis à contribution, le *Paris. gr.* 2509, manuscrit du XVe siècle qui a servi de modèle pour le *Tétrabiblos* de Ptolémée, et sans doute pour d'autres textes du *Cromwell* 12[5]. Les *Paris. gr.* 2492 et 2509 ont tous deux appartenu à Antoine Éparque (1491–1571) et faisaient partie de son catalogue de 1538 (respectivement n° 81 et 77). Si la copie du *Cromwell* 12 date du début des années 1530, alors elle a sans doute été réalisée à Corfou, dans la bibliothèque d'Éparque, où les deux *Parisini* avaient de fortes chances de se trouver[6]. Les noms de l'île de Corfou (Κερκύρα νῆσος) et de la Crète sont répétés en marge de la Table des villes illustres (p. 972). Le codex fait partie du lot de manuscrits offerts par Oliver Cromwell, alors chancelier de l'université d'Oxford, à la bibliothèque bodléienne en 1654.

(e) Coxe (1853–1854, 434–439) ; Hunt (1953, 111) ; *CCAG* IX/1, 33–51 ; Tihon (1978, 17–18, 34–35) ; Lempire (2016, 18–19, 44) ; Hübner (1998, IX–XXV).

---

5 Le *Carpos* du Pseudo-Ptolémée, plusieurs textes astrologiques anonymes, la *Géodésie* d'Héron d'Alexandrie, le *Calcul selon les Indiens* de Maxime Planude se trouvent dans les deux manuscrits et dans un ordre similaire. Je n'ai pas pu identifier les modèles des *Hypothèses des planètes* de Ptolémée ni de l'*Hypotypose* de Proclus.
6 Notons que l'histoire du *Paris. gr.* 2492 avant l'inventaire de 1538 n'est pas connue.

5 Oxford, Bodleian Library, *Savile* 51 (*SC* 6611) [U]

(a) Papier, I + 105 ff., 219 × 152 mm, seconde moitié du XIVe siècle.

(b) ff. 74v–75r
- Pas de titre. En-têtes : βασιλεῖς | ἔτη | ἐπισ(υναγωγή) (f. 74v–75r).
- Chaque page contient deux tables reliées de deux colonnes chacune. Chaque ligne de la table sépare une seule ligne de texte, vingt-quatre lignes par table.
- La table va de Philippe Arrhidée à Marcien (f. 74v) et de Léon Ier à Léon VI (sans années de règne). Tous les noms sont au nominatif. Une seule main a copié la table, qui porte deux traces d'autocorrection (l'ajout des entrées de Constant II et de Tibère Apsimaros, oubliées dans un premier temps). Les noms des rois ainsi que les en-têtes sont à l'encre rouge, presque effacée ; les valeurs numériques et les deux entrées ajoutées sont en noir[7].
- Annotations, *a priori* du copiste principal : (19* et 20*) f. 74v.

(c) Le codex contient le *Commentaire* aux *Tables faciles* de Stéphanos (ff. 1r–65v), un fragment du *Traité de l'astrolabe* de Jean Philopon (ff. 66r–67r), des fragments de Dion Chrysostome (ff. 69r–70v), des tables astronomiques (ff. 71r–78v[8]) et un mélange d'extraits astrologiques (ff. 79r–104r).

(d) La présence de filigranes datés des années 1350–1364 permet de situer la date de rédaction de copie du manuscrit dans la seconde moitié du XIVe siècle. Le lieu de la copie n'est pas connu. Le *Savile* 51 partage un modèle commun avec le *Paris. gr.* 2492, manuscrit qui lui est légèrement antérieur. Le codex a appartenu à Henry Savile (1549–1622), mais nous n'avons pas d'indice sur son acquisition. Savile l'a-t-il rapporté d'Italie, où il a séjourné en 1581–1582 ? Le codex fait partie des volumes que Savile donne en 1620 pour servir aux chaires d'astronomie et de géométrie nouvellement créées, et sera utilisé par Henry Dodwell pour son édition de la Table des rois (Oxford, 1684).

(e) Madan et al. (1937, 1113–1114) ; Lempire (2016, 19–21).

---

[7] D'après la description de John Wallis transmise par Henry Dodwell (1684, 96). Je n'ai pu consulter ce manuscrit que sur une copie de microfilm en noir et blanc ; le contraste entre les deux encres néanmoins bien visible et le texte écrit en rouge est par endroit presque invisible.

[8] On trouve une table semblable à S18 (ff. 71v–72r, identique au *Paris. gr.* 2492 ff. 6v–7r mais les deux folios sont inversés), une table dérivée de C6 (ff. 72v–74r, identique au *Paris. gr.* 2492 ff. 7v–9r), les tables C1 (ff. 74v–75r, voir *Paris. gr.* 2492 ff. 9v–10r), B1 (ff. 76r–77v) et B3 (f. 78rv). Les tables B1 et B3 sont dans le *Paris. gr.* 2492 ff. 11r–14v. Le folio 75v est vide et je n'ai pas réussi à identifier la table du f. 71r (identique au *Paris. gr.* 2492 f. 6r).

6 Paris, Bibliothèque nationale de France, *Parisinus gr.* 2394 [r]

La table r^1 du *Paris. gr.* 2394, qui commence à Philippe Arrhidée, est assez délicate à situer par rapport aux autres témoins. À partir de l'entrée de Dioclétien et jusqu'à Basile Ier, la table r^1 est fortement apparentée au *Vat. gr.* 175, d'où sa présence dans ce chapitre. Néanmoins, la première partie de cette table, de Philippe à Dioclétien, semble aussi rattacher celle-ci à la famille ω2. Pour une description du manuscrit, voir pp. 86–88.

7 Paris, Bibliothèque nationale de France, *Parisinus gr.* 2492 [P]

(a) Papier, III + 181 ff. + III, 137 × 208 mm, milieu du XIVe siècle.
(b) ff. 9v–10r
   – Ni titre ni en-tête.
   – Chacune des deux pages présente deux blocs de trois colonnes. Il n'y a pas d'en-tête. Chaque ligne de la table sépare une seule ligne de texte ; la table f. 9v contient vingt-cinq lignes de texte, la table f. 10r seulement vingt-quatre.
   – La table va de Philippe Arrhidée à Théodose II (f. 9v) et de Marcien à Michel IV le Paphlagonien (f. 10r). Deux mains ont participé à la copie : la première, à l'encre brune, a copié les entrées de Philippe Arrhidée à Léon VI (sans les années de règne pour ce dernier) ; la seconde, avec une encre noire, a complété les années de règne de Léon VI (en ajoutant le surnom ὁ σόφος) et a continué la table jusqu'à Michel IV. Cette seconde main est sans doute aussi à l'origine des corrections dans les années de règne entre Ptolémée Philométor et Trajan. Tous les noms sont au nominatif.
   – Les dernières lignes d'écriture des deux blocs de table au f. 9v, après Antonin le Pieux, portent l'inscription (de la première main) : κενὸν τὸ χωρίον τὸ δέ ; une main postérieure (la seconde main de la table ?) a noté la scolie (55*) f. 10r *mg. ext.*
(c) Le codex contient des notes astronomiques (dont un index des *Tables faciles*) et des tables (ff. 1r–4v), les *Tables faciles* de Ptolémée (ff. 5r–92v), le *Petit Commentaire* de Théon (ff. 93r–115v), le *Commentaire* aux *Tables faciles* de Stéphanos (ff. 116r–167r), des textes astronomiques anonymes (ff. 167r–172v), un traité anonyme sur l'astrolabe (ff. 172v–173v) et le *Traité de l'astrolabe* de Jean Philopon (ff. 174r–181v).
(d) Les filigranes indiquent une date comprise entre 1340 et 1353. La table A3 (f. 35r) présente dans la marge quatre points disposés en losange face à l'entrée des années de Philippe 1676–1700, soit 1351/1352–1375/1376 AD, confir-

mant une date de copie dans les années 1350[9]. Le modèle de la première main appartenait à la famille du *Vat. gr.* 175, mais la seconde main, plus tardive, a travaillé avec un autre modèle, non identifié. Cette seconde main a annoté d'autres tables astronomiques du manuscrit, parfois en indiquant ἐν ἄλλῳ (ou ἄλῳ). Son intervention est à placer avant le début des années 1530, date à laquelle de *Cromwell* 12 est copié[10]. Le manuscrit a appartenu à Antoine Éparque (1491–1571). Outre la note au folio Iv (κτῆμα Ἀντωνίου τοῦ Ἐπάρχου δοθὲν τῷ βασιλεῖ), on note une croix inscrite en marge de la Table des Villes illustres en face de Corfou, île d'origine d'Éparque et de sa famille[11]. Henri Omont identifie le *Paris. gr.* 2492 avec le codex n° 81 de l'inventaire, réalisé en 1538, du lot de manuscrits d'Éparque qui sera ensuite offert à François Ier. Par l'intermédiaire de Guillaume Pellicier, ambassadeur du roi à Venise entre 1539 et 1542, ce lot entre dans les collections de la bibliothèque royale de Fontainebleau en 1540, où il figure dans le catalogue de 1550 (cote 277). L'origine des manuscrits d'Antoine Éparque n'est pas toujours connue avec précision ; le lot inventorié en 1538, à son arrivée à Venise, après la prise de Corfou par les Ottomans, provient certainement en grande partie de la bibliothèque familiale – son père, Georges, et son grand-père, Andronic, médecins à Corfou, étant eux-mêmes érudits et possesseurs de manuscrits.

(e) Omont (1892, 107) ; Tihon (1978, 21–22) ; Weddigen (2016a) ; Heiberg (1907, CCI) ; Lempire (2016, 23–25) ; Mondrain (2002).

8 Vaticano, Biblioteca apostolica Vaticana, *Vaticanus gr.* 175 [Va]

(a) Parchemin, III (papier) + 160 ff., 234 × 160 mm, vers 1322, Thessalonique.
(b) f. 85rv
- Pas de titre. En-têtes : βασιλεῖς | ἔτη | ἐπισυναγ(ω)γ(ή) (f. 85rv).
- Chaque page contient deux tables, reliées par une ligne en bas et sur les côtés, de trois colonnes chacune. Les en-têtes des colonnes, hors cadre de

---

9 Notons que la croix en marge des tables A3 (f. 34v) et A14 (f. 52v), signalant les entrées des années de Philippe 926–950, a certainement été placée par un lecteur du *Commentaire* de Stéphanos, qui utilise un exemple daté de l'année 943 de Philippe.

10 Le *Cromwell* 12, apographe du *Paris. gr.* 2492, a copié les interventions de la seconde main sur la Table des rois.

11 On note une croix en face de Thessalonique, comme dans le *Vat. gr.* 175 et le *Plut.* 28/21, et une troisième croix en face de Salinai, ville de Dacie. Cette ville, mentionnée par Ptolémée dans la *Géographie* (3.8.7) et dans la Table des villes illustres, n'est pas identifiée de nos jours. Dans la table, Salinai se trouve sur la même ligne que l'entrée de Rome : c'est sans doute cette ville qui était concernée, comme dans la table du *Vat. gr.* 208 f. 31r par exemple.

la table, sont à l'encre rouge. Les lignes des tables séparent deux lignes d'écriture ; vingt-huit lignes d'écriture par table.
- La table va de Philippe à Justin II (f. 85r), puis de Tibère Constantin à Léon VI (f. 85v), sans années de règne indiquées pour ce dernier. Tous les noms sont au nominatif. La table est copiée par une seule main, Jean Catrarios.
- Annotations de la main de Catrarios : (23*, 24*, 25* et 26*) f. 85r *mg. inf.* On trouve aussi, de la main d'Isidore de Kiev, deux épigrammes attribuées à Ptolémée que l'on rencontre dans plusieurs autres manuscrits de l'*Almageste*, de la *Géographie* et des *Tables faciles*[12].

(c) Le codex contient des notes astronomiques (f. 1r), un extrait de la *Géographie* de Strabon (f. 1v–8r), des notes sur l'astrolabe (f. 8v), le dialogue astrologique *Hermippe* (ff. 9v–38r), une table astronomique avec scolies (f. 39r), le *Petit Commentaire* de Théon (ff. 40r–68v), une série de textes astronomiques anonymes (ff. 68v–76v), des tables de syzygies avec scolies de la main d'Isidore de Kiev (ff. 77r–81r) et les *Tables faciles* de Ptolémée (ff. 81r–159r).

(d) Une partie du manuscrit a été copiée par Jean Catrarios en 1321/1322 (ff. 1v–8v, 40r–159r, souscription f. 158v), sans doute à Thessalonique, et par un autre copiste contemporain (ff. 9r–38r)[13]. Catrarios est un copiste actif dans le cercle de Démétrius et Nicolas Triclinius à Thessalonique dans le premier quart du XIVe siècle[14]. Un astérisque à l'encre bleue est tracé à côté de l'entrée de Thessalonique dans la Table des villes illustres (f. 82r) ; cette encre a aussi été utilisée pour colorier les doubles lignes supérieures de la table ff. 81v, 82r, 84v. Je

---

12 La première est composée de quatre vers, introduits par une phrase, difficilement lisible dans Va, de la main d'Isidore de Kiev (ἐπίγραμμα τετράστιχον ἠρωελεγεῖον ὃ εἶπε Πτολεμαῖος εἰς ἑαυτόν : οἶδ' ὅτι θνητὸς ἐγώ· καὶ ἐφήμερος· ἀλλ' ὅταν ἄστρων / μαστεύω πυκνὰς [sic] ἀμφιδρόμους ἕλικας / οὐκέτ' ἐπιψαύω γαίης ποσίν· ἀλλὰ παρ' αὐτῷ / ζηνὶ θεοτροφέος πίμπλαμαι ἀμβροσίης). Cette épigramme est présente, avec variantes, au début de différents manuscrits de l'*Almageste* (*Vat. gr.* 184, *Vat. gr.* 198, *Marc. gr.* Z 310, *Marc. gr.* Z 311 et *Marc. gr.* Z 303 entre autres), dans deux manuscrits de la *Géographie* (*Vat. gr.* 177 f. 1r, *Marc. gr.* Z 388 f. VIv, voir Burri [2013, 442 et 493]) et à la fin de la table A20 dans le *Leidensis* BPG 78 (f. 415r). Voir Tihon (2011, 18) ; Heiberg (1907, CXLVII–CXLVIII) ; Nobbe (1966, XX). La seconde est un distique, encore une fois introduit par une phrase (ἕτερον δίστιχον ἡρωικῷ μέτρῳ : οὐρανίων ἄστρων πορείην καὶ κύκλα σελήνης / ἐξεθέμην ὑελίδεσσι πολύφρονα δάκτυλα κάμπτων). Ce distique est présent dans le *Vat. gr.* 1291 au-dessus de la table S2 (f. 47v), voir Heiberg (1907, CXLVII–CXLVIII). Le *Vat. gr.* 175 (dont dérive le *Budapestinensis*), le *Marc. gr.* Z 312 (f. 1r) et le *Paris. gr.* 2491 (f. 8r) et le *Burney* 92 (f. 17v) sont les seuls, à ma connaissance, qui contiennent les deux épigrammes à la suite.
13 La main de ce copiste est très proche de celle qui a corrigé et complété la Table des rois du *Plut.* 28/31 et que Daniele Bianconi a identifié avec le « copiste F ». Cependant, la forme du zêta – commençant par une virgule chez le copiste F mais d'une forme presque semblable à un point d'interrogation dans le *Vat. gr.* 175 – m'empêche d'affirmer qu'il s'agit bien de la même main.
14 Voir aussi Acerbi et Pérez Martín (2019, 9–10).

n'ai pas trouvé dans le reste du manuscrit d'intervention avec cette encre et je ne peux pas dire si elle est contemporaine de la copie du manuscrit ou plus tardive. Le codex a appartenu à Isidore de Kiev (1385–1463), qui l'a annoté en plusieurs endroits. À sa mort, le *Vat. gr.* 175 est entré dans les collections de la bibliothèque vaticane[15].

(e) Mercati et Franchi de' Cavalieri (1923, 199–205) ; Turyn (1964, 124–130) ; Tihon (1978, 23–24) ; Tihon (2011, 33, 47) ; Bianconi (2005, 141–156) ; Bianconi (2006).

9 Vaticano, Biblioteca apostolica Vaticana, *Vaticanus gr.* 214 [q]

(a) Papier, I + 142 ff., 214 × 142 mm, XIVe ou XVe siècle.
(b) f. 7rv
  – Pas de titre ; en-têtes : βασιλεῖς | ἐτῶν | ἐπισυναγ(ω)γ(ή) (f. 7rv).
  – Chaque page contient deux tables, reliées par une ligne en bas et sur les côtés, de trois colonnes chacune. L'ultime partie de la table (f. 7v, de Constantin Doukas à Alexis Ier Comnène) a des colonnes inversées et présente d'abord les deux colonnes des années puis, à droite, la colonne des noms. Les en-têtes des colonnes, hors cadre de la table, sont à l'encre rouge. Les lignes des tables séparent deux lignes d'écriture. On compte trente-quatre lignes d'écriture par table.
  – La table va de Philippe Arrhidée à Anastase II (f. 7r) et de Théodose III à Alexis Ier Comnène (f. 7v, sans les années pour ce dernier). Tous les noms sont au nominatif. À partir de Michel IV, la table donne les durées de règne ainsi que les totaux en années et mois.
  – La table est copiée par une seule main et n'a aucune annotation marginale.
(c) Le codex contient des tables astronomiques et chronologiques (ff. 1r–7v), le *Petit Commentaire* de Théon (ff. 8v–45v), les *Tables faciles* de Ptolémée (ff. 46r–135v), des textes astronomiques anonymes (ff. 136r–142v).
(d) Il s'agit d'une copie du *Plut.* 28/31 qui reprend tous les ajouts de la seconde main de ce dernier. La réalisation du codex est à situer quelque part entre la première moitié du XIVe siècle et le premier quart du XVe siècle. Le manuscrit a appartenu à Isidore de Kiev (1385–1463), qui l'a annoté aux ff. 128v (ajout de la ville de Gênes dans la Table des villes illustres) et 143v (la scolie porte la

---

[15] Voir Devreesse (1965, 42).

date 6931 AM soit 1422/1423 AD). Le *Vat. gr.* 214 a intégré – ou réintégré[16] – les collections de la bibliothèque vaticane à la mort d'Isidore en 1463.

(e) Mercati et Franchi de' Cavalieri (1923, 277–278) ; Tihon (1978, 24–25).

B – Classement des manuscrits

1 Le *Vat. gr.* 175 (Va) et ses copies directes

1.1 Le *Vat. gr.* 175 (Va) et le *Plut.* 28/21 (T)

La table du *Vat. gr.* 175 (Va) et celle du *Plut.* 28/21 (T) sont presque identiques : même mise en page, mêmes en-têtes, mêmes entrées. Les deux partagent la même leçon erronée pour les années d'Alexandre IV de Macédoine (quinze ans au lieu de douze). En l'état, il est difficile de dire lequel des deux manuscrits a été copié sur l'autre. C'est la même situation décrite par Anne Tihon pour le *Petit Commentaire* de Théon[17]. Concernant la Table des rois, seule l'entrée de Léon VI, laissé sans années de règne dans Va mais absente de T, permet de faire pencher la balance en faveur d'une copie de T sur Va, comme pour le *Petit Commentaire*. Grâce à l'absence des scolies de Va dans le *Plut.* 28/31 (Q), contrairement à T, on peut également écarter une copie de T sur Q. Le stemma suivant peut être proposé :

1.2 Le *Vat. gr.* 175 (Va) et le *Budapestinensis* M 10 (Bu)

Les tables du *Vat gr.* 175 (Va) et du *Budapestinensis* M 10 (Bu) partagent la même mise en page, les mêmes en-têtes, les mêmes entrées – de Philippe Arrhidée à Justin II et de Tibère Constantin à Léon VI, sans les années – et les mêmes scolies aux mêmes places. Tout comme pour le *Petit Commentaire*[18], il est assez évident que Bu est une copie de Va. La table Bu a repris la leçon erronée des années d'Alexandre IV

---

[16] Devreesse (1965, 36) propose d'identifier le *Vat. gr.* 214 avec l'un des manuscrits présents dans l'inventaire de la bibliothèque de Nicolas V (1447–1455) (*item unum aliud eiusdem forme ex papiro, copertum corio rubeo, et intitulatur Theonis Alexandrinis tabula*). Le codex aurait donc été prêté à Isidore avant de retourner à la bibliothèque vaticane après 1463 ; voir Devreesse (1965, 42–43).
[17] Tihon (1978, 27–29).
[18] Tihon (1978, 27).

de Macédoine (quinze ans au lieu de douze) mais le copiste, assez peu soigneux, a introduit quelques erreurs de copie :

> Ptolémée Évergète II : οζ **Va** σμ **Bu**
> Léon V : ζ **Va** ιγ **Bu**

La variante la plus étonnante vis-à-vis de Va concerne Artabasdos, orthographié Ἀρταύνασδος dans Va et T, Ἀρτάνασδος dans P, mais Ἀρταβασδος dans Q et Bu. La leçon de Bu et Q est donc meilleure que celle de Va, mais cette variante seule n'est pas suffisante pour imposer un intermédiaire commun à Bu et Q qui descendrait de Va. La présence de deux épigrammes au-dessus de la table dans Va et Bu, et leur absence dans le *Plut.* 28/21 (T), un autre apographe très fidèle de Va, permet d'écarter l'hypothèse d'une copie de Bu sur T. Pour des raisons chronologiques, l'inverse est également impossible. La filiation entre le *Vat. gr.* 175 et le *Budapestinensis* peut être représentée par le stemma suivant :

2 Le *Plut.* 28/31 (Q) et le *Vat. gr.* 214 (q)

2.1 Le *Plut.* 28/31 et ses deux modèles

La table du *Plut.* 28/31 (Q) descend essentiellement du *Vat. gr.* 175 (Va), comme on le montrera plus loin[19]. La table de Q est cependant l'œuvre de deux copistes. Le premier a repris la table de Va, de Philippe Arrhidée à Basile Ier, tandis que le second a complété la table de Léon VI à Alexis Ier tout en corrigeant la première partie, à la fois l'intitulé des entrées et les valeurs numériques. Toutes les corrections et ajouts de la seconde main de Q se retrouvent dans la table F^1 (*Plut.* 28/26), ce qui nous indique que ce second copiste a utilisé un exemplaire de la Table des rois très proche de F^1, si ce n'est la table F^1 elle-même. En particulier, après avoir ajouté une entrée de quatre années pour Constance Chlore à la suite de Dioclétien, la seconde main a corrigé en conséquence les années cumulées de Constantin Ier à Flavius Arcadius ; ensuite, en retranchant quatre ans au règne de Théodose II (quarante-deux au lieu de quarante-six ans), le copiste réussit à retrouver la valeur

---

[19] Voir p. 145.

donnée par la première main pour les années allant de Philippe à la fin du règne de Théodose II :

Q

Διοκλητιανὸς [καὶ Μαξιμιανός al. m.]	κ	χκζ
Κώνστας al. m.]	[δ al. m.]	[χλα al. m.]
Κωνσταντῖνος [ὁ Μέγας al. m.]	κθ	χνς [χξ corr. al. m.]
Κωνστάντιος	κδ	χπ[δ al. m.]
Ἰουλιανός	β	χπ[ς]
Ἰοβιανός	α	χπ[ζ]
Οὐάλης	ια	χϙ[η]
Γρατιανός	γ	[ψα]
Θεοδόσιος Μέγας	ιζ	ψι[η]
Ἀρκάδιος	ιγ	ψ[λα]
Θεοδοσίου Μικρός	μ[β]	ψογ

F¹

				Va			
διοκλιτιανος και μαξιμ(ινος)	κ	χκζ		Διοκλητιανός	κ	χκζ
κωνστας	δ	χλα				
κωνσταντινος ὁ α' βασιλεύς τῶν χριστιανῶν	κθ	χξ		Κωνσταντῖνος	κθ	χνς
κωνσταντιος	κδ	χπδ		Κωνστάντιος	κδ	χπ
ϊουλιανος ὁ παραβατής	β	χπς		Ἰουλιανός	β	χπβ
ϊοβιανοῦ	α	χπζ		Ἰοβιανός	α	χπγ
ουαλεντινιανοῦ	ι	χϙζ		Οὐάλης	ια	χϙδ
οὐαλεντος	δ	ψα		Γρατιανός	γ	χϙζ
θεοδοσίου	ις	ψιζ		Θεοδόσιος Μέγας	ιζ	ψιδ
ἀρκαδίου	ιδ	ψλα		Ἀρκάδιος	ιγ	ψκζ
θεοδοσιου νέου	μβ	ψογ		Θεοδόσιος Μικρός	μς	ψογ

La majorité des interventions de la seconde main de Q concerne le libellé des entrées, par exemple :

> Φίλιππος (μετὰ Ἀλέξανδρον τὸν κτίστην *al. m.*) **Q** Φίλιππος **Va** φίλιππος μετὰ ἀλέξανδρον τὸν κτίστην **F¹**
> Εὐεργέτης ἄλλος (δεύτερος *al. m.*) **Q** Εὐεργέτης **Va** εὐεργέτης β **F¹**
> Διονύσιος (ὁ Νέος *al. m.*) **Q** Διονύσιος **Va** νέος διόνυσος **F¹**
> Φίλιππος (πάτηρ καὶ υἱός *al. m.*) **Q** Φίλιππος **Va** φίλιππος πατηρ καὶ υἱός **F¹**
> Δέκιος (καὶ υἱὸς Δεκίου *al. m.*) **Q** Δέκιος **Va** δέκιος καὶ υἱὸς δεκίου **F¹**
> Αὐρηλιανός (Αὐριλλιανός *corr. al. m.*) **Q**] Αὐρηλιανός **Va** αὐριαλιανός **F¹**

La scolie (16*) placée en haut de la table Q est celle que l'on retrouve comme titre de la table F¹. La seule différence avec F¹ concerne l'entrée de Constantin Ier : la seconde main de Q a préféré ajouter un concis ὁ Μέγας (comme dans P) plutôt que « ὁ α' βασιλεὺς τῶν χριστιανῶν » donné par F¹. On peut attribuer cette différence à une initiative du copiste lui-même, dont le travail est plutôt ingénieux de manière générale, plutôt qu'à un apographe de F¹ qui aurait contenu cette variante. Après Léon VI, la seconde main de Q a repris exactement la liste de F¹ jusqu'à Alexis Ier Comnène, donc au moment où F¹ avait déjà été complété par deux autres mains, ce qui permet de proposer le stemma suivant :

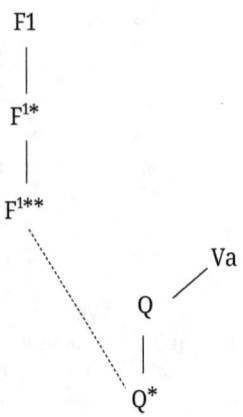

2.2 Le *Vat. gr.* 214 (q)

Les tables du *Plut.* 28/31 et du *Vat. gr.* 214 présentent les mêmes entrées et une mise en page similaire (Philippe Arrhidée à Anastase II, puis Théodose III à Alexis Ier Comnène, trente-quatre lignes d'écriture par table, mêmes en-têtes). Les deux tables sont suffisamment proches, notamment pour la dernière partie à partir de Michel IV, où les règnes sont donnés en mois et années, pour établir avec certitude une filiation entre les deux. Précisément, le *Vat. gr.* 214 (q), plus tardif, descend du *Plut.* 28/31 (Q). La plupart des entrées corrigées par la seconde main de Q sont en effet passées directement dans q, par exemple :

> Εὐεργέτης (πρῶτος *al. m.*) **Q** Εὐεργέτης πρῶτος **q**
> Εὐεργέτης ἄλλος (δεύτερος *al. m.*) **Q** Εὐεργέτης ἄλλος δεύτερος **q**
> Διονύσιος (ὁ Νέος *al. m.*) **Q** Διονύσιος ὁ Νέος **q**
> Τιβερίου (ὁ καὶ Κωνσταντῖνος *al. m.*) **Q** Τιβερίου ὁ καὶ Κωνσταντῖνος **q**

Le copiste de q omet les années de Valérien et Gallien, et, à plusieurs reprises, présente des erreurs de copie assez grossières :

> Γορδιανός **Q** Χορδιανός **q**
> Ptolémée Philadelphe : οζ **Q** οξ **q**
> Ptolémée Épiphane : ρμγ **Q** μγ **q**
> Léon Ier : ιζ | ψϙζ **Q** ιε | ψϙθ **q**

Le copiste de q améliore cependant à deux reprises le texte par rapport à Q. La seconde main de Q avait ajouté Νέος à la fois à Justin Ier et Justin II ; le copiste de q, après avoir copié Νέος après Justin Ier, l'a – à raison – effacé. De même, l'entrée pour Héliogabale a été érasée et corrigée dans Q, de sorte qu'on lit aujourd'hui quelque chose comme Αὐλ λλϊανός Ἀντωνῖνος. Le copiste de q a rétabli Αὐρηλιανὸς Ἀντωνῖνος. Anne Tihon a certes montré de façon convaincante qu'il a dû exister un intermédiaire entre les deux manuscrits pour le *Petit Commentaire*[20] mais, en ce qui concerne la Table des rois, rien ne permet de mettre en évidence un tel intermédiaire de façon certaine. On peut proposer un stemma de cette forme :

3 La famille du *Parisinus gr.* 2492 (P) et du *Savile* 51 (U)

Le *Paris. gr.* 2492 (P), le *Savile* 51 (U) et le *Cromwell* 12 (Cr) forment un groupe à part parmi les descendants du *Vat. gr.* 175. Ils sont notamment porteurs d'une erreur importante dans les règnes de Ptolémée Philométor et de Ptolémée (IX) Sôter, leur donnant respectivement vingt-cinq et vingt-six années de règne contre trente-cinq et trente-six, d'où une incohérence entre la colonne des règnes et celle des années cumulées depuis Philippe. Les trois manuscrits ont corrigé le problème – ou tenté de le faire – de différentes manières.

3.1 Le *Parisinus gr.* 2492 (P) et ses modifications

La table du *Paris. gr.* 2492 (P) est fortement apparentée à celle du *Vat. gr.* 175 (Va), comme on le montrera plus loin. La table du manuscrit P a subi plusieurs modifications, toutes assez peu heureuses, en partie causée par l'erreur dans les années de règne de Ptolémée Philométor et Ptolémée Sôter. Dans un premier temps, le copiste principal de la table, sans modifier sa copie, a ajouté au folio 1v une petite table comprenant la section de Philopator à Trajan corrigée. Dans un second temps, une main a complété la table de P en ajoutant des entrées pour les règnes de Léon VI à

---

[20] Tihon (1978, 31–33).

Michel IV. Enfin, une dernière intervention, qui est peut-être de la seconde main, revenant sur le problème des années de Philomètor et Sôter, a tenté de corriger – sans grande réussite – les valeurs de la table. Détaillons à présent ces modifications.

(1) Le modèle utilisé par le copiste principal de P était manifestement défectueux : il donnait vingt-cinq et vingt-six années de règne à Ptolémée Philomètor et Ptolémée Sôter au lieu de trente-cinq et trente-six ans. Il s'agit de deux erreurs ponctuelles qui n'ont pas affecté les années cumulées, mais elles créent un décalage entre les valeurs des deux colonnes. S'apercevant d'un problème, qui venait visiblement de son modèle, le copiste principal n'a pas corrigé sa propre copie, mais a ajouté, au verso du premier folio du codex, une petite table qui correspond à la section allant de Philopator à Trajan. Il s'agit d'une table formée de deux colonnes – avec pour en-têtes ἔτη et ἔτη ἐπισυναγόμενα – qui contiennent les années de règne et les années cumulées de Ptolémée Philopator à Trajan, mais sans les noms des rois et empereurs, sauf celui d'Auguste ajouté en marge. Sous la table se trouve un encart – peut-être de la même main – avec la mention : ταῦτα τὰ ἔτη τῶν βασιλέων γέγραπται ὀρθῶς, δι' ὧν καὶ τὰ λοιπὰ διορθώσασθαι δύνατον, ἐσφαλμένα δι' ἀπειρίαν. Le copiste n'a pas voulu modifier les années de règne. Sa solution a consisté à ajouter les vingt années manquantes aux années cumulées de Philopator (139 ans depuis Philippe au lieu de 119 ans) : à partir de Ptolémée Néos Dionysos, les années cumulées redeviennent donc cohérentes avec le reste de la tradition. Évidemment, la modification des années cumulées de Philopator, sans corriger la durée de son règne, apparaît comme une solution très douteuse puisqu'elle crée un nouveau problème : c'est à présent l'entrée de Philopator qui est erronée :

	Table correcte		P (avec erreurs de copie)		Table ajoutée f. 1v	
Évergète I	25	102	25	102	25	102
Philopator	17	119	17	119	17	**139**
Épiphane	24	143	24	143	24	**163**
Philomètor	35	178	**25**	178	**25**	**188**
Évergète II	29	207	29	207	29	**217**
Sôter	36	243	**26**	243	**26**	243
Néos Dionysos	29	272	29	272	29	272
Cléopâtre	22	294	22	294	22	294

(2) Une seconde main est intervenue sur la table de P. Elle a complété les entrées de la table laissées vides en ajoutant les années de Léon VI et des entrées pour les règnes d'Alexandre (912–913) à Michel IV le Paphlagonien (1034–1041), avec les années. Il est possible que cette source ait donné une liste plus longue : l'entrée de Michel IV est complète – donc postérieure à lui – et occupe la dernière ligne disponible de la table. Cette liste complétée présente néanmoins des entrées très particulières, elle est donnée ici avec l'orthographe et l'accentuation d'origine :

[Λέων prima m.] ο σοφος	κδ	͵αρλγ
Ἀλλέξανδρος	α	͵αρλδ
Ρωμανος	κς	͵αρξ
Χριστοφώρος	β	͵αρξβ
Κωνσταντινος	ιγ	͵αροε
Κωνσταντινος μετα του π(ατ)ρ(ο)ς		
Ρωμανος ὁ υἱὸς αυτου	γ L´	͵αροη L´
Νικηφορος	ς L´	͵αρπε
ιωάνης ὁ Τζημησκης	ς L´	͵αρρα L´
Βασιλείος	νβ	͵ασμγ L´
Κωνσταντίνος	γ	͵ασμς L´
Ρωμανος ὁ Αργι	ε L´	͵ασνβ
Μηχάηλ ο Πεφλαγων	ζ L´	͵ασνθ L´

Les vingt-quatre années attribuées à Léon VI (886–912) contrastent avec les vingt-cinq ou vingt-six années données par le reste de la tradition. Les vingt-six années de Romain Lecapène peuvent se comprendre si on fait commencer son règne *de facto* en 919, mais on ne peut pas le faire succéder directement à Alexandre. Les deux années attribuées ensuite à Christophe – *a priori* Christophe Lecapène – fils de Romain ayant régné de 921 à 931 avec son père, sont peu compréhensibles. L'entrée « Κωνσταντινος μετα του π(ατ)ρ(ο)ς » sans années de règne devrait en principe se lire comme « Constantin avec son père », mais reste incompréhensible : s'il s'agit de Constantin VII et de son père Léon VI, on ne voit pas pourquoi cette entrée se trouve après celle du règne personnel de Constantin, quatre lignes après l'entrée de son père ; de même on ne connaît pas de Constantin, fils de Constantin VII, que ce dernier aurait associé au trône. Lorsque les tables ont une entrée pour le règne personnel de Constantin VII, elles donnent quatorze ou quinze ans et non treize comme ici. Dans tous les cas, le nombre d'années données pour Romain et Constantin est ici trop faible. L'utilisation de demi-années à partir de Romain II est absolument unique dans toute la tradition de la Table des rois. L'orthographe un peu spéciale, où abondent les itacismes, se retrouve dans d'autres interventions de cette même main sur le texte du *Petit Commentaire* et d'autres tables, qui font clairement référence à un autre modèle à partir duquel ce copiste a collationné plusieurs parties du *Paris. gr.* 2492[21].

---

[21] Voir notamment ff. 6v7–r, 18r–19v, 22rv, 25r, 26r, 27r, 29v, 34r, 35r, 36r–37v, 44r, 51v–52r, 53v–56r, 57r–58r, 84v–86v, 87r. Au f. 44r, le copiste ajoute une scolie au diagramme des horizons (A12), scolie que l'on retrouve dans le *Leidensis* BPG 78 (f. 100v) et certains de ses descendants (K f. 118v, L f. 116v). La plupart de ses interventions concernent des leçons alternatives introduites par ἐν ἄλλῳ ou ἐν ἄλῳ. Malgré ses interventions sur de nombreuses tables astronomiques et sur le *Petit Commentaire* de Théon, je n'ai pas réussi à identifier la famille de manuscrits auquel se rattache l'exemplaire utilisé par cette main. Certaines scolies montrent une syntaxe assez moderne avec

Une autre intervention, que l'on peut éventuellement attribuer à la seconde main de P, concerne à nouveau le problème des années de Philométor et Sôter. Ce copiste, qui n'a visiblement pas vu la petite table de correction préparée par la main principale au f. 1v[22], a choisi une stratégie particulière pour régler le problème : il a modifié la colonne des années cumulées et retiré dix années à la fin du règne de Philométor et dix années à la fin du règne de Sôter. Il a donc entrepris ensuite de retirer vingt années à chaque entrée de cette colonne jusqu'à Trajan inclus. À partir d'Hadrien, cependant, le copiste n'a plus corrigé, ce qui rend la table fausse : la fin du règne de Trajan, d'après la table, correspond à 439 ans depuis Alexandre, mais 419 ans d'après la correction du copiste ; à la fin des vingt-et-un ans du règne d'Hadrien, on retrouve 460 ans depuis Alexandre, ce que le copiste aurait dû corriger en 440 ; or il ne l'a pas fait. L'intervention de ce copiste est à placer entre la copie du manuscrit P vers le milieu du XIVe siècle et son utilisation pour le manuscrit Cr dans la première moitié du XVe siècle, puisque ce dernier a recopié la version « corrigée ».

3.2 Le *Cromwell* 12 (Cr)

Les textes du *Petit Commentaire* de Théon et du *Commentaire* de Stéphanos du *Cromwell* 12 (Cr) – tout comme la Table des rois – sont la copie directe du *Paris. gr.* 2492 (P), dont certains folios ont été insérés dans le *Cromwell* 12 lui-même. Le contenu du *Paris. gr.* 2492 se retrouve dans le *Cromwell* 12 aux pages 765–1152. Pour la Table des rois, la copie de Cr a eu lieu après l'intervention de la seconde main de P, qui a complété la table de Léon VI à Michel IV et fait quelques ajouts dans les autres entrées :

Πτολεμαῖος (ὁ *al. m.*) Λάγου **P** Πτολεμαῖος ὁ Λάγου **Cr**
Λέων (ὁ Σόφος *al. m.*) **P** Λέων ὁ Σόφος **Cr**

Le *Cromwell* 12 présente un important saut du même au même, passant directement de Constantin V à Léon V (il manque les entrées de Léon IV, Constantin VI, Irène, Nicéphore Ier et Michel Ier). La section qui va de Léon VI à Michel IV, écrite par la seconde main de P, est presque identique dans Cr ; le copiste rectifie l'accentuation, corrige Ἀλλέξανδρος (P) en Ἀλέξανδρος et développe Αργι (P) en Ἀργυρός pour

---

un bon nombre d'itacismes, par exemple : στα έτι [pro έτσι ?] απλὰ τα δίχνι [pro δείχνει] πόσο να προσθέτις [pro προσθέτεις] (f. 34r), soit quelque chose comme « ça te montre donc simplement combien tu dois ajouter. » Il s'agit d'une scolie en bas de la table A3, qui indique comment utiliser les valeurs numériques (écrites en chiffres arabes) inscrites en bas de la table par ce même copiste.
22 Cette petite table n'est annoncée nulle part sur les folios de la table principale.

Romain III. Vis-à-vis de son modèle, Cr a introduit un petit nombre de variantes en propre :

Ἀδριανός **P** Ἀνδριανός **Cr**
Phocas : ϛλγ **P** ϛλε **Cr**
Michel II : ͺαρνβ **P** ͺαρμβ **Cr**

Le *Cromwell* 12 a lui aussi subi l'intervention d'une main postérieure[23]. Celle-ci a ajouté :

Κάρος **P** Κάρος καὶ Καρίνος **Cr**
Διοκλητιανός **P** Διοκλητιανὸς καὶ Μαξιμιανός **Cr**

Ces ajouts sont sans doute empruntés à un exemplaire proche de Q, V, F¹ ou encore S (et leurs apographes respectifs). Grâce à cet exemplaire, la seconde main de Cr a aussi corrigé la section de Philométor à Trajan, corrompue par la modification très douteuse du second copiste de P. Cette correction dans P était visible lorsque le *Cromwell* 12 a été copié. La seconde main du *Cromwell* a reporté les bonnes leçons pour les années de Philométor (trente-cinq ans) et Sôter (trente-six ans) et a rétabli les nombres exacts des années cumulées jusqu'à Trajan. Vis-à-vis de P, le *Cromwell* 12 entretient donc la relation suivante :

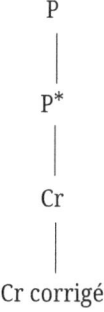

3.3 Le *Savile* 51 (U)

Le *Savile* 51 (U) est à peine plus récent que le *Paris. gr.* 2492 (P), dont il partage les durées de règne erronées de Ptolémée Philométor et Sôter. La question est de savoir si U descend de P ou si les deux partagent un modèle commun. Le manuscrit U a réglé le problème des règnes des deux Ptolémée de la manière suivante : les

---

23 Les écritures des deux copistes sont très proches, mais elles se distinguent par une abréviation différente pour καί et par la forme du xi.

vingt années manquantes ont été simplement ajoutées à Philippe Arrhidée, à qui vingt-sept ans de règne ont été attribuées au lieu de sept. L'auteur de la correction a donc modifié en conséquence toutes les années cumulées de Philippe à Ptolémée Évergète II, de sorte que les années depuis Philippe, à partir de Ptolémée Sôter, redeviennent cohérentes. Le manuscrit ne porte pas de traces de correction à cet endroit, ce qui laisse penser que cette table était sans doute déjà modifiée dans son modèle. Vu la nature des corrections dans U, on peut penser que, si son copiste avait eu sous les yeux le manuscrit P (avant ses corrections), il aurait peut-être modifié son modèle, ce qui n'est pas le cas. Si l'on met de côté la section de Philippe à Trajan, fortement corrigée dans P, le texte de U et le texte copié par la première main de P sont rigoureusement identiques. Seules leurs scolies sont différentes : U n'a pas la note κενὸν τὸ χωρίον τὸ δέ écrite par la première main dans P sous l'entrée d'Antonin le Pieux ; il en revanche plusieurs gloses (19* et 20*), fortement abrégées, qui semblent de la première main et se rapportent aux règnes d'Auguste (λη λαβ´), de Carus et Dioclétien (͵εψϙβ λειπ(..) / λαβ´). Ces notes aident à l'utilisation de la table : à la sixième année du règne d'Auguste, les années égyptienne et alexandrine commencent à nouveau le même jour ; de la sixième à la quarante-troisième et dernière année d'Auguste, il y a bien trente-huit années (λη). Les 5792 années (͵εψϙβ) à la fin du règne de Carus correspondent aux années écoulées depuis la Création (5792 AM = 283/284 AD).

Jean Lempire a montré que le texte du *Commentaire* de Stéphanos du *Savile* 51 était une copie directe du *Vat. gr.* 1852[24]. Ce dernier ne contient pas la Table des rois[25], mais le texte de Stéphanos qu'il présente est aussi fragmentaire : il semble que le *Vat. gr.* 1852 ait subi la perte de nombreux folios après la copie du *Savile* 51. De plus, Jean Lempire note à la fois une inattention du copiste du *Savile* 51 avec un certain nombre de sauts du même au même – ce que reflète aussi la copie de la Table des rois[26] – et une forte intervention sur le texte de Stéphanos dans le but d'en améliorer la qualité et la clarté. La correction apportée aux années de Philippe, même si elle est incorrecte, a le mérite de rendre, de manière simple, sa cohérence à la table. Le texte de Stéphanos dans le *Vat. gr.* 1852 descend à son tour du *Vat. gr.* 304, copié dans la première moitié du XIVe siècle. Ce dernier n'a pas non plus la Table des rois, mais il partage un modèle commun avec le *Paris. gr.* 2492[27]. Par ailleurs, Anne Tihon a montré que le texte du *Petit Commentaire* de Théon dans le

---

24 Lempire (2016, 45–47).
25 Vérification faite sur l'original (juillet 2021).
26 Deux entrées ont été oubliées (Constant II et Tibère Apsimaros) et ont été réparées lors de la copie des deux colonnes des années. Le copiste utilise en effet, pour ces deux entrées, l'encre noire qu'il a employée pour les années de règne et les différentes gloses.
27 Lempire (2016, 41–43).

Paris. gr. 2492 et dans le *Vat. gr.* 304 descend aussi d'un modèle commun[28], et c'est la même situation que l'on retrouve pour le *Traité sur l'astrolabe* de Jean Philopon, d'après Claude Jarry[29]. Il semble donc que l'on puisse représenter les liens entre P et U de la façon suivante :

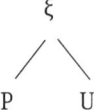

Entre l'exemplaire ξ et le manuscrit U se cachent certainement plusieurs intermédiaires, peut-être les *Vat. gr.* 304 et 1852. L'absence de la Table des rois dans ces deux derniers peut être due à la fois à des accidents matériels et à une volonté de se débarrasser d'une table manifestement très erronée dans sa première partie.

4 Le *Vat. gr.* 175 (Va) et les manuscrits T, Q, P et U

Le *Vat. gr.* 175 (Va), le *Plut.* 28/21 (T) ainsi que la table copiée par la première main dans le *Plut.* 28/31 (Q) – autant qu'on puisse la lire[30] – présentent des textes identiques à deux variantes près :

> Alexandre IV : ιβ **Q** ιε **VaT**
> Ἀρταύνασδος **T** Ἀρτάβασδος **VaQ**

Cette situation remarquable rend très délicate l'établissement de leurs liens. Le manuscrit Va peut être daté de l'année 1321/1322, Q et T ont été copiés dans la première moitié du XIVe siècle. Le manuscrit Q n'a pas les quatre scolies des manuscrits T et Va (23*, 24*, 25* et 26*). Vu la leçon Ἀρτάβασδος commune à Va et Q, et assez différente de T (Ἀρταύνασδος), il semble que Q descende, directement ou non, de Va et non de T. De même, pour le *Petit Commentaire*, Anne Tihon exclut assez nettement une filiation entre les deux *Plutei* (Q et T). Cependant, pour expliquer certaines caractéristiques des textes de Q et d'autres manuscrits qui sont apparentés à Va (notamment P), elle postule un intermédiaire entre Va et Q. La situation que

---

[28] Tihon (1978, 33–34).
[29] Jarry (2015, CXXXIV–CXXXVII). Claude Jarry n'a pas collationné le fragment du texte de Philopon qui se trouve dans le *Savile* 51.
[30] Distinguer la première et la seconde main dans Q est parfois délicat tant leurs écritures sont proches. La seconde main a également effacé, semble-t-il, une partie des entrées de la première main, si bien qu'il est difficile de retrouver le texte de la première main dans son intégralité.

l'on a décrite pour la Table des rois s'accorde avec ce schéma, et peut expliquer la leçon ιβ pour les années d'Alexandre IV, qui aura été corrigée dans cet exemplaire intermédiaire.

Le problème est similaire avec le groupe du *Paris. gr.* 2492 (P) et du *Savile* 51 (U). Si on se concentre sur la partie primitive de la table, qui va de Philippe Arrhidée à Léon VI, avant qu'elle ne soit corrigée par d'autres mains, le texte de P et U est identique à T, Q et Va à quelques variantes près :

Γαλιανός **PU** Γαληνός **VaT** (Οὐαλεριανὸς καὶ Γαλλινῖνος *al. m.* **Q**[31])
Κωνσταντῖνος ὁ Μέγας **PU** Κωνσταντῖνος **VaT** Κωνσταντῖνος (ὁ Μέγας *al. m.*) **Q**
Ἀρτάνασδος **PU** Ἀρταύνασδος **T** Ἀρτάβασδος **VaQ**
Philométor : κε **PU** λε **VaTQ**
Sôter : κς **PU** λς **VaTQ**
Alexandre IV : ιβ **QPU** ιε **VaT**

Les deux variantes numériques sont propres à P et U, qui présentent un état du texte plus dégradé que les autres. Pour le *Petit Commentaire*, Anne Tihon propose de rapprocher P de Q grâce à un stemma de cette forme :

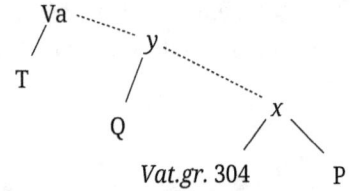

Claude Jarry propose les mêmes relations pour le *Traité de l'astrolabe* de Jean Philopon pour le *Plut.* 28/31 (Q), le *Paris. gr.* 2492 (P) et le *Vat. gr.* 304[32]. Ce stemma décrit bien les liens entre les quatre exemplaires de la Table des rois : l'ancêtre commun à Q, P et U avait sans doute choisi de ne pas recopier les quatre scolies de Va (23*, 24*, 25* et 26*) et avait corrigé les années d'Alexandre IV (douze dans Q et PU contre quinze dans Va et T). Tous les descendants du *Vat. gr.* 175 pour la Table des rois peuvent prendre place dans le schéma suivant, où π et ξ désignent des exemplaires intermédiaires perdus :

---

31 La leçon première de Q à cet endroit est complètement illisible aujourd'hui.
32 Jarry (2015, CXXXV).

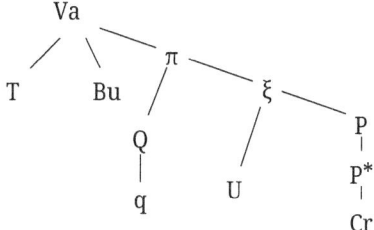

5 Le *Marc. gr.* Z 331 et la famille du *Vat. gr.* 175

Le *Vat. gr.* 175 (Va) est donc l'ancêtre de sept témoins manuscrits de la Table des rois, mais Paul Schnabel, puis Anne Tihon ont suggéré que ce manuscrit thessalonicien aurait eu pour modèle le *Marc. gr.* Z 331 (M)[33]. Il s'agit d'un manuscrit de parchemin dont seuls quarante-neuf folios (165 × 120 mm) sont aujourd'hui conservés. Manuscrit de luxe, écrit en onciales, ses folios ont été pour une bonne part perdus ou rognés et mélangés lors d'une reliure, lui conférant un bien piètre aspect en comparaison avec ce qu'il a dû être à l'origine. Il contient seulement une partie des *Tables faciles* (A3 à A20, S3, S8, S14), parfois accompagnées de scolies tardives. La première partie de la Table des villes illustres (G1) a été conservée (f. 1rv), mais le manuscrit ne contient aujourd'hui aucune table chronologique.

Avec la perte des premiers cahiers et sans note de possession visible, l'histoire du *Marc. gr.* Z 331 est assez difficile à reconstituer. Paul Schnabel basait son intuition essentiellement sur la Table des villes illustres. D'après ma collation de leurs tables géographiques respectives, M et Va partagent en effet un grand nombre de variantes très caractéristiques, à la fois pour les toponymes, les coordonnées et la mise en page[34]. Les tables astronomiques de Va sont pour la plupart identiques à celles de M, avec les mêmes titres et en-têtes de colonnes, et une grande partie des scolies de la première main de M. La table A13 présente par exemple le même

---

33 Schnabel (1930, 223) ; Tihon (2011, 31–33).
34 Voir entre autres : Αὐγούστα Ἡμετρία (Va) […]γου[.]τα ημετρια (M) pour Αὐγούστα Ἱμερίτα ; Νώρβα Καίσαρος (Va) νωρβα καισαρος (M) pour Νῶρβα Καισάρεια ; Κουργίδαλα (Va) κουργιδαλα (M) pour Βουρδίγαλα ; Λουγιδία (Va) λουγιδια (M) pour Λουπία. Les deux manuscrits ont pris le toponyme Augusta Vindelicia pour un nom de province et attribuent ses coordonnées à « Norique », juste après, qui est le nom de la province en question. À chaque fois que M note l'absence de minutes dans les coordonnées par un zéro (ō), ce qui n'est pas systématique, Va utilise strictement la même notation. Dans les deux manuscrits, la première page inclut les toponymes de Thulé à la rubrique « Gaule Lugdunaise » et d'Augustodunum à la rubrique « Panonnia Inferior » (M f. 1r, Va f. 81r), puis de Serbition à Aleria (sans la latitude) et de Marianè à Odyssos (M f. 1v, Va f. 81v).

découpage en signes du zodiaque dans les deux manuscrits, ce qui isole ces témoins des autres manuscrits en onciales des *Tables faciles* (H, V et F). Cependant, on note un certain nombre de différences, comme une série d'ajouts dans la table géographique[35], ou encore le diagramme des horizons (A12) avec une orientation et des noms de vents différents[36]. Il semble néanmoins assez certain que les *Tables faciles* du *Vat. gr.* 175 dérivent en grande partie de celles du *Marc. gr.* Z 331, peut-être avec un ou plusieurs intermédiaires. Si la Table des rois du *Vat. gr.* 175, qui s'arrête à Léon VI (886–912) sans ses années de règne, vient bien du *Marc. gr.* Z 331, alors la copie de ce dernier est à placer au tournant des IXe et Xe siècles. Un autre indice vient resserrer la date du *Marc. gr.* Z 331 : ses tables A3 (f. 45v) et A14 (f.40v) présentent deux points à l'encre violette – encre utilisée par le copiste principal – en marge de l'entrée pour les années de Philippe 1226–1250, soit 902/903–926/927 AD, ce qui nous oriente vers une copie du manuscrit sous Léon VI vers 902–912.

En considérant l'excellente facture du manuscrit, l'abondance de peinture d'or et le grand soin apporté à la réalisation des tables, on peut supposer que ce volume était destiné à une bibliothèque de luxe ou à un riche commanditaire. Il n'est pas possible, sans étude plus approfondie, de savoir si le *Vat. gr.* 175, copié à Thessalonique, est son apographe direct. On pourrait néanmoins mettre l'histoire de ces deux manuscrits en parallèle de celle du *Vat. gr.* 184. Copié vraisemblablement à Constantinople vers 1270[37], le *Vat. gr.* 184 contient un ensemble de textes astronomiques, dont l'*Almageste* avec un important recueil de scolies, un traité anonyme sur l'astrolabe, le *Calcul selon les Indiens* et les *Prolégomènes* à l'*Almageste*. Le codex a été amené de Constantinople à Thessalonique peut-être par Jean Pédiasimos (ca. 1240–ca. 1310/1314), élève de Manuel Holobolos et Georges Acropolitès à Constantinople ayant poursuivi une partie de sa carrière à Thessalonique, sa ville natale. Le *Vat. gr.* 184 a ensuite été abondamment annoté par Jean Catrarios[38], le copiste des *Tables faciles* et du *Petit Commentaire* de Théon dans le *Vat. gr.* 175. Il est plausible que Catrarios ait connu Pédiasimos à Thessalonique[39]. L'hypothèse est donc la suivante : Jean Pédiasimos a pu amener de Constantinople non seule-

---

35 Le *Vat. gr.* 175 a quatre toponymes supplémentaires après Carnuntum (Ἀρίερα, Ἰδρωνία, Ἀκασπιούτον, Μεβρουτία, f. 81r), que leurs coordonnées situent dans l'Ouest de la Dacie et dans le Sud-Est de la province de Germania Magna si l'on se base sur la carte de Ptolémée – aux XIIIe et XIVe siècles, ces régions danubiennes correspondaient à des territoires de Valachie et de Hongrie. Ces toponymes ne sont pas, à ma connaissance, attestés dans la tradition de la *Géographie* de Ptolémée ou dans la Table des villes illustres, et je n'ai pas pu les identifier.
36 Sur le diagramme des horizons (A12), voir Tihon (2018). Dans M, le diagramme est orienté avec le sud en haut de la page, mais le diagramme de Va place l'est en haut.
37 Acerbi et Pérez Martín (2019, 5–6).
38 Bianconi (2005, 150–151).
39 Acerbi et Pérez Martín (2019, 7).

ment le *Vat. gr.* 184 mais aussi le *Marc. gr.* Z 331[40] ou une copie de celui-ci, qui a pu être utilisée à Thessalonique par Catrarios comme modèle pour le *Vat. gr.* 175. Les scolies sur la table A13 (ff. 9v, 36r–37r), d'une main datable du XIVe siècle, et les notes en arabe sur la table A18 (f. 20r) ne livrent pas d'indices clairs sur l'histoire du manuscrit. Anne Tihon pense que les scolies en arabe peuvent laisser supposer que le manuscrit est parvenu en Occident après la chute de Constantinople[41]. Le volume correspond peut-être au numéro 254 (« *tabulae in astronomia cum litteris aureis in pergameno* ») de l'inventaire du legs de Bessarion à Venise en 1468[42].

6 La table r^1 du *Paris. gr.* 2394

Le *Paris. gr.* 2394 est un manuscrit exceptionnel à plus d'un titre. La date de sa copie, le contexte de sa réalisation, l'originalité des leçons qu'il présente (pour la Table des rois mais aussi pour le *Petit Commentaire* de Théon) en font un manuscrit à la fois de grande valeur et difficile à situer par rapport aux autres témoins. Il contient deux parties de la Table des rois : la table r^1 qui couvre les règnes de Philippe à Manuel II et, aujourd'hui à plusieurs folios de distance mais précédant originellement cette dernière, la table r^2, comprenant les règnes de Nabonassar à Alexandre le Grand. On a vu à l'occasion de l'étude de la famille ω2 que l'on peut comprendre le *Paris. gr.* 2394 de la façon suivante : ce manuscrit vient d'un modèle apparenté à Va et donc sans doute descendant du *Marc. gr.* Z 331. Sa Table des rois présentait alors sans doute la section qui va de Philippe à Léon VI, mais ne comprenait pas la partie de Nabonassar à Alexandre. Plus tard, un copiste lui a ajouté la table r^2, tirée d'un exemplaire proche de la famille ω2, exemplaire qui a été aussi utilisé pour modifier et corriger certaines sections de la table d'origine.

La table r^1 partage en effet un grand nombre de points communs avec la table Va jusqu'à Léon VI. Les deux tables présentent les entrées au nominatif, le même nombre d'années depuis Philippe jusqu'à la fin du règne de Constantin Ier (656), et leurs entrées de Julien à Basile Ier sont identiques – notamment les trente-et-une années d'Héraclius, les trois années attribuées à Artabasdos et les trente années

---

40 Les scolies des ff. 9v, 36r–37r du *Marc. gr.* Z 331, au ductus assez rapide et au tracé épais, ne me semblent être ni de la main de Pédiasimos ni de celle de Catrarios.

41 Tihon (2011, 33). Notons que Thessalonique fut prise une première fois par les Ottomans en 1387, puis occupée à nouveau entre 1394 et 1402, et conquise définitivement par Mourad II en mars 1430, une vingtaine d'année avant Constantinople. Les scolies peuvent donc éventuellement dater de la fin du XIVe ou du début du XVe siècle, et le manuscrit a pu parvenir en Occident dans ces années-là.

42 Labowski (1979, 167) ; Mioni (1985, 59).

attribuées à Constantin V, caractéristiques de Va – à quelques rares variantes mineures près :

Θεοδόσιος ὁ Μέγας **r¹** Θεοδόσιος Μέγας **Va**
Θεοδόσιου ὁ Μικρός **r¹** Θεοδόσιου Μικρός **Va**
Μιχαὴλ σὺν τῇ μητρί αὐτοῦ **r¹** Μιχαὴλ σὺν τῇ μητρί **Va**

Il est difficile de dire si r¹ a pu être copié directement sur Va ou si les deux descendent d'un exemplaire commun, qui serait M. Les deux ont à la fois quelques scolies communes, mais aussi des scolies différentes. La table Va n'a pas de titre, contrairement à r¹ (βασιλεῖς ἐπίσημοι), et les deux ont des en-têtes différents. La scolie (48*) Περτίναξ est en marge dans r¹ alors qu'il reste suffisamment de place dans l'entrée de Commode : si le copiste de r¹ avait Va sous les yeux, dont l'entrée est libellée Μᾶρκος ὁ καὶ Κόμοδος καὶ Περτίναξ et qu'il avait oublié Pertinax dans un premier temps, il l'aurait peut-être ajouté directement après Κόμοδος, comme dans son modèle, et non en marge. La table r¹ a également des rubriques (Αἰγυπτίων βασιλεῖς, βασιλεῖς Χριστιανῶν) que n'a pas Va. Bien qu'une réponse catégorique ne puisse être donnée, il est peut-être plus prudent de faire dépendre r¹ et Va d'un exemplaire commun, plutôt que de les faire descendre l'un de l'autre.

À partir de l'entrée de Léon VI, la table r¹ a été complétée jusqu'au règne de Manuel II. Ce prolongement n'a pas de point commun avec les autres témoins manuscrits et est de qualité fort inégale[43]. Le surnom ὁ Φιλοσοφώτατος a été ajouté à Léon VI et les entrées jusqu'à Constantin VII sont complétées avec leurs années de règne et les années depuis Philippe. À partir de l'entrée Romain II (avec son fils et co-empereur Basile), laissée sans années de règne, les règnes sont complétés parfois avec un nombre entier d'années, mais très souvent en années et mois (Jean Ier, Romain III, Michel IV, Michel V, Constantin IX, Michel VI, Isaac Ier, Romain IV, Michel VII et Alexis Ier), et la colonne des années cumulées est laissée vide. L'entrée de Jean V et Andronic IV est laissée sans années, et la dernière entrée, celle de Manuel II, est libellée ainsi : Μανουὴλ ὁ υἱὸς αὐτοῦ ἐφ' οὗ τέλος γέγονε τῆς βασιλείας τῶν Ῥωμαίων καὶ τῆς εὐτυχίας αὐτῶν. Si le règne de Manuel II (1391–1425) ne marque pas officiellement la fin de l'Empire romain, l'empereur ne règne *de facto* que sur la ville de Constantinople et, en particulier sous le sultanat de Bajazet Ier (1389–1402), on peut à bon droit déclarer que les Romains ont alors bien perdu leur « bonne fortune ». La table r¹, telle qu'elle se trouve aujourd'hui dans le

---

[43] Plusieurs entrées laissent perplexe : cinquante-six années sont attribuées à Basile II et vingt-et-une à Jean II. On trouve ensuite un Constantin, supposément fils de Jean II, avec quatre années de règne. Manuel Ier et Alexis II sont absents. La période de l'empire de Nicée est représentée par un Constantin Lascaris (trente-deux ans) et son fils Constantin (quatre), puis viennent les vingt-quatre années de Michel VIII.

Paris. gr. 2394, descend donc d'un exemplaire copié ou complété au tournant des XIVe et XVe siècles. Si l'on nomme μ cet exemplaire, on peut représenter les liens (largement hypothétiques) entre le *Marc. gr.* Z 331 (M), le *Vat. gr.* 175 (Va) et le *Paris. gr.* 2394 (r^1 et r^2) de la façon suivante :

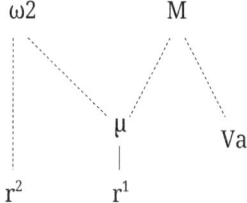

Chapitre 5
Le *Vaticanus gr.* 1291

A – Description du manuscrit

Vaticano, Biblioteca apostolica Vaticana, *Vaticanus gr.* **1291 [V]**

(a) Parchemin, II (papier) + 95 ff. + I, 283 × 205 mm, début du IXe siècle, Constantinople.
(b) ff. 16v–17r
   - Pas de titre. En-têtes : ετη βασιλεων | των μετα αλεξανδρον τον κτιστην (f. 16v), ετη | βασιλεων (f. 17r).
   - Chaque page contient deux tables, reliées entre elles, de trois colonnes chacune, tracées à l'encre rouge. Les colonnes des noms sont surmontées de demi-cercles destinés à recevoir l'en-tête ; les colonnes des années (durées de règne et années cumulées) sont également surmontées de demi-cercles, de taille réduite, couvrant les deux colonnes, mais laissées vides. Chaque ligne de la table sépare deux lignes d'écriture ; trente-deux lignes d'écriture par table.
   - La table va de Nabonassar à Alexandre le Grand, puis de Philippe Arrhidée à Dèce (f. 16v) et de Trébonien Galle à Léon VI et Alexandre (f. 17r). Les noms sont au génitif de Nabonassar à Darius III et au nominatif à partir d'Alexandre le Grand. Plusieurs copistes sont intervenus sur la table, mais leurs écritures, en majuscule de type ogival, sont très proches et les différencier est délicat. Si l'on suit Timothy Janz, une première main a copié la table jusqu'à Constantin V, directement suivie par un deuxième copiste, avec une encre plus foncée, qui a complété la table de Léon IV à Nicéphore Ier avec les années. Un troisième copiste a ajouté les règnes de Staurakios (deux mois) et Michel Ier tout en corrigeant les années de règne de Nicéphore Ier. Une quatrième main a complété les trois entrées suivantes (Léon V et Constantin, Michel II et Théophile, Théophile seul), sans les années de règne pour ce dernier. Toutes les entrées de cette main sont écrites après grattage et on distingue en dessous les traces d'une écriture en onciales de petit module. Une cinquième main a complété les années de règne de Michel II et Théophile, puis Théophile seul, et les entrées de Théodora, Michel III et Basile Ier, sans les années de règne pour le dernier. Enfin, une sixième main a complété l'entrée de Basile Ier (et a ajouté ses fils) et inscrit Léon VI et Alexandre en fin de liste. Une main, qui est peut-être la cinquième, a ajouté les années cumulées pour Michel III

et Basile Ier. Seules les mains 1 et 2 ont participé à la copie du reste du codex, peu après le règne de Nicéphore Ier. Enfin, les années cumulées pour Justinien, Tibère Constantin, Maurice et Phocas ont été complétées (ou inscrites *in rasura*) par une autre main.

- La rubrique ῥωμαίων βασιλεῖς est inscrite dans l'entrecolonne. Des astérisques sont placés face à Dioclétien et Héraclius. Une scolie (21*) mentionne la septième indiction et l'année 530 (*a priori*) de Dioclétien, soit 813/814 AD, et suit de très peu la réalisation du manuscrit.

(c) Le manuscrit contient seulement les *Tables faciles* de Ptolémée, ainsi qu'un ensemble de scolies astronomiques aux ff. 1r–2r et 95v.

(d) Ce manuscrit de luxe a été très certainement copié à Constantinople, par deux scribes, peu après le règne de Nicéphore Ier (802–811)[1]. Plus précisément, il semble que le modèle direct de la Table des rois qu'ils ont utilisé se soit arrêté à Constantin V (741–775), avec ses années de règne, et que leur activité se situe peu après le règne de Nicéphore Ier. La table a ensuite été complétée par plusieurs mains, la plus récente datant du règne de Léon VI et Alexandre (886–912). La copie des scolies du f. 1 date également, d'après Joseph Mogenet, de la fin du IXe ou du début du Xe siècle. Plusieurs indices montrent que le manuscrit dépend d'un exemplaire alexandrin réalisé ou complété dans le premier tiers du VIe siècle[2]. Le codex porte les traces de plusieurs lecteurs ; on note de nombreuses de scolies et annotations, sur d'autres folios que la Table des rois, en latin, en grec ou dans un mélange de latin et de grec, de différentes mains (ff. 2r, 8r, 31v–32r, 34r–35r, 38r, 39r–42r, 43v, 59r–60r, 62r, 63r, 64r, 83r, 90v) ; une de ces mains mentionne l'année 6733 AM (soit 1224/1225 AD, f. 39r) et l'année 940 de Dioclétien (soit 1223/1224 AD, f. 47r), et a laissé d'autres annotations en grec (f. 39v *inc.* ἔτ(η) ἀπὸ κτίσεως κόσμου ἕως Αὐγούστου, f. 59r *inc.* ἀφαίρει ἐκ τῶν). Le codex a été successivement la propriété de Bartolomeo Malipiero (mort en 1464), Domenico Domenici (*ex libris* daté de 1465, f. 4v) et Fulvio Orsini (1512–1600). Ce dernier a légué sa collection à la bibliothèque vaticane, où le *Vat. gr.* 1291 est entré en 1602. On notera qu'après son entrée à la Vaticane en 1602, ce manuscrit n'est sorti de l'ombre qu'à la fin du XIXe siècle grâce à la notice de Pierre de Nolhac (1887) et l'étude de Franz Boll (1899).

(e) De Nolhac (1887, 168–169) ; Wright (1985) ; Tihon (2011, 34–39) ; Janz (2003) ; Mogenet (1969) ; Stahlman (1960, 17–19) ; Guidetti (2019).

---

[1] Plusieurs dates de copie ont été proposées – par exemple 753/754 pour Wright (1985) –, voir Tihon (2011, 34). Ševčenko (1992, 279) penche aussi pour une date haute, sous Constantin V. La datation que je retiens est celle de Janz (2003), qui a montré que la main des entrées de Constantin V à Nicéphore Ier était celle du second scribe qui a copié une partie du codex avec son collègue.

[2] Voir p. 182.

B – Le *Vat. gr.* 1291 et les autres témoins

Le *Vat. gr.* 1291 (V) est un témoin textuel à part. Il présente dans sa première partie un grand nombre de variantes témoignant d'une transmission chaotique du texte dans le ou les modèles qui l'ont précédé. Manuscrit luxueux, copié au début du IXe siècle, sa Table des rois a été complétée par plusieurs mains pendant presque un siècle jusque sous le règne de Léon VI (886–912), puis elle semble avoir été simplement ignorée ou oubliée. Malgré la trace de possesseurs et de lecteurs du codex à différentes époques, notamment au début du XIIIe siècle, la Table des rois du *Vat. gr.* 1291 n'a aucun descendant connu et son influence sur d'autres témoins de la tradition semble nulle.

Le *Vat. gr.* 1291 porte la variante ιουγεου pour le roi babylonien Ulūlāyu (Salmanazar V), la version « condensée » des règnes de Marc Aurèle à Caracalla, et utilise le nominatif à partir de Philippe Arrhidée, trois caractéristiques qui le rapprochent des autres témoins de la famille ω1 (H[1], F[1] et Va). La première partie de la table contient un grand nombre de variantes, dont certaines s'expliquent par une mauvaise lecture d'un modèle en onciales ou l'utilisation d'un modèle difficile à lire : le début du mot ΔΟΙΡΑΝΝΑΔΙϹΟΥ (pour Ἀπαραναδίου, Aššur-nādin-šumi) peut venir d'une mauvaise lecture de ΑΠΡΑ- avec une confusion Α/Δ et une lecture du Π comme un Ι ou un Η, donnant le son [i], d'où la graphie ΟΙ. Le delta au milieu de ΝΗΡΙΚΑϹϹΟΔΑϹϹΑΡΟΥ (pour Νηριγασολασσάρου, Nériglissar) s'explique par une simple confusion Δ/Λ. Certaines variantes ont une explication plutôt phonétique. Outre la banale confusion ε/αι (ιουγεου/ιουγαιου), le delta de χινδειρα vient peut-être de la prononciation byzantine et moderne [ð] de cette lettre. Bien souvent, le *Vat. gr.* 1291 a simplement une lettre ou une syllabe de moins : ναβολασσαρου à la fois pour ναβοπολασαρου et pour ναβοκολασαρου, αρχου pour αρωγου, αυγοστος pour αυγουστος. Il est le seul témoin à omettre καὶ Πώρου pour l'entrée de Mukīn-zēri et Pūlu. Trois variantes sont plus curieuses et rapprochent le *Vat. gr.* 1291 de la liste dite astronomique de Georges le Syncelle – cette liste descend en dernier lieu de Panodoros (fin du IVe siècle ou début du Ve siècle) :

V	Georges le Syncelle	H[1]
ηρηγεβηλου	Ἡριγεβάλου	ρηγεβηλου
δοιραννadισου	Ἀπαραννadίσου, Ἀποραναδίσου	απραανadιου
ασαριηδονου	Ἰσαριηδίνου, Ἰσαριηδήνου	ασαριδινου

Là où tous les autres témoins de la Table des rois donnent dix-sept années de règne à Nabonide puis neuf années à Cyrus II, le *Vat. gr.* 1291 leur donne à chacun treize ans et, en conséquence, 205 et non 209 années de Nabonassar à la fin du règne de Nabonide. Les changements opérés dans ces deux entrées sont cohérents et ressemblent à une intervention volontaire plus qu'à une série d'erreurs de copie. Ce qui est déroutant, c'est que Georges le Syncelle dit justement qu'il a trouvé (lui ou sa source) dans « toutes les tables astronomiques exactes » neuf années pour Cyrus[3]. Le *Vat. gr.* 1291 est le seul à nommer Alexandre le Grand « ὁ κτίστης ». Les autres témoins l'appellent « le Macédonien » mais l'épithète ὁ κτίστης est fréquente à la fois chez les commentateurs de Ptolémée (Théon, Stéphanos), chez Georges le Syncelle (ou Panodoros) et dans les scolies. Le *Vat. gr.* 1291 est également le seul à préciser « μαξημινος σεβαστος » pour l'augustat de Maximien Hercule, à donner une entrée pour le règne conjoint de quatre mois de Justin Ier et Justinien Ier (avril à juillet 527), ainsi que pour les six mois de règne d'Héraclonas (mai à septembre 641)[4]. Par ailleurs, il est le seul témoin à donner vingt ans à Dioclétien (années de Philippe 608–627) mais seulement vingt-cinq ans à Constantin Ier (années de Philippe 628–652), ce qui provoque un décalage de neuf années dans la table : à la fin du règne de Constantin Ier, les autres témoins de la Table des rois comptent soit 660 années depuis Philippe (ce qui est le comput le plus correct) soit 656 années (pour les familles de A[1] et Va, un total déjà trop faible), quand V donne 652 années seulement. Il attribue en revanche quarante-neuf ans de règne à Théodose II, contre quarante-deux, d'où un décalage avec les autres témoins *in fine* assez faible dans les années depuis Philippe. Il omet le nom de Justin II (565–578) mais ajoute ses années de règne à son successeur Tibère Constantin (578–582), qui se retrouve avec dix-sept années de règne. L'entrée du premier règne de Justinien II (685–695) est libellée « Justin ».

---

3 Georges le Syncelle, *Chron.* 315.4–7 : εὗρον Κῦρον τὸν α΄ βασιλέα Περσῶν ἐν τοῖς ἀπὸ Ναβονασάρου καταγομένοις ἐπὶ Ἀλέξανδρον ἔτεσιν θ΄ μόνον ἔτη βασιλεύσαντα Περσῶν ἐν πᾶσι τοῖς ἀκριβέσι κανονίοις.
4 Dans la colonne des années cumulées, ce règne de six mois est compté comme une année.

Conclusion et *stemma codicum*

Familles et chefs de file

Le but de cette étude des témoins manuscrits de la Table des rois est double. D'une part, il s'agit de mettre en lumière les liens généalogiques entre ces témoins, de les rassembler au sein d'un *stemma codicum* afin de définir quels manuscrits seront utilisés pour l'établissement de l'édition critique. D'autre part, j'ai voulu décrire autant que possible l'histoire précise de chacun des témoins afin d'aider à comprendre l'histoire de la transmission de cette table. Au terme de cette enquête, on a pu mettre en évidence l'existence de plusieurs groupes de manuscrits de la Table des rois, où se distinguent un petit nombre de chefs de file, dont dépendent la plupart des autres témoins, mais surtout des liens horizontaux entre les groupes et un grand nombre d'incertitudes. Espérons qu'une partie de ces dernières sera levée lorsqu'une étude de l'ensemble des *Tables faciles* sera réalisée.

Il a été possible de définir deux familles principales parmi les témoins manuscrits de la Table des rois, ici nommées ω1 et ω2. Ces dernières se différencient par un petit nombre de variantes dans la partie de la Table qui va de Nabonassar à Antonin – donc dans le texte composé par Ptolémée lui-même –, dont une particulièrement significative, l'entrée du roi babylonien Ulūlāyu (Salmanazar V). Les exemplaires H^1, V, F^1, Va et r^1 se rattachent à la famille ω1, tandis que les exemplaires H^2, R et r^2 se rattachent à la famille ω2. Ces deux modèles hypothétiques sont néanmoins proches l'un de l'autre, ne diffèrent pas par des structures radicalement dissemblables ou par des computs qui seraient sous-tendus par des logiques différentes. C'est précisément à partir de l'entrée d'Antonin le Pieux, donc après la rédaction de Ptolémée, que les divergences entre les deux familles sont plus importantes. Cela nous permet d'imaginer que l'ensemble de la tradition manuscrite conservée, du moins pour la partie de la table allant de Nabonassar à Antonin, remonte peut-être à un exemplaire unique, et en dernier lieu, à Ptolémée lui-même. Puisque la première variante significative entre ω1 et ω2 après Antonin concerne les entrées de ses successeurs immédiats (Marc Aurèle, Lucius Verus et Commode, puis Septime Sévère et Caracalla), il n'est pas impossible que l'apparition des deux familles remonte à quelques générations seulement après Ptolémée, mais on se gardera de toute conclusion trop affirmative. Pour être certain que la bifurcation entre les familles ω1 et ω2 ait eu lieu juste après Antonin, il faudrait admettre comme certaine l'hypothèse selon laquelle la Table des rois aurait été complétée systématiquement à chaque nouvel empereur. Or, ce n'est pas du tout assuré et il même assez probable que des ajouts à la table ont été souvent réalisés « en blocs » couvrant plusieurs entrées à la fois.

À l'intérieur de la famille ω1 se trouvent trois chefs de file des IXe et Xe siècles (H[1], V et F[1]), auxquels on peut ajouter le manuscrit Va, plus tardif mais probable descendant du *Marc. gr.* Z 331 (M), manuscrit des *Tables faciles* du début du Xe siècle, aujourd'hui mutilé. Comment définir les liens entre ces chefs de file et entre ces derniers et leur modèle commun ? Selon les parties de la table, certains témoins se rapprochent ou s'éloignent sans que l'on puisse dégager un scénario clair[1]. Par exemple, pour la partie de la Table qui va jusqu'à Dioclétien, la table H[1] est très proche de V et F[1] mais à partir de cet empereur, les additions sur la table H[1] montrent une logique très différente des autres témoins, en insérant notamment de nombreux empereurs d'Occident là où les autres restent dans une perspective plus étroitement constantinopolitaine. Autre exemple, pour la partie de Dioclétien à Héraclius, la table F[1] partage de nombreuses caractéristiques communes avec les témoins de la famille ω2. En l'état, il est impossible d'établir des relations stemmatiques indiscutables entre les principaux représentants de la famille ω1. On se risquera seulement à une hypothèse : puisque les années de Dioclétien à Constantin Ier inclus sont toutes traitées de manière assez dissemblable dans les tables H[1], V, F[1] et Va, il est possible que ces manuscrits descendent de différents modèles qui existaient déjà au IVe siècle.

Sans surprise, la situation se fait plus claire pour les descendants des plus anciens manuscrits conservés. On note néanmoins différents cas de figure selon les groupes. Les descendants du *Leidensis* BPG 78, qui contient deux exemplaires de la table, présentent parfois les deux exemplaires du modèle, mais parfois aussi une unique version réalisée à partir des deux tables. Le *Vat. gr.* 1291, complété plusieurs fois au cours du IXe siècle, est sans descendant connu, alors que le *Plut.* 28/26, lui aussi complété par plusieurs mains jusqu'au milieu du XVe siècle, a contaminé d'autres groupes. Dès la fin du XIIIe siècle, la réalisation d'éditions de la Table des rois à partir de différents exemplaires rend l'établissement des liens entre les groupes plus complexes mais, dans la plupart des cas, ces relations ont pu être identifiées.

---

[1] Sur la base de leur étude de la table des parallaxes (A13) dans les quatre manuscrits en onciales (FHMV), Chabás et Tihon (1993, 131–132) sont parvenus aux conclusions suivantes : les table A13 de F et H sont apparentées, partagent de nombreuses leçons communes contre V et M, mais ne peuvent pas être la copie l'une de l'autre. Les tables A13 de M et V ne semblent pas apparentées et la table de M apparaît particulièrement isolée au sein de la tradition. Pour les tables astronomiques A1 et A2, Tihon (2011, 53–54) montre qu'aucun des quatre manuscrits n'est la copie ou le modèle d'un des trois autres et que le manuscrit V se singularise souvent par rapport à F et H, mais sans pousser plus loin ses conclusions. On retrouve une situation similaire pour la Table des rois.

Vers un *stemma codicum* de la Table des rois

De manière traditionnelle, un *stemma codicum* représente sous forme graphique les liens de filiation qui existent entre les divers exemplaires connus d'un texte. Différentes approches sont possibles quant à l'utilisation et l'interprétation d'un tel stemma. Pour la Table des rois, il devra constituer le point de départ permettant d'atteindre autant qu'il est possible le texte établi à l'origine par Ptolémée. S'il est une leçon à retenir de l'étude des manuscrits, c'est que la Table des rois a toujours été un texte vivant, régulièrement enrichi par ses copistes sur une très longue période. Une fois copié, un exemplaire reste très rarement inaltéré et, dès qu'il est complété ou fortement amendé, il devient lui-même une nouvelle version de la table. Certes, chaque texte issu de l'Antiquité ou du Moyen Âge a une histoire qui lui est propre et il n'est pas rare qu'au cours de cette histoire, le texte en question subisse des modifications – intentionnelles ou non – de nature à le transformer fortement. Il est trivial de rappeler que la Table des rois ne fait pas exception. Ces transformations sont autant de témoins de l'utilisation et de la vie du texte. C'est pourquoi, au-delà de la question de l'original de Ptolémée, l'histoire textuelle de sa table est tout aussi importante.

Il est une caractéristique qui, à mon avis, rend ce document absolument unique. Ptolémée a créé sa Table des rois dans le but de fournir un outil pour l'utilisation des *Tables faciles*, mais avec la volonté de permettre à ses lecteurs et successeurs de la compléter et de l'actualiser eux-mêmes. Cette attention portée à la transmission de ses ouvrages sur la longue durée est typique de l'approche scientifique de Ptolémée, qui conçoit ses tables comme devant être faciles à copier et à utiliser, mais aussi faciles à corriger, modifier et compléter[2]. Il n'est pas question ici d'une glose insérée *a posteriori* à un texte d'Aristote ou de quelques vers ajoutés à Virgile. La table établie par Ptolémée devait contenir à l'origine environ cinquante-cinq entrées ; les exemplaires qui ont circulé au IXe siècle en offraient déjà le double, et ceux qui ont été complétés au XVe siècle, le triple. Cet enrichissement permanent fait partie des caractéristiques fondamentales de la Table des rois, depuis le projet initial de Ptolémée jusqu'aux exemplaires en circulation, et il a une influence à la fois sur la façon dont le texte s'est transmis, sur la manière dont on peut retracer l'histoire de sa transmission, et sur les moyens de représenter graphiquement les liens entre les témoins textuels conservés.

---

2 Voir par exemple les quelques remarques dans Defaux (2017, 115–118) sur la façon dont la prise en compte par Ptolémée, dès la genèse de son projet, de la transmission des connaissances géographiques et cartographiques, a eu une grande influence sur la structure même de sa *Géographie*.

Partant donc du principe qu'une partie non négligeable des témoins manuscrits de la Table des rois présente des copies ayant été enrichies, parfois à plusieurs siècles d'intervalle, et que ce phénomène a parfois donné naissance à différentes versions de la table sur un même témoin manuscrit, il m'a semblé intéressant de donner à voir et d'essayer de représenter graphiquement cette particularité. En principe, un *stemma codicum* au sens strict du terme devrait être le produit de la seule critique textuelle et représenter les liens entre les témoins textuels connus. Il ne se confond pas avec une représentation graphique de l'histoire de la tradition d'un texte, par nature beaucoup plus riche et complexe que le stemma, et surtout en grande partie inconnue de nous.

Prenons une copie de la Table des rois réalisée au Xe siècle que l'on appellera t_1. Deux siècles plus tard, un érudit complète la table de ce manuscrit, lui ajoute une dizaine d'entrées à la fin et corrige çà et là le texte de la première main ; on obtient notre version t_2. Une copie de cet exemplaire est produite une dizaine d'années après ; on l'appellera u_2. À la fin du XIVe siècle, un troisième copiste complète encore la table t_2 et corrige des erreurs faites par la seconde main, donnant notre version t_3. Un stemma classique permet de représenter ainsi le lien entre t_2 et u_2 :

Mais que faire de t_1 et t_3 ? Au sens strict, t_2 n'est pas une copie de t_1 ; il s'agit essentiellement d'une version actualisée et corrigée de la table t_1. Si l'on voulait respecter un strict formalisme logique, il faudrait représenter le lien entre t_1 et t_2 d'une manière différente du lien entre t_2 et u_2. Autre problème : seule la copie t_3 nous est parvenue telle quelle. Les exemplaires t_1 et t_2 ont eu chacun une existence historique, mais ne subsistent plus en tant que tels, on n'en a que les traces, visibles par les écritures, les encres et les logiques de comput des différents copistes. Mais t_1 et t_2 ne sont pas des modèles perdus dont le philologue postule l'existence pour expliquer les liens entre d'autres témoins conservés.

Pour ne pas renoncer à réaliser un *stemma codicum* d'ensemble qui rendrait compte des liens entre tous les témoins, peu importe leur nature, j'ai choisi d'adapter les règles classiques de sa construction graphique. Le résultat tient donc à la fois de la critique textuelle et de l'histoire de la tradition. Dans un premier temps, un repère chronologique a été ajouté : même s'il s'agit d'une pratique répandue, rappelons qu'un stemma n'oblige jamais à ancrer chaque témoin dans une chronologie absolue. Le stemma proposé a été construit d'après les principes suivants :

- Les sigles désignant les témoins renvoient à l'inventaire des manuscrits[3]. J'ai appelé H^1 et H^2 les deux exemplaires différents de la Table des rois présents dans le même manuscrit H. De même pour les manuscrits F, Z, G, A et r. Les lettres grecques (ω, ρ, λ, π, ξ, μ) désignent des exemplaires hypothétiques perdus, mais utiles pour comprendre les liens entre exemplaires d'une même famille[4].
- Une ligne pleine signifie une copie directe[5], complète ou partielle. Lorsque plusieurs exemplaires ont été mis à contribution pour une unique copie, ces liens sont représentés par des lignes pleines, même si les différents modèles n'ont pas eu une influence égale sur le nouveau témoin. Bien que les contaminations soient généralement représentées par des lignes pointillées, j'ai préféré ne pas multiplier les items. Il y a six cas (R, K, Ba, λ, A^1 et Q/Q*) où il est manifeste que plusieurs exemplaires identifiables ont été mis à contribution pour la réalisation d'une nouvelle copie[6]. Bien souvent, il ne s'agit pas d'une simple contamination superficielle du texte : un modèle peut servir de texte de base pour l'ensemble de la table ou une partie seulement, ou bien pour des corrections des valeurs numériques, ou encore pour l'ajout de noms de co-empereurs par exemple. Quantifier l'apport exact de chaque modèle est souvent ardu, le représenter graphiquement avec logique et nuance tout en garantissant la lisibilité du schéma ne me paraît pas envisageable.
- Lorsqu'un exemplaire a été complété et/ou fortement modifié par une main plus récente ou différente de la main principale, il représente alors une nouvelle version du texte, et reçoit un astérisque. Ainsi, la table F^1, copiée à la fin du IXe siècle, a été complétée une première fois au milieu du XIe siècle (F^{1*}), puis vers 1085 (F^{1**}), dans la première moitié du XVe siècle (F^{1***}) et une dernière fois vers 1450 (F^{1****}). Le lien entre les différentes versions qui se succèdent sur un même exemplaire manuscrit est représenté par une ligne composée de points. Concernant V, réalisé peu après le règne de Nicéphore Ier (802–811), il n'est pas possible de représenter graphiquement les cinq mains postérieures intervenues sur la table jusqu'au règne de Léon VI (886–912) ; j'ai donc laissé un seul sigle V* qui les représente toutes.

---

[3] Voir pp. 43–44.
[4] En particulier, μ désigne l'exemplaire complété sous le règne de Manuel II (1391–1425) qui a servi de modèle à r^1, copié en 1733.
[5] Qu'il s'agisse d'un lien strict entre antigraphe et apographe, ou d'un lien direct pour lequel on ne peut pas mettre en évidence de copies intermédiaires même si celles-ci ont pu exister.
[6] Les liens entre R et S sont particuliers : Chortasménos a utilisé et complété R et s'est servi de ses ajouts et de l'exemplaire d'origine pour S.

- Les lignes pointillées formées de tirets représentent des liens entre témoins, liens qui sont pour une grande partie très hypothétiques. C'est principalement le cas lorsqu'un modèle perdu a été postulé. Ces lignes montrent les parties les plus incertaines du stemma.
- Les exemplaires Ot, Ma et Mo, au vu de leurs caractéristiques historiques et textuelles, ne sont pas rattachés clairement à un ou plusieurs témoins, mais sont indiqués dans l'entourage de J et W, à la famille desquels ils appartiennent.
- J'ai renoncé à figurer un éventuel archétype ω qui unirait les modèles ω1 et ω2, puisqu'il n'y a aucun moyen de le dater, même de façon très imprécise, et qu'il subsiste de nombreuses incertitudes autour des modèles directs de la plus ancienne génération de manuscrits conservés.
- Le *Marc. gr.* Z 331 ne contient plus la Table des rois, mais j'ai montré que ce manuscrit avait de fortes chances d'être l'ancêtre de Va, et qu'il était sans doute la clé pour comprendre la proximité entre A^1, r^1 et Va. C'est pourquoi il est malgré tout représenté dans le stemma.

Stemma codicum

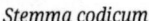

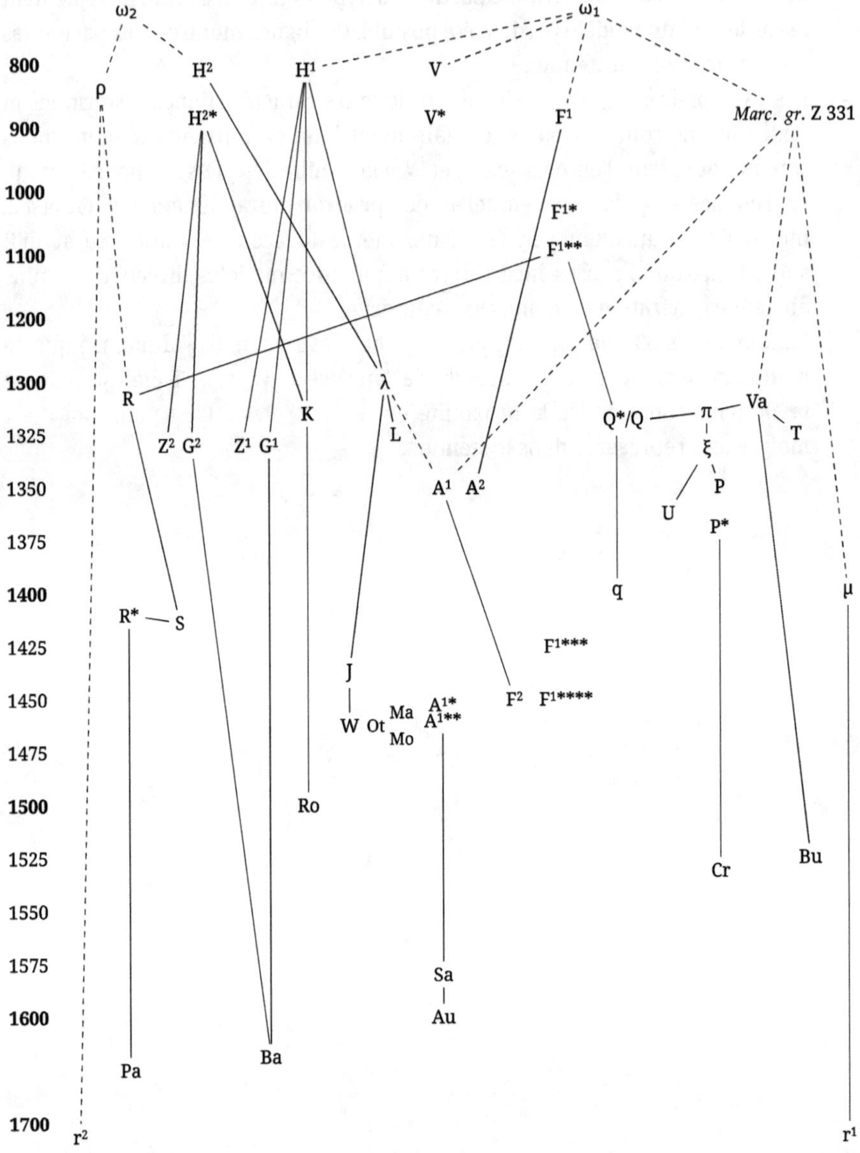

Deuxième partie: **Édition**

Sigles

F^1	*Pluteus* 28/26, f. 39rv
H^1	*Leidensis* BPG 78, ff. 54r–55r
H^2	*Leidensis* BPG 78, ff. 64r–65r
r^1	*Parisinus gr.* 2394, pp. 911–912
r^2	*Parisinus gr.* 2394, p. 926
R	*Parisinus gr.* 2399, ff. 45r–46v
Va	*Vaticanus gr.* 175, f. 85rv
V	*Vaticanus gr.* 1291, ff. 16v–17r

Les manuscrits H^1, H^2, V et F^1 sont copiés en onciales : par souci de clarté, les variantes rapportées dans l'apparat critique seront en minuscules modernes, sans accents, sauf s'ils sont présents dans le manuscrit, comme c'est parfois le cas pour V. Les témoins utilisés pour l'édition de la table C1a sont H^1, H^2, r^2, R et V seulement. Les témoins F^1, r^1 et Va n'ont pas cette partie de la table et sont donc absents de l'apparat critique. L'édition de la table C1b est faite à partir des huit témoins listés ci-dessus, sauf r^2.

Ptolémée, Table des rois de Nabonassar à Alexandre le Grand (C1a)

1	βασιλεῖς	ἔτη	ἐπισυναγωγή
	Ναβονασσάρου	ιδ	ιδ
	Ναδίου	β	ις
	Χίνζηρος καὶ Ποροῦ	ε	κα
5	Ἰλουλαίου	ε	κς
	Μαρδοκεμπάδου	ιβ	λη
	Ἀρκεανοῦ	ε	μγ
	ἀβασιλεύτου πρώτου	β	με
	Βηλίβου	γ	μη
10	Ἀπαραναδίου	ς	νδ
	Ῥηγεβήλου	α	νε
	Μεσησημορδάκου	δ	νθ
	ἀβασιλεύτου δευτέρου	η	ξζ
	Ἀσαριδίνου	ιγ	π
15	Σαοσδουχίνου	κ	ρ
	Κινηλαδάνου	κβ	ρκβ
	Ναβοπολασσάρου	κα	ρμγ
	Ναβοκολασσάρου	μγ	ρπς
	Ἰλλοαρουδάμου	β	ρπη
20	Νηριγασολασσάρου	δ	ρϙβ
	Ναβοναδίου	ιζ	σθ
	Περσῶν βασιλεῖς		
	Κύρου	θ	σιη
	Καμβύσου	η	σκς
25	Δαρείου πρώτου	λς	σξβ
	Ξέρξου	κα	σπγ
	Ἀρταξέρξου πρώτου	μα	τκδ
	Δαρείου δευτέρου	ιθ	τμγ
	Ἀρταξέρξου δευτέρου	μς	τπθ
30	Ὤχου	κα	υι
	Ἀρώγου	β	υιβ
	Δαρείου τρίτου	δ	υις
	Ἀλεξάνδρου Μακεδόνος	η	υκδ

tit. *tit. om.* H¹V ετη βασιλεων περσων τ(ων) εως αλεξανδρ(ου) κ(αι) αυτ(ου) H² βασιλεῖς περσῶν r² ἔτη βασιλέων Περσῶν τῶν ἕως Ἀλεξάνδρου καὶ αὐτοῦ R ‖ **1** col. 1 βασιλεῖς r² ετη βασιλεων H¹V *om.* H²R | col. 2 ἔτη r²R | col. 3 ὁμοῦ r² ἐπισυναγωγὴ αὐτῶν R | col. 2–3 ετη συναγομεν(α) H¹ *om.* H²V ‖ **2** <Να>βονασσάρου R ναβοναζαρου H¹V ναβονασαρου H² ‖ **3** ναδιου H¹H²V ‖ **4** χινζηρος κ(αι) πορου H¹ χινζιρος κ(αι) πορου H² Χιάρερος καὶ Πώρου r² Χϊήρερος [Χϊήρεος *legit* Omont *apud* Schrader (1887a, 606)] καὶ Πώρου R χινδειρια V ‖ **5** ἰουγαιου H¹ ἰλουλαιου H² ιουγεου V ‖ **6** μαρδοκεμπαδου H¹H² μαρτοκενπεδου V ‖ **7** αρκαιανου H¹V αρκεανου H² ‖ **8** αβασιλευτου προτου H¹ αβασιλευτου πρωτου H²V ἀβασιλήτου r² ‖ **9** βηλιβου H¹V βιλιβου H² Βιλίβου r² ‖ **10** απραναδιου H¹ απαραναδιου H² Ἀπαρλουαδίου r² <Ἀ>παραναδίου R δοιραννᾳδισου V ‖ **11** ρηγεβηλου H¹H² ηργεβηλου V ‖ **12** μεσησημμορδακου H¹ μεσησημορ\δ/

	Rois		Années	Sommes
1	Nabû-nāṣir	(Nabonassar)	14	14
	Nabû-nādin-zēri	(Nādinu)	2	16
	Mukīn-zēri et Pūlu	(Pūlu : Teglath-Phalasar III)	5	21
5	Ulūlāyu	(Salmanazar V)	5	26
	Marduk-apla-iddina	(Mardokempad, Merodach-Baladan II)	12	38
	Šarru-ukīn	(Sargon II)	5	43
	Premier interrègne		2	45
	Bēl-ibni		3	48
10	Aššur-nādin-šumi		6	54
	Nergal-ušēzib		1	55
	Mušēzib-Marduk		4	59
	Second interrègne		8	67
	Aššur-aḫa-iddina	(Assarhaddon)	13	80
15	Šamaš-šuma-ukīn		20	100
	Kandalānu		22	122
	Nabû-apla-uṣur	(Nabopolassar)	21	143
	Nabû-kudurri-uṣur	(Nabokolassar, Nabuchodonosor II)	43	186
	Amēl-Marduk		2	188
20	Nergal-šarra-uṣur	(Nériglissar)	4	192
	Nabû-na'id	(Nabonide)	17	209
	Rois des Perses			
	Cyrus (II)		9	218
	Cambyse (II)		8	226
25	Darius Ier		36	262
	Xerxès (Ier)		21	283
	Artaxerxès Ier		41	324
	Darius II		19	343
	Artaxerxès II		46	389
30	Ochos	(Artaxerxès III)	21	410
	Arsès	(Artaxerxès IV)	2	412
	Darius III		4	416
	Alexandre le Macédonien		8	424

ακου H² Μοσησιμοράκου r² Μεσησιμοράκου R μεσσησιμορδακου V ‖ **13** col. 1 αβασιλήτου β H¹H²V ἀβασιλεύτου β r² <ἀ>βασιλεύτου δευτέρου R | col. 2 ιη r² ‖ **14** ασαριδινου H¹H² <Ἀσα>ριδίνου R ασαριηδονου V ‖ **15** σαοδουχινου H¹H² Σωγδολιήνου r² <Σα>οσδουλιχίνου R σαοσσουχινου V ‖ **16** κινιλαδανου H¹ κινηλαδανου H²V <Κινη>λαδάνου R ‖ **17** ναβοπολλασαρου H¹ ναβοπολασαρου H² <Ναβο>πολασσάρου R ναβολασσαρου V ‖ **18** ναβοκολασσαρου H¹ νυβυκυλυσυαρου H² Ναβυκορασσάρου r² <Ναβο>κοσσάρου R ναβολασσαρου V ‖ **19** ὕλλοαρουδαμου H¹H²V Ἰλλωροδάμου r² <Ἰλλοα>ρουδάμου R ‖ **20** νηρικασολασσαρῦ H¹ νηριγασολασσαρου H² Νηρεγησοκάρου r² <...>γασοκάρου [Νηριγασοκάρου *legit* Omont] R νηρικασσοδασσαρου V ‖ **21** col. 1 ναβοναδιου H¹H²V <Ναβ>οναδίου R | col. 2 ιγ V | col. 3 σε V ‖ **22** περσων βασιλεις H¹H² *om.* r² ἀσσυρίων βασιλεῖς οὗτοι *al. m. ut vid.* R ‖ **23** col. 1 κυρου H¹H²V <Κύ>ρου R | col. 2 *om.* ιγ V | col. 3 *om.* r² ‖ **24** καμβυσου H¹H²V Καμβύσσου r² <Καμβύ>σου R ‖ **25** δαριου προτου H¹ δαρειου πρωτου H²V Δαρείου r² <Δαρείου> πρώτου R ‖ **26** ξερξου H¹H²V <Ξέρξ>ου R ‖ **27** αρταρξερξου προτου H¹ αρταξερξου πρωτου H² Ἀρταξέρξου r² αρταξερξου α V ‖ **28** δαριου β H¹ δαριου δευτερου H² Δαρείου β r² δαρειου β V ‖ **29** αρταξερξου β H¹ αρταξερξου β H² Ἀρταξέρξου β r² αρταξερξου β V ‖ **30** ωχου H¹H²V ‖ **31** αρωγου H¹H² αρχου V ‖ **32** δαριου γ H¹H² Δαρείου γ r² δαρειου γ V ‖ **33** αλεξανδρου μακεδονος H¹H² αλεξανδρος ο κτιστ(η)ς V

Ptolémée, Table des rois de Philippe Arrhidée à Antonin (C1b)

	βασιλεῖς	ἔτη	ἐπισυναγωγή
1	Φιλίππου	ζ	ζ
	Ἀλεξάνδρου	ιβ	ιθ
	Πτολεμαίου τοῦ Λάγου	κ	λθ
5	Φιλαδέλφου	λη	οζ
	Εὐεργέτου α΄	κε	ρβ
	Φιλοπάτορος	ιζ	ριθ
	Ἐπιφάνους	κδ	ρμγ
	Φιλομήτορος	λε	ροη
10	Εὐεργέτου β΄	κθ	σζ
	Σωτῆρος	λς	σμγ
	Διονύσου Νέου	κθ	σοβ
	Κλεοπάτρας	κβ	σϙδ
	Ῥωμαίων βασιλεῖς		
15	Αὐγούστου	μγ	τλζ
	Τιβερίου	κβ	τνθ
	Γαίου	δ	τξγ
	Κλαυδίου	ιδ	τοζ
	Νέρωνος	ιδ	τϙα
20	Οὐεσπασιανοῦ	ι	υα
	Τίτου	γ	υδ
	Δομιτιανοῦ	ιε	υιθ
	Νερούα	α	υκ
	Τραιανοῦ	ιθ	υλθ
25	Ἁδριανοῦ	κα	υξ
	Αἰλίου Ἀντωνίνου		

tit. vide scholion 43* H¹ ετη β(ασιλεων) τ(ων) μακεδον(ων) μετα τ(ην) αλεξανδρ<ου> του βα(σιλεως) τελευτην H² ἀπὸ ναβονασάρου μέχρι τῆς ἀλεξάνδρου τελευτῆς ἔτη υκδ F¹ βασιλεῖς ἐπίσημοι ter r¹ om. VVa ‖ **1** col. 1 βασιλεις H¹ <ετη βασιλεων> των μετα αλεξανδρον τον κτιστην V ἔτη βασιλέων F¹ Αἰγυπτίων βασιλεῖς r¹ | col. 2 ἔτη F¹ | col. 3 ἐπισυναγωγή F¹ | col. 2–3 ετη συναγομ(ενα) H¹ επισυν(α)γο(μενα) ετη H² om. Vr¹Va ‖ **2** φιλιππου του μετα αλεξανδρον τον κτιστη H¹ φιλιππου H² φιλιππος V φίλιππος ὁ μετὰ ἀλέξανδρον τὸν κτίστην F¹ Φίλιππος r¹Va ‖ **3** col. 1 αλεξανδρος ετερος H¹ αλεξανδρος H² αλεξανδρος V ἀλέξανδρος ἄλλος F¹ Ἀλέξανδρος r¹Va | col. 2 ιε Va ‖ **4** πτολεμαιος λαγους H¹ πτολεμαιο<υ> λαγου H² λαγος V πτολεμαῖος ὁ λάγου F¹ Πτολεμαῖος ὁ Λάγου r¹ Πτολεμαῖος Λάγου Va Πτολεμαίου Λάγου R ‖ **5** col. 1 πτολεμαιος φιλαδελφ(ος) H¹ [πτο in mg.] φιλαδελφου H² φιλαδελφος V φιλάδελφος F¹r¹Va | col. 2 λδ R | col. 3 ογ R ‖ **6** col. 1 ευεργετις α H¹ [πτο in mg.] ευεργετου H² ευεργετης α V εὐεργέτης α F¹ Εὐεργέτης r¹Va | col. 2 κθ R ‖ **7** φιλοπατορ H¹ [πτο in mg.] φιλοπατορος H² φιλοπατωρ V φιλοπάτωρ F¹r¹Va ‖ **8** επιφανις H¹ [πτο in mg.] επιφανους H² επιφανης V ἐπιφανής F¹r¹Va ‖ **9** φιλομητορ H¹ [πτο in mg.] φιλομητορος H² φιλομητωρ V φιλομήτωρ F¹r¹Va ‖ **10** ευεργετις β H¹ [πτο in mg.] ευεργετου β H² ευεργετης β V εὐεργέτης [β΄ al. m ?] F¹ Εὐεργέτου δευτέρου R Εὐεργέτης ἄλλος r¹Va ‖ **11** σωτηρ H¹V [πτο in mg.] σωτηρος H² σωτήρ F¹r¹Va ‖ **12** νεος διωνυσος H¹ [πτο in mg.]

	Rois	Années	Sommes
1	Philippe (Arrhidée)	7	7
	Alexandre (IV)	12	19
	Ptolémée (Ier) Lagos	20	39
	Ptolémée (II) Philadelphe	38	77
5	Ptolémée (III) Évergète Ier	25	102
	Ptolémée (IV) Philopator	17	119
	Ptolémée (V) Épiphane	24	143
	Ptolémée (VI) Philométor	35	178
10	Ptolémée (VIII) Évergète II	29	207
	Ptolémée (IX) Sôter	36	243
	Ptolémée (XII) Néos Dionysos	29	272
	Cléopâtre (VII)	22	294
	Rois des Romains		
15	Auguste	43	337
	Tibère	22	359
	Caius (Caligula)	4	363
	Claude	14	377
	Néron	14	391
20	Vespasien	10	401
	Titus	3	404
	Domitien	15	419
	Nerva	1	420
	Trajan	19	439
25	Hadrien	21	460
	Aelius Antonin		

δϊονυσου ναιου H² νεος διονυσος V νέος διόνυσος F¹ Διόνυσιος r¹Va ‖ **13** κλεοπατρα H¹V κλεοπατρας H² κλεοπάτρα F¹r¹Va ‖ **14** βασιλεις ρωμαιων H¹ ρωμαιων H² ρωμαιων βασιλεις *in mg.* V ρωμαίων F¹ *om.* Va ‖ **15** col. 1 αυγουστος H¹ αυγουστου H² αυγοστος V αὔγουστος F¹r¹Va Αὐγούστου ε *add. supra lineam* Chortasmenos R | col. 1 πάλιν *in mg. add.* Chortasmenos R | col. 2 λη *corr.* Chortasmenos R ‖ **16** τιβεριος H¹V τϊβεριου H² τιβέριος F¹r¹Va ‖ **17** γαιος ϊουλιος κεσαρ H¹ γαϊου H² γαϊος VF¹r¹Va ‖ **18** κλαυδιος H¹V κλαυδϊου H² κλαύδιος F¹r¹Va ‖ **19** νερων H¹V νερον *ante corr.* H¹ νερονος H² νέρων F¹r¹Va ‖ **20** ουεσπασιανος H¹V ουεσπασϊανου H² οὐεσπασιανός F¹ Οὐεσπεσιανός r¹ Va ‖ **21** τιτος H¹V τιτου H² τίτος F¹r¹Va ‖ **22** δομητιανος H¹ δομῖτιανου H² δομετιανος V δομετιανός F¹r¹Va Δομετιανοῦ R ‖ **23** νερουας H¹V νερουα H² νερούας F¹r¹Va ‖ **24** τραιανος H¹V τραϊανου H² τραϊανός F¹r¹Va ‖ **25** αδριανος H¹V αδριανου H² άδριανός F¹r¹Va ‖ **26** αιλιος αντονινος [ὁ εὐσεβὴς *add. al. m.*] H¹ ελλιου αντονινου H² αιλιος αντωνινος V αϊλιος άντώνινος F¹ αϊλιος άντωνῖνος r¹ Ἀντωνῖνος Va

Commentaires

La question du titre

Il existe des divergences entre la façon dont Ptolémée mentionne sa Table des rois dans le *Manuel*, les titres utilisés par les commentateurs comme Théon d'Alexandrie ou Théodore Métochitès, et les titres donnés par les manuscrits – qui, du reste, n'en portent pas toujours. Ma traduction « Table des rois » se base sur le grec κανὼν τῶν βασιλέων utilisé par Théon. J'ai cependant renoncé à choisir un titre pour l'édition, titre dont il n'est pas non plus certain qu'il ait jamais existé.

Le problème des interrègnes

Dans sa liste des rois babyloniens, Ptolémée donne deux entrées « ἀβασιλεύτου » qu'il est difficile de comprendre autrement que comme des périodes sans roi, c'est-à-dire des interrègnes. Ces périodes correspondent en effet à deux années entre Sargon II et Bēl-ibni et huit années entre Mušēzib-Marduk et Assarhaddon, périodes au cours desquelles Babylone est sous la domination de Sennachérib, que la source de Ptolémée omet à dessein. Le texte qui nous a été transmis pose néanmoins problème. Le génitif singulier ἀβασιλεύτου se rapporte à l'adjectif ἀβασίλευτος. Ce dernier est attesté comme adjectif (plus rarement, substantivé) pour désigner une entité ou un ensemble de personnes, en général un peuple ou une cité, qui ne sont pas gouvernés par un roi[1]. Au sens de « période sans roi » ou d'« interrègne », ce mot n'est pas attesté avant Ptolémée, que ce soit sous une forme substantivée (par exemple τὸ ἀβασίλευτον) ou comme adjectif (ἀβασίλευτος χρόνος ou ἀβασίλευτον ἔτος)[2]. Adler et Tuffin (2002, 302), avec Wachsmuth (1895, 305) et Schmidtke (1952, 98), pensent que la leçon originelle devait être ἀβασίλευτα, sous-entendu ἀβασίλευτα ἔτη. Le problème est que toute la tradition textuelle connue donne ἀβασιλεύτου. On peut envisager plusieurs possibilités : (1) le substantif τὸ ἀβασίλευτον n'existait pas et ne pouvait pas avoir le sens d'« interrègne » ; la leçon originelle donnait en effet

---

[1] Par exemple, Thucydide, *Hist.* 2.80 (βάρβαροι δὲ Χάονες χίλιοι ἀβασίλευτοι) ; Plutarque, *Alcibiades* 36.5 (τοῖς ἀβασιλεύτοις Θραξὶν) ; Diodore de Sicile, *Bibl. hist.* 2.41.4 (ἐὰν δ' ἡ πόλις αὐτῶν ἀβασίλευτος ᾖ...) ; Arrien, *Périple du Pont Euxin* 11.2 (καὶ ἔθνος ἀβασίλευτον).

[2] Georges le Syncelle (*Chron.* 33.14–15) cite un auteur alexandrin, peut-être Panodoros ou Annianos, qui compte 1058 « années sans roi » (τοῖς ἀβασιλεύτοις ἔτεσιν) depuis Adam jusqu'aux premiers royaumes (antédiluviens) de Babylone et d'Égypte. On trouve la même expression bien plus tard chez Gennadios Scholarios (*Chronographie* 509.22, 510.10) pour une période de 175 années sans roi (ἀβασίλευτα ἔτη) entre les Arabes et les Assyriens.

quelque chose comme ἀβασίλευτα ἔτη, leçon très tôt corrompue en ἀβασιλεύτου πρώτου et ἀβασιλεύτου δευτέρου, que certains auteurs, même hellénophones, et l'ensemble des copistes ont pris pour un nom de roi : Ἀβασίλευτος – comme Georges le Syncelle, Al-Battānī, Al-Bīrūnī ou Élie de Nisibe[3]. (2) Ptolémée a formé un hapax et utilisé dès l'origine ἀβασιλεύτου, peut-être à partir de τὸ ἀβασίλευτον. Ce terme a ensuite été compris diversement mais toujours fidèlement recopié (dans les témoins qui nous sont parvenus). À défaut d'être absolument certain que ἀβασιλεύτου πρώτου et ἀβασιλεύτου δευτέρου soient les leçons originelles – même si c'est le scénario retenu ici pour l'édition –, celles-ci représentent, dans tous les cas, la forme sous lequel le texte a circulé d'après tous nos témoins textuels, directs ou indirects, de langue grecque, syriaque et arabe.

Génitif et nominatif

À partir de l'entrée d'Alexandre le Grand, un certain nombre de témoins manuscrits utilisent le nominatif pour les noms de souverains. Plus précisément, la table H[1] passe au nominatif à partir d'Alexandre IV, la table V à partir d'Alexandre le Grand, et les tables F[1], Va et r[2], qui commencent à Philippe Arrhidée. Chez Georges le Syncelle, la première liste de Nabonassar à Alexandre est entièrement au génitif tandis que la seconde est au nominatif, sauf pour les trois dernières entrées (Arsès, Darius III et Alexandre). Dans les adaptations syriaques et arabes, certaines entrées semblent calquées sur le génitif (Arqiyanu, Aryaġnyū pour Ἀρκεανοῦ par exemple) et d'autres sur le nominatif (Ap^hasiliṭos, Afslīṭīs, Afslīṭiyūs pour ἀβασίλευτος). Puisque les plus anciens témoins de la Table des rois commencent par le génitif, il est vraisemblable que Ptolémée a rédigé sa table au génitif et que l'introduction de sections au nominatif est plus tardive, par simplification ou inattention[4].

---

3 Georges le Syncelle, *Chron.* 248.12 (ἐβασίλευσεν Ἀβασίλευτος ἔτη β΄), 248.21 (ἐβασίλευσεν Ἀβασίλευτος ἄλλος ἔτη η΄). Al-Battānī, *Ṣābiʾ Zīj* : Afsīlīṭūs, Afsīlṭūs, voir Nallino (1899, 228). Al-Bīrūnī, *Kitāb al-Āthār al-bāqiyah*, éd. Sachau (1878, 88) : Afslīṭīs, Afsīlṭīs, Afslīṭiyūs ou Afsīlṭiyūs selon les manuscrits. Un peu plus haut dans le texte, Al-Bīrūnī parle d'une période de cinq années où Babylone était « sans roi » (بلا ملك), voir Sachau (1878, 87). Élie de Nisibe, *Chronographie* I 37.11 et 16 : Ap^hasiliṭos.
4 L'emploi de ces deux cas est également variable pour les autres tables astronomiques, dans les titres et les en-têtes de colonnes ; l'utilisation fréquente d'abréviations complique encore l'établissement du texte dans de nombreux cas, voir Tihon (2011, 58).

Dernière entrée de la table

Le but de cette édition critique est de donner à voir, autant qu'il est possible, la Table des rois telle que Ptolémée l'a rédigée. La réalisation de l'*Almageste* et des *Tables faciles* a certainement eu lieu sous le règne d'Antonin le Pieux (138–161). La durée de son règne n'est pas reportée dans la table éditée, mais l'ensemble de la tradition manuscrite lui attribue vingt-trois années.

Troisième partie: **Histoire du texte**

Sous le regne de Salmanasar il y eut un capitaine nommé Nabonassar qui establit une principauté dans la Ville de Babylone l'an 3306 du Monde, le 1er de la 8e Olympiade & le 6e de Rome : au moins l'Ere qui porte son nom fort celebre parmy les Astrologues commence au Mercredy 26 Fevrier de cette année 3967 de la Periode Iulienne. Merodack appellé par Ptolomée Mardokempade, aprés que Sennacherib eut perdu son armée & la vie, augmenta de beaucoup son petit Royaume & s'assujettit les Assyriens l'an du Monde 3333. C'est le mesme qui est appelé Nabuchodonosor dans le Livre de Iudith & qui surmonta en bataille Arphaxad autrement Arbianes Roy des Medes l'an du Monde 3345. Il régna en tout 52 ans & son fils Benmerodak 32, ce qui est plus conforme à l'Escriture que cette tourbe de Roytelets qui paroissent dans un certain Canon Mathematique allegué si souvent par le Pere Petau.

Philippe Labbe, *Seconde partie de l'Introduction à la Chronologie sacrée et profane*, Chapitre XXXVIII : De l'Empire & de la Monarchie des Babyloniens, 1666.

Introduction

L'histoire de la Table des rois est liée à la tradition manuscrite des *Tables faciles*, ouvrage à la transmission complexe dont nous avons des témoignages directs à la fois grâce à la documentation papyrologique grecque d'origine égyptienne et grâce aux manuscrits byzantins, dont les plus anciens remontent au début du IXe siècle. Les *Tables faciles* ont subi un certain nombre de modifications depuis Ptolémée. Le prolongement de la Table des rois à diverses époques n'est qu'un aspect parmi d'autres formes d'interventions volontaires : les tables astronomiques elles-mêmes, ainsi que la table géographique, ont été transformées dans des proportions plus ou moins grandes. Il est clair que la circulation des *Tables faciles* a été très abondante, dans le monde hellénophone, mais aussi dans les milieux de langues syriaque et arabe, et de manière plus confidentielle dans l'Europe latine.

La présente étude se concentre sur la seule Table des rois, document qui a connu une diffusion un peu différente du reste des *Tables faciles*, puisque des historiens et des spécialistes de chronographie s'y sont intéressés dès l'Antiquité tardive. Décrire et comprendre comment la Table des rois a été transmise, prolongée, modifiée, comment elle a circulé et a été reçue dans différents contextes – d'abord dans le bassin méditerranéen, puis au-delà – nécessite donc d'articuler différents types de sources. Ces témoignages incluent les manuscrits eux-mêmes, les mentions de la Table des rois dans les commentaires astronomiques, dans leurs scolies, et dans les ouvrages historiques et chronographiques. À partir de ces témoignages, on tentera de retracer les grandes étapes de l'histoire du texte de la Table des rois. On brossera d'abord un rapide panorama de l'histoire des *Tables faciles* dans leur ensemble, afin d'établir un état de la question et de poser le cadre dans lequel on peut comprendre aujourd'hui la transmission de cette collection de tables. On présentera ensuite brièvement des listes de rois des IIIe et IVe siècles « cousines » de la table de Ptolémée. L'histoire de la Table des rois sera ensuite abordée en quatre temps : on commencera par la période, de Ptolémée à la fin du VIe siècle, où la table a surtout circulé dans les milieux astronomiques et chronographiques alexandrins ; puis on se tournera vers les VIIe–XIIIe siècles, lorsque la Table des rois, ayant pleinement acquis un statut de document historique et non plus astronomique au sens strict, est prolongée et étudiée à Constantinople et au Proche-Orient ; ensuite, en considérant son histoire depuis les premiers empereurs Paléologues jusqu'à l'époque moderne, on verra comment la Table des rois et l'ensemble des *Tables faciles* sont transmises en grec à l'Occident européen ; enfin, sera étudiée, à partir du XVIIe siècle, la multiplication des transcriptions et éditions imprimées de la Table des rois.

Open Access. © 2023 the author(s), published by De Gruyter. This work is licensed under the Creative Commons Attribution-NonCommercial-NoDerivatives 4.0 International License.
https://doi.org/10.1515/9783111304458-013

Chapitre 1
Brève histoire des *Tables faciles*

La Table des rois ne peut être exploitée à elle seule pour retracer l'histoire très complexe de l'ensemble des *Tables faciles*, dont elle n'est que l'un des éléments. À l'inverse, la Table des rois s'est également transmise et a été utilisée indépendamment du reste de la collection. Seule l'édition critique de chacune des tables permettra, à terme, d'acquérir une vue d'ensemble. Les *Tables faciles* ont fait l'objet de diverses études qui ont déjà permis de dégager certaines tendances concernant leur transmission. Le présent chapitre a pour but de dresser un bref panorama de nos connaissances sur l'histoire textuelle des *Tables faciles* et les différents problèmes posés par notre documentation.

1 La documentation papyrologique des IIIe et IVe siècles

Les tables de Ptolémée ont eu un succès certain dès l'Antiquité dans l'Égypte romaine, en témoigne la documentation papyrologique des IIIe et IVe siècles. Les *Tables faciles* sont le seul ouvrage de Ptolémée pour lequel nous avons conservé des témoins textuels antérieurs aux manuscrits d'époque byzantine[1]. Néanmoins, les tables de Ptolémée n'étaient pas les seules tables astronomiques à circuler en Égypte et elles s'inscrivent dans un ensemble documentaire très enchevêtré[2]. On y trouve des papyrus qui correspondent à ce que montrent les manuscrits des *Tables faciles* d'époque byzantine, mais aussi des tables qui sont dérivées de Ptolémée ou influencées par lui[3]. Alexander Jones distingue les *normal papyri* des *Tables faciles* appartenant pleinement à l'histoire textuelle de cet ouvrage, et les *wild papyri* dont la classification est plus délicate. Comme il l'explique :

> Tandis que les papyrus « normaux » [*normal*] des *Tables faciles* contribuent directement à notre compréhension de l'histoire textuelle de l'ouvrage de Ptolémée, les autres papyrus ajoutent une certaine confusion en présentant des données ptoléméennes authentiques sous une forme

---

[1] Tihon (2011, 49–50). On peut citer les *P. Oxy.* 4167–4171 (IIe–Ve siècles) contenant des fragments des tables A2-3, A5 et A13-19 – voir Jones (1999, 160–165) – mais aussi le *P. Ryl.* 523 (IIIe siècle) pour la Table des villes illustres (G1), voir Defaux (2020). Les *P. Oxy.* 4142 et 4143 (IVe siècle) présentent des extraits de sortes de manuels d'utilisation des *Tables faciles*, voir Jones (1999, 102–108). Un papyrus du milieu du IIe ou du début du IIIe siècle, soit pratiquement de l'époque de Ptolémée lui-même, contient un court fragment du *Manuel des Tables faciles*, voir Acerbi et Del Corso (2014).
[2] Voir Jones (1994).
[3] Jones (1999, 38).

Open Access. © 2023 the author(s), published by De Gruyter. This work is licensed under the Creative Commons Attribution-NonCommercial-NoDerivatives 4.0 International License.
https://doi.org/10.1515/9783111304458-014

qui n'est pas connue dans l'*Almageste* ou dans les *Tables faciles* médiévales, ou en utilisant la structure de parties des *Tables faciles* pour présenter des données non ptoléméennes. Ces papyrus « sauvages » [*wild*] se prêtent à diverses interprétations : (1) des adaptations d'ouvrages de Ptolémée par d'autres copistes, (2) des versions authentiquement ptoléméennes qui n'ont pas survécu jusqu'au Moyen Âge ou (3) des compositions indépendantes de Ptolémée qui ressemblent à ses tables seulement parce que celui-ci suivait des normes établies[4].

Les différents papyrus présentant des listes de rois et d'empereurs mentionnés au chapitre suivant s'inscrivent dans ce panorama très foisonnant de l'astronomie antique, qui ne se réduit pas à la simple transmission des tables composées par Ptolémée.

2 Les premiers commentateurs alexandrins de Ptolémée

La documentation papyrologique du IIIe siècle montre qu'au cours du siècle qui suit la publication de l'*Almageste* et des *Tables faciles*, les données et méthodes de Ptolémée et celles (différentes) de ses prédécesseurs coexistent ou sont en concurrence. À partir du IVe siècle et des commentaires de Pappos et Théon d'Alexandrie, l'astronomie ptoléméenne s'impose – en Égypte comme plus tard à Constantinople – comme le seul cadre scientifique dans lequel ont lieu la description et le calcul des phénomènes célestes[5]. Le *Paris. gr.* 2841, manuscrit du XIIIe siècle, nous a transmis un fragment d'un commentaire anonyme sur l'astronomie ptoléméenne (ff. 32r–34v). L'auteur présente un exemple daté de la 960e année de Nabonassar (212/213 AD)[6], cite et discute l'*Almageste* et les *Tables faciles*, situant ce commentaire environ un demi-siècle seulement après la rédaction des *Tables faciles*. Le texte, d'abord édité en 1911 par Franz Cumont[7], puis plus récemment par Alexander Jones[8], décrit très précisément plusieurs tables relatives au soleil et à la lune, mentionne des en-têtes (ἐπιγραφαί) de colonnes, mais cite aussi Hipparque et un commentateur de Ptolémée du nom d'Artémidore. Il témoigne aussi de l'existence de copies des *Tables faciles* dont les mises en page sont différentes[9]. Les IIe et IIIe siècles offrent

---

4 Jones (1999, 39). Ma traduction.
5 Jones (1990, 4).
6 Jones (1990, 3 et 51).
7 *CCAG* VIII/2, 125–134.
8 Jones (1990). Voir aussi Rome (1931b).
9 Le commentateur précise ainsi : τὸ γὰρ βόρειον πέρας τουτέστι τὸ πλάτος, τὸ ἐν ἐφεξῆς σελιδίῳ ἀναγεγραμμένον, ὃ ἔν τισιν ἀντιγράφοις ἐφεξῆς κεῖται, εἰς τὸ μῆκος οὔκ ἐστι χρήσιμα (« la 'limite septentrionale', c'est-à-dire la latitude, qui est inscrite dans la colonne suivante, ou la colonne intitulée 'Cœur du Lion' qui est placée à côté dans certaines copies, n'est pas utile pour la longitude, etc. »), éd. Jones (1990, 36.9–12).

néanmoins assez peu de témoignages sur la fortune des *Tables faciles* par comparaison avec les siècles suivants[10]. Le IVe siècle voit en revanche la rédaction de plusieurs commentaires sur les ouvrages de Ptolémée, dont les auteurs, Pappos et Théon d'Alexandrie, sont appelés à faire date dans la transmission de l'astronomie ptoléméenne. Le niveau scientifique de ces commentaires, qui s'adressaient à des élèves ou des étudiants, a été diversement apprécié[11] mais leur succès atteste que l'*Almageste* comme les *Tables faciles*, ouvrages complexes, demandaient l'existence de manuels pour en comprendre même les notions les plus élémentaires, et d'instructions détaillées pour les utiliser. Pappos d'Alexandrie est l'auteur d'un *Commentaire à l'Almageste* dans le premier quart du IVe siècle[12] dont seuls les livres V et VI nous sont parvenus. Dans les fragments que nous pouvons encore lire, Pappos mentionne à de nombreuses reprises les *Tables faciles*[13], en particulier pour souligner leur cohérence avec l'*Almageste*. Théon d'Alexandrie, dont on peut situer l'activité dans la seconde moitié du IVe siècle[14], est celui dont le nom reste associé aux tables de Ptolémée jusqu'à l'époque tardo-byzantine et dans les milieux de langue arabe et syriaque. Ses ouvrages ont grandement contribué à la diffusion des *Tables faciles*. En plus d'un volumineux commentaire à l'*Almageste* en treize livres, Théon est l'auteur de deux commentaires aux *Tables faciles* : un premier en cinq livres, que l'on nomme par convention *Grand Commentaire*, et un second, plus court et plus élémentaire, le *Petit Commentaire*, très diffusé dans l'Antiquité et durant toute la période byzantine. Ce dernier devient rapidement le manuel d'introduction incontournable pour tous les lecteurs des *Tables faciles*.

---

10 Anne Tihon (2014, 89) évoque même un « trou noir » entre Ptolémée et le IVe siècle tout en restant très prudente sur les facteurs qui peuvent expliquer ce déclin relatif.
11 Le chanoine Rome (1931a, x) portait un jugement implacable sur le *Commentaire à l'Almageste* de Pappos : « Pappus attendait de son élève ou de son lecteur une passivité complète : il suppose toujours qu'on ne fera aucune vérification ; il force de manière à obtenir malgré tout les résultats de l'*Almageste* ; il copie des données dans les *Tables faciles* en laissant croire qu'il les a calculées ; il fournit des explications inexactes lorsqu'il croit que son élève ne comprendra pas encore la vraie théorie, risquant ainsi de l'embrouiller complètement si celui-ci s'avisait jamais d'aller refaire les calculs. [...] L'intérêt humain de Pappus est là : il nous montre peut-être comment le progrès scientifique s'est arrêté chez les Grecs. »
12 Son commentaire au livre VI de l'*Almageste* (180.8–10, éd. Rome) mentionne une éclipse survenue le 17 tybi de l'année 1068 de Nabonassar, soit le 18 octobre 320 AD. Une scolie sur la Table des rois dans le *Leidensis* BPG 78 place Pappos sous le règne de Dioclétien (284–305), voir scolie (27*).
13 Pappos, *Commentaire à l'Almageste* 61.12 ; 132.4 ; 196.1–2, 6 ; 197.9, 13, 18 ; 251.19 ; 271.10 ; 296.10 ; 303.16 ; 306.5 ; 307.12.
14 Son *Petit Commentaire* aux *Tables faciles* utilise un exemple daté de l'année 77 de Dioclétien, soit 360 AD (205.9–206.5). Son *Commentaire à l'Almageste* rapporte l'observation de l'éclipse de soleil du 16 juin 364 et de l'éclipse de lune du 25 novembre de la même année ; voir Tihon (1977) et Tihon (1978, 1).

3 Les *Tables faciles* aux Ve et VIe siècles

Les Ve et VIe siècles nous offrent un nombre appréciable de témoignages sur les *Tables faciles*, qui voient leur histoire se complexifier. La chronique de Georges le Syncelle (fin du VIIIe siècle) s'inspire en partie d'un ouvrage de Panodoros d'Alexandrie[15]. Ce dernier, dont l'activité se situe au tournant des IVe et Ve siècles, s'est principalement occupé de chronologie. Il a eu à disposition un exemplaire de la Table des rois, qu'il édite, mais sans doute aussi d'autres tables astronomiques ptoléméennes[16]. Les scolies qui accompagnent les deux commentaires de Théon d'Alexandrie aux *Tables faciles* portent les traces d'utilisateurs et de commentateurs tout au long du Ve siècle, illustrant l'importance de ces tables dans l'étude et la pratique de l'astronomie durant l'Antiquité tardive[17]. Des scolies dans le *Vat. gr.* 190, qui contient le *Grand Commentaire* de Théon, ont été élaborées à Apamée de Syrie par un scoliaste qui possédait un exemplaire des *Tables faciles* : ces notes sont datées de l'année 179 de Dioclétien (462 AD) et attestent que cet ouvrage de Ptolémée était présent dans le monde syro-palestinien dès le Ve siècle[18].

Une série d'observations de planètes des Ve et VIe siècles a circulé comme matériau introductif dans plusieurs manuscrits de l'*Almageste*. Une de ces observations, datée de 475 AD et située à Athènes, peut être attribuée à Proclus (412–485 AD), cinq sont à attribuer à son élève Héliodore (une observation en 498 AD, une en 508, deux en 509 et une en 510) et une dernière par le même Héliodore et son frère Ammonios (503 AD)[19]. La scolie datée du 19e jour de payni de l'an 225 de Dioclétien (13 juin 509 AD), relative à Mars et Jupiter, nous apprend qu'Héliodore a constaté une divergence entre ses observations et les calculs qu'il a menés à partir des *Tables faciles* et de l'*Almageste*[20]. Cette note atteste qu'à Alexandrie, au début du VIe siècle,

---

15 Adler et Tuffin (2002, LXIII–LXVIII).
16 Voir pp. 209–211.
17 Voir par exemple les scolies du *Paris. gr.* 2394 et celles du *Vat. gr.* 190, qui mentionnent divers auteurs pouvant être situés autour du Ve siècle comme Sérapion, Synésios, Cléoxène ou Marinos. Voir Tihon (1978, 174–176) et Tihon (2011, 51–52).
18 Mogenet et Tihon (1981) ; Mogenet et Tihon (1985, 73–78).
19 Ces scolies sont éditées par Heiberg (1907, XXXV–XXXVII). Voir Neugebauer (1975, 1038–1041).
20 Heiberg (1907, xxxvi–xxxvii) : τῷ αὐτῷ σκε Παυνὶ θι μετὰ ἡλίου δυσμὰς ὁ τοῦ Ἄρεως συνῆψεν τῷ τοῦ Διὸς ὡς δοκεῖν αὐτῷ διεστάναι εἰς μὲν τὰ προηγούμενα δάκτυλον α, πρὸς δὲ νότον δακτύλους β, καίτοι τῶν ἀπὸ τοῦ Κανόνος καὶ τῆς Συντάξεως ἀριθμῶν τῇ κγ τοῦ αὐτοῦ μηνὸς δεικνύντων αὐτοὺς ἰσομοίρους, ὅτε πλεῖστον παραλλάττοντες ὤφθησαν. (« Dans la même année 225, le 19 payni, après le coucher du soleil, la planète Mars était en conjonction avec la planète Jupiter telle que sa distance visible depuis celle-ci était d'un doigt vers l'ouest et deux doigts vers le sud, alors que les calculs à partir des *Tables* et de l'*Almageste* montraient qu'elles seraient à la même position le 23e jour de ce mois, jour où elles furent observées à une distance considérable l'une de l'autre. »)

les *Tables faciles* faisaient partie de la pratique de l'astronomie et étaient confrontées aux données issues de l'observation directe[21]. Deux éléments confirment que le modèle des *Tables faciles* dont descend le *Vat. gr.* 1291 a été utilisé et complété dans le premier tiers du VIe siècle : la Table des rois présente une entrée pour les quatre mois du règne de Justin Ier où son neveu, Justinien, est associé au trône (avril à juillet 527 AD) ; une scolie sur la table d'épactes (f. 47r) donne un exemple daté de l'année 239 de Dioclétien, soit 522/523 AD[22]. La Souda mentionne l'activité d'un certain Tribonien de Sidè (Pamphylie), auteur d'un commentaire à la « table de Ptolémée » (ὑπόμνημα εἰς τὸν Πτολεμαίου Κανόνα)[23], mais aussi d'une liste de consuls et d'une liste de rois jusqu'à Justinien (Ὑπατικὸν καταλογάδην εἰς Ἰουστινιανὸν αὐτοκράτορα, Βασιλικὸν εἰς τὸν αὐτόν). Il est tentant de relier l'activité de ce Tribonien avec cette étape dans l'histoire du *Vat. gr.* 1291, mais celui-ci ne contient ni liste de consuls ni matériau pouvant clairement remonter aux ouvrages mentionnés dans la notice de la Souda[24].

On place également dans la première moitié du VIe siècle la rédaction du *Preceptum canonis Ptolomei*, un traité sur les *Tables faciles* en latin, en partie inspirée de Théon, assorti de la traduction de plusieurs des tables de Ptolémée. Le texte présente un exemple pour l'année 534 AD[25]. D'après David Pingree, l'ouvrage repose essentiellement sur trois sources : le *Petit Commentaire* de Théon ; une source qui s'inspire du même ouvrage de Théon (une révision du *Petit Commentaire* ou une traduction en latin ou un commentaire en grec plus ancien que Théon) ; une source non-théonienne qui se manifeste par l'utilisation de l'ère d'Auguste et d'une termi-

---

21 Guidetti (2019, 50–55).
22 Scolie éditée par Tihon (2011, 37–38) et Guidetti (2019, 56–57) avec quelques divergences. Voir aussi Tihon (1973, 51).
23 Le singulier κανόνα renvoie sans doute à l'ensemble de la collection des *Tables faciles* ; voir p. 34.
24 Voir Tihon (1992, 77).
25 *Preceptum* 57 : supputatio longitudinis Solis ita fiet. accipies annos a Philippo usque ad Diocletianum, qui faciunt annos DCVII ; et a Diocletiano usque in consulatum quartum domini Iustiniani imperatoris, hoc est usque in diem V kl. septembris, anni sunt CCL. fiunt omnes anni DCCCLVII. (« Le calcul de la longitude du soleil sera fait ainsi. Tu prendras les années depuis Philippe jusqu'à Dioclétien, qui font 607 années ; et depuis Dioclétien jusqu'au quatrième consulat de notre seigneur, l'empereur Justinien, c'est-à-dire jusqu'au jour 5 des calendes de septembre, il y a 250 ans. Toutes les années font 857. ») D'après Pingree (1997, 142), la date correspond au 28 août 534 et d'après Usener (1898c, 407), le quatrième consulat de Justinien coïncide avec l'année 534. Cependant, dans les Fastes consulaires transmis par le *Leidensis* BPG 78 (ff. 55v–63v), l'année du quatrième consulat de Justinien correspond à l'année 855 de Philippe et non 857, et à l'année 248 de Dioclétien et non 250. On notera le signe σημείωσαι inscrit en marge de cette entrée (f. 61r). La Table des consuls du *Plut.* 28/26 s'arrête à l'année 695 de Philippe (371/372 AD).

nologie particulière[26]. Le texte appartient donc davantage à l'histoire textuelle du *Petit Commentaire* qu'à celle des *Tables faciles* elles-mêmes. Cet ouvrage, rédigé à Rome et auquel Cassiodore fait peut-être référence[27], nous est parvenu dans six manuscrits médiévaux dont le plus ancien a été copié vers l'an 1000, peut-être à l'abbaye de Fleury (*British Library Harley* 2506). D'autres témoins manuscrits peuvent être situés à Chartres, au Mont-Saint-Michel et à Winchester dans le Sud de l'Angleterre au XIIe siècle[28]. Des traces de ce traité peuvent être également signalées dans le Sud de l'Allemagne au début du IXe siècle et dans le Sud de la France au milieu du XIIe siècle[29]. La plupart des manuscrits transmettent une partie des tables A3 à A7 et A11, seuls indices de la présence des *Tables faciles* dans l'Occident latin avant l'arrivée des manuscrits grecs dans la péninsule italienne dans la première moitié du XVe siècle. Cette branche de la transmission des *Tables faciles* remonte donc en dernier lieu au *Petit Commentaire* de Théon d'Alexandrie.

4 Transformations et révisions tardo-antiques

La transmission et la circulation des *Tables faciles* se sont accompagnées d'importantes transformations qui se sont ajoutées à la fois aux accidents matériels et aux modifications inhérentes au passage du rouleau au codex. Certaines tables ou ensembles de tables ont circulé sous des formats différents[30]. La collection de tables composée par Ptolémée a été complétée et étendue, si bien que les manuscrits ont transmis un grand nombre de tables, diagrammes ou listes créés après Ptolémée, qui se sont progressivement ajoutés à la tradition manuscrite – ce sont les tables B, C2 à C11 et S1 à S18 dans la nomenclature d'Anne Tihon[31]. L'ensemble des tables calculées pour la latitude de Byzance (tables B) par Stéphanos, auteur d'un commentaire aux *Tables faciles* au début du VIIe siècle, est un exemple de création byzantine intégrée à une partie des témoins manuscrits. Les autres tables, dont on ne sait pas précisément à quelles époques elles ont rejoint le corpus des *Tables faciles*, attendent encore des investigations spécifiques.

---

26 Pingree (1997, 16–17).
27 Pingree (1990). Pour David Juste (2004, 181–182), si le texte grec qui a servi de base au *Preceptum* peut éventuellement être daté du VIe siècle, la version latine est sans doute plus tardive et a pu être réalisée entre le VIe et le XIe siècle.
28 Pingree (1997, 7–18).
29 Pingree (1997, 16).
30 Tihon (2011, 12–17).
31 Tihon (2011, 65–66). Voir pp. 5–6.

Outre ces ajouts progressifs de matériau astronomique et chronologique nouveau aux *Tables faciles*, une partie du contenu des tables de Ptolémée a été révisée après le IVe siècle. Les données astronomiques des *Tables faciles* ont été tirées de l'*Almageste* par Ptolémée, même si elles sont généralement présentées sous des formats différents. Cette correspondance (συμφωνία) entre les deux ouvrages est l'un des sujets centraux du *Grand Commentaire* de Théon d'Alexandrie[32]. Néanmoins, lorsque des divergences apparaissent entre l'*Almageste* et les *Tables faciles* telles qu'elles nous sont connues dans les manuscrits byzantins, il n'est pas toujours évident de distinguer ce qui a pu venir de Ptolémée lui-même, qui a pu modifier ses propres paramètres, de ce qui relève d'une entreprise de révision postérieure du texte. La table des parallaxes (A13), étudiée par José Chabás et Anne Tihon, présente quatre colonnes, mentionnées par Ptolémée dans son *Manuel* ; les trois premières, telles qu'on les trouve dans les manuscrits byzantins, sont en tous points conformes avec l'*Almageste* et la transmission manuscrite a été remarquablement stable. En revanche, la quatrième colonne – tout en étant mentionnée par Ptolémée – présente des données non tirées de l'*Almageste* et apparaît extrêmement corrompue, sans qu'une explication simple n'ait pu être proposée[33]. Grâce à l'étude des tables A1, A2 et B1, Raymond Mercier a mis en évidence le schéma suivant : le *P. Oxy.* 4167 (IIIe–IVe siècles) et la table B1 (début VIIe siècle) s'inscrivent dans la tradition des *Tables faciles* telles que Ptolémée a pu les concevoir à partir des données de l'*Almageste* ; en revanche, Sévère Sebokht (VIIe siècle) d'une part, et les manuscrits byzantins[34] d'autre part dépendent d'une branche de la tradition qui donnait une version « révisée » des tables A1 et A2[35]. Il s'agit là d'un cadre valide seulement pour une petite partie des tables, mais qui fournit un bon point de départ[36]. On peut étendre l'appartenance à cette branche « révisée » au *Paris. gr.* 2394 et très vraisemblablement au *Marc. gr. Z* 331, manuscrit en onciales du début du Xe siècle, mais qui ne contient plus les tables A1 et A2[37]. Les *Tables faciles* seraient donc arrivées d'Alexandrie à Constantinople par deux traditions différentes : celle, non révisée, qui a servi à l'élaboration des tables B pour la latitude de Byzance au début du VIIe siècle, et celle, révisée, dont proviennent les manuscrits des IXe–X[e]

---

[32] Mogenet et Tihon (1985, 218–220) ; Mercier (2011, 137–138).
[33] Voir Chabás et Tihon (1993) ; Tihon (1999, 259).
[34] À savoir, les *Plut.* 28/26 (F), *Leidensis* BPG 78 (H), *Vat. gr.* 1291 (V) et leurs descendants.
[35] Mercier (2011, 152–155).
[36] Otto Neugebauer (1975, 973–974) avait déjà signalé les divergences entre certains papyrus dont les données sont conformes à l'*Almageste* et les manuscrits byzantins qui présentent, selon son expression, une version « théonienne » – donc révisée – des *Tables faciles*.
[37] Une série de sondages sur le *Plut.* 28/21, copie très fidèle du *Vat. gr.* 175, qui lui-même descend certainement du *Marc. gr. Z* 331, m'indique que cette famille de manuscrits présente des tables A1 et A2 de la même famille que les manuscrits en onciales FVH.

siècles. L'utilisation par Sévère Sebokht de la version révisée semble indiquer que cette dernière existait déjà à Alexandrie[38].

Le rôle de Théon d'Alexandrie dans cette révision est souvent mentionné[39], mais aucun élément tangible ne permet de soutenir cette hypothèse. Dans ses différents commentaires, Théon ne fait jamais allusion à une quelconque modification ou révision apportée aux *Tables faciles* par lui-même. Même s'il parle à de nombreuses reprises de la version ou de l'édition « théonienne » des *Tables faciles*[40], Otto Neugebauer admet que rien de définitif ne peut être établi sur le rôle de Théon sans une étude de tous les manuscrits[41]. Anne Tihon rejette également cette hypothèse[42]. L'association presque systématique, dans les manuscrits, du *Petit Commentaire* de Théon et des *Tables faciles* – association, somme toute, très logique – et l'absence du *Manuel* de Ptolémée, transmis de façon séparée de ses tables, ont pu prêter à confusion[43]. D'après Fabio Guidetti, il faudrait plutôt situer une partie de ce travail de révision du contenu des *Tables faciles* au sein de l'école d'Alexandrie, dans le sillage d'Héliodore et Ammonios, dans la première moitié du VIe siècle[44]. Cependant, parmi ses arguments, les indices fondés sur le *Vat. gr.* 1291 me semblent davantage indiquer une addition de matériau (comme le prolongement de la Table des rois) plutôt qu'une révision des données astronomiques des *Tables faciles* – ce qui ne remet pas en question l'existence, dans les premières décennies du VIe siècle,

---

38 Guidetti (2019, 58).
39 Honigmann (1929, 71–76) ; Pedersen (2011, 397) ; ou encore Toomer (1975, 196) et Evans (1998, 176). Van der Waerden (1954, 261), déclare même : « Théon et sa fille Hypatie, ainsi que d'autres avant et après eux, ont retravaillé les tables, ajouté de nouvelles tables, poursuivi la liste des rois jusqu'à la fin de l'époque byzantine, fusionné des tables, corrigé des erreurs et introduit de nouvelles erreurs. » (Ma traduction).
40 Neugebauer (1975, 973) : « Quand nous parlons des *Tables faciles*, nous entendons une collection de tables basées sur les méthodes développées dans l'*Almageste* et organisées selon les principes décrits dans l'introduction de Ptolémée et explicitement connues par la version 'théonienne'. » Neugebauer (1975, 977) : « De nombreux manuscrits des *Tables faciles* ont été préservés, bien sûr tous dans la version 'théonienne'. » (Ma traduction).
41 Neugebauer (1975, 968).
42 Tihon (1999, 258).
43 Voir aussi l'hésitation provoquée par le titre sur le premier folio du *Paris. gr.* 2399 (Θέωνος Ἀλεξανδρέως κανόνες πρόχειροι, sans doute un raccourci pour le plus fréquent Θέωνος Ἀλεξανδρέως εἰς τοὺς προχείρους κανόνας) chez Halma (1822, 157) ou Delambre (1817, 616). Anne Tihon (2011, 47) a montré que c'est à la fin du XIIIe siècle et au début du XIVe siècle que le *Petit Commentaire* de Théon est ajouté aux *Tables faciles* dans les manuscrits, notamment dans le *Leidensis* BPG 78 et le *Plut.* 28/26. Néanmoins, le *Vat. sir.* 623 contenait (peut-être au début du IXe siècle) à la fois les *Tables faciles* en grec et les fragments d'une traduction arabe du *Petit Commentaire*, voir Tihon (2011, 41–47).
44 Guidetti (2019).

d'un environnement scientifique propice à une révision partielle des *Tables faciles*, comme on l'a vu avec les observations d'Héliodore. On pourra ajouter à ce dossier la mention des « tables » d'Ammonios dans un texte attribué à un certain Stéphanos le Philosophe[45]. Ce texte, qui pourrait dater de la fin du VIIIe siècle, précise qu'Ammonios utilisait l'ère de Philippe[46], comme dans les *Tables faciles*.

5 Les *Tables faciles* à Constantinople et Stéphanos (VIIe siècle)

La conquête perse, puis arabe de l'Égypte et la perte des liens étroits entre Alexandrie et l'Empire byzantin sont l'un de ces moments charnières dans l'histoire de la transmission des savoirs scientifiques dont une grande partie de la réalité nous échappe. Le personnage principal de l'astronomie ptoléméenne au tournant des VIe et VIIe siècles est l'auteur du *Commentaire* aux *Tables faciles* composé à Constantinople vers 619[47]. Dans la plupart des manuscrits, cet ouvrage est anonyme, mais certains l'attribuent à l'empereur Héraclius ; au début du XVe siècle, Jean Chortasménos l'attribue à Stéphanos l'Alexandrin[48]. Sur la base du témoignage du *Chronographeion syntomon*[49], Hermann Usener fait du Stéphanos auteur d'un commentaire sur le *De interpretatione*[50] le rédacteur de ce commentaire astronomique[51]. Son idée, reprise et développée par Wanda Wolska-Conus[52], est que Stéphanos, érudit alexandrin, aurait composé ce traité sur les *Tables faciles* en adaptant les

---

[45] Ce Stéphanos n'est pas l'auteur du *Commentaire* aux *Tables faciles* rédigé sous Héraclius à Constantinople. L'identité de ce Stéphanos, à qui sont attribués d'autres textes astrologiques, est difficile à définir et a causé une grande confusion aussi bien à l'époque byzantine qu'à l'époque moderne. Voir Tihon (1993, 185–190).

[46] Édition par Franz Cumont à partir du *Marc. gr.* Z 335 (*CCAG* II, 182.15–23) : ἐπεὶ δὲ τὸ τοῦ Πτολομαίου κανόνιον καὶ τὸ τοῦ Ἀμμωνίου καὶ τῶν λοιπῶν παλαιῶν τῷ χρόνῳ συμμετετράπησαν, ὡς καὶ πέντε μοίρας ἐπὶ τοῦ Ἡλίου πρὸς τὴν ἀκρίβειαν παραλλάττειν […] (« Et puisque les tables de Ptolémée et d'Ammonios et des autres anciens ont été changées avec le temps au point qu'il y a une déviation de 5° pour le soleil par rapport à la précision […] ») ; ὅ τε γὰρ Πτολομαῖος τοῖς ἀπὸ τοῦ Ναβουχοδονόσορ ἔτεσιν ἐχρήσατο καὶ μησὶν Αἰγυπτιακοῖς, ὁ δέ γε Θέων καὶ Ἡράκλειος καὶ ὁ Ἀμμώνιος τοῖς τοῦ Φιλίππου καὶ μησὶν Αἰγυπτιακοῖς […] (« en effet Ptolémée utilisait les années depuis Nabuchodonosor et les mois égyptiens, et Théon, Héraclius et Ammonius, les années de Philippe et les mois égyptiens […] ») Traduction Tihon (1993, 185–186).

[47] L'auteur utilise un exemple daté du 10 avril de la 943e année de Philippe, soit le 10 avril 619 (Stéphanos, *Commentaire* 89.13–15, 95.5–6).

[48] Lempire (2016, 3–6).

[49] Édité par Schoene (1875a). Le texte se trouve dans le *Vat. gr.* 2210 ff. 163r–187v.

[50] Édité par Hayduck (1885).

[51] Usener (1880).

[52] Wolska-Conus (1989).

exemples et certaines tables à la latitude de Constantinople, traité qui aurait été ensuite complété et/ou revu par Héraclius lui-même. Le problème principal réside dans la biographie de Stéphanos, assez mal connue, et dont tous les aspects ne font pas consensus. Mossman Roueché résume ainsi :

> Usener a formulé l'hypothèse très originale que Stéphanos a commencé sa carrière d'enseignant à Alexandrie, puis s'est installé à Constantinople sous le règne, et peut-être à la demande, de l'empereur Héraclius (610–641). Les historiens ont par la suite trouvé cette proposition attrayante. Le passage du *Chronographeion syntomon*, provenant d'une source du IXe siècle, a été considéré potentiellement comme la plus ancienne preuve historique de l'existence de Stéphanos le Philosophe, dont on sait très peu de choses avec certitude. L'hypothèse d'Usener relie le philosophe alexandrin à l'étude de l'astronomie et, ce faisant, établit un pont intellectuel entre Alexandrie et Byzance, grâce auquel l'étude de la philosophie et de l'astronomie aurait migré vers la capitale pendant les guerres contre les Perses au début du VIIe siècle[53].

L'idée d'un Stéphanos, originaire d'Alexandrie, appelé à Constantinople pour travailler à la cour d'Héraclius, emportant avec lui un exemplaire des *Tables faciles* de Ptolémée et d'autres ouvrages astronomiques, sauvant ainsi *in extremis* quelques vestiges de la science grecque alexandrine des ravages de l'occupation perse[54], ne manque certes pas de romanesque. Sans partager le scepticisme quasi intégral de Roueché[55], il faut bien admettre que l'arrivée des *Tables faciles* à Constantinople est encore à décrire en des termes plus assurés. Le seul élément à peu près certain est qu'au moins un exemplaire des *Tables faciles* devait se trouver dans la capitale impériale dans les premières années du règne d'Héraclius. Le *Commentaire*, que l'on continuera pour le moment à attribuer à Stéphanos, reprend de nombreux éléments du *Petit Commentaire* de Théon, dont il s'inspire manifestement. Stéphanos compose son ouvrage à Constantinople ; or les tables d'ascensions, des parallaxes et des phases des planètes qui sont calculées en fonction de la latitude du lieu sont présentées par Ptolémée pour sept climats : (I) Méroé, (II) Syène, (III) Alexandrie, (IV) Rhodes, (V) l'Hellespont, (VI) le milieu du Pont, (VII) l'embouchure du Borysthènes. Constantinople se situant entre les climats V et VI, Stéphanos déclare :

> ἵνα δὲ μὴ καθ' ἕκαστον ἐπιλογιζώμεθα τὰ τοῦ ε καὶ ς κλίματος καὶ τούτων τὸ L´ λαμβάνωμεν, διὰ τὸ μεταξὺ εἶναι τὸ Βυζάντιον τοῦ ε καὶ ς κλίματος, ἐξεθέμεθα τοὺς κατὰ τὸ Βυζάντιον ἐπιβάλλοντας ἑκάστῃ μοίρᾳ τοῦ ζῳδιακοῦ ἀναφορικοὺς χρόνους, καὶ ἔτι τοὺς ὡριαίους

---

53 Roueché (2011, 2). Ma traduction.
54 Tihon (1978, 191).
55 Voir Roueché (2011) et Roueché (2012). Si les doutes sur la carrière et la production scientifique et philosophique attribuées à la figure de Stéphanos l'Alexandrin sont légitimes, les arguments de Roueché sur la Table des rois ne me paraissent pas convaincants.

χρόνους καὶ τὰς τῆς Σελήνης παραλλάξεις καὶ τὰς φάσεις τῶν ε πλανωμένων, καὶ οἰκείως ἐτάξαμεν μεταξὺ τοῦ ε καὶ ς κλίματος[56].

Afin de nous éviter de calculer à chaque fois les valeurs du 5ᵉ et du 6ᵉ climat et de prendre le 1/2 de celles-ci, parce que Byzance se situe entre le 5ᵉ et le 6ᵉ climat, nous avons disposé les temps d'ascension correspondant pour Byzance à chaque degré du zodiaque, et encore les temps horaires, les parallaxes de la lune et les phases des 5 planètes, et nous les avons placés de manière appropriée entre le 5ᵉ et le 6ᵉ climat[57].

La présence dans les *Plut.* 28/26, *Vat. gr.* 1291 et *Leidensis* BPG 78[58] des tables astronomiques réalisées par Stéphanos pour la latitude de Byzance nous indique que ces trois manuscrits des *Tables faciles* ont croisé la route de Stéphanos avant le IXᵉ siècle. Ni le *Marc. gr.* Z 331 ni son descendant probable, le *Vat. gr.* 175, n'ont de trace de ces tables pour la latitude de Byzance. D'autre indices plaident aussi pour une étape du modèle du *Leidensis* à l'époque du *Commentaire* de Stéphanos : la table H¹ s'arrête à Phocas avec ses années de règne, donc elle a été complétée sous le règne d'Héraclius. La Table des consuls, qui s'arrête en 630, porte une scolie datée de 615/616. Celle-ci n'a pas de réelle portée astronomique : on doit la mettre en relation avec l'auteur du *Chronicon paschale*, dont la rédaction a lieu sous le règne d'Héraclius[59].

6 De Stéphanos au XIIIᵉ siècle

La période qui s'étend de la composition du *Commentaire* de Stéphanos, vers 619, à la copie des plus anciens manuscrits conservés au début du IXᵉ siècle est assez pauvre si l'on considère la quantité ou la qualité de témoignages sur l'étude de

---

56 Stéphanos, *Commentaire* 186.12–17.
57 Traduction Lempire (2016, 187).
58 Dans le *Leidensis*, la table B1 a été insérée par un copiste au XIIIᵉ ou au début du XIVᵉ siècle, dans une version proche de celle du *Plut.* 28/26. Cependant, une scolie en onciales (f. 86v) indique que cette table B1 faisait bien partie du codex à l'origine, entre les tables G1 et A1 : δέον γινωσκειν οτι το κλιμα του βυζαντιου μεταξυ του ε και ς εστιν και εστιν η μεγιστη ημερα ωρ(ων) ισημε(ρινων) ιε λ΄. οι δε κανονες των αναφο(ρων) του βυζαντιου [=B1] κεινται εις τα εσχατα των κανονων των επισημων πολεων [=G1] ανοθεν του κανω(νος) της επ' ορθης σφαιρας [=A1]. Voir Tihon (2011, 172).
59 La scolie est ainsi éditée par Usener : τοῦ ὑπατορίου τούτου προηγουμένους ἔχεις ὑπάτους ἐν τῷ κώδικι τῶν νόμων ριε ἕως Φιλίππου βασιλείας. ἐκεῖ δὲ συνάγονται μέχρι β ἐπινεμήσεως καὶ αὐτῆς τῆς ἐν τῇ βασιλείᾳ Ἡρακλείου χρόνοι ͵ανδ καὶ ἐνταῦθα δὲ μετὰ τῶν λοιπῶν χρόνοι ͵ανδ καὶ συνάδουσιν οὕτως τὰ ἕως Φιλίππου ἔτη ριε· ἀπὸ Φιλίππου ἕως τῆς ὑπατείας Ἀντωνίνου τὸ δ καὶ Ἀλεξάνδρου ἔτη φμε· τὰ ἐφεξῆς δὲ διὰ τῶν ἐνταῦθα ὑπάτων ἔτη τρδ· ὁμοῦ ͵ανδ καὶ συνάδουσιν. L'utilisation du terme ὑπατόριον, très rare, et du verbe συναείδω se retrouve dans ce passage du *Chronicon paschale* (698.11–13) : πλὴν ἀλλὰ καὶ τῷ πασχαλίῳ καὶ τοῖς ὑπατορίοις ἐντυχὼν ηὗρον τὴν ψηφοφορίαν ταύτην συνάδουσαν. εἰσὶν οὖν ἀπὸ μὲν τῆς τελευτῆς Κωνσταντίνου ἕως νῦν χρόνοι σοβ΄.

l'astronomie grecque. Contrairement aux tables astronomiques, la Table des rois a néanmoins reçu dans la seconde moitié du VIIIe siècle une certaine attention que l'on détaillera plus loin[60]. L'utilisation des *Tables faciles* semble s'être maintenue surtout grâce à la pratique de l'astrologie et du calcul des horoscopes[61]. À la même époque, Georges le Syncelle, dont la composition de la chronique doit être située à la fin du VIIIe siècle, connaît les *Tables faciles* mais, selon toute vraisemblance, de manière indirecte. À partir du début du IXe siècle, plus particulièrement du règne de Léon V l'Arménien (813–820), on peut retracer l'histoire des *Tables faciles* grâce aux manuscrits byzantins, dont quatre sont datés des IXe et Xe siècles : *Leidensis* BPG 78, *Vat. gr.* 1291, *Plut.* 28/26 et *Marc. gr.* Z 331. Il faut mettre cette production des deux derniers dans le contexte d'un renouveau de l'étude de l'astronomie et des disciplines scientifiques antiques au IXe siècle, avec une réorganisation de l'enseignement supérieur sous les règnes de Théophile (829–842) et de Michel III (842–867)[62]. Trois des manuscrits cités sont des exemplaires de luxe, peut-être destinés à la bibliothèque impériale. Tous portent la trace de différents lecteurs du Xe au XIIIe siècle. Cependant, on a peu de témoignages concrets de l'utilisation des tables de Ptolémée à cette période. Aux Xe, XIe et XIIe siècles, marqués par une influence plus importante de l'astronomie arabe[63], on trouve de rares indices de l'utilisation des *Tables faciles* dans un *Quadrivium* anonyme rédigé vers 1007 et, pour la Table des rois, divers ajouts dans le *Plut.* 28/26 sous les règnes de Constantin Monomaque (1042–1050) et Alexis Ier Comnène (1081–1118), et dans le *Vat. gr.* 1291 sous Léon VI (886–912). Ajoutons enfin qu'une longue scolie contenue dans le *Vat. gr.* 1594, probablement rédigée dans la première moitié du XIe siècle, montre que son auteur possédait une connaissance précise de l'*Almageste*, des *Tables faciles* et des tables arabes d'Ibn al-A'lam, astronome arabe de la seconde moitié du Xe siècle[64]. En dehors de Constantinople, les *Tables faciles* ont circulé dès le VIIe siècle dans le monde syriaque, en particulier à Qenneŝre, où elles sont utilisées par Sévère Sebokht dans les années 660[65]. Le monastère de Qenneŝre et les milieux scientifiques alexandrins entretiennent en outre des liens étroits aux VIe et VIIe siècles. Par ailleurs, le *Vat. sir.* 623 est un palimpseste utilisé en 886 par un certain Théo-

---

60 Voir pp. 230–232.
61 Voir Tihon (1993).
62 Tihon (2009, 394).
63 Tihon (1981, 610–612).
64 Voir Mogenet (1962) ; van Dalen (2021, 522–523).
65 Émilie Villey (2014, 170–172) a montré que Sévère Sebokht a eu à disposition les tables A1, A2, A3, A5, A14 et G1. Il est cependant difficile de dire si ces tables étaient consultées en grec ou par des traductions syriaques. Pour un exemple de l'utilisation des *Tables faciles* par Sévère Sebokht, voir aussi Neugebauer (1959).

dose, copiste syriaque, qui a réutilisé des folios de parchemins contenant entre autres les *Tables faciles* en onciales grecques[66] et les fragments d'une traduction arabe du *Petit Commentaire* de Théon d'Alexandrie, les deux ouvrages ayant été annotés par la même main à la fois en grec et en arabe. Ces folios proviennent vraisemblablement d'une bibliothèque située en Palestine[67]. De plus, les témoins conservés du *Grand Commentaire* de Théon dépendent du *Vat. gr.* 190, manuscrit qui porte les traces d'un passage par la Syrie avant de rejoindre Constantinople[68].

7 Les *Tables faciles* sous les Paléologues

Les *Tables faciles* font partie intégrante du renouveau de l'astronomie ptoléméenne visible à la fin du XIIIe siècle dans l'Empire byzantin. Trois éléments de ce contexte sont particulièrement saillants jusqu'au milieu du XIVe siècle : (1) la production de nouveaux textes ou traités visant à expliquer les ouvrages de Ptolémée et la compilation de vastes corpus de scolies sur l'astronomie ptoléméenne ; (2) l'introduction de tables astronomiques d'origine perse qui s'imposeront véritablement dans la seconde moitié du XIVe siècle ; (3) la prédilection de nombreux érudits pour deux questions : le calcul des éclipses et le calcul de la date de Pâques. C'est dans ce contexte scientifique que s'inscrit la transmission des *Tables faciles* tant à Constantinople qu'à Thessalonique, marquée par une production importante de manuscrits en particulier sous le règne d'Andronic II (1282–1328).

De cette génération d'érudits, on peut citer Théodore Métochitès (1270–1332), auteur d'*Éléments d'astronomie* dans la deuxième décennie du XIVe siècle, largement inspirés de l'*Almageste*, des *Tables faciles* et des commentaires de Théon[69]. Métochitès attribue à Théon une édition des *Tables faciles*[70]. Le nom de son maître, Manuel Bryennios, apparaît dans plusieurs scolies dans le *Plut.* 28/12, où il est *a priori* question d'un exemplaire des *Tables faciles* lui ayant appartenu[71]. Élève

---

66 Anne Tihon (2011, 44–45) a pu identifier des fragments des tables A1, A12, A13 et A14.
67 Tihon (2011, 46). Proverbio (2002, 376) avance une date possible pour la traduction arabe dans les trois premières décennies du IXe siècle.
68 Mogenet et Tihon (1981, 527–528).
69 Né en 1270 à Constantinople, personnage de la cour d'Andronic II dès les années 1290, il est nommé Grand Logothète en 1321. Après un court exil à la chute d'Andronic II en 1328, Métochitès se retire au monastère de Chôra, où il meurt en 1332 ; voir Bydén (2003, 33–34).
70 Métochitès, *Éléments d'astronomie* 1.1.35, éd. Bydén (2003, 439.670–671) : οἱ δὲ Πρόχειροι Κανόνες ἐπονήθησαν αὐτῷ τε Πτολεμαίῳ καὶ μεθύστερον Θέωνι, ἐστενωμένῃ παντάπασι παραδόσει κτλ. ; *Éléments d'astronomie* 1.20, éd. Paschos et Simelidis (2017, 178.126–127) : ὡς ὁ Θέων ἐν τοῖς Προχείροις κτλ. ; id. *Éléments d'astronomie* 1.20, éd. Paschos et Simelidis (2017, 188.267–268), etc.
71 *Plut.* 28/12 f. 264r et 266r ; voir pp. 47 et 67.

de Métochitès, puis professeur au monastère de Chôra, Nicéphore Grégoras (ca. 1293–1360/1361) s'est occupé d'éditer et de faire copier les ouvrages de son maître dans les années 1330 ou au début des années 1340[72]. Grégoras est notamment l'auteur d'un calcul de l'éclipse du 16 juillet 1330 à partir de l'*Almageste* et des *Tables faciles*[73]. À la même époque, Thessalonique se révèle aussi un centre particulièrement actif dans l'étude et la transmission des *Tables faciles*, dans un contexte où les échanges scientifiques avec la capitale sont denses[74]. Plusieurs exemplaires des *Tables faciles* y sont copiés dans la première moitié du XIVe siècle : le *Vat. gr.* 175, le *Plut.* 28/21 et le *Plut.* 28/31[75]. Plusieurs scribes du cercle de Démétrius Triclinius ont participé à la copie de ces manuscrits : Jean Catrarios (*Vat. gr.* 175), le « copiste F » et Nicolas Triclinius (*Plut.* 28/31)[76].

Dans la seconde moitié du XIVe siècle, les tables d'origine perse favorisent une remise en cause de la précision des tables de Ptolémée, surtout dans le sillage de la publication de la *Syntaxe perse* de Georges Chrysococcès, rédigée peu après 1347[77]. À la fin du XIIIe siècle, Grégoire Chioniadès avait déjà introduit à Trébizonde et à Constantinople l'usage des tables astronomiques perses[78]. Leur diffusion est attestée à Trébizonde dans les années 1302–1340, mais elles ne s'imposent à Constantinople qu'à la toute fin de la première moitié du XIVe siècle[79]. Théodore Méliténiotès (ca. 1320–1393) est l'auteur d'un volumineux traité d'astronomie, vers 1352, qui traite à la fois des calculs selon Ptolémée (*Almageste* et *Tables faciles*) et selon les Perses, dans une partie largement inspirée de Chrysoccocès : pour Méliténiotès, non seulement les *Tables faciles* présentent de nombreuses erreurs de copie, mais les petites imprécisions dans les observations de Ptolémée, à l'origine des tables,

---

72 Bydén (2003, 37).
73 Mogenet et al. (1983).
74 Bianconi (2005, 51–60).
75 L'origine du *Vat. gr.* 304, daté d'après les filigranes de la première moitié du XIVe siècle (voir Lempire [2016, 25]), n'est pas assurée. Il descend, via un ou deux intermédiaires, du *Vat. gr.* 175 pour le *Petit Commentaire* de Théon (Tihon [1978, 36–39]) et contient les *Tables faciles* (ff. 181r–252v) sans la Table des rois. Sa Table des villes illustres présente deux croix face à Thessalonique (f. 250v), dont l'une d'une encre différente de celle du copiste de la table, mais aussi une croix face à Héraclée de Bithynie et/ou Nicée (f. 251r), et de manière plus banale, face à Byzance (f. 250r) et Alexandrie (f. 251r). Certains indices plaident aussi pour une réalisation thessalonicienne du *Paris. gr.* 2399, mais sans certitude absolue, voir pp. 89–90.
76 Voir aussi Bianconi (2012). D'après Daniele Bianconi (2005, 132), Nicolas Triclinius est abondamment intervenu sur le *Marc. gr.* Z 311, manuscrit de l'*Almageste*, en complétant des lacunes, en ajoutant des tables astronomiques et en annotant l'ensemble du manuscrit. Je n'ai pas pu vérifier si ses interventions indiquent une lecture des *Tables faciles*.
77 Tihon (1981, 617–619) ; Bardi (2019).
78 Pingree (1964) ; Pingree (1985).
79 Tihon (1990, 417–418).

ont créé, avec les siècles, des erreurs de plus en plus grandes – un phénomène dont Ptolémée lui-même était conscient. Pour Méliténiotès, il est donc nécessaire de mettre à jour ses tables astronomiques[80]. D'autres critiques, sous forme de scolies anonymes dans certains manuscrits astronomiques, sont dirigées contre Ptolémée et ses tables[81]. Plusieurs essais de créations de nouvelles tables censées corriger celles de Ptolémée sont entrepris dans la seconde moitié du XIVe et durant le XVe siècle. Isaac Argyros (ca. 1300–1375) rédige deux traités sur les *Tables nouvelles*, reprenant les paramètres des *Tables faciles*, en faisant démarrer certaines tables en 1367/1368[82]. Son *Traité sur la construction de l'astrolabe* cite les *Tables faciles*, dont il mentionne plusieurs données de la table des ascensions[83]. Jean Chortasménos (ca. 1370–1431) utilise les tables d'Argyros aux côtés de celles de Ptolémée et des tables perses dans les deux premières décennies du XVe siècle. Au cours du XVe siècle, ce sont les traités astronomiques juifs qui sont traduits en grec et dont la diffusion est bien attestée[84]. Bien que notoirement inexactes ou périmées, les *Tables faciles* ont continué d'être copiées dans l'Empire byzantin et dans l'Occident européen tout au long des XIVe–XVIe siècles.

---

[80] Cette idée fait l'objet d'un long développement à la fin du livre II de la *Tribiblos* (II.25), passage qui illustre la pensée de Méliténiotès comme historien des sciences. Voir Leurquin (1993b, 613–615) et Tihon (1996, 246–247).
[81] Voir certains chapitres conservés dans le *Plut.* 28/14, et plus généralement autour de Jean Abramios ; voir Pingree (1971) et Tihon (1996, 270–272).
[82] Tihon (1996, 251).
[83] Jarry (2021, 150).
[84] Tihon (1996, 253–254).

Chapitre 2
Listes de rois aux IIIe et IVe siècles

À côté des témoignages de Clément d'Alexandrie et de Vettius Valens, un petit nombre de papyrus d'origine égyptienne datant des IIIe et IVe siècles présentent des listes de rois et leurs années de règne dans un contexte astronomique : *P. Oxy.* 35, *P. Oxy.* 2551 et *P. Ryl.* 27. Aucun de ces documents ne mentionne la Table des rois à proprement parler et aucun ne se trouve directement associé à d'autres tables astronomiques de Ptolémée. Le *P. Ryl.* 27 pourrait éventuellement être compté comme témoin indirect de la Table des rois, mais la classification des deux autres est plus délicate. Tous présentent des listes complétées jusqu'au milieu du IIIe siècle et illustrent la façon dont ce genre de listes, descendantes ou cousines de la Table des rois, ont pu circuler en Égypte à l'époque de Pappos et de Théon d'Alexandrie.

Avant d'aborder ces papyrus des IIIe et IVe siècles, il est peut-être intéressant de mentionner un papyrus plus ancien, encore inédit. À défaut d'en fournir un commentaire exhaustif, cette courte présentation pourrait éventuellement encourager une édition et une étude spécifique. Le P. Duk. inv. 4 (103 × 209 mm) présente sur le verso un extrait de l'*Iliade* (22. 111–149) avec scolies, d'une écriture que l'on peut dater de la fin du Ier siècle av. J.-C. Le verso du papyrus, encore inédit à ce jour, pourrait être daté de la période augustéenne ou julio-claudienne[1]. Ce verso préserve, d'après Roberto Bongiovanni, éditeur du texte homérique sur le recto, un texte chronologique en grec qui liste les noms des rois ptolémaïques et leurs années de règne[2]. Cette liste est très abîmée, mais on compte seize lignes de texte. Avec beaucoup de prudence, voici ce que j'ai pu déchiffrer pour les premières lignes[3] :

1. αλ[εξανδρου ?]
2. ... λ[αγου ?]...
3. ... [φι]λ[α]δ[ε]λ[φου ?]...
4. ... [ευερ]ετο[υ]...ετη...
5. [φ]ιλ[οπατο]ρο[ς]... ι͞ζ
6. ....
7. .... φιλο[μη]τορος
8. .... λ͞β
9. .... κ͞.

---

1 C'est l'opinion de McNamee (1977, 401) qui se base sur des « critères paléographiques », mais sans plus de précision.
2 Bongiovanni (2010, 3).
3 Une numérisation est accessible sur le site internet de Duke Papyrus Archive (Trismegistos n° 65521 = LDAB 6771).

La liste présente a priori les noms au génitif (la finale -τορος est assez bien lisible à la ligne 7), donne des nombres entiers d'années, mais ne fait pas référence à une ère quelconque. Il semble que le papyrus attribue dix-sept années à Ptolémée Philopator, comme dans la Table des rois et trente-deux années à Philométor (le nom de ce dernier remplit la ligne, le nombre juste au-dessous lui est sans doute lié) contre trente-cinq dans la Table des rois. Ce papyrus atteste que de telles listes circulaient avant l'époque de Ptolémée – un astronome comme Hipparque a pu en utiliser dès le IIe siècle av. J.-C. – mais toute conclusion plus poussée serait très spéculative sans une véritable édition.

1 *P. Oxy.* 35

Le *P. Oxy.* 35 (138 × 134 mm, seconde moitié du IIIe siècle) présente au recto la partie finale d'une proclamation faite sous le règne de Sévère Alexandre. Le verso a été réutilisé à une date plus tardive pour noter une liste d'empereurs d'Auguste à Dèce, avec leurs années de règne[4] :

βασειλεων χρονοι
\-\-\-\-\-\-\-

αουστος	(ἔτη) μγ	
τιβεριος	(ἔτη) κβ	
κλαυδιος	(ἔτη) δ	
νερων	(ἔτη) ιδ	
ουεσπασιανος	(ἔτη) ϊ	
τειτου	(ἔτη) γ	
δομιντιανου	(ἔτη) ιε	
νερου	(ἔτος) α	
τραειανου	(ἔτη) ιθ	
αδριανου	(ἔτη) κγ	
ελειου αντωνινου	(ἔτη)	
αντωνινου κομοδου	(ἔτη)	
σεουηρου	(ἔτη) κε	
αντωνινου	(ἔτη) δ	
αλεξανδρου	(ἔτη)	
μαξιμινου	(ἔτη) γ	παυνι
γορδιανου	(ἔτη) ς	παρθ αρχ
φιλιππου	(ἔτη) ς	
δεκιου	(ἔτος) α	

---

[4] Le *P. Oxy.* 35 est édité par Grenfell et Hunt (1898, 74–76). Je transcris ici le texte sans les accents et en respectant les signes diacritiques du papyrus sur les nombres. Le copiste utilise un symbole semblable à un *L* pour le mot ἔτος, ἔτη.

L'absence d'entrées pour Galba, Othon, Vitellius, Pertinax, Didius Julianus, Geta ou encore Macrin, ainsi que les durées de règne exprimées par un nombre entier d'années nous orientent vers une liste dont le but est un comput des années, certainement égyptiennes, peut-être dans un cadre astronomique plutôt que vers un registre historique des différents empereurs romains. À côté de la liste, dans la marge de droite, les mots παυνι ιδ et παρθ αρχ (peut-être pour παρθένου ἀρχή ou ἄρχεται[5] ?), d'une écriture plus rapide, placent cette liste dans un contexte vaguement astronomique, si la liste et la note sont bien contemporaines.

Une année de règne est attribuée à Dèce comme dans l'ensemble de la tradition de la Table des rois. Cette entrée nous donne 251 AD comme *terminus a quo* pour la création de la liste. Les noms sont au nominatif d'Auguste à Vespasien puis au génitif de Titus à Dèce, sans que l'on puisse proposer d'explication satisfaisante. De telles variations à l'intérieur d'une même liste se retrouvent aussi dans les manuscrits de la Table des rois. Les quarante-trois années de règne attribuées à Auguste correspondent à la Table des rois et à ce qu'on attend d'une liste établie en Égypte. Il y a eu une confusion autour des entrées de Caligula (omis) et de Claude, à qui est attribuée la durée de règne du premier. Les vingt-trois années attribuées à Hadrien sont manifestement erronées. La liste regroupe les règnes de Marc Aurèle et Commode d'une part, de Septime Sévère et Caracalla (non nommé) d'autre part, sous une même entrée, comme la famille ω1 de la Table des rois (H^1VF^1Va). Les six années attribuées à Philippe l'Arabe rapprochent le papyrus des manuscrits V, F^1 et Va (tous les autres témoins lui attribuent sept ans). Cette liste est donc proche de la table de Ptolémée, mais elle ne donne pas les années cumulées depuis Philippe Arrhidée, ce qui rend le *P. Oxy.* 35 difficile à situer par rapport à la tradition de la Table des rois.

---

5 La leçon παυνι n'est pas très assurée, les deux dernières lettres sont difficiles à lire et il reste une incertitude, à mon avis, sur le nombre : ια (11) ou ιδ (14) ? On pourrait comprendre cette note comme « 14e jour de payni, début du signe de la Vierge ». Si le début de la Vierge tombe, dans le calendrier alexandrin, le 30 mésori (qui correspond au 23 juillet du calendrier julien), et que le 14 payni correspond à une date du calendrier égyptien, alors on a un décalage de 76 jours entre les deux calendriers (16 pour payni, 30 pour épiphi, 30 pour mésori). Les calendriers égyptien et alexandrin commençaient à la même date l'année 26/25 av. J.-C. et 76 jours de décalage correspondent à 304 années. Le début de la Vierge a donc eu lieu le 14 payni en 278 AD, ce qui pourrait donner une date pour la copie de cette liste, sous le règne de Probus. Par conséquent, la liste était peut-être plus longue et continuait sur une autre colonne à droite, où quelques traces d'encre sont visibles.

2 *P. Oxy.* 2551

Le *P. Oxy.* 2551 (22 × 9 cm, seconde moitié du IIIe siècle ou IVe siècle) présente sur le verso et le recto un texte astronomique (col. 1 recto, col. 2 verso) et une liste de rois perses, égyptiens, macédoniens et romains probablement jusqu'à Philippe l'Arabe (col. 2 recto, col. 1 verso)[6] :

	recto col. 2		verso col. 1	
1	Περc[ῶν	1		]αιοι εβα
	ελοιμεξ[			].πατιαρ
	Ξέρξης [			].εϲτωϲηϲ
	Κῦροc [		Αὔγουϲτοc	] ἔτη μγ
5	ωχοα [	5	Τίβεριοc	] ἔ[τ]η κβ
	Αἰγυπτ[ίων		Γάιοc	] ἔτη δ
	νεκταν[		Κλαύδιο]c	ἔτη ιδ
	Περcῶ[ν		Νέρων	] ἔτη ιδ
	Δαρῖοc [		Οὐεcπαcια]νόc	ι
10	Μακεδ[όνων	10	Τῖτοc	] ἔτη γ
	Φίλιπποc[		Δομιτιανόc	] ἔτη ιε
	αλεξανδρ[		Νέρουα	] ἐνιαυτόν
	κτιcτη[		Τραιανόc	] ἔτη ιε
	[		Ἁδριανόc	] ἔτη κα
	Πτολεμαῖο[c		Αἴλιος Ἀντω]νῖνοc	κγ
15	Φιλάδελφοc[		Κόμμοδο]c	Ἀντωνῖνοc
	Εὐεργέτης κ[ς			] ἔτη λβ
	Φιλοπάτωρ[		Σεουῆροc καὶ	] Ἀντωνῖνοc
	Ἐπιφάνηc[			] ἔτη κε
	Φιλομήτωρ [Κλεο-]	20	Ἀντωνῖνοc	] ὁ ἕτεροc δ
20	πάτραc[		Ἀλέξανδρο]c	ἔτη ιγ
	Πτολεμαῖο[c		Μαξιμῖνοc	] ἔ[τ]η γ
	οτουc.[		Γορδιανόc	ἔτη] c
	Πτ[ο]λε[μαῖος		Φίλιπποc	ἔτη] c
	[	25	...	
25	Κ[λεοπάτρα			
	...			

Le texte de la colonne 1 du recto et de la colonne 2 du verso, écrit par une main différente, est clairement astronomique, mais il n'a pu être identifié et il est trop fragmentaire pour que l'on puisse proposer une quelconque traduction[7]. Le *P. Oxy.*

---

6 Je donne l'édition de Sattler (1962, 40–41) sans les fragments du texte astronomique.
7 Voir Sattler (1962).

2551 et ses liens avec la Table des rois de Ptolémée ont été bien étudiés par Peter Sattler, avec l'aide d'Eric G. Turner et Otto Neugebauer[8]. Comme dans le *P. Oxy.* 35, les rois sont associés à un nombre entier d'années, mais il n'y a pas de colonne pour les années cumulées. On note la présence de quatre rubriques, *a priori* au génitif (περσῶν, αἰγυμπτίων, περσῶν, μακεδόνων) et les noms des rois sont au nominatif. La première partie de la liste jusqu'à Darius (III) est un peu déroutante et diverge de manière importante de la Table des rois[9]. La reconstruction des lignes 11-13 du recto est incertaine : Sattler suggère Φίλιππος / Ἀλέξανδ[ρος ὁ μετὰ τὸν] / κτίστη[ν – c'est-à-dire Philippe Arrhidée et Alexandre IV. La liste n'aurait donc pas d'entrée pour Alexandre le Grand. La liste des empereurs romains est en revanche assez proche de la Table des rois de Ptolémée, notamment des manuscrits de la famille ω1 (H¹VF¹Va). Le *P. Oxy.* 2551 présente en effet une entrée commune pour Marc Aurèle et Commode, et pour Septime Sévère et Caracalla. Cette liste remplit peut-être le même rôle vis-à-vis du texte astronomique qui l'accompagne que la Table des rois pour les *Tables faciles*. Les différences avec la table de Ptolémée sont cependant trop importantes, notamment dans la première partie de la liste, pour affirmer que le texte du papyrus ait été tiré de Ptolémée ou que les deux dérivent d'une source commune.

3 *P. Ryl.* 27

Le *P. Ryl.* 43 (208 × 364 mm) contient un long fragment du premier livre de l'*Iliade*, daté sur critères paléographiques des premières décennies du IIIe siècle[10]. Le verso de ce papyrus, publié sous la cote *P. Ryl.* 27 et plutôt daté de la seconde moitié du IIIe siècle, contient quant à lui un texte astronomique qui s'étend sur trois colonnes. Celui-ci traite d'une part du calcul de la position en longitude et latitude des astres au moyen du calendrier égyptien (ll. 1–50)[11]. D'autre part, le texte contient le début d'un chapitre sur les nœuds (περὶ συνδέσμου, ll. 51–56) et une méthode pour calculer les dates de solstices et d'équinoxes dans le calendrier égyptien à partir d'obser-

---

[8] Sattler (1962, 39–50).
[9] Voir la discussion chez Sattler (1962, 46–47).
[10] Hunt (1991, 76–80). Le P. Duk. inv. 4 mentionné plus haut était aussi un papyrus de l'*Iliade* réemployé pour copier une liste de rois.
[11] Sur les méthodes astronomiques, assez particulières, présentées dans le *P. Ryl.* 27, voir Neugebauer (1949) ; Van der Waerden (1958) ; Jones (1983).

vations de Ptolémée[12] (ll. 57–84). La fin de la troisième colonne contient une liste d'empereurs d'Antonin le Pieux à Trébonien Galle[13] :

75		λοιπὰ ἔτη Αἰλίου Ἀντωνίνου ι[θ]				
	σκα	Κομόδου	λβ	[σ]α (ἐστί ?)	ρϙ	σϙδ
	σμϛ	Σεουήρου	κε	σα	σκβ	
	σν	Ἀνοσίου	δ	σα	σμζ	
	σξγ	Ἀλεξάνδρου	ιγ	σα	σνα	
80	σξϛ	Μαξιμίνου	γ	σα	σξδ	
	σοβ	Γορδιανοῦ	ϛ	σα	σξζ	
	σοη	Φιλίππων	ϛ	σα	σογ	
	σ[οθ]	Δεκίου	α	σα	σοθ	
	[σπβ]	Γάλλ[ου]	[γ	σα]	σπ	
	...					
	col. 1	col. 2	col. 3	col. 4	col. 5	

La première colonne représente les années de l'ère d'Auguste à la fin du règne de chaque empereur en question. Les deuxième et troisième colonnes donnent les noms des empereurs (au génitif) et la durée de leurs règnes. La série « σα » dans la quatrième colonne n'est pas élucidée avec certitude, mais il faut peut-être comprendre le sigma comme une mauvaise lecture d'un signe L notant le mot ἔτος ; on aurait alors « ἔτος α » qui, ajouté au plausible symbole pour ἐστί qui suit à la ligne 76, donnerait : « la première année est » – ce qui correspond au contenu de la colonne qui suit[14]. Cette dernière colonne donne en effet le début de chaque règne dans l'ère d'Auguste. Le nombre 294 (σϙδ) à la fin de la ligne 76 correspond aux années de Philippe jusqu'au début du règne d'Auguste. Ainsi, le règne de Commode (avec Marc Aurèle) couvre les années 190 (col. 5) à 221 (col. 1) d'Auguste, et ainsi de suite.

Le texte astronomique qui précède donne les dates des solstices et équinoxes pour la troisième année d'Antonin, à partir de l'*Almageste*, et donne la méthode à suivre pour calculer les solstices et équinoxes à partir de cette date pour une date donnée (ll. 68–74). La table donne certes les années depuis Auguste et non Philippe Arrhidée, mais la mention de Ptolémée (l. 57[15]) et de la 294ᵉ année de Philippe (l. 76) tend à montrer que les noms et les durées de règne ont pu avoir été tirés

---

[12] Il s'agit des trois observations des équinoxes et du solstice d'été faite la troisième année d'Antonin, mentionnées par Ptolémée, *Alm.* III.1 (206.1, 204.7 et 205.1 Heiberg).
[13] Je reprends l'édition de Hunt (1911, 49–52) pour les lignes 75 à 82, mais en modifiant le nombre à la fin de la ligne 75 d'après Neugebauer (1949, 22), qui restitue ιθ au lieu de ιϛ dans l'édition de Hunt. Les lignes 83 et 84 ont été restituées de manière différente, voir *infra*.
[14] Arthur Hunt (1911, 55) ; Neugebauer (1949, 22).
[15] Ptolémée est également mentionné dans une note (« Ὑπόμνημα Πτολεμαίου ») au recto du *P. Ryl.* 27 (soit le *P. Ryl.* 43) entre deux colonnes de texte. Le sens à donner à cette note est incertain.

d'un exemplaire de la Table des rois, complété jusqu'à Trébonien Galle. Les entrées correspondent bien à la Table des rois, en particulier aux témoins manuscrits de la famille ω1 (H¹VF¹Va) qui associent les règnes de Marc Aurèle et Commode, et ceux de Septime Sévère et Caracalla – comme dans les *P. Oxy.* 35 et 2551. Le *P. Ryl.* 27 présente une entrée pour Philippe l'Arabe et son fils, Philippe (Φιλίππων), et leur attribue six années de règne. Cette leçon est conforme aux manuscrits V, F¹ et Va de la Table des rois – la table H¹ lui attribue sept ans. Le papyrus est même plus proche encore de F¹, qui est le seul de nos témoins en onciales à mentionner le fils de Philippe (Φίλιππος πατὴρ καὶ υἱός). Dans V, F¹ et Va, une année est ensuite attribuée à Dèce (un point commun à l'ensemble de la tradition, mais aussi dans le *P. Oxy.* 35) et trois années sont attribuées à Trébonien Galle et Volusien, contre deux années pour le reste de la tradition. Il me semble plus judicieux de restituer les années manquantes dans le papyrus de la façon suivante : un an pour Philippe l'Arabe et son fils, trois années pour Trébonien Galle[16]. Le *P. Ryl.* 27 peut représenter un témoin de la tradition indirecte de la Table des rois, mais pour des entrées qui correspondent à une table prolongée, donc une partie de la table qui n'est pas de la main de Ptolémée lui-même.

4 Clément d'Alexandrie

Clément d'Alexandrie (ca. 150–ca. 215) a vécu dans cette ville dans les dernières décennies du IIe siècle, à une époque où la réputation de Ptolémée devait déjà être solide – peut-être était-il encore en vie. Clément s'est intéressé à la chronologie du monde dans le premier livre des *Stromates*, où il présente une liste des empereurs romains d'Auguste à Commode :

> οὐδὲν δὲ οἶμαι ἐπὶ τούτοις χεῖρον καὶ τοὺς χρόνους τῶν Ῥωμαϊκῶν βασιλέων παραθέσθαι εἰς ἐπίδειξιν τῆς τοῦ σωτῆρος γενέσεως· Αὔγουστος ἔτη τεσσαράκοντα τρία, Τιβέριος ἔτη κβ´, Γάιος ἔτη δ´, Κλαύδιος ἔτη ιδ´, Νέρων ἔτη ιδ´, Γάλβας ἔτος ἕν, Οὐεσπεσιανὸς ἔτη ι´, Τίτος ἔτη γ´, Δομιτιανὸς ἔτη ιε´, Νέρβας ἔτος α´, Τραϊανὸς ἔτη ιθ´, Ἁδριανὸς ἔτη κα´, Ἀντωνῖνος ἔτη κγ´, ὁμοίως πάλιν Ἀντωνῖνος καὶ Κόμοδος ἔτη λβ´. γίνεται τὰ πάντα ἀπὸ Αὐγούστου ἕως Κομόδου <τελευτῆς> ἔτη σκβ´, καὶ τὰ ἀπὸ Ἀδὰμ ἕως Κομόδου τελευτῆς ἔτη ˏεψπδ´ μῆνες δύο ἡμέραι δώδεκα[17].

Cette liste, qui en précède une seconde commençant par Jules César, et où les règnes sont donnés en jours, mois et années, est assez proche de celle de la Table des rois mais, en ajoutant une année pour Galba, son total d'Auguste à Commode atteint 222

---

[16] Hunt (1911, 52) et Neugebauer (1949, 22) donnent deux années à Dèce et deux années à Trébonien Galle.
[17] Clément d'Alexandrie, *Stromate* I. 21, 144.1–4.

années contre 221 dans la Table des rois. Clément d'Alexandrie compte par ailleurs vingt-deux années de règne pour Cléopâtre et quarante-trois pour Auguste, faisant commencer le règne d'Auguste à la mort de Cléopâtre, comme Ptolémée. Il associe Marc Aurèle et Commode et leur attribue trente-deux années, comme une partie de la tradition de la Table des rois. Le texte de Clément ne permet pas d'affirmer qu'il était un lecteur de la table de Ptolémée, mais il tend à indiquer que ce genre de liste devait être assez courant au IIe siècle.

5 Vettius Valens

Vettius Valens, astrologue sans doute contemporain de Ptolémée, est l'auteur d'un traité connu sous le nom d'*Anthologies*, rédigé en grande partie vers 152–162 AD[18]. L'ouvrage est donc vraisemblablement de peu postérieur à l'*Almageste* et peut-être contemporain de la rédaction des *Tables faciles*. Les manuscrits de l'ouvrage de Vettius Valens présentent cependant un passage à la fin du chapitre sur le calcul du signe dans lequel se trouve la lune[19]. Le calcul, assez compliqué, proposé par Valens repose sur des cycles lunaires de dix-neuf ans[20]. À la fin du chapitre, un paragraphe applique ce cycle de dix-neuf ans aux empereurs d'Auguste à Philippe l'Arabe, et le texte donne à cette occasion des durées de règne en nombres entiers d'années égyptiennes pour chacun d'eux. On peut tirer de ce passage les noms et les règnes des empereurs suivants :

Auguste	43	Domitien	15	Héliogabale	4
Tibère	22	Nerva	1	Sévère Alexandre	13
Caligula	4	Trajan	19	Maximin	3
Claude	14	Hadrien	21	Gordien	6
Néron	14	Antonin	23	Philippe	6
Vespasien	10	Marc Aurèle et Commode	32		
Titus	3	Septime Sévère et Caracalla	25		

D'après Georges Duclercq, la partie de la liste qui va de Vespasien à Antonin est peut-être de Vettius Valens lui-même[21], le reste vient plutôt d'une interpolation plus

---

[18] Neugebauer (1954).
[19] Vettius Valens, *Anthologies* I 17 éd. Pingree (1986, 30–32) = I 19 éd. Kroll (1908, 31–33). Voir aussi l'édition et la traduction de Bara (1989, 162–165), qui n'a cependant pas compris la logique des années de règne données dans ce passage.
[20] Voir le détail dans l'excellent article de Georges Duclercq (2017). Ce passage est, selon Otto Neugebauer (1975, 825) lui-même, un chaos total.
[21] Duclercq (2017, 224).

tardive qui a tenté (maladroitement) de réparer le début du texte et l'a complété jusqu'au règne de Philippe l'Arabe. On peut alors sans doute dater cette interpolation du règne de l'empereur Dèce. Cette liste semble donc venir à la fois de Vettius Valens et d'un copiste du milieu du IIIe siècle. Elle est en tout cas conforme aux listes d'empereurs de la même époque (*P. Oxy.* 35 et 2551, *P. Ryl.* 27), avec les entrées communes de Marc Aurèle et Commode, Septime Sévère et Caracalla, et les six années attribuées à Philippe l'Arabe. Ce passage est donc proche des manuscrits V, F^1 et Va de la Table des rois mais il n'est pas possible de dire si c'est précisément la table de Ptolémée qui a été mise à contribution.

Chapitre 3
La Table des rois depuis Ptolémée jusqu'au VIe siècle

La partie de la table originellement composée par Ptolémée, de Nabonassar à Antonin le Pieux, s'est transmise avec une assez grande stabilité jusqu'à l'époque byzantine, avec presque les mêmes entrées et les mêmes valeurs numériques. C'est précisément à partir de l'entrée d'Antonin que des différences plus importantes commencent à émerger au sein des diverses familles de manuscrits. Néanmoins, entre les premières années du règne d'Antonin et l'époque de Théon d'Alexandrie, dans la seconde moitié du IVe siècle, nous n'avons de trace tangible de la Table des rois. Quelques fragments, indirects, de Porphyre de Tyr (234–apr. 301) pourraient indiquer que ce dernier avait une connaissance de la Table des rois, mais ces témoignages sont très ténus[1]. Les fragments du *Commentaire à l'Almageste* de Pappos d'Alexandrie, composé dans la première moitié du IVe siècle, font allusion aux *Tables faciles*, mais ne mentionnent pas la Table des rois. Le commentaire anonyme sur l'astronomie de Ptolémée, composé vers 213, utilise à la fois l'*Almageste* et les *Tables faciles* et contient un exemple daté de l'année 960 de Nabonassar[2], tout comme Censorinus, qui mentionne dans son *De die natali*, composé en 238, les ères de Nabonassar et de Philippe[3]. Ces deux derniers ouvrages n'impliquent pas nécessairement l'utilisation directe de la Table des rois.

---

[1] On pourra consulter le témoignage de Michel le Syrien, *Chronique* V.9 (éd. Chabot pp. 136–137) et plusieurs sources arabes et syriaques qui font penser que Porphyre a pu occasionnellement se référer aux années de Nabonassar, voir Cottrell (2008, 549–553).

[2] Jones (1990).

[3] Censorinus, *De die natali* 21.9 : « Nam ut a nostris ita ab Aegyptiis quidam anni in litteras relati sunt, ut quos Ναβοννaζάρου nominant, quod a primo imperii eius anno consurgunt, quorum hic nongentesimus octogensimus sextus est ; item Φιλίππου, qui ab accessu Alexandri Magni numerantur et ad hunc usque perducti annos DLXII consummant. » Aucun exemplaire de la Table des rois ne donne le comput des années de Nabonassar au-delà de la mort d'Alexandre, contrairement à l'*Almageste*. Puisque l'*Almageste* donne le nombre précis d'années égyptiennes de Nabonassar à Philippe (424) et de Philippe à Auguste (294), une simple addition peut suffire si l'on connait le nombre d'années écoulées depuis Philippe ou Auguste, voir p. 10.

1 La Table des rois chez Théon d'Alexandrie

Théon d'Alexandrie, auteur d'un *Grand Commentaire* puis d'un *Petit Commentaire* aux *Tables faciles* de Ptolémée dans la seconde moitié du IVe siècle, est notre témoin le plus ancien après Ptolémée sur la Table des rois. Théon mentionne et utilise cette table à plusieurs reprises, mais il ne la décrit pas en détail et n'en explique pas le principe de construction. Dans son *Grand Commentaire*, lors de l'exposé du calcul de la longitude du soleil d'après la méthode des cinq sections, Théon explique ainsi :

> ἐπεὶ οὖν τοὺς μέλλοντας ἄρχεσθαι τῶν τοιούτων ψηφοφοριῶν ἀναγκαῖόν ἐστι προμανθάνειν τὰ ἐκ τοῦ ἀναδιδομένου χρόνου ὡς ἐπὶ τὸ πλεῖστον γινόμενα κεφάλαια πέντε, πρότερον περὶ τούτων διαληψόμεθα· ἔστιν δὲ τά<δε> εἰκοσιπενταετηρίδες, ἔτη ἁπλᾶ, μὴν αἰγύπτιος, ἡμέρα αἰγυπτία, ὥρα ἀπὸ μεσημβρίας. Λαμβάνεται δὲ ἕκαστον τῶν τοιούτων κεφαλαίων, καὶ πρῶτον αἱ εἰκοσαπενταετηρίδες, καὶ τὰ ἁπλᾶ ἔτη τόνδε τὸν τρόπον· συνάγοντες γὰρ τὰ ἀπὸ τῆς ἀρχῆς Φιλίππου ἔτη μέχρι τοῦ ἀναδιδομένου ἔτους ἐκ τῶν παρακειμένων τοῖς τῶν βασιλέων κανόσιν ἀναγραφῶν, καὶ τὰ εὑρισκόμενα εἰσάγοντες εἰς τὸ τῶν εἰκοσαπενταετηρίδων κανόνιον τὰ παρακείμενα αὐτοῖς ἔγγιστα ἐλάττονα κατὰ τὸ πρῶτον σελίδιον, φήσομεν εἶναι εἰκοσαπενταετηρίδας, τὰ δὲ ὑπολειπόμενα, ἐτῶν ἁπλῶν[4].

> Puisque donc ceux qui s'apprêtent à entreprendre de tels calculs doivent nécessairement apprendre au préalable les sections qui résultent du temps donné et qui sont maximum au nombre de cinq, nous traiterons d'abord de celles-ci. Ce sont : les périodes de 25 ans, les années simples, le mois égyptien, le jour égyptien, l'heure à partir de midi. On prend chacune de ces sections et d'abord les périodes de 25 ans et les années simples de la manière suivante. Additionnant, en effet, les années depuis le début de Philippe jusqu'à l'année donnée d'après les mentions inscrites dans les Tables des rois, et reportant les années trouvées dans la table des périodes de 25 ans, le chiffre immédiatement inférieur qui leur correspond dans la première colonne, nous dirons que ce sont les périodes de 25 ans et ce qui reste, les années simples[5].

Dans son *Petit Commentaire*, Théon prend un exemple de calcul précis :

> Ἵνα δὲ καὶ ἐπὶ ὑποδείγματος φανερὰ ἡμῖν γένηται ἡ τῶν προειρημένων ε κεφαλαίων ἔφοδος, ὑποκείσθω χρόνος ἡμῖν ἀπὸ τῆς ἀρχῆς τῆς Διοκλητιανοῦ βασιλείας ἔτους οζ´ θωθ κβ´, ὥρα ια´ ἡμερινή. Ἐπεὶ οὖν ἀπὸ τῆς ἀρχῆς τῆς Φιλίππου βασιλείας μέχρι τῆς Διοκλητιανοῦ συνάγεται ἔτη χζ, ὡς ἐκ τῶν ἐν τῷ κανονίῳ τῶν βασιλειῶν [*vel* ἐν τῷ κανόνι τῶν βασιλέων (*Paris. gr.* 2394)] ἐπισυναγωγῶν γίνεται δῆλον, ἐὰν τούτοις προσθέντες τὰ ἀπὸ τῆς ἀρχῆς Διοκλητιανοῦ ἀναδοθέντα ἔτη οζ, τὰ συναγόμενα ἔτη χπδ εἰσαγάγωμεν εἰς τὸ τῶν εἰκοσιπενταετηρίδων πρῶτον σελίδιον, τὰ παρακείμενα ἐν αὐτῷ τῶν χπδ ἔγγιστα ἐλάσσονα χος τυγχάνοντα, φήσομεν εἶναι εἰκοσιπενταετηρίδας, τὰ δὲ ὑπολειπόμενα η, ἔτη ἁπλᾶ. Ἔτι καὶ πρὸς τὴν ληψιν του τε κατ' Αἰγυπτίους μηνὸς καὶ ἡμέρας, ἐπεὶ ἀπὸ τῆς ἀρχῆς τῆς Αὐγούστου βασιλείας μέχρι τῆς Διοκλητιανοῦ ἔτη ὁμοίως συνάγεται ἐκ τοῦ τῶν βασιλειῶν [*vel* βασιλέων (*Paris. gr.* 2394)] κανόνος τιγ, κτλ[6].

---

4 Théon, *Grand Commentaire* 112.4–16.
5 Traduction Tihon (1985, 174).
6 Théon, *Petit Commentaire* 205.9–206.5.

> Afin de rendre claire par un exemple la manière de prendre les cinq sections dont nous avons parlé, supposons comme date la 77e année depuis le commencement du règne de Dioclétien, le 22 thôth à 11 heures du jour. Donc, depuis le commencement du règne de Philippe jusqu'à celui de Dioclétien, on compte 607 ans, ainsi que le montrent les sommes dans la Table des règnes [ou Table des rois (*Paris. gr.* 2394)] ; si, ajoutant à cela les 77 ans donnés depuis le commencement de Dioclétien, nous reportons la somme des 684 ans dans la première colonne des périodes de 25 ans, le nombre immédiatement inférieur à 684 qui y correspond dans celle-ci, soit 676, nous dirons que ce sont les périodes de 25 ans, et les 8 qui restent, les années simples. En outre, pour prendre le mois et le jour égyptiens, puisque, du commencement du règne d'Auguste à celui de Dioclétien, on compte de la même façon d'après la Table des règnes [ou des rois (*Paris. gr.* 2394)] 313 ans, etc.[7].

L'exemple utilisé par Théon d'Alexandrie tout au long du *Petit Commentaire* (22 thôth, année 77 de Dioclétien) correspond au 19 septembre 360 AD[8]. Le passage ci-dessus, tirés du *Petit Commentaire*, montre que l'exemplaire de la Table des rois utilisé par Théon était complété au moins jusqu'à Dioclétien, et peut-être jusqu'au règne de Constance II (337–361). Les nombres d'années qu'il donne sont conformes aux témoins manuscrits de la Table des rois. On note que le titre qu'il donne à la table est κανόνιον τῶν βασιλειῶν dans la plupart des manuscrits sauf le *Paris. gr.* 2394, qui porte la leçon κανὼν τῶν βασιλέων, comme dans le *Grand Commentaire*.

On a évoqué la question du rôle joué par Théon dans l'histoire textuelle des *Tables faciles*. Il est vrai que la Table des rois du *Plut.* 28/26 (F[1]) passe du nominatif au génitif à partir du règne de Jovien (juin 363 à février 364), indiquant qu'une étape du texte a eu lieu après le règne de Julien (361–363). L'en-tête de la troisième colonne dans ce manuscrit est « ἐπισυναγωγή », le terme employé par Théon[9]. De plus, une série de gloses en onciales dans le *Leidensis* (H[1], H[2]), également attestées dans le *Vat. gr.* 175 (Va) et le *Paris. gr.* 2394 (r[1]), mentionnent des astronomes face aux rois sous le règne desquels ils ont vécu : Méton et Euctémon d'Athènes (H[1] s.vv. Artaxerxès Ier), Timocharis d'Alexandrie (H[1], Va, r[1] s.vv. Ptolémée Ier et II), Conon de Samos (Va, r[1] s.v. Ptolémée II), Hipparque (H[2], Va : Ptolémée VIII), Ptolémée (H[2], Va s.v. Antonin) et Pappos (H[1] s.v. Dioclétien)[10]. Ces scolies, transmises par différentes branches de la tradition, remontent peut-être à un état du texte relativement ancien. L'astronome le plus récent de la liste est Pappos, une génération avant Théon d'Alexandrie. Il est tentant de voir dans ces gloses (ou une partie d'entre elles) l'intervention, sinon de Pappos lui-même, d'un astronome qui lui est posté-

---

7 Traduction Tihon (1978, 303–304).
8 Tihon (1978, 304).
9 Le *Plut.* 28/26 partage cet en-tête avec le *Vat. gr.* 175 et était donc sans doute présent dans le *Marc. gr.* Z 331.
10 Voir Annexe A, scolies 22*, 23*, 24*, 25*, 26* et 27*.

rieur, lecteur de l'*Almageste*, mais ne mentionnant pas Théon : Théon lui-même ou un astronome qui lui est contemporain comme sa fille Hypatie[11] ?

Ces indices sont assez minces pour attribuer avec certitude à Théon une intervention sur la Table de rois, même si cela reste tout à fait plausible. Il reste que ces scolies attestent d'un changement dans le rôle de la table : celle-ci devient un document chronologique grâce auquel des astronomes célèbres sont datés ; la table sert de repère historique plutôt que d'outil pour un comput d'années égyptiennes. Notons également que la Table des consuls (C2) contenue dans le *Plut.* 28/26 (ff. 40r–43r) s'arrête en 372 AD. Ce fait a pu être utilisé pour attribuer d'une part la compilation de cette liste à Théon[12], et d'autre part avancer l'idée que les astronomes ont introduit l'utilisation des listes consulaires, avec la Table des rois, pour faciliter les conversions entre calendriers égyptien et julien ou alexandrin[13]. L'attribution de la paternité de cette liste à Théon est possible mais difficile à prouver ; lui-même n'évoque jamais une telle table.

2 Autour de l'*Almageste* et du *Petit Commentaire* de Théon

Un grand nombre de scolies et d'annotations marginales diverses – parfois sous forme de schéma[14] – sur les ouvrages de Ptolémée (*Almageste*, *Tables faciles*) et ses commentateurs (Théon, Stéphanos, parmi d'autres) utilisent les ères de Nabonassar, de Philippe, d'Auguste ou de Dioclétien, mais d'une part, elles n'impliquent pas nécessairement l'emploi direct de la Table des rois, d'autre part, elles sont très rares à la mentionner de façon explicite.

Scolies à l'*Almageste*

Les scolies anciennes à l'*Almageste* contenues dans le *Vat. gr.* 1594 (IXe siècle) remontent toutes à la fin de l'Antiquité. On y trouve des extraits des commentaires de Pappos et Théon, mais aussi des commentaires anonymes qui ne sont pas postérieurs aux VIe et VIIe siècles[15]. L'extrait suivant fait partie d'une scolie ancienne (f. 61r, *inc.* χρὴ εἰδέναι τὸ κατὰ αἰγυπτίους), qui ne peut être datée avec précision mais qui mentionne la Table des rois :

---

[11] Usener (1898b, 361) pense que Pappos a pu inscrire la mention de Ptolémée, et Théon celle de Pappos.
[12] Usener (1898b) et Mosshammer (2008, 375).
[13] Mosshammer (2008, 175–177).
[14] Voir par exemple la note au bas du f. 160v du *Leidensis* BPG 78.
[15] Tihon (2015, 9–10).

> [...] ἐπειδὴ ἀπὸ τῆς Ἀλεξάνδρου τελευτῆς ἤτοι ἀπὸ Φιλίππου ἀρχῆς ἄχρι τοῦ ε΄ ἔτους Αὐγούστου ἔτη εἶναι σϙθ· ὡς ἐκ τοῦ κανόνος τῶν βασι(λέων) δῆλον ἐστί· πάλιν ἀπὸ ἀρχῆς Φιλίππου ἕως γ΄ ἔτους Αἰλίου Ἀντωνίνου ἔτη υξγ· ἐὰν ἀφέλω ἀπὸ τούτων τοὺς ἀπὸ τῆς ἀρχῆς Φιλίππου ἕως τοῦ ε΄ ἔτους Αὐγούστου σϙθ καταλειφθήσεται ἔτη ἀπὸ τοῦ ε΄ ἔτους Αὐγούστου ἄχρι τοῦ γ΄ ἔτους Αἰλίου Ἀντωνίνου ρξδ [...].

> [...] puisque depuis la mort d'Alexandre, c'est-à-dire depuis le début de Philippe jusqu'à la 5ᵉ année d'Auguste il y a 299 années, comme il est clair d'après la Table des r(ois ?), à nouveau depuis le début de Philippe jusqu'à la 3ᵉ année d'Aelius Antonin, 463 années, si je retire de celles-ci les 299 années depuis le début de Philippe jusqu'à la 5ᵉ année d'Auguste, il restera les années depuis la 5ᵉ année d'Auguste jusqu'à la 3ᵉ année d'Aelius Antonin : 164 [...].

Il s'agit du commentaire d'un passage de l'*Almageste* dans lequel Ptolémée rapporte son observation de l'équinoxe d'automne lors de la troisième année d'Antonin (τῷ γ΄ ἔτει Ἀντωνίνου), 463 années depuis la mort d'Alexandre[16]. Le titre de la table est trop abrégé dans le manuscrit pour pouvoir décider entre τοῦ κανόνος τῶν βασι(λέων) et τοῦ κανόνος τῶν βασι(λείων). Une version légèrement différente de cette scolie se trouve dans le *Vat. gr.* 198 (f. 175v), mais sans la proposition ὡς ἐκ τοῦ κανόνος τῶν βασι(λέων) δῆλον ἐστί.

Le *Parisinus gr.* 2394

Le *Parisinus gr.* 2394 représente une branche textuelle singulière du *Petit Commentaire* de Théon d'Alexandrie comme de la Table des rois. Outre un grand nombre de leçons qui lui sont propres, le texte est accompagné d'une importante collection de scolies tiré d'un cours sur les *Tables faciles* donné à la fin du Vᵉ siècle, peut-être à Athènes ou Alexandrie, mentionnant Marinos de Néapolis[17]. On a vu que ce manuscrit nomme la table C1 « Table des rois », comme dans le *Grand Commentaire*, plutôt que « Table des règnes », titre donné dans tous les autres manuscrits du *Petit Commentaire*[18]. À la fin du premier chapitre du *Petit Commentaire*, le *Paris. gr.* 2394 (pp. 791–792) présente une longue addition au texte de Théon qui évoque de manière très claire la Table des rois sans la nommer :

> [...] καὶ ἀφαιρούντων τὰ ἀπὸ τοῦ ἀναδιδομένου χρόνου ἔτη μέχρι τοῦ εἰρημένου πέμπτου ἔτους Αὐγούστου, ἐκ τῶν παρακειμένων τοῖς βασιλεῦσι χρόνων, καὶ τὰ λοιπὰ μεριζόντων παρὰ τὸν τέσσαρα [...][19].

---

16 *Alm.* III.1 (204.7–8 Heiberg).
17 Tihon (1978, 175–176).
18 Anne Tihon a montré que de nombreuses leçons du *Petit Commentaire* du *Paris. gr.* 2394 se rapprochent du texte du *Grand Commentaire*, voir Tihon (1978, 177–179).
19 Tihon (1978, 207).

> [...] et retirant les années depuis le temps donné jusqu'à la cinquième année d'Auguste déjà mentionnée, à partir des années qui sont placées à côté des rois, et divisant le résultat par quatre [...].

L'auteur de cette addition, qui est peut-être responsable de certains remaniements dans le texte du *Petit Commentaire*, fait manifestement référence à la Table des rois, mais sans en donner le titre.

Le *Preceptum canonis Ptolomei*

Le *Preceptum canonis Ptolomei* est un petit traité de langue latine, inspiré du *Petit Commentaire* de Théon, dont la rédaction se situe autour de l'année 534, sans doute à Rome, et qui entend expliquer l'utilisation des *Tables faciles*[20]. La Table des rois n'y est pas mentionnée et aucune copie n'est transmise dans les manuscrits du *Preceptum*, contrairement aux tables A3 à A7 et A11. Néanmoins, certains paragraphes sous-tendent l'utilisation d'une Table des rois, d'une façon différente de celle de Théon :

> [4] [...] computabis Augusti annos in annum qui tibi propositus erit. hic adicies annos Cleopatre, id es annos CCXCIIII, eosdemque inferes in icosapenteeterida.

> [4] Tu compteras les années d'Auguste jusqu'à l'année qui te sera mise sous les yeux. À celles-ci tu ajouteras les années de Cléopâtre, c'est-à-dire 294 années, et tu les entreras dans la table des périodes de vingt-cinq ans.

> [6] Alexandrinum mensem sic invenies. annis ab Augusto tantum computatis, id est sine annis Cleopatre, detrahes sempre quinque numeros, et reliqui quartum partieris.

> [6] Tu trouveras le mois alexandrin de cette manière : ayant calculé les années depuis Auguste, c'est-à-dire sans les années de Cléopâtre, tu retrancheras toujours cinq et tu diviseras en quatre le nombre restant.

L'auteur utilise d'abord l'ère d'Auguste, puis les « années de Cléopâtre ». Cléopâtre est l'entrée de la Table des rois qui précède celle d'Auguste. L'expression *anni Cleopatre* désigne tout simplement le total des années depuis Philippe jusqu'à la fin du règne de Cléopâtre. Le total donné par le *Preceptum* (294 ans) est conforme avec l'ensemble de la tradition de la Table des rois. Théon prenait le règne de Dioclétien comme point de repère et ne mentionne jamais Cléopâtre, donc il semble assez clair que l'auteur du *Preceptum* ou l'une de ses sources a connu et utilisé la Table des rois soit directement, soit par un autre intermédiaire que les commentaires de Théon d'Alexandrie. Dans plusieurs paragraphes à la fin du traité, l'utilisation des ères de Philippe et Dioclétien se rapproche cependant de la pratique de Théon, et le

---

20 Voir Pingree (1997) ; Pingree (1990) ; et *supra* pp. 182–183.

nombre d'années de Philippe à Dioclétien (607) est conforme aux manuscrits de la Table des rois comme à ceux du *Petit Commentaire*.

3 Panodoros d'Alexandrie et Georges le Syncelle

Georges le Syncelle est l'auteur d'une chronique universelle[21] rédigée sans doute à Constantinople vers les années 808–810, qui visait en premier lieu à prouver que la naissance du Christ a eu lieu 5501 ans après la création du monde[22] et à présenter une histoire du monde jusqu'à son époque[23]. Il s'est en grande partie basé sur les ouvrages de Julius Africanus (ca. 160–240) et d'Eusèbe de Césarée (ca. 265–340), qu'il critique à de nombreuses reprises, ainsi que sur Panodoros et Annianos d'Alexandrie, deux moines alexandrins actifs au tournant des IVᵉ et Vᵉ siècles[24]. L'ouvrage de Georges le Syncelle nous transmet notamment deux listes, inconnues ou ignorées de Julius Africanus et Eusèbe[25], dérivant manifestement de la Table des rois de Ptolémée, qu'il connaît grâce aux témoignages de Panodoros et peut-être d'Annianos – ce qui justifie leur étude dans ce chapitre consacré à l'histoire de la table jusqu'au VIᵉ siècle. Avant d'examiner la nature de ces listes et leur relation avec la Table des rois, il faut préciser que la façon dont Georges le Syncelle a

---

21 Sur le problème du titre de l'ouvrage de Georges le Syncelle, voir Adler et Tuffin (2002, XXIX).
22 Adler et Tuffin (2002, LXIX). Georges le Syncelle utilise ainsi l'ère alexandrine et non l'ère byzantine.
23 Georges le Syncelle, *Chron.* 2.26–32. Sur la question, très complexe, de ce qu'il convient d'attribuer respectivement à Georges et à Théophane dans le texte qui nous a été transmis, voir récemment Jankowiak et Montinaro (2015) et Torgerson (2022).
24 Georges le Syncelle, *Chron.* 35.6–9 : [...] καὶ τῶν προειρημένων δύο μοναζόντων Ἀννιανοῦ τε καὶ Πανοδώρου τῶν ὁμοχρόνων ἐπὶ Θεοφίλου τοῦ εἰκοστοῦ δευτέρου ἀρχιεπισκόπου Ἀλεξανδρείας ἀκμασάντων καὶ πολλὰ χρήσιμα κεφάλαια ἱστορικὰ πεπονηκότων παραθέσθαι [...] (« Et les deux moines déjà mentionnés, Annianos et Panodoros, contemporains ayant eu leur acmé sous Théophile, vingt-deuxième archevêque d'Alexandrie, ayant avec beaucoup d'efforts fourni de nombreux chapitres historiques utiles [...] » ; *idem* 396.12–14 : Πανόδωρος δέ τις τῶν κατ' Αἴγυπτον εἰς μοναχός, ἱστορικὸς οὐκ ἄπειρος χρονικῆς ἀκριβείας, ἐν τοῖς χρόνοις ἀκμάσας Ἀρκαδίου βασιλέως καὶ Θεοφίλου Ἀλεξανδρείας ἀρχιεπισκόπου, ἀλήθειαν ἀσπασάμενος ἐν πολλοῖς κτλ. (« Un certain Panodoros, un des moines d'Égypte, historien qui n'est pas ignorant de la chronologie précise, dont l'acmé se situe sous le règne d'Arcadius et le patriarcat de Théophile d'Alexandrie, se trouve dans le vrai sur de nombreux sujets, etc. »). Le patriarcat de Théophile s'étend de 385 à 412, le règne d'Arcadius de 395 à 408. Voir aussi la courte présentation de Karpozilos (1997, 46–47).
25 Jesse Torgerson (2022, 28) déclare que le *Canon chronologique* d'Eusèbe de Césarée était basé sur la Table des rois de Ptolémée, thèse pour laquelle il ne présente pas d'arguments. En réalité, cette position n'est pas défendable puisque rien dans ce qui nous a été transmis des ouvrages d'Eusèbe de Césarée ne nous permet de voir une quelconque influence de Ptolémée.

utilisé et s'est réapproprié ses diverses sources est loin d'être claire pour le lecteur moderne. Aborder son ouvrage, selon le mot d'Anthony Grafton, c'est visiter une cité levantine sous la conduite d'un guide à la fois richement informé et terriblement confus[26].

3.1 Le comput de Panodoros et la date de l'Incarnation

Selon une hypothèse étudiée de longue date, c'est par l'intermédiaire de Panodoros que Georges le Syncelle connaît les *Tables faciles* et les ouvrages de Ptolémée de manière plus générale[27]. Même si ses sources, dont Panodoros, le renseignent plutôt bien sur Ptolémée, Georges le Syncelle n'en avait pas une connaissance directe[28]. Il présente l'ouvrage de Panodoros de cette manière :

> τοῦ δὲ Πανοδώρου πολυμερῆ τε καὶ πολυειδῆ, πολλά τε χρήσιμα ἔχουσαν, οὐ μόνον χρονικῆς ἐχόμενα θεωρίας, ἀλλὰ καὶ τῆς κανονικῆς τῶν δύο μεγάλων φωστήρων ἡλίου καὶ σελήνης κινήσεως […][29]

> Le traité de Panodoros, aux nombreuses parties et multiforme, contient un grand nombre d'informations utiles, non seulement relatives à la théorie chronologique, mais aussi au mouvement, sous forme de tables, des deux grands luminaires, le soleil et la lune.

Même s'il est en accord avec de nombreuses critiques que Panodoros avait formulées à l'encontre d'Eusèbe de Césarée, Georges le Syncelle lui fait le reproche d'accorder trop de crédit aux astronomes. Panodoros a eu en effet recours à une documentation astronomique afin de fixer la naissance du Christ dans la succession des années du monde. À propos des réformes d'Auguste et du comput en usage chez les astronomes – c'est-à-dire chez Ptolémée – faisant commencer le règne d'Auguste à partir de la conquête de l'Égypte, Georges le Syncelle dit :

> καὶ μέχρι τοῦ νῦν οὕτω καθ' Ἕλληνας ἤτοι Ἀλεξανδρεῖς ψηφίζεσθαι τοὺς ἀστρονομικοὺς κανόνας ἐν ταῖς ἐκλείψεσι τῶν δύο φωστήρων καὶ ταῖς καθ' ἕκαστον μῆνα συνόδοις καὶ[30]

---

26 Grafton (1993, 548) : « Reading Syncellus has all the charm and difficulty of visiting a Levantine city under the guidance of a dragoman both richly informed and badly confused. »
27 L'hypothèse est de Heinrich Gelzer (1885, 227), reprenant une idée de Georg Unger (1867, 41–42). Gelzer va en réalité plus loin et considère que les sources du Syncelle se réduisent presque aux seuls ouvrages de Panodoros et Annianos, hypothèse largement nuancée par Serruys (1913) et Adler et Tuffin (2002, LXIII–LXIX).
28 Voir aussi pp. 233–235.
29 Georges le Syncelle, *Chron.* 35.31–33.
30 συνόδοις καὶ] coni. Jacob Goar in Dindorf (1829, 592), συνόδῳ codd. ; voir Georges le Syncelle, *Chron.* 244.1–2 : ἔν τε ταῖς τῶν δύο φωστήρων ἐποχαῖς συνόδοις τε καὶ πανσελήνοις.

πανσελήνοις, τῶν τε πλανωμένων ε΄ ἀστέρων καὶ τῶν λοιπῶν ἀπλανῶν τὰς ἐποχὰς οὕτω λαμβάνεσθαι. καὶ οὕτω μὲν ὁ Πανόδωρος συμφωνῆσαι σπουδάζων τοῖς ἔξω σοφοῖς περὶ τὴν σφαιρικὴν κίνησιν ἔτεσιν ζ΄ διήμαρτε τοῦ ͵εφ΄ ἔτους, ͵ευϙγ΄ ἀντὶ ͵εφ΄ στοιχειώσας, καίπερ ἐν ἄλλοις εὐδοκιμήσας παρὰ πολλούς[31].

Et jusqu'à ce jour, c'est ainsi chez les Grecs ou les Alexandrins que l'on calcule les tables astronomiques pour les éclipses des deux luminaires et pour les nouvelles et les pleines lunes chaque mois, et que l'on détermine les positions des cinq planètes et des autres astres fixes. Et de la même façon Panodoros, en s'efforçant d'être en accord avec les savoirs profanes sur le mouvement de la sphère, se trompe de 7 ans sur l'année 5500, en comptant 5493 au lieu de 5500, bien qu'il ait plus de crédit que beaucoup d'autres à propos d'autres sujets.

Le date de l'Incarnation (comprise ici comme la conception de Jésus) et de la naissance du Christ, placées en l'année 5501 du monde[32], est l'idée maîtresse de Georges le Syncelle, qui la défend tout au long de son ouvrage. Il est parfois difficile de suivre le fil de son argumentation tant son texte semble se contredire à plusieurs endroits, en particulier dans les données chiffrées – à moins que la tradition manuscrite de son ouvrage n'ait gâté le texte que nous lisons aujourd'hui. Il est cependant possible d'en extraire des informations sur la façon dont Panodoros a utilisé Ptolémée. La Table des rois n'est jamais mentionnée en tant que telle mais, d'après la façon dont Georges le Syncelle présente le travail de son prédécesseur, il est assez probable que Panodoros ait eu à disposition un exemplaire de cette table. La liste dite astronomique, qui sera présentée plus loin, dérive certainement du travail de Panodoros sur la Table des rois. Georges le Syncelle revient plusieurs fois sur l'« erreur » de Panodoros, qui s'est appuyé sur le comput utilisé par les astronomes, en l'occurence Ptolémée et les *Tables faciles* :

ἡ δὲ αἰτία τοῦ σφάλματος αὐτοῦ γέγονεν οὕτως· ἐπεὶ γὰρ τὸ πρῶτον ἔτος Φιλίππου τοῦ Ἀριδαίου τοῦ μετὰ Ἀλέξανδρον τὸν Μακεδόνα βασιλεύσαντος Μακεδόνων α΄, καθ' ὃ ἔτος καὶ ὁ Κλαύδιος Πτολεμαῖος τὴν τῶν προχείρων κανόνων ψηφηφορίαν ἐπῆξατο, ἀρχὴν Αἰγυπτιακοῦ καὶ Ἑλληνικοῦ ἔτους κατὰ τὴν πρώτην τοῦ Θωθ μηνὸς παρ' Αἰγυπτίοις λεγομένου, κθ΄ τοῦ Αὐγούστου μηνὸς οὖσαν ἀποκαταστατικήν, ὁμόχρονον ὁμολογουμένως ἐστὶ τῷ ͵ερο΄ ἔτει τοῦ κόσμου[33].

La raison de son erreur [*i.e.* celle de Panodoros] est la suivante : puisqu'en effet la première année de Philippe Arrhidée, le premier à régner sur les Macédoniens après Alexandre le Macédonien, est l'année que Claude Ptolémée a prise pour fixer le calcul des *Tables faciles*, le début de l'année égyptienne et grecque au premier du mois que les Égyptiens appellent

---

31 Georges le Syncelle, *Chron.* 378.3–10.
32 Précisément, l'Incarnation est censée avoir lieu après 5500 ans révolus, donc le premier jour de l'année 5501. Le texte de Georges le Syncelle est parfois obscur et ne précise pas toujours s'il parle d'années révolues ou de l'année en cours, voir Adler et Tuffin (2002, 2).
33 Georges le Syncelle, *Chron.* 396.16–22.

thôth – début qui revient le 29ᵉ jour du mois d'août –, on s'accorde à dire que cette année est la 5170ᵉ depuis la création du monde.

Dans cette première étape, Georges le Syncelle résume le point de départ de Panodoros. Ptolémée et les *Tables faciles* sont citées clairement, avec des précisions sur l'origine chronologique des tables. Panodoros est à notre connaissance le premier à faire de la Table des rois l'une des bases de sa chronologie. Il n'y a rien d'évident à synchroniser efficacement un comput des années égyptiennes avec une chronologie du monde basée sur le calendrier julien, peu importe son ère de référence. La critique de Georges le Syncelle montre que Panodoros a tenté d'intégrer le comput des années de Philippe, tel qu'il est présenté par Ptolémée, à une chronologie depuis la Création :

> ἀπὸ δὲ τοῦ αὐτοῦ πρώτου ἔτους Φιλίππου μέχρι τῆς καθαιρέσεως Κλεοπάτρας ἔτη κατὰ τοὺς ἀστρονομικοὺς κανόνας ἐπισυνάγεται σϙδ´. ἀπὸ τοῦ αὐτοῦ ͵ερο´ κοσμικοῦ ἔτους ἔτη γίνονται ͵ευξγ´ ἀπὸ Ἀδὰμ ἕως καθαιρέσεως Κλεοπάτρας κατὰ τοῦτο, ὅπερ οὐ συνᾴδει τῇ ἐκκλησιαστικῇ παραδόσει, ὡς πρὸς τὸ μγ´ ἔτος Αὐγούστου Καίσαρος, ἡνίκα ὁ κύριος ἡμῶν ἐσαρκώθη. μόνα γὰρ ἀπὸ τῆς αὐτῆς καθαιρέσεως καὶ ὑποταγῆς Αἰγύπτου μγ´ ἔτη λέγεται βεβασιλευκέναι παρὰ τοῖς μαθηματικοῖς ὁ Αὔγουστος, ὅπερ εἰ δῶμεν ἀληθεύειν, εὑρεθήσεται κατὰ τὸ ͵εφε´ ἔτος τοῦ κόσμου τελευτήσας ὁ Αὔγουστος. τὸ δ' αὐτὸ ε´ ἔσται τῆς τοῦ σωτῆρος ἡλικίας³⁴.

> Depuis la première année de Philippe jusqu'à la déposition de Cléopâtre, on compte 294 années d'après les tables astronomiques. Depuis cette année du monde 5170, on obtient donc 5463 années depuis Adam jusqu'à la déposition de Cléopâtre, ce qui ne s'accorde pas avec la tradition ecclésiastique, selon laquelle vers la 43ᵉ année d'Auguste César est l'Incarnation de notre Seigneur. Or, depuis la déposition de Cléopâtre et la soumission de l'Égypte, les astronomes disent qu'Auguste a régné seulement 43 années. Si nous prenons cela pour vrai, on trouvera qu'Auguste est mort l'année du monde 5505³⁵, mais cette année sera la 5ᵉ de la vie du Sauveur.

Le document qui sous-tend les données numériques de ce paragraphe est la Table des rois. On ne peut pas tirer ces informations directement de l'*Almageste* ou des commentaires de Théon d'Alexandrie. Ailleurs, Georges le Syncelle est tout à la fois précis et vague pour désigner la documentation de Panodoros. Il mentionne les *Tables faciles* (οἱ πρόχειροι κανόνες), les « tables astronomiques » (οἱ ἀστρονομικοὶ κανόνες) et le « traité astronomique » (ἡ μαθηματικὴ ἔκδοσις), qui

---

34 Georges le Syncelle, *Chron.* 396.23–397.2.
35 Si c'est bien la leçon originelle, Georges a fait une erreur. Si la première année de Philippe est l'année du monde 5170, alors la mort d'Auguste, après avoir complété quarante-trois années de règne, devrait être placée en 5506, comme il le rappelle plus loin, et non 5505. Depuis la première année de Philippe jusqu'à la déposition de Cléopâtre, 294 années, donc la dernière année de règne de Cléopâtre est l'année du monde 5463, et la première d'Auguste, 5464. La quarante-troisième année d'Auguste est ainsi l'année 5506.

renvoie certainement à l'*Almageste*[36]. Cette documentation astronomique est mise en opposition avec la « tradition ecclésiastique », selon les mots de Georges le Syncelle, tradition qui fait coïncider la naissance du Christ avec la quarante-deuxième ou quarante-troisième année d'Auguste : il s'agit d'un comput des années du règne d'Auguste qui commence directement après la mort de Jules César, comme chez Eusèbe de Césarée[37]. On aboutit alors à un règne total de cinquante-six ans. La Table des rois, qui fait débuter le règne d'Auguste avec la conquête de l'Égypte, lui attribue seulement quarante-trois années. Il est donc évident que la « quarante-troisième année d'Auguste » correspond à deux années historiques différentes selon les computs. Pour Georges le Syncelle, d'après les Écritures, le Christ n'avait pas cinq ans à la mort d'Auguste :

> ἀλλ' ὅτι μὲν ἔστι πρόδηλον, ὅτι δὲ κατὰ τὸν Αὐγούστου Καίσαρος θάνατον ιε΄ ἐγγὺς ἦγεν ἔτος ὁ κύριος καὶ κατὰ τὸ ιε΄ ἔτος Τιβερίου Καίσαρος ὡσεὶ ἐτῶν ἦν λ΄, ὡς τὰ λόγια, καὶ τοῦτο προφανές. ἔσται ἄρα ὁ μὲν Αὐγούστου Καίσαρος θάνατος μεταξύ που τοῦ ͵εφιδ΄ κοσμικοῦ ἔτους καὶ τοῦ ͵εφιε΄, ἡ δὲ ἀρχὴ τῆς ὅλης βασιλείας αὐτοῦ τῷ ͵ευνη΄. Πανόδωρος δὲ τῇ μαθηματικῇ ἐξακολουθῶν ἐκδόσει τὴν μὲν ἀρχὴν τῆς Αὐγούστου βασιλείας τῷ ͵ευνα΄ ἔτει τοῦ κόσμου ἐστοιχείωσε, τὸ δὲ τέλος τῷ ͵εφς΄, τὴν δὲ σωτήριον γέννησιν τῷ ͵ευϞγ΄, οὐ καλῶς διανοησάμενος[38].

> Mais il est très clair qu'à la mort d'Auguste César, le Seigneur avait presque 15 ans et à la 15ᵉ année de Tibère César il avait environ 30 ans, comme le disent les évangiles, et cela est évident. Donc la mort d'Auguste César sera quelque part entre les années du monde 5514 et 5515, et le début de son règne entier sera l'année du monde 5458. Panodoros, en suivant le traité astronomique, a établi le début du règne d'Auguste l'année du monde 5451, sa fin l'année 5506, et la naissance du Sauveur l'année 5493 – il n'a pas raisonné correctement.

La présentation de Georges est lacunaire puisqu'il n'explique pas comment Panodoros articulait les années juliennes et les années égyptiennes de Ptolémée, ou bien à quelle date précise il faisait commencer la Création ou le règne de Philippe[39]. En adoptant une simple équivalence entre l'année 1 de Philippe et l'année 5170 du monde, en négligeant le problème du décalage des années égyptiennes par rapport aux années juliennes, on peut se représenter le comput de Panodoros de la façon suivante :

---

36 Georges le Syncelle, *Chron.* 396.19 ; 378.4 et 396.24 ; 397.7.
37 Eusèbe de Césarée, *Chronique* II, éd. Aucher (1818b, 263). Dans l'*Histoire ecclésiastique* (I.V.2), Eusèbe place la naissance du Christ lors de la quarante-deuxième année d'Auguste, la vingt-huitième de la soumission de l'Égypte.
38 Georges le Syncelle, *Chron.* 397.2–10.
39 Voir aussi Mosshammer (2008, 374).

AM 5170	Philippe	1					
5451	282	Cléopâtre	10	**Octave**	**1**		
5463	294	Cléopâtre	22	Octave	13		
5464	295	Auguste	1	Octave	14		
5472	303	Auguste	9	Octave	22		
5493	324	Auguste	30	**Octave**	**43**	Incarnation	1
5506	337	Auguste	43	**Octave**	**56**	Incarnation	14
5507	338	Tibère	1			Incarnation	15
5521	352	Tibère	15			Incarnation	29

Dans ce tableau, le règne de cinquante-six ans d'Auguste est noté « Octave », celui de quarante-trois ans, adopté par Ptolémée, est noté « Auguste »[40]. Les données explicitement mentionnées par Georges le Syncelle sont en gras. Ce comput est cohérent à la fois avec les années de Philippe données par la Table des rois, mais aussi avec la date de l'Incarnation lors de la quarante-troisième année d'Auguste (comme dans la « tradition ecclésiastique » mentionnée par le Syncelle). Le Christ était dans sa quatorzième année à la mort d'Auguste et dans sa vingt-neuvième lors de la quinzième année de règne de Tibère – ce qui est cohérent avec l'Évangile selon Luc[41]. Georges refuse de placer l'Incarnation à une autre date que l'année du monde 5501, ce qui motive sa critique de Panodoros. Bien qu'une grande partie des détails nous échappent, ce dernier a sans doute réussi à combiner le comput de la Table des rois, celui des cinquante-six ans de règne d'Auguste, et différentes informations tirées de la tradition ecclésiastique.

3.2 Les listes de rois chaldéens et perses

Lorsqu'il introduit le règne de Salmanazar, « aussi appelé Nabonassar », premier roi des Chaldéen, Georges le Syncelle se lance dans un long développement au cours duquel interviennent d'abord des sources bibliques et des historiens (Castor de Rhodes, Julius Africanus, Eusèbe), puis Ptolémée :

ἡ δὲ τῶν Χαλδαίων λείπεται στοιχειωθῆναι, ἥτις ἀπὸ Σαλμανάσαρ, ὃν καὶ Ναβονάσαρον καλοῦσι, λαμβάνεται παρά τε Χαλδαίοις ἐν τῇ τῶν ἀστέρων ψηφοφορίᾳ καὶ παρὰ τοῖς Ἑλλήνων μαθηματικοῖς, ὡς μαρτυρεῖ καὶ ὁ σοφώτατος Κλαύδιος Πτολεμαῖος ἐν τῇ μεγάλῃ συντάξει

---

[40] Ces appellations n'ont rien d'historique, mais sont introduites ici pour simplifier la comparaison des différents comput.
[41] Lc 3.1 et 3.23. C'est bien ce texte que Georges le Syncelle a en tête, également rapporté par Eusèbe de Césarée (*Histoire ecclésiastique* I.X.1), selon lequel, à la quinzième année de Tibère, Jésus avait environ trente ans lorsqu'il commença son ministère.

τῇ τῆς ἀστρονομίας τοῖς ἀπὸ Ναβονασάρου χρώμενος ἔτεσιν, ἔν τε ταῖς τῶν δύο φωστήρων ἐποχαῖς συνόδοις τε καὶ πανσελήνοις [...]⁴².

Le [début du royaume] des Chaldéens reste à établir, lequel commence par Salmanazar, que l'on appelle aussi Nabonassar, utilisé chez les Chaldéens dans le calcul des astres et chez les astronomes grecs, comme en témoigne aussi le très savant Claude Ptolémée dans le grand traité de l'astronomie, en utilisant les années depuis Nabonassar pour les positions des deux luminaires, les conjonctions et les pleines lunes [...].

Après un paragraphe assez long sur l'utilisation des ères de Nabonassar dans l'*Almageste* et de Philippe dans les *Tables faciles*, Georges le Syncelle rappelle que la mort d'Alexandre a eu lieu l'année du monde 5170 et que Ptolémée, grâce à son système de comput des années depuis Nabonassar, offre une documentation cruciale pour établir la liste des rois babyloniens, leurs successeurs hellénistiques puis romains⁴³. Il reprend ensuite l'anecdote selon laquelle Nabonassar aurait rassemblé les archives de ses prédécesseurs avant de les faire détruire, provoquant *de facto* un nouveau comput des années à partir de son règne. Enfin, il introduit les deux listes de rois de Nabonassar à Alexandre :

εἰσὶν οὖν, ὡς πρόκειται ἐν κανονίῳ, οἱ αὐτοὶ ἀπὸ Ναβονασάρου χρόνοι υκδ΄ κατά τε τὴν μαθηματικὴν καὶ ἐκκλησιαστικὴν ἔκδοσιν, τὰ μὲν καθ' ὅλου ἔτη τὰ αὐτὰ συνάγοντες υκδ΄, τὰ δὲ κατὰ μέρος οὐ πανταχοῦ τὰ αὐτά· οἷον Κύρου μὲν ἡ θεία γραφὴ λα΄ ἔτος ὑποφαίνει τῆς βασιλείας καὶ ἐν τοῖς κοσμικοῖς ἔτεσιν οὕτως στοιχειοῦμεν, ὁ δὲ μαθηματικὸς κανὼν θ΄ μόνα ἔτη Κύρῳ νέμει. καὶ ἐν ἄλλοις δέ τισιν αὐτοῦ τε Ναβονασάρου διαφορὰν εὑρήσεις ἐν τοῖς κατὰ μέρος, ἐν δὲ τῷ τέλει τὴν ἰσότητα⁴⁴.

Ce sont donc, comme il est exposé dans la table, ces mêmes 424 années depuis Nabonassar à la fois dans la version mathématique et dans la version ecclésiastique ; ces années prises ensembles sont 424, mais elles ne sont pas complètement les mêmes dans le détail ; par exemple pour Cyrus, les Saintes Écritures indiquent 31 années de règne comme dans l'établissement de la chronologie des années du monde, mais la table mathématique attribue seulement neuf années à Cyrus. Et pour d'autres sections tu trouveras, et même pour Nabonassar, un désaccord dans le détail, et néanmoins à la fin, une uniformité.

Ces deux listes sont présentées comme deux versions ou deux éditions (ἔκδοσιν) d'une même table, mais Georges le Syncelle ne l'associe pas explicitement à Ptolémée et ne donne pas l'origine de sa ou ses sources. La première liste, dite ici μαθηματική, puis décrite comme κατὰ τὸν ἀστρονομικὸν κανόνα (« d'après la table

---

42 Georges le Syncelle, *Chron.* 243.26–244.2.
43 Georges le Syncelle, *Chron.* 244.9–31.
44 Georges le Syncelle, *Chron.* 245.5–11.

astronomique »), est clairement inspirée de la Table des rois de Ptolémée[45]. Georges le Syncelle la tire probablement de Panodoros. L'origine de la seconde, la liste dite ecclésiastique et présentée comme κατὰ τὴν ἐκκλησιαστικὴν στοιχείωσιν, est débattue[46]. Puisque Georges le Syncelle rappelle que l'ouvrage d'Annianos est aligné avec la tradition « apostolique et patristique », il a été tentant de lui attribuer la paternité de cette liste[47]. Dans tous les cas, Georges ne revendique la paternité d'aucune de ces deux listes.

La liste dite astronomique (κατὰ τὸν ἀστρονομικὸν κανόνα)
La liste dite astronomique est la suivante[48] :

Τὰ ἀπὸ Ναβονασάρου ἔτη τοῦ καὶ	Les années depuis Nabonassar,
Σαλμανασὰρ βασιλέως Χαλδαίων	à savoir Salmanazar, roi des Chaldéens
ἕως Ἀλεξάνδρου τοῦ κτιστοῦ τελευτῆς	jusqu'à la mort d'Alexandre le Fondateur
κατὰ τὸν ἀστρονομικὸν κανόνα·	d'après la table astronomique :
α´ Ναβονασάρου ἔτη ιδ	1. Nabonassar, 14 ans
β´ Ναβίου ἔτη β. ις	2. Nabios, 2 ans, 16
γ´ Χινζήρου καὶ Πώρου¹ ἔτη ε. κα	3. Chinzēros et Poros, 5 ans, 21
δ´ Ἰλουλαίου ἔτη ε. κς	4. Ioulaios, 5 ans, 26
ε´ Μαρδοκεμπάδου ἔτη ιβ. λη	5. Mardokempados, 12 ans, 38
ς´ Ἀρκεανοῦ ἔτη ε. μγ	6. Arkeanos, 5 ans, 43
ζ´ Ἀβασιλεύτου ἔτη β. με	7. Abasileutos, 2 ans, 45
η´ Βηλίβου² ἔτη γ. μη	8. Bēlibos, 3 ans, 48
θ´ Ἀπαραννάδισου³ ἔτη ς. νδ	9. Aparannadisos, 6 ans, 54
ι´ Ἡριγεβάλου ἔτος α. νε	10. Erigebalos, 1 an, 55
ια´ Μεσησιμορδάκου ἔτη δ. νθ	11. Mesēsimordakos, 4 ans, 59
ιβ´ Ἀβασιλεύτου ἄλλου⁴ ἔτη η. ξζ	12. Abasileutos II, 8 ans, 67

---

[45] Plus loin, Georges le Syncelle la nomme directement ὁ μαθηματικὸς κανών (276.2) et ὁ ἀστρονομικὸς κανών (276.6).

[46] Georges le Syncelle la nomme aussi plus simplement ὁ ἐκκλησιαστικὸς κανών (276.5–7).

[47] Georges le Syncelle, *Chron.* 35.20–22 : ἰστέον εἶναι τὴν ἔκδοσιν Ἀννιανοῦ μὲν ἐπιτομωτέραν καὶ ἀκριβεστέραν τῇ ἀποστολικῇ τε καὶ πατρικῇ παραδόσει ἀκόλουθον. (« Il faut savoir que le traité d'Annianos est plus succinct et plus précis [*i.e.* que celui de Panodoros] et suit la tradition apostolique et patristique. ») Voir Grafton (1993, 720) ; Adler et Tuffin (2002, 301).

[48] Georges le Syncelle, *Chron.* 245.12–246.18. Je donne le texte tiré de l'édition de Mosshammer (1984). Les variantes tirées du *Paris. gr.* 1711 sont notées « A », celles du *Paris. gr.* 1764 « B ». Ma transcription des noms tente de les restituer au nominatif, en s'inspirant des formes données par la liste dite ecclésiastique. Ναβουχοδονόσωρ peut être indéclinable. Pour Nabonassar, Cyrus, Darius, Cambyse et Alexandre, la forme courante française est utilisée.

ιγ´ Ἰσαριηδίνου⁵ ἔτη ιγ. π	13. Isariēdinos, 13 ans, 80
ιδ´ Σαοδουχίνου ἔτη θ. πθ⁶	14. Saodouchinos, 9 ans, 89
ιε´ Κινηλαδάλου⁷ ἔτη ιδ. ργ	15. Kinēladalos, 14 ans, 103
ιϛ´ Ναβοπαλασάρου πατρὸς Ναβουχοδονόσωρ ἔτη κα⁸. ρκδ	16. Nabopolasaros, père de Nabuchodonosor, 21 ans, 124
ιζ´ Ναβουκολασσάρου⁹ τοῦ καὶ Ναβουχοδονόσωρ ἔτη μγ. ρξζ	17. Naboukolassaros c'est-à-dire Nabuchodonosor, 43 ans, 167
ιη´ Ἰλλοαρουδάμου ἔτη γ. ρο	18. Illoaroudamos, 3 ans, 170
ιθ´ Νηρηγασολασάρου¹⁰ ἔτη ε. ροε	19. Nērēgasolasaros, 5 ans, 175
κ´ Ναβοναδίου τοῦ καὶ Ἀστυάγους ἔτη λδ. σθ	20. Nabonadios, c'est-à-dire Astyage, 34 ans, 209
κα´ Κύρου ἔτη θ. σιη	21. Cyrus, 9 ans, 218
κβ´ Καμβύσου ἔτη η. σκϛ	22. Cambyse, 8 ans, 226
κγ´ Δαρείου ἔτη λϛ. σξβ	23. Darius, 36 ans, 262
κδ´ Ξέρξου ἔτη κα. σπγ	24. Xerxès, 21 ans, 283
κε´ Ἀρταξέρξου α´ ἔτη μα. τκδ	25. Artaxerxès Ier, 41 ans, 324
κϛ´ Δαρείου β´ τοῦ καὶ Νόθου¹¹ ἔτη ιθ. τμγ	26. Darius II c'est-à-dire Nothos, 19 ans, 343
κζ´ Ἀρταξέρξου δευτέρου ἔτη μϛ. τπθ	27. Artaxerxès II 46 ans, 389
κη´ Ὤχου ἔτη κα. υι	28. Ochos, 21 ans, 410
κθ´ Σάρου ἔτη β. υιβ	29. Saros, 2 ans, 412
λ´ Δαρείου τρίτου τοῦ καὶ Ἀρσάμου ἔτη ϛ. υιη	30. Darius III c'est-à-dire Arsamès, 6 ans, 418
λα´ Ἀλεξάνδρου τοῦ μεγάλου ἔτη ϛ. υκδ	31. Alexandre le Grand, 6 ans, 424

1. Πύρου A ‖ 2. Βηλίθου A ‖ 3. Ἀποραναδίσου A ‖ 4. Ἀβασίλευτος B ‖ 5. Ἰσαριηδήνου ‖ 6. *lineam om.* A ‖ 7. Κινιλαδάλου A ‖ 8. μγ B ‖ 9. Ναβουκολασάρου A ‖ 10. Νιρηγασολασάρου B ‖ 11. Νόνου B

Les noms des rois de cette liste correspondent assez bien à la Table des rois telle que les manuscrits des *Tables faciles* nous l'ont transmise et reprennent aussi les formes au génitif. Les autres listes dans l'ouvrage de Georges le Syncelle sont au nominatif. On peut donc penser que cette table a été reprise telle quelle par Georges le Syncelle à sa source, en l'occurrence Panodoros. Elle donne deux variantes – Ἰλουλαίου et Ἀρκεανοῦ – que l'on retrouve seulement dans les manuscrits de la branche ω2 de la tradition textuelle de la Table des rois, mais aussi trois variantes qui rapprochent cette liste de la table du *Vat. gr.* 1291 (Ἡριγεβάλου, Ἀπαραννάδίσου et Ἰσαριηδίνου)[49]. Si Georges le Syncelle reprend bien cette table à sa source et si les variantes textuelles qu'elle offre pour les noms de rois viennent de l'exemplaire que ce dernier avait à disposition, alors nous avons là une bonne idée d'une version

---

49 Voir p. 154.

de la Table des rois de Ptolémée telle qu'elle pouvait circuler au tournant des IVe et Ve siècles à Alexandrie.

Cette liste dite astronomique contient les durées de règne et les années cumulées depuis Nabonassar. On note un certain nombre de différences par rapport au texte de Ptolémée. Quatre identifications de rois sont proposées : Nabonassar avec Salmanazar[50] ; Naboukolassaros (Nabû-kudurri-uṣur) avec Nabuchodonosor ; Nabopolassaros (Nabû-apla-uṣur) avec le père de ce dernier[51] et Nabonadios (Nabonide) avec Astyage[52]. Les mentions « Nothos » et « Arsamès » pour Darius II et Darius III sont présentées de la même manière que les identifications mentionnées plus haut, mais elles dérivent d'un surnom dans le premier cas et du possible nom du père de Darius III dans le second cas[53]. La différence de taille dans le comput des années de Saosdouchinos (Šamaš-šuma-ukin) à Nabonide ne semble pas fortuite. Toutes les durées de règne de ces rois, sauf Nabopolassar et Nabuchodonosor, ont été modifiées par rapport à la table de Ptolémée, mais de façon à ce que le nombre d'années depuis Nabonassar jusqu'au début du règne de Cyrus reste le même que chez Ptolémée. Plus précisément, dix-neuf années ont d'abord été retirées – respectivement onze à Saosdouchinos et huit à Kinēladalos (Kandalānu) – puis ajoutées aux règnes d'Illoaroudamos (Amēl-Marduk, trois ans au lieu de deux), Nērēgasolasaros (Nériglissar, cinq au lieu de quatre) et Nabonide (trente-quatre au lieu de dix-sept). Les règnes de Nabopolassar et Nabuchodonosor, au milieu, restant inchan-

---

50 Je ne sais pas sur quelles bases exactes, textuelles ou arithmétiques, est fondée l'association entre Nabonassar et Salmanazar, si elle vient de Georges le Syncelle ou de sa source.
51 L'identification de Nabopolassar avec le père de Nabuchodonosor se trouve déjà chez Bérose, cité par Eusèbe de Césarée, *Chronique* I éd. Aucher (1818a, 63–65).
52 L'identification de Nabonide, roi de Babylone, avec Astyage, roi des Mèdes, vient peut-être de leurs défaites respectives face à Cyrus II. Nabonide et Astyage sont deux personnes différentes chez Eusèbe de Césarée par exemple, mais semblent complètement fusionnées chez Georges le Syncelle. Un élément qui pourrait expliquer la confusion se trouve dans la partie deutérocanonique du Livre de Daniel dans la version de Théodotion, livre dont les évènements se déroulent à Babylone lors de la Captivité. L'incipit du chapitre appelé aujourd'hui « Bel et le Dragon » (Daniel 14) dit : καὶ ὁ βασιλεὺς Ἀστυάγης προσετέθη πρὸς τοὺς πατέρας αὐτοῦ, καὶ παρέλαβεν Κῦρος ὁ Πέρσης τὴν βασιλείαν αὐτοῦ. (« Et le roi Astyage fut rendu à ses pères, et Cyrus le Perse reçut son royaume. »). Voir Ziegler (1999, 396–397). Cette phrase peut donner l'impression que le dernier roi de Babylone, avant la victoire de Cyrus, se nommait Astyage. Il est difficile de savoir si l'identification de Nabonide avec Astyage vient de Georges le Syncelle lui-même ou s'il la reprend à sa source.
53 Dans le *Canon chronologique* d'Eusèbe de Césarée, Darius est surnommé « bâtard » ou « fils d'une concubine » dans la version arménienne, qui est un calque du grec νόθος, voir Eusèbe de Césarée, *Chronique* II, éd. Aucher (1818b, 214–215). Sa *Chronique* en revanche, ne mentionne pas ce surnom. Je n'ai trouvé aucune source pouvant être à l'origine de la mention Ἀρσάμου pour Darius III, mais on la retrouve dans le *Chronicon paschale* (321.3) et chez les auteurs qui suivent Georges le Syncelle.

gés⁵⁴, ceux-ci se retrouvent mécaniquement décalés de dix-neuf années. Je n'ai pas trouvé la raison précise de cette modification. On peut supposer que l'auteur de cette modification s'est appuyé sur des points de repère comme la prise de Jérusalem par Nabuchodonosor, la captivité des Juifs à Babylone ou la reconstruction du Temple ordonnée par Cyrus, évènements relatés dans la Bible et autour desquels, comme Georges le Syncelle le rappelle lui-même, « de grandes divergences émergent et ont émergé chez la plupart des historiens de sorte qu'on n'en trouve pas deux qui s'accordent complètement⁵⁵. » Un second changement concerne le règne de Darius III (six ans) et Alexandre (six ans) contre respectivement quatre et huit chez Ptolémée. Comme dans le premier cas, il s'agit manifestement d'une modification volontaire, qui permet à la liste de toujours compter 424 ans de Nabonassar à Philippe, comme chez Ptolémée. Les six années attribuées à Darius sont mentionnées plusieurs fois chez Eusèbe de Césarée⁵⁶.

La liste dite ecclésiastique (κατὰ τὴν ἐκκλησιαστικὴν στοιχείωσιν)

Juste après la liste astronomique se trouve une seconde liste, bâtie sur un format similaire, tirée d'une « exposition ecclésiastique ». Comme on l'a déjà évoqué, la paternité de cette liste est débattue. Heinrich Gelzer attribuait la liste à Annianos ; Daniel Serruys conteste cette identification, sur la base du témoignage d'Élie de Nisibe – un autre lecteur d'Annianos – et plaide pour une source différente de ce

---

54 On trouve vingt-et-un ans et quarante-trois ans pour Nabopolassar et Nabuchodonosor dans plusieurs sources comme Eusèbe de Césarée, Flavius Josèphe ou Bérose, d'où sans doute la volonté de ne pas toucher aux durées de règne de ceux-ci. Les trente-quatre ans de Nabonide n'offrent aucun parallèle, à ma connaissance.

55 Georges le Syncelle, *Chron.* 272.5–7 : « [...] ἡ πολλὴ διαφωνία γίνεται καὶ γέγονε τοῖς πολλοῖς τῶν ἱστορικῶν, ὥστε σχεδὸν δύο μὴ εὑρίσκειν ἡμᾶς τοὺς ἐν πᾶσιν ὁμοφωνοῦντας. » On notera que si les soixante-dix ans de la captivité à Babylone prennent fin lors de la première année du règne de Cyrus, soit la 210ᵉ année de Nabonassar d'après Ptolémée, alors la prise de Jérusalem et le début de la captivité ont eu lieu la 140ᵉ année de Nabonassar, qui tombe, d'après la Table des rois, la dix-huitième année du règne de Nabopolassar. Or, ce dernier est identifié par l'auteur de la liste « astronomique » comme le père de Nabuchodonosor. En faisant remonter le règne de Nabuchodonosor de dix-neuf ans, le début de la captivité – soixante-dix ans avant la première année de Cyrus – se situe dès lors bien sous le règne de ce dernier (lors de sa vingt-huitième année) et non de son père.

56 Eusèbe de Césarée, *Chronique* I, éd. Aucher (1818a, 105, 191 et 235). Il évoque aussi la fondation d'Alexandrie lors de la sixième année du règne d'Alexandre. On retrouve les mêmes durées de règne dans la liste dite ecclésiastique et dans la chronique d'Élie de Nisibe, *Chronographie* I 38.7. Je ne saurais dire si ces modifications sont toutes ou en partie attribuables à Panodoros lui-même.

dernier[57]. Cette question très complexe de *Quellenforschung* ne sera pas tranchée ici. La liste se présente ainsi[58] :

Τὰ ἀπὸ Σαλμανασὰρ ἤτοι Ναβονασάρου ἔτη κατὰ τὴν ἐκκλησιαστικὴν στοιχείωσιν ἕως Κύρου καὶ ἔπειτα Ἀλεξάνδρου τοῦ Μακεδόνος	Les années depuis Salmanazar ou Nabonassar d'après l'exposition ecclésiastique jusqu'à Cyrus, puis Alexandre le Macédonien
αʹ Ναβονάσαρος[1] ὁ καὶ Σαλμανασὰρ ἐν τῇ γραφῇ λεγόμενος ἔτη κε	1. Nabonassar, aussi appelé Salmanazar dans les Écritures, 25 ans
βʹ Νάβιος ἔτη η	2. Nabios, 8 ans
γʹ Χίνζηρος καὶ Πῶρος ἔτη ε	3. Chinzēros et Poros, 5 ans
δʹ Ἰλουλαῖος[2] ἔτη ε	4. Iloulaios, 5 ans
εʹ Μαρδοκέμπαδος[3] ἔτη ιβ	5. Mardokempados, 12 ans
ϛʹ Ἀρκεανὸς ἔτη ε	6. Arkeanos, 5 ans
ζʹ Ἀβασίλευτος ἔτη β	7. Abasileutos, 2 ans
ηʹ Βήλιλος[4] ἔτη γ	8. Bēlilos, 3 ans
θʹ Ἀπαρανάδισος ἔτη ϛ	9. Aparanadisos, 6 ans
ιʹ Ἠριγέβαλος ἔτος[5] α	10. Erigebalos, 1 an
ιαʹ Μεσησιμόρδακος[6] ἔτη δ	11. Mesēsimordakos, 4 ans
ιβʹ Ἀβασίλευτος ἄλλος ἔτη η	12. Abasileutos II, 8 ans
ιγʹ Ἰσαρινδῖνος[7] ἔτη ιγ	13. Isarindinos, 13 ans
ιδʹ Σαοσδουχῖνος[8] ἔτη θ	14. Saosdouchinos, 9 ans
ιεʹ Κινηλάδανος ἔτη ιδ	15. Kinēladanos, 14 ans
ιϛʹ Ναβοπαλάσαρος[9] ἔτη κα	16. Nabopolassaros, 21 ans
ιζʹ Ναβουχοδονόσωρ[10] υἱὸς ἔτη μγ	17. Nabuchodonasor, le fils, 43 ans
ιηʹ Εὐειλὰδ Μαροδὰχ[11] ἔτη ε	18. Evilad Marodach, 5 ans
ιθʹ Νηριγλήσαρος ὁ καὶ Βαλτάσαρ ἔτη γ	19. Nēriglisaros c'est-à-dire Baltasar, 3 ans
κʹ Ναβονάδιος ὁ καὶ Ἀστυάγης Δαρεῖος[12] Ἀσουήρου καὶ Ἀρταξέρξης ἔτη ιζ	20. Nabonadios, c'est-à-dire Astyage, Darius fils d'Asouēros, ou Artaxerxès, 17 ans
καʹ Κῦρος Περσῶν πρῶτος βασιλεὺς[13] ἔτη[14] λα	21. Cyrus, premier roi des Perses, 31 ans
κβʹ Καμβύσης υἱὸς Κύρου ἔτη η	22. Cambyse, fils de Cyrus, 8 ans
κγʹ Μάγοι ἀδελφοὶ βʹ Σμέρδιος[15], Παυζούτης μῆνας ζ	23. Les frères Mages Smerdios et Pauzoutès, 7 mois
κδʹ Δαρεῖος υἱὸς Ὑστάπου ἔτη λϛ	24. Darius fils d'Hystapès, 36 ans
κεʹ Ξέρξης υἱὸς Δαρείου μῆνας[16] κ	25. Xerxès fils de Darius, 20 mois
κϛʹ Ἀρταξέρξης Ξέρξου ὁ μακρόχειρ ἔτη μγ	26. Artaxerxès Makrocheir fils de Xerxès, 43 ans

---

57 Gelzer (1885, 227) ; Serruys (1913, 16–28).
58 Georges le Syncelle, *Chron.* 246.19–247.29. Je donne le texte selon l'édition de Mosshammer (1984). Les variantes tirées du *Paris. gr.* 1711 sont notées « A », celles du *Paris. gr.* 1764 « B », voir note 48 p. 215.

κζ´ Ξέρξης υἱὸς Ἀρταξέρξου μῆνας β	27. Xerxès fils d'Artaxerxès, 2 mois
κη´ Σογδιανὸς μῆνας ζ	28. Sogdianos, 7 mois
κθ´ Δαρεῖος ὁ Νόθος[17] ἔτη ιθ	29. Darius Nothos, 19 ans
λ´ Ἀρταξέρξης ὁ Μνήμων ἔτη μ	30. Artaxerxès Mnēmon, 40 ans
λα´ Ὦχος Ἀρταξέρξου υἱὸς ἔτη ε	31. Ochos fils d'Artaxerxès, 5 ans
λβ´ Ἄρσου ἀδελφοῦ Ὤχου ἔτη δ	32. Arsès frère d'Ochos, 4 ans
λγ´ Δαρείου[18] γ´ Ἀρσάμου ἔτη ς	33. Darius III Arsamès, 6 ans
λδ´ Ἀλεξάνδρου Μακεδόνος ἔτη ς	34. Alexandre le Macédonien, 6 ans

1. Ναβονάσσαρος B ∥ 2. Ἰλλουλαῖος A Ἰλολαιὸς B ∥ 3. Μαρδοκεμπάδακος A ∥ 4. Βήληλος A ∥ 5. Ἰρηγίβαλλος ἔτη A ∥ 6. Μεσισικόρδακος A ∥ 7. Ἰσααριδηνὸς A Ἰσααρρήδινος B ∥ 8. Σαὸς Δούχιος A ∥ 9. Ναβοπολάσσαρος B ∥ 10. Ναβοχοδονόσωρ B ∥ 11. Εὐιδὰν Βαροχὰδ A ∥ 12. Δάρσιος AB ∥ 13. πρῶτος βασιλεύς : α´ ἐβασίλευσεν A ∥ 14. ἔτος B ∥ 15. Ἐμέρδιος B ∥ 16. *sic* AB, ἔτη *Sync.* 300.28 ∥ 17. Νοθοσίνομος A Νοθοσήνομος B ∥ 18. Δαρεῖος A

Cette liste ne présente pas les années cumulées depuis Nabonassar et les noms sont au nominatif, sauf les trois derniers. D'après Georges le Syncelle, le total est similaire, voire identique (ἐν δὲ τῷ τέλει τὴν ἰσότητα) à celui de la liste astronomique, soit 424 ans[59]. D'après le témoignage des manuscrits, malgré des différences dans le détail des règnes, le total des années à la fin du règne de Nabonide s'élève à 209 années, ce qui, en effet, est parfaitement cohérent à la fois avec Ptolémée et avec la liste dite astronomique. La section de la liste de Cyrus à Alexandre est en revanche problématique. Le total s'élève à 215 années chez Ptolémée, mais à 199 années d'après la liste ecclésiastique. En admettant que les vingt mois de règne attribués à Xerxès Ier soient une erreur des manuscrits pour vingt années[60], on arrive à 217 ans et quatre mois, ce qui laisse une différence d'un peu plus de deux ans[61].

La série de modifications dans les noms des rois de Nabuchodonosor à Nabonadios (Nabonide), où certains noms sont substitués et d'autres complétés, prend sa source à la fois dans le texte biblique (en particulier les livres d'Esdras et de Daniel) et chez de nombreux auteurs que Georges le Syncelle cite par ailleurs dans son long développement sur Nabuchodonosor et ses successeurs : Bérose, Alexandre Polyhistor, Abydenos, Eusèbe de Césarée, Panodoros, etc.[62]. Il s'agit en effet de la période comprenant la prise de Jérusalem, l'exil à Babylone, la prise de Babylone par Cyrus et le début de la reconstruction du Temple de Jérusalem, période pour

---

59 Georges le Syncelle, *Chron.* 245.5–11, passage cité plus haut.
60 Plus loin, Georges le Syncelle attribue vingt ans de règne à Xerxès (Georges le Syncelle, *Chron.* 300.28).
61 En réalité, il me semble que les quarante-trois ans attribués à Artaxerxès Ier sont une erreur ou une modification postérieure de la tradition manuscrite et qu'il faut corriger en quarante-et-un, voir note 65 *infra*. Dans ce cas, les deux listes seraient en accord à quatre mois près.
62 Georges le Syncelle, *Chron.* 262.8–283.24.

laquelle la tradition historiographique est plus qu'abondante. De nombreuses caractéristiques de la liste de Cyrus à Alexandre se retrouvent chez Julius Africanus et surtout Eusèbe de Césarée. Notre difficulté vient cependant de la complexité du texte d'Eusèbe et de sa transmission. D'une part, sa *Chronique*, telle qu'on peut la lire dans la version arménienne, donne deux listes de rois perses qui ne sont pas identiques. Un des *excerpta eusebiana* donne un texte proche de la seconde liste mais, encore une fois, ce texte grec n'est pas identique à son parallèle arménien. D'autre part, le *Canon chronologique* d'Eusèbe, qui forme la seconde partie de son ouvrage, permet de reconstituer une liste de règnes qui ne correspond exactement ni à sa *Chronique* ni à l'*excerptum*. Notons enfin que dans le manuscrit arménien, qui sert de base à notre édition moderne de la *Chronique*, se trouvent avant le *Canon* plusieurs séries de règnes qui *a priori* ne font pas partie de l'ouvrage d'Eusèbe, mais qui en dérivent certainement ; dans cette série, la liste des rois perses de Cyrus à Alexandre présente un résultat assez proche de ce que l'on trouve dans le *Canon*, sans toutefois être identique. Vu la variabilité du matériau eusébien qui nous a été transmis pour cette liste de rois perses, une comparaison précise avec la liste donnée par Georges le Syncelle paraît acrobatique mais, pour plus de clarté, un tableau comparatif est placé en annexe[63]. Il apparaît que la liste dite ecclésiastique fournie par Georges le Syncelle, remontant en dernier lieu de la Table des rois de Ptolémée, a été fortement amendée à l'aide d'une ou plusieurs sources proches d'Eusèbe de Césarée. Il n'est pas exclu qu'une partie au moins de ce matériau ait déjà été présent chez Julius Africanus et remonte ainsi jusqu'à Manéthon. Le but était non pas d'harmoniser la tradition ptoléméenne avec les Écritures, mais bien de rectifier la documentation astronomique. Les traits les plus caractéristiques que l'on retrouve dans la documentation eusébienne sont les trente-et-un ans de règne pour Cyrus, quarante ans pour Artaxerxès II, et respectivement quatre et six ans pour Arsès et Darius III ; l'ajout des entrées des Μάγοι ἀδελφοί, de Xerxès II et de Sogdianos ; enfin, les ajouts υἱὸς Ὑστάπου, υἱὸς Δαρείου et ὁ Μακρόχειρ aux entrées de Darius, Xerxès et Artaxerxès.

Une des corrections apportées à la liste ecclésiastique par rapport à la documentation astronomique est discutée par Georges le Syncelle, mais il est bien difficile de dire si cette correction est de l'initiative de Georges lui-même ou si elle était déjà présente dans sa source. Elle concerne les années de règne de Cyrus :

σπουδὴν θέμενος τὸ ͵ερο´ ἔτος τοῦ κόσμου κατὰ τὸ τέλος Ἀλεξάνδρου τοῦ Μακεδόνος ἀποδεῖξαι συντρέχον, ὡς ἂν καὶ τὰ ἀπὸ Φιλίππου μετὰ Ἀλέξανδρον ἔτη λαμβανόμενα κατὰ τοὺς Πτολεμαίου προχείρους τῆς ἀστρονομίας κανόνας ὁμοφωνεῖν ἐν τοῖς ἐφεξῆς ἡμῖν ἔτεσιν, εὗρον Κῦρον τὸν α´ βασιλέα Περσῶν ἐν τοῖς ἀπὸ Ναβονασάρου καταγομένοις ἐπὶ Ἀλέξανδρον

---

63 Voir Annexe E, pp. 321–323.

ἔτεσιν θ΄ μόνον ἔτη βασιλεύσαντα Περσῶν ἐν πᾶσι τοῖς ἀκριβέσι κανονίοις. μὴ δυνάμενος δὲ Κῦρον οὕτω στοιχειῶσαι διὰ τὸ ταῖς θείαις γραφαῖς ἀντιπίπτειν (ἁπανταχοῦ γὰρ λα΄ ἔτη κεῖται βασιλεύσας παρὰ τοῖς ἐκκλησιαστικοῖς ἱστορικοῖς) ἐξ ἀνάγκης ἐκ τῶν Ὤχου χρόνων ἀμφιβαλλομένων παρ᾽ ἐνίοις ὑφελὼν ἔτη τὰ δοκοῦντα εἶναι περιττὰ ἀντὶ τῶν κα΄ ε΄ μόνα ἐπ᾽ αὐτοῦ ἐστοιχείωσα, καὶ ἔστιν ὁ κανὼν σύμφωνος⁶⁴.

Je me suis efforcé de démontrer que l'année du Monde 5170 coïncide avec la fin d'Alexandre le Macédonien, de sorte que les années depuis Philippe, qui succède à Alexandre, d'après les tables faciles astronomiques de Ptolémée, s'harmonisent avec les années que nous donnons ensuite. J'ai trouvé que Cyrus, le premier roi des Perses, dans les années qui vont de Nabonassar à Alexandre, a régné sur les Perses 9 années seulement, dans toutes les tables astronomiques exactes. Je ne peux pas établir de cette manière le règne de Cyrus car les Saintes Écritures sont en contradiction avec cela – il est en effet universellement admis par tous les historiens de l'Église qu'il a régné 31 ans. Par nécessité, en retirant aux années d'Ochos – dont certains doutent de la durée – les années que nous estimons en excès, j'ai établi 5 années seulement contre 21 pour ce dernier, et la table est ainsi en accord.

Malgré le très emphatique « dans toutes les tables astronomiques exactes », Georges le Syncelle confond la royauté des Perses et celle de Babylone, ce qui indique sa compréhension partielle des tables qu'il dit tirer de Ptolémée. Il me semble que cette liste ecclésiastique est le produit d'au moins deux séries d'interventions⁶⁵. Dans un premier temps, en se fondant sur Eusèbe de Césarée, on a ajouté deux années à Arsès et les trois entrées pour les règnes inférieurs à un an, qui font ensemble un an et quatre mois. Pour compenser, deux années ont été retirées à Cambyse et une à Xerxès, le fils de Darius. On obtient alors un résultat équivalent à la liste de départ pour le total, à quatre mois près. C'est sans doute la liste telle que Georges le Syncelle a dû la trouver. Ensuite, une autre série de corrections a eu lieu : celle que Georges mentionne. Le but de cette correction était d'attribuer trente-et-une années de règne à Cyrus contre neuf dans la documentation astronomique. Pour cela, seize années ont été retirées à Ochos, nous dit Georges le Syncelle. Le résultat est cependant bancal puisqu'il y a encore six années en trop. Or, ces six années ont bien été retirées à la liste, précisément au règne d'Artaxerxès II : quarante années, comme chez Eusèbe de Césarée, au lieu de quarante-six. La question se pose alors de savoir si Georges est à l'origine de cette seconde phase de corrections – et dans ce cas, il aurait omis de déclarer une partie de ses propres modifications qui, pourtant, était fondée – ou bien si ces corrections avaient été entreprises par l'auteur

---

64 Georges le Syncelle, *Chron.* 315.1–11.
65 Pour que cette reconstitution soit numériquement valide, il faut conjecturer une erreur ou une correction postérieure dans les manuscrits pour les années de règne d'Artaxerxès Ier, et rétablir quarante-et-un ans – comme dans la table de Ptolémée, dans la liste astronomique, chez Eusèbe de Césarée et Georges le Syncelle lui-même – au lieu de quarante-trois.

de la liste telle que Georges l'avait trouvée. Grafton y voyait possiblement le travail d'Annianos, mais sans plus d'arguments[66].

Notons pour finir que certains ont vu dans la démarche de Panodoros une forme d'indépendance d'esprit, de capacité à penser en dehors de l'orthodoxie, un peu à la manière de Scaliger à un millénaire de distance. William Adler rappelle à juste titre que l'approche de Panodoros n'a rien d'hétérodoxe en soi et que son but était de montrer que les ariens comme les païens entretenaient de fausses informations sur l'âge du monde[67]. Panodoros reste une figure relativement obscure, surtout par rapport à Annianos, régulièrement cité par les auteurs syriaques par exemple, et son influence a été, semble-t-il, modeste[68].

4 Un chronographe alexandrin du VIe siècle, lecteur de Ptolémée ?

Il faut dire un mot d'un texte à l'histoire complexe, généralement appelé *Excerpta latina barbari* ou *Barbarus Scaligeri* à la suite de l'*editio princeps* réalisée par Scaliger[69]. Il s'agit d'un texte latin, contenu dans le *Paris. lat.* 4884 (seconde moitié du VIIIe siècle[70]), qui est la traduction d'un original grec perdu[71]. Cet original grec était une compilation à caractère chronographique réalisée sous le règne de Justinien Ier (527–565)[72]. Cette compilation d'époque justinienne, probablement réalisée à Alexandrie, se basait sur une compilation antérieure, peut-être organisée vers la fin du Ve ou au début du VIe siècle, comprenant deux grandes parties : (1) une version largement amendée et tronquée du *Liber generationis* – version réalisée par un chronographe alexandrin et (2) une collection de listes de règnes dérivées en dernier lieu de Julius Africanus[73]. Dans chacune de ces deux parties, on trouve

---

66 Grafton (1993, 720–721).
67 Adler (1989, 99–101 et 150).
68 Adler (1989, 101–105).
69 Grafton (1993, 560–569).
70 Burgess (2013, 20–21). Le manuscrit et la traduction elle-même ont probablement été réalisés à l'abbaye de Corbie, dans le Nord de la France.
71 Burgess (2013). On se rapportera à la récente étude de Burgess (2013) pour l'histoire des *Excerpta latina barbari*. Le texte a été édité par Alfred Schoene (1875b) puis Carl Frick (1892).
72 La compilation de l'original grec ne peut être antérieure aux années 530, voir Burgess (2013, 18) et Burgess et Kulikowski (2013, 118).
73 Le compilateur d'époque justinienne, dont le texte a servi de base à la traduction latine, a ajouté une troisième partie, essentiellement faite de *consularia*, de matériau biblique et d'origine alexandrine divers.

une liste des rois d'Égypte de Philippe Arrhidée à Cléopâtre qui semble interpolée et tirée en réalité de la Table des rois de Ptolémée[74].

Le premier passage, qui est inclus dans un comput des années depuis Adam, est présenté sous la forme d'une narration sur les souverains d'Égypte, dont la structure est sous-tendue par la liste suivante :

Excerpta latina barbari 276.4–280.4 Rois d'Égypte	Règne	Depuis Adam	Ptolémée, Table des rois	
Philippus Ptolomeus	VII	5144	Philippe	7
Alexander Ptolemeus	XII	5156	Alexandre	12
Lagaus Ptolomeus	XX	5176	Ptolémée Lagos	20
Filadelphus Ptolomeus	XXXVIII	5214	Ptolémée Philadelphe	38
Eugergetus Ptolomeus	XXV	5239	Ptolémée Évergète Ier	25
Filopator Ptolemeus	XVII	5256	Ptolémée Philopator	17
Epifanius Ptolomeus	XXIIII	5280	Ptolémée Épiphane	24
Filomitor Ptolomeus	XXXV	5315	Ptolémée Philométor	35
Eugergetus alius	XXVIIII	5344	Ptolémée Évergète II	29
Soter Ptolemeus	XXXVI	5380	Ptolémée Sôter	36
Nouus Dionysus	XXVIIII	5409	Ptolémée Néos Dionysos	29
Beronice Cleopatra	XXII	5431	Cléopâtre	22

Le nombre des entrées, les durées de règne et le total à la mort de Cléopâtre (294 ans) correspondent à la Table des rois. Le second passage fait partie d'un ensemble de listes de souverains (Assyrie, Égypte, Sicyone, Rome, Sparte, etc.), inspiré de Julius Africanus. Cette liste donne les rois d'Égypte qui ont succédé à Alexandre le Grand :

Excerpta latina barbari 320.7–18		Ptolémée, Table des rois	
Filippus Ptolemeus	VII	Philippe	7
Filadelfus Alexander	XII	Alexandre	12
Lagous Ptolemeus	XX	Ptolémée Lagos	20
Eugergetus Ptolemeus	XXXVIII	Ptolémée Philadelphe	38
Filopator Ptolemeus	XVII	Ptolémée Évergète Ier	25
Epifanius Ptolemeus	XXIIII	Ptolémée Philopator	17
Filomitor Ptolemeus	XXXV	Ptolémée Épiphane	24
Eugergetus Fauscus Ptol.	XXVIIII	Ptolémée Philométor	35
Soter Ptolemeus	XXXVI	Ptolémée Évergète II	29
Filadelfus Soter Ptol.	XXV	Ptolémée Sôter	36
Nouus Dionysus Ptol.	XXVIIII	Ptolémée Néos Dionysos	29
Cleopatra	XXII	Cléopâtre	22

---

74 *Excerpta latina barbari* 276.4–280.4 et 320.7–18 éd. Frick (1892).

Cette seconde liste, bien que le total des années s'élève à 294 années, est assez perturbée par rapport à la première (et par rapport à la Table des rois) dans l'agencement et la rédaction des entrées. Les correspondances avec la table de Ptolémée sont moins visibles, mais toujours perceptibles malgré ces remaniements, volontaires ou non.

D'après Richard Burgess, le fait qu'aucune autre source indépendante de Ptolémée ne donne précisément cette liste indique qu'il est bien la source de ces deux passages[75]. Notons tout d'abord que les *Excerpta* ne mentionnent ni Ptolémée, ni aucune source astronomique ou mathématique, ni Panodoros ou aucun chronographe qui ait pu travailler à partir de la Table des rois. Les autres sections des *Excerpta* ne montrent rien de commun avec la Table des rois[76]. Cependant, il faut bien admettre que ce comput des rois grecs d'Égypte – et en particulier la succession Philippe Arrhidée (sept ans), Alexandre IV (douze ans), Ptolémée Ier (vingt ans) – n'est pas attesté par une autre source littéraire que la Table des rois[77]. En effet, la liste des *Excerpta* ne peut provenir de Julius Africanus, qui donnait une chronologie des rois grecs d'Égypte très différente, à en croire les fragments de sa *Chronographie* que l'on a conservés[78]. On arrive à une conclusion similaire à propos du *Liber generationis*, même si le problème est plus complexe. Il s'agit en effet d'un texte grec dont l'original est perdu, composé dans la première moitié du IIIe siècle[79], et que l'on connaît grâce à des recensions ou des traductions plus tardives : une recension grecque en partie contenue dans le *Matritensis* 4701 (ff. 51r–63r) sous le nom Συναγωγὴ χρόνων καὶ ἐτῶν ἀπὸ κτίσεως κόσμου ἕως τῆς ἐνεστώσης ἡμέρας, ainsi que des traductions latine et arménienne incomplètes et un ensemble de témoignages indirects[80]. Si l'on met bout à bout tous ces témoignages, la liste des rois grecs d'Égypte originellement contenue dans le *Liber generationis* semble avoir été différente de celle des *Excerpta latina barbari*[81]. Cette liste est donc un ajout ou une émendation, vraisemblablement de la part du compilateur ayant travaillé sous

---

75 Burgess (2013, 11). Carl Frick (1892, CXCIX) notait déjà les liens entre ces deux passages et la Table des rois de Ptolémée.
76 Voir par exemple la liste des rois perses (316.1–13).
77 Voir pp. 23–24.
78 Voir Gelzer (1880, 272–274) ; Wallraff et al. (2007, 254–257). Les fragments les plus importants sont transmis par Jean Malalas et Georges le Syncelle.
79 Les évènements relatés par le *Liber generationis* s'arrêtent en 235.
80 Burgess et Kulikowski (2013, 117–119 et 366–371).
81 Pour ce passage du *Liber generationis*, voir Helm (1955, 136–138).

le règne de Justinien Ier, ou bien, mais le scénario me paraît moins probable, de la part du chronographe alexandrin à l'origine de la recension du *Liber generationis*. En effet, le *Chronicon paschale* et les *Annales* d'Eutychios[82] ont tiré des informations de cette recension alexandrine du *Liber generationis*, mais ne présentent pas du tout les mêmes listes de rois grecs d'Égypte[83].

Il n'est pas surprenant qu'un érudit alexandrin du VIe siècle ait pu trouver une Table des rois dérivée de Ptolémée. On sait que le *Vat. gr.* 1291 descend par exemple, selon toute vraisemblance, d'un exemplaire réalisé à Alexandrie sous Justinien Ier, et la Table des rois avait déjà été utilisée par un ou plusieurs chronographes alexandrins au tournant des IVe et Ve siècles, comme en témoigne la documentation de Georges le Syncelle. Le règne de Justinien (527–565) voit à la fois une réforme de la datation des documents officiels et une controverse autour du calcul de la date de Pâques et l'utilisation du cycle de 532 ans[84]. Les *Tables faciles* faisaient

---

[82] *Chronicon paschale* 322–353. L'histoire textuelle des *Annales* d'Eutychios d'Alexandrie est elle-même complexe et le texte est connu par deux recensions, voir Breydy (1983). J'ai consulté ici d'une part l'édition de Breydy (1985), et d'autre part la traduction latine que Migne (1863, 907–1156) a reprise à Edward Pocock, coéditeur avec John Selden de l'*editio princeps* au milieu du XVIIe siècle.

[83] D'après Richard Burgess (2013, 42), le *Chronicon paschale*, les *Annales* d'Eutychios et le Συναγωγὴ χρόνων du *Matritensis* 4701 descendent directement de cette recension alexandrine du *Liber generationis*. Or, dans aucun de ces trois textes, je n'ai retrouvé la trace de la liste des rois grecs d'Égypte que l'on lit aujourd'hui dans les *Excerpta latina barbari*. La liste des rois d'Égypte était peut-être incluse à l'origine dans le Συναγωγὴ χρόνων, mais le *Matritensis* 4701, notre seul témoin pour cette recension, ne la contient pas. Burgess (2013, 11–12) considère que le texte d'Eutychios dépendait aussi du texte dérivé de Ptolémée. Eutychios, patriarche melkite d'Alexandrie de 933 à 946, est l'auteur d'une histoire en langue arabe d'Adam à l'année 935. Deux recensions de son texte sont connues, l'une dite alexandrine (tirée du *Sinaiticus arab*. 582, contemporain de l'auteur) et l'autre dite antiochienne, plus tardive. La recension alexandrine mentionne Philippe Arrhidée, puis un « Ptolémée Alexandre » qui semble être un mélange d'Alexandre IV et Ptolémée Ier. Dans la recension antiochienne cependant, le récit des successeurs d'Alexandre en Égypte inclut clairement Philippe Arrhidée et Alexandre IV (comme dans la Table des rois). La tradition eusébienne, largement répandue, fait de Ptolémée Ier le successeur immédiat d'Alexandre le Grand en Égypte. Pour Burgess, cela suffit à démontrer une source commune entre Eutychios et les *Excerpta*, source qui serait précisément le chronographe alexandrin auteur de la recension du *Liber generationis*. Or, si l'on met de côté le traitement des règnes de Philippe Arrhidée et Alexandre IV comme rois d'Égypte, il est manifeste que le reste du texte d'Eutychios et la liste des *Excerpta* sont très différents, dans les durées de règne comme dans le nombre des souverains. Eutychios (ou l'auteur de la recension antiochienne) n'a pas pu tirer sa documentation, pour cette liste, directement du même chronographe alexandrin que celui utilisé dans les *Excerpta*. La liste des rois grecs d'Égypte des *Excerpta* est donc sans doute postérieure au travail du chronographe alexandrin.

[84] Mosshammer (2008, 12 et 255–257). Le décret de Justinien rend obligatoire la mention de l'indiction avec l'année de règne de l'empereur.

toujours partie de la pratique de l'astronomie à Alexandrie au début du VIe siècle. Ce contexte peut expliquer l'intérêt de chronographes pour la Table des rois, mais les motivations exactes du compilateur à l'origine de l'utilisation du comput de Ptolémée en lieu et place du comput originel du *Liber generationis* ne sont pas établies.

Chapitre 4
La Table des rois aux VIIe–XIIIe siècles

On ne peut déterminer avec certitude quand et comment les *Tables faciles* de Ptolémée et, avec elles, la Table des rois, sont arrivées à Constantinople. Il est possible que l'ouvrage ait rejoint la capitale de l'Empire byzantin à plusieurs reprises. Les *Tables faciles* dans leur ensemble, et l'astronomie ptoléméenne de manière générale, ne sont plus aussi étudiées qu'à l'époque tardo-antique, mais la Table des rois continue à intéresser chronographes et historiens. C'est peut-être chez les auteurs de langue arabe et syriaque, surtout à partir du Xe siècle, que l'autorité de la table de Ptolémée est la plus décisive.

1 Les premiers témoignages sur la Table des rois à Constantinople

L'étude de la tradition manuscrite de la Table des rois met en évidence deux modèles (ω1 et ω2), dont il n'est pas facile de dire si l'un dépend directement de l'autre. On peut établir que l'exemplaire dont descend la table H^2, de la famille ω2, était déjà constitué sous Constantin VI puisque deux scolies (7* et 8*) datées de 780 et 798 l'accompagnent dans le *Leidensis* BPG 78. Pour la table H^1, de la famille ω1, une scolie (3*) est datée de 775/776, donc du règne de Léon IV. Les deux tables sont liées par deux scolies de la main principale : la première expliquant que H^1 est corrompue et que H^2 est plus fiable, la seconde reprenant à côté de la table H^1 les entrées de Marc Aurèle et Lucius Verus, de Septime Sévère et Caracalla telle qu'on les trouve dans H^2. Il semble que ces notes aient déjà figuré dans le modèle du *Leidensis* BPG 78. Le *Leidensis* comprend de nombreuses scolies, recopiées par la main principale mais datées de différentes périodes, si bien qu'il n'est pas possible de dater les autres annotations marginales de ces deux tables H^1 et H^2 avec précision. Il a cependant existé un exemplaire commun à la table H^2, celle du *Paris. gr.* 2399 (R) et du *Paris. gr.* 2394 (r^2). Il s'agit d'un exemplaire écrit en onciales, dont la lecture s'est avérée difficile, certainement porteur de corrections, à l'origine de certaines variantes dans les trois manuscrits en question. Cet exemplaire perdu existait déjà sous Constantin VI à la fin du VIIIe siècle, mais on ne dispose pas d'indices pour retracer son histoire en deçà de cette date. L'histoire des tables du *Leidensis* nous est donc encore trop lacunaire pour déterminer si les deux versions attestent de la venue des *Tables faciles* à Constantinople via plusieurs exemplaires – par exemple, l'un transmis directement, l'autre par l'intermédiaire des *Commentaires* de Théon d'Alexandrie – ou si les deux modèles dépendent d'un unique manuscrit, ayant par la suite donné différentes versions.

Le témoin le plus important dans la transmission des *Tables faciles* sous le règne d'Héraclius à Constantinople est Stéphanos, dans un contexte où la question de la méthode du comput pascal est particulièrement importante[1]. Stéphanos ne mentionne pas la Table des rois, mais présente un comput qui semble s'en inspirer pour les années depuis Philippe Arrhidée jusqu'à l'avènement de Constantin Ier. La tradition manuscrite du *Commentaire* de Stéphanos est cependant bifide et les deux groupes de manuscrits en question (branches I et II) se rapportent à deux computs : les témoins de la branche I comptent 627 années de Philippe à Constantin, ceux de la branche II, 631 années[2]. Cette différence n'a pas de grave conséquence sur le texte de Stéphanos, qui compte les années depuis Philippe jusqu'à la neuvième année d'Héraclius. Dans la branche I sont données 627 années de Philippe à Constantin, puis 315 années de ce dernier à la neuvième année d'Héraclius ; dans la branche II, on trouve 631 années jusqu'à Constantin, puis 311 années jusqu'à la neuvième année d'Héraclius. Dans les deux cas, le total s'élève à 942 années. L'une des branches de la tradition dérive d'un exemplaire montrant manifestement une correction volontaire et cohérente puisqu'on la retrouve dans l'ensemble de l'ouvrage[3]. Jean Lempire, récent éditeur du texte de Stéphanos, ne se prononce pas sur le sens à donner à cette modification (correction personnelle de l'auteur ou d'un éditeur ?) et les manuscrits connus du *Commentaire* ne remontent pas au-delà du début du XIVe siècle, nous empêchant de dater précisément la bifurcation des deux branches. Jean Chortasménos, lecteur de Stéphanos, aurait pu être un bon candidat pour une telle modification, mais les deux versions du *Commentaire* existaient déjà plusieurs décennies avant lui.

Ces deux computs se reflètent dans les manuscrits de la Table des rois, dont certains donnent 627 années (V, Va et r[1]) et d'autres 631 (H[1], H[2], R et F[1])[4]. Le comput correct est celui qui attribue 631 années depuis Philippe jusqu'à l'avènement de Constantin[5]. Peu de manuscrits contiennent à la fois le *Commentaire* de Stéphanos

---

1 Voir Lempire (2007).
2 Stéphanos, *Commentaire* 88.15–17 : [...] τουτέστιν ἀπὸ τοῦ χρόνου αὐτοῦ Φιλίππου μέχρι τοῦ πρώτου ἔτους τῆς βασιλείας τοῦ μεγάλου Κωνσταντίνου, τοῦ τῆς θείας λήξεως, ἔτη χκζ [vel χλα] [...]. (« [...] soit, depuis l'année du même Philippe jusqu'à la première année du règne de Constantin le Grand, l'élu de Dieu, 627 [ou 631] ans [...] » Traduction Jean Lempire). Sur les différences entre les deux branches de la tradition, voir Lempire (2016, 37–38).
3 Voir Lempire (2016, 324).
4 Voir aussi Lempire (2016, 292–293).
5 Les tables donnant un comput correct attribuent vingt ans à Dioclétien (années de Philippe 608–627), puis quatre ans à Constance Chlore (Philippe 628–631) – ou attribuent directement ces vingt-quatre années à Dioclétien – et enfin vingt-neuf ans à Constantin (Philippe 632–660). Il s'agit

et un exemplaire de la Table des rois, et ils appartiennent tous à la branche I du *Commentaire* : *Plut.* 28/12, *Cromwell* 12, *Savile* 51, *Vat. gr.* 1059 et *Paris. gr.* 2492. Parmi ceux-ci, le *Plut.* 28/12 et le *Vat. gr.* 1059 donnent le comput correct de 631 années, tandis que les autres, tous liés de près ou de loin à la famille du *Marc. gr.* Z 331, donnent 627 années. Il n'y a pas de corrélation visible dans la tradition manuscrite connue entre les deux branches du *Commentaire* de Stéphanos et, respectivement, les deux computs de la Table des rois. Notons que la table H^1 du *Leidensis* BPG 78 a été complétée sous le règne d'Héraclius et que la liste consulaire du même manuscrit est prolongée jusqu'à l'année 630. Cependant, il est difficile de relier précisément le *Leidensis* ou ses modèles antérieurs à l'activité de Stéphanos, et lui attribuer la paternité de la Table des rois H^1 n'est pas possible avec certitude[6].

2 De Léon IV à Léon V (775–820)

Anne Tihon dresse le constat d'une période particulièrement pauvre pour l'astronomie à Constantinople entre la rédaction du *Commentaire* de Stéphanos et le Xe siècle, à peine réhaussée par la copie de certains manuscrits au IXe siècle : la période semble surtout préoccupée par la « conservation et la transmission du patrimoine scientifique de l'Antiquité[7]. » Autour de la Table des rois, en revanche, on observe une activité assez importante dans le dernier quart du VIIIe et les pre-

---

de la version donnée par les manuscrits H^1, H^2, R et F^1. Dans ce cas, on a bien 631 années depuis Philippe jusqu'à l'avènement de Constantin. L'ambiguïté vient de l'entrée « Constance Chlore » qui est parfois donnée sous le nom « Constantin » dans les manuscrits. D'autres manuscrits ne donnent pas d'entrée entre les vingt années de Dioclétien et les vingt-neuf années de Constantin, ce qui aboutit à compter 627 années écoulées depuis Philippe jusqu'à l'avènement de Constantin. On pourrait éventuellement, par souci de simplicité, associer Constantin au règne de son père, Constance Chlore, et faire débuter ce « règne » directement après Dioclétien, au début de la 628e année de Philippe. Dans ce cas, il faudrait compter selon toute logique trente-trois années pour ce règne (soit les années 628–660 de Philippe), mais ce comput n'apparaît dans aucun exemplaire connu de la Table des rois. La *Chronique* de Théophane (33.10), par exemple, attribue trente-deux années de règne à Constantin Ier (5797 à 5828 AM), successeur immédiat de Dioclétien. Le comput qui attribue 627 années écoulées depuis Philippe jusqu'à l'avènement de Constantin tout en lui donnant vingt-neuf années de règne est erroné. C'est le cas des manuscrits V, Va et r^1.

6 Cette idée de Hermann Usener (1898a, 438), qui nomme la table H^1 *Laterculus Heraclianus*, est souvent reprise, certes avec précaution – par exemple Mosshammer (2008, 176) ou Varona (2018, 408) – mais aucun argument n'est présenté en dehors de la coïncidence entre la date de rédaction du *Commentaire* de Stéphanos et la dernière entrée de cette table.

7 Tihon (1981, 610). Outre les quatre manuscrits en onciales des *Tables faciles*, on ajoutera le *Vat. gr.* 1594 de l'*Almageste*, le *Plut.* 28/18 du *Commentaire à l'Almageste* de Théon et le *Vat. gr.* 190 du *Grand Commentaire* de Théon aux *Tables faciles*. Se basant sur une datation trop haute pour le *Vat.*

mières décennies du IXe siècle, période qui va du règne de Léon IV à celui de Léon V et qui coïncide avec le recul du parti iconoclaste à Constantinople, marqué par le deuxième concile de Nicée en 787. C'est une période au cours de laquelle deux domaines liés au destin de la Table des rois à l'époque méso-byzantine trouvent un regain d'intérêt : l'histoire et l'astrologie. L'intérêt pour cette dernière s'inscrit dans un contexte d'échanges dans le domaine des sciences avec les Abbassides[8]. Ainsi, Théophile d'Édesse, auteur de traités d'astrologie, a servi comme conseiller auprès du calife Al-Mahdi de 775 à 785. Ses écrits sont connus dans les années 790 à Constantinople grâce à son élève Stéphanos, auteur lui aussi de plusieurs textes astrologiques, notamment d'un *themation* de la naissance de l'islam, composé vers 775[9]. L'empereur Constantin VI lui-même est connu pour avoir recours aux astrologues[10]. Le tournant des VIIIe et IXe siècles est marqué par un intérêt renouvelé pour l'écriture de l'histoire dans l'Empire byzantin, sous des formes diverses – ouvrages chronographiques comme celui de Georges le Syncelle ou compilations de listes de souverains et de patriarches – dont les histoires textuelles finissent par croiser celle de la Table des rois de Ptolémée[11].

Le témoignage des manuscrits

C'est le *Leidensis* BPG 78 qui nous offre le plus d'indices sur l'utilisation de la Table des rois dans le dernier quart du VIIIe siècle. Outre les trois scolies chronologiques (3*, 7* et 8*) datées de 775/776, 780 et 798, on peut ajouter trois scolies à la Table des consuls dans le même manuscrit (f. 63v), datées de 784 et 798. Hermann Usener les note *a*, *b* et *c*[12], la dernière étant la plus longue. Le texte de la scolie *c* est particulièrement dégradé dans le manuscrit ; j'en donne le début dans l'édition d'Usener :

---

gr. 1291 (au milieu du VIIIe siècle), Mossman Roueché (2011, 16) parle d'un « renouveau de l'astronomie dans la seconde moitié du VIIIe siècle », mais peine à fournir des arguments convaincants.
8   Caudano (2020, 211–212).
9   Voir Debié (2015a, 556–559).
10 Pingree (1989) ; Tihon (1993, 183–192) ; Tihon (1994, 94).
11 Sur le renouveau de la production historiographique à Byzance autour de l'an 800, voir Mango (1989) et Ševčenko (1992).
12 Usener (1898c, 410). La scolie *a* éditée par Usener ([ἀπὸ] Φιλίππ(ου) ἕως τ(ῆς) ς ἰνδ(ικτίωνος) [,ς] τς κοσμι(κῆς) κινήσε(ως) κ(αι) αὐτ(ῆς) ἔτη ͵αρκα) est datée de l'année de Philippe 1121, 6e indiction (797/798 AD) et renvoie à une scolie quasi identique à la Table des rois (scolie 8*). Cette dernière est datée de 788 par Usener, mais l'année en question est plus probablement 798. Les scolies *b* et *c* doivent sans doute être associées. Le texte de *b* permet de les dater grâce à la mention du 1er octobre de l'année 1108 de Philippe, 8e indiction, 9 heures 23 minutes après le lever du soleil, soit le 1er octobre 784 AD.

> οἱ τοὺς χρόνους ἀναδιδόντες οὐ πάντοτε ἴασιν τοὺς ἀπὸ Φιλίππου χρόνους ἀναδιδόναι, ἀφ' οὗ τὰς εἰκοσιπενταετηρίδας καὶ τὰ ἁπλᾶ ἔτη λαμβάνομεν, ἀλλ' ἡμᾶς χρὴ πρὸς τὸν ἀναδιδόμενον ἢ ὑπάτων τυχὸν ἢ βασιλέως χρόνον σκοπεῖν ἐν τῇ σελίδι τῶν βασιλέων καὶ ὑπάτων, πόστον ἄρ' εἴη τὸ ζητούμενον τῶν ἀπὸ Φιλίππου χρόνων.
>
> Les nombres donnés pour les années ne vont pas toujours donner les années depuis Philippe, à partir duquel nous prenons les périodes de vingt-cinq ans et les années simples, mais nous devons, pour l'année donnée, regarder ou bien qui sont les consuls ou bien quelle est l'année du roi dans la colonne des rois et consuls, puis quelle année de Philippe est celle que l'on cherche.

Le scoliaste rappelle simplement l'utilité de la Table des rois et de la Table des consuls, pour le cas où l'on chercherait à connaître les années de Philippe. Cet ensemble de scolies du *Leidensis* atteste de l'intérêt pour la Table des rois sous les règnes de Léon IV (775–780), Constantin VI (780–797) et Irène (797–802). Elles concernent surtout la conversion entre les ères de Philippe, de Dioclétien et l'ère byzantine, mais celle, plus longue, du 1er octobre 784, sur la Tables des consuls, semble se rapporter à un calcul de la position du soleil et de la lune.

Les deux premières décennies du IXe siècle, sous les règnes de Nicéphore Ier et Staurakios (802–811), puis Michel Ier (811–813) et Léon V (813–820), se révèlent également particulièrement importantes dans l'histoire de plusieurs manuscrits de la Table des rois. Le *Vat. gr.* 1291 a été copié peu après le règne de Nicéphore Ier, copie au cours de laquelle l'un des scribes a complété la table de Léon IV à Nicéphore Ier[13]. Un autre copiste est ensuite intervenu pour compléter les entrées de Staurakios et de Michel Ier. Une scolie (21*), dont le texte est difficile à établir, semble datée de 813/814 AD. L'intervention suivante, dont il sera question plus loin, date du règne de Théophile (829–842), mais toutes les entrées sont écrites *in rasura*, sans que l'on puisse déterminer si le texte effacé était de la main du copiste des entrées de Staurakios et Michel Ier, ou d'une ou plusieurs autres mains. Dans le *Plut.* 28/26, la table passe du génitif au nominatif à partir des règnes de Michel Ier et Léon V. La table du *Plut.* 28/26, qui sera copiée au début du Xe siècle, descend donc d'un modèle qui s'arrêtait à Nicéphore et Staurakios ou à Michel. C'est aussi dans les premières décennies du IXe siècle que l'on peut situer la copie du *Leidensis* BPG 78. Dans la table H², la partie copiée par la première main s'arrête au règne de Michel et Staurakios et porte une scolie (6*) de la même main, sur le calcul des épactes, datée de 812 AD. Beaucoup moins luxueux que le *Vat. gr.* 1291, son contemporain, le *Leidensis*, avec ses nombreuses scolies anciennes et récentes, semble avoir été dès l'origine destiné à être utilisé comme manuscrit de travail.

---

[13] Voir les arguments présentés par Janz (2003).

Georges le Syncelle

Le travail de Georges le Syncelle (ca. 745–ca. 813), dont il a été question au chapitre précédent, s'inscrit dans ce tournant des VIIIe et IXe siècles marqué par le retour des icônes. Bien qu'il ait rédigé sa chronographie à Constantinople, Georges est sans doute né en Syrie, a grandi sous le califat abbasside, et il est possible que sa langue maternelle ait été le syriaque[14]. La question de ses sources – au-delà des seuls Panodoros et Annianos – et de son rapport avec elles est très débattue. Il disposait vraisemblablement d'une vaste documentation, grâce à sa possible connexion avec le milieu syro-occidental[15], dont on connaît les liens avec les historiens et les astronomes alexandrins[16], mais aussi grâce à ses fonctions dans la hiérarchie ecclésiastique lui donnant accès aux bibliothèques du patriarcat.

La connaissance que Georges le Syncelle avait de Ptolémée est indirecte. Par exemple, à propos de la chronologie des rois chaldéens, lorsqu'il mentionne l'*Almageste*, il dit :

> πάντων γὰρ αὐτὴν ἀκριβεστέραν ὁμολογοῦσιν εἶναι, συνάγουσαν ἀπὸ τοῦ αὐτοῦ Ναβονασάρου ἐπὶ τὸ πρῶτον ἤτοι ζ΄ ἔτος Ἀλεξάνδρου τοῦ Μακεδόνων καὶ Περσῶν καὶ πάσης σχεδὸν τῆς οἰκουμένης βασιλεύσαντος ἔτη υιθ΄, ἐπὶ δὲ τὴν τελευτὴν τοῦ αὐτοῦ Ἀλεξάνδρου ἔτη υκδ΄[17].

> Ce traité est, de l'accord général, le plus précis de tous, et compte depuis Nabonassar jusqu'à la première année d'Alexandre le Macédonien régnant sur les Perses et presque tout le monde habité – c'est-à-dire sa septième année – 419 années, et jusqu'à la mort du même Alexandre, 424 années.

Ptolémée donne en effet clairement 424 années égyptiennes depuis Nabonassar jusqu'à la mort d'Alexandre dans l'*Almageste*[18]. Cependant, l'information selon laquelle la première année du règne d'Alexandre sur les Perses à la suite de la mort de Darius III a eu lieu 419 années après le début du règne de Nabonassar n'a pu être tirée ni de l'*Almageste* (qui ne donne pas cette information), ni de la Table des rois (qui en donne une autre). Pour Ptolémée, la première année d'Alexandre est la 417e année de Nabonassar. La liste dite astronomique, citée par Georges le Syncelle, donne bien en revanche la première année d'Alexandre comme la 419e année de Nabonassar. Cette liste, qui vient très probablement de Panodoros, présentait

---

14 Treadgold (2015, 9–12).
15 Il a peut-être traduit en grec la chronique de Théophile d'Édesse, voir Treadgold (2015, 15) et Debié (2015b, 365–366).
16 De nombreuses sources historiques et chronographiques grecques étaient disponibles aux VIIe et VIIIe siècles au Proche-Orient et très utilisées par des chroniqueurs syriaques. Jacques d'Édesse a par exemple traduit la chronique d'Eusèbe de Césarée en syriaque dans le Nord de la Syrie dans les années 680. Voir Debié (2015b, 374) et Debié (2015a, 506–507).
17 Georges le Syncelle, *Chron.* 244.5–8.
18 *Alm.* III.7 (256.10–13 Heiberg).

quelques altérations par rapport à la Table des rois, notamment pour les durées de règne de Darius III et d'Alexandre : Georges ne lit pas Ptolémée directement, mais cette liste qui dérive de la Table des rois. Quelle est la place de la Table des rois – ou l'idée qu'il s'en faisait – dans sa démarche d'historien ? De manière générale, Georges le Syncelle est tout à fait ouvert à l'utilisation de sources païennes si elles sont en accord avec les Écritures et la tradition ecclésiastique. Par exemple, à propos de Panodoros, il déclare :

> καὶ οὕτω μὲν ὁ Πανόδωρος συμφωνῆσαι σπουδάζων τοῖς ἔξω σοφοῖς περὶ τὴν σφαιρικὴν κίνησιν ἔτεσιν ζ´ διήμαρτε τοῦ ͵εφ´ ἔτους, ͵ευϟγ´ ἀντὶ ͵εφ´ στοιχειώσας, καίπερ ἐν ἄλλοις εὐδοκιμήσας παρὰ πολλούς. ἡμεῖς δὲ τῷ ποιητῇ τῶν χρόνων ἀχρόνῳ θεῷ τῇ παντουργῷ καὶ ὁμοουσίῳ τριάδι πειθόμενοι, ταῖς παρ' αὐτῆς δοθείσαις ἡμῖν θεοπνεύστοις γραφαῖς διά τε παλαιᾶς καὶ νέας διαθήκης ἐξηκολουθήσαμεν, ἔν τισι συμφωνήσαντες καὶ τοῖς παρ' ἐκείνων κανόσιν, ὡς ἐν τοῖς Ἀλεξάνδρου τοῦ Μακεδόνων ἔτεσι κατὰ τὸ ͵ερο´ ἔτος τοῦ κόσμου, ἐνταῦθα δὲ ἀντιπίπτουσαν εὑρόντες ταῖς ἀποστολικαῖς παραδόσεσι τὴν ἐκείνοις ἄλλοθεν εἰλημμένην ἀρχὴν καὶ οὐκ ἐκ τῆς κοινῆς τοῦ κόσμου γενέσεως, ἀναγκαίως τῆς θείας καὶ ἀρρήτου σαρκώσεως τὸν ἀκριβῆ χρόνον προετιμήσαμεν[19].

> Et de la même façon Panodoros, en s'efforçant d'être en accord avec les savoirs profanes sur le mouvement de la sphère, se trompe de 7 ans sur l'année 5500, en comptant 5493 au lieu de 5500, bien qu'il ait plus de crédit que beaucoup d'autres à propos d'autres sujets. À l'inverse, ayant foi dans le Créateur éternel du temps, Dieu créateur de toutes choses et consubstantiel à la Trinité, nous avons suivi les Écritures, inspirées par Dieu, qu'Elle [*i.e.* la Trinité] nous a transmises par l'Ancien et le Nouveau Testament ; tout en étant parfois aussi en accord avec leurs tables [*i.e.* celles des astronomes] – par exemple pour les années d'Alexandre le Macédonien à partir de l'année 5170 du monde (mais dans ce cas, nous trouvons que le début qu'ils ont pris d'une autre source contredit les traditions apostoliques et ne part pas de la Création commune du monde) – nous avons nécessairement préféré le temps exact de l'Incarnation divine et indicible.

La liste dite astronomique et la liste dite ecclésiastique présentent deux computs ptoléméens déjà en partie modifiés par d'autres sources, certainement tirés de la tradition historiographique chrétienne. Par ailleurs, ces listes sont loin d'être l'unique source de Georges le Syncelle sur les rois babyloniens et perses. On trouve en effet dans son ouvrage :

– Une succession des rois chaldéens de Salmanazar à Nabonide, puis perses de Cyrus à Darius III. Cette succession structure toute une partie de l'ouvrage (*Chron.* 241–308) et c'est donc la chronologie qu'adopte Georges le Syncelle, et elle se démarque nettement de la Table des rois.
– Plusieurs computs d'après différentes sources bibliques à l'occasion d'une longue digression sur la Captivité à Babylone : d'abord de Joiaqim à Cyrus puis de la mort de Nabuchodonosor à Darius Ier d'après le Livre d'Esdras (*Chron.*

---

19 Georges le Syncelle, *Chron.* 378.7–18.

265.7–28), de Nabuchodonosor à Cyrus d'après Flavius Josèphe (*Chron.* 269.24–270.2) et d'après le Livre de Jérémie (*Chron.* 274.3–7). Une autre liste présente à rebours les soixante-dix années de Cyrus à Joiaqim (*Chron.* 279.10–13).

Les listes qu'il dit tirer de Ptolémée sont donc incluses dans une discussion beaucoup plus vaste où, sacrifiant sans doute une forme de clarté, Georges le Syncelle vise à une exhaustivité qui lui permet aussi de montrer sa vaste érudition sur ce sujet. L'effort de Panodoros qui, au tournant des IVe et Ve siècles, s'efforçait d'harmoniser certains savoirs profanes avec les Écritures, pouvait représenter une forme de capitulation devant la science païenne irrecevable aux yeux d'un Byzantin comme Georges le Syncelle. Cependant, en tant qu'historien et chronographe, lorsqu'il s'agit de listes de rois babyloniens dérivées de Ptolémée ou des « astronomes », Georges le Syncelle ne semble pas adopter une position radicalement différente de celle de Panodoros. Les deux listes qu'il présente sont, pour lui, dignes de foi et, malgré leurs divergences, elles gardent un intérêt pour l'histoire universelle. En reprenant l'anecdote selon laquelle Nabonassar aurait détruit les archives de ses prédécesseurs, Georges le Syncelle inclut lui-même Ptolémée et la Table des rois dans un récit historique plus vaste.

3 Tables prolongées et chroniques byzantines du IXe au XIIIe siècle

Les manuscrits les plus anciens de la Table des rois nous indiquent, on l'a vu, une activité importante sur cette table dans le dernier quart du VIIIe et le premier quart du IXe siècle. C'est aussi à partir de cette période que certains exemplaires commencent à être complétés avec des entrées donnant des durées de règne en années, mois et parfois jours. L'exemple le plus précoce est le *Vat. gr.* 1291, dont les ajouts ne sont pas plus tardifs que le règne de Léon VI (886–912). Le format de ces nouvelles entrées, qui consacrent définitivement la Table des rois comme un document historique et non plus astronomique au sens où Ptolémée l'avait conçu, sont à mettre en relation avec la multiplication, à partir du tournant des VIIIe et IXe siècles, d'ouvrages chronographiques courts, composés essentiellement de listes, notamment de patriarches et de rois, plus ou moins annotées, ou avec des travaux plus vastes incluant de telles listes, comme ceux de Georges le Syncelle, Théophane ou encore Georges le Moine[20].

---

[20] Cyril Mango (1989, 365) parle d'une « prolifération de chronologies succinctes » à partir du début du IXe siècle. La *Chronique* de Georges le Moine, rédigée sous le règne de Basile Ier (867–886),

Nicéphore (ca. 758–828), patriarche de Constantinople de 806 à 815, est l'auteur d'une Ἱστορία σύντομος, histoire abrégée couvrant les années 602 à 769[21]. On lui attribue un texte appelé Χρονογραφικὸν σύντομον, qui est une compilation de listes de rois, d'empereurs, de patriarches plus ou moins annotées[22]. Ce texte a été assez largement diffusé dans les trois premiers siècles qui ont suivi sa rédaction[23] et il nous est connu par plusieurs manuscrits des IXe, X^e et XIe siècles[24]. Le texte a été transmis dans deux versions, une brève et une courte, mais la première partie comprenant les listes des patriarches bibliques jusqu'aux empereurs byzantins est construite de la même manière dans les deux versions, qui diffèrent seulement par des remarques historiques plus ou moins longues sur les règnes. La liste des empereurs byzantins se présente typiquement sous cette forme :

> [...] Λέων ὁ Ἴσαυρος ἔτη κε μῆνας γ ἡμέρας ιδ. Κωνσταντῖνος ὁ υἱὸς αὐτοῦ ἔτη λδ μῆνας β ἡμέρας κε. Λέων ὁ Χάζαρις ἔτη ε. Κωνσταντῖνος ὁ υἱὸς αὐτοῦ σὺν τῇ μητρὶ αὐτοῦ Εἰρήνῃ ἔτη ι μῆνας β ἡμέρας β. Τούτων ἔτει η γέγονεν ἡ ἐν Νικαίᾳ τὸ δεύτερον σύνοδος τῶν τν ἁγίων πατέρων. Κωνσταντῖνος ἔτη ς μῆνας θ ἡμέρας η. Εἰρήνη μήτηρ αὐτοῦ ἔτη ε μῆνας β ἡμέρας ιβ. Νικηφόρος ἔτη η μῆνας θ, ἐσφάγη ἐν Βουλγαρίᾳ. [...][25]

> [...] Léon l'Isaurien, 25 ans 3 mois 14 jours. Constantin son fils, 34 ans 2 mois 25 jours. Léon le Khazar, 5 ans. Constantin son fils, avec sa mère Irène, 10 ans 2 mois 2 jours. Lors de leur 8e année a eu lieu à Nicée le deuxième concile des 350 saints pères. Constantin 6 ans 9 mois 8 jours. Irène sa mère, 5 ans 2 mois 12 jours. Nicéphore 8 ans 9 mois, il fut tué en Bulgarie. [...]

---

se présente essentiellement sous la forme d'une narration en prose, mais elle inclut aussi une liste de rois d'Astyage à Darius III, avec la durée de leurs règnes (*Chron.* 284.23–285.7).

21 Texte édité par Mango (1990). L'ouvrage est souvent appelé *Breviarium* dans la littérature moderne.

22 Texte édité par de Boor (1880, 79–135) ; voir les remarques de Mango (1990, 2–4). Signes Codoñer (2015, 175) a suggéré d'attribuer la compilation de cet ensemble de listes à Georges le Syncelle plutôt qu'au patriarche Nicéphore. Plus récemment, il a argumenté en faveur d'un travail de Nicéphore à partir du matériau utilisé ou fourni par Georges, voir Signes Codoñer (2021). Ce problème d'attribution n'est pas décisif pour notre propos. Le titre choisi par de Boor – Χρονογραφικὸν σύντομον – n'apparaît tel quel que dans le *Parisinus gr.* 233. Dans les autres témoins, le titre varie entre Χρονογραφικὸν ἐν συντόμῳ (e.g. Jérusalem, *Panaghiou Taphou* 24), Χρονογραφία σύντομος (e.g. Oxford, *Christ Church Wake* 5) ou encore Χρονογραφικὸν (e.g. British Library *Add.* 19390).

23 Il a été traduit en latin entre 870 et 875 par Anastase le Bibliothécaire, voir l'édition de Boor (1885, 36–59) et Neil (2015, 149), et en vieux-slave au début du Xe siècle, voir Totomanova (2015).

24 Jérusalem, *Patriarchiki bibliothiki, Panaghiou Taphou* 24 ff. 13r–18v (Xe s.) ; Oxford, *Christ Church Wake* 5 ff. 1r–11v (fin IXe s.) ; British Library *Add.* 19390 ff. 17r–23v (début Xe s.) ; Moscou, *RGADA* Φ. 1607 (olim Dresden Da 12) ff. 1r–7r (copié en 932). Ces manuscrits n'étaient pas connus de De Boor (1880), qui a travaillé en particulier à partir des exemplaires suivants : *Parisinus gr.* 1320 et 1711 (XIe s.) ; Oxford, *Bodleian Library, Barocci* 196 (XIe s.) et *Laud gr.* 39 (X^e–XIe s.).

25 Transcription à partir du ms. Oxford, Christ Church, *Wake* 5 f. 4v.

Selon les manuscrits, la liste se termine par le règne de Théophile (comme dans le *British Library Add.* 19390), mais plus souvent par celui de Basile Ier, et elle présente fréquemment des ajouts, parfois de mains postérieures, qui s'étendent à l'occasion jusqu'à la dynastie Paléologue[26].

À ce Χρονογραφικὸν σύντομον il faut ajouter deux autres textes assez similaires, et aux titres – malheureusement – tout à fait semblables[27]. D'abord, un opuscule intitulé Χρονογραφία σύντομος ἀφ' οὗ ἡ οἰκουμένη ἐκτίσθη καὶ ὁ πρῶτος ἄνθρωπος, contenu dans le *Matritensis* 4701 (ff. 1r–50v)[28]. Le manuscrit a probablement été réalisé dans le troisième quart du Xe siècle[29], mais la compilation du texte est sans doute à placer juste après le règne de Basile Ier (867–886)[30]. L'auteur s'est servi d'une documentation semblable à l'ouvrage attribué à Nicéphore, mais son texte n'en est pas une simple copie[31]. Une seconde compilation, toujours anonyme, se trouve dans le *Vaticanus gr.* 2210 (ff. 163r–187v). Éditée sous le titre Χρονογράφιον σύντομον par Alfred Schoene[32], il s'agit en réalité d'un ensemble de textes et de tables à caractère chronologique et historique, dont le premier élément est une courte chronique intitulée Χρονογραφεῖον σύντομον ἐκ τοῦ Εὐσεβίου τοῦ Παμφίλου πονημάτων. L'appellation *Chronographeion syntomon* est parfois donnée à l'ensemble, mais elle se rapporte, dans le manuscrit du moins, à la courte chronique introductive[33]. Cette dernière a été compilée en 853/854[34]. Parmi les tables se trouvent des listes de souverains et de patriarches construites sur le même modèle que l'ouvrage attribué à Nicéphore. Le dernier empereur cité est Basile Ier (867–886), sans durée de règne[35]. On ajoutera à ce bref panorama d'une part la petite

---

26 Par exemple dans le *Parisinus suppl. gr.* 67 ou le *Monac. gr.* 510.
27 On se reportera avec profit à la présentation de Karpozilos (2002, 529–576).
28 La première partie du texte (ff. 1r–30v) a été éditée par Bauer (1909), qui a laissé de côté les listes qu'il jugeait provenir directement de Nicéphore (ff. 32r–50v), renvoyant à l'édition de Boor (1880, 79–135).
29 Pérez Martín (2016, 81).
30 La liste des empereurs copiée par la première main s'arrête à Basile Ier, avec la durée de son règne (f. 29v), et il s'agit de l'élément le plus récent du texte copié par cette main. Cette liste a été prolongée par Constantin Lascaris (ca. 1434–1501), possesseur du manuscrit, jusqu'à la chute de Constantinople, ajoutant une courte chronique des évènements jusqu'à l'année 1490/1491.
31 Pérez Martín (2016, 81–84).
32 Schoene (1875a).
33 Pour une liste détaillée des différentes parties de la compilation, voir Lilla (1985, 187–190).
34 Elle mentionne à deux reprises un comput des années jusqu'à la treizième année de Michel III, deuxième indiction, soit 853/854 AD ; voir Schoene (1875a, 63–64).
35 Notons que la liste des papes s'arrête à Pascal Ier (817–824), celle des patriarches de Constantinople à Méthode Ier (843–847), celle des patriarches d'Alexandrie à Pierre IV (643–651) et celle des patriarches d'Antioche à Anastase II (ca. 598–609). La liste des empereurs, quant à elle, a été prolongée par une autre main jusqu'à Basile II (976–1025).

liste du *Paris. gr.* 854 (f. 71r) qui donne les empereurs de Nicéphore Ier à Constantin VII avec leurs années de règne, sauf pour ce dernier, l'indiction au cours de laquelle ils ont accédé au trône, et le total des années depuis Dioclétien ; et d'autre part, la chronographie de Pierre d'Alexandrie (Ἔκθεσις χρόνων ἐν συντόμῳ ἀπὸ Ἀδὰμ ἕως νῦν) rédigée sous le règne de Léon VI (886–912), qui présente des listes de rois bibliques, perses, lagides puis romains avec leurs années de règne, assortie de remarques historiques plus ou moins longues[36].

Dans le *Vat. gr.* 1291, les huit entrées de Léon IV à Léon V correspondent à la liste de la chronographie de Pierre d'Alexandrie[37], mais diffèrent nettement des autres chronographies mentionnées plus haut. À partir de Staurakios, les ajouts de plusieurs mains sur la Table des rois du *Vat. gr.* 1291 se présentent ainsi :

σταυρακιος χωρις του πατρος	μ^{η}μ^η
μιχαηλ	β
λεων και κωνσταντινος υιος αυτου	ζ και μ^{η}μ^η ς
μιχαηλ συν θεοφιλω υιω αὐτοῦ	η και μ^η θ ημ^ε θ
θεόφιλος παλιν	ιβ μ^{η}μ^η γ ημ^ε κ
θεοδωρα	ιδ μ^η α ημ^ε κβ
μιχαηλ	ια μ^η α ημ^ε θ
βασιλειος συν υιοῖς λεων και αλεξανδρος	ιη μ^η ια ημ^ε ε
Staurakios sans son père	2 mois
Michel [Ier]	2 [ans]
Léon [V] et son fils Constantin	7 [ans] et 6 mois
Michel [II] avec son fils Théophile	8 [ans] et 9 mois 9 jours
Théophile à nouveau	12 [ans] 3 mois 20 jours
Théodora	14 [ans] 1 mois 22 jours
Michel [III]	11 [ans] 1 mois 9 jours
Basile [Ier] avec ses fils Léon [VI] et Alexandre	18 [ans] 11 mois 5 jours

À partir de Léon V, les durées de règne en années, mois et jours se présentent sous le même format que les listes transmises par le Χρονογραφικὸν σύντομον de Nicéphore, la Χρονογραφία σύντομος du *Matritensis* 4701 et le Χρονογραφεῖον σύντομον du *Vat. gr.* 2210, et une bonne partie des informations se retrouvent à l'identique dans ces différents textes ; par exemple, les 12 ans, 3 mois et 20 jours

---

[36] L'ouvrage est aujourd'hui connu par un seul manuscrit du début du Xe siècle, conservé à Moscou (*NBMGU gr.* 1, olim *Coislin* 229). Le texte a été édité par Samodurova (1961). Voir aussi Karpozilos (2002, 557–570) avec une édition partielle.

[37] Pierre d'Alexandrie, Ἔκθεσις χρόνων 197.12–26. On retrouve cette section presque à l'identique dans les tables H^2, F^1 et R. Le *Vat. gr.* 1291 est le seul à présenter une entrée séparée pour les deux mois de règne de Staurakios en 811.

attribués à Théophile sont aussi donnés par Nicéphore et le *Matritensis* 4701. Dans le détail, cependant, il n'y a pas de concordance exacte entre les ajouts à la table du *Vat. gr.* 1291 et l'une de ces listes, même en prenant en compte les différentes versions du Χρονογραφικὸν σύντομον (version longue, version courte, traduction latine d'Anastase). Au mieux, on peut dire que la section du *Vat. gr.* 1291 en question est assez proche de la version du Χρονογραφικὸν σύντομον présente dans le *British Library Add.* 19390 et de la liste du *Matritensis* 4701, mais assez éloignée de la liste du Χρονογραφεῖον σύντομον du *Vat. gr.* 2210[38].

Les deux premières décennies du Xe siècle forment une autre étape importante dans la transmission de la Table des rois. Le *Marc. gr.* Z 331 a sans doute été copié vers les années 902–912 et sa Table des rois s'arrêtait certainement au règne de Léon VI (886–912), comme en témoigne son descendant, le *Vat. gr.* 175. Le modèle direct du *Plut.* 28/26 s'arrêtait également à Léon VI, sans ses années de règne. Les descendants de ces deux manuscrits s'arrêtent donc souvent à Léon VI lorsqu'ils n'ont pas été complétés. La dernière entrée de la table du *Vat. gr.* 1291 est aussi celle de Léon VI et son frère Alexandre. La table H^2 du *Leidensis* BPG 78 a été complétée sous le règne de Constantin VII et la régence de sa mère Zoé, donc entre 914 et 920. Cependant, il n'y a pas de scolie explicitement datée de cette période.

Après les règnes de Léon VI et de Constantin VII et jusqu'à la fin du XIIIe siècle, seul le *Plut.* 28/26 porte les traces claires d'une utilisation de la Table des rois, un copiste ayant complété la table sous le règne de Constantin IX Monomaque (1042–1055) et un autre sous le règne d'Alexis Ier Comnène (1081–1118) – les deux donnant généralement les règnes en mois et années. La section de la table de Romain III (1028–1034) à Alexis Ier Comnène (1081–1118) dans le *Paris. gr.* 2394 donne les règnes en mois et années (voire en demi-mois) ; l'un des ancêtres de cette table s'arrêtait peut-être à Constantin VIII, le prédécesseur de Romain III. Comme pour le prolongement de la table du *Vat. gr.* 1291, les ajouts du *Plut.* 28/26 et du *Paris. gr.* 2394 recoupent parfois les listes d'empereurs dans certains manuscrits du Χρονογραφικὸν σύντομον (complétées après la rédaction de Nicéphore), en particulier les *Paris. suppl. gr.* 67, *Monac. gr.* 510 et *British Library Add.* 19390, sans qu'il n'y ait une exacte correspondance entre ces manuscrits et ceux de la Table des rois.

---

[38] Sur la base du seul *Cromwell* 12, Roueché (2011, 15) pense que le format et le contenu de la liste des empereurs chrétiens du Χρονογραφεῖον σύντομον sont « presque certainement dérivés ou au moins influencés par un canon des rois » (ma traduction). Par « canon des rois » (*Royal Canon*), il entend une table du type de celle de Ptolémée. Il ne considère pas l'hypothèse d'une influence du Χρονογραφεῖον σύντομον sur la Table des rois elle-même, ni celle de l'utilisation d'une source commune. L'utilisation des années de Philippe dans le Χρονογραφεῖον σύντομον – en fait, une seule courte mention dans l'incipit – a été vue comme prouvant l'influence de la Table des rois, voir Varona (2018, 417). Il n'y a en réalité aucune influence tangible de la table de Ptolémée sur ce texte.

En dehors de ces prolongements, on perd la trace de la Table des rois à Constantinople dans les sources grecques jusqu'à la fin de l'empire de Nicée.

4 Traditions syriaques et arabes des IXe, Xe et XIe siècles

L'influence de l'astronomie ptoléméenne sur les savants de langue syriaque et arabe est connue de longue date. L'*Almageste* tout comme les *Tables faciles* et les *Commentaires* de Théon ont été largement diffusés hors d'Alexandrie, dans le milieu syro-occidental (Sévère Sebokht, Jacques d'Édesse) et dans le milieu syro-oriental (Élie de Nisibe), et chez de nombreux auteurs de langue arabe. Chez ces derniers, la Table des rois a été utilisée à la fois dans le cadre d'ouvrages astronomiques inspirés de Ptolémée, comme chez Al-Battānī, mais aussi dans des ouvrages à caractère historique ou chronographique, comme chez Al-Yaʿqūbī ou Al-Bīrūnī. Tous ces auteurs participent de la tradition indirecte de la Table des rois, mais leurs versions posent un ensemble de problèmes complexes qui demanderaient une étude complète spécifique. On se bornera ici à brosser un très bref panorama de plusieurs sources arabes et syriaques des IXe–XIe siècles.

Al-Battānī

Al-Battānī (m. 929) a vécu et travaillé à Raqqa, dans le Nord de la Syrie, entre 877 et 918. Il est l'auteur d'un traité d'astronomie accompagné de tables, appelé généralement *Ṣābiʾ Zīj*, en grande partie inspiré de l'astronomie ptoléméenne[39]. Le *Ṣābiʾ Zīj* a été édité et traduit par Carlo Alfonso Nallino sur la base du seul manuscrit complet connu (Escorial, *Real Biblioteca*, árabe 908), copié au XIIe ou XIIIe siècle, mais dont le lieu de réalisation n'est pas connu[40]. Al-Battānī donne une version arabe de la Table des rois au tout début de la collection des tables du *Ṣābiʾ Zīj*[41], mais celle-ci n'est pas nommée ou décrite dans le traité lui-même. Ptolémée n'est pas nommé explicitement comme auteur de la table, mais l'en-tête présente cette dernière comme tirée du comput de l'*Almageste*. Elle va de Nabonassar (nommé Bukhtanaṣar) à Alexandre dans la première partie, et de Philippe à Théodose III dans la seconde partie, avec les computs des années de Nabonassar et de Philippe respectivement. La structure, la mise en page et la succession des entrées de la table d'Al-Battānī sont tout à fait similaires aux exemplaires grecs de la Table des rois. Le total des

---

[39] Van Dalen (2007).
[40] Nallino (1899) pour le texte arabe, Nallino (1903) et Nallino (1907) pour la traduction du texte et des tables.
[41] Nallino (1899, 228–230) : texte arabe ; Nallino (1907, 1–3) : traduction.

années de Nabonassar à la mort d'Alexandre est de 434 années dans la table, contre 424 chez Ptolémée. Al-Battānī attribue en effet quarante-trois années de règne à Artaxerxès I^{er42}, mais aussi dix années à Arsès (Artaxerxès IV) contre seulement deux chez Ptolémée. Al-Battānī, dans un petit tableau récapitulatif faisant suite à sa table des rois, donne cependant bien 424 années de Bukhtanaṣar (Nabonassar) à la mort d'Alexandre[43]. La table à laquelle il a eu recours remonte à un exemplaire complété sous le règne de Léon III (717–741). Le total des années depuis Philippe jusqu'à la fin du règne de Théodose III est de 1040 d'après Al-Battānī, le même total donné par certains manuscrits grecs de la Table des rois, comme le *Vat. gr.* 1291 et le *Vat. gr.* 175, les autres donnant 1039. Globalement la section des empereurs romains et byzantins chez Al-Battānī est très proche des principaux manuscrits grecs de la Table des rois, en particulier ceux de la famille ω1[44], sans être clairement liée à un exemplaire en particulier. Pour Nallino, Al-Battānī a eu accès à la Table des rois via un intermédiaire rédigé en syriaque copié sous le règne de Léon III[45]. Cet intermédiaire expliquerait, selon lui, un certain nombre de particularités dans l'orthographe des noms, mais aussi les éléments « chrétiens » de la liste, par exemple l'utilisation de noms bibliques comme Bukhtanaṣar/Nabuchodonosor pour Nabonassar ou encore Darius le Mède pour Nabonide. C'est une possibilité, mais ces éléments qui trahissent l'influence d'une source chrétienne se retrouvent aussi dans les manuscrits grecs ou dans les listes présentées par Georges le Syncelle. Le *Ṣābi' Zīj* a été traduit en castillan sous le règne d'Alphonse X, mais la table des rois d'Al-Battānī est absente de la traduction[46]. La traduction latine réalisée par Platon de Tivoli dans la première moitié du XIIe siècle ne reprend que le texte du traité, sans les tables.

Al-Ya'qūbī

Al-Ya'qūbī, au milieu du IXe siècle, avait connaissance d'une liste de rois grecs et romains avec leurs années de règne dans le corpus ptoléméen auquel il avait accès, et qu'il utilise dans son *Histoire* (*Tārīkh*), mais il ne mentionne pas les rois babylo-

---

42 Comme chez Al-Bīrūnī et Élie de Nisibe, voir *infra* pp. 244 et 247.
43 L'édition de Nallino (1899, 231) donne 424, mais il corrige en 434 dans sa traduction, cf. Nallino (1907, 3).
44 En particulier les entrées combinées de Commode et Marc Aurèle, et Septime Sévère et Caracalla.
45 Nallino (1907, 192).
46 La version castillane est donnée dans le manuscrit 8322 de la Bibliothèque de l'Arsenal à Paris. Elle reprend le petit texte d'Al-Battānī mentionné plus haut, qui compte 424 ans de Nabonassar à la mort d'Alexandre : « Lo q(ue) a entre Nabuchodonosor el p(ri)m(er)o fata la muerte de Alexandre el p(ri)m(er)o CCCC^{os} et XXIIII annos egipcianos. » (Paris, Bibliothèque de l'Arsenal, ms. 8322 f. 29r).

niens et perses[47]. La liste qu'Al-Yaʿqūbī a sous les yeux, et qui lui sert de fil conducteur pour son court récit, commençait par Philippe et lui attribuait sept années de règne. Il s'agit de Philippe Arrhidée, mais Al-Yaʿqūbī le confond avec Philippe II, père d'Alexandre le Grand. Il donne dès lors logiquement douze années de règne à Alexandre le Grand, la deuxième entrée de sa liste, qui est en réalité Alexandre IV[48]. Il donne aussi la succession des Lagides de Ptolémée Ier à Ptolémée Évergète II, avec les mêmes durées de règne que dans la Table des rois, à une différence près[49]. Le reste de la liste d'Al-Yaʿqūbī pour les empereurs romains et byzantins – peut-être tirée de Ptolémée – est très lacuneux dès Antonin le Pieux et sans doute aussi très corrompu par la tradition manuscrite. Son récit s'arrête à « Léon et son fils Constantin » et leurs vingt-neuf années de règne. Il s'agit peut-être de Léon III et Constantin V, ce qui permettrait de dater la documentation d'Al-Yaʿqūbī du milieu du VIIIe siècle, comme pour Al-Battānī.

Al-Bīrūnī

Dans *Les Vestiges du passé* (*Kitāb al-Āthār al-bāqiyah*), traité de chronologie historique composé vers l'an 1000, Al-Bīrūnī (973–ca. 1050) présente une vaste étude sur les calendriers. Par ailleurs mathématicien et astronome, il connaît les ouvrages de Ptolémée aussi bien que ceux de Théon. *Les Vestiges du passé* a été édité et traduit par Eduard Sachau, sur le travail duquel est basée cette courte notice[50]. Le texte d'Al-Bīrūnī présente diverses tables chronologiques, parmi lesquelles :

(1) Une table des rois de Nabonassar/Bukhtanaṣar à Alexandre le Grand, avec le comput des années depuis Nabonassar[51]. La table compte, semble-t-il, 424 ans jusqu'à la mort d'Alexandre[52]. Elle présente une référence explicite à l'*Almageste* et on y retrouve la structure de la Table des rois de Ptolémée malgré quelques différences dans le détail des entrées. Cette table est introduite par la note suivante :

---

47 Voir Gordon et al. (2018, 428–429).
48 Sur la confusion entre Philippe II et Philippe Arrhidée d'une part, Alexandre III et Alexandre IV d'autre part, voir aussi Di Branco (2009, 40–41).
49 Al-Yaʿqūbī donne vingt-cinq années de règne contre trente-cinq à Ptolémée VI Philométor (qu'il nomme « Philopator II ») mais il peut s'agir d'une erreur manuscrite ; voir Gordon et al. (2018, 432).
50 Sachau (1878) : texte arabe ; Sachau (1879) : traduction anglaise.
51 Sachau (1878, 88–89) ; Sachau (1879, 101).
52 Sachau édite « 428 », mais les manuscrits qu'il lit donnent bien 424. Le problème vient des années attribuées à Alexandre, que Sachau établit à huit, alors que le manuscrit à l'origine des copies qu'il utilise donne « trois » (Édimbourg, University Library Or. 161 f. 47v). Dans tous les cas, on attendrait quatre années.

Nous avons aussi trouvé, pour les rois de Babylone, une autre tradition chronologique depuis Bukhtanaṣar le Premier jusqu'à l'époque où, à cause de la mort d'Alexandre le Fondateur, on commença à dater au moyen des règnes des princes ptolémaïques. Cette tradition, nous l'avons maintenant reprise dans ce livre, ayant corrigé les nombres des durées des règnes. Quant aux noms, cependant, je les ai simplement translittérés, car je n'ai pas eu la possibilité de les corriger d'après leur prononciation[53].

(2) Une table des rois de Philippe Arrhidée à Cléopâtre, avec un comput des années depuis Philippe. La table compte 294 ans jusqu'à la mort de Cléopâtre. Al-Bīrūnī précise qu'il s'agit d'années sans jour intercalé, donc des années vagues, *a priori* égyptiennes[54].

(3) Une table des rois des Romains allant d'Auguste à Carus et Carin, avec un comput des années d'Auguste à la mort de Cléopâtre. La table compte 166 ans depuis Auguste jusqu'à la mort d'Hadrien, comme dans la Table des rois de Ptolémée[55].

(4) Une table des rois de Dioclétien à Basile Ier, avec un comput des années depuis Dioclétien. Les règnes de Théophile et Michel III semblent avoir été omis. Les deux derniers règnes, ceux de Michel II et Basile Ier, sont donnés en années et mois[56].

(5) Une table des rois de Constantin Ier à Constantin VII, avec un comput des années depuis Constantin Ier. Cette table est tirée d'une tradition différente et présentée comme une liste des « rois de Constantinople tels que Ḥamza Alisfahāni les rapporte d'après l'autorité du juge Alwakiʿ, qui les a pris dans un livre qui appartenait à l'empereur grec », d'après la traduction de Sachau. Les règnes sont donnés en années et mois[57]. Cette table est assez similaire à la liste du Χρονογραφικὸν σύντομον attribué à Nicéphore[58].

Les entrées dans ces cinq tables sont souvent assorties de notes, plus ou moins longues, à caractère historique. Les liens entre les tables d'Al-Bīrūnī et les manuscrits grecs de la Table des rois de Ptolémée sont manifestes, au moins pour les trois premières tables. Néanmoins, contrairement au Ṣābiʾ Zīj d'Al-Battānī, conservé aujourd'hui dans un seul manuscrit, les *Vestiges du passé* nous sont parvenus par

---

53 Ma traduction se base sur celle de Sachau.
54 Sachau (1878, 92) ; Sachau (1879, 103).
55 Sachau (1878, 93–94) ; Sachau (1879, 104).
56 Sachau (1878, 95–96) ; Sachau (1879, 105).
57 Sachau (1878, 97–98) ; Sachau (1879, 106).
58 Il ne serait pas improbable que cet « empereur grec » auquel Al-Bīrūnī fait référence soit Nicéphore Ier (802–811), que l'on peut facilement confondre avec Nicéphore, patriarche de Constantinople de 806 à 815, à qui les manuscrits attribuent le Χρονογραφικὸν σύντομον.

une dizaine d'exemplaires. L'édition de Sachau se basait sur quatre manuscrits des XVIIe et XIXe siècles[59]. Une nouvelle édition par François de Blois est actuellement en préparation[60]. Six autres manuscrits ont été identifiés, sensiblement plus anciens que ceux de Sachau, et dévoilent une histoire textuelle plus complexe. Parmi ces manuscrits, quatre sont aujourd'hui conservés à Istanbul (*Beyazıt* 4667, *Topkapı Saray* 3043, *Nuruosmaniye* 2893 et *Ayasofya* 2947) et un à Édimbourg (*University Library Or.* 161), probablement le modèle commun des manuscrits utilisés par Sachau. Un premier sondage sur *Ayasofya* 2947, *Nuruosmaniye* 2893 et le manuscrit d'Édimbourg indique que ces exemplaires présentent des versions textuelles différentes, notamment pour les noms des rois babyloniens[61]. Il me semble difficile de proposer ici une comparaison précise entre les tables d'Al-Bīrūnī et celle de Ptolémée en l'absence d'une édition critique – si possible complète – de l'ouvrage d'Al-Bīrūnī. Ce que l'on peut dire cependant, c'est que la Table des rois de Nabonassar à Alexandre présente chez Al-Bīrūnī des caractéristiques communes avec celles d'Al-Battānī et d'Élie de Nisibe. En particulier, quarante-trois ans de règne sont attribués à Artaxerxès Ier chez ces trois auteurs, soit deux années de plus que chez Ptolémée. La table d'Élie retire deux ans à Darius III et celle d'Al-Bīrūnī attribue *a priori* quatre ans à Alexandre[62], pour aboutir au même total depuis Philippe que dans la table de Ptolémée (424). La table d'Al-Battānī, on l'a vu, révèle quelques modifications supplémentaires. Les trois auteurs présentent certaines entrées similaires qui les isolent de la tradition grecque, par exemple :

Al-Battānī	Al-Bīrūnī	Élie de Nisibe	Ptolémée
Nadyūb	Nadiyyūth	Nadiut[h]	Ναδίου
Arsghal	Arsaqīl	Arisbil	Ῥηγεβήλου
Balšaṣar	Balṭashāṣar	Balṭašaṣar	Νηριγασολασσάρου
Dāryūsh le Mède	Dāryūsh le Mède Ier	Darius le Mède	Ναβοναδίου
Amūs	Amūs	Amos	Ὤχου
Ghīrūn	Fīrūn	Piruz	Ἀρώγου
Dāryūsh Arshīkh	Dāryūsh fils d'Arshīkh	Darius fils d'Aršek[h]	Δαρείου τρίτου

---

59 London, *British Library Add.* 7491 ; London, *British Library Add.* 23274 (copie du précédent) ; London, *British Library Suppl.* 457 et *Paris. ar.* 1489 (olim *suppl. ar.* 713). L'édition de Sachau peut être complétée par les contributions de Garbers (1952) et Fück (1952).
60 Les informations données ici sont tirées d'une conférence donnée par François de Blois en février 2016 et disponible en ligne, voir de Blois (2016).
61 Je remercie Silvia Di Vincenzo (IMT Lucca) d'avoir collationné pour moi la table de Nabonassar à Alexandre dans ces trois manuscrits et de m'avoir permis de me faire une image un peu plus précise de la tradition manuscrite arabe de cette table. À noter que les deux colonnes des années dans *Nuruosmaniye* 2893 et *Ayasofya* 2947 sont laissées vides.
62 Voir *supra* note 52 p. 242.

Les identifications de Nériglissar avec Balthazar et de Nabonide avec Darius le Mède sont aussi présentes dans la liste dite ecclésiastique donnée par Georges le Syncelle, mais chez les auteurs arabes et syriaques, il s'agit de substitutions du nom biblique au nom ptoléméen. Certaines formes semblent assez éloignées du grec ; une étude plus précise permettrait de mettre en évidence quelles leçons peuvent venir de modifications volontaires et quelles formes sont probablement issues de problèmes de traduction ou de translittération[63].

Élie de Nisibe

Métropolite de Nisibe de 1008 à 1046, Élie est l'auteur d'un ouvrage bilingue syriaque et arabe, appelé par convention *Chronographie*, dont la rédaction s'est achevée vers 1018–1019[64]. Elle est composée de deux parties : (i) un ensemble de tables chronologiques, principalement des listes de patriarches et de rois (*zabnē d-abāhātā w d-malkē*[65]) introduisant une chronique donnant les faits mémorables (*su'rānē idi'ē*[66]) de chaque année, basée sur les années de l'ère séleucide ; (ii) un traité sur le calendrier parfois désigné sous le titre *Chronicon*. La *Chronographie* nous est connue essentiellement par un manuscrit du XIᵉ siècle, *British Library Add.* 7197, en partie mutilé, présentant sur deux colonnes le texte syriaque et sa version arabe. À cause de l'état du manuscrit, la chronique d'Élie est préservée seulement pour les années 25 à 784, 879 à 971 et 994 à 1018 AD.

Élie de Nisibe a utilisé de nombreuses sources grecques, syriaques et arabes qu'il cite en principe méthodiquement. Parmi les tables chronologiques qui précèdent la chronique se trouve une table des rois de Nabonassar à Alexandre puis de Philippe à Cléopâtre, avec les années de règne et les années cumulées respectivement depuis Nabonassar et Philippe. Élie attribue la table à Ptolémée[67] :

---

63 Le nom babylonien d'Ochos ou Artaxerxès III est donné comme Umasu dans une chronique babylonienne d'époque achéménide (voir Grayson [1975, 114]) et Umakuš dans les *Astronomical diaries* (voir Sachs et Hunger [1988, 142–165]). La forme Amūs/Amos semble plus proche du nom babylonien Umasu que le grec Ὦχου/Ὦχος, mais on peut aussi y voir une simple confusion en syriaque entre un *mīm* et un *qūph* ou un *kōph*.
64 Voir l'indispensable notice de Muriel Debié (2015a, 623–628 et 638–640).
65 Élie de Nisibe, *Chronographie* II 5.8.
66 Élie de Nisibe, *Chronographie* II 5.8.
67 Élie de Nisibe, *Chronographie* I 37.3–39.3.

			Nombre des années des rois de Babylone et d'Égypte d'après le comput du sage Ptolémée		
			Nabukadnaṣar I[er] *i.e.* Nabonasaros	14	14
			Nadiut[h]	2	16
			Kirinpur	5	21
			Ilugayu	5	26
			Mardoqenpad[h]	12	38
			Arqiyanu	5	43
			Ap[h]asiliṭos I	2	45
			Bil	3	48
			Up[h]aranadidu	6	54
			Arisbil	1	55
			Mesilimordaquš	4	59
			Ap[h]asiliṭos II	8	67
			Ardidinu	13	80
			Sasdukin	20	100
			Qinladun	22	122
			Nabukadnaṣar *i.e.* Nabupolasor	21	143
			Nabukadnaṣar, son fils, qui a détruit Jérusalem	43	186
			Nergalialipaz	2	188
			Balṭašaṣar	4	192
			Darius le Mède	17	209
			Cyrus le Perse	9	218
			Qumbisus	8	226
			Darius II	36	262
			Xerxès	21	283
			Artaxerxès I	43	326
			Darius III	17	343
			Artaxerxès II	46	389
			Amos	21	410
			Piruz	2	412
			Darius fils d'Aršek[h]	6	418
			Alexandre fils de Philippe	6	424
			Après la mort d'Alexandre, ces rois régnèrent sur l'Égypte :		
			Philippe frère d'Alexandre	7	7
			Alexandre *i.e.* Cassandre jusqu'à ce que l'Égypte lui soit enlevée	12	19
			Ptolémée fils d'Arneba* depuis qu'il commença à régner sur l'Égypte	20	39
			Ptolémée Philadelphe	38	77
			Ptolémée Évergète I	25	102

		ⲡⲧⲟⲗⲉⲙⲁⲓⲟⲥ ⲃⲁⲣ ⲁⲣⲛⲉⲃⲁ	Ptolémée Philopator	17	119
		ⲡⲧⲟⲗⲉⲙⲁⲓⲟⲥ ⲁⲡⲓⲫⲁⲛⲏⲥ	Ptolémée Épiphane	24	143
		ⲡⲧⲟⲗⲉⲙⲁⲓⲟⲥ ⲫⲓⲗⲟⲙⲉⲧⲟⲣ	Ptolémée Philométor	35	178
		ⲡⲧⲟⲗⲉⲙⲁⲓⲟⲥ ⲓⲟⲩⲅⲁⲓⲟⲩ	Ptolémée Évergète II	29	207
		ⲡⲧⲟⲗⲉⲙⲁⲓⲟⲥ ⲥⲱⲧⲏⲣ	Ptolémée Sôter	36	243
		ⲡⲧⲟⲗⲉⲙⲁⲓⲟⲥ ⲇⲓⲟⲛⲩⲥⲓⲟⲥ	Ptolémée Dionysios	29	272
		ⲕⲗⲉⲟⲡⲁⲧⲣⲁ	Cléopâtre	22	294

La 5ᵉ année du règne de Cléopâtre, qui est la 265ᵉ d'Alexandre, Caius Julius, premier roi des Romains, commença son règne ; et après avoir régné 5 années, il fut tué et Auguste régna après lui ; et la 14ᵉ année d'Auguste, Cléopâtre, reine d'Égypte, fut tuée et il prit la royauté d'Égypte.

*La formule « fils d'Arneba » ne se comprend que si l'auteur a confondu Λάγος, nom du père de Ptolémée, avec ὁ λαγῶς « lièvre » et a utilisé la traduction syriaque de ce mot (*arnbā*). Voir Nallino (1907, 194).

Cette liste est assez proche de la version grecque de la table. La leçon Ilugayu (ⲓⲟⲩⲅⲁⲓⲟⲩ) semble à mi-chemin entre les leçons des deux familles de la tradition grecque (Ἰουγαίου ω1, Ἰλουλαίου ω2). La liste d'Élie présente certaines caractéristiques que l'on retrouve chez Al-Bīrūnī et Al-Battānī, ainsi que chez Georges le Syncelle. Par rapport à Ptolémée, la différence numérique majeure concerne les quarante-trois ans de règne d'Artaxerxès Iᵉʳ et les six années attribuées respectivement à Darius III et Alexandre le Grand – caractéristiques que l'on retrouve dans les manuscrits de Georges le Syncelle. Le problème posé par le texte d'Élie concerne les 265 années mentionnées entre la mort d'Alexandre et la cinquième année de règne de Cléopâtre (c'est-à-dire le début de la dictature de Jules César). Ce comput est donné à deux reprises, en toutes lettres dans le manuscrit, à la fin de la table des rois babyloniens et égyptiens et au début de la table suivante[68]. Il s'agit manifestement d'une erreur – due à une confusion avec le comput de l'ère séleucide ? – puisque la cinquième année de Cléopâtre correspond, dans la liste donnée par Élie lui-même, à l'année 277 depuis la mort d'Alexandre.

À la suite des rois de Babylone et d'Égypte, Élie donne une table des rois des Romains depuis Jules César jusqu'à Basile II, avec les années cumulées depuis César. Cette liste est dressée « selon le comput de Ptolémée, de Théon, de Jacques d'Édesse et d'auteurs dignes de foi[69] ». Voici le début de cette liste jusqu'à Dioclétien :

---

68 Élie de Nisibe, *Chronographie* I 38.24–26 et 39.8–9.
69 Élie de Nisibe, *Chronographie* I 39.4–7.

Caius Julius	5	5	Hadrien	21	184	Gordien	6	290
Auguste	56	61	Antonin	23	207	Philippe	6	296
Tibère	22	83	Marc Aurèle	19	226	Dèce	1	297
Caius	4	87	Commode	13	239	Trébonien Galle	3	300
Claude	14	101	Pertinax	6 m.	239	Valérien et Gallien	14	314
Néron	14	115	Sévère	18	257	Claude	2	316
Vespasien	10	125	Antonin	7	264	Aurélien	6	322
Titus	3	128	Macrin	1	265	Tacite	6 m.	323
Domitien	15	143	Antonin	3	268	Probus	6	329
Nerva	1	144	Sévère Alexandre	13	281	Carus et ses deux fils	2	331
Trajan	19	163	Maximin	3	284	Dioclétien	21	352

La perspective d'Élie, comme celle de Jacques d'Édesse (mort en 708) avant lui, n'est pas astronomique, c'est-à-dire qu'il n'a pas pour objectif de présenter un comput des années égyptiennes. Au contraire, il s'inscrit dans une tradition historiographique héritée d'Eusèbe de Césarée, et présente ici une liste des rois des Romains qui se veut historique, en prenant donc César comme première entrée. L'absence d'un comput des années de Philippe s'explique de la même manière. Si les durées de règne de Tibère à Antonin sont néanmoins conformes à Ptolémée, les entrées de Macrin et de Tacite sont absentes des manuscrits grecs connus de la Table des rois. Cette liste composite a été réalisée à partir de différents auteurs et il est difficile de savoir si Élie l'avait à disposition telle quelle, par exemple directement transmise par Jacques d'Édesse, ou si c'est lui qui a combiné différentes sources (Ptolémée, Théon, etc.) en procédant à certaines modifications. Les mêmes autorités citées par Élie dans le titre de la table reviennent ensuite dans sa chronique et permettent de préciser à quel auteur est attribué quel évènement. Cette chronique, conservée dans le manuscrit seulement pour les années 337 à 1329/1330 de l'ère séleucide (c'est-à-dire 25 à 1017/1018 AD), est organisée par années et relate un certain nombre d'évènements parmi lesquels les débuts et fins de règne des empereurs. Pour ceux-ci, Élie fait à chaque fois appel à des autorités, différentes selon la période, suivant un schéma que l'on peut résumer ainsi :

De Tibère à Antonin le Pieux : Ptolémée, *Années des rois* (*zabnē d-malkē*)[70]
De Marc Aurèle à Constantin Ier : Théon, *Années des rois* (*zabnē d-malkē*)[71]
De Constance II à Honorius : Socrate, *Histoire ecclésiastique* (*eqlesesṭiqi*)
De Théodose II à Tibère Apsimaros : Jacques d'Édesse, *Chronique* (*maktbūt zabnē*)

L'expression « années des rois » (*zabnē d-malkē*) est un calque assez manifeste du grec ἔτη βασιλέων, formule que l'on retrouve dans les titres de certains manuscrits

---

70 Élie de Nisibe, *Chronographie* I 74.18, 75.6, 76.19 *et passim*.
71 Élie de Nisibe, *Chronographie* I 87.26, 89.9, 89.21 *et passim*.

grecs⁷², et qu'Élie utilise seulement pour Ptolémée et Théon⁷³. Dans la chronique, l'entrée de Macrin, absente des manuscrits grecs de la Table des rois, est clairement attribuée à Théon, mais celle de Pertinax est tirée de Jacques d'Édesse⁷⁴. En revanche, l'entrée des six mois de Tacite, présente dans la table d'Élie, est absente de sa chronique. L'attribution d'une année (égyptienne) de règne à Macrin est justifiée. Même si la plupart des manuscrits de Table des rois donnent sept ans à Caracalla et quatre à Héliogabale, il faudrait en réalité compter six ans pour Caracalla, une année pour Macrin et quatre ans pour Héliogabale⁷⁵. L'absence de Macrin dans tous les manuscrits connus de la Table des rois fait peut-être écho aux sanctions mémorielles qui ont frappé Macrin au début du règne d'Héliogabale. Le règne de ce dernier est parfois considéré comme succédant immédiatement à celui de Caracalla, en particulier dans certains papyrus d'Égypte⁷⁶. Dans la table qui est présentée par Élie, c'est le règne d'Héliogabale qui a été amputé d'une année au profit de Macrin. Qu'un astronome comme Théon attribue une année à Macrin paraît envisageable ; qu'il attribue seulement trois années à Héliogabale est plus douteux.

La documentation ptoléméenne utilisée par Élie de Nisibe est un peu difficile à cerner. D'une part, comme on l'a vu, la liste des rois de Babylone et d'Égypte présente un certain nombre de différences par rapport à la Table des rois, ce qui suggère qu'Élie la connaît par une source intermédiaire. Cette source présente des points communs avec la documentation utilisée par Al-Bīrūnī et Al-Battānī. D'autre part, si la liste des rois des Romains semble, dans sa première partie, remonter en dernier lieu à Ptolémée, qui est cité nommément, elle est néanmoins passée entre plusieurs mains avant Élie. Ces sources intermédiaires avaient récupéré la Table des rois dans un but chronographique et non plus astronomique, en modifiant substantiellement le projet de Ptolémée. Il est également difficile de se représenter

---

72 Voir pp. 30–31.
73 Lorsqu'il mentionne des chroniques à proprement parler, comme celles d'Eusèbe de Césarée, d'Andronikos mais aussi de Jacques d'Édesse, Élie parle de « canon des années » (*qanunā d-šnayā*). Élie utilise *maktbūt zabnē* pour désigner une partie seulement de l'ouvrage de Jacques d'Édesse, précisément les tableaux donnant la succession des souverains de différentes parties du monde (comme chez Eusèbe de Césarée), tandis que *qanunā d-šnayā* devait désigner les notes qui commentaient les tableaux. Voir Witakowski (2008, 35–36).
74 Élie de Nisibe, *Chronographie* I 89.18 (Per[ṭinaks], nom mutilé dans le manuscrit), et 90.20 (sous le nom Marqinos).
75 Si le règne de Macrin commence en avril 217, après la mort de Caracalla, alors cet évènement intervient au cours de l'année 540 de Philippe. Cette année 540 est donc la septième année de Caracalla (non comptée) et la première de Macrin. Ce dernier meurt au début du mois de juin 218, soit au cours de l'année 541 de Philippe, qui est donc la seconde année de Macrin (non comptée) et la première d'Héliogabale.
76 Van't Dack (1982); see now Barbagli (forthcoming).

ce qu'Élie entendait par les « années des rois » de Théon : une table semblable à celle de Ptolémée, mais attribuée à Théon par sa source ? Ou s'agit-il d'une seule table dont la partie précédant Antonin le Pieux était attribuée à Ptolémée et la partie suivante à Théon ? Théon ne fait jamais mention d'une table qu'il aurait réalisée sur le modèle de la Table des rois, ni d'une édition de celle de Ptolémée. Une autre mention de Ptolémée par Élie renforce encore les doutes sur sa source. Dans la première partie de la *Chronographie*, la Table des rois de Ptolémée est citée à la fin d'une liste des rois bibliques avec un comput des années depuis Adam :

[texte syriaque]

Nebukhadnezzar, roi de Babylone, a vécu après la Captivité 26 ans — 3444 [*sc.* années depuis Adam] ; et depuis la mort de Nebukhadnezzar jusqu'au début de l'ère d'Alexandre d'après le comput du sage Ptolémée, 250 ans — 3694. Telles sont les années depuis Adam jusqu'au début de l'ère d'Alexandre d'après le comput tiré du Pentateuque, du Livre des Juges et de Livre des Rois des Juifs et comme le confirme le livre de la Table des règnes de Ptolémée, trois mille six cent quatre-vingt-quatorze années, sauf les années de Josué fils de Noun, de Samuel et Saül dont les Écritures ne présentent pas le nombre[77].

Élie mentionne un « livre de la Table des règnes » (*ktābā d-qanun malkātā*) qui semble être un simple calque du grec κανὼν βασιλειῶν. Cependant, rien ne permet d'être certain que *ktābā d-qanun malkātā* et *zabnē d-malkē* (le terme utilisé dans la chronique) désignent le même ouvrage ou le même document. Par ailleurs, aucune version connue de la Table des rois de Ptolémée ne donne 250 années entre Nebukhadnezzar (qu'on l'identifie à Nabopolassar ou à Nabokolassar) et le début de l'ère d'Alexandre, pas même la table donnée plus loin par Élie de Nisibe lui-même. Pour Daniel Serruys, si Élie s'est appuyé en partie sur Jacques d'Édesse et des chronographes plus anciens, c'est sans doute lui qui a consulté Ptolémée et Théon pour corriger les sources historiques dont il disposait, en particulier pour la liste des rois des Romains[78]. Certes, les fragments de la *Chronique* de Jacques d'Édesse

---

77 Élie de Nisibe, *Chronographie* I 12.25–13.6.
78 Serruys (1913, 7) : « On pourrait donc imaginer qu'Élie avait emprunté aux ouvrages astronomiques de Ptolémée et de Théon ou l'un de leurs successeurs les 'temps des rois' mentionnés dans le Canon qui termine la première partie, comme il a inséré dans ce même Canon les mentions des éclipses empruntées à l'Almageste. [...] J'en conclus qu'Elie avait corrigé, au moyen d'un 'laterculus' astronomique quelconque qui se réclamait de Ptolémée et de Théon, le système de Jacques emprunté sans doute lui-même à une source de même nature. »

qui nous sont parvenus[79] ne présentent pas, à notre connaissance, de listes de rois semblables à la Table de Ptolémée pour les rois babyloniens. De manière générale, nous n'avons pas de trace explicite de Ptolémée dans la *Chronique*, bien que Jacques fasse parfois référence à un ou des « comput(s) des Alexandrins » (*ḥušbono* ou *ḥušbonē d-aleksandroē*) ou simplement aux « Alexandrins », comput qui recoupe parfois celui utilisé par Ptolémée et/ou par la Table des rois prolongée après lui[80]. De son côté, Élie a aussi une connaissance fiable de l'*Almageste* dont il cite des passages précis. Néanmoins, si les ajouts attribués à Ptolémée sont le fait d'Élie lui-même, sa documentation sur la Table des rois semble très indirecte, y compris lorsqu'il cite des titres d'ouvrages calqués sur le grec et faisant écho à la tradition manuscrite grecque connue.

---

[79] La *Chronique* de Jacques d'Édesse, qui devait couvrir les années 326 à 710, nous est connue par un manuscrit très fragmentaire (*British Library Add.* 14685), et de façon indirecte principalement par Michel le Syrien et Élie de Nisibe lui-même. Voir Witakowski (2008) et Debié (2015a, 548–551).
[80] Jacques d'Edesse, *Chronique* 270.4–5, 270.15, 273.25.

Chapitre 5
Des premiers Paléologues à l'époque moderne

À la fin du XIIIe siècle, sous les premiers empereurs Paléologues, Michel VIII et Andronic II, le regain d'intérêt pour l'astronomie ptoléméenne est à l'origine de la multiplication des manuscrits des *Tables faciles*. Après une sorte d'indifférence au cours des deux siècles précédents, on s'intéresse de nouveau à la Table des rois. Celle-ci est lue et souvent complétée, on en fait même de nouvelles éditions à partir de différents exemplaires, parfois copiées dans de très beaux manuscrits enluminés. Ce qui frappe cependant, c'est que la Table des rois, bien que lue et facilement accessible à présent à n'importe quel érudit de Constantinople ou de Thessalonique, n'est jamais vraiment prise au sérieux. Alors que les manuscrits astronomiques produits à la fin du XIIIe et tout au long du XIVe siècle regorgent de scolies chronologiques en tout genre, sur l'ère de Philippe, d'Auguste, de Dioclétien et l'ère byzantine, que les traités nouveaux sur les tables astronomiques se multiplient, la Table des rois de Ptolémée brille par son absence. Elle semble très peu utilisée par les astronomes, qui ne la mentionnent qu'en de rares occasions.

1 Deux lecteurs du début du XIVe siècle : Théodore Métochitès et Jean Catrarios

Théodore Métochitès

Théodore Métochitès est sans doute le personnage qui a le plus contribué à dynamiser l'étude de l'astronomie ptoléméenne à Constantinople au début du XIVe siècle[1]. Il est un lecteur non seulement de l'*Almageste* et des *Tables faciles*, mais aussi de Théon d'Alexandrie. C'est même à ce dernier qu'il semble attribuer les *Tables faciles* :

> τοιγαροῦν ὁ μὲν Πτολεμαῖος τὰς ἀρχὰς ταύτας ὑποτίθεται τῆς τῶν ἀστέρων κινήσεως, ὡς ἤδη φράσαντες ἔφημεν, κατὰ τὸ πρῶτον ἔτος τῆς Ναβονασάρου βασιλείας, ὁ δὲ Θέων ἐν τοῖς Προχείροις Κανόσι κατὰ τὸ πρῶτον ἔτος Φιλίππου, μετὰ τὴν τελευτὴν εὐθὺς Ἀλεξάνδρου τοῦ μεγάλου Μακεδόνων βασιλέως[2].

---

[1] Voir quelques éléments biographiques p. 190.
[2] Métochitès, *Éléments d'astronomie* 1.20, éd. Paschos et Simelidis (2017, 176.92–96). Métochitès répète la même chose plusieurs fois dans son traité, voir par exemple *Éléments d'astronomie* 1.20, éd. Paschos et Simelidis (2017, 178.125–126 et 188.267–271) ; 1.25, éd. Paschos et Simelidis (2017, 222.16–20).

C'est pourquoi Ptolémée adopte comme début du mouvement des astres, ainsi que nous l'avons déjà dit, la première année du règne de Nabonassar, mais Théon dans les *Tables faciles* la première année de Philippe, immédiatement après la mort d'Alexandre le Grand, roi des Macédoniens.

Il mentionne une seule fois la Table des rois, qu'il nomme Table des règnes :

> [...] μέχρι τοῦ πέμπτου ἔτους τῆς μοναρχίας Αὐγούστου τριακόσια ἔτη παρέδραμον, ἔστι γὰρ τοῦτο δῆλον ἐκ τοῦ κανόνος τοῦ ἐν τῷ Προχείρῳ τῶν βασιλειῶν κτλ[3].

> [...] jusqu'à la cinquième année de la monarchie d'Auguste se sont écoulés 300 ans ; c'est en effet évident d'après la Table des règnes qui se trouve dans les *Tables faciles*, etc.

À la fin de la cinquième année du règne d'Auguste se sont en effet écoulées 300 années depuis le début du règne de Philippe, d'après la Table des rois. Puisque Métochitès ne fait pas allusion à la partie de la table qui va de Nabonassar à Alexandre le Grand, on ne peut pas déterminer si son exemplaire contenait ou non cette partie[4]. Dans sa proposition d'un nouveau point de départ chronologique pour les tables astronomiques, Métochitès semble se passer de la Table des rois pour calculer le nombre d'années écoulées depuis Philippe. Il est notoire, si l'on suit son témoignage, que la première année de Philippe correspond à l'année du monde 5185 – la tradition sur ce point est « la plus assurée et la plus vraie » (ἀσφαλεστάτην καὶ ἀληθεστάτην) et a été vérifiée avec soin par lui-même[5]. On retrouve en effet ce comput dans de nombreuses scolies aux *Tables faciles*, au *Petit Commentaire* de Théon et au *Commentaire* de Stéphanos[6], mais l'immense majorité de ces témoignages est contemporaine ou postérieure à Métochitès lui-même. Une seule scolie, datée de l'année 541 de Dioclétien (824/825 AD) donne ce comput clairement[7]. On notera que la scolie

---

3 Métochitès, *Éléments d'astronomie* 1.20, éd. Paschos et Simelidis (2017, 188.286–288). J'ai changé la ponctuation par rapport à l'édition de Paschos.
4 Nicéphore Grégoras, élève de Métochitès, s'est illustré par le calcul de l'éclipse de soleil du 16 juillet 1330 au moyen de l'*Almageste* et des *Tables faciles*. Le calcul préliminaire du nombre d'années écoulées depuis Nabonassar ou Philippe est cependant absent du texte qu'il a composé, voir Mogenet et al. (1983, 95–96).
5 Métochitès, *Éléments d'astronomie* 1.25, éd. Paschos et Simelidis (2017, 224.32–35).
6 Lempire (2016, 288–289). Voir scolie 1*. Chortasménos reporte dans le *Paris. gr.* 2399 (f. 3r) une « scolie ancienne » (σχόλιον παλαιόν) où ce comput est sous-entendu et présenté comme évident : ἡ ἀρχὴ τῆς Διοκλητιανοῦ βασιλείας ἦν ἐν τῷ ͵εψϞβῳ ἔτει ἀπὸ κτίσεως κόσμου· ὡς ἐκ τῆς ἐπισυναγωγῆς τῶν ἐτῶν ἐστι δῆλον. Je n'ai pas pu identifier l'origine de cette note.
7 Il s'agit d'une scolie, éditée par Tihon (1973, 51), que l'on trouve dans certains manuscrits à la suite du *Manuel* de Ptolémée sur les *Tables faciles* : ἀπὸ Ἀδὰμ ἕως τοῦ πρώτου ἔτους τῆς βασιλείας Φιλίππου τοῦ μετὰ Ἀλέξανδρον τὸν κτίστην γίνονται ἔτη ͵ερπδ. ἀπὸ τοῦ πρώτου ἔτους Φιλίππου ἕως ἀρχῆς Διοκλητιανοῦ ἔτη χζ. συντεθέντα γίνονται ἀπὸ Ἀδὰμ ἕως τῆς ἀρχῆς βασιλείας τοῦ Διοκλητιανοῦ ἔτη ͵εψϞα. γίνονται ἀπὸ Διοκλητιανοῦ ἕως ἐπισταμένης γ΄ ἐπινεμήσεως ἔτη φμα΄. Roueché (2011, 8) impute

10* dit que Bryennios – le maître de Métochitès – comptait, lui, 5170 années depuis Adam jusqu'à la mort d'Alexandre le Grand, comme Georges le Syncelle. Métochitès préfère donc fonder son calcul sur cette donnée liée à l'ère byzantine, c'est-à-dire la première année de Philippe correspondant à 5185 AM, plutôt que de recourir à l'autorité de la Table des rois de Ptolémée. Il jugeait peut-être inexact l'exemplaire ou les exemplaires qu'il avait à disposition. Métochitès calcule 1606 années écoulées au début du règne d'Andronic II ; la première année de son règne correspond donc à l'année 1607 de l'ère de Philippe[8]. Parmi les exemplaires de la Table des rois disponibles, copiés ou complétés sous Andronic II, aucun ne donne ces 1606 années écoulées depuis Philippe. Le *Sinaiticus* 2124, qui représente la recension λ, dont la rédaction doit dater du règne d'Andronic II, donne 1626 années. Seuls les *Paris. gr.* 2399 et *Vat. gr.* 1059, respectivement complétés et copiés par Jean Chortasménos, lecteur de Métochitès, arrivent à ce nombre d'années[9].

Jean Catrarios, scolies sur le Petit Commentaire

La première mention de l'ère de Philippe au chapitre premier du *Petit Commentaire* de Théon est souvent accompagnée par une scolie que l'on retrouve dans plusieurs familles de manuscrits (celle du *Leidensis* BPG 78, celle du *Marc. gr.* Z 323 et celle du *Paris. gr.* 2399) ; on la retrouve aussi dans le *Paris. gr.* 2394, représentant d'une branche de la tradition textuelle du *Petit Commentaire* tout à fait à part, ce qui fait remonter l'ajout de cette scolie pratiquement jusqu'à l'époque de Théon lui-même[10]. La scolie est ici éditée à partir du *Paris. gr.* 2399 (R), du *Paris. gr.* 2394 (r), du *Leidensis* BPG 78 (H), du *Paris. gr.* 2497 (K) et de plusieurs descendants (m) du *Marc. gr.* Z 323[11] :

à Anne Tihon une erreur sur la base d'un calcul qu'elle n'a jamais effectué et propose de dater la scolie de 840 AD et non 824. Or, le calcul de Tihon me semble tout à fait correct : la 541e année de Dioclétien correspond bien à 824/825 AD et cette année est la 3e indiction. Par ailleurs, les 607 années depuis Philippe jusqu'à Dioclétien sont tout à fait compatibles avec la tradition de la Table des rois. On peut aussi déduire un total de 5185 années depuis Adam jusqu'à la mort d'Alexandre (plaçant ainsi l'année 1 de Philippe en 5186 AM) à partir des premières lignes du *Chronographeion syntomon* (63.1–13).
8 Métochitès, *Éléments d'astronomie* 1.25, éd. Paschos et Simelidis (2017, 224.46–225.75).
9 Voir Annexe C, p. 318. Chortasménos associe la 1606[e] année de Philippe à 6791 AM, comme il le dit aussi dans les scolies qu'il a laissées sur le texte de Métochitès dans le *Vat. gr.* 1365, voir Paschos et Simelidis (2017, 230).
10 Le modèle commun au *Paris. gr.* 2394 et aux autres manuscrits du *Petit Commentaire* remonte à un exemplaire mis en circulation après 377 AD, mais avant la fin du Ve siècle ; voir Tihon (1978, 180–183).
11 Je n'ai pas pu vérifier le texte de la scolie dans le *Marc. gr.* Z 323, mais trois de ses descendants contiennent le même texte : *Vat. gr.* 208 f. 21r, *Vindob. phil. gr.* 160 f. 55r et *Coislin* 338 f. 85r.

εἰδέναι χρὴ ὅτι Φίλιππον ἐνταῦθα τὸν Ἀριδαῖον λέγει· ἀδελφὸς¹ δὲ ἦν οὗτος ἀμφιμήτωρ Ἀλεξάνδρου τοῦ Μακεδόνος τοῦ ἐπονομασθέντος² Κτίστου διὰ τὸ πολλὰς κτίσαι πόλεις³, ἐπὶ τῶν χρόνων⁴ τῆς ἑαυτοῦ βασιλείας·⁵ ὡς ἡ περὶ αὐτοῦ ἱστορία δηλοῖ⁶.

1 ἀδελφὸς *om.* r ‖ 2 ἐπονομασθέντος] RHKm μετονομασθέντος r ‖ 3 κτίσαι πόλεις] RKmr πόλεις κτίσαι H (*inde non legi potest* H) ‖ 4 τῶν χρόνων] Rm τὸν χρόν(ον) r ‖ 5 ἐπὶ τῶν ... βασιλείας *om.* K ‖ 6 ὡς ἡ περὶ αὐτοῦ ἱστορία δηλοῖ] R ὡς ἡ κατ' αὐτὸν ἱστορία διέξεισιν K ὡς ἡ περὶ αὐτὸν ἱστορία δηλοῖ m ὡς ὁ περὶ αὐτὸν ἱστορεῖ λόγος r

Il faut savoir qu'il dit ici Philippe Arrhidée. Celui-ci était le frère, d'une mère différente, d'Alexandre de Macédoine appelé le Fondateur, car il a fondé de nombreuses villes pendant les années de sa royauté, comme le montre l'histoire à son sujet [ou : comme le rapporte l'histoire autour de lui *Paris. gr.* 2394].

La parenté de Philippe Arrhidée est mentionnée dans plusieurs sources, en particulier chez Eusèbe de Césarée dans un passage tiré de Porphyre de Tyr, avec une formulation assez proche de celle de notre scolie[12]. Celle-ci est également présente dans le *Vat. gr.* 175 (f. 40r), mais sous une forme éditée où la fin a été modifiée[13]. On peut raisonnablement attribuer la paternité de cette édition à Jean Catrarios, copiste du *Vat. gr.* 175 lui-même :

εἰδέναι χρὴ ὅτι Φίλιππον ἐνταῦθα τὸν Ἀριδαιον λέγει· ἀδελφὸς δὲ ἦν οὗτος ἀμφιμήτωρ Ἀλεξάνδρου τοῦ Μακεδόνος τοῦ ὀνομασθεντος Κτίστου διὰ τὸ πολλὰς κτίσαι πόλεις. εἶτα πῶς ἐν τῷ τῶν βασιλειῶν κανονίῳ ἀπὸ Φιλίππου τοῦ πατρός Ἀλεξάνδρου καὶ οὐ Φιλίππου τοῦ Ἀριδαίου ἄρχεται.

Il faut savoir qu'ici il dit Philippe Arrhidée. Celui-ci était le frère, d'une mère différente, d'Alexandre de Macédoine appelé le Fondateur car il a fondé de nombreuses villes. Pourquoi donc, dans la Table des règnes, commence-t-on à partir de Philippe, le père d'Alexandre, et non par Philippe Arrhidée ?

Cette version de la scolie mentionne la « Table des règnes » (τὸ τῶν βασιλειῶν κανόνιον). Jean Catrarios a manifestement mal compris la composition de la table qu'il avait sous les yeux et qu'il a lui-même copiée quelques folios plus loin. La table

---

[12] Eusèbe de Césarée, *Chronique* I éd. Aucher (1818a, 236–237) : « Dans la deuxième année de la 114ᵉ olympiade, Arrhidée, qui fut appelé Philippe, succéda à cet Alexandre de Macédoine et reçut la royauté. C'était le frère d'Alexandre, mais il n'était pas de la même mère que lui. » Traduction A. Ouzounian dans Cohen-Skalli (2020, 151) à partir de la version arménienne. L'un des *Excerpta eusebiana* – Cramer (1839, 120.5–8) = *Paris. gr.* 2600 f. 193v – donne le texte suivant : τελευτᾷ μὲν Ἀλέξανδρος ὁ Μακεδὼν ἐπὶ τῆς ἑκατοστῆς τεσσαρεσκαιδεκάτης Ὀλυμπιάδος, ἄρξας ἔτη τὰ σύμπαντα δώδεκα. Διαδέχεται δὲ τὴν βασιλείαν Ἀριδαῖος ὁ μετονομασθεὶς Φίλιππος, ἀδελφὸς ὢν Ἀλεξάνδρου οὐχ ὁμομήτριος. C'est peut-être ce passage d'Eusèbe de Césarée que le scoliaste avait en tête.

[13] On trouve aussi cette scolie dans deux descendants du *Vat. gr.* 175 : *Plut.* 28/21 (f. 31r) et *Plut.* 28/31 (f. 85r).

dans le *Vat. gr.* 175 n'a pas de titre et commence directement avec Philippe Arrhidée (Φίλιππος) puis Alexandre IV (Ἀλέξανδρος). Sans autre indication, il n'est pas extravagant de les confondre avec Philippe II de Macédoine et son fils Alexandre le Grand. Catrarios ne s'attendait visiblement pas à ce qu'un « Alexandre » soit le successeur du Philippe qui a lui-même succédé à Alexandre le Grand. Du reste, il n'est pas le seul à commettre cette confusion : Al-Ya'qūbī (IXe siècle) faisait déjà la même erreur[14]. Collaborateur de Démétrios Triclinius à Thessalonique, Catrarios a étudié l'astronomie en autodidacte, comme il le déclare dans la souscription du *Vat. gr.* 175 (f. 158v)[15]. Il a modifié le texte du *Petit Commentaire*, mais de façon superficielle, les corrections étant surtout stylistiques, sans altération majeure du sens du texte[16], et ses scolies sur le *Petit Commentaire* ne sont pas marquées par une grande originalité[17]. Par l'édition de cette scolie, qui a le mérite de l'honnêteté, Catrarios montre qu'il a consulté de concert le *Petit Commentaire* de Théon et la Table des rois de Ptolémée.

2 La production manuscrite au XIVe siècle

Les premières décennies du XIVe siècle voient la réalisation de plusieurs copies des deux tables du *Leidensis* BPG 78 – les *Plut.* 28/12 (G) et *Marc. gr.* Z. 315 (Z) – ainsi que la réalisation d'au moins deux éditions de la Table des rois issues de ces deux tables, dont le *Paris. gr.* 2497 (K) et le *Plut.* 28/48 (L) sont les témoins. Les manuscrits G et Z sont deux volumes astronomiques mais, contrairement à leurs Tables des rois, qui montrent une filiation claire avec le *Leidensis*, le *Petit Commentaire* de Théon qu'ils ont en commun ne semble pas directement apparenté à ce dernier. Leur contexte de production reste encore incertain. La réalisation du *Plut.* 28/12 est souvent mis en relation avec Théodore Métochitès et son entourage, mais sans preuve définitive. On n'en sait guère plus sur la réalisation du *Marc. gr.* Z. 315.

La version du manuscrit K peut être considérée comme une édition assez simple de la table : la première partie reprend le texte de la table H^1 puis, à partir

---

14 Voir Gordon et al. (2018, 428–429) et Di Branco (2017, 39–41).
15 La souscription est éditée par Turyn (1964, 124) : χεῖρες Κατραρίοιο βίβλον τὴν δ' ἐξέπλησαν / οὐ(ρα)νίης ποθέοντος ἐπιστήμην ἀγλαὸν κράτος· / ὃς μόνος οὐδὲ παρ' ἄλλου τήνδε μαθὼν ἤσκησεν / καὶ καιροὺς ἐσκέψατο καὶ ὕστατον ἔγνωκε τέλος· ἔτει ͵ϛωλ.
16 Tihon (1978, 40–41).
17 Acerbi et Pérez Martín (2019, 10). La scolie chronologique de sa main (f. 41r) qui suit la mention de l'année en cours 6830 (1321/1322 AD) – *inc.* ἰστέον ὅτι ἐν τοῖς χρόνοις τῆς βασιλείας τὸν Πτολεμαῖον γέγραπται – est un peu confuse, et donne l'impression que, d'après Catrarios, Ptolémée utilise les années depuis Philippe dans les *Tables faciles*, mais aussi les années depuis Dioclétien.

de l'entrée d'Héraclius, celui de la table H², avec des changements minimes. Il est possible que le copiste de la table K, Phocas Choumnos, qui a exercé les charges de notaire impérial et exarque des *taboularioi*, soit lui-même l'auteur de cette version de la Table des rois. Ce dernier a également copié le *Monac. gr.* 419, contenant des textes astronomiques. Ces deux manuscrits, qui n'ont pas de texte en commun, sont peut-être le résultat d'un projet de réaliser un corpus astronomique et astrologique : *Tétrabiblos* et tables de Ptolémée, *Petit* et *Grand Commentaire* de Théon, *Hypotypose* et *Éléments de physique* de Proclus, *Traité de l'astrolabe* de Philopon, *Sur la nature humaine* de Némésios, le *Carpos* du Ps.-Ptolémée, *Commentaire* de Porphyre à la *Tétrabiblos* ainsi qu'un ensemble de textes et de tables anonymes. On sait peu de choses sur Phocas Choumnos. Son patronyme le rattache à la puissante famille de Nicéphore Choumnos (ca. 1250/1255–1327), rival de Théodore Métochitès pendant le règne d'Andronic II. Phocas copie notamment la *Réfutation de Plotin* de Nicéphore dans le *Vat. gr.* 419, texte dont la composition a eu lieu autour de 1315[18] mais il est difficile de préciser les liens entre les deux personnages[19].

La version de la table appelée ici λ et dont dépend le *Plut.* 28/48 (L) nous oriente vers la composition à partir du *Leidensis*, sous le règne d'Andronic II à Constantinople, d'une édition de la Table des rois dont le chef de file est aujourd'hui perdu. L'auteur de cette édition n'est pas identifié. L'intuition d'Ihor Ševčenko, qui se demandait si cette version particulière de la table pouvait dépendre même indirectement de Métochitès, est certes tentante[20]. Le *Plut.* 28/48 a été utilisé par Nicéphore Grégoras pour l'*Hypotypose* de Proclus dans les années 1330–1340 ; Grégoras avait alors accès à la bibliothèque du monastère de Chôra et a beaucoup travaillé à partir des manuscrits de son maître[21]. Cette édition de la table complète les deux modèles utilisés (H¹ et H²) à l'aide de sources que je n'ai pas pu identifier. Le résultat des ajouts n'est pas très heureux ; avec quinze années de règne attribuées à Nicéphore Ier, la table est d'abord décalée d'une dizaine d'années et jusqu'à vingt à la fin du règne de Michel VIII. La version λ de la table donne la première année de règne d'Andronic II comme la 1627e année de Philippe, alors que Théodore Métochitès la situe à la 1607e année. Il me paraît dès lors assez improbable que Métochitès ait été à l'origine de cette édition.

La version λ de la table a sans doute été mise à profit, avec d'autres sources, pour la réalisation, vers le milieu du XIVe siècle à Constantinople, de la Table des

---

18 Verpeaux (1959a, 55).
19 Brigitte Mondrain (2011, 102) note simplement : « La mise en relation du nom du scribe avec celui du grand personnage que fut Nicéphore Choumnos mérite d'être faite. » Sur les membres (nombreux) de la famille Choumnos et leurs liens, voir Verpeaux (1959b).
20 Ševčenko (1962, 114–115).
21 Voir notamment Ševčenko (1951) ; Förstel (2011) ; Lempire (2016, 67–68).

rois A¹ de l'*Ambrosianus* H 57 sup.[22]. Ce manuscrit de luxe est dédié à l'astronomie ptoléméenne et son contenu est tout à fait représentatif de la production manuscrite astronomique du XIVe siècle. Plusieurs manuscrits ont servi de modèle pour la réalisation du codex. L'auteur de la table A¹ et le copiste de la table A² ont visiblement pu avoir accès à différents exemplaires de la Table des rois, dont le *Plut.* 28/26 et peut-être le *Marc. gr.* Z 331, deux manuscrits de parchemin de très belle facture. Le travail éditorial pour la table A¹ a surtout consisté en l'ajout de rubriques et de surnoms pour les empereurs byzantins, et dans le choix du génitif pour l'ensemble des entrées qui vont jusqu'à Jean V. Cependant, à partir de Léon VI, l'auteur n'a pas complété les années de règne, ce qui rend son travail très imparfait et la table inutilisable en l'état. Notons que les mains qui ont ensuite complété cette table inachevée ont malheureusement produit une table de très mauvaise qualité.

Les *Plut.* 28/12 et 28/48, *Paris. gr.* 2497, *Marc. gr.* Z 315 et *Ambrosianus* H 57 sup. ont de fortes chances d'avoir été produits dans la capitale de l'empire et illustrent l'intérêt renouvelé des érudits constantinopolitains de la première moitié du XIVe siècle pour les tables de Ptolémée. Ce groupe doit cependant être complété par un autre ensemble de manuscrits produits à la même époque à Thessalonique. Les liens entre les érudits actifs à Thessalonique et à Constantinople à la fin du XIIIe et dans la première moitié du XIVe siècle sont très étroits, et opposer une activité scientifique proprement thessalonicienne d'une part et constantinopolitaine d'autre part ne rendrait pas compte de la réalité de la production manuscrite et des échanges entre les cercles érudits[23]. Néanmoins, le *Vat. gr.* 175 copié en 1321/1322 par Jean Catrarios a donné naissance à plusieurs copies de la Table des rois attestant une circulation non négligeable de ce texte dans les premières décennies du XIVe siècle à Thessalonique, en particulier dans l'entourage de Nicolas Triclinius[24]. Dans le *Plut.* 28/31, Nicolas Triclinius a copié la Table des rois, mais c'est une autre main, celle du « copiste F » collaborateur de Triclinius, qui est responsable du travail de correction et d'édition du texte. Pour ce travail, ce dernier a consulté un manuscrit proche du *Plut.* 28/26, voire directement celui-ci. L'intervention de cette main a permis d'améliorer la table, en particulier par l'ajout d'une entrée de quatre années pour Constance Chlore et en corrigeant les nombres des années de toute la section allant de Constantin Ier à Théodose II. Le *Plut.* 28/21 est également une copie très fidèle du *Vat. gr.* 175, datée du deuxième quart du XIVe siècle, réalisée selon toute vraisemblance à Thessalonique, mais sans que l'on en sache plus sur

---

[22] La table A² est une simple copie de la table F¹ du *Plut.* 28/26.
[23] Mentionnons entre autres les allers et retours de Nicéphore Choumnos entre les deux villes, le séjour de Théodore Métochitès à Thessalonique entre 1303 et 1305, celui de Maxime Planude vers 1295, voir Bianconi (2005, 53–55).
[24] Voir aussi Bianconi (2005, 159).

son contexte de production. Au vu de leurs contenus respectifs, les deux *Plutei* et le *Vat. gr.* 175 montrent que la production de manuscrits astronomiques à Thessalonique s'intéressait exactement au même corpus, essentiellement ptoléméen, que les érudits de la capitale. Dans la seconde moitié du XIVe siècle, la réalisation des *Vat. gr.* 214, *Paris. gr.* 2492 et *Savile* 51, tous descendants plus ou moins directs du *Vat. gr.* 175, montre que la Table des rois, copiée mais aussi amendée, continue de faire partie des tables ptoléméennes étudiées. J'ai également formulé l'hypothèse que le *Paris. gr.* 2399, copié dans la seconde décennie du XIVe siècle, pourrait être d'origine thessalonicienne, sur la base des filigranes et de la table géographique[25]. Tout comme le « copiste F » intervenu sur le *Plut.* 28/31, l'auteur de la version de la Table des rois contenue dans le *Paris. gr.* 2399 a eu recours au *Plut.* 28/26 ou à une très proche copie de celui-ci.

3 De l'Empire byzantin à l'Occident européen (XVe–XVIIIe siècles)

La production manuscrite de la Table des rois, que l'on retrouve dans des manuscrits astronomiques contenant les *Tables faciles*, est importante sous les premiers Paléologue jusqu'au milieu du XIVe siècle. Il s'agit de l'époque où l'astronomie de Ptolémée reçoit le plus d'attention de la part des érudits byzantins. Les ouvrages astronomiques copiés ou composés à partir de la seconde moitié du XIVe siècle se démarquent de plus en plus explicitement de l'astronomie ptoléméenne, avec une influence grandissante de l'astronomie perse. À part les travaux de Jean Chortasménos, qui s'est intéressé de près à la Table des rois au début du XVe siècle, il faut attendre le règne de Jean VIII Paléologue (1425–1448) pour que cette table soit à nouveau copiée ou complétée.

Les travaux de Jean Chortasménos

Une centaine d'années après sa copie, le *Paris. gr.* 2399 se trouve entre les mains de Jean Chortasménos. Celui-ci annote abondamment le *Petit Commentaire* de Théon et les tables qu'il contient. Il manifeste un intérêt tout particulier pour les questions de chronologie, en témoignent les nombreuses scolies de sa main dans ses manuscrits (*Paris. gr.* 2399, *Urb. gr.* 80, *Vat. gr.* 1059) ou son petit texte sur la nouvelle ère proposée par Théodore Métochitès dans le *Paris. gr.* 2399 (f. 46v).

---

[25] Certains copistes intervenus dans le *Paris. gr.* 2399 ont un style ressemblant à celui de certaines mains qui gravitent autour de Triclinius, mais je laisse à des spécialistes plus expérimentés le soin de comparer ces écritures.

Son travail sur la Table des rois consiste en l'ajout d'entrées (d'Alexis Ier à Jean V) et de diverses notes, dont une tirée de sa lecture du *Commentaire* de Stéphanos (scolie 13*). Dans le *Vat. gr.* 1059, entièrement de sa main, il présente une édition de la Table des rois dans laquelle il met en relation une chronologie biblique et la table de Ptolémée, qu'il tire du *Paris. gr.* 2399. Il ajoute un comput des années depuis la création du monde, un nouveau titre, de nouveaux en-têtes, et un texte introductif. Il dédouble aussi les entrées d'Auguste et d'Héraclius pour faciliter le travail des astronomes qui souhaitent utiliser sa table. Mossman Roueché prétend que le fait même que Chortasménos ait pris l'initiative de créer sa propre Table des rois suggère que les exemplaires qu'il avait à disposition ne produisaient pas de résultats précis[26]. Cette position n'est pas défendable. Chortasménos utilise le *Paris. gr.* 2399, un exemplaire de la Table des rois d'assez bonne qualité, et son but premier est de relier la chronologie biblique et les années depuis la Création à la liste de Ptolémée et de ses continuateurs. Son édition présente cependant les entrées d'Andronic II à Manuel II sans années de règne, laissant son travail d'édition inachevé.

Jean Chortasménos a réalisé son travail sur la Table des rois sous le règne de Manuel II (1391–1425). C'est sous le règne du même empereur qu'a été complétée la table qui a servi de modèle au *Paris. gr.* 2394 : l'ultime entrée de cette table présente cette note : Μανουὴλ ὁ υἱὸς αὐτοῦ ἐφ' οὗ τέλος γέγονε τῆς βασιλείας τῶν Ῥωμαίων καὶ τῆς εὐτυχίας αὐτῶν (« Manuel, son fils, sous le règne duquel eut lieu la fin de la royauté des Romains et de leur bonne fortune »). Cette note, qui fait écho aux évènements de la dernière décennie du XIVe siècle, clôt une période faste pour l'astronomie ptoléméenne et pour l'histoire byzantine de la Table des rois.

La Table des rois en Italie
Nous n'avons pas de traces d'une circulation de la Table des rois de Ptolémée en Europe occidentale avant l'arrivée de manuscrits grecs des *Tables faciles* en Italie à partir de la première moitié du XVe siècle. Les tables latines du *Preceptum canonis Ptolomei*, connues en France et en Angleterre entre le IXe et le XIIe siècle, ne semblent pas avoir inclus la Table des rois. Le *Ṣābi' Zīj* d'Al-Battānī devait circuler dans la péninsule ibérique au moins dans la première moitié du XIIe siècle puisqu'il a été traduit en latin par Platon de Tivoli à Barcelone et en castillan sous le règne d'Alphonse X (1252–1284). Aucun exemplaire connu de ces traductions ne présente sa table des rois, soit que le ou les exemplaires arabes du *Ṣābi' Zīj* en circulation n'aient pas contenu cette table, soit que les traducteurs n'aient pas jugé utile de l'inclure. De

---

[26] Roueché (2011, 19).

même, certains ouvrages chronographiques byzantins ont été traduits en latin dès le IXe siècle, mais sans trace de la Table des rois[27].

C'est par l'intermédiaire de Bessarion que la Table des rois a connu une première diffusion en Italie, dès le concile de Florence en 1439. La table du *Sinaiticus* 2124 qu'il a copiée est un descendant de la version λ de la Table des rois et elle est le premier exemplaire connu à être produit en Italie. En plus du *Sinaiticus*, Bessarion a été le dernier possesseur privé du *Marc. gr.* Z 315, descendant du *Leidensis* BPG 78 et légué à Venise en 1468, mais aussi du *Marc. gr.* Z 406, qui contient des notes réalisées à partir de la Table des rois. Élève de Jean Chortasménos dans les années 1416–1430 à Constantinople, il y a de fortes chances pour que Bessarion se soit familiarisé à cette occasion avec les tables de Ptolémée. Son séjour auprès de Pléthon à Mistra dans les années 1430 lui a certainement donné aussi accès à des manuscrits astronomiques. Le *Sinaiticus* vient-il d'un exemplaire ayant circulé à Mistra avant d'arriver en Italie avec la délégation byzantine du concile de Florence ? Dans tous les cas, Démétrios Trivolis, alors proche de Bessarion, le recopie à Rome au cours de la décennie 1460 (*Vindob. Phil. gr.* 140). La version λ de la Table des rois a été lue et utilisée dans les décennies 1450–1460 dans le cercle des anciens élèves de Pléthon et collaborateurs de Bessarion en Italie. Ainsi, c'est à Rome, semble-t-il, que Démétrios Kavakès s'est intéressé à la Table des rois, comme en témoignent les notes de l'*Ottob. gr.* 181 et peut-être du *Marc. gr.* Z 406. Son travail montre un intérêt historique pour la table de Ptolémée et ses brouillons semblent indiquer que son utilisation de la Table des rois n'était qu'une étape préparatoire pour une étude de plus grande ampleur. La liste du *Monac. gr.* 490, copiée par une main anonyme à partir du *Marc. gr.* Z 406, est à situer dans le même contexte.

Peu avant la chute de Constantinople, Cyriaque d'Ancône travaille sur le *Plut.* 28/26 (F) à partir de l'*Ambrosianus* H 57 sup. (A), deux splendides manuscrits qu'il a sans doute ramenés lui-même en Italie. Son activité sur la Table des rois elle-même

---

27 Anastase le Bibliothécaire a rédigé une *Chronographia tripertita* (sic) entre 870 et 875, composée essentiellement d'une traduction latine du Χρονογραφικὸν σύντομον et d'une grande partie de la chronique de Georges le Syncelle et son continuateur Théophane. Cependant, les extraits choisis par Anastase dans l'ouvrage de Georges commencent au siège de Jérusalem par Pompée, et n'incluent pas les listes dérivées de Ptolémée sur les rois babyloniens. Voir l'édition de Carl de Boor (1885). Sur le rôle joué par Anastase pour la tradition grecque de Nicéphore, Georges et Théophane, voir Montinaro (2015a). Il semble qu'Anastase ait fait tronquer la chronique de Georges et remplacé la première partie (celle contenant les listes de Ptolémée et Panodoros) par le texte de Nicéphore. Cette version « anastasienne » se retrouve aussi dans certains manuscrits grecs après lui. Sur le contexte de la réalisation de la traduction d'Anastase, voir Neil (2015) et Montinaro (2015b). Par ailleurs, la traduction en vieux-slave au début du Xe siècle d'une partie de l'ouvrage de Georges le Syncelle ne contenait pas la section antérieure à la Résurrection, voir Totomanova (2015).

est cependant relativement limitée. Il a ajouté l'ultime entrée de la table F^1 (Constantin Paléologue) et copié la table F^2, mais c'est une autre main qui a complété la table A^1 au cours de l'année 1466. C'est sans doute dans ces mêmes années 1460 que les deux exemplaires détenus par Isidore de Kiev, les *Vat. gr.* 175 et 214, ont intégré les collections papales. Le *Vat. gr.* 1059, qui contient l'édition de Chortasménos, a été ajouté à ce même fonds dans les dernières décennies du XVe siècle.

Grâce à Janus Lascaris, deux exemplaires de la Table des rois (*Plut.* 28/12 et 28/48) rejoignent l'Italie et les collections des Médicis. Les deux tables du *Plut.* 28/12 intéresseront particulièrement Lucas Holstenius qui, lors de son séjour à Florence en 1640, s'en servira pour réaliser une copie personnelle. Un troisième manuscrit passé dans les mains de Lascaris, le *Paris. gr.* 2399, a été acquis par le cardinal Ridolfi, puis par Pietro Strozzi, avant de rejoindre la bibliothèque royale de France par l'intermédiaire du legs de Catherine de Médicis. Lui aussi sera à l'origine d'une copie de la table au XVIIe siècle, celle du *Paris. gr.* 1765. Le *Paris. gr.* 2497, acheté à Venise en 1508 par Andreas Coner, a également rejoint la bibliothèque royale par l'intermédiaire de Ridolfi, Strozzi puis Catherine de Médicis.

Au cours du XVIe siècle, plusieurs personnages importants vont contribuer à la diffusion de la Table des rois. Antoine Éparque, originaire de Corfou, a pu trouver dans la bibliothèque familiale le *Paris. gr.* 2492. C'est probablement dans ce lieu que le *Cromwell* 12 a été réalisé au début des années 1530, en partie à partir du *Paris. gr.* 2492. Ce dernier sera offert à François Ier par Éparque après sa fuite de Corfou et son arrivée à Venise, par l'intermédiaire de Guillaume Pellicier. Le même Pellicier, ambassadeur à Venise entre 1539 et 1542, a acquis le *Budapestinensis*, copie vraisemblablement romaine du *Vat. gr.* 175 ; ce manuscrit restera en France jusqu'au début du XIXe siècle avant de rejoindre la Hongrie. Le *Cromwell* 12, quant à lui, se trouvait en Angleterre avant le milieu du XVIIe siècle.

Si Venise a donc joué un rôle important dans la circulation des manuscrits de la Table des rois au XVIe siècle, avec Antoine Éparque, Guillaume Pellicier et Andreas Coner, c'est à Padoue que se déroule l'évènement-clé pour l'histoire moderne de la Table des rois. Lors d'un voyage à travers l'Europe commencé en 1578, Henry Savile, jeune érudit du Merton College d'Oxford, se rend en 1581 à Padoue, où il est en contact avec Gian Vincenzo Pinelli. Ce dernier possède une des plus belles bibliothèques privées d'Italie dans la seconde moitié du XVIe siècle, qu'il met régulièrement à la disposition de savants et de lecteurs venus de toute l'Europe. Dans la bibliothèque de Pinelli, Savile fait copier de nombreux textes astronomiques, dont les *Tables faciles* avec la Table des rois, à partir de l'*Ambros.* H 57 sup. Cette copie (aujourd'hui *Savile* 2) a été réalisée par Camillo Zanetti et elle est rapportée par Savile en 1582 à Oxford. Savile possédait également un autre manuscrit (*Savile* 51) contenant des tables astronomiques, dont la Table des rois, mais on ignore la façon dont il a acquis ce codex, réalisé au XIVe siècle. Les manuscrits de Savile sont appelés à jouer un rôle important dans la diffusion de la Table des rois au cours des siècles qui suivent.

Les derniers exemplaires arrivés en Occident
C'est à la fin des années 1620 que le *Leidensis* BPG 78, manuscrit si important pour l'histoire des *Tables faciles*, est finalement rapporté de Constantinople à Leyde par Jacob Golius (1596–1667), au retour d'un voyage de plusieurs années au Proche-Orient.

À cette date, presque tous les manuscrits connus de la Table des rois produits dans l'Empire byzantin se trouvent dans les bibliothèques d'Europe occidentale[28]. La seule exception connue est le *Paris. gr.* 2394, copié en 1733. Au début de son règne, Louis XV finance plusieurs missions scientifiques en Orient, c'est-à-dire essentiellement dans l'Empire ottoman, dans le but de compléter les collections royales de manuscrits, médailles et inscriptions. L'abbé Bignon, bibliothécaire du roi, se montre particulièrement actif dans la recherche de manuscrits grecs et orientaux. Choisis personnellement par celui-ci, les abbés Sevin et Fourmont, membres de l'Académie des inscriptions et belles-lettres, arrivent à Constantinople en décembre 1728 avec pour mission d'acquérir ou de faire copier les manuscrits intéressants qu'ils trouveraient dans la capitale et dans le Levant[29]. L'objectif premier était la bibliothèque du Sérail mais, les espoirs étant rapidement refroidis, l'attention se porte très vite sur la bibliothèque de Nicolas Mavrocordato, prince de Valachie. Cette bibliothèque a alors la réputation d'être l'une des plus riches de son époque, grâce à de nombreuses acquisitions personnelles de manuscrits à Constantinople et « dans tous les coins et recoins de la Grèce[30]. » D'intenses négociations ont alors lieu, secondées par le marquis de Villeneuve, ambassadeur auprès de la Sublime Porte, durant toute l'année 1729. Le prince de Valachie meurt en septembre 1730, les discussions reprennent avec son fils. La vente pure et simple de bibliothèque n'est pas envisageable, mais par l'intermédiaire d'un Grec nommé Draco Suczo, Villeneuve parvient à grand peine à faire copier une douzaine de manuscrits entre 1733 et 1738 dans cette bibliothèque. Parmi les premiers volumes envoyés par

---
28 Le *Sinaiticus gr.* 2124, copié à Florence vers 1439, est parti pour le monastère Sainte-Catherine du Sinaï à une date inconnue.
29 La mission de Sevin et Fourmont, ainsi que les recherches entreprises par le marquis de Villeneuve, peuvent être retracées assez précisément grâce à leur correspondance en grande partie publiée par Omont (1902, 433–700).
30 Comme le rapporte Sevin dans une lettre de 1729 adressée au comte de Caylus, voir Omont (1902, 477). Au cours d'un voyage en France en 1717–1718, Nicolas Mavrocordato, prince de Valachie, avait été reçu par l'Académie des inscriptions et belles-lettres, où il était en contact avec l'abbé Bignon, voir Omont (1902, 385).

bateau en France en octobre 1734 se trouve un gros codex astronomique contenant les *Tables faciles* avec la Table des rois : le *Paris. gr.* 2394. Le modèle qui a servi à la copie de cette table présentait un dernier ajout réalisé sous le règne de Manuel II. Avec le *Paris. gr.* 2399, il sera utilisé pour la seconde édition de la table imprimée à Paris par Halma en 1819.

De Savile à Scaliger

C'est grâce aux efforts de Sir Henry Savile (1549–1622) que les *Tables faciles*, dont la Table des rois, sont introduites en Angleterre à la fin du XVIe siècle, à partir d'un manuscrit grec se trouvant alors à Padoue. Il n'a pas ramené d'Italie cet ouvrage de Ptolémée par hasard. En 1570, à l'âge de vingt-et-un ans, Savile reçoit son diplôme de *magister* du Merton College d'Oxford et présente à cette occasion une traduction latine de l'*Almageste* et des commentaires de Théon et Nicolas Cabasilas[31]. Dans les années qui suivent, ses cours à Oxford sur l'*Almageste* et les notes qu'il a laissées dans son exemplaire personnel témoignent de son intérêt pour la question chronologique chez Ptolémée[32]. Son séjour italien des années 1581–1582 lui permet de rapporter en Angleterre de nombreux manuscrits scientifiques, dont le *Savile* 2, copié pour lui à Padoue chez Gian Vincenzo Pinelli. À son retour, Savile ne publie pas d'édition ni de traduction de la Table des rois ou des *Tables faciles* dans leur ensemble[33]. Cependant, il fait réaliser une copie du *Savile* 2 (*Auct.* F. 1. 2) qu'il donne en 1609 à la bibliothèque de son université puis, en 1620, il offre ses deux exemplaires personnels (*Savile* 2 et 51) aux chaires d'astronomie et de géométrie qu'il vient tout juste de créer.

Dans le contexte scientifique de la fin du XVIe siècle, un document comme la Table des rois de Ptolémée, rapporté en Angleterre dès 1582, aurait dû susciter un intérêt beaucoup plus précoce. La question du comput pascal et l'adoption sous le pontificat de Grégoire XIII (1572–1585) de la réforme du calendrier julien ont mis sur le devant de la scène des questions de chronologie et d'astronomie dès la seconde moitié du XVIe siècle. En particulier dans l'Europe protestante se développe un intérêt pour l'étude comparée des chronologies tirées de la Bible et des

---

[31] Les manuscrits *Savile* 26, 27 et 28 présentent le travail de Savile sur l'*Almageste* et ses commentateurs, avant 1570.

[32] Grafton (1993, 120–121) ; voir par exemple les notes chronologiques laissées dans le *Savile* 31 f. 12v.

[33] La seule mention des *Tables faciles* par Savile que j'aie pu trouver se trouve dans ses leçons sur Euclide – Savile (1621, 39) – lorsqu'il énumère les ouvrages de Ptolémée : « Nam libri περὶ φάσεων καὶ ἐπισημασιῶν τῶν ἀπλανῶν extant apud me Græce, & elegantissimus de hypothesibus Planetarum libellus, & ejusdem canones πρόχειροι, faciles, expediti, ex dono meo extant in Bibliotheca communi Universitatis. » Le manuscrit évoqué, contenant les *Tables faciles* et les *Hypothèses des planètes*, est soit le *Savile* 2 soit l'*Auct.* F. 1. 2.

informations chronologiques présentes dans l'*Almageste*, dont une édition imprimée est parue à Bâle en 1538[34]. Nicolas Copernic (1473–1543), Johann Funck (1518–1566), Erasmus Reinhold (1511–1553) ou encore Gerhard Mercator (1512–1594), parmi d'autres, s'intéressent à cette question[35] – mais leur seule porte d'accès aux informations sur les rois babyloniens chez Ptolémée était l'*Almageste*.

C'est d'abord par l'intermédiaire de Georges le Syncelle que la Table des rois de Ptolémée a été lue, de manière indirecte. En décembre 1601, après d'intenses recherches, Jacques Auguste de Thou (1593–1617), maître de la librairie du roi de France, et Isaac Casaubon (1559–1614) parviennent à identifier un exemplaire grec de Georges le Syncelle et le font parvenir à Scaliger (1540–1609), résidant alors dans les Provinces-Unies, à Leyde[36]. Scaliger y cherchait avant tout le texte grec, perdu, d'Eusèbe de Césarée. Il avait néanmoins déjà étudié l'*Almageste*, où il avait puisé des informations historiques comme les dates d'éclipses à l'époque babylonienne et perse[37]. Pour la rédaction de son *Thesaurus temporum*, publié en 1606, il s'intéresse donc aux deux listes données par Georges le Syncelle[38]. Scaliger est d'abord suspicieux, puisque les deux listes affichent des incohérences – et pour cause – avec certaines données de l'*Almageste*. C'est la section de Saosduchinos (Šamaš-šuma-ukin) à Nabonide, très différente chez Georges le Syncelle et Ptolémée, qui pose le plus de problèmes, en particulier les années de Nabopolassar[39]. Scaliger n'est pas clair sur ce qu'il pense être l'origine des listes qu'il a sous les yeux. Il parle de façon très générale d'un « canon mathematicus regum Babyloniæ a Nabonassaro », mais ne le fait pas remonter explicitement à Ptolémée ou à sa Table des rois ; il présente la liste dite astronomique de Georges le Syncelle comme « d'après les astrologues » (« secundum genethliacos »), la seconde comme tirée d'une tradition ecclésiastique

---

34 Camerarius et Grynaeus (1538).
35 Grafton (1993, 124–133).
36 Ce manuscrit, aujourd'hui *Paris. gr.* 1711 (XIe siècle, voir Ronconi [2010]), se trouvait dans la collection de Catherine de Médicis acquise par la bibliothèque royale en 1594. Casaubon avait déjà eu entre les mains un exemplaire de Georges le Syncelle au début des années 1580, mais il avait ensuite vendu ce manuscrit à Sylburg ; voir Grafton (1993, 536–540). Casaubon, qui s'est également intéressé à Georges le Syncelle, n'a pas fait grand cas des listes tirées de Ptolémée ; voir Grafton (1993, 683).
37 Pfeiffer (1976 ; 117–118) ; Grafton (1993, 558–559).
38 La pagination du *Thesaurus temporum* est un peu complexe, chaque partie présentant une pagination propre. Pour les références, je donne le titre de la partie et le numéro de la page.
39 Scaliger est embarrassé par Nabopolassar, dont le règne est mentionné dans l'*Almageste*, mais dont les années comptées depuis Nabonassar chez Georges le Syncelle ne correspondent pas au témoignage de Ptolémée. Scaliger (1606), *Isagogicorum chronologiae canonum* p. 284 : « Cætera in medio miseris modis deformata. Quid enim contaminatius esse potest, quam initio Nabopollassari, quod iste canon statuit anno Nabonassari 104, Ptolemæus autem 123 ? Nam ne in eo erratum esse quis suspicetur, cautum est observatione defectionis lunaris, quæ ab astronomis eius æui notata est anno quinto Nabopollassari, 127 Nabonassari. » Le passage de Ptolémée en question est tiré de l'*Almageste* (V.14).

(« secundum ecclesiasticos »)⁴⁰. Il décide néanmoins d'inclure dans son édition grecque d'Eusèbe de Césarée une transcription de la liste dite astronomique⁴¹ et inclut dans ses *Isagogici* une discussion plus détaillée sur la question⁴². Il y présente sous forme d'un tableau une traduction – assez mauvaise⁴³ – des deux listes transmises par Georges le Syncelle ainsi qu'une troisième version de ce qu'il pense être le comput correct (« ex probabili coniectura »). Contrairement à Georges le Syncelle, Scaliger comprend que les neuf années attribuées à Cyrus correspondent à son règne babylonien à partir de sa victoire sur Nabonide. Il concentre ses corrections sur les interrègnes, dont les durées sont, pour lui, davantage prédisposées à être corrompues⁴⁴ et il se sert de Bérose pour amender largement la liste⁴⁵. Johannes Kepler (1571–1630) est l'un des premiers lecteurs du *Thesaurus temporum*. Dans une longue lettre qu'il adresse à Scaliger depuis Prague en octobre 1607, Kepler revient sur le problème des années de Nabopolassar et les corrections proposées par Scaliger⁴⁶. Son approche est différente. Il pense qu'il y a dans le texte de l'*Almageste* une erreur de Ptolémée lui-même sur l'équivalence entre la cinquième année de Nabopolassar et la 127ᵉ année de Nabonassar. Kepler souhaite faire entièrement confiance à la liste dite astronomique telle que Georges le Syncelle l'a transmise⁴⁷.

---

40 Scaliger (1606), *Isagogicorum chronologiae canonum*, p. 284.
41 Scaliger (1606), Τῶν χρονικῶν κανόνων Παντοδαπῆς ἱστορίας Εὐσεβίου τοῦ Παμφίλου τὰ σῳζόμενα, p. 46, sous le titre Τὰ ἀπὸ Ναβονασάρου ἔτη τοῦ καὶ Σαλμανασὰρ βασιλέως Χαλδαίων, ἕως Ἀλεξάνδρου τοῦ κτίστου τελευτῆς κατὰ τὸν ἀστρονομικὸν κανόνα.
42 Scaliger (1606), *Isagogicorum chronologiae canonum*, pp. 284–286.
43 Le texte de Georges le Syncelle dans le *Paris. gr.* 1711 présente un certain nombre de corruptions dans les noms des rois qui, ajoutées aux difficultés de lectures et à certains choix de Scaliger, rendent la traduction plutôt médiocre ; par exemple *Nassius* pour Ναβίου, *Diluloeus* pour Ἰλουλαίου (Scaliger a visiblement traduit à partir de « δ´ Ἰλουλαίου » où δ est simplement le nombre quatre, ce roi étant le quatrième de la liste), *Nesnoemondacus* pour Νεσνοιμορδάκου (Μεσησιμορδάκου), etc.
44 Scaliger (1606), *Isagogicorum chronologiae canonum*, p. 284 : « In omni regum serie, si interregna intercesserint, & error in temporum ratione commissus sit, quanuis in annis regum peccari posse concedimus, plus tamen in interuallis propter seditiones, & rerum perturbationem, quam in Regum annis, errari necesse est. Quare quum in hoc Canone duo sint interregna, maiorem partem errorum in ea deriuandam esse putauimus. Ideo quæ deesse videbantur usque ad initium Nabopollassari, in illis ea suppleuimus. » Scaliger s'arrange ainsi pour que la cinquième année de Nabopolassar corresponde à nouveau avec l'année 127 de Nabonassar, comme dans l'*Almageste* (V.14).
45 Dans la seconde édition du *Thesaurus temporum*, corrigée par Scaliger lui-même mais imprimée en 1658, plusieurs décennies après sa mort, sa liste « ex probabili coniectura » est davantage amendée, avec l'ajout d'un troisième interrègne avant Cyrus et une entrée pour Labarosordachos (Lābāši-Marduk) avant Nabonide, voir Scaliger (1658), *Isagogicorum chronologiae canonum*, p. 291.
46 La lettre est éditée par Caspar (1954, 63–71).
47 Ptolémée aurait, selon Kepler, confondu deux éclipses différentes, l'une ayant eu lieu la cinquième année de Nabopolassar (Nabonassar 109), l'autre la troisième année de Nabokolassar (Nabonassar 127). Voir Grafton (1993, 725–727).

La diffusion des manuscrits de Savile ; John Rainolds, James Ussher

Dans la foulée de la publication du *De emendatione temporum* en 1583, puis du *Thesaurus temporum* de Scaliger en 1606, une importante littérature sur la chronologie, notamment biblique, voit le jour. C'est dans ce contexte que le manuscrit de la Table des rois rapporté par Savile en 1582 est amené à jouer un rôle important dans la renommée de cette table et sa diffusion croissante à partir de la première décennie du XVIIe siècle. Rendu célèbre par ses conférences sur la *Rhétorique* d'Aristote, John Rainolds (1549–1607) a donné à partir de 1588 une série de leçons au Queen's College d'Oxford, très suivies, sur les livres apocryphes de l'Ancien Testament[48]. Au cours de ces leçons, Rainolds cite et utilise à plusieurs reprises la Table des rois de Ptolémée[49], avec l'*Almageste* et d'autres sources classiques, à propos de chronologie biblique. Dans cette série de leçons, publiée en 1611, Rainolds range Ptolémée parmi les historiens et le considère comme une autorité de grande valeur sur la chronologie babylonienne[50]. C'est sans doute la publication des lectures de Rainolds qui a suscité l'intérêt de James Ussher (1581–1656), théologien du Trinity College de Dublin, pour la Table des rois. Comme il l'explique dans une lettre datée du 16 août 1619, adressée à Thomas Lydiat :

> En attendant, je vous envoie le Canon des rois de Ptolémée, si souvent cité par le Dr Rainolds dans ses conférences : une copie que j'ai reçue de l'évêque Overal, récemment décédé, transcrite par M. Rich. Mountague à partir du manuscrit de Sir Henry Savile des πρόχειροι κανόνες. Dans le même volume se trouve aussi [un commentaire de] Théon sur ces canons, à partir duquel Sir Henry Savile lui-même m'a envoyé certaines notes *De ratione anni Alexandrini*[51].

John Overall (1559–1619), doyen de Saint-Paul de Londres à partir de 1602, puis évêque de Coventry et Lichfield de 1614 à 1618, a joué un rôle non négligeable dans la diffusion de la Table des rois dans les îles Britanniques, mais aussi sur le continent puisque c'est lui qui est indirectement à l'origine de l'édition imprimée de Calvisius. Dans les années 1610, Ussher a donc récupéré une copie de la Table des rois issue d'un des manuscrits de Savile (*Savile* 2 ou *Auct*. F. 1. 2), grâce à Richard Montagu (1577–1641), qui a été l'assistant de Savile à Eton. James Ussher et Thomas Lydiat (1572–1646), spécialiste de chronologie et critique de Scaliger, échangent à plusieurs reprises sur la table de Ptolémée entre 1616 et 1619, en particulier à propos des

---

[48] Pour une courte biographie de Rainolds, voir Feingold (2004).
[49] Rainolds (1611, 732, 805, 807–808, 836, etc.).
[50] Par exemple, Rainolds (1611, 816) : « Refragratur einm consensus historicorum & chronographorum omnium, non modo saniorum Ptolomæi, Berosi, Megasthenis, &c. sed etiam corruptiorum Metasthenis Anniani, & Annij sectatorum, qui primum ponunt Nabuchodonosorum longe recentiorem etc. » ; Rainolds (1611, 1435) : « quod Ptolomaeus scriptor accuratissimus in Canone regnorum ait, Cyrus regnasse annos novem post Babylonios debellatos. »
[51] Lettre éditée par Erlington (1847, 146–150). Ma traduction.

années de règne des souverains achéménides.⁵². Lydiat met occasionnellement à profit sa lecture de la Table des rois dans ses *Canones chronologici*, publiés après sa mort en 1675⁵³. Ussher, quant à lui, étudie précisément la Table des rois, mais aussi le *Manuel* des *Tables faciles* inclus dans le manuscrit de Savile⁵⁴. Il semble qu'Ussher soit le premier moderne à identifier le texte du *Manuel* comme l'introduction aux *Tables faciles* rédigée par Ptolémée lui-même. Dans ses *Annales*, publiées en 1650 et 1654, Ussher cite abondamment la Table des rois, dont il reprend toutes les années de règne de Nabonassar à Nabopolassar ainsi que des souverains lagides⁵⁵. Il utilise son exemplaire personnel de la table, mais aussi l'édition imprimée de Denis Pétau. Au moment de la publication de la dernière partie de ses *Annales*, Ussher écrit à Thomas Barlow (ca. 1608-1691), directeur de la bibliothèque bodléienne, afin de vérifier certaines des leçons de son manuscrit de la Table des rois, notamment l'entrée d'Alexandre IV. La réponse de Barlow est la suivante :

> Quant à la quatrième question, celle de savoir si c'est Ἀλεξάνδρου Αἴγου, ou ἄλλου, j'ai consulté deux manuscrits actuellement sous ma garde, et ce sont de très bons manuscrits ; dans le premier, qui est le plus ancien, dans le Κανὼν Βασιλέων, sous le titre de Ἑλλήνων Βασιλεῖς, on lit ainsi : 1. Ἀλεξάνδρου τοῦ μακεδόνος. 2. Φιλίππου Ἀριδαίου. 3. Ἀλεξάνδρου ἄγου.
>
> Ainsi est-il écrit dans le manuscrit, où ἄγου est manifestement ἄλλου. Car 1° Il écrit de cette manière ἐπιβάλλει, ἐπιβάγει, dans le manuscrit ; et ἐκβάλλοντες, ἐκβάγοντες dans le manuscrit. 2° Et dans le même Κανῶν Βασιλέων page 55 des rois d'Égypte, ayant nommé un Ptolémée Évergète, puis d'autres Ptolémées, φιλοπάτωρ, ἐπιφανὴς, φιλομήτωρ suivent immédiatement, et ensuite après eux un autre Ptolémée Évergète, de cette manière : Πτολομαίου Εὐεργέτου ἄγου, c'est-à-dire, ἄλλου. Ainsi, page 231, ἄλλα s'écrit ainsi : ἄγά. 3° Et dans les autres manuscrits, qui sont postérieurs, il est écrit distinctement, Ἀλεξάνδρου ἄλλου, et Πτολομαίου Εὐεργέτου ἄλλου. De sorte que je pense qu'il est hors de doute qu'il faut lire Ἀλεξάνδρου ἄλλου, et non Αἴγου⁵⁶.

L'hésitation d'Ussher vient de la ligature particulière pour la double consonne « λλ » utilisée par Camillo Zanetti, et qui a manifestement posé problème à certains des lecteurs du *Savile* 2. La copie de ce manuscrit utilisée par Calvisius pour son

---

52 Voir Erlington (1847, 98, 120-123, 146-150).
53 Lydiat (1675, 14, 25-26, 75, 84).
54 Ussher (1650a, 474) : « Ptolemaeus Alexandrinus in regum canone annos Alexandri, quem (in praefatione προχειροι κανονες, quorum pars est canon iste) Alexandrinorum more τον Κτιστην sive conditorem suum nominat, deducit. » Ussher (1650b, 20-21) : « atque ab illius Thoth initio stellarum omnium epochas in προχειροι κανονων της αστρονομιας libro nondum edito deducit Ptolemæus ; de quo ita ille, in præfatione ad Syrum : Συνεσταθησαν αι εποχαι παντων [... cf. Ptolémée, *Manuel* 160.20-23]. »
55 Ussher (1650a, 137-173) ; Ussher (1650b, 130-131, 163, 173, 198, 239, 460).
56 Lettre datée du 28 septembre 1655, éditée par Erlington (1847, 303-305). Ma traduction.

édition de 1620⁵⁷, reprise par Pétau en 1634, a donné la leçon Αἴγου pour ἄλλου chez ces deux auteurs. Plus précisément, ce sont les copies du *Savile* 2 diffusées par John Overall, et utilisées de manière indépendante par Calvisius et Ussher, qui sont à l'origine de la variante Αἴγου. Ussher, contrairement à Calvisius, a manifestement eu un doute sur la bonne leçon à adopter.

Jacob Golius

Au milieu du XVIIᵉ siècle, Jacob Golius (1596–1667) met à profit le manuscrit des *Tables faciles* qu'il a lui-même ramené de Constantinople à la fin des années 1620, le *Leidensis* BPG 78. Golius est spécialiste d'astronomie ancienne, de mathématiques et connaît le grec et l'arabe. Il est notamment l'auteur d'une édition, avec traduction latine et commentaires, des *Éléments d'astronomie* d'Al-Farghānī (IXᵉ siècle) publiée en 1669 à Amsterdam après sa mort. Au début de son ouvrage, Al-Farghānī traite brièvement des différentes ères utilisées par les astronomes arabes, perses, syriaques et grecs. Golius note à cette occasion qu'il ne faut pas penser que l'ère séleucide, désignée parfois comme « années d'Alexandre » chez certains auteurs, commence au règne d'Alexandre le Grand :

> Plerique autem ipsorum, & cum iis Arabes multi, propter ea, quæ supra dixi, ab ipso Alexandri imperio æram hanc consurrexisse putant. [...] Huic [sc. Philippo Aridaeo] septem annis post successit Alexander alter uti in Canone regnorum Ptolemæus tradit. Unde etiam dubitatio mihi subinde incidit, an non æra hæc ab altero illo Alexandro, nempe imperii ejus anno quinto, deducta fuerit, & postea ob nominis convenientiam Alexandro Magno imputata⁵⁸.

> Mais la plupart d'entre eux, et avec eux beaucoup d'Arabes, à cause de ce que j'ai dit plus haut, pensent que cette époque est née du règne d'Alexandre lui-même. [...] Un second Alexandre lui succéda [sc. à Philippe Arrhidée] sept ans plus tard, comme le rapporte Ptolémée dans le Canon des règnes. De là, je viens souvent à me demander si cette ère ne fut pas initiée par ce second Alexandre, certainement dans la cinquième année de son règne, et ensuite attribuée à Alexandre le Grand à cause du nom qu'ils ont en commun.

Et plus loin à propos de l'ère de Philippe :

> Ptolemæus in Canonio regnorum Aridæum Alexandro immediate subjungit, nullo interposito interregni spacio⁵⁹.

> Ptolémée, dans le Canon des règnes, fait suivre Arrhidée directement à Alexandre, sans période intermédiaire d'interrègne.

---

57 Voir pp. 271–273.
58 Golius (1669, 57).
59 Golius (1669, 59).

Par ailleurs, Golius revient sur l'hypothèse selon laquelle Théon d'Alexandrie serait le véritable auteur des *Tables faciles*. L'association de Théon avec ces tables ou *a minima* une édition de celles-ci se retrouve à diverses époques, chez Théodore Métochitès et des auteurs de langue arabe[60]. Lorsqu'Al-Farghānī mentionne le canon ou les tables (*zīj*) de Ptolémée, Golius précise :

> Haud dubium est, quin Autor faciles illos & expeditos canones designet, qui κανόνες πρόχειροι inscripti sunt. Quos quidem ipsius Ptolemæi esse, præclarus vir Henricus Savilius, & alii, qui eos habuere, arbitrati sunt. Exemplar quod Constantinopoli ego advexi, cum præfationis capite mutilum sit, minus facere ejus rei fidem potest. In eosdem canones scripsit Theo Alexandrinus, quantum ad eorum intelligentiam & usum requiri videbatur. Ideoque ipse a multis habetur eorundem autor[61].

> Il n'y a aucun doute que l'auteur [*sc*. Al-Farghānī] désigne ces canons faciles et prêts à l'emploi qui sont intitulés κανόνες πρόχειροι. Henry Savile, homme illustre, et d'autres qui les connaissent, pensaient qu'ils étaient de Ptolémée lui-même. L'exemplaire que j'ai rapporté de Constantinople, puisqu'il est amputé du début de la préface, peut rendre ce fait moins crédible. Théon l'Alexandrin a écrit sur les mêmes canons, autant qu'il semblait nécessaire à leur compréhension et à leur utilisation. Et par conséquent, il est lui-même considéré par beaucoup comme leur auteur.

Jacob Golius est, semble-t-il, l'un des premiers savants européens à commenter un ouvrage d'astronomie arabe en ayant recours à la Table des rois de Ptolémée, pour justifier et éclairer certains aspects de chronologie historique. Il cite et décrit précisément la table en accordant une grande importance à l'évidence manuscrite et n'a plus besoin de recourir, comme Scaliger, aux listes de rois transmises par Georges le Syncelle. Jacob Christmann, qui avait publié une traduction des *Éléments d'astronomies* d'Al-Farghānī quelques décennies auparavant (1590), avec un très ample commentaire de la section chronologique, ne s'était basé que sur l'*Almageste* pour comprendre le système chronologique utilisé par Ptolémée.

---

[60] Van Dalen (2021, 3).
[61] Golius (1669, 59).

Chapitre 6
Les éditions imprimées

La fin du XVIe et le début du XVIIe siècle sont un moment crucial en Europe pour l'astronomie ptoléméenne et le système géocentrique, en particulier avec la promotion des idées coperniciennes en Italie par Galilée (1564–1642). Ptolémée et Aristote sont au cœur de controverses profondes entre astronomes, philosophes et théologiens. Contrairement à l'*Almageste*, les *Tables faciles* semblent susciter un intérêt très limité chez les savants européens. Ce n'est pas le cas pour la Table des rois. Dans une Europe qui s'enfonce dans les conflits de la guerre de Trente Ans, et où les travaux chronologiques de Scaliger donnent naissance à de vives controverses et de très nombreuses publications, le premier quart du XVIIe siècle marque un tournant dans l'étude de la Table des rois : Henry Savile fait don de deux exemplaires de la table à la bibliothèque des chaires d'astronomie et de mathématiques nouvellement créées à Oxford ; par l'intermédiaire de John Overall, des copies du manuscrit de Savile circulent dans les îles Britanniques et sur le continent ; trois éditions imprimées voient alors le jour en Angleterre et en Allemagne en 1619 et 1620 ; Jacob Golius rapporte le *Leidensis* BPG 78 de Constantinople. Ce sont d'abord les spécialistes de chronologie, dans le sillage des travaux de Scaliger, qui s'emparent de la Table des rois dans ce premier quart du XVIIe siècle. Le développement des études européennes sur la Mésopotamie antique au XIXe siècle assure ensuite à la Table des rois, en particulier la section des rois de Babylone, une vaste diffusion et un rôle de premier plan[1].

Calvisius (Francfort-sur-l'Oder, 1620)

Dans un courrier daté du 30 mai 1613, Abraham Scultetus (1566–1625), conseiller de Frédéric V, comte palatin du Rhin, envoie une copie de la Table des rois à Sethus Calvisius (1556–1615), *Thomaskantor* de Leipzig, également astronome et historien. Calvisius avait alors déjà publié la première édition de son *Opus chronologicum* à

---

[1] Dans ce chapitre seront exposées les principales publications où l'on peut trouver une édition ou une transcription en grec, complète ou partielle, de la Table des rois. Il n'est pas possible de traiter ici de chaque savant ayant lu, commenté, utilisé cette table. À titre d'exemple, et pour se limiter à des auteurs de langue française ayant travaillé sur ce texte, on peut citer Louis Ferrand (1679, 80–82 et 128–141) et Alphonse Des Vignoles (1738, 325–605), qui mettent en regard la table de Ptolémée et la chronologie biblique ; les travaux de François Clément sur la chronologie des rois babyloniens, publiés après sa mort dans la série multi-rééditée de *L'Art de vérifier les dates des faits historiques* (voir Saint-Allais [1819, 356–364]) ; ces travaux seront repris presque *in extenso* par Ferdinand Hoefer (1852, 409–411). Félicien de Saulcy (1851) a recours directement à la Table des rois du *Parisinus gr.* 2399 pour son étude d'histoire babylonienne.

Leipzig en 1605. Il avait aussi échangé avec Kepler de 1607 à 1610 sur des sujets de chronologie, notamment à propos de la liste des rois babyloniens publiée par Scaliger – échange au cours duquel Calvisius avait défendu l'*Almageste* et, par ricochet, Scaliger[2]. La découverte d'une copie de la Table des rois, transmise en dehors de l'ouvrage de Georges le Syncelle, dont les données chiffrées s'accordent avec l'*Almageste*, avait donc tout pour susciter l'enthousiasme de Calvisius. C'est dans la seconde édition corrigée de son *Opus chronologicum* – publiée en 1620 à Francfort-sur-l'Oder après la mort de Calvisius – que se trouve l'édition du texte grec de la table, de Nabonassar à Antonin, réalisée à partir de la copie transmise par Scultetus. Ce dernier était entré en possession d'une copie de la Table des rois grâce à John Overall (1559–1619), doyen de Saint-Paul de Londres[3], à l'occasion du mariage de Frédéric V avec Élisabeth d'Angleterre en février 1613. Calvisius présente cette table comme un « canonem mathematicum Ptolomæi integrum & incorruptum ex manuscripto exemplari Ptolomæi[4] ». La copie qui lui a été transmise est très certainement tirée du *Savile* 2, exemplaire des *Tables faciles* qui se trouvait à Oxford : le titre (κανὼν βασιλειῶν), les titres des colonnes, les rubriques de l'édition de Calvisius sont identiques à ceux du *Savile* 2, et leurs textes sont, à quelques erreurs de lecture ou d'imprimerie près, identiques[5]. Calvisius précise que le manuscrit dont est tirée la copie contient les *Hypothèses des planètes* de Ptolémée (« ex manuscripto libro Græco Claudij Ptolomæi continente hypotheses Planomενων [sic] »)[6]. Le *Savile* 2 commence en effet par ce texte.

L'édition de Calvisius est régulièrement citée et utilisée tout au long des XVIIe et XVIIIe siècles, et au-delà[7]. Le copiste du *Savile* 2, Camillo Zanetti, utilise volontiers une forme particulière de ligature pour la double consonne « λλ ». Celle de l'entrée Ἀλεξάνδρου ἄλλου a donné la leçon Ἀλεξάνδρου Αἴγου de l'édition de Calvisius. Cette erreur de lecture est à l'origine du nom « Alexandre Aigos » donné parfois au fils d'Alexandre le Grand. Ce nom a été repris par Pétau (1636), puis dans un certain nombre d'ouvrages et de publications jusqu'à une date récente[8]. L'*Auct* F. 1. 2, copie

---

[2] Hammer (1953, 270–271 et 414–419).
[3] Calvisius (1620, 75). Voir aussi Des Vignoles (1738, 349).
[4] Calvisius (1620, 75).
[5] Par exemple : περσῶν βαβιλειῶν Calv., περσῶν βασιλεῖς Sa.
[6] Calvisius (1620, 75).
[7] L'édition présentée par Justus Heinrich Jungmann (1613–1701) reprend celle de Calvisius, à côté de la table éditée par Scaliger, voir Jungmann (1681, 673–678). Cory (1832, 82–84) reproduit aussi l'édition de Calvisius, avec une traduction anglaise.
[8] Voir par exemple Wiliam Smith (éd.), *Dictionary of Greek and Roman Biography and Mythology* (1844, 111 et 122) ; Budge (1902, 166) ; ou plus récemment Cohen-Skalli (2020, 350 *et passim*). On trouve le nom « Alexandre II Aegos » dans une demi-douzaine de fiches sur des objets du Département des antiquités égyptienne sur le site internet du musée du Louvre.

très fidèle du *Savile* 2 mais parfaitement claire à cet endroit, n'aurait pas pu mener à une telle méprise. En 1655, James Ussher, dont la copie contenait aussi la leçon Ἀΐγου, écrit au directeur de la bibliothèque bodléienne, Thomas Barlow, afin de vérifier cette entrée. Barlow confirme que cette ligature « λλ » peut-être lue comme un gamma mais que la bonne leçon est, selon lui, ἄλλου[9].

Behm (Francfort-sur-le-Main, 1619)

Avant même la publication de la seconde édition de l'*Opus chronologicum*, Calvisius avait fait parvenir une copie de la table à Johann Behm (1578–1648), professeur de théologie à Königsberg et ancien élève de Calvisius à Leipzig. Sans préciser l'origine de sa source, Behm publie une édition du texte de grec de la table, de Nabonassar à Antonin, assortie d'une traduction latine, à partir de la même copie que Calvisius, comme l'indique la mention « ex manuscripto libro Græco Claudii Ptolomæi, continente Hypotheses Phænomenων [sic] » qui introduit la table. Cette édition est insérée, sans véritable introduction ou discussion, dans un ouvrage de chronologie que Behm a fait imprimer à Francfort-sur-le-Main en 1619[10]. L'édition grecque et surtout la traduction latine de Behm sont particulièrement mauvaises[11].

Bainbridge (Londres, 1620)

L'année de la publication de la seconde édition de Calvisius paraît à Londres une édition du texte grec de la Table des rois par John Bainbridge (1583–1643). Depuis 1619, Bainbridge est le premier titulaire de la chaire d'astronomie créée par Henry Savile à l'université d'Oxford et il ne manque pas de rappeler le rôle important de ce dernier dans la promotion des études ptoléméennes en Angleterre[12]. En 1620, il publie une édition du *Traité de la sphère* de Proclus, des *Hypothèses des planètes* et de la Table des rois de Ptolémée, avec traductions latines. Son édition de la Table des rois est tirée du *Savile* 2 ou de son apographe (*Auct.* F. 1. 2) et comprend les règnes de Nabonassar à Théodose Ier. Pour Bainbridge, la table de Nabonassar à

---

9 Voir p. 268.
10 Behm (1619, 259–260). La préface est cependant datée du 1er septembre 1617.
11 Behm prend les mentions des deux interrègnes (ἀβασιλεύτου) pour des noms de rois ; il traduit « Ἀλεξάνδρου μακ. » (le nom est également abrégé chez Calvisius) par *Alexandri beati*, ayant compris μακ(αρίου) ; il édite « Ἀλεξάνδρου ἀήου » pour ἄλλου et traduit *Alexandri Aei* ; il édite « Νέρου α » pour Νέρουα et traduit – logiquement – par *Neri primi*.
12 Bainbridge (1620, dédicace) : « Nam ut caeteras praeteream disciplinas, pulcherrimas illas, olimque Regias Mathematicas a pulvere & sepulcro excitavit clarissimus vir D. *Henricus Savilius* Dom. mihi plurimum honorandus. »

Antonin est de Ptolémée, tandis que la suite jusqu'à Théodose Ier doit être attribuée à Théon d'Alexandrie, comme il le précise dans sa préface[13].

Pétau (Paris, 1634 et 1636)

Denis Pétau (1583–1652) a réalisé une première édition de la Table des rois, de Nabonassar à Antonin, avec traduction latine, publiée en 1634 à la fin de la seconde édition des *Rationarium temporum*[14]. Pétau ne donne pas la source du texte grec qu'il a utilisé, mais celui-ci partage de nombreuses caractéristiques avec le texte édité par Johann Behm (1619) et Sethus Calvisius (1620)[15]. Pour la troisième édition de ses *Rationarium temporum*[16], publiée à Paris en 1636, Pétau a collationné son texte avec un manuscrit de la bibliothèque royale. Il note en marge une dizaine de variantes et modifie l'organisation et l'intitulé de la rubrique des rois macédoniens[17]. Ce manuscrit grec *vetustus* est sans aucun doute le *Parisinus gr.* 2497, dont on sait qu'il a rejoint les fonds de la bibliothèque royale en 1594 avec la collection de Catherine de Médicis[18]. Cette seconde édition de la Table des rois est repro-

---

13 Bainbridge (1620, *lectori candido*) : « His tandem adjunximus aureum illum ex pulcherrimo κανόνων προχείρων volumine M.S. desumptum Regnorum Canonem, in motibus cœlestibus ad antiqua illa sæcula supputandis (ut χρονολογίαν prætereṃ) pernecessarium. Quo ad Antonini Pij regnum usus est ipse Ptolemæus. Reliquum a Theone (Ptolemæi interprete) additum fuisse mihi valde persuadeo. »

14 Pétau (1634).

15 Χωζίρου (Behm, Pétau) Χινζίρου (Calv.) ; Απροναδίου (Behm, Pétau), Απρωναδίου (Calv.) ; Σαοσδουχήου (Behm, Pétau, Calv.) ; Ιλουαροδάμου (Behm, Pétau, Calv.) ; Αλεξάνδρου μακ. (Behm, Pétau, Calv.) ; Αλεξάνδρου Αἴγου (Pétau, Calv.), Αλεξάνδρου ἀήου (Behm). Les titres des rubriques sont également identiques.

16 Pétau (1636).

17 Pétau (1636, 301) : « hunc porro ex Græco codice vetusto Bibliothecæ regiæ nonnihil hac editione castigauimus, variantes itidem aliquot Lectiones ad marginem adscripsimus. In tertia serie Græcorum regum editiones aliorum, & quæhanc antecessit Rationarij nostri secunda, istud lemma præfigunt Ἑλλήνων Βασιλεῖς, tum Alexandrum cum duobus reliquis ei subjiciunt. At codex ille Regius Alexandrum Persicis regibus adscribit. quod hic amplexi sumus, cum eo, quem ibidem reperimus, titulo. »

18 On note les deux variantes Λαβοπολασσάρου et Λαβοκολασσάρου du *Paris. gr.* 2497 (K), reprises par Pétau. Plusieurs variantes données par Pétau s'expliquent par une mauvaise lecture du manuscrit, dont l'écriture n'est pas très soignée : Πύρου (Pétau) / Πόρου (K, le premier ο peut se lire comme un υ), Μεσησσιμορσάκου (Pétau) / Μεσησσημορδάκου (K, le δ est très penché et peut se lire comme un σ), Κινιλασάδου (Pétau) / Κινιλαδανου (K, *idem*), Ιαλοαροσάμου (Pétau) / Ἰλλοαροδάμου (K, le premier λ ressemble à un α). La rubrique ajoutée par Pétau (ἔτη βασιλέων τῶν μετὰ τὴν Ἀλέξανδρου τοῦ βασιλέως τελευτήν) est placée en titre de la table dans le *Paris. gr.* 2497 (f. 74v). Enfin, l'entrée choisie par Pétau pour Philippe Arrhidée (Φιλίππου τοῦ μετ' Ἀλέξανδρον τὸν κτίστην) est également celle du *Paris. gr.* 2497.

duite dans les réimpressions successives des *Rationarium temporum* (Paris 1641, Mayence 1646, Paris 1652, Francfort-sur-le-Main 1664, etc.).

Dodwell (Oxford, 1684)

La première édition critique de la Table des rois, basée sur plusieurs exemplaires manuscrits dépendant de différentes branches de la tradition, est à mettre au crédit de l'Irlandais Henry Dodwell (1641–1711). Ce dernier consacre de longs développements à différentes listes de rois et d'empereurs, à Ptolémée et à Théon d'Alexandrie dans son *Appendix* aux *Dissertationes Cyprianicæ*, imprimées à Oxford en 1684[19]. Il discute du titre de la table et de ses rubriques et mentionne les travaux de Scaliger, Bainbridge et Pétau[20].

La description par Dodwell des documents qu'il a eu à disposition est assez embrouillée. Vu le texte qu'il édite, il a suivi essentiellement le texte du *Savile* 2, manuscrit qui était alors de longue date à Oxford[21]. De plus, il utilise un apographe du *Savile* 2 qui était en possession de James Ussher[22], dont il dit mettre à profit les notes qu'Ussher a laissées dans la marge (« in notis ad suum apographum marginalibus »)[23]. Outre ces manuscrits, Dodwell a utilisé une copie qu'il nomme *secundum savilianum* et note *S. 2* – à ne pas confondre, donc, avec notre *Savile* 2. Il s'agit d'un exemplaire de la Table des rois communiqué à Dodwell par John Wallis (1616–1703), alors titulaire de la chaire savilienne de géométrie à Oxford[24]. Il semble que

---

[19] Dodwell (1684). La préface est datée du 8 avril 1682.
[20] Dodwell (1684, 34).
[21] Dodwell appelle ce manuscrit *Savilianum* et son texte correspond exactement au *Savile* 2. Il précise aussi que ce codex contient les *fasti Theoniani* (c'est-à-dire la Table des consuls), ce qui est bien le cas du *Savile* 2, voir Dodwell (1684, 33). Dodwell rapporte plusieurs variantes propres au *Savile* 2 (comme la série de corrections dans les années cumulées de Michel VI, Théodora, Isaac Ier et Constantin X) absentes de son apographe, l'*Auct.* F. 1. 2. Contrairement à ce dernier, qui donne une leçon aberrante pour les années depuis Nabonassar pour Ptolémée Philométor (« ροκ »), le *Savile* 2 comporte une correction à cet endroit (« ροη »), leçon qui est reprise par Dodwell.
[22] Ce « manuscriptum Usserianum » (Dodwell [1684, 82]) est sans doute la copie personnelle de James Ussher, réalisée à partir du *Savile* 2 dans les années 1610, voir p. 267. Les archives de James Ussher, avec sa collection de manuscrits, ont rejoint à sa mort en 1656 les fonds de la bibliothèque du Trinity College de Dublin, où Dodwell a étudié jusqu'en 1666. Dans les *Catalogi librorum manuscriptorum Angliae et Hiberniae* de 1697, on trouve, sous le n° 318 de la bibliothèque du Trinity College de Dublin, un codex contenant des textes d'Ussher ainsi qu'un « canon regum astronomicus » qui est peut-être ce manuscrit auquel se réfère Dodwell. Je n'ai pas retrouvé la trace de ce manuscrit de Dublin.
[23] Dodwell (1684, 83). En réalité, Dodwell ne rapporte qu'une de ces notes dans l'apparat critique (« ambigua haec vel emendata in autographo Savilii ») à propos des corrections dans les années cumulées de Michel VI à Constantin X, en l'attribuant par erreur à Wallis.
[24] Dodwell (1684, 82).

le document que Dodwell avait sous les yeux ait été une copie du manuscrit en question faite par Wallis, puisqu'il rapporte cette note dans l'apparat critique : « de hoc codice ita *Wallisius* : *nomina ejus rubris literis pene fugientibus scripta, numeri atris & clarioribus*[25]. » Ce manuscrit savilien, dont l'encre rouge est presque effacée et qui contient la Table des rois de Philippe à Léon VI avec les noms au nominatif[26], est sans aucun doute l'actuel *Savile* 51, manuscrit que Henry Savile a donné à la bibliothèque bodléienne en 1620. Ce dernier présente les mêmes valeurs numériques que le manuscrit utilisé par Dodwell (en particulier les vingt-sept années attribuées au règne de Philippe Arrhidée), mais aussi les deux gloses qu'il n'a pas su déchiffrer : « λῆλα » (« quid sibi velit nescio, sed puto eum innuere novae epochae initium ») et « CψGβ λειπ » (« quid sibi priores illae notae velint, plane nescio. Postrema innuit, ni fallor, hic λείπειν, sive deficere priorem illam epocham Philippi, inde novam esse Diocletiani inchoandam »)[27]. Enfin, Dodwell avait à disposition un apographe réalisé par Isaac Vossius (1618–1689) d'un manuscrit contenant deux exemplaires de la Table des rois ainsi que des Fastes consulaires, qui est sans aucun doute le *Leidensis* BPG 78. Isaac Vossius a certainement connu ce manuscrit à Leyde (où il avait été rapporté par Jacob Golius) et a emmené avec lui en Angleterre, où il résidait depuis 1670, un apographe de ce manuscrit ou, du moins, des tables qu'il contient. Les leçons notées *Voss. 1* dans l'apparat critique de Dodwell correspondent à la première table du *Leidensis* (ff. 54r–55r = H¹), les leçons *Voss. 2* à la seconde (ff. 64r–65v = H²)[28].

À côté de ces témoins manuscrits – les deux *Savile*, l'apographe d'Ussher et les deux tables de l'apographe de Vossius – Dodwell met aussi à contribution dans son apparat critique l'*Almageste* de Ptolémée, Censorinus, Clément d'Alexandrie, Georges le Syncelle ainsi que les éditions de Scaliger, Pétau et Bainbridge.

---

[25] Dodwell (1684, 96).
[26] Dodwell (1684, 82–83, 88).
[27] Dodwell (1684, 89, 92).
[28] Dodwell (1684, 83) : « Cl. *Is. Vossii* Apographa duo e MSS. duobus. Primum *Heraclii* Imperatoris fuisse putamus, secundum ex eodem, a recentiori tamen Autore concinnatum. » Dodwell parle de deux apographes réalisés par Vossius à partir de deux manuscrits, mais il s'agit simplement des deux exemplaires de la table contenus dans le *Leidensis*. Van der Hagen pensait que cet apographe pouvait peut-être se trouver dans le *Voss.* Q° 44, qui était alors en Angleterre avant de rejoindre Leyde (Van der Hagen [1735, 120–121]). D'après la description de De Meyier (1955, 152–154), il n'y a pas de table chronologique dans ce codex.

Johannes van der Hagen (Amsterdam, 1735)

Johannes *ab Indagine* ou van der Hagen est l'auteur d'une ample dissertation sur la table des rois, parue à Amsterdam en 1735[29]. L'auteur discute du témoignage de Georges le Syncelle, compare dans le détail les éditions de Calvisius, Bainbridge, Pétau, Dodwell, leurs textes comme leurs bases manuscrites respectives. Somme érudite considérable, son travail représente, à son époque, la contribution la plus importante à l'histoire textuelle et manuscrite de la Table des rois. Il intègre à son ouvrage une édition diplomatique des deux tables du *Leidensis* BPG 78 avec une abondante introduction et des notes explicatives[30]. Quelques années après cette parution, Johann Semler (1725–1791), dans une longue dissertation sur la Table des rois, qui reprend les travaux de Calvisius, Behm, Bainbridge, Pétau et Dodwell, reproduit à l'identique l'édition de van der Hagen[31], avec une édition des deux tables de Georges le Syncelle et l'édition de Scaliger de la première de ces tables[32].

Nicolas Halma (Paris, 1813, 1819 et 1822)

L'abbé Nicolas Halma (1755–1828), conservateur à la bibliothèque Sainte-Geneviève depuis 1816, est l'auteur de trois éditions de la Table des rois. La première est placée en tête de son édition de l'*Almageste*, accompagnée d'une traduction, publiée en 1813[33]. Elle contient les rois de Nabonassar à Antonin le Pieux. Halma présente cette table sous le titre « Table chronologique des rois » et précise qu'il l'extrait « du manuscrit grec n° 2399 de la bibliothèque impériale de Paris, du *Rationum* [sic] *temporum* du P. Pétau, des *Diss[ertationes] Cypr[ianicæ]* de Dodwell, des *Observ[ationes] in Theonis Fastos græcos priores*, de *Calvisius* et de *Bainbridge*[34]. » Il s'agit d'une édition éclectique, sans apparat critique, mais dont les choix philologiques sont – vu son auteur, de manière surprenante – plutôt convenables, malgré quelques difficultés à lire le *Paris. gr.* 2399. L'abbé Halma a ensuite réalisé une édition de la Table des rois continuée jusqu'à la chute de Constantinople, qu'il publie en 1819[35]. Il a recours à deux manuscrits parisiens, les *Paris. gr.* 2394 et *Paris. gr.* 2399[36], dans lesquels il pioche alternativement certaines leçons, tout en

---

29 Van der Hagen (1735).
30 Van der Hagen (1735, 335–371).
31 Semler (1750, 239–246).
32 Semler (1750, 250–252).
33 Halma (1813, LXX–LXXI). Pour l'organisation, assez obscure, des différentes publications de l'abbé Halma sur Ptolémée et Théon, on se reportera à l'annexe très utile d'Anne Tihon (2011, 76–83).
34 Halma (1813, LXX). *Observationes in Theonis fastos græcos priores* est le titre de l'ouvrage de Van der Hagen (1735).
35 Halma (1819, 3–6).
36 Halma (1819, VI). Halma cite le *Paris. gr.* 2394 en lui attribuant le numéro 2364.

ayant visiblement recours aux éditions précédentes. Le texte grec n'est accompagné d'aucun apparat critique, mais est flanqué d'une traduction en français. Les deux manuscrits parisiens ont une écriture particulièrement malaisée à lire, mais l'abbé Halma n'est pas réputé pour être un philologue très soigneux, d'où de nombreuses leçons douteuses[37] et certains choix pour le moins déconcertants. L'un de ces choix concerne le problème épineux de la période qui s'étend de l'abdication de Dioclétien au début du règne de Constantin Ier. L'abbé Halma écrit : « Le manuscrit 2394, van der Hagen et Dodwell ne donnent au règne entier de Constantin Ier que 29 ans, à savoir : 4 comme payen, et 25 comme chrétien ; mais il régna 30 ans pleins[38]. » Il corrige donc les vingt-cinq ans de Constantin « chrétien » en vingt-six ans – en fait, il laisse κε (25) dans le texte grec – et modifie en conséquence les années cumulées. Malheureusement, le *Paris. gr.* 2394 (r^1), qui lui sert ici de modèle, contient une erreur bien plus lourde que Halma n'a pas vue : le modèle dont descend r^1 en dernier lieu attribuait vingt années à Dioclétien (années de Philippe 608–627) et vingt-neuf à Constantin (Philippe 628–656) ; or il manque ainsi quatre années entre ces deux règnes, d'où l'ajout, déjà dans le modèle direct de r^1, d'une entrée libellée « Κωνσταντῖνος » avec quatre années entre Dioclétien et Constantin Ier. Le problème, dans le manuscrit, vient de la colonne des années de Philippe, qui n'a pas été modifiée en conséquence et où les quatre années n'ont jamais été ajoutées. Malgré la correction apportée par Halma, il reste un décalage de trois ans dans la colonne des années de Philippe. Entre autres curiosités, Halma édite « Γαλήρου » et traduit par « Galère » le nom de l'empereur Gallien ; après l'année de règne d'Alexandre, le frère de Léon VI, Halma donne six ans à Constantin VII, puis vingt-six ans à Romain Lecapène, suivi immédiatement de dix-huit ans pour Romain II ; il attribue onze ans pour les règnes conjoints de Théodora et du « vieux Michel » (c'est-à-dire Michel VI), qui ont pourtant régné respectivement un an et demi et un an ; il regroupe dans une entrée commune « Eudocie, Romain, Michel Ducas » et leur alloue dix ans. La fin de la table, à partir d'Alexis Ier, est surtout tirée du *Paris. gr.* 2399, qui donne les noms au nominatif à partir de Théodore Lascaris. Halma complète ensuite lui-même jusqu'à Constantin Paléologue « ὑφ' οὗ πολις ἑαλω ἡ Κωνσταντίνου » (sic). Tant bien que mal, il fait arriver sa table à l'année 1777 de Philippe soit 1452/1453 AD. En 1822, l'abbé Halma publie une nouvelle fois la Table des rois[39]. Il reprend son édition de 1819, dont il améliore un peu le texte et modifie

---

[37] On note, entre autres : « τοῦ Παφλαγόνου », « τοῦ Δυσλόγου », « τοῦ Ἀρμένου », « Βατάξης » et un mélange de Κονσταντίνου et Κωνσταντίνου, ou encore Αντονίνου et Αντωνίνου.
[38] Halma (1819, 6).
[39] Halma (1822, 139–143).

quelques entrées⁴⁰, mais ne rétablit pas le génitif pour la fin de la table et laisse intact l'ensemble des valeurs numériques. Il ajoute en revanche une « variante » de la Table des rois, qui va de Philippe Arrhidée à la fin du règne d'Héraclius. Il s'agit d'une table bien curieuse : les noms sont certes tous mis au nominatif, mais les « variantes » concernent des éléments sans aucune importance⁴¹ et les valeurs numériques sont les mêmes que son édition de 1819. Aucun témoin manuscrit connu de la table ne s'arrête à la fin du règne d'Héraclius. Les éditions de Nicolas Halma, aussi imparfaites soient-elles, ont servi tout au long du XIXᵉ siècle, à la fois chez les spécialistes de chronologie⁴² et les assyriologues⁴³, mais aussi chez certains éditeurs ou traducteurs de chroniques⁴⁴.

Schrader (Berlin, 1887) et Wachsmuth (Leipzig, 1895)

Eberhard Schrader (1836–1908), assyriologue, présente d'une part une édition grecque de la Table des rois, de Nabonassar à Nabonide, basée sur le texte de Nicolas Halma (1819), à laquelle il accole les variantes du *Paris. gr.* 2399 (grâce à une collation d'Henri Omont) et de Georges le Syncelle (dans l'édition de Dindorf). D'autre part, à côté de cette édition, Schrader présente un tableau de concordance de la Table des rois, de la Liste A des rois babyloniens et de Bérose⁴⁵. Il considère que la Table des rois et le témoignage de Bérose sont la preuve qu'il existait des listes babyloniennes de souverains avec la durée de leur règne⁴⁶. Dans une seconde contribution, Schrader compare cette fois l'édition de Halma, de Nabonassar à

---

40 Outre quelques corrections de ο en ω et une amélioration nette de l'accentuation, il change les formules σὺν τῷ υἱῷ pour Nicéphore Iᵉʳ et Michel Iᵉʳ en καὶ τοῦ υἱοῦ αὐτοῦ, et σὺν τῇ μητρὶ en καὶ τῆς μητρὸς αὐτοῦ pour Michel III. Il corrige aussi τοῦ Ἰσαυρικοῦ en Ἰσαύρου et supprime le surnom τοῦ δυσλόγου de Michel II.
41 Il supprime ἄλλου après Alexandre IV de Macédoine, supprime encore les mentions πρώτου et δευτέρου pour Évergète Iᵉʳ et II et ajoute seulement ἄλλος pour le second ; il ajoute καὶ Περτίναξ à l'entrée de Commode, et supprime le surnom τοῦ Μακέλη de Léon Iᵉʳ.
42 C'est à partir de cette édition que Ludwig Ideler (1825, 111–114) présente une traduction allemande de la Table des rois, de Nabonassar à Dioclétien, dans son manuel de chronologie. Au-delà de Dioclétien, la Table « commence à devenir non fiable », d'après lui. La traduction d'Ideler sera à son tour largement utilisée, voir Cornwall Lewis (1862, 404) ou encore Kubitschek (1928, 61–63).
43 Rogers (1912, 239) reprend de Halma (1819) la liste de Nabonassar à Nabonide avec les noms grecs et les durées de règne, assortis de la transcription des noms babyloniens et des années av. J.-C. du début de chaque règne. Pinches (1884) utilise l'édition de Halma pour mettre en regard les formes grecques de Ptolémée et les noms des rois de la Chronique néo-babylonienne. Voir aussi les emprunts de Schrader (1887a).
44 Par exemple Delaporte (1910, 30) dans sa traduction de la *Chronographie* d'Élie de Nisibe.
45 Schrader (1887a, 587–594, 606–607).
46 Schrader (1887a, 579).

Darius III, avec le texte syriaque de la chronique d'Élie de Nisibe[47]. Il compare aussi ces deux sources avec les variantes que lui a transmises Curt Wachsmuth et qu'il dit tirées du « Cod. Laurentianus plut. 28 Nr. 26[48] ». D'après Wachsmuth, qui dit tenir ses informations d'Hermann Usener, il s'agit d'un manuscrit en onciales dont la table est prolongée jusqu'à Léon VI, sans ses années de règne. Cependant, ce manuscrit ne peut pas être le *Plut.* 28/26, dont la partie en onciales ne contient pas la liste de Nabonassar à Alexandre le Grand. Les variantes rapportées par Schrader correspondent plutôt à la table H² du *Leidensis* BPG 78, sans qu'il n'y ait une correspondance exacte[49]. Il y a manifestement eu un problème de communication entre Usener, Wachsmuth et Schrader.

Cette curieuse présentation est reprise quelques années plus tard par Curt Wachsmuth (1837–1905), philologue et professeur d'histoire à l'université de Leipzig. Il publie en 1895 une *Einleitung in das Studium der alten Geschichte*. Dans cette présentation détaillée des sources sur l'histoire de l'antiquité, il consacre quelques pages à la Table des rois en se basant sur l'édition de Schrader. Wachsmuth donne une édition grecque de la table de Nabonassar à Antonin le Pieux, la première partie de celle-ci jusqu'à Darius étant accompagnée d'un apparat critique. Celle-ci repose sur les leçons du fameux « cod. Laurent. 28, 26 fol. 39 », décrit dans les mêmes termes que Schrader – et qui ne peut pas être le *Plut.* 28/26 – avec les variantes du *Paris. gr.* 2399 (puisées dans l'édition de Schrader, qui lui-même utilisait une collation faite par Henri Omont), de Georges le Syncelle et d'Élie de Nisibe (tous deux visiblement empruntés directement à Schrader)[50]. Wachsmuth ajoute, à partir de Philippe Arrhidée, une colonne supplémentaire (en grec) avec les années depuis Nabonassar et, à partir d'Auguste, une autre colonne avec les années de l'ère d'Auguste. L'ensemble donne l'impression que la table, avec ces quatrième et cinquième colonnes, se trouve telle quelle dans les manuscrits, ce qui n'est pas le cas[51]. Tout comme l'édition de Schrader[52], celle de Wachsmuth aura un certain succès

---

[47] Schrader (1887b).
[48] Schrader (1887b, 949).
[49] Schrader (1887b, 950) donne les variantes suivantes : ΝΑΒΟΝΑϹΑΡΟΥ, ΠΟΡΟΥ, ΑΒΑϹΙΛΕΥΤΑ [sic], ΜΕϹΧϹΗΜΟΡΔΑΚΟΥ, ΑΒΑϹΙΛΕΥΤΑ [sic], ΚΙΝΗΛΑΔΑΝΟΥ. ΝΑΒΟΠΟΛΑϹΑΡΟΥ, ΝΑΒΟΚΟΛΑϹΑΡΟΥ, ΝΙΡΙΓΑϹΟΛΑϹϹΑΡΟΥ.
[50] Wachsmuth (1895, 304–306).
[51] Cette mise en page trompeuse est reprise par Bickerman (1980, 109–111). L'édition de Bickerman sera ensuite utilisée par Evans (1998, 176–177), dont la présentation de la Table des rois est ainsi fautive sur de nombreux points.
[52] C'est sur le texte de Schrader (1887b) que Ginzel (1906, 139) base son édition du texte grec. L'édition de Ginzel sera à son tour utilisée par Pedersen (2011, 126–127).

dans les publications liées à la chronologie babylonienne et à l'Égypte lagide[53]. Elle est notamment utilisée et citée par Auguste Bouché-Leclercq dans son *Histoire des Lagides*, qui déplore cependant que « ce célèbre Canon des Rois, œuvre de mathématiciens qui n'ont voulu emprunter à l'histoire de des étiquettes, » n'apporte pas les précisions historiques espérées sur la succession et les durées exactes de chaque règne[54].

Usener (Berlin, 1898)

Le tome XIII des *Monumenta Germaniae Historica*, édité par Theodor Mommsen, est consacré aux chroniques mineures des IVe, V^e, VIe et VIIe siècles, dont les ouvrages de Gildas le Sage, Bède le Vénérable, l'*Historia Brittonum* et diverses listes de consuls, d'empereurs, de rois vandals, wisigoths et alains. Dans ce tome, la présentation des « listes des rois et empereurs rédigées par les astronomes alexandrins et continuées à Constantinople » a été confiée à Hermann Usener (1834–1905)[55]. Pour Usener, Ptolémée est surtout l'éditeur de la Table des rois, document qu'Hipparque avait déjà utilisé à son époque, et que d'autres éditeurs après Ptolémée ont continué, en particulier Théon[56]. Il s'intéresse principalement aux deux tables du *Leidensis* BPG 78, qu'il appelle respectivement *laterculus Heraclianus* (= H^1) et *laterculus Leoninus* (= H^2), à la première table du *Plut.* 28/26 (F^1), qu'il appelle *laterculus acephalus*, mais également à la seconde table de ce dernier (F^2). Pour Usener, le *laterculus Heraclianus* représente la version transmise par les tables de Théon et continuée par Stéphanos d'Alexandrie ; le *laterculus Leoninus* est une édition différente de cette même table, mais de meilleure qualité (comme l'indique la scolie 43*) et continuée par un autre éditeur[57]. Il mentionne d'autres témoins manuscrits, notamment les deux *Savile*, la table de Chortasménos dans le *Vat. gr.* 1059, et le *Vat. gr.* 214[58]. L'étude d'Usener est substantielle, à la fois sur le plan de l'histoire manuscrite et

---

53 L'édition de Wachsmuth (1895) est utilisée par Schmidtke (1952, 98–99) avec celle de Ginzel (1906), et reprise par Grayson (1983, 101). Brinkman (1962, 85 et 1968) travaille à partir des publications de Wachsmuth et Schmidtke, mais cite aussi Bainbridge (1620). Bickerman (1980, 109–111) reprend aussi l'édition de Wachsmuth.
54 Bouché-Leclercq (1904, 379–380). L'auteur reprend le texte grec, avec les années de Philippe Arrhidée à Cléopâtre.
55 Usener (1898a, 438) : « laterculi regum et imperatorum ab astronomis alexandrinis conditi et constantinopoli continuati. »
56 Usener (1898a, 438) : « canon qui dicitur mathematicus aut astronomicus […] iam Hipparcho usitatus, a Claudio Ptolemaeo, deinde Pappo, porro Theone ad sua tempora deductus, denique a viris doctis Byzantinae aetatis continuatus. »
57 Usener (1898a, 438).
58 Usener (1898a, 438–439).

textuelle, et sur celui des principes de construction de la table. Parmi les questions historiques et scientifiques posées par la Table des rois, rares sont celles qui n'ont pas fait l'objet d'une remarque, souvent judicieuse, de la part d'Usener. Comme ses prédécesseurs, il discute les témoignages de Clément d'Alexandrie, Panodoros avec Georges le Syncelle, et les éditions de Scaliger, Dodwell, Calvisius, Pétau et Van der Hagen[59]. Usener considère que la Table, telle qu'elle a été transmise par les différents témoins, est plutôt digne de foi jusqu'à Dioclétien, mais que la qualité de celle-ci baisse à partir de cet empereur[60]. Il publie également une édition des tables H^1 (*Laterculus Heraclianus in Phoca desinens*), H^2 (*Laterculus Leoninus in Michaele I desinens*) et F^1 (*Laterculus acephalus ad Leonem VI deductus*) avec, pour la première fois, une édition de toutes les scolies se trouvant autour des trois tables en question. Usener, semble-t-il, n'avait pas connaissance du *Vat. gr.* 1291, que Franz Boll a mis en lumière seulement en 1899[61].

En 2011, Anne Tihon publie la première édition critique d'une partie des *Tables faciles* : il s'agit de la Table des ascensions de la sphère droite (A1), de celle des ascensions obliques pour les sept climats (A2), et des ascensions obliques pour le climat de Byzance (B1). Son édition se base sur une étude minutieuse des manuscrits en onciales des *Tables faciles* ainsi que sur les résultats rassemblés depuis les éditions du *Petit Commentaire* de Théon d'Alexandrie, ouvrage dont l'histoire textuelle est étroitement liée à celle des *Tables faciles*. Cette étude d'Anne Tihon a posé les fondements indispensables à l'étude des *Tables faciles* et de leur histoire textuelle. Dans le tome dédié à la traduction des tables A1, A2 et B1, Raymond Mercier présente un commentaire sur les calendriers et les ères chronologiques utilisées par Ptolémée, ses prédécesseurs et ses lecteurs, qui permet de mettre en perspective la création et la diffusion de la Table des rois. Il présente aussi une transcription de la partie de la table qui va de Nabonassar à Auguste, à partir de l'édition de Usener de la première table du *Leidensis* BPG 78 (= H^1)[62]. Les noms des rois sont en grec et traduits, les années de règne et les années cumulées sont transcrites directement en numération moderne.

---

[59] Usener cite aussi la transcription de la table F^1 ainsi que les notes et la traduction latine publiées à Florence en 1749 par Giovanni Lami (1697–1770) à partir d'une copie du *Pluteus* réalisée par l'abbé Romolo Cirillo Martini. Voir Lami (1749, col. 385–390, 401–404).
[60] Usener (1898a, 443).
[61] Boll (1899).
[62] Mercier (2011, 65–68).

Conclusion générale

Anthony Grafton présentait la Table des rois de Ptolémée comme le document le plus important peut-être pour établir la chronologie de l'histoire ancienne[1]. Au début du XVIIe siècle, Sethus Calvisius, après en avoir obtenu la copie à partir d'un manuscrit grec, écrivait : « cette table est plus précieuse que tout l'or, et si elle avait été connue plus tôt, la science chronologique aurait été bien meilleure[2] ». Au-delà des superlatifs, qui tiennent parfois du lieu commun, la Table des rois a été abondamment utilisée par les historiens européens depuis quatre siècles, tout en continuant à faire l'objet de malentendus sur sa nature et son histoire.

Dresser des listes de souverains est une pratique millénaire, attestée en Mésopotamie et en Égypte depuis la plus haute antiquité, et qui rejoint trois des activités fondamentales de l'historien : compiler des sources, prolonger un récit, dater des évènements. Ces listes peuvent être mises au service d'une propagande royale ou d'un récit historique, qu'il soit national ou à prétention universelle. Ptolémée, lui, est astronome et travaille à partir d'une conception du temps qui n'est pas celle de l'historien. Il est l'héritier de la science astronomique babylonienne et, afin d'exploiter de manière assurée les rapports d'observations de ses prédécesseurs et d'établir une origine chronologique pertinente pour ses tables astronomiques, il lui faut un comput précis des années écoulées depuis ses sources les plus anciennes. L'établissement d'un cadre chronologique large et cohérent est consubstantiel au développement de l'astronomie grecque, en particulier à partir d'Hipparque. Une liste de rois de Babylone, avec leurs années de règne, faisait sans doute partie de la documentation que les Grecs de l'époque hellénistique avaient héritée des Babyloniens. Plus de trois siècles après Hipparque, Ptolémée innove en faisant du règne de Nabonassar (Nabû-nāṣir) le point de départ d'une chronologie continue des années au service de l'astronomie. Il est vraisemblable que des listes semblables à la table de Ptolémée ont circulé avant lui, mais seule la version (ré)élaborée par lui a survécu. La succession des souverains dans sa Table des rois est d'une autre nature que le récit livré par les chroniques et listes babyloniennes, égyptiennes, grecques ou romaines. L'unique but de Ptolémée est que chaque année égyptienne entière, c'est-à-dire composée de 365 jours exactement, soit comptée. Le plus simple pour y parvenir est d'attribuer chacune d'elle à un souverain : d'abord babylonien jusqu'à Nabonide (Nabû-na'id), puis achéménide jusqu'à Darius III, enfin lagide

---

[1] Grafton (1993, 116) : It [sc. Ptolemy's *Canon*] is perhaps the most important single document for establishing the chronology of ancient history. »
[2] Calvisius (1620, 76) : « hic canon omni auro pretiosior est, et si dudum innotuisset, res chronologicae multo melius se haberent […]. »

jusqu'à Cléopâtre et romain jusqu'à l'époque de la composition de l'*Almageste* et des *Tables faciles* – non par souci d'ancrer chaque souverain, chaque règne même bref, chaque usurpateur ou roi autoproclamé dans une chronologie absolue, ni d'insérer son comput dans un récit historique théorisant ou matérialisant une *translatio imperii*, mais simplement parce que cette succession est celle qu'il juge la plus pratique et la plus fiable pour compter les années. Ptolémée vit dans un monde où dater des documents grâce à l'année de règne en cours n'a rien d'exceptionnel, mais penser qu'il a fait œuvre d'historien serait un contresens.

Ptolémée a inséré sa Table des rois non pas dans l'*Almageste* – qui est avant tout un traité théorique – ni dans un traité de chronologie autonome, mais dans ses *Tables faciles*, destinées à la pratique concrète des calculs astronomiques. Cette table, comme toutes celles de sa collection, était dès l'origine vouée à être révisée et actualisée. Pourtant, la postérité de la Table des rois n'a pas vraiment été celle que Ptolémée avait envisagée. La Table des rois a eu plusieurs vies, et sa transmission – pour résumer de façon très schématique – a emprunté deux chemins : celui des astronomes et des manuscrits grecs de la collection des *Tables faciles* et celui, plus indirect peut-être, mais sans doute plus foisonnant, des historiens grecs, syriaques et arabes.

Tous les manuscrits grecs des *Tables faciles* ne contiennent pas la Table des rois, mais tous les exemplaires de cette table copiés avant le milieu du XVe siècle se trouvent dans des codex astronomiques. L'étude des manuscrits grecs a montré une certaine homogénéité dans la tradition manuscrite de la table rédigée par Ptolémée, malgré l'existence dès l'Antiquité tardive de différentes branches de transmission. Le texte des manuscrits est également conforme aux informations données par Ptolémée dans l'*Almageste*. Cette situation nous permet d'envisager que l'édition présentée ici n'est peut-être pas très éloignée du texte original de son auteur. Rédigée à Alexandrie, la Table des rois a d'abord circulé, avec l'ensemble des *Tables faciles*, chez les héritiers directs de l'astronomie alexandrine. L'arrivée de cet ouvrage à Constantinople, d'où proviennent les plus anciens exemplaires connus, n'est pas datée avec certitude. La capitale byzantine ainsi que Thessalonique se révèlent être les centres les plus actifs dans la diffusion des *Tables faciles* à l'époque tardo-byzantine. À partir du second tiers du XVe siècle, les manuscrits grecs contenant la Table des rois, produits dans l'empire, ont progressivement rejoint les grandes bibliothèques privées italiennes puis celles du reste de l'Europe. Les *Tables faciles* avaient connu une première diffusion dans l'Europe médiévale latine grâce aux tables du *Preceptum canonis Ptolomei*, mais nous n'avons pas de trace en latin de la Table des rois à proprement parler. Contrairement à l'*Almageste*, connu en Occident grâce à des traductions latines dès le XIIe siècle, la Table des rois a dû attendre l'arrivée de manuscrits grecs des *Tables faciles* en Italie au XVe siècle pour acquérir une diffusion notable auprès d'un lectorat occidental.

La Table des rois a été prolongée pendant des siècles après Ptolémée. Sauf pour de rares exceptions, ces continuateurs, qui ont œuvré dans la partie orientale de l'Empire romain, restent pour nous anonymes. Théon d'Alexandrie, héritier de Ptolémée dans la seconde moitié du IVe siècle, mentionne la table et l'utilise. Une scolie à l'*Almageste* et un ajout au *Petit Commentaire* de Théon montrent qu'elle est connue dans les milieux scientifiques alexandrins de l'Antiquité tardive. La production manuscrite de la fin du IXe et du début du Xe siècle à Constantinople se manifeste par plusieurs exemplaires très luxueux, et le renouveau de l'astronomie ptoléméenne dans l'Empire byzantin à partir de la fin du XIIIe siècle entraîne une multiplication des manuscrits des *Tables faciles*. On observe la création d'éditions nouvelles de la Table des rois à partir de plusieurs exemplaires différents. Trois éditions ont été réalisées dans la première moitié du XIVe siècle : celle du *Parisinus gr.* 2497, sans doute par Phocas Choumnos ; celle dont dépendent le *Pluteus* 28/48 et le *Sinaiticus gr.* 2124 ; et celle de l'*Ambrosianus* H 57 sup. Jean Chortasménos, au début du XVe siècle, compose aussi sa propre édition de la table. Les manuscrits des *Tables faciles* sont donc toujours copiés, leur contenu étudié et en partie revu, et la Table des rois prolongée, mais cette dernière, dès la fin de l'Antiquité, développe un rapport ambivalent avec les astronomes. La Table des rois est connue des astronomes qui lisent les *Tables faciles*, mais elle semble petit à petit délaissée. Les héritiers scientifiques de Ptolémée la mentionnent très peu et développent d'autres outils pour compter les années. Ptolémée donnait dans l'*Almageste* un certain nombre de repères chronologiques, notamment le nombre d'années depuis la mort d'Alexandre jusqu'à son époque. Avec la mise au point et l'utilisation massive de l'ère byzantine, associée à d'autres jalons comme le règne de Dioclétien et, plus tard, l'Incarnation ou la mort du Christ, les astronomes peuvent se repérer dans le temps sans avoir un recours direct à la Table des rois. De bons connaisseurs des *Tables faciles*, comme Stéphanos au début du VIIe siècle ou Théodore Métochitès au début du XIVe siècle par exemple, sont très peu loquaces sur la Table des rois. Chortasménos, pourtant lui-même éditeur et continuateur de la table, ne la mentionne pas parmi les dizaines de folios qu'occupent ses calculs astronomiques. Dans le califat abbasside du début du Xe siècle, Al-Battānī l'inclut dans sa collection de tables astronomiques, mais ne semble pas s'en servir directement. Le succès grandissant des tables astronomiques perses, qui reposent sur des modalités de comput chronologique différentes, rend caduque l'utilisation de la Table des rois. Pour les scientifiques du XVIIe siècle comme Kepler ou John Bainbridge, elle est un objet de curiosité, mais n'appartient plus à l'actualité de la science astronomique.

À côté de la circulation des ouvrages de Ptolémée, la Table des rois a acquis, dès l'Antiquité tardive, une forme d'autonomie vis-à-vis de l'astronomie ptoléméenne. La Table des rois doit une grande part de sa fortune aux historiens et aux spécialistes de chronologie, et son histoire textuelle déborde largement celle des

Tables faciles. Ce phénomène, qui a pris des formes différentes selon les époques, est visible jusqu'au XXe siècle. D'abord outil au service de l'astronomie, la Table des rois est devenue une source au service de l'histoire et de la science chronologique en particulier, définie comme le domaine qui étudie la succession des dates des évènements historiques. Au début du IVe siècle, Eusèbe de Césarée, en consacrant la forme du canon comme support d'une histoire universelle où les chronologies des différents royaumes sont synchronisées et mises en regard, marque un tournant dans l'écriture de l'histoire. La Table des rois, avec sa succession de différentes dynasties, apparaît familière pour une historiographie habituée aux listes et aux computs des années. Dans le détail cependant, la liste des rois babyloniens ne correspond pas exactement à ce que disent les Écritures et place le texte de Ptolémée dans une situation ambiguë. Au tournant des IVe et Ve siècles, Panodoros d'Alexandrie, contemporain d'Hypatie, est le premier chronographe chrétien dont on ait la trace qui fasse usage de sources astronomiques pour son œuvre historique. Cet emploi s'accompagne des premières identifications de rois babyloniens de la table de Ptolémée avec les rois bibliques, mais aussi d'un certain nombre de corrections sur les durées de règne présentées par Ptolémée. Au tournant des VIIIe et IXe siècles, Georges le Syncelle, qui nous transmet les extraits de Panodoros que nous connaissons aujourd'hui, présente une seconde version de la Table des rois – une liste qu'il appelle « ecclésiastique » – sans doute à peu près contemporaine de celle de Panodoros, marquée par une tentative de révision plus profonde encore du texte de Ptolémée. Certains ont voulu reconnaître Annianos d'Alexandrie comme son auteur. Là où Panodoros semblait vouloir harmoniser autant que possible savoirs profanes et texte biblique, cette liste ecclésiastique tente en quelque sorte de christianiser ou de « bibliciser » la Table des rois, du moins la partie consacrée aux rois de Babylone. La première entrée de la table est toujours « Nabonassar » chez Panodoros, mais « Nabonassar, appelé Salmanazar dans les Écritures » dans la liste ecclésiastique, et devient finalement « Salmanazar, appelé aussi Nabonassar » pour Georges le Syncelle lui-même. La forte production d'ouvrages chronographiques byzantins à partir du IXe siècle semble cependant faire peu de cas de la Table des rois. La primauté, en termes d'autorité, est donnée à des chronologies tirées de la Bible – c'est-à-dire à Eusèbe de Césarée et ses successeurs – pour les périodes les plus anciennes, et tirées d'ouvrages historiques ou des chroniques pour les périodes plus récentes.

Ce constat appelle quelques nuances. Certes, les historiens byzantins ne font pas de la Table des rois une source majeure pour leurs ouvrages – l'exception étant peut-être Georges le Syncelle. En revanche, des historiens et chronographes de langue arabe et syriaque comme Al-Bīrūnī ou Élie de Nisibe reprennent volontiers la Table des rois dans leurs ouvrages, tout comme le chronographe alexandrin anonyme du VIe siècle, dont les *Excerpta latina barbari* portent le témoignage, qui préfère la liste des souverains lagides de la Table des rois à celle des historiens chrétiens. Dans la plupart des cas, la table n'est pas connue de première main et elle se présente sous une forme plus ou moins modifiée, mais l'autorité de Ptolémée suffit souvent à en justifier l'utilisation comme matière historique, dans des chroniques comme dans des traités d'histoire universelle. Néanmoins, l'histoire de la transmission de la Table des rois à un lectorat syriaque et arabophone est encore à écrire.

Dès l'Antiquité tardive, on note une influence grandissante des historiens sur la transmission de la Table des rois elle-même. D'une part, les érudits qui complètent les exemplaires de la Table des rois contenus dans les *Tables faciles* tendent à renseigner les durées de règne à la manière des autres listes chronographiques byzantines – typiquement, avec des durées en années, mois et jours – et à délaisser le comput des années égyptiennes tel que Ptolémée l'avait conçu. Cette tendance est visible ponctuellement dès le VIe siècle, mais s'amplifie à partir du XIe siècle dans la production manuscrite. D'autre part, les manuscrits de la Table des rois renferment de nombreuses scolies qui montrent un intérêt certain pour la liste de Ptolémée. Pour beaucoup, ces annotations marginales ont un caractère historiographique : la Table des rois devient une sorte de frise chronologique où les noms des astronomes, par exemple, sont situés face aux entrées des rois qui correspondent à leur période d'activité. Au XVe siècle, des lecteurs comme Bessarion continuent d'annoter la Table des rois en historiens.

La fin du XVIe siècle et les publications de Scaliger donnent à la science chronologique et à l'écriture d'une histoire universelle un nouveau tournant. La Table des rois se retrouve alors sur le devant de la scène. Scaliger n'avait accès à la table de Ptolémée que grâce au témoignage très indirect de Georges le Syncelle. Ses successeurs et critiques ont cependant bénéficié des efforts d'Henry Savile, qui a rapporté de Padoue un exemplaire grec des *Tables faciles* à Oxford en 1582. De tels manuscrits étaient déjà disponibles en Italie dès le XVe siècle, mais c'est en Angleterre, puis en Allemagne et en France, dans les premières décennies du XVIIe siècle, que la Table des rois se diffuse avec une rapidité et une intensité sans précédent. La table est recopiée, intégrée aux travaux universitaires, elle fait l'objet de discussions et d'échanges épistolaires entre savants, et elle est publiée sous forme imprimée à cinq reprises entre 1619 et 1636. La Table des rois devient alors un document incontournable de la science chronologique. Pour certains, les années données par Ptolémée sont cruciales car « confirmées par les astronomes » – au risque de nombreuses méprises sur l'exactitude historique présentée par la table. Avec les premières traductions de chroniques et de listes de rois tirées de la documentation cunéiforme, on s'aperçoit que, sans être rigoureusement identiques, la Table des rois et les textes babyloniens se recoupent en grande partie. Elle permet aux assyriologues d'ancrer les règnes des rois de Babylone dans un cadre chronologique continu depuis le milieu du VIIIe siècle av. J.-C. En l'absence d'autres sources, cette table astronomique demeure notre document le plus fiable pour la chronologie des périodes pré-hellénistiques sur un temps long. Enjambant royaumes et empires de la Méditerranée, du Proche-Orient et de l'Europe, tout à la fois complétée, modifiée, boudée par les astronomes et célébrée par les historiens, la Table des rois de Ptolémée a connu une histoire textuelle singulière, une transmission et une circulation aux nombreuses facettes, partagée dès sa création entre de multiples domaines du savoir.

Quatrième partie: **Annexes**

Annexe A
Catalogue des scolies sur la Table des rois

[. . .] : texte illisible ou folio mutilé
<. . .> : ajout d'éditeur
(. . .) : résolution d'abréviation
Si la scolie est clairement liée à une entrée précise de la table, cette dernière est indiquée entre parenthèses. On se reportera également à la description de chaque manuscrit. Autant que possible, ces notes sont présentées sous forme éditées avec apparat critique.

Notes de comput

(1*) ἀπαρχῆς[1] κόσμου ἕως ἀρχῆς Φιλίππου ἔτη ͵ερπε.

> 1. ἀπ' ἀρχῆς Ba.

H[1] f. 54v, G[1] f. 198v, Ba f. 113v. Éditée par Lempire (2016, 289)[1].

(2*) [με]τὰ ε ἔτη Αὐγούστου [συν]έβη κυνικὸν ἐνιαυτὸν [ἀπ]αρτισθῆναι ὅς[1] ἐστιν ͵αυξα ἐτῶν[2].

> 1. [ἀπ]αρτισθῆναι ὃς : αρτισθιν ς ο H[1] ‖ 2. ετος H[1].

H[1] f. 54v. Éditée par Usener (1898a, 448).

— σημείωσαι· ἐν τῷ ε ἔτει[1] Αὐγούστου ἀνέβη[2] κυνικὸς ἐνιαυτὸν ἀπαρτισθῆναι[3] ὅ ἐστιν ͵αυξα ἔτος.

> 1. ἔτη G[1] ‖ 2. ἀνέβη : om. Ba ‖ 3. ἀπαρτισθῆναι : πάρτοισθίνε G[1]Ba.

G[1] f. 198v, Ba f. 113v.

(3*) σημείωσαι· ἀπὸ Φιλίππου[1] ἕως Αὐγούστου ἔτη σϙδ· ἀπὸ[2] Αὐγούστου ἕως Διοκλητιανοῦ ἔτη τιγ· ὁμοῦ ἔτη χζ[3]· ἀπὸ[4] Διοκλητιανοῦ ἕως Λέοντος καὶ Κωνσταντίνου υἱοῦ[5] αὐτοῦ ἰνδικτίωνος ιδ ἔτη[7] υρα· ἀπὸ[8] Φιλίππου ͵αρη.

> 1. Φιλίππου : αυγιλίππου K ‖ 2. ἀπὸ : ἀπὸ δὲ G[1]Ba ‖ 3. χζ : χιζ L ‖ 4. ἀπὸ : ἀπὸ γοῦν G[1]Ba ‖ 5. υἱοῦ : τοῦ υἱοῦ K ‖ 6. ἔτη : ἔτη δὲ G[1]Ba ‖ 7. ἔτη : ἔτη δ ‖ 8. ἀπὸ : ὁμοῦ ἀπὸ K ἀπὸ δὲ G[1]Ba

---

[1] On trouve des scolies similaires, qui relient l'ère de Philippe à l'ère byzantine dans de nombreux manuscrits du *Commentaire* de Stéphanos, voir Lempire (2016, 288–289), mais aussi de Théon d'Alexandrie ; par exemple : ἀπ' ἀρχῆς κόσμου ἄφελε ἔτη ͵ερπε καὶ τὰ λοιπὰ εἰσὶ τὰ ἀπὸ τῆς ἀρχῆς Φιλίππου (*Vat. gr.* 208 f. 109r). Voir aussi Théodore Métochitès, Éléments d'*astronomie* 1.25, éd. Paschos et Simelidis (2017, 224.27–32 et 228.81–82).

H¹ f. 55r, G¹ f. 199r, Ba f. 114r, L f. 79v, K f. 75r. Éditée par Usener (1898a, 449).

(4*) ἀπὸ Φιλίππου ἕως Αὐγούστου, ἔτη σρδ· ἀπὸ Αὐγούστου ἕως Διοκλητιανοῦ, ἔτη τιγ· ὁμοῦ ἔτη χζ· ἀπὸ Διοκλητιανοῦ ἕως Λέοντος καὶ Κωνσταντίνου τοῦ υἱοῦ αὐτοῦ, ἰνδ(ικτίωνος) ιδ, ἔτη υρα· ὁμοῦ ἀπὸ Φιλίππου, ͵αρη. ἀπὸ τούτων ἕως τοῦ παρόντος ͵ϛωλα^ου ἔτους, καὶ αὐτ(οῦ) ἔτη φμθ. + ἢ οὕτως ἀπὸ Φιλίππου ἕως τοῦ νῦν ἐνεστῶτος ͵ϛωλα^ου ἔτους καὶ αὐτοῦ, ἔτη ͵αχμζ· ἀπὸ Ἀλεξάνδρου, ͵αχλγ· ἀπὸ τοῦ α^ου ἔτους Αὐγούστου, ͵ατνγ· καὶ ἀπὸ Διοκλητιανοῦ ͵αμα· + κατὰ τὸν αὐτὸν λόγον ἀπὸ Φιλίππου ἕως τοῦ νῦν ἐνεστῶτος ͵ϛωπβ ἔτη ͵αχρη· ἀφ' ὧν κατὰ τὸ αὐτὸ ἔτος, εἰκοσαπενταετηρίδες ͵αχος· ἔτη ἁπλᾶ κβ.

Ross. 897 f. 72r. Ce texte est une prolongation de la scolie 3* et se trouve parmi divers textes et calculs du *Ross.* 897 ; il n'est pas, *stricto sensu*, une scolie à la Table des rois dans ce manuscrit.

(5*) ἀπὸ τῆς Χριστοῦ ἀναλήψεως¹ ἥτις γέγονεν ιθ ἔτους² Τιβερίου πεπλήρωται³ τῶν φλβ⁴ ἐτῶν περίοδος τοῦ⁵ λη⁶ Ἰουστινιανοῦ ἄρχοντος⁷ δῆλον⁸ ὅτι ἐκ⁹ τοῦ κ ἔτους¹⁰ Τιβερίου¹¹ οὐ κατὰ σύνεχειαν¹² ἀλλ' ἰδίως [*vacat*] ἀρχὴ τῆς¹³ ιβ περιόδου ἀπὸ ε ἔτους¹⁴ Κωνσταντίου¹⁵ τοῦ Ἀρειανοῦ¹⁶ τοῦ υἱοῦ τοῦ μεγάλου Κωνσταντίνου.

> 1. ἀναλιψι H² ‖ 2. ἔτει Usener ἔτος G² ‖ 3. πεπληροτε H² ‖ 4. φλβ *restituit* Usener ζητουμένων G² ‖ 5. τῷ Usener τῶν G² ‖ 6. ἔτει *add.* Usener ‖ 7. αρχον[τος] H² ἀρχόμενος G² ‖ 8. διλο(ν) H² ‖ 9. κατὰ G² ‖10. τὸ κ ἔτος G² ‖ 11. τι[βε]ρι(ου) H² ‖ 12. συνεχεα H² ‖ 13. τις H² ‖ 14. ἀπὸ ε ἔτους *restituit* Usener, δ[. . ./θ ετˢ H² ἀπὸ ἔτος G² ‖ 15. κωσταντιου H² Κωνσταντίνου G²‖ 16. τοῦ ἀρειανοῦ *coni.* τ(ου)[. . ./ ανου H² *om.* G² τοῦ ἄνου Usener

H² f. 65r, G² f. 210r. Éditée par Usener (1898a, 452).

(6*) ἀπὸ τοῦ ις ἔτους Κωνσταντίνου τοῦ Μεγάλου μέχρι τῆς ἐνισταμένης¹ ε² ἰνδικτίωνος καὶ αὐτῆς ἔτους³ ἀπὸ κτίσεως κόσμου ͵ϛτκ συνάγεται⁴ ἔτη υπθ εἰ θέλεις οὖν⁵ εὑρεῖν τὴν ἐπάκτην ἑκάστου χρόνου ταῦτα τὰ υπθ ἔτη μέριζε παρὰ τῶν ιθ· καταλιμπάνονται⁶ ιδ· ταῦτα παρὰ⁷ τῶν ια πολυπλασιασον⁸ γίνεται⁹ ρνδ ἄφελε¹⁰ τριακοντάδας ε λοιπὰ δ ἄτινα¹¹ λέγομεν εἶναι¹² τῆς ε ἐπινεμήσεως ἐπάκτας. εἰ δὲ τοῦ ἑξῆς¹³ ἐνιαυτοῦ ζητεῖς τὴν ἐπάκτην, πρόσθες ταῖς¹⁴ προκειμέναις¹⁵ δ ἑτέρας ια καὶ εὑρήσεις¹⁶ τὴν¹⁷ ς ἴνδικτον ἔχουσαν ἐπάκτας ιε καὶ τὴν ζ καὶ τὴν η ζ¹⁸ καὶ ἑξῆς ιη.

> 1. ενιστα() H² ‖ 2. πέμπτης G² ‖ 3. ἔτος G² ‖ 4. συναγετε H² ‖ 5. οὖν *om.* G² ‖ 6. καταλιμπάνοντε H² ‖ 7. πα(ρὰ) H² πάλιν G² ‖ 8. *restituit* Usener πολλοιπλ() H² πολυπλασιαζομένων G² ‖ 9. γ(ίνε)τ(αι) H² λοιπὰ ἔτη G² ‖ 10. αφ(ελε) H² ἄφες G² ‖ 11. ατιν(ας) H² ἅτινας G² ‖ 12. εινε H² ‖ 13. εξις H² ‖ 14. τες H² ‖ 15. προκιμεν() H² προκειμέναις μοι G² ‖ 16. ευρισις H² εὑρίσκεις G² ‖ 17. τιν H² ‖ 18. ζ *om.* G²

H² f. 65r, G² f. 210r. Éditée par Usener (1898a, 452).

(7*) ἀπὸ Φιλίππου ἕως Λέοντος καὶ Κωνσταντίνου τῶν νέων ἰνδικτίωνος¹ γ ἔτη ͵αργ. ἀπὸ τοῦ ε ἔτους Αὐγούστου ωδ². ἀπὸ Διοκλητιανοῦ³ υϙς / φια.

> 1. ινδ *sic* G²Ba *evanesc.* H² ‖ 2. ωδ *restituit* Usener, ινδ. δ G²Ba *evanesc.* H² ‖ 3. διοκλιτ[ιαν]ου H² καὶ ἀπὸ Διοκλητιανοῦ Ba

H² f. 65v, G² f. 210v, Ba f. 126r (s.vv. Léon IV et Constantin VI). Éditée par Usener (1898a, 453)².

(8*) ἀπὸ Φιλίππου ἕως αὐτῆς¹ ϛ ἰνδικτίωνος² ͵αρκα ἄφελε ἀπὸ Κωνσταντίνου ε³ ἔτους χμε γίνονται ἔτη υνϛ.

> 1. τῆς *add.* G² ‖ 2. ἔτη *add.* G² ‖ 3. ε : *restituit* Usener ϛ G².

H² f. 65v, G² f. 210v. Éditée par Usener (1898a, 453)³.

(9*) ὁμοῦ τα πάντα ἔτη τῶν(?) βασιλαί(ων) ? ͵αχξβ.
H² f. 65v. Éditée par Tihon (2011, 28) : ὁμοῦ ἅπαντα ἐπὶ τῶν βασιλαί(ων)(?) ͵αχξβ.

(10*) ἰστέον ὅτι ἀπὸ τοῦ Ἀδὰμ μέχρι τοῦ α^ου ἐπὶ τῆς βασιλείας Ναβονασσάρου ἔτη ͵δψξα καὶ ἡμέραι ρο· μέχρι δὲ Ἀλεξάνδρου τελευτῆς ͵ερπε. τὸ τοῦ Βρυεννίου βιβλίον εἶχεν ὅτι τὰ ἀπὸ Ἀδὰμ ἄχρι τῆς τελευτῆς Ἀλεξάνδρου ἔτη ͵ερο.
r² p. 926. Éditée par Usener (1898a, 363).

(11*) ἀπὸ Ἀδὰμ μέχρι τοῦ α´ ἔτους τῆς βασιλείας Ναβονασσάρου ἔτη ͵δψξα.
Q f. 9r.

(12*) ἀπὸ Ἀδὰμ ἕως τοῦ α^ου ἔτους τῆς βασιλείας Κωνσταντίνου, ἔτη ͵εωιβ.
R f. 45v, Pa f. 335v (s.v. Constantin Ier).

---

2 Le nombre φια (511), écrit de la même main, sous la première phrase, n'est peut-être pas lié au texte de la scolie. L'année 1103 de Philippe va du 9 février 779 au 8 février 780 et correspond bien à la 804ᵉ année depuis la 5ᵉ année du règne d'Auguste et à l'année 496 de Dioclétien. La troisième indiction sous Léon IV et son fils Constantin va de septembre 779 à août 780 et se trouve donc à cheval sur les années 1103 et 1104 de Philippe.

3 Comme le suggère Usener, il faut comprendre le dernier nombre comme υϙς (476 + 645 = 1121). Cependant, l'année en question, la 6ᵉ indiction, correspond à 798 AD, et non 788 AD comme l'écrit Usener. Cette scolie renvoie à l'une des scolies sur la table C2 (H f. 63v) : [ἀπὸ] Φιλίππου ἕως τῆς ϛ ἰνδικτίωνος [ϛ]τϛ κοσμικῆς κινήσεως καὶ αὐτῆς ἔτη ͵αρκα. Voir Usener (1898a, 410).

(13*) ὅτι κατὰ τὸ ἔνατον[1] ἔτος τῆς βασιλείας Ἡρακλείου συνάγεται κατὰ τὸν Στέφανον[2] ἀπὸ ἀρχῆς Φιλίππου ἔτη ͵ϛμβ· καὶ ἀπ' ἀρχῆς Κωνσταντίνου ἕως τοῦ αὐτοῦ θ^ου ἔτους τῆς Ἡρακλείου βασιλείας ἔτη τιε, ὁμοῦ ͵ϛμβ· μετὰ τῶν ἀπὸ Φιλίππου ἕως Κωνσταντίνου χκζ ἐτῶν.

  1. ἔννατον Pa ‖ 2. τοῦ Στέφανου Pa.

R f. 46r, Pa f. 336r (s.v. Héraclius). Voir Stéphanos, *Commentaire*, 88.13–18.

(14*) ἡ τοῦ Κυρίου Ἰησοῦ[1] γέννησις ἐπὶ τοῦ λ^ου ἔτους Αὐγούστου γεγένηται· καὶ ἐπὶ τοῦ κ^ου Τιβερίου ἡ σταύρωσις.

  1. Ἰησοῦ *om.* W.

J f. 23r, W f. 95r (s.vv. Auguste et Tibère).

(15*) τὰ ἀπὸ Ἀδὰμ ἔτη μέχρι τῆς ἀρχῆς Φιλίππου, ἔτη ἑλληνικὰ πεπληωμένα πεντακισχίλια ἑκατονογδοηκονταπέντε.
r¹ p. 911.

(16*) ἀπὸ Ναβονασάρου μέχρι τῆς Ἀλεξάνδρου τελευτῆς, ἔτη υκδ.
Q f. 9r.

(17*) καὶ μετὰ τὴν τελευτὴν Ἀλεξάνδρου ἕως τὴν σύμερον [sic] ὅπερ ὅσον ἔτους ͵ϛϡμη· ἔνε χρόνοι ͵αψξγ.
Q f. 9r.

(18*) μέχρι τοῦ νῦν ͵ϛωνς ἔτους, ἔτη σμι[...].
Q f. 9v.

(19*) λη λα´.
U f. 74v (s.v. Auguste).

(20*) ͵ευϟβ λεῖπ(ον ?) / λαβ´.
U f. 74v (s.vv. Carus et Dioclétien).

(21*) απ(ο) ηρακλ(ειου) εως ζ´ επ(ινεμησεως) ετ(ους) φλ ηγουν του τελ(ους) της[/ απ(ο) αρχ(ης) ινδ(ικτιωνος) ζ´
V f. 17r. Éditée par Janz (2003, 169–171).

Notes à caractère historique

(22*) τὰ κατὰ Μέτωνα καὶ Εὐκτήμονα.
H¹ f. 54r (s.v. Artaxerxès Ier). Cette édition est reprise à Usener (1898a, 447). Sur le manuscrit on lit seulement τα κ(α)τ(α) νερονα [sic] και ευκ⁴.

(23*) ἐπὶ τούτου τοῦ Πτολεμαίου¹ ἦν Τιμοχάρης².

> 1. τοῦτον τὸν Πτολεμαῖον *codd.* ‖ 2. Τημοχάρις H¹.

H¹ f. 54v, G¹ f. 198v, Ba f. 113v (s.v. Ptolémée I^{er5}). Éditée par Usener (1898a, 448).

— ἐπὶ τούτου ἦν Τιμοχάρης.
L f. 79v (s.v. Ptolémée II Philadelphe).

— ἐφ' οὗ ἦν Τιμοχάρης.
J f. 23r, W f. 95r (s.v. Philippe Arrhidée).

— Τιμοχάρης.
Va f. 85r, T f. 81r, Bu f. 70v, r¹ p. 911 (s.v. Ptolémée Ier).

(24*) Κονών.
r¹ p. 911, T f. 81r, Va f. 85r, Bu f. 70v (s.v. Ptolémée II Philadelphe).

(25*) <ἐπὶ¹> τούτου ἦν Ἵππαρχος.

> 1. ἐπὶ *add.* Usener

H² f. 64v, G² f. 209v. Éditée par Usener (1898a, 451).

— ἐπὶ τούτου Ἵππαρχος ἦν.
L f. 79v (s.v. Ptolémée III Évergète Ier).

— ἐφ' οὗ Ἵππαρχος.
J f. 23r, W f. 95r (s.v. Alexandre IV).

---

4 Un simple calcul à partir de l'*Almageste* III.1 (205.15–206.10 Heiberg) permet de situer l'équinoxe observé par Méton et Euctémon lors de l'année 316 de Nabonassar soit, d'après la Table des rois, sous le règne d'Artaxerxès Ier.

5 Dans l'*Almageste*, Ptolémée mentionne trois observations rapportées par Timocharis, qu'il situe lors de l'année 454 de Nabonassar (*Alm.* VII.3, 28.11–21 Heiberg²), donc sous Ptolémée Ier, et lors des années 465 et 476 de Nabonassar (*Alm.* VII.3, 25.15–26.4 Heiberg² ; et *Alm.* X.4, 310.21–311.5 Heiberg²), donc sous le règne de Ptolémée II Philadelphe.

— Ἵππαρχος
Va f. 85r, T f. 81r, Bu f. 70v (s.v. Ptolémée VIII Évergète II).

(26*) ἐπὶ τούτου¹ τὸν κανόνα² ἔγραψε³ Πτολεμαῖος⁴.

> 1. τούτου : τούτον G²Ba ‖ 2. τὸν κανόνα : τὸν κανώνα H² κανονία G² κανόνας Ba τοὺς κανόνας L ‖ 3. ἔγραψεν H² ‖ 4. πτολεμαιως H².

H² f. 64v, G² f. 209v, Ba f. 113v, L f. 79v (s.v. Antonin le Pieux). Éditée par Usener (1898a, 451).

— ἐφ' οὗ Πτολεμαῖος.
J f. 23r, W f. 95r (s.v. Antonin le Pieux).

— Πτολεμαῖος.
Va f. 85r, T f. 81r, Bu f. 70v (s.v. Héliogabale)⁶.

(27*) ἐπὶ τούτου ὁ Πάππος¹ ἔγραψεν.

> 1. Πάπος G¹.

H¹ f. 55r (s.v. Dioclétien et Constance Chlore), G¹ f. 199r (s.v. Dioclétien et Constance Chlore), L f. 79v (s.v. Dioclétien et Constance Chlore), K f. 75r (s.v. Dioclétien et Constance Chlore), Ba f. 114r (s.v. Carus et Carin).

(28*) ἀσσυρίων¹ βασιλεῖς οὗτοι

> 1. νάων ἀσσυκων sic Pa.

R f. 45r, Pa f. 333v (s.v. Cyrus II). L'adjectif νάων était peut-être à l'origine dans la marge de R, qui est aujourd'hui illisible.

(29*) ὃς ἐπολέμεισεν [sic] μετὰ Κήρου [sic] τοῦ ἀδελφοῦ.
Ma f. 145v (s.v. Artaxerxès III).

(30*) καὶ τελευτέος [sic].
Ma f. 145v (s.v. Darius III).

(31*) ὃν [sic] κατεπολέμισεν [sic] Ἀλεξάνδρου.
Ot f. 112v (s.v. Darius III).

---

6 Dans Va, les empereurs Antonin le Pieux et Héliogabale ont pour entrées Ἀντωνῖνος. Le copiste ou son modèle a simplement confondu les deux entrées, erreur recopiée telle quelle dans T et Bu.

(32*) οὗτοι¹ Αἰγύπτου² ἐκράτουν.

> 1. οὗτοι : πάντες *add.* L ‖ 2. Αἰγύπτου : αι γ^ου H²G²

H² f. 64v, G² f. 209v, L f. 79v (s.vv. Ptolémée Ier et suivants). Éditée par Usener (1898a, 451).

(33*) Πτολεμαῖοι πάντες.
R f. 45r (s.vv. Ptolémée Ier et suivants).

(34*) ὅτι¹ ὁ μέγας Κωνσταντῖνος ἐβασίλευσεν ἐν μὲν Ῥώμῃ ἔτη ιβ· ἐν δὲ Κωνσταντινουπόλει² ἔτη κ· τὰ δὲ πάντα αὐτοῦ ἐν τῇ βασιλείᾳ³ ἔτη λβ. ὅλη⁴ δὲ ἡ ζωὴ αὐτοῦ ἔτη ξε⁵.

> 1. ὅτι : σημείωσαι ὅτι G¹Ba ‖ 2. κωνσταντινοπολει H¹ ‖ 3. ἐν τῇ βασιλείᾳ G¹Ba εν τ() βα() H¹ ἐν τῷ βασιλεῦσαι Usener ‖ 4. ὅλως Usener ‖ 5. ξη Ba.

H¹ f. 55r. G¹ f. 199r, Ba f. 114r. Éditée par Usener (1898a, 449).

(35*) ὁ μέγας Κωνσταντῖνος ἐβασίλευσεν ἐν Ῥώμῃ ἔτη ιβ· ἐν Κωνσταντινοπόλει ἔτη κ.
H¹ f. 55r.

(36*) ὁ ἐν Κωνσταντινουπόλει [–πόλῃ H¹G¹]
H¹ f. 55r, G¹ f. 199r, Ba f. 114r (s.v. Constantin Ier).

(37*) ἐπὶ τούτου Μάξιμος ἦν ὁ Ὁμολογητής.
J. f. 23v, W f. 95v (s.v. Constant II Héraclius).

(38*) ἐπὶ τούτου ἡ τῆς Ῥώμης ἐκκλησία τῆς Κωνσταντινουπόλεως ἀπεσχίσθη.
J f. 23v, W f. 95v (s.v. Basile II). Sur cette scolie, voir note 24 p. 56.

(39*) [. . .]τῆς ἁλώσεως Κωνσταντινουπόλεως [. . .] ἐπιλογισθέντας παρὰ πολλῶν [. . .]τον καὶ συγγραφέων διαφόρων [. . .] ἀπ(ὸ ?) Φιλίππου ἕως τῆς αὐτῆς ἁλώσεως [. . .] ͵αφκ(η ?) [. . .].
R f. 46r. Cette scolie à l'encre rouge est en grande partie effacée.

(40*) ἀπὸ τοῦ τέλους τῆς βασιλείας τοῦ Βοτανειάτου ἀρχῆς [. . .] τῆς Ἀλεξίου τοῦ Κομνηνοῦ.
Q f. 9v.

(41*) τοῦτον ἐτίφλοσεν [sic] εἰ ἔσχεν τὴν ἀρχὴν παλ(αιολόγων ?).
Ot f. 113r (s.v. Théodore II Lascaris).

(42*) οὐκ ὄντα [sic] τοῦ γένους τῶν βασιλεῶν.
Ot f. 112v.

Notes à propos de la Table des rois

(43*) ἔτη βασιλέων τῶν μετὰ τὴν Ἀλεξάνδρου τοῦ βασιλέως τελεύτην κεκάκωται[1] δὲ καὶ μετεγράφη ἀσφαλως μετὰ τοὺς ὑπάτους.

    1. κεκάκωται : καικαυτα H¹Z¹.

H¹ f. 54v, Z¹ f. 110v. Éditée par Usener (1898a, 448).

(44*) Διοκλητιανοῦ κ χκζ : καὶ Κωνστ(αντίνου) δ χλα.
G¹ f. 199r, Ba f. 114r.

(45*) Μάρκου Ἀντωνίνου[1] καὶ Βήρου ἔτη ιθ[2] / [Σε]βήρου ἔτη ιη[3] / Ἀντωνίνου[1] Καρακάλλου ἔτη ζ[4]

    1. αντονινου H¹ || 2. φβ add. G¹Ba || 3. φλγ add. G¹Ba || 4. φμ add. G¹Ba.

H¹ f. 54v, G¹ f. 198v, K f. 74v, Ba f. 113v. Éditée par Usener (1898a, 448).

(46*) μαρκου αντονηνου και βηρου.
H¹ f. 54v. Éditée par Usener (1898a, 448).

(47*) ἴσθι ὅτι διὰ τούτων[1] Γάϊος παραλέλειπται[2] καὶ Αὐγούστου[3] ἀντὶ νς ἐνιαυτῶν μγ[4] ἀνέγραψε[5] ἐπειδὴ[6] βασιλευούσης[7] Κλεοπάτρας καὶ Γάϊος καὶ Αὔγουστος πλείονας[8] ἐβασίλευσαν[9] χρόνους.

    1. τούτου Usener || 2. [π]αραλελειπτε H² || 3. αυ[γούστου] H² αυ(εως) sic ut vid. G² || 4. μγ restituit Usener, [.]γ H² om. G² || 5. ἀνέγραψε coni. ανεγραψα H² et Usener εἴαν ἔγραψα G² || 6. επιδι H² || 7. [β]ασιλευουσις H² || 8. Αὔγουστος πλείονας Usener αυγουσ[] πλειον() H² Αὔγουστος πλεῖον G² || 9. εβασίλ() H² ἐβασίλευσε sed postea ἐβασίλευσαν corr. G².

H² f. 64v, G² f. 209v. Éditée par Usener (1898a, 451).

(48*) Περτίναξ.
r¹ p. 911 (s.v. Commode).

Totaux d'années

(49*) ἀπὸ δὲ Ναβονασσάρου¹ ἔτη ψιη.

> 1. ἀπὸ δὲ Ναβονασσάρου : α(πο) δ(ε) ναβονοσορου H¹ δ(ὲ) ἀναβονοσόρου G¹, δ(ὲ) ἀναβονοσήρου Ba ἀπὸ Ναβουνασσάρου L.

H¹ f. 54v, G¹ f. 198v, Ba f. 113v, L f. 79v (s.v. Auguste).

— ὁμοῦ ψιη.
J f. 23r (s.v. Cléopâtre), W f. 95r.

(50*) υλα.
R f. 45r (s.v. Philippe Arrhidée).

(51*) ἔτη υκδ.
H² f. 64r (s.v. Alexandre le Grand), G¹ f. 198r, Z² f. 121r, Ba f. 113r (s.v. Alexandre le Grand).

(52*) ͵ευοθ.
r¹ p. 911 (s.v. Auguste).

(53*) ͵εχμε.
r¹ p. 911 (s.v. Hadrien).

(54*) *1039 / 842*.
Sa p. 46. (s.v. Anastase Ier).

(55*) ͵ασλς.
P f. 10r (s.v. Léon VI).

(56*) ͵ςυξη.
r¹ p. 911 (s.v. Constantin VII).

Notes diverses

(57*) ἀπὸ¹ τοῦ κ΄ ἔτους ἀρχὴ τῆς περιόδου.

> 1. ἀπὸ : ἐκ Usener.

H² f. 64v, G² f. 209v. Éditée par Usener (1898a, 451).

(58*) ἰνδ. ε καὶ αὐτῆς.
H² f. 65v. Voir Usener (1898a, 453) à propos de la scolie 8*.

(59*) σχο(λίον)[1]· ἐπὶ τῆς ἀνωμαλίας[2] ἡλίου νόει τε τξ μο(ίρας) τῶν κοινῶν ἀριθμῶν ὧν[3] ὡς ἐπί τινος κύκλου νόει τοῦ ἑστῶτος[4] ἀκινήτου οὗτινος τὸ μὲν ἀπόγειον ἐν ταῖς ε λ´ τῶν Διδύμων ἐστὶν ἀεὶ τὸ δὲ περίγειον ἐν ταῖς ε λ´ τοῦ Τοξοτοῦ. ἐν ᾧ κύκλῳ κινούμενος ὁ ἥλιος τὴν κατὰ βάθος ποιεῖται κίνησιν[5]· ἐπὶ τῆς[6] σελήνης δὲ νοοῦμεν ἑστῶτα τὸν[7] ζῳδιακὸν αὐτῆς[8] κύκλος αὕτη μέντοι διαφορᾶς περίγεια καὶ ἀπόγεια γίνεται[9] διά τε τοῦ ἐπικύκλου καὶ τοῦ ἐκκέντρου αὐτῆς ὡς καὶ αὐτῶν κινουμένων[10] καὶ αὐτὴ δὲ καὶ τὰ μέγιστα καὶ ἐλάχιστα καὶ μέσα κινεῖται[11] κατὰ πάντα τὰ μέρη τοῦ ζῳδιακοῦ καὶ τὰ μὲν μέγιστα κατὰ περίγειον κινεῖται[11] τὰ δὲ ἐλάχιστα κατὰ ἀπόγειον κατὰ δὲ τὰς τεταρτημοριαίας[12] ἀπόστασις τὰ μέσα κινεῖται ἐν γὰρ ταῖς τὴν ὁδὸν [...]

    1. *om.* G² ‖ 2. αν[.]μαλης H² ἀνομαλίας G² ‖ 3. ἀριθμῶν ὧν G² αριθμ(οσ) ον H² ‖ 4. εστοτος H² ‖ 5. ποιητ(αι) κινισῖν H² ‖ 6. τις H² ‖ 7. ἑστῶτα τὸν G² εστοτατον H² ‖ 8. αυτις H² ‖ 9. γινετε H² ‖ 10. αὐτὴν κινουμενην G² ‖ 11. κινητε H² κινῆται G² ‖ 12. *hic des.* G²

H² f. 65v, G² f. 210v.

(60*) περὶ(?) να μιδὴ [μισὴ ?] βλοτομίει [φλεβοτομεί ?] ἄνθρωπος καὶ να βλοβοτομίει [φλεβοτομεί ?]. ὅταν σαλίνι [σελήνη ?] σύσυ(?) ε ς´ Κρίον μιδη [sic] επι..ει(?) ανθρώπου καὶ φάλι [κεφαλή ?] μὶ(?) να ευγείλ... εμα [αἶμα ?]· καὶ ὅταν ε ς´ Ταύρον ..οντον γούργουραν καὶ καθεξῆς μιδὴ [sic] ἐργά ει τε τείπωτα [τίποτα ?].
K f. 76v. La lecture de cette scolie est difficile et le sens est encore à établir.

(61*) μῆν(ες) γ / ἕως Αὐγ(ούστου).
A¹ f. 67r.

Annexe B
Transcriptions des tables V, F¹, H¹ et H²

Les transcriptions respectent l'accentuation des manuscrits et, autant que possible, leur mise en page. Les ajouts de mains plus récentes que le copiste principal sont en italiques.

Vaticanus gr. 1291 ff. 16v–17r [V]

ετη βασιλεων				των μετα αλεξαν δρον τον κτιστην		
ναβοναζαρου ναδιου	ιδ β	ιδ ις		φιλιππος αλεξανδρος	ζ ιβ	ζ ιθ
χινδειρια ιουγεου	ε ε	κα κς		λαγος φιλαδελφος	κ λη	λθ οζ
μαρτοκενπεδου αρκαιανου	ιβ ε	λη μγ		ευεργετης ᾱ φιλοπατωρ	κε ιζ	ρβ ριθ
αβασιλευτου πρωτου βηλιβου	β γ	με μη		επιφανης φιλομητωρ	κδ λε	ρμγ ροη
δοιραννadicου ηργεβηλου	ς α	νδ νε		ευεργετης β̄ σωτηρ	κθ λς	cζ cμγ
μεσσησιμορδακου αβασιλευτου β̄	δ η	νθ ξζ		νεος διονυcoc κλεοπατρα	κθ κβ	cοβ cοδ
αcαριηδονου cαοccουχινου	ιγ κ	π ρ	ρω μαι	αυγοστος τιβεριος	μγ κβ	τλζ τνθ
κινηλαδανου ναβολαccαρου	κβ κα	ρκβ ρμγ	ων βα	γαϊος κλαυδιος	δ ιδ	τξγ τοζ
ναβολαccαρου ιλλοαρουδαμου	μγ β	ρπς ρπη	cι λε	νερων ουεcπαcιανος	ιδ ι	τρα υα
νηρικαccοδαccαρου ναβοναδιου	δ ιγ	ρϙβ cε	ις	τιτος δομετιανος	γ ιε	υδ υιθ
∴ περcων βαcιλεις κυρου		ιγ cιη		νερουας τραϊανος	α ιθ	υκ υλθ
καμβυcου δαρειου πρωτου	η λς	cκς cξβ		αδριανος αιλιος αντωνινος	κα κγ	υξ υπγ
ξερξου αρταξερξου ᾱ	κα μα	cπγ τκδ		κομοδος cευηρος κ(αι) αντονιν(ος)	λβ κε	φιε φμ
δαρειου β̄ αρταξερξου β̄	ιθ μς	τμγ τπθ		αντωνινος νεος αλεξανδρος	δ ιγ	φμδ φνζ
ωχου αρχου	κα β	υι υιβ		μαξιμινος γορδιανος	γ ς	φξ φξς
δαρειου γ̄ αλεξανδρος ο κτιστ(η)c	δ η	υις υκδ		φιλιππος δεκιος	ς α	φοβ φογ

ετη			βασιλεων		
γαλλος γαλληνος	γ ιε	φος φρα	ϊουστινος λεων	ι γ	ˏαιθ ˏακβ
κλαυδιος αυρηλιανος	α ϛ	φρβ φρη	τιβεριος ϊουστινιανος	ζ ϛ	ˏακθ ˏαλε
προβος καρου κ(αι) καρινο(c) η̄	ζ β	χε χζ	φιλιππικος αναστασιος	β β	ˏαλζ ˏαλθ
διοκλητιανου μαξημινος σεβαστο(c)	κ	χκζ	θεοδωσιος λεων	α κε	ˏαμ ˏαξε
κωνσταντινος κωνσταντι///ος	κε κδ	χνβ χος	κωνσταντινος λεων	λγ ε	ˏαοη ˏαργ
ϊουλιανος ϊουβιανος	β α	χοη χοθ	ειρηνη κωνσταντινο(c) υ(ιο)c αυτ(η)c	ι ζ	ˏαριγ ˏαρκ
βαλεντινιανος κ(αι) γρατιανος	ιδ	χργ	ειρηνη παλιν νικηφορος /////	ε θ	ˏαρκε ˏαρλδ
θεοδοσιος αρκαδιος	ιζ ιγ	ψι ψκγ	σταυρακιος χω(ρις) τ(ου) π(ατ)ρος μ⁽ᵑ⁾μ⁽ᵑ⁾ μιχαηλ	β	ˏαρλς
θεοδοσιος νεος μαρκιανος	μθ ζ	ψοβ ψοθ	λεων κ(αὶ) κωνσταντίνος υ(ιο)c αὐτ(ου)	ζ κ(αὶ) μ⁽ᵑ⁾μ⁽ᵑ⁾ ς	ˏαρμγ
λεων ζηνων	ιζ ιη	ψϟς ωιδ	μιχαὴλ cυν θεοφίλω υιω αὐτοῦ	η κ(αὶ) μ⁽ᵑ⁾ μ⁽ᵑ⁾ θ ημ⁽ᵉ⁾ θ	ˏαρνβ
αναστασιος ϊουστινος	κζ θ	ωμα ων	θεόφιλος παλιν θεοδωρα	ιβ μ⁽ᵑ⁾μ⁽ᵑ⁾ γ ημ⁽ᵉ⁾ κ ιδ μ⁽ᵑ⁾ α ημ⁽ᵉ⁾ κβ	
ϊουστινος ετι κ(αι) ϊουστ(ινιανο)c ϊουστινιανος	μ⁽ᵑ⁾ δ λη	πη	μιχαηλ βασιλειος cυν υιοῖc	ια μ⁽ᵑ⁾ α ημ⁽ᵉ⁾ θ ιη μ⁽ᵑ⁾ ια ημ⁽ᵉ⁾ ε	ˏαρϟ ˏασθ
τιβεριος μαυρικιος	ιζ κ	ϡε ϡκε	λεων κ(αι) αλεξανδρο(c)		
φωκας ηρακλειος	η λα	ϡλγ ϡξδ			
κωνσταντινος ηρακλονας	μ⁽ᵑ⁾ ς	ϡξε			
κωνσταντινος κωνσταντινος	κη ιζ	ϡϟβ ˏαθ			

Plut. 28/26 ff. 39r–40r [F¹]

∴ ἀπὸ ναβονασάρου μέχρι τῆς ἀλεξάνδρου τελευτῆς ἔτη υκδ

ἔτη βασιλέων	ἔτη	ἔπιcυ ναγογή	ἔτη βασιλέων	ἔτη	ἔπιcυ ναγογή
φίλιππος ὁ μετὰ ἀλέξανδρον τὸν κτίστιν	ζ	ζ	γάλλος κ(αὶ) βολουcιανός οὐαλλεριανὸc κ(αὶ) γαλληϊνο(c)	γ ιε	φοc φρα
ἀλέξανδρος ἄλλος πτολεμαῖος ὁ λάγου	ιβ κ	ιθ λθ	κλαύδιος αὐριαλιανόc	α ς	φρβ φρη
φιλάδελφος εὐεργέτης ᾱ	λη κε	οζ ρβ	πρόβος κάρος καὶ καρινος	ζ β	χε χζ
φιλοπάτωρ ἐπιφανής	ιζ κδ	ριθ ρμγ	∴ διοκλιτιανος καὶ μαξιμ(ῖνοc) κωνcταc	κ δ	χκζ χλα
φιλομήτωρ εὐεργέτης β̄	λε κθ	ροη cζ	κωνcταντινο(c) ὁ α´ βαcι(λεὺc) τ(ῶν) χρ(ιcτιανῶν) κωνcταντιοc	κθ κδ	χξ χπδ
σωτήρ νέος διόνυσος	λς κθ	cμγ coβ	ϊουλιανοc ὁ παραβατ(η)c ϊοβιανοῦ	β α	χπc χπζ
κλεοπάτρα ∴ ῥωμαίων	κβ	cϙδ	οὐαλεντινιανοῦ οὐάλεντος	ι δ	χϙζ ψα
αὔγουστος τιβέριος	μγ κβ	τλζ τνθ	θεοδοcίου ἀρκαδίου	ιc ιδ	ψιζ ψλα
γαϊος κλαύδιος	δ ιδ	τξγ τοζ	θεοδοcίου νέου μαρκιανοῦ	μβ ς	ψογ ψοθ
νέρων οὐεcπαcιανόc	ιδ ι	τϙα υα	λέοντοc ζήνωνοc	ιη ιζ	ψϙζ ωιδ
τίτος δομετιανός	γ ιε	υδ υιθ	ἀναcταcίου ϊουcτίνου	κζ θ	ωμα ων
νερούας τραϊανός	α ιθ	υκ υλθ	ϊουcτινιανοῦ ϊουcτίνου νέου	λη ιγ	ωπη ϡα
ἀδριανός αἴλιος ἀντονινος	κα κγ	υξ υπγ	τιβερίου τοῦ κ(αὶ) κωνcταντ(ίνου) μαυρικίου	δ κ	ϡε ϡκε
μάρκος καὶ κόμοδος cευῆρος καὶ ἀντονινο(c) αὐριλλιανὸc ἀντωνινο(c)	λβ κε δ	φιε φμ φμδ	φωκᾶ τυράννου ∴ ἡρακλείου κωνcταντίνου κ(αὶ) ἡρακλ(ωνα)	η λ α	ϡλγ ϡξγ ϡξδ
ἀλεξανδρος	ιγ	φνζ	κωνcταντίνου	κζ	ϡϙα
μάξιμίνος γορδιανός	γ ς	φξ φξc	κωνcταντίνου ϊουcτινιανοῦ	ιζ ι	‚αη ‚αιη
φίλιππος πατηρ κ(αὶ) υἱός δέκιος κ(αὶ) υἱὸς δεκίου	ς α	φοβ φογ	λεοντοc τιβερίου τ(οῦ) κ(αὶ) ἀψιμάρου	γ ζ	‚ακα ‚ακη

ἔτη βασιλέων	ἔτη	ἔπισυ ναγογή	ἔτη βασιλέων	ἔτη	ἔπισυ ναγογή	
ϊουστινιανοῦ β̄ φιλιππικοῦ	ς β	͵αλδ ͵αλς	ῥωμανὸ(c) ὁ ἀρ(γυρός)	ε	͵ατϙ	
ἀναστασιου τ(οῦ) κ(αὶ) ἀρτεμι(ου) θεοδοσίου	β α	͵αλη ͵αλθ	μιχ(αὴλ) ὁ παφλαγώ(ν)	η	͵ατϙη	
λεοντος κωνσταντινου	κε λδ	͵αξδ ͵αϙη	μιχ(αὴλ) ὁ καλαφά(της)	μ^η ε	͵ατϙη	μ^η ε
λέοντος κ(αὶ) κωνσταντιν(ου)	ε	͵αϙγ	κων(σταντῖνος) ὁ μονομάχ(ος)	ιβ μ^η ζ	͵αυια	
κωνσταντινου καὶ εἰρηνης	ι	͵αϙιγ	ἡ κ(ύρα) Θεοδώρα	μν ζ	͵αυια	μ^η ζ
κωνσταντινου ειρηνης	ζ ε	͵αϙκ ͵αϙκε	ὁ Γέρων ὁ Κομνηνός	α β μ^η γ	͵αυια ͵αυια	μ^η ζ μ^η ι
νικηφορου κ(αὶ) σταυρακί(ου) μιχαηλ	θ β	͵αϙλδ ͵αϙλς	ὁ Δούκας ἡ κ(ύρα) Εὐδοκία	ζ μ^η ς μ^η ζ	͵αυιθ ͵αυιθ	μ^η δ μ^η ια
λεων ὁ ἀρμεν(ιο)ς μιχαηλ ὁ δυςγλωςςος	ζ θ	͵αϙμγ ͵αϙνβ	ὁ Διογένης ὁ κ(ύριος) Μιχ(αὴλ)	γ μ^η η ε μ^η ζ	͵αυκγ ͵αυκθ	μ^η ζ μ^η β
θεοφίλος μιχαηλ συν τῇ μ(ήτ)ρι αυτ(οῦ)	ιγ ιδ	͵αϙξε ͵αϙοθ	ὁ Βοτανειάτης ὁ κ(ύριος) Ἀλέξιος ὁ Κομνηνός	γ λζ μ^η δ	͵αυλβ	μ^η β
μιχαηλ μόνος βασίλειος	ιβ ιθ	͵αϙϙα ͵ασι	Ἰωάννης ὁ Κομνηνός Μανουὴλ ὁ Κομνηνός	κδ μ^η η λζ μ^η θ		
λεων	κε	͵ασλε	Ἀλέξιος ὁ Κομνηνός Ἀνδρόνικος ὁ Κομνηνός	γ β		
ἀλέξανδρος	α	͵ασλς	Ἰσαάκιος ὁ Ἄγγελος Ἀλέξιος ὁ Ἄγγελος	θ μ^η ζ		
κωνσταντινό(c)	νε	͵ασϙα	Ἀλέξιος ὁ Ἄγγελος Ἀλέξιος ὁ Δούκας	μ^η ς μ^η β		
ῥωμανός	κζ	͵ατιη	Θεόδωρος ὁ Λάσκαρις Ἰωάννης Δούκας ὁ Βατάτζης	ιθ λγ		
ῥωμανὸ(c) ἄλλο(c)	γ	͵ατκα	Θεόδορος Λάσκαρις ὁ Βατάτζης Μιχαὴλ ὁ Παλαιολόγος	γ μ^η ς κδ		
νικηφορ(ος) ο φωκ(ας)	ς	͵ατκζ	Ἀνδρόνικος ὁ Παλαιολόγος Ἀνδρόνικος ὁ Παλαιολόγος			
ιω(άννης) ο τζμισκ(η)ς	ς	͵ατλγ	Ἰωάννης ὁ Παλαιολόγος Μανουὴλ ὁ Παλαιολόγος			
βασίλειος	νβ	͵ατπε	Ἰωάννης ὁ Παλαιολόγος Κωνσταντῖνος ὁ Παλαιολόγος			

Leidensis BPG 78 ff. 54r–55r [H¹]

ετη βασιλεων			ετη συναγομεν(α)	
ναβοναζαρου		ιδ		ιδ
ναδιου		β		ις
χινζηρος κ(αι) πορου		ε		κα
ϊουγαιου		ε		κς
μαρδοκεμπαδου		ιβ		λη
αρκαιανου		ε		μγ
αβασιλευτου προτου		β		με
βηλιβου		γ		μη
απρααναδιου		ς		νδ
ρηγεβηλου		α		νε
μεσησσημορδακου		δ		νθ
αβασιλευτου β̄		η		ξζ
ασαριδινου		ιγ		π
σαοσδουχινου		κ		ρ
κινιλαδανου		κβ		ρκβ
ναβοπολλασαρου		κα		ρμγ
ναβοκολασαρου		μγ		ρπς
ϊλλοαρουδαμου		β		ρπη
νηρικασολασσαρϋ		δ		ρϙβ
ναβοναδιου		ιζ		cθ
περσων βασιλεις				
κυρου		θ		σιη
καμβυσου		η		σκς
δαριου προτου		λς		σξβ
ξερξου		κα		σπγ
αρταρξερξου προτου		μα		τκδ
δαριου β̄		ιθ		τμγ
αρταρξερξου β̄		μς		τπθ
ωχου		κα		υι
αρωγου		β		υιβ
δαριου γ̄		δ		υις
αλεξανδρου μακεδονο(ς)		η		υκδ

βασιλεις		ετη συναγομ(ενα)	
φιλιππου του μετα αλεξανδρ(ον) τον κτιστιν		ζ	ζ
αλεξανδρος ετερος πτολεμαιος λαγοως		ιβ κ	ιθ λθ
πτολεμαιος φιλαδελφ(ος) ευεργετις ᾱ		λη κε	οζ ρβ
φιλοπατορ επιφανις		ιζ κδ	ριθ ρμγ
φιλομητορ ευεργετις β̄		λε κθ	ροη cζ
cωτηρ νεος διωνυcοc		λς κθ	cμγ coβ
κλεοπατρα βασιλεις ρωμαιων		κβ	cϙδ
αυγουcτοc τιβεριοc		μγ κβ	τλζ τνθ
γαιος ϊουλιος κεcαρ κλαυδιοc		δ ιδ	τξγ τοζ
νερων(1) ουεcπαcιανοc		ιδ ι	τϙα υα
τιτοc δομητιανοc		γ ιε	υδ υιθ
νερουαc τραιανοc		α ιθ	υκ υλθ
αδριανοc αιλιοc αντονινοc ὁ εὐσεβὴς(2)		κα κγ	υξ υπγ
κομοδοc cευηροc και αντων(ινοc)		λβ κε	φιε φμ
αντονινοc νεοc αλεξανδροc ο μαμαιαc		δ ιγ	φμδ(3) φνζ
μαξιμινοc γορδιανοc		γ ς	φξ φξς
φιλιπποc δεκιοc		ζ α	φογ φοδ

(1) νερον ante corr.
(2) ὁ εὐσεβὴς man. rec.
(3) φμδ post corr.

βασιλεις		ετη συναγομ(ενα)	
γαλος κ(αι) βιλλουσιανος		β	φος
ουαλεριος (και) γαλλινος		ιε	φρα
κλαυδιος		α	φρβ
αυριλιος		ς	φρη
προβος		ζ	χε
καρος και καρινος		β[(1)]	χζ
διοκλητιανου (και) κωνσταντ(ος)		κδ	χλα
κωνσταντινος		κε κθ[(2)]	χξ
κωνσταντινος		κδ	χπδ
και οι ϋοι		α	χπε[(3)]
ϊουλιανος ελ(λην) εις ζ̄ δυς(ιν) δ̄ κ(ατα) βυζα(ντιον)		β	χπς
ϊοβιανος		α	χπζ
ουαλεντινιανος		ι	χρζ
και βαλης			
ουαλεντος και		δ	ψα
γρατιανος εν ρωμη			
θεοδοσιος ος σπανος εν βυζ(αντιω)		ις	ψιζ
αρκαδιος και ονοριος ϋοι αυτ(ου) εν ρωμη		ιδ	ψλα
ονοριος και θεοδοοσι		ιγ	ψμα
ος αδελφιδης		////	////
θεοδοσιος μικρος		γ	ψμζ
θεοδοσιος και ουα			
λεντιανος εν ρωμη		κς	ψογ
ουαλεντιανος////////			
και μαρκιανος εν βυζαντιο		δ	ψος
μαρκιανος//////		β	ψοθ
λεων μεγας////////		ιη	ψρζ
λεων και ανθημιος εν ρώμη			
λεων μικρος			
ζηνων και ο ϋϊος		ιζ	ωιδ[(4)]
αναστασιος		κζ	ωμα
ϊουστινος		θ	ων
ϊουστινιανος		λη	ωπη
ϊουστινος		ιγ	ϡα
τιβεριος κ(αι) κωνσταντ(ι)ν(ος)		δ	ϡε
μαυρικιος		κγ	ϡκε
φωκας		η	ϡλγ

(1) ε ante corr., β post corr.
(2) κθ add. al. manus
(3) χπζ ante corr., χπε post corr.
(4) ω prima lectio, ιδ add. al. manus

Leidensis BPG 78 ff. 64r–65r [H²]

ετη βασιλεων περςων τ(ων) εως αλεξανδρ(ου) κ(αι) αυτου

ναβονασαρου	ιδ	ιδ
ναδιου	β	ις

χινζιρος κ(αι) πορου	ε	κα
ϊουλαιου	ε	κς
μαρδοκεμπαδου	ιβ	λη
αρκεανου	ε	μγ
αβασιλευτου πρωτου	β	με
βιλιβου	γ	μη
απαραναδιου	ς	νδ
ρηγεβηλου	α	νε
μεςηςημορ\δ/ακου	δ	νθ
αβασιλευτου β̄	η	ξζ
ασαριδινου	ιγ	π
ςαοςδουχινου	κ	ρ
κινηλαδανου	κβ	ρκβ
ναβοπολαςαρου	κα	ρμγ
ναβοκολαςςαρου	μγ	ρπς
ϊλλοαρουδαμου	β	ρπη
νηριγαςολαςςαρου	δ	ρϟβ
ναβοναδιου	ιζ	ςθ
περςων βασιλεις κυρου	θ	ςιη
καμβυςου	η	ςκς
δαρειου πρωτου	λς	ςξβ
ξερξου	κα	ςπγ
αρταρξερξου πρωτου	μα	τκδ
δαριου δευτερου	ιθ	τμγ
αρταξερξου β̄	μς	τπθ
ωχου	κα	υι
αρωγου	β	υιβ
δαριου γ̄	δ	υις
αλεξανδρου μακεδο(νος)	η	υκδ

ετη β(ασιλεων) τ(ων) μακεδον(ων) μετα τ(ην) αλεξανδρ<ου> του βα(σιλεως) τελευτην επισυν(α)γο(μενα) ετη

	φιλιππου	ζ	ζ
	αλεξανδρου	ιβ	ιθ
	πτολεμαιο<υ> λαγου	κ	λθ
πτο	φιλαδελφου	λη	οζ
πτο	ευεργετου	κε	ρβ
πτο	φιλοπατορος	ιζ	ριθ
πτο	επιφανους	κδ	ρμγ
πτο	φιλομητορος	λε	ροη
πτο	ευεργετου β̄	κθ	cζ
πτο	σωτηρος	λς	cμγ
πτο	δϊονυσου ναιου	κθ	coβ
	κλεοπατρας	κβ	cϙδ
	ρωμαιων		
	αυγουστου	μγ	τλζ
	τϊβεριου	κβ	τνθ
	γαϊου	δ	τξγ
	κλαυδιου	ιδ	τοζ
	νερονος	ιδ	τϙα
	ουεσπασϊανου	ι	υα
	τιτου	γ	υδ
	δομϊτιανου	ιε	υιθ
	νερουα	α	υκ
	τραϊανου	ιθ	υλθ
	αδριανου	κα	υξ
	ελλιου αντονινου	κγ	υπγ
	μαρκου αντονινου κ(αι) βηρου	ιθ	φβ
	κομμοδου	ιγ	φιε
	σεβηρου	ιη	φλγ
	αντονινου καρακαλου	ζ	φμ
	αντονινου αλλου	δ	φμδ
	αλεξανδρο<υ> του μαμαιας	ιγ	φνζ
	μαξιμινου	γ	φξ
	γορδιανου	ς	φξς
	φιλιππου	ζ	φογ
	δεκιου	α	φοδ
	γαλλου κ(αι) βολλουσιανου	β	φος

ουαλερι\α/νου κ(αι) γαλλιν(ου) κλαυδιο<υ>		ιε α	φϙα φϙβ
αυριλλιανου προβου		ς ζ	φϙη χε
καρου κ(αι) καρινου διοκλιτιανου		β κ	χζ χκζ
κωνσταντι[[ν]]ου κωνσταντινου		δ κθ	χλα χξ
κωνσταντιου ϊουλιανου		κδ β	χπδ χπς
ϊοβιανου ουαλεντος		α ιδ⁽¹⁾	χπζ ψα
ουαλεντινιανου θεοδοσιου		t ις	χϙζ ψιζ
αρκαδιου θεοδοσιου ναιου		ιδ μβ	ψλα ψογ
μαρκϊανου λεοντος		ς ιη	ψοθ ψϙζ
ζινονος αναστασιου		ιζ κζ	ωιδ ωμα
ϊουστινου ϊουστινιανου		θ λη	ων ωπη
ιουστινου τιβεριου τ(ου) κ(αι) κωνσταντ(ινου)		ιγ δ	ˏα ˏε
μαυρικιου φωκα φωκα		κ η	ˏκε ˏλγ
ηρακλειου κωνσταντ(ινου) τ(ου) εις τὴν δυσιν κ(αι)	ηρακλι(ου)	λ α	ˏξγ ˏξδ
κωνσταντινου κωνσταντινου		κζ ιζ	ˏϙα ˏαη
ϊουστινιανο<υ> το α΄ λεοντος		ι γ	ˏαιη ˏακα
τιβεριου ϊουστινιαν(ου) το β΄		ζ ς	ˏακη ˏαλδ

(1) δ ante corr., ιδ post corr.

φιλιππικου	β	ˏαλς
αναστασιου	β	ˏαλη
θεοδωсιου	α	ˏαλθ
λεοντοс	κε	ˏαξδ
κωνсταντινου	λδ	ˏαϙη
λεοντο(с) κ(αι) κωνсταντ(ινου)////////	ε	ˏαργ
κωνсταντινου (και) ειρηνηс	ι	ˏαριγ
κωνсταντινου	ζ	ˏαρκ
ειρινηс//////	ε	ˏαρκε
νηκιφορου сυν τ(ω) υω	θ	ˏαρλδ
μηχαηλ сυν τ(ο) ϋω	β	ˏαρλς
λέων	ζ	ˏαρμγ
μιχαηλ	η	ˏαρνα
θεοφιλος	ιβ	ˏαρξγ
θεοδωρα сυν τ(ω) ὑῶ	ιγ	ˏαρος
μιχαηλ μον(οс)	ιβ	ˏαρπη
μιχαηλ (και) βαсιλ(ειος)	δ	ˏαρϙβ
βαсιλ(ειος) με(τα) λεοντ(ος) κ(αι) αλεξανδ(ρου)	ιθ	ˏασια
λεων και αλεξανδροс υοὶ βαсιλ(ειου)	κς	ˏασλζ
αλεξανδ(ροс) μετα κωνсταντ(ινου)	α	ˏασλη
κωνсταντ(ινος) υι(ος) λεοντ(ος) сυν τη μ(ητ)ρι Ῥωμανὸς υἱὸς Κοсταντίνου [eras.]	/////	/////
///////////////////////////////		

Annexe C
Édition de Jean Chortasménos

La Table des rois éditée par Jean Chortasménos dans le *Vaticanus gr.* 1059 ff. 123r–125r présente une longue scolie introductive dans la dernière colonne de la table, dont je donne ici une édition et une traduction[1]. Le texte est suivi d'une transcription de la table.

Ἀπὸ Ἀδὰμ ἕως τοῦ Κατακλυσμοῦ, ἔτη ͵βσξβ· καὶ ἀπὸ τοῦ Κατακλυσμοῦ μέχρι τῆς ἐν Βαβυλῶνι Πυργοποιίας, ἔτη φλγ· καὶ ἀπὸ τῆς Πυργοποιίας μέχρι καὶ τῶν Ἀβραὰμ χρόνων, ἔτη υνθ· ἀπὸ δὲ Ἀβραὰμ μέχρι τῆς Ἐξόδου τῶν Ἑβραίων ἀπ' Αἰγύπτου, υλ· ἀπὸ δὲ τῆς Ἐξόδου μέχρι τῆς Οἰκοδομῆς τοῦ Σολομωντείου Νεώ, ψνζ· ἀπὸ δὲ τῆς Ἀνοικοδομῆς τοῦ τοιούτου Ναοῦ μέχρι καὶ τῆς βασιλείας Ναβουχοδονόσορ, τοῦ πορθήσαντος τὴν Ἰερουσαλὴμ, καὶ τὸν Ναὸν ἐμπρήσαντος, καὶ τοὺς Ἰουδαίους ἀποικήσαντος ἐν Βαβυλῶνι, ἔτη τκ· ὡς εἶναι τὰ ἀπὸ ἀρχῆς κόσμου μέχρι καὶ τῆς βασιλείας Ναβονασσάρου ἔτη ͵δψξα. Ναβουχοδονόσαρ δὲ ὁ βασιλεύς, ὃν ὁ Πτολεμαῖος Ναβονάσσαρον καλεῖ, ἔζησεν ἔτη ιδ, ἃ καὶ παρεθήκαμεν ἐν τῷ κανόνι. ὁ δὲ μετ' αὐτοῦ Νάδιος ἔτη β· ὡς εἶναι ὁμοῦ τάτε τούτου καὶ τὰ τοῦ Ναδίου ις· καὶ ἐπὶ τῶν ἄλλων, ὁμοίως.

Σημείωσαι τοῦτο· τὴν ἔκθεσιν τῶν χρονικῶν ἀναγραφῶν ἐπὶ τοῦ παρόντος κανονίου οὐκ εἰκῇ καὶ ὡς ἔτυχε συναγαγόντες τὰ ἔτη ἐποιησάμεθα, ἀλλὰ πρῶτον μὲν ἐντυχόντες διαφόροις βιβλίοις πολὺ τὸ ἀξιόπιστον κεκτημένοις[1] ἀπὸ τῆς τῶν γραψάντων ἐπιστήμης, ἔπειτα δὲ καὶ ἡμεῖς ἐπιλογισάμενοι πάντα καθ' ἕκαστον ἀκριβῶς καὶ εὑρόντες ἅπαντα[2] συμφωνοῦντα ταῖς παραδόσεσι Πτολεμαίου τε καὶ Θέωνος, Στεφάνου τοῦ Ἀλεξανδρέως καὶ τοῦ μεγάλου Λογοθέτου τοῦ Μετοχίτου, πρὸς δὲ καὶ τοῦ μεγάλου Σακελλαρίου, τοῦ Μελιτινιώτου[3]. οὗτοι γὰρ πάντες ἐποχὰς ἀνεγράψαντο τῶν ἀστέρων, ἐν τοῖς ἑαυτοῦ χρόνοις ἕκαστος, καὶ βίβλους ὅλας ἐξέδωκαν – οἱ μὲν μετὰ αἰτιολογίας ὡς ὁ μέγας Λογοθέτης, οἱ δὲ ἁπλῇ παραδόσει – σαφηνείας ἕνεκεν. ἀνενδοιάστως οὖν δεῖ χρῆσθαι τοῖς ἐπιλογισμοῖς.

1 κεκτημένοις : κεκτυμένοις *cod.* ‖ 2 ἅπαντα : πάντα *legit* Ševčenko ‖ 3 Μελιτινιώτου *sic cod.*

Depuis Adam jusqu'au Déluge, 2262 années ; et depuis le Déluge jusqu'à la construction de la Tour à Babylone, 533 années ; et depuis la construction de la Tour jusqu'à l'époque d'Abraham, 459 années ; depuis Abraham jusqu'à la sortie des Hébreux d'Égypte, 430 ; depuis l'Exode jusqu'à la construction du Temple de Salomon, 557 ;

---

[1] Ševčenko (1962, 114) a transcrit la scolie à partir de « τὴν ἔκθεσιν τῶν χρονικῶν ». Voir aussi *CCAG* V/3, 66, et Lempire (2016, 49) qui édite et traduit le texte de « ἡμεῖς ἐπιλογισάμενο » à « ὅλας ἐξέδωκαν ».

depuis la reconstruction de ce temple jusqu'au règne de Nabuchodonosor, qui détruisit Jérusalem, incendia le Temple et déporta les Juifs à Babylone, 320 années ; de sorte qu'il y a depuis la Création jusqu'au règne de Nabonassar 4761 années. Le roi Nabuchodonosor, que Ptolémée appelle Nabonassar, a vécu [sic] 14 années, lesquelles nous plaçons aussi dans la table. Nadios, qui vient après lui, 2 années, de sorte qu'il y a en tout avec les années de Nadios, 16 ; et pour les autres, de la même façon.

Nota bene. Nous avons réalisé l'exposition des listes chronologiques dans la présente table en ajoutant les années non pas au hasard et n'importe comment, mais d'abord en consultant différents livres ayant acquis une grande fiabilité d'après la science des auteurs ; et ensuite nous avons nous-même effectué avec exactitude tous les calculs un par un et trouvé qu'ils s'accordent tous avec les traités de Ptolémée et de Théon, de Stéphanos l'Alexandrin et du grand Logothète Métochitès et, en outre, du grand Sacellaire Méliténiotès. Tous ceux-ci ont, en effet, enregistré les positions des astres chacun à son époque et ont publié des livres entiers – les uns fournissant l'exposition des causes comme le grand Logothète, les autres suivant la seule tradition – pour l'amour de la clarté. Il faut donc utiliser les calculs sans hésiter.

κανόνιον περιέχον τοὺς χρόνους τῶν ἐπισήμων βασιλειῶν ἀρχόμενον ἀπὸ κτίσεως κόσμου

	Ἀδάμ				
͵βσξβ	Κατακλυσμός			͵βσξβ	Ἀπὸ Ἀδὰμ ἕως τοῦ
͵βψϙε	Πυργοποιία			φλγ	Κατακλυσμοῦ, ἔτη ͵βσξβ· καὶ
͵γσνδ	Ἀβραάμ			υνθ	ἀπὸ τοῦ Κατακλυσμοῦ μέχρι κτλ.
͵γχπδ	Ἐξέλευσις Ἑβραίων			υλ	
͵δυμα	Οἰκοδομὴ Ναοῦ			ψνζ	
͵δψξα	Ναβουχοδονόσορ ἔτη	ιδ		τκ	
͵δψοε	Ναδίου		β	ις	
͵δψοζ	Χἰήρεως καὶ Πώρου		ε	κα	
͵δψπβ	Ἰλουλαίου		ε	κς	
͵δψπζ	Μαρδοκεμπάδου		ιβ	λη	
͵δψϙθ	Ἀρκεανοῦ		ε	μγ	
͵δωδ	ἀβασιλεύτου πρώτου		β	με	
͵δως	Βιλίβου		γ	μη	
͵δωθ	Ἀπαραναδίου		ς	νδ	
͵δωιε	Ῥηγεβίλου		α	νε	
͵δωις	Μεσησιμοράκου		δ	νθ	
͵δωκ	ἀβασιλεύτου δευτέρου		η	ξζ	
͵δωκη	Ἀσαριδίνου		ιγ	π	
͵δωμα	Σαοσδουλιχίνου		κ	ρ	
͵δωξα	Κινηλαδαράνου		κβ	ρκβ	
͵δωπγ	Ναβοπολασσάρου		κα	ρμγ	
͵δϡδ	Ναβοκοσσάρου		μγ	ρπς	
͵δϡμζ	Ἰλλοαρουδάμου		β	ρπη	
͵δϡμθ	Νηριγασσοκάρου		δ	ρϙβ	
͵δϡνγ	Ναβοναδίου		ιζ	σθ	
͵δϡο	Κύρου		θ	σιη	
͵δϡοθ	Καμβύσου		η	σκς	
͵δϡπζ	Δαρείου πρώτου		λς	σξβ	
͵εκγ	Ξέρξου		κα	σπγ	
͵εμδ	Ἀρταξέρξου πρώτου		λς	τκδ	
͵επε	Δαρείου δευτέρου		κα	τμγ	
͵ερδ ͵ερν	Ἀρταξέρξου δευτέρου		μα	τπθ	
ἐπισυναγωγή	βασιλεῖς			ἔτη ἁπλᾶ	σύνθεσις

͵εροα	Ὤχου	κα	υι	
͵ερογ	Ἀρώγου	β	υιβ	
͵εροζ	Δαρείου τρίτου	δ	υις	
͵ερπε	Ἀλεξάνδρου Μακεδόνος	η	υκδ	ἐπισυναγωγαὶ τῶν ἐτῶν ἀπὸ Φιλίππου τοῦ Ἀριδαίου
͵ερϟβ	Φίλιππος ὁ Ἀριδαίου	ζ		ζ
͵εσδ	Ἀλέξανδρος ἕτερος	ιβ		ιθ
͵εσκδ	Πτολεμαῖος ὁ Λάγου	κ		λθ
͵εσνη	Πτολεμαῖος ὁ Φιλάδελφος	λδ		ογ
͵εσπζ	Πτολεμαῖος Εὐέργετης πρῶτος	κθ		ρβ
͵ετδ	Πτολεμαῖος ὁ Φιλοπάτωρ	ιζ		ριθ
͵ετκη	Πτολεμαῖος Ἀντίοχος Ἐπιφανής	κδ		ρμγ
͵ετξγ	Πτολεμαῖος Ἀντίοχος Φιλομήτωρ	λε		ροη
͵ετϙβ	Πτολεμαῖος ὁ δευτέρου Εὐεργέτης	κθ		σζ
͵ετκη	Πτολεμαῖος ὁ καλούμενος Σωτήρ	λς		σμγ
͵ετνζ	Διονύσιος ὁ Νέος	κθ		σοβ
͵ευοθ	Κλεοπάτρα	κβ		σϙδ
͵ευπδ	Αὔγουστος	ε		σϙθ
͵εφκβ	Αὔγουστος	λη		τλζ
͵εφμδ	Τιβέριος	κβ		τνθ
͵εφμη	Γάϊος	δ		τξγ
͵εφξβ	Κλαύδιος	ιδ		τοζ
͵εφος	Νέρων	ιδ		τρα
͵εφπς	Οὐεσπασιανός	ι		υα
͵εφπθ	Τίτος	γ		υδ
͵εχδ	Δομετιανός	ιε		υιθ
͵εχε	Νερούας	α		υκ
͵εχκδ	Τραϊανός	ιθ		υλθ
͵εχμε	Ἀδριανός	κα		υξ
͵εχξη	Αἴλιος Ἀντωνῖνος	κγ		υπγ
͵εχπζ	Μάρκος Ἀντωνῖνος	ιθ		φβ

͵εψ	Κόμμοδος		ιγ	φιε
͵εψιη	Σεβῆρος		ιη	φλγ
͵εψκε	Ἀντωνῖνος Καράκαλλος		ζ	φμ
͵εψκθ	Ἄβιτος ὁ καὶ Ψευδαντωνῖνος		δ	φμδ
͵εψμβ	Ἀλέξανδρος ὁ Μαμαίας		ιγ	φνζ
͵εψμε	Μαξιμιανὸς ὁ δὲ(?) Γορδιανός		γ	φξ
͵εψνα	Γορδιανός ἕτερος		ς	φξς
͵εψνη	Φίλιππος		ζ	φογ
͵εψνθ	Δέκιος ὁ καὶ Βαλλεριανός		α	φοδ
͵εψξα	Γάλλος ὁ καὶ Βολλουσιανός		β	φος
͵εψος	Οὐαλλερῖνος καὶ Γαλλιῆνος		ιε	φρα
͵εψοζ	Κλαύδιος		α	φϱβ
͵εψπγ	Αὐρηλιανός		ς	φϱη
͵εψϱ	Πρόβος		ζ	χε
͵εψϱβ	Κάρος καὶ Καρῖνος		β	χζ
͵εωιβ	Διοκλητιανὸς καὶ Μαξιμιανός		κ	χκζ
͵εωις	Κωνσταντῖνος ὁ Χλωρός		δ	χλα
͵εωμε	Κωνσταντίνος ὁ Μέγας		κθ	χξ
͵εωξθ	Κωνστάντιος ὁ τούτου υἱός		κδ	χπδ
͵εωοα	Ἰουλιανὸς ὁ Παραβάτης		β	χπς
͵εωοβ	Ἰοβιανός		α	χπζ
͵εωπς	Οὐάλης		ιδ	ψα
͵εϡβ	Θεοδόσιος ὁ Μέγας		ις	ψιζ
͵εϡις	Ἀρκάδιος		ιδ	ψλα
͵εϡνη	Θεοδόσιου Νέος		μβ	ψογ
͵εϡξδ	Μαρκιανός		ς	ψοθ
͵εϡπβ	Λέων ὁ Μακέλης		ιη	ψϟζ
͵εϡϟθ	Ζήνων ὁ Ἴσαυρος		ιζ	ωιδ
͵ςκς	Ἀναστάσιος ὁ Δίκορος		κζ	ωμα
͵ςλε	Ἰουστῖνος πρῶτος		θ	ων
͵ςογ	Ἰουστινιανὸς ὁ Μέγας		λη	ωπη
͵ςπς	Ἰουστῖνος Νέος ὁ Δίκαιος		ιγ	ϡα
͵ςϟ	Τιβερίος ὁ καὶ Κωνσταντίνος		δ	ϡε
͵ςρι	Μαυρίκιος		κ	ϡκε
͵ςριη	Φωκᾶς		η	ϡλγ

͵ϛρκζ	Ἡράκλειος	θ	ͻμβ
͵ϛρμη	Ἡράκλειος ὁ αὐτός	κα	ͻξγ
͵ϛρμθ	Κωνσταντῖνος ὁ υἱὸς αὐτοῦ	α	ͻξδ
͵ϛρος	Κώνστας ὁ Ἡρακλείου ἔγγονος	κζ	ͻϟα
͵ϛργ	Κωνσταντῖνος ὁ Πωγωνάτος	ιζ	͵αη
͵ϛσγ	Ἰουστινιανὸς τὸ πρῶτον	ι	͵αιη
͵ϛσς	Λεόντιος Στρατηγός	γ	͵ακα
͵ϛσιγ	Τιβέριος ὁ καὶ Ἀψίμαρος	ζ	͵ακη
͵ϛσιθ	Ἰουστινιανὸς τὸ δεύτερον	ϛ	͵αλδ
͵ϛσκα	Φιλιππικὸς ὁ Βαρδάνης	β	͵αλς
͵ϛσκγ	Ἀναστάσιος ὁ καὶ Ἀρτέμιος	β	͵αλη
͵ϛσκδ	Θεοδόσιος ὁ Ἀτραμυτινός	α	͵αλθ
͵ϛσμγ	Λέων ὁ Ἴσαυρος	κε	͵αξδ
͵ϛσπγ	Κωνσταντῖνος ὁ Κοπρώνυμος	λδ	͵αϟη
͵ϛσπη	Λέων ὁ τούτου υἱὸς ἐκ Χαζάρας	ε	͵αργ
͵ϛσϟη	Κωνσταντῖνος καὶ Εἰρήνη	ι	͵αριγ
͵ϛτε	Κωνσταντῖνος μόνος	ζ	͵αρκ
͵ϛτι	Εἰρήνη μόνη	ε	͵αρκε
͵ϛτιθ	Νικηφόρος σὺν Σταυρακίῳ	θ	͵αρλδ
͵ϛτκα	Μιχαὴλ ὁ Ῥαγκαβαί	β	͵αρλϛ
͵ϛτκη	Λέων ὁ Ἀρμένιος	ζ	͵αρμγ
͵ϛτλζ	Μιχαὴλ ὁ Τραυλός	θ	͵αρνβ
͵ϛτν	Θεόφιλος ὁ τούτου υἱός	ιγ	͵αρξε
͵ϛτξδ	Μιχαὴλ καὶ Θεόφιλος σὺν τῇ μητρί	ιδ	͵αροθ
͵ϛτος	Μιχαὴλ μόνος ὁ Μεθυστής	ιβ	͵αρϟα
͵ϛτϟε	Βασίλειος ὁ Μακεδών	ιθ	͵ασι
͵ϛυκ	Λέων ὁ Σοφώτατος	κε	͵ασλε
͵ϛυκα	Ἀλέξανδρος ὁ ἀδελφὸς αὐτοῦ	α	͵ασλϛ
͵ϛυλϛ	Κωνσταντῖνος ὁ τοῦ Λέοντος υἱός	ιε	͵ασνα
͵ϛυογ	Ῥωμανὸς ὁ Λεκαπηνός	λζ	͵ασπη
͵ϛυος	Ῥωμανὸς ὁ Κωνσταντίνου υἱός	γ	͵ασϟα
͵ϛυπβ	Νικηφόρος ὁ Φωκᾶς	ϛ	͵ασϟζ
͵ϛυπη	Ἰωάννης ὁ Τζιμισκῆς	ϛ	͵ατγ
͵ϛφμ	Βασίλειος ὁ Βουλγαροκτόνος καὶ Κωνσταντῖνος	νβ	͵ατνε
͵ϛφμε	Ῥωμανὸς ὁ Ἀργυρόπουλος	ε	͵ατξ

͵ϛφνγ	Μιχαὴλ ὁ Παφλαγών	η		͵ατξη
͵ϛφνδ	Μιχαὴλ ὁ Καλαφάτης	α		͵ατξθ
͵ϛφξϛ	Κωνσταντῖνος ὁ Μονομάχος	ιβ		͵ατπα
͵ϛφξζ	Θεοδώρα ἡ Πορφυρογέννητος	α		͵ατπβ
͵ϛφξη	Μιχαὴλ Γέρων ὁ ἀπὸ Στρατιωτῶν	α		͵ατπγ
͵ϛφο	Ἰσαάκιος ὁ Κομνηνός	β		͵ατπε
͵ϛφοζ	Κωνσταντῖνος ὁ Δούκας	ζ		͵ατϙβ
͵ϛφοη	Εὐδοκία ἡ γυνὴ τοῦ Κομνηνοῦ	α		͵ατϙγ
͵ϛφπβ	Ῥωμανὸς ὁ Διογένης	δ		͵ατϙζ
͵ϛφπη	Μιχαὴλ ὁ Παραπινάκης	ϛ		͵αυγ
͵ϛφϙα	Νικηφόρος ὁ Βοτανειάτης	γ		͵αυϛ
͵ϛχκη	Ἀλέξιος ὁ Κομνηνός	λζ		͵αυμγ
͵ϛχνβ	Ἰωάννης ὁ τούτου υἱὸς Κομνηνός	κδ		͵αυξζ
͵ϛχϙ	Μανουὴλ ὁ Ἰωάννου Κομνηνός	λη		͵αφε
͵ϛχϙγ	Ἀλέξιος σὺν Ἀνδρονίκῳ Κομνηνός	γ		͵αφη
͵ϛψβ	Ἰσαάκιος ὁ Ἄγγελος	θ		͵αφιζ
͵ϛψια	Ἀλέξιος Ἄγγελος ὁ ἀδελφὸς αὐτοῦ	θ		͵αφκϛ
͵ϛψιβ	Ἀλέξιος Ἰσαακίου υἱὸς Ἄγγελος	μην. θ	ἡμ. κ	͵αφκϛ
	Ἀλέξιος Δούκας ὁ Μούρτζουφλος	μην. β	ἡμ. ι	
͵ϛψλ	Θεόδωρος ὁ πρῶτος Λάσκαρης	ιη		͵αφμε
͵ϛψξγ	Ἰωάννης Δούκας ὁ Βατάτζης	λγ		͵αφοη
͵ϛψξζ	Θεόδωρος Λάσκαρης ὁ Σοφώτατος	δ		͵αφπβ
͵ϛψϙα	Μιχαὴλ Παλαιολόγος πρῶτος	κδ		͵αχϛ
ϛ [sic]	Ἀνδρόνικος ὁ καὶ Ἀντώνιος μοναχός			
ϛ [sic]	Ἀνδρόνικος Παλαιολόγος ὁ τούτου ἔγγονος			
ϛ [sic]	Ἰωάννης ὁ Καντακουζηνός			
ϛ [sic]	Ἰωάννης ὁ τούτου γαμβρὸς Παλαιολόγος			
ϛ [sic]	Μανουὴλ ὁ Ἰωάννου Παλαιολόγος			

Annexe D
Rois de Babylone de Nabonassar à Alexandre : Ptolémée et les sources babyloniennes

Ptolémée		Babylonian King List A[1]		Uruk King List[2]	Chronique néo-babylonienne[3]	
Nabû-nāṣir	14	Nabû-nāṣir	[...]		Nabû-nāṣir	14
Nabû-nādin-zēri	2	Nabû-nādin-zēri	2		Nādin	2
		Nabû-šuma-ukīn	1 m. 13 j.		Šuma-ukīn	2 m.
Mukīn-zēri et Pūlu	5	Mukīn-zēri	3		Mukīn-zēri	3
		Pūlu	2		Teglath-Phalasar	2
Ulūlāyu	5	Ulūlāyu	5		Salmanazar	5
Marduk-apla-iddina	12	Marduk-apla-iddina	12		Marduk-apla-iddina	12
Šarru-ukīn	5	Šarru-kīn	5		Šarru-ukīn	[...]
Premier interrègne	2	Sennachérib	2		[...]	[...]
		Marduk-zākir-šumi	1 m.		[...]	[...]
		Marduk-apla-iddina	9 m.		[...]	[...]
Bēl-ibni	3	Bēl-ibni	3		Bēl-ibni	3
Aššur-nādin-šumi	6	Aššur-nādin-šumi	6		Aššur-nādin-šumi	6
Nergal-ušēzib	1	Nergal-ušēzib	1		Nergal-ušēzib	1 an 6 m.
Mušēzib-Marduk	4	Mušēzib-Marduk	4(?)		Mušēzib-Marduk	4

---

1 Grayson (1983, 92–93).
2 Grayson (1983, 97.)
3 Grayson (1975, 70–86).

Ptolémée		Babylonian King List A	Uruk King List		Chronique néo-babylonienne	
Second interrègne	8	Sennacherib		8(?)	Années sans roi	8
Aššur-aḫa-iddina	13	Assarhaddon		[...]	Assarhaddon	12
Šamaš-šuma-ukîn	20	Šamaš-šuma		[...]	Šamaš-šuma-ukîn	[...]
Kandalānu	22	Kandal	Kandalānu	21	[...]	
			Sîn-šumu-līšir et Sîn-šarra-iškun	1		
Nabû-apla-uṣur	21		Nabû-apla-usur	21	Nabû-apla-usur	21
Nabû-kudurrī-uṣur	43		Nabû-kudurrī-usur	43	Nabû-kudurrī-usur	[...]
Amēl-Marduk	2		Amēl-Marduk	2	[...]	
Nergal-šarra-uṣur	4		Nergal-šarra-usur	3 a. 8 m.	Nergal-šarra-usur	[...]
			Labāši-Marduk	3 m.		
Nabû-na'id	17		Nabû-na'id	17(?)	Nabû-na'id	17
Cyrus (II)	9		Cyrus	[...]	Cyrus	[...]
Cambyse (II)	8		[Camby]se	[...]		
Darius Iᵉʳ	36		[Dar]ius	[...]		
Xerxès (Iᵉʳ)	21		[...]	[...]		
Artaxerxès Iᵉʳ	41		[...]	[...]		
Darius II	19		[...]	[...]		
Artaxerxès II	46		[...]	[...]		
Ochos	21		[...]	[...]		
Arsès	2		[...]	[...]		
Darius III	4		Darius	5		
Alexandre	8		Alexandre	7(?)		

Annexe E
Liste des rois des Perses chez Eusèbe de Césarée, Georges le Syncelle et Ptolémée

Eusèbe, *Chronique* I 104–105		Eusèbe, *Chronique* I 190–191		*Excerpta Eusebiana* (a)	
Cyrus	31	Cyrus		Cyrus	30
Cambyse	8	Cambyse		Cambyse	6
Smerdis le mage	7 m.				
Darius fils d'Hystapès	36	Darius	36	Darius	36
Xerxès fils de Darius	20	Xerxès	20	Xerxès	21
				Artabanos	7 m.
Artaxerxès Makrocheir	41	Artaxerxès	41	Artaxerxès	41
				Xerxès II	2 m.
				Sogdianos	7 m.
Darius	7	Darius	19	Darius Nothos	19
Artaxerxès	40	Artaxerxès Mnémon	40	Artaxerxès Mnémon	40
Ochos	26	Ochos	26	Artaxerxès Ochos	26
Arsès	4	Arsès	4	Arsès fils d'Ochos	4
Darius	6	Darius	6	Darius Arsamos	6
Alexandre	6	Alexandre	6	Alexandre	6

(a) Cramer (1839, 118–119) = *Paris. gr.* 2600 f. 193rv.

Annexe E Liste des rois des Perses chez Eusèbe de Césarée

Eusèbe, *Chronique* II (*Canon*)		Erevan, *Maten. arm.* 1904 (b)		Julius Africanus (c)	
Cyrus	30	Cyrus	30	Cyrus	30
Cambyse	8	Cambyse	6	Cambyse	9
Frères Mages	7 m.	Frères mages	7 m.	Smerdes	7 (m.)
Darius	36	Darius	36	Darius	36
Xerxès fils de Darius	21	Xerxès	21	Xerxès	20
Artabanos	7 m.	Artabanos	7 ans	Artabanos	7 (m.)
Artaxerxès Makrocheir	40	Artaxerxès Makrocheir	40	Artaxerxès	40
Xerxès II	2 m.	Xerxès II	2 m.	Xerxès II	2 m.
Sogdianos	7 m.	Sogdianos	6 m.	Sogdianos	7 m.
Darius Nothos	19	Darius Nothos	19	Darius	19
Artaxerxès Mnémon	40	Artaxerxès Mnémon	40	Artaxerxès Mnémon	42
Artaxerxès Ochos	26	Artaxerxès Ochos	26	Artaxerxès Ochos	22
Arsès fils d'Ochos	3	Arsès fils d'Ochos	4	Arsès fils d'Ochos	4
Darius	6	Darius Arsamos	6	Darius	6
Alexandre	6	Alexandre	6	Alexandre	7

(b) Le ms. Erevan, *Matenadaran arm.* 1904 est le plus ancien témoin manuscrit de la traduction arménienne de la *Chronique* d'Eusèbe de Césarée ; voir Cohen-Skalli (2020, 50–52). La liste figurant ici est tirée d'une série de tables de règnes qui se trouve avant le canon d'Eusèbe dans le manuscrit, et éditée par Aucher (1818b, 33).
(c) Ce fragment de Julius Africanus (F73) est tiré des *Excerpta barbari*, voir Wallraff et al. (2007, 224–227).

Liste ecclésiastique (d)		Liste astronomique (e)		Ptolémée, Table des rois	
Cyrus	31	Cyrus	9	Cyrus	9
Cambyse	6	Cambyse	8	Cambyse	8
Frères Mages, Smerdios et Pauzoutès	7 m.				
Darius fils d'Hystapès	36	Darius	36	Darius	36
Xerxès fils de Darius	20 [m.]	Xerxès	21	Xerxès	21
Artaxerxès Makrocheir	43	Artaxerxès	41	Artaxerxès	41
Xerxès fils d'Artaxerxès	2 m.				
Sogdianos	7 m.				
Darius Nothos	19	Darius II Nothos	19	Darius II	19
Artaxerxès Mnémon	40	Artaxerxès II	46	Artaxerxès II	46
Ochos fils d'Artaxerxès	5	Ochos	21	Ochos	21
Arsès frère d'Ochos	4	Arsès [Saros cod.]	2	Arsès	2
Darius Arsamos	6	Darius III Arsamos	6	Darius III	6
Alexandre	6	Alexandre	6	Alexandre	6

(d) Georges le Syncelle, *Chron.* 246.19–247.29.
(e) Georges le Syncelle, *Chron.* 245.12–246.18.

Annexe F
Liste simplifiée des rois de Babylone, d'Égypte et des empereurs romains

Rois de Babylone (années juliennes av. J.-C.)	
747–734	Nabû-nāṣir (Nabonassar)
733–732	Nabû-nādin-zēri (Nādinu)
732	Nabû-šuma-ukīn II
731–729	Mukīn-zēri
728–727	Pūlu (Teglath-Phalasar III)
726–722	Ulūlāyu (Salmanazar V)
721–710	Marduk-apla-iddina II (Merodach-Baladan II)
709–705	Šarru-ukīn (Sargon II)
704–703	Sennacherib (roi d'Assyrie) ou interrègne
703	Marduk-zakir-šumi II
703	Marduk-apla-iddina II (second règne)
702–700	Bēl-ibni
699–694	Aššur-nādin-šumi
693	Nergal-ušēzib
692–689	Mušēzib-Marduk
688–681	Sennacherib (roi d'Assyrie) ou interrègne
680–669	Aššur-aḫa-iddina (Assarhaddon)
668	Aššur-bāni-apli (Assurbanipal) ou interrègne
667–648	Šamaš-šuma-ukīn
647–627	Kandalānu
626	Sîn-šumu-līšir ou interrègne
626	Sîn-šarru-iškun ou interrègne
625–605	Nabû-apla-uṣur (Nabopolassar)
604–562	Nabû-kudurri-uṣur (Nabuchodonosor II)
561–560	Amēl-Marduk
559–556	Nergal-šarra-uṣur (Nériglissar)
556	Lābāši-Marduk
556–539	Nabû-na'id (Nabonide)
539–530	Cyrus II le Grand (roi de Perse depuis 559)
530–522	Cambyse II
522–486	Darius Ier le Grand
485–465	Xerxès Ier
465–424	Artaxerxès Ier
424	Xerxès II
424	Sogdianos
423–404	Darius II
404–358	Artaxerxès II (Arsacès)
358–338	Artaxerxès III (Ochos)
338–336	Artaxerxès IV (Arsès ou Arsamès)

 Open Access. © 2023 the author(s), published by De Gruyter. [CC BY-NC-ND] This work is licensed under the Creative Commons Attribution-NonCommercial-NoDerivatives 4.0 International License.
https://doi.org/10.1515/9783111304458-026

Rois d'Égypte (années juliennes av. J.-C.)

336–331	Darius III
332–323	Alexandre III le Grand (roi de Macédoine depuis 336)
323–317	Philippe (III) Arrhidée
317–310/309	Alexandre IV
310/309–305/304	Ptolémée Ier (satrape)
305/304–283	Ptolémée Ier Sôter (roi d'Égypte)
285/284–283	avec Ptolémée II
283–246	Ptolémée II Philadelphe
246–222	Ptolémée III Évergète Ier
222–205	Ptolémée IV Philopator
209/208–205	avec Ptolémée V
204–180	Ptolémée V Épiphane
180–145	Ptolémée VI Philométor
170/169–164	avec Ptolémée (VIII) et Cléopâtre II
164/163	Ptolémée (VIII) et Cléopâtre II (seuls)
163–145	Ptolémée VI Philométor
163–145	avec Cléopâtre II
été 145	Ptolémée VII
145–116	Ptolémée VIII Évergète II
116–110	Ptolémée IX avec Cléopâtre III
110–88	Ptolémée X
110–101	avec Cléopâtre III
88–80	Ptolémée IX Sôter II (second règne)
80	Ptolémée XI et Cléopâtre Bérénice III
80–51	Ptolémée XII Néos Dionysos
51–30	Cléopâtre VII

Empereurs romains

27 av.–14 ap. J.-C.	Auguste
14–37	Tibère
37–41	Caius Caligula
41–54	Claude
54–68	Néron
68–69	Galba
69	Othon
69	Vitellius
69–79	Vespasien
79–81	Titus
81–96	Domitien
96–98	Nerva
98–117	Trajan
117–138	Hadrien
138–161	Antonin le Pieux
161–180	Marc Aurèle (Antoninus)
161–169	Lucius Verus (co-emp.)

180–192	Commode
193	Pertinax
193	Didius Julianus
193–211	Septime Sévère
198–211	Caracalla (Marcus Aurelius Antoninus) (co-emp.)
209–211	Geta (co-emp.)
211–217	Caracalla
217–218	Macrin et Diaduménien
218–222	Héliogabale (Marcus Aurelius Antoninus)
222–235	Sévère Alexandre, fils de Mamæa
235–238	Maximin Ier le Thrace
238	Gordien Ier et Gordien II
238	Maxime Pupien et Balbin
238–244	Gordien III
244–249	Philippe l'Arabe
247–249	Philippe II (co-emp.)
249–251	Dèce
251	Hostilien
251–253	Trébonien Galle et Volusien
253	Émilien
253–260	Valérien et Gallien
260–268	Gallien (seul)
268–270	Claude II
270	Quintilius
270–275	Aurélien
275–276	Tacite
276	Florien
276–282	Probus
282–283	Carus
283–285	Carin
283–284	Numérien
284–286	Dioclétien
286–305	Dioclétien (Orient) et Maximien Hercule (Occident)
305–306	Galère (or.) et Constance Chlore (occ.)
306–307	Galère (or.) et Sévère (occ.)
308–310	Galère (or.) et Licinius (occ.)
310–311	Galère avec Licinius (or.) et Constantin Ier (occ.)
311–324	Constantin Ier (occ.)
311–313	Licinius et Maximin II Daïa (or.)
313–324	Licinius (or.)
324–337	Constantin Ier
337–361	Constance II (337–350 or. seulement)
337–340	Constantin II (occ.)
337–350	Constant Ier (occ.)
361–363	Julien l'Apostat
363–364	Jovien

364–378	Valens (or.)
364–375	Valentinien Ier (occ.)
367–378	Gratien (occ.)
379–395	Théodose Ier
379–383	Gratien (occ.)
384–388	Maxime (occ.)
375–392	Valentinien II (occ.)
383–408	Flavius Arcadius (or.)
393–423	Flavius Honorius (occ.)
408–450	Théodose II (or.)
421	Constance III (occ.)
424–450	Valentinien III (occ.)
450–457	Marcien (or.)
450–455	Valentinien III (occ.)
455	Pétrone Maxime (occ.)
455–456	Avitus (occ.)
457–474	Léon Ier le Thrace (or.)
457–461	Majorien (occ.)
467–472	Anthémius (occ.)
472	Olybrius (occ.)
473–474	Glycérius (occ.)
474	Léon II
474–491	Zénon
474–480	Julius Nepos
475–476	Romulus Augustule
491–518	Anastase Ier
518–527	Justin Ier
527–565	Justinien Ier
565–578	Justin II
578–582	Tibère Constantin
582–602	Maurice
602–610	Phocas le Tyran
610–641	Héraclius
613–641	Constantin III Héraclius (co-emp.)
641	Constantin III Héraclius
641	Héraclonas
641–668	Constant II Héraclius
668–685	Constantin IV
685–695	Justinien II Rhinotmète
695–698	Léonce
698–705	Tibère Apsimaros
705–711	Justinien II Rhinotmète (2nd règne)
711–713	Philippicos Bardanès
713–715	Anastase II Artémios
715–717	Théodose III
717–741	Léon III l'Isaurien

741–775	Constantin V Copronyme
741–743	Artabasdos (usurp.)
775–780	Léon IV le Khazar
776–780	Constantin VI (co-emp.)
780–797	Constantin VI
780–790	Irène (régente)
797–802	Irène
802–811	Nicéphore Ier le Logothète
811	Staurakios
811–813	Michel Ier Rhangabé
811–813	Théophylacte (co-emp.)
813–820	Léon V l'Arménien
813–820	Constantin (co-emp.)
820–829	Michel II l'Amorien (le Bègue)
826–842	Théophile
842–867	Michel III
842–855	Théodora (régente)
867–886	Basile Ier le Macédonien
868–879	Constantin (co-emp.)
870–886	Léon VI (co-emp.)
871–912	Alexandre (co-emp.)
886–912	Léon VI le Sage
912–913	Alexandre
913–920	Constantin VII Porphyrogénète
914–919	Zoé (régente)
919–920	Romain Lecapène (régent)
920–944	Romain Ier Lecapène
920–944	Constantin VII (co-emp.)
921–931	Christophe Lecapène (co-emp.)
924–945	Stéphanos Lecapène (co-emp.)
945–959	Constantin VII Porphyrogénète (seul)
959–963	Romain II Prophyrogénète
963–969	Nicéphore II Phocas
969–976	Jean Ier Tzimiskès
976–1025	Basile II le Bulgaroctone
1025–1028	Constantin VIII
1028–1050	Zoé Porphyrogénète, avec :
1028–1034	Romain III Argyre
1034–1041	Michel IV le Paphlagonien
1041–1042	Michel V le Calfat
1042	Théodora Porphyrogénète
1042–1050	Constantin IX Monomaque
1050–1055	Constantin IX Monomaque (seul)
1055–1056	Théodora Porphyrogénète
1056–1057	Michel VI Bringas (le Vieux)
1057–1059	Isaac Ier Comnène

1059–1067	Constantin X Doukas
1067–1078	Michel VII Doukas
1067	Eudocie (régente)
1068–1071	Romain IV Diogène (co-emp.)
1078–1081	Nicéphore III Botaniatès
1081–1118	Alexis Ier Comnène
1118–1143	Jean II Comnène
1143–1180	Manuel Ier Comnène
1180–1183	Alexis II Comnène
1183–1185	Andronic Ier Comnène
1185–1195	Isaac II Ange
1195–1203	Alexis III Ange
1203–1204	Isaac II Ange (2nd règne)
1203–1204	Alexis IV Ange (co-emp.)
1204	Alexis V Murzuphle
1204–1205	Constantin Lascaris (emp. de Nicée)
1205–1222	Théodore Ier Lascaris (emp. de Nicée)
1222–1254	Jean III Doukas Vatatzès (emp. de Nicée)
1254–1258	Théodore II Lascaris (emp. de Nicée)
1258–1261	Michel VIII Paléologue (emp. de Nicée)
1258–1261	Jean IV Lascaris (co-emp. de Nicée)
1261–1282	Michel VIII Paléologue
1282–1328	Andronic II Paléologue
1295–1320	Michel IX Paléologue (co-emp.)
1328–1341	Andronic III Paléologue
1341–1376	Jean V Paléologue
1347–1355	Jean VI Cantacuzène (co-emp.)
1353–1357	Mathieu Cantacuzène (co-emp.)
1376–1379	Andronic IV Paléologue
1379–1391	Jean V Paléologue (2nd règne)
1391–1425	Manuel II Paléologue
1403–1407	Andronic V Paléologue (co-emp.)
1399–1403	Jean VII Paléologue (co-emp.)
1416–1425	Jean VIII Paléologue (co-emp.)
1425–1448	Jean VIII Paléologue
1449–1453	Constantin Paléologue

Bibliographie

Éditions

NB. Seuls les ouvrages dont au moins un passage est cité sont donnés dans cette liste.

Al-Battānī, *Ṣābi' Zīj* : voir Nallino (1899).
Al-Bīrūnī, *Kitāb al-āthār al-bāqiyah* (*Les Vestiges du passé*) : voir Sachau (1878).
Censorinus, *De die natali* : Gérard Freyburger et Anne-Marie Chevallier (éds.) (2019), *Censorinus, Le jour anniversaire de la naissance*. Paris : Les Belles Lettres.
Chronicon Paschale : Ludwig Dindorf (1832), *Chronicon Paschale. Vol. I*, Corpus Scriptorum Historiae Byzantinae. Bonn : Ed. Weber.
Chronographeion syntomon (Χρονογραφεῖον σύντομον) : voir Schoene (1875a).
Clément d'Alexandrie, *Stromate* I : Otto Stählin et Ludwig Früchtel (1960), *Clemens Alexandrinus. Zweiter Band. Stromata Buch I–VI* (3. Auflage), Die griechischen christlichen Schriftsteller der ersten Jahrhunderte 52. Berlin : Akademie-Verlag.
Élie de Nisibe, *Chronographie* I : voir Brooks (1910a).
Élie de Nisibe, *Chronographie* II : voir Chabot (1909).
Eusèbe de Césarée, *Histoire ecclésiastique* : Gustave Bardy (1952), *Eusèbe de Césarée. Histoire ecclésiastique. Livre I–IV*, Sources Chrétiennes 31. Paris : Les éditions du cerf.
Eusèbe de Césarée, *Chronique*, livre I : voir Aucher (1818a).
Eusèbe de Césarée, *Chronique*, livre II (Canon chronologique) : voir Aucher (1818b).
Gennadios Scholarios, *Chronographie* : Louis Petit, X. A. Sideridès et Martin Jugie (1935), *Œuvres complètes de Gennade Scholarios. Tome IV. Polémique contre Pléthon – Oeuvres pastorales, ascétiques, liturgiques, poétiques – Correspondance. Chronographie*. Paris : Maison de la Bonne Presse.
Georges le Moine, *Chronique* : voir De Boor (1904).
Georges le Syncelle, *Chron.* (Ἐκλογὴ χρονογραφίας) : voir Mosshammer (1984).
Jacques d'Édesse, *Chronique* : voir Brooks (1905).
Julius Africanus : voir Wallraff et al. (2007).
Méliténiotès (Théodore), *Triblos* (Τρίβιβλος ἀστρονομική) : voir Leurquin (1990) et Leurquin (1993a).
Métochitès (Théodore), *Éléments d'astronomie* (Στοιχείωσις ἀστρονομική) : voir Bydén (2003) pour les chapitres 1.1–4 et Paschos et Simelidis (2017) pour les chapitres 1.5–30.
Michel le Syrien, *Chronique* : voir Chabot (1899).
Olympiodore, *in Paulum Alex.* : Emilie Boer (1962), *Heliodori, ut dicitur, in Paulum Alexandrinum commentarium*. Leipzig : Teubner.
Pappos, *Commentaire à l'Almageste* : voir Rome (1931a).
Preceptum canonis Ptolomei : voir Pingree (1997).
Pierre d'Alexandrie, Ἔκθεσις χρόνων : voir Samodurova (1961).
Ptolémée, *Almageste* (*Alm.*) : Heiberg (1898) pour les livres I à VI (noté « Heiberg ») et Heiberg (1903) pour les livres VII à XIII (noté « Heiberg^2 »).
Ptolémée, *Géographie* : voir Stückelberger et Graßhoff (2006).
Ptolémée, *Manuel* des *Tables faciles* : voir Heiberg (1907).
Stéphanos, *Commentaire* : voir Lempire (2016).
Théon d'Alexandrie, *Grand Commentaire* : voir Mogenet et Tihon (1985).
Théon d'Alexandrie, *Petit Commentaire* : voir Tihon (1978).
Théophane, *Chronique* : voir De Boor (1883).
Vettius Valens, *Anthologies* : voir Pingree (1986).

Ouvrages

Acerbi, Fabio et Lucio Del Corso (2014), « Tolomeo in Laurenziana: il primo papiro della Psephophoria (PL II/33) », *Analecta papyrologica* 26 : 37–73.

Acerbi, Fabio et Inmaculada Pérez Martín (2019), « Les études géométriques et astronomiques à Thessalonique d'après le témoignage des manuscrits : de Jean Pédiasimos à Démétrios Kydônès », *Byzantion* 89 : 1–35.

Acerbi, Fabio (2020), « Topographie du Vat. gr. 1594 », in : Daniele Bianconi et Filippo Ronconi (éds.), *La « collection philosophique » face à l'histoire. Péripéties et tradition* : 239–321. Spolète : Fondazione Centro italiano di studi sull'Alto Medioevo.

Acerbi, Fabio (2021), « I codici matematici di Bessarione. I libri di Bessarione », in : Antonio Rigo et Niccolò Zorzi (éds.), *Studi sui manoscritti del Cardinale a Venezia e in Europa* : 107–218. Turnhout : Brepols.

Adler, William (1989), *Time Immemorial. Archaic History and its Sources in Christian Chronography from Julius Africanus to George Syncellus*. Washington, D.C. : Dumbarton Oaks.

Adler, William et Tuffin, Paul (2002), *The Chronography of George Synkellos. A Byzantine chronicle of universal history from the Creation*. Oxford : Oxford University Press.

Anton, Michel (1925), *Humbert und Kerullarios. Studien. Erster Teil*, Quellen und Forschungen aus dem Gebiete der Geschichte 21. Paderborn : Ferdinand Schöningh.

Aucher, Jean-Baptiste (Mkrtič Awgerean) (1818a), *Eusebii Pamphili Caesariensis episcopi Chronicon bipartitum. Pars I. Historico-Chronographica*. Venise : typis coenobii PP. Armenorum in insula S. Lazari.

Aucher, Jean-Baptiste (Mkrtič Awgerean) (1818b), *Eusebii Pamphili Caesariensis episcopi Chronicon bipartitum. Pars II. Chronicus canon*. Venise : typis coenobii PP. Armenorum in insula S. Lazari.

Bacchelli, Franco (2007), « Di Demetrio Raoul Kavàkis e di alcuni suoi scritti (con due lettere inedite di Gemisto Pletone) », *UnoMolti* 1 : 129–172.

Bainbridge, John (1620), Πρόκλου Σφαῖρα· Πτολεμαίου Περὶ Ὑποθέσεων τῶν πλανωμένων. *Procli Sphaera, Ptolemaei de Hypothesibus Planetarum liber singularis, nunc primum in lucem editus. Cui accessit ejusdem Ptolemaei Canon Regnorum. Vtrumque librum ex codicum M. S. collatione summa diligentia restituit, latine reddidit & figuris illustravit*. Londres : William Jones.

Bandini, Angelo Maria (1768), *Catalogus codicum graecorum Bibliothecae Laurentianae. Tomus secundus*. Florence : Typis Caesareis.

Bara, Joëlle-Frédérique (1989), *Vettius Valens d'Antioche. Anthologies, livre I*. Leyde : Brill.

Barbagli, Nicola (forthcoming), « Dishonoured pharaohs: alteration, removal, and destruction of imperial inscriptions and images in Roman Egypt », in : V. E. Allen et S. Connor (éds), *Altering images: iconoclasm in Egypt*. Liège: Presses Universitaires de Liège.

Bardi, Alberto (2019), « The Reception and Rejection of 'Foreign' Astronomical Knowledge in Byzantium », in : Jochen Althoff, Dominik Berrens et Tanja Pommerening (éds.), *Finding, Inheriting or Borrowing? The Construction and Transfer of Knowledge in Antiquity and the Middle Ages* : 167–184. Bielefeld : transcript Verlag.

Bauer, Adolphus (1909), *Anonymi Chronographia Syntomos e codice Matritensi No. 121 (nunc 4701)*. Leipzig : Teubner.

Behm, Johann (1619), *Chronologica manuductio & deductio annorum a conditu mundi, ad exterminium usque prioris et posterioris Templi etc*. Francfort-sur-le-Main : Typis Nicolai Hoffmanni.

Beneševič, Vladimir (1965), *Catalogus codicum manuscriptorum graecorum qui in monasterio Sanctae Catharinae in Monte Sina asservantur. Tomus I*. Hildesheim : Georg Olms.

Bennett, Julian (1997), *Trajan. Optimus Princeps. A Life and Times*. Londres : Routledge.
Bianconi, Daniele (2004), « Eracle e Iolao. Aspetti della collaborazione tra copisti nell'età dei Paleologi », *Byzantinische Zeitschrift* 96/2 : 521–558.
Bianconi, Daniele (2005), *Tessalonica nell'età dei Paleologi. Le pratiche intellettuali nel riflesso della cultura scritta*, Dossiers byzantins 5. Paris : Centre d'études byzantines, néo-helléniques et sud-est européennes, École des Hautes Études en Sciences Sociales.
Bianconi, Daniele (2006), « Qualcosa di nuovo su Giovanni Catrario », *Medioevo Greco* 6 : 69–91.
Bianconi, Daniele (2010), « Il Laur. Plut. 28.26 ovvero la storia di Bisanzio nella storia di un codice », in : Marco D'Agostino et Paola Degni (éds.), *Alethes Philia. Studi in onore di Giancarlo Prato* : 39–63. Spolète : Fondazione Centro italiano di studi sull'alto Medioevo.
Bianconi, Daniele (2012), « Sull'identificazione della mano di Nicola Tricline e su altre mani nel Laur. Plut. 28.31 », in : Paolo Cherubini et Giovanna Nicolaj (éds.), *Sit liber gratus, quem servulus est operatus. Studi in onore di Alessandro Pratesi per il suo 90° compleanno* : 655–677. Cité du Vatican : Scuola vaticana di Paleografia, Diplomatica e Archivistica.
Bickerman, Elias Joseph (1980), *Chronology of the Ancient World. Second Edition*. Ithaca, N.Y. : Cornell University Press.
Bongiovanni, Roberto (2010), « P.Duk.inv. 4R: Homer, Iliad 22.111–149 with Marginalia », *Zeitschrift für Papyrologie und Epigraphik* 179 : 3–10.
Bodnar, Edward W. (1960), « The Isthmian Fortifications in Oracular Prophecy », *American Journal of Archaeology* 64/2 : 165–171.
Boiy, Tom (2007), *Between High and Low. A Chronology of the Early Hellenistic Period*, Oikoumene Studien zur antiken Weltgeschichte 5. Francfort-sur-le-Main : Verlag Antike.
Boll, Franz (1899), « Beiträge zur Ueberlieferungsgeschichte der griechischen Astrologie und Astronomie », *Sitzungsberichte der philosophisch-philologischen und der historischen Classe der königlich bayerischen Akademie der Wissenschaften zu München* 1 : 77–140.
Bouché-Leclercq, Auguste (1904), *Histoire des Lagides. Tome deuxième. Décadence et fin de la dynastie (181–30 avant J.-C.)*. Paris : Ernest Leroux.
Breydy, Michael (1983), *Études sur Said ibn Baṭrīq et ses sources*, Corpus Scriptorum Christianorum Orientalum 450, Subsidia 69. Louvain : Peeters.
Breydy, Michael (1985), *Das Annalenwerk des Eutychios von Alexandrien. Ausgewählte Geschichten und Legenden kompiliert von Said ibn Baṭrīq um 935 A.D.*, Corpus Scriptorum Christianorum Orientalum 471 (*editio*) et 472 (*versio*). Louvain : Peeters.
Briant, Pierre (1996), *Histoire de l'Empire perse : De Cyrus à Alexandre*. Paris : Fayard.
Brinkman, John A. (1962), « A Preliminary Catalogue of Written Sources for a Political History of Babylonia: 1160–722 B.C. », *Journal of Cuneiform Studies* 16/4 : 83–109.
Brinkman, John A. (1968), *A Political History of Post-Kassite Babylonia, 1158–722 B.C.*, Analecta Orientalia 43. Rome : Pontificium Institutum Biblicum.
Brooks, Edmund Wright (1905), « Chronicon Iacobi Edesseni », in : Edmund Wright Brooks, Ignazio Guidi et Jean Baptiste Chabot, *Chronica minora. Pars Tertia. Textus*, Corpus Scriptorum Christianorum Orientalium III/4 : 261–330. Paris : e typographeo reipublicae. Leipzig : Otto Harrassowitz.
Brooks, Edmund Wright (1910a), *Eliae Metropolitae Nisibeni Opus chronologicum. Pars Prior. Textus*, Corpus Scriptorum Christianorum Orientalium III/7. Paris : e typographeo reipublicae.
Brooks, Edmund Wright (1910b), *Eliae Metropolitae Nisibeni Opus chronologicum. Pars Prior. Versio*, Corpus Scriptorum Christianorum Orientalium III/7. Rome : Karolus de Luigi.
Budge, E. A. Wallis (1902), *Egypt under the Saïtes, Persians, and Ptolemies*. Londres : Kegan Paul, Trench, Trübner & Co.

Burgess, Richard (2013), « The Date, Purpose, and Historical Context of the Original Greek and the Latin Translation of the So-Called 'Excerpta Latina Barbari' », *Traditio* 68 : 1–56.

Burgess, Richard (2014), *Roman Imperial Chronology and Early-Fourth-Century Historiography. The Regnal Durations of the So-called Chronica urbis Romae of the Chronograph of 354*, Stuttgart : Franz Steiner Verlag.

Burgess, Richard et Michael Kulikowski (2013), *Mosaics of Time. The Latin Chronicle Traditions from the First Century BC to the Sixth Century AD. Volume I: A Historical Introduction to the Chronicle Genre from its Origins to the High Middle Ages*, Studies in the Early Middle Ages 33. Turnhout : Brepols.

Burgess, Richard et Michael Kulikowski (2016), « The Historiographical Position of John Malalas. Genre in Late Antiquity and the Byzantine Middle Ages », in : Mischa Meier, Christine Radtki et Fabian Schulz (éds.), *Die Weltchronik des Johannes Malalas. Autor – Werk – Überlieferung*, Malalas Studien 1 : 93–118. Stuttgart : Franz Steiner Verlag.

Bydén, Börje (2003), *Theodore Metochites' Stoicheiosis Astronomike and the Study of Natural Philosophy and Mathematics in Early Palaiologan Byzantium*. Göteborg : Acta Universitatis Gothoburgensis.

Calia, Anna (2020), « An Unedited Anti-Latin Letter by John Dokeianos to John Moschos of Korone (ca. 1460) », in : Alessandra Bucossi et Anna Calia (éds.), *Contra Latinos et adversus Graecos. The Separation between Rome and Constantinople from the Ninth to the Fifteenth Century*, Orientalia Lovaniensia Analecta 286 : 483–507. Louvain, Paris, Bristol, Conn. : Peeters.

Calvisius, Sethus (1620), *Opus chronologicum*. Francfort-sur-l'Oder : Johannes Thieme.

Camerarius, Joachim et Simon Grynaeus (1538), *Κλ. Πτολεμαίου μεγάλης συντάξεως βιβλ. ιγ. Θέωνος Ἀλεξανδρέως εἰς τὰ αὐτὰ ὑπομνημάτων βιβλ. ια. Claudii Ptolemaei Constructionis, id est, Perfectæ cœlestium motuum pertractationis lib. XIII. Theonis Alexandrini in eosdem commentariorum lib. XI*. Bâle : apud Ioannem Vualderum.

Canart, Paul (1979), *Les Vaticani Graeci, 1487–1962 : notes et documents pour l'histoire d'un fonds de manuscrits de la Bibliothèque vaticane*, Studi e testi 284. Cité du Vatican : Biblioteca apostolica vaticana.

Canart, Paul (1963), « Scribes grecs de la Renaissance. Additions et corrections aux répertoires de Vogel-Gardthausen et de Patrinélis », *Scriptorium* 17/1 : 56–82.

Canart, Paul et Giancarlo Prato (1981), « Les recueils organisés par Jean Chortasménos et le problème de ses autographes », in : Hermann Hunger (éd.), *Studien zum Patriarchatsregister von Konstantinopel I*, Philosophisch-Historische Klasse, Sitzungsberichte 383 : 115–178. Vienne : Österreichische Akademie der Wissenschaften.

Caspar, Max (1954), *Johannes Kepler Gesammelte Werke. Band XVI. Briefe 1607–1611*. Munich : C. H. Beck'sche Verlagsbuchhandlung.

Caudano, Anne-Laurence (2020), « Astronomy and Astrology », in : Stavros Lazaris (éd.), *A Companion to Byzantine Science* : 202–230. Leyde : Brill.

CCAG II – Kroll, Wilhelm et Alessandro Olivieri (éds.) (1900), *Catalogus codicum astrologorum graecorum. II. Codices Venetos*. Bruxelles : Henri Lamertin.

CCAG III – Martini, Emidio et Dominico Bassi (éds.) (1901), *Catalogus codicum astrologorum graecorum. III. Codices Mediolanenses*. Bruxelles : Henri Lamertin.

CCAG V/3 – Heeg, Joseph (éd.) (1910), *Catalogus codicum astrologorum graecorum. Tomi V Pars III. Codicum Romanorum partem tertiam*. Bruxelles : Henri Lamertin.

CCAG VIII/2 – Heeg, Joseph (éd.) (1911), *Catalogus codicum astrologorum graecorum. Tomi VIII Pars II. Codicum Parisinorum partem secundam*. Bruxelles : Henri Lamertin.

CCAG VIII/4 – Boudreaux, Pierre (éd.) (1921), *Catalogus codicum astrologorum graecorum. Tomi VIII Pars IV. Codicum Parisinorum partem quartam*. Bruxelles : Henri Lamertin.

CCAG IX/1 – Weinstock, Stefan (éd.) (1951), *Catalogus codicum astrologorum graecorum. IX. Pars prior. Codices Oxonienses*. Bruxelles : in aedibus Academiae.

Chabás, José et Anne Tihon (1993), « Verification of parallax in Ptolemy's Handy Tables », *Journal for the History of Astronomy* 24/1–2 : 123–141.

Chabot, Jean-Baptiste (1899), *Chronique de Michel le Syrien, Patriarche jacobite d'Antioche (1166–1199). Tome premier*. Paris : Ernest Leroux.

Chabot, Jean-Baptiste (1909), *Eliae Metropolitae Nisibeni Opus chronologicum. Pars Posterior. Textus*, Corpus Scriptorum Christianorum Orientalium III/8. Paris : e typographeo reipublicae.

Chabot, Jean-Baptiste (1910), *Eliae Metropolitae Nisibeni Opus chronologicum. Pars Posterior. Versio*, Corpus Scriptorum Christianorum Orientalium III/8. Rome : Karolus de Luigi.

Chrestou, Konstantinos P. (2002), *Τὸ φιλοσοφικὸ ἔργο τοῦ Νικηφόρου Χούμνου*. Thessalonique : Ἐκδόσεις Κυρομάνος.

Clérigues, Jean-Baptiste (2007), « Nicéphore Grégoras, copiste et superviseur du Laurentianus 70, 5 », *Revue d'histoire des textes* n.s. tome II : 21–47.

Cohen-Skalli, Aude (dir.) (2020), *Eusèbe de Césarée. Chronique I. Texte introduit par Aude Cohen-Skalli, traduit de l'arménien par Agnès Ouzounian, et commenté par Sergio Brillante, Sydney Hervé Aufrère, Sébastien Morlet et Agnès Ouzounian*. Paris : Les Belles Lettres.

Cornwall Lewis, George (1862), *An Historical Survey of the Astronomy of the Ancients*. Londres : Parker, Son, and Bourn, West Strand.

Cory, Isaac Preston (1832), *Ancient Fragments of the Phœnician, Chaldæan, Egyptian, Tyrian, Carthaginian, Indian, Persian, and Other Writers*, 2ᵉ édition. Londres : William Pickering.

Cottrell, Emily (2008), « Notes sur quelques-uns des témoignages médiévaux relatifs à l'*Histoire philosophique* (ἡ φιλόσοφος ἱστορία) de Porphyre », in : Anna Akasoy et Wim Raven (éds.), *Islamic Thought in the Middle Ages. Studies in Text, Transmission and Translation, in Honour of Hans Daiber* : 523–555. Leyde, Boston : Brill.

Coxe, Henry Octavius (1853–1854), *Catalogi codicum mss. Bibliothecae Bodleianae*, I–III. Oxford : e Typographeo Academico.

Cramer, John A. (1839), *Anecdota graeca e codd. manuscriptis bibliothecae regiae Parisiensis* Vol. II. Oxford : e typographeo academico.

Cronier, Marie (2020), « Les traités botaniques de Théophraste, entre Byzance et l'Italie », in : Maria Fernanda Ferrini et Guido Giglioni (éds.), *Περὶ φυτῶν. Trattati greci di botanica in Occidente e in Oriente. Περὶ φυτῶν. Greek Botanical Treatises in the West and the East* : 163–214. Macerata : Edizioni università di Macerata.

D'Alessio, Paola (2014), « Aspetti della tradizione manoscritta di Coricio di Gaza (II) », in : Eugenio Amato, Lucie Thévenet et Gianluca Ventrella, *Discorso pubblico e declamazione scolastica a Gaza nella tarda antichità: Coricio di Gaza e la sua opera. Atti della giornata di studio Nantes 6 giugno 2014* : 323–266. Bari : Edizioni di Pagina.

D'Alessio, Paola (2020), *Tradition manuscrite, fortune et réception de l'œuvre de Chorikios de Gaza*, thèse de doctorat soutenue à l'Université de Nantes le 14 octobre 2020.

Debié, Muriel (2015a), *L'écriture de l'histoire en syriaque. Transmissions interculturelles et constructions identitaires entre hellénisme et islam*, Late Antique History and Religion 12. Louvain, Paris, Bristol, Conn. : Peeters.

Debié, Muriel (2015b), « Theophanes' 'Oriental source': What can we learn from Syriac historiography? », in : Marek Jankowiak et Federico Montinaro (éds.), *Studies in Theophanes* : 365–382. Paris : Association des Amis du Centre d'Histoire et Civilisation de Byzance.

De Blois, François (2016), « The new edition of al-Biruni's 'Chronology': Work in progress », Conférence donnée lors du Workshop « Al-Biruni and his world », University College London, 15 février 2016. Disponible en podcast : https://soundcloud.com/ucl-arts-social-science/the-new-edition-of-al-birunis-chronology (dernier accès: 13/06/2023).

De Boor, Carl (1880), *Nicephori Archiepiscopi Constantinopolitani Opuscula Historica*. Leipzig : Teubner.

De Boor, Carl (1883), *Theophanis Chronographia. Volumen I*. Leipzig : Teubner.

De Boor, Carl (1885), *Theophanis Chronographia. Volumen II. Theophanis Vitas. Anastasii Bibliothecarii Historiam tripertitam*. Leipzig : Teubner.

De Boor, Carl (1904), *Georgii Monachi Chronicon*. Leipzig : Teubner.

Defaux, Olivier (2017), *The Iberian Peninsula in Ptolemy's Geography. Origins of the Coordinates and Textual History*, Berlin Studies of the Ancient World 51. Berlin : Edition Topoi.

Defaux, Olivier (2020), « Le *Papyrus Rylands* 522/523 et les tables de Ptolémée », *Zeitschrift für Papyrologie und Epigraphik* 215 : 51–93.

De Gregorio, Giuseppe (1994), « Attività scrittoria a Mistrà nell'ultima età paleologa: il caso del cod. Mut. Gr. 144 », *Scrittura e civiltà* 18 : 243–280.

Delambre, Jean-Baptiste (1817), *Histoire de l'astronomie ancienne*. Paris : Mme Courcier.

Delaporte, Louis-Joseph (1910), *La Chronographie d'Élie Bar-Šinaya, métropolitain de Nisibe*. Paris : Honoré Champion.

De Meyier, Karel Adriaan (1955), *Bibliotheca Universitatis Leidensis. Codices manuscripti VI. Codices Vossiani graeci et Miscellanei*. Leyde : in Bibliotheca Universitatis.

De Meyier, Karel Adriaan (1965), *Codices Bibliothecae Publicae Graeci*. Leyde : in Bibliotheca Universitatis.

De Nolhac, Pierre (1886), « Inventaire des manuscrits grecs de Jean Lascaris », *Mélanges de l'école française de Rome* 6 : 251–274.

De Nolhac, Pierre (1887), *La bibliothèque de Fulvio Orsini. Contributions à l'histoire des collections d'Italie et à l'étude de la Renaissance*, Bibliothèque de l'École des hautes études. Sciences philologiques et historiques 74. Paris : F. Vieweg.

Depuydt, Leo (1995), « 'More Valuable than all Gold': Ptolemy's Royal Canon and Babylonian Chronology », *Journal of Cuneiform Studies* 47 : 97–117.

Des Vignoles, Alphonse (1738), *Chronologie de l'Histoire Sainte et des histoires étrangères qui la concernent depuis la sortie d'Égypte jusqu'à la captivité de Babylone. Tome II*. Berlin : Ambroise Haude.

Devreesse, Robert (1937), *Codices Vaticani Graeci. Tomus II. Codices 330–603*. Rome : Typis polyglottis Vaticanis.

Devreesse, Robert (1965), *Le fonds grecs de la bibliothèque vaticane des origines à Paul V*, Studi e testi 244. Cité du Vatican : Biblioteca Apostolica Vaticana.

Di Branco, Marco (2009), *Storie arabe di Greci e di Romani. La Grecia e Roma nella storiografia arabo-islamica medievale*. Pise : Pisa University Press.

Diller, Aubrey (1956), « The autographs of Georgius Gemistus Pletho », *Scriptorium* 10/1 : 27–41.

Dodwell, Henry (1684), *Appendix ad Dissertationes Cyprianicas*. Oxford : e Theatro Sheldoniano.

Duclercq, Georges (2017), « The Regnal Canon in the Anthologies of Vettius Valens », *Zeitschrift für Papyrologie und Epigraphik* 204 : 221–228.

Eleuteri, Paolo (1994), « 23. Venezia, Biblioteca Nazionale Marciana, cod. Gr. 406 (= 791) », in : Gianfranco Fiaccadori (éd.), *Bessarione e l'Umanesimo. Catalogo della mostra* : 407. Naples : Vivarium.

Erlington, Charles Richard (1847), *The Whole Works of the Most Rev. James Ussher, D. D. Lord Archbishop of Armagh, and Primate of All Ireland. Volume XV*. Dublin : Hodges and Smith, Grafton Street, Londres : Whittaker and Co.

Evans, James (1998), *The History and Practice of Ancient Astronomy*. New York, Oxford : Oxford University Press.

Feingold, Mordechai (2004), « Rainolds [Reynolds], John », in : H. C. G. Matthew et Brian Harrison (éds.), *Oxford Dictionary of National Biography. Volume 45* : 823–827. Oxford : Oxford University Press.

Feron, Ernest et Fabian Battaglini (1893), *Codices manuscripti graeci Ottoboniani Bibliothecae Vaticanae*. Rome : ex typographeo Vaticano.

Ferrand, Louis (1679), *Reflexions sur la religion chrétienne, tome I. Contenant l'explication des Prophéties de Jacob & de Daniel sur la venuë du Messie*. Paris : André Pralard.

Förstel, Christian (2011), « Metochites and his Books between the Chora and the Renaissance », in : Holger A. Klein, Robert Ousterhout et Brigitte Pitarakis (éds.), *The Kariye Camii Reconsidered / Kariye Camii Yeniden* : 241–266. Istanbul : İstanbul Araştırmaları Enstitüsü.

Fournet, Jean-Luc et Anne Tihon (2014), *Conformément aux observations d'Hipparque : le Papyrus Fouad inv. 267 A*, Publications de l'Institut Orientaliste de Louvain 67. Louvain-la-Neuve : Peeters.

Frick, Carl (1892), *Chronica minora. Vol. I. Accedunt Hippolyti Romani praeter canonem paschalem. Fragmenta chronologica*. Leipzig : Teubner.

Fryde, Edmund (1996), *Greek Manuscripts in the Private Library of the Medici 1469–1510*. Aberystwyth : The National Library of Wales.

Fück, Johann (1952), « Sechs Ergänzungen zu Sachaus Ausgabe von al-Bīrūnī's Chronologie orientalischer Völker (Mit 2 Tafeln) », in : Johann Fück (éd.), *Documenta Islamica Inedita* : 69–98. Berlin : Akademie-Verlag.

Gamillscheg, Ernst, Dieter Harlfinger, et Herbert Hunger (1981), *Repertorium der griechischen Kopisten 800–1600, 1. Teil: Handschriften aus Bibliotheken Großbritanniens*. Vienne : Verlag der österreichischen Akademie der Wissenschaften.

Gamillscheg, Emil (2010), « Katalognummer 360 », in : Jutta Frings et Helga Willinghöfer (éds.), *Byzanz. Pracht und Alltag. Ausstellung Bonn (26. Februar – 13. Juni 2010)*. Munich : Hirmer Verlag.

Garbers, Karl (1952), « Eine Ergänzung zu Sachaus Ausgabe von al-Bīrūnī's Chronologie orientalischer Völker », in : Johann Fück (éd.), *Documenta Islamica Inedita* : 45–68. Berlin : Akademie-Verlag.

Gelzer, Heinrich (1880), *Sextus Julius Africanus und die byzantinische Chronographie. Erster Theil: Die Chronographie des Julius Africanus*. Leipzig : Teubner.

Gelzer, Heinrich (1885), *Sextus Julius Africanus und die byzantinische Chronographie. Zweiter Theil: Die Nachfolger des Julius Africanus*. Leipzig : Teubner.

Giacomelli, Ciro et David Speranzi (2019), « Dispersi e ritrovati. Gli 'Oracoli caldaici', Marsilio Ficino e Gregorio (iero)monaco », *Scripta* 12 : 113–142.

Giacomelli, Ciro (2021), « Aristotele e i suoi commentatori nella biblioteca di Bessarione. I manoscritti greci », in : Antonio Rigo et Niccolò Zorzi (éds.), *Studi sui manoscritti del Cardinale a Venezia e in Europa* : 219–275. Turnhout : Brepols.

Ginzel, Friedrich Karl (1906), *Handbuch der mathematischen und technischen Chronologie. Das Zeitrechnungswesen der Völker. I. Band, Zeitrechnung der Babylonier, Ägypter, Mohammedaner, Perser, Inder, Sudostasiaten, Chinesen, Japaner, und Zentralamerikaner*. Leipzig : J. C. Hinrichs.

Glassner, Jean-Jacques (2004), *Mesopotamian Chronicles*, Writings from the Ancient World 19. Atlanta : Society of Biblical Literature.

Gollob, Eduard (1910), *Die griechische Literatur in den Handschriften der Rossiana in Wien I. Teil*, Sitzungsberichte der philosophisch-historischen Klasse der Kaiserlichen Akademie der Wissenschaften 164, 3. Abhandlung. Vienne : Alfred Hölder.

Gordon, Matthew S., Chase F. Robinson et Everett K. Rowson (2018), *The Works of Ibn Wāḍidh al-Yaʿqūbī. An English Translation. Volume 2*, Islamic History and Civilization. Studies and Texts 152/2. Leyde, Boston : Brill.

Grafton, Anthony (1993), *Joseph Scaliger. A Study in the History of Classical Scholarship. II. Historical Chronology*. Oxford : Clarendon Press.

Grayson, Albert Kirk (1975), *Assyrian and Babylonian chronicles*, Texts from Cuneiform Sources 5. Locust Valley, N.Y. : J. J. Augustin.

Grayson, Albert Kirk (1983), « Königslisten und Chroniken », in : Dietz Otto Edzard (éd.), *Reallexikon der Assyriologie und Vorderasiatischen Archäologie. Sechster Band. Klagesang – Libanon* : 77–135. Berlin, New York : De Gruyter.

Grendler, Marcella (1980), « A Greek Collection in Padua: The Library of Gian Vincenzo Pinelli (1535–1601) », *Renaissance Quarterly* 33/3 : 386–416.

Grenfell, Bernard P. et Arthur S. Hunt (1898), *The Oxyrhynchus Papyri. Part I*. Oxford : Egypt Exporation Fund.

Grzybek, Erhard (2007), « Octavien et la prise d'Alexandrie en 30 av. J.-C. : deux notes chronologiques », in : Yves Perrin (éd.), *Neronia VII. Rome, l'Italie et la Grèce. Hellénisme et philhellénisme au premier siècle après J.-C. Actes du VIIe Colloque international de la SIEN (Athènes, 21-23 octobre 2004)*, Collection Latomus 305 : 145–157. Bruxelles : Éditions Latomus.

Guidetti, Fabio (2019), « 'Not in accordance with Ptolemy in some details': A late antique revision of the Handy Tables », in : Alena Hadravová, Petr Hadrava et Kristen Lippincott (éds.), *The Stars in the Classical and Medieval Traditions* : 45–92. Prague : Scriptorium, Astronomical Institute of the Czech Academy of Sciences.

Halma, Nicolas (1813), Κλαυδίου Πτολεμαίου Μαθηματικὴ Σύνταξις. *Composition mathématique de Claude Ptolémée, traduite pour la première fois du grec en français sur les manuscrits originaux de la bibliothèque impériale de Paris. Tome premier*. Paris : Henri Grand.

Halma, Nicolas (1819), Κλαυδίου Πτολεμαίου, Θέωνος κ.τ.λ., κανὼν βασιλειῶν, καὶ φάσεις ἀπλανῶν, καὶ Γεμίνου εἰσαγωγὴ εἰς τὰ φαινόμενα. *Table chronologique des règnes, prolongée jusqu'à la prise de Constantinople par les Turcs etc*. Paris : A. Bobée.

Halma, Nicolas (1822), Θέωνος Ἀλεξάνδρεως ὑπόμνημα. *Commentaire de Théon d'Alexandrie sur le livre III de l'Almageste de Ptolémée ; Tables manuelles des mouvements des astres, traduites pour la première fois du grec en français, sur les manuscrits de la bibliothèque du Roi. Volume 1, première partie*. Paris : Merlin.

Hammer, Franz (1953), *Johannes Kepler Gesammelte Werke. Band V. Chronologische Schriften*. Munich : C. H. Beck'sche Verlagsbuchhandlung.

Hardt, Ignaz (1812), *Catalogus codicum manuscriptorum graecorum Bibliothecae Regiae Bavaricae*, tome V. Munich : Seidel.

Harlfinger, Dieter (1971), *Die Textgeschichte der Pseudo-aristotelischen Schrift Περὶ ἀτόμων γραμμῶν. Ein kodikologisch-kulturgeschichtlicher Beitrag zur Klärung der Überlieferungsverhältnisse im Corpus Aristotelicum*. Amsterdam : Adolf M. Hakkert.

Hayduck, Michael (1885), *Stephani in librum Aristotelis de interpretatione commentarium*, Commentaria in Aristotelem Graeca 18/3. Berlin : Georg Reimer.

Heiberg, Johan Ludvig (1898), *Claudii Ptolemaei opera quae exstant omnia. I, Syntaxis Mathematica. Pars I, libros I–VI continens*. Leipzig : Teubner.

Heiberg, Johan Ludvig (1903), *Claudii Ptolemaei opera quae exstant omnia. I, Syntaxis Mathematica. Pars II, libros VII–XIII continens*. Leipzig : Teubner.
Heiberg, Johan Ludvig (1907), *Claudii Ptolemaei opera quae exstant omnia. II, Opera astronomica minora*. Leipzig : Teubner.
Heiberg, Johan Ludvig (1929), *Anonymi logica et quadrivium, cum scholiis antiquis*, Historiskfilologiske Meddelelser 15/1. Copenhague : Andr. Fred. Høst & Søn.
Helm, Rudolf (1955), *Hippolytus Werke. Vierter Band. Die Chronik*, 2e édition. Berlin : Akademie-Verlag.
Hilgard, Alfred (1901), *Scholia in Dionysii Thracis Artem grammaticam*. Leipzig : Teubner.
Hoefer, Ferdinand (1852), *Chaldée, Assyrie, Médie, Babylonie, Mésopotamie, Phénicie, Palmyrène*. Paris : Firmin Didot.
Holl, Karl (1899), *Fragmente vornicänischer Kirchenväter aus den Sacra parallela*. Leipzig : J. C. Hinrichs.
Honigmann, Ernst (1929), *Die sieben Klimata und die ΠΟΛΕΙΣ ΕΠΙΣΗΜΟΙ. Eine Untersuchung zur Geschichte der Geographie und Astrologie im Altertum und Mittelalter*. Heidelberg : Carl Winter's Universitätsbuchhandlung.
Hübner, Wolfgang (1998), *Claudii Ptolemaei opera quae exstant omnia. III.1. Ἀποτελεσματικά*. Stuttgart, Leipzig : Teubner.
Hunger, Herbert (1961), *Katalog der griechischen Handschriften der Österreichischen Nationalbibliothek 1: Codices historici, codices philosophici et philologici*. Vienne : Prachner.
Hunger, Herbert (1969), *Johannes Chortasmenos (ca. 1370–ca. 1436/37). Briefe, Gedichte und kleine Schriften. Einleitung, Regesten, Prosopographie, Text*, Wiener Byzantinische Studien Band VII. Vienne : Hermann Böhlaus.
Hunger, Hermann (2001), *Astronomical Diaries and Related Texts from Babylonia. Volume V. Lunar and Planetary Texts*. Vienne : Verlag der Österreichischen Akademie der Wissenschaften.
Hunt, Arthur S. (1911), *Catalogue of the Greek Papyri in the John Rylands Library Manchester. Volume I. Literary Texts (Nos. 1–61)*. Manchester : University Press.
Hunt, Richard W. (1953), *A Summary Catalogue of Western Manuscripts in the Bodleian Library at Oxford. Vol. I Historical introduction and conspectus of shelf-marks*. Oxford : Clarendon Press.
Ideler, Ludwig (1825), *Handbuch der mathematischen und technischen Chronologie, Band 1*. Berlin : A. Rücker.
Irigoin, Jean (1958), « Les filigranes de Fabriano (noms de papetiers) dans les manuscrits grecs du début du XIVe siècle », *Scriptorium* 12/1 : 44–50.
Irigoin, Jean (1999), « Une série de filigranes remarquable : les noms de papetiers de Fabriano (début du XIVe siècle) », in : M. Zerdoun Bat-Yehouda (éd.), *Le Papier Au Moyen Âge : Histoire et Techniques* : 137–147. Turnhout : Brepols Publishers.
Jackson, Donald F. (1999), « An Old Book List Revisited: Greek Manuscripts of Janus Lascaris from the Library of Cardinal Niccolò Ridolfi », *Manuscripta* 43–44 : 77–134.
Jackson, Donald F. (2006), « The Greek Manuscripts of John Moore and Etienne Baluze », *Codices Manuscripti* 56/57 : 29–42.
Jankowiak, Marek et Federico Montinaro (éds.) (2015), *Studies in Theophanes*. Paris : Association des Amis du Centre d'Histoire et Civilisation de Byzance.
Janz, Timothy (2002), « Un manuscrit inconnu d'Hésiode et son histoire : le Paris. gr. 425 », *Scriptorium* 56/1 : 5–19.
Janz, Timothy (2003), « The scribes and the date of the Vat. gr. 1291 », *Miscellanea Bibliothecae Apostolicae Vaticanae* X : 159–180.
Jarry, Claude (2009), « Sur une recension du *Traité de l'astrolabe* de Jean Philopon à l'époque des Paléologues », *Revue d'histoire des textes*, n. s., tome IV : 31–78.
Jarry, Claude (2015), *Jean Philopon, Traité de l'astrolabe*. Paris : Les Belles Lettres.

Jarry, Claude (2021), *Nicéphore Grégoras, Isaac Argyros. Deux traités byzantins de construction de l'astrolabe*. Paris : Les Belles Lettres.
Jones, Alexander (1983), « The Development and Transmission of 248-Day Schemes for Lunar Motion in Ancient Astronomy », *Archive for History of Exact Sciences* 29/1 : 1–36.
Jones, Alexander (1990), « Ptolemy's First Commentator », *Transactions of the American Philosophical Society* 80/7 : 1–61.
Jones, Alexander (1991), « The Adaptation of Babylonian Methods in Greek Numerical Astronomy », *Isis* 82/3 : 440–453.
Jones, Alexander (1994), « The Place of Astronomy in Roman Egypt », *Apeiron* 27/4 : 25–52.
Jones, Alexander (1999), *Astronomical Papyri from Oxyrhynchus (P. Oxy. 4133–4300a)*, Memoirs of the American Philosophical Society 223. Philadelphie : American Philosophical Society Independence Square.
Jones, Alexander (2006), « Ptolemy's Ancient Planetary Observations », *Annals of Science* 63/3 : 255–290.
Jones, Alexander (2016), « Interpolated Observations and Historical Observation Records in Ptolemy's Astronomy », in : John Steele (éd.), *The Circulation of Astronomical Knowledge in the Ancient World* : 316–349. Leyde : Brill.
Jones, Alexander (2020), « The Ancient Ptolemy », in : David Juste, Benno van Dalen, Dag Nikolaus Hasse et Charles Burnett (éds.), *Ptolemy's Science of the Stars in the Middle Ages*, Ptolemaeus Arabus et Latinus 1 : 13–34. Turnhout : Brepols Publishers.
Jungmann, Justus Heinrich (1681), *Propheta Daniel modo novo atque hactenus inauditio reseratus id est tractatus, etc.*, tome 1. Francfort-sur-le-Main : Hermann von Sande.
Juste, David (2004), « Neither Observation nor Astronomical Tables: An Alternative Way of Computing the Planetary Longitudes in the Early Western Middle Ages », Charles Burnett, Jan P. Hogendijk, Kim Plofker et Michio Yano (éds.), *Studies in the History of the Exact Sciences in Honour of David Pingree* : 181–222. Leyde, Boston : Brill.
Karpozilos, Apostolos (1997), *Βυζαντινοί ιστορικοί καὶ χρονογράφοι. Τόμος α´ (4ος–7ος αι.)*. Athènes : Ἐκδόσεις Κανάκη.
Karpozilos, Apostolos (2002), *Βυζαντινοί ιστορικοί καὶ χρονογράφοι. Τόμος β´ (8ος–10ος αι.)*. Athènes : Ἐκδόσεις Κανάκη.
Kroll, Wilhelm (1908), *Vettii Valentis Anthologiarum Libri*. Berlin : Weidmann.
Kubinyi, Maria (1956), *Libri manuscripti Graeci in bibliothecis Budapestinensibus asservati*. Budapest : Academiae Scientiarum Hungaricae.
Kubitschek, Wilhelm (1915), *Die Kalenderbücher von Florenz, Rom und Leyden*, Denkschriften der kaiserlichen Akademie der Wissenschaften in Wien, Philosophisch-historische Klasse 57/3. Vienne : Hölder.
Kubitschek, Wilhelm (1928), *Grundriss der antiken Zeitrechnung*, Handbuch der Altertumswissenschaft I/7. Munich : C. H. Beck'sche Verlagsbuchhandlung.
Kugler, Franz Xaver (1924), *Sternkunde und Sterndienst in Babel. Assyriologische, astronomische und astralmythologische Untersuchungen. II. Buch: Natur, Mythus und Geschichte als Grundlagen Babylonischer Zeitordnung*. Münster : Aschendorffsche Verlagsbuchhandlung.
Labbe, Philippe (1666), *Abbrégé chronologique de l'histoire sacrée et profane de tous les Ages & de tous les Siècles, du Monde, de Rome, de Iesus-Christ, depuis Adam jusques à Louis XIV Roy de France & de Navarre*. Paris : Société des Libraires du Palais.
Labowsky, Lotte (1979), *Bessarion's Library and the Biblioteca Marciana: Six Early Inventories*, Sussidi eruditi 31. Rome : Edizioni di storia e letteratura.

Lemerle, Paul (1971), *Le premier humanisme byzantin. Notes et remarques sur enseignement et culture à Byzance des origines au Xe siècle*. Paris : Presses universitaires de France.
Lempire, Jean (2007), « Le calcul de la date de Pâques dans les traités de S. Maxime le Confesseur et de Georges, moine et prêtre », *Byzantion* 77 : 267–304.
Lempire, Jean (2016), *Le commentaire astronomique aux Tables Faciles de Ptolémée attribué à Stephanos d'Alexandrie. Tome I. Histoire du texte, édition critique, traduction et commentaire (chapitres 1–16)*, Corpus des astronomes Byzantins XI. Louvain-la-Neuve : Peeters.
Leurquin, Régine (1990), *Théodore Méliténiote. Tribiblos Astronomique. Livre I*, Corpus des astronomes byzantins 4. Amsterdam : J. C. Gieben.
Leurquin, Régine (1993a), *Théodore Méliténiote. Tribiblos Astronomique. Livre II. Édition critique et traduction*, Corpus des astronomes byzantins 5. Amsterdam : Adolf M. Hakkert.
Leurquin, Régine (1993b), *Théodore Méliténiote. Tribiblos Astronomique. Livre III. Commentaire*, Corpus des astronomes byzantins 6. Amsterdam : Adolf M. Hakkert.
Lilienthal, Michael (1715), *Selecta Historica et Literaria*. Königsberg, Leipzig : Impensis Henrici Boyen.
Lilla, Salvator (1985), *Codices Vaticani Graeci. Codices 2162–2254 (Codices columnenses)*. Cité du Vatican : in Biblioteca Vaticana.
Lucà, Santo (2012), « La silloge manoscritta greca di Guglielmo Sirleto. Un primo saggio di ricostruzione », *Miscellanea Bibliothecae Apostolicae Vaticanae* XIX, Studi e testi 474 : 317–355.
Lydiat, Thomas (1675), *Canones chronologici, nec non Series summorum magistratuum et triomphorum romanorum*. Oxford : e Theatro Sheldoniano.
Madan, Falconer et Herbert Henry Edmund Craster (1922), *A Summary Catalogue of Western Manuscripts in the Bodleian Library at Oxford. Vol. II. Part I. Collections and miscellaneous MSS. acquired during the second half of the 17th century. Nos. 1–3490*. Oxford : Clarendon Press.
Madan, Falconer, Herbert Henry Edmund Craster et N. Denholm-Young (1937), *A Summary Catalogue of Western Manuscripts in the Bodleian Library at Oxford. Vol. II. Part II. Collections and miscellaneous MSS. acquired during the second half of the 17th century*. Oxford : Clarendon Press.
Mango, Cyril (1989), « The Tradition of Byzantine Chronography », *Harvard Ukrainian Studies* 12/13 (1988–1989) : 360–372.
Mango, Cyril (1990), *Nikephoros Patriarch of Constantinople. Short History*, Corpus Fontium Historiae Byzantinae XIII. Washington, D.C. : Dumbarton Oaks.
Manitius, Carolus (1909), *Procli Diadochi Hypotyposis astronomicarum positionum*. Leipzig : Teubner.
Martini, Emidio et Domenico Bassi (1906), *Catalogus codicum graecorum Bibliothecae Ambrosianae*. Milan : Ulrico Hoepli.
Mathiesen, Thomas (1988), *Ancient Greek Music Theory: A Catalogue Raisonné of Manuscripts*. Munich : Henle.
McNamee, Kathleen (1977), *Marginalia and Commentaries in Greek Literary Papyri*, PhD thesis, Department of Classical Studies, Duke University, Durham, N.C.
Mencherini, Manuela (2014), « Ross. 897 », in : Silvia Maddalo (éd.), *Catalogo dei codici miniati della Biblioteca vaticana. I, I manoscritti rossiani*, Studi e testi 481–483 : 1176–1179. Cité du Vatican : Biblioteca Apostolica Vaticana.
Mercati, Giovanni et Pio Petro Franchi de' Cavalieri (1923), *Codices Vaticani Graeci. Tomus 1. Codices 1–329*. Rome : Typis polyglottis Vaticanis.
Mercier, Raymond (2011), *Πτολεμαίου Πρόχειροι Κανόνες. Ptolemy's* Handy Tables *1b, Tables A1–A2: Transcription and Commentary*, Publications de l'Institut Orientaliste de Louvain 59a. Louvain-la-Neuve : Peeters.

Migne, Jacques-Paul (1863), *Nicolai, Constantinopolitani Archiepiscopi Epistolae. Accedunt Eutychii Alexandrini, Basili Neopatrensis, Basilii Cæsariensis, Cognomento Minimi, Mosis BarCephæ, Theodori Daphnopatæ, Nicephori Presbyteri CP*, Patrologiæ cursus completus. Series græca 111. Paris : J.-P. Migne.

Mirto, Alfonso (1999), *Lucas Holstenius e la corte medicea. Carteggio (1629-1660)*. Florence : Leo S. Olschki Editore.

Mioni, Elpidio (1985), *Bibliothecae Divi Marci Venetiarum. Codices Graeci Manuscripti. Volumen II, Thesaurus Antiquus, Codices 300-625*. Rome : Istituto poligrafico e zecca dello stato.

Mogenet, Joseph (1962), « Une scolie inédite du Vat. gr. 1594 sur les rapports entre l'astronomie arabe et Byzance », *Osiris* 14 : 198-221.

Mogenet, Joseph (1969), « Les scolies astronomiques du Vat. gr. 1291 », *Bulletin de l'Institut Historique Belge de Rome* XL : 69-91.

Mogenet, Joseph et Anne Tihon (1981), « Le '*Grand Commentaire*' aux *Tables Faciles* de Théon d'Alexandrie et le *Vat. Gr.* 190 », *L'antiquité classique* 50/1-2 : 526-534.

Mogenet, Joseph, Anne Tihon, Robert Royez et Anne Berg (1983), *Nicéphore Grégoras, Calcul de l'éclipse de soleil du 16 juillet 1330*, Corpus des astronomes byzantins I. Amsterdam : J. C. Gieben.

Mogenet, Joseph et Anne Tihon (1985), *Le Grand Commentaire de Théon d'Alexandrie aux Tables Faciles de Ptolémée. Livre I. Histoire du texte, édition critique, traduction*, Studi e testi 315. Cité du Vatican : Biblioteca Apostolica Vaticana.

Mommsen, Theodor (1892), *Chronica Minora saec. IV. V. VI. VII. Vol. I*, Monumenta Germaniae Historica Auctorum Antiquissimorum IX : 359-381. Berlin : Weidmann.

Mondrain, Brigitte (2002), « Le commerce des manuscrits grecs à Venise au XVIe siècle : copistes et marchands », in : Maria Francesca Tiepolo et Eurigio Tonetti (éds.), *I Greci a Venezia. Atti del Convegno Internazionale di Studio, Venezia, 5-7 novembre 1998*, 473-486. Venise : Istituto veneto di scienze, lettere ed arti.

Mondrain, Brigitte (2004), « Philologie grecque », *École pratique des hautes études. Section des sciences historiques et philologiques. Livret-Annuaire 18* : 426-429.

Mondrain, Brigitte (2011), « Copier et lire des manuscrits théologiques et philosophiques à Byzance », in : Antonio Rigo (éd.), *Byzantine Theology and its Philosophical Background*. Βυζάντιος, Studies in Byzantine History and Civilization 4 : 87-107. Turnhout : Brepols.

Mondrain, Brigitte (2013), « Le cardinal Bessarion et la constitution de sa collection de manuscrits grecs – ou comment contribuer à l'intégration du patrimoine littéraire grec et byzantin en Occident », in : Claudia Märtl, Christian Kaiser et Thomas Ricklin, *'Inter graecos latinissimus, inter latinos graecissimus'. Bessarion zwischen den Kulturen* : 187-202. Berlin, Boston : De Gruyter.

Montinaro, Federico (2015a), « Histories of Byzantium: some remarks on the early manuscripts of Theophanes' *Chronicle* », *Semitica et Classica* 8 : 171-176.

Montinaro, Federico (2015b), « The *Chronicle* of Theophanes in the indirect tradition », in : Marek Jankowiak et Federico Montinaro (éds.), *Studies in Theophanes* : 177-206. Paris : Association des Amis du Centre d'Histoire et Civilisation de Byzance.

Mosshammer, Alden (1984), *Georgii Syncelli Ecloga Chronographica*, Bibliotheca Scriptorum Graecorum et Romanorum Teubneriana. Leipzig : Teubner.

Mosshammer, Alden (2008), *The Easter Computus and the Origins of the Christian Era*. Oxford, New York : Oxford University Press.

Muratore, Davide (2009), *La biblioteca del cardinale Niccolò Ridolfi*. Alessandria : Edizioni dell'Orso.

Muttini, Micol (2019), « Appunti sulla circolazione del Pluto di Aristofane in età umanistica (II). I codici misti », *Segno e Testo* 17 : 305-363.

Nallino, Carlo Alfonso (1899), *Al-Battānī sive Albetanii Opus Astronomicum. Pars tertia. Textum arabicum continens*. Milan : Ulrico Hoepli.

Nallino, Carlo Alfonso (1903), *Al-Battānī sive Albetanii Opus Astronomicum. Pars prima. Versio capitum cum animadversionibus*. Milan : Ulrico Hoepli.

Nallino, Carlo Alfonso (1907), *Al-Battānī sive Albetanii Opus Astronomicum. Pars secunda. Versio tabularum omnium cum animadversionibus, glossario, indicibus*. Milan : Ulrico Hoepli.

Neil, Bronwen (2015), « Theophanes Confessor on the Arab conquest: the Latin version by Anastasius Bibliothecarius », in : Marek Jankowiak et Federico Montinaro (éds.), *Studies in Theophanes* : 149–158. Paris : Association des Amis du Centre d'Histoire et Civilisation de Byzance.

Németh, András (2013), « A Viennese Bibliophile in the Hungarian Royal Library in 1525 », *Gutenberg-Jahrbuch* 88 : 149–165.

Neuffer, Julia (1979), « 'Ptolemy's Canon' Debunked? », *Andrews University Seminary Studies* 17/2 : 39–46.

Neugebauer, Otto (1949), « The Astronomical Treatise P. Ryl. 27 », *Det kgl. danske videnskabernes selskab. Historisk-filologiske meddelelser* 32/2 : 1–23.

Neugebauer, Otto (1954), « The Chronology of Vettius Valens' Anthologiae », *The Harvard Theological Review* 47/1 : 65–67.

Neugebauer, Otto (1959), « Regula Philippi Arrhidaei », *Isis* 50/4 : 477–478.

Neugebauer, Otto (1962), « 'Years' in royal canons », in : Walter Bruno Henning et Ehsan Yarshater (éds.), *A Locust's Leg. Studies in honour of S. H. Taqizadeh* : 209–212. Londres : Percy Lund, Humphries & Co.

Neugebauer, Otto (1975), *A History of Ancient Mathematical Astronomy*. New York, Heidelberg, Berlin : Springer.

Nobbe, Carl Friedrich August (1966), *Claudii Ptolemaei Geographia edidit C. F. A. Nobbe cum introductione a Aubrey Diller*. Hildesheim : G. Olms.

Odorico, Paolo (2014), « Du recueil à l'invention du texte : le cas des *Parastaseis Syntomoi Chronikai* », *Byzantinische Zeitschrift* 107/2 : 755–784.

Odorico, Paolo (2019), « Les *Excerpta* de Malalas dans le cod. *Parisinus gr.* 1336 », in : André Binggeli et Vincent Déroche (éds.), *Mélanges Bernard Flusin*. Travaux et Mémoires 23/1 : 651–657. Paris : Collège de France, CNRS.

Omont, Henri (1888), *Inventaire sommaire des manuscrits grecs de la Bibliothèque nationale. Seconde partie. Ancien fond grec. Droit–Histoire–Science*. Paris : Alphonse Picard.

Omont, Henri (1892), « Catalogue des manuscrits grecs d'Antoine Éparque (1538) », *Bibliothèque de l'École des chartes* 53 : 95–110.

Omont, Henri (1902), *Missions archéologiques françaises en Orient aux XVIIe et XVIIIe siècles*. Paris : Imprimerie nationale.

Oppenheim, Adolf Leo (1977), *Ancient Mesopotamia. Portrait of a Dead Civilization. Revised Edition Completed by Erica Reiner*. Chicago, Londres : The University of Chicago Press.

Orlandi, Luigi (2021), « A Lesser-Known Member of Bessarion's Milieu: The Scribe-Bishop Makarios », in : Jörg B. Quenzer (éd.), *Exploring Written Artefacts. Objects, Methods, and Concepts. Volume I*, Studies in Manuscript Cultures 25 : 753–772. Berlin, Boston : De Gruyter.

Paschos, Emmanuel et Christos Simelidis (2017), *Introduction to Astronomy by Theodore Metochites (Stoicheiosis Astronomike 1.5–30)*. Hackensack, N.J. : World Scientific.

Pavlov, A (1878), *Критическіе опыты по исторіи древнѣйшей греко-русской полемики против латинян* (*Kritičeskie opyty po istorii drevnějšej greko-russkoj polemiki protiv latinjan*). Saint-Pétersbourg : Tip. Imp. Akad. Nauk.

Pedersen, Olaf (2011), *A Survey of the Almagest, with annotation and new commentary by Alexander Jones*, Sources and Studies in the History of Mathematics and Physical Sciences. New York : Springer.

Pérez Martín, Inmaculada (2016), « Chronography and Geography in Tenth-Century Constantinople: the Manuscript of the Stadiasmos (Madrid, BN, MSS / 4701) », *Geographia antiqua* 25 : 79–97.

Pérez Martín, Inmaculada (2022), « Enseignement et service impérial à l'époque paléologue », in : Marie-Hélène Blanchet et Raúl Estangüi Gómez (éds.), *Le monde byzantin du XIIIe au XVe siècle. Anciennes ou nouvelles formes d'impérialité*, Travaux et Mémoires 25/1 (2021) : 451–502. Paris : Association des Amis du Centre d'Histoire et Civilisation de Byzance.

Perizonius, Jacobus (1711), *Origines Babylonicæ et Ægypticæ*, tome II. Leyde : Johannes van der Linden Jr.

Pestman, Pieter Willem (1967), *Chronologie égyptienne d'après les textes démotiques (332 av J.-C. - 453 ap. J.-C.)*, Papyrologica Lugduno-Batava 15. Leyde : Brill.

Pétau, Denis (1634), *Rationarium temporum, in partes duas, libros tredecim tributum, in quo aetatum omnium sacra profanaque historia chronologicis probationibus munita summatim traditur. Editio secunda*. Paris : Sébastien Cramoisy.

Pétau, Denis (1636), *Rationarium temporum, in partes duas, libros tredecim tributum, in quo aetatum omnium sacra profanaque historia chronologicis probationibus munita summatim traditur. Editio tertia*. Paris : Sébastien Cramoisy.

Pfeiffer, Rudolf (1976), *History of Classical Scholarship from 1300 to 1850*. Oxford : Clarendon Press.

Piccolomini, Enea (1874), « Due documenti relativi ad acquisti di codici greci, fatti da Giovanni Lascaris per conto di Lorenzo de' Medici », *Rivista di filologia e d'istruzione classica* 2 : 401–423.

Pinches, Theo G. (1884), « The Babylonian Kings of the Second Period, about 2232 B.C., to the end of the existence of the Kingdom », *Proceedings of the Society of Biblical Archaeology* 6 : 193–204.

Pingree, David (1964), « Gregory Chioniades and Palaeologan Astronomy », *Dumbarton Oaks Papers* 18 : 133–150.

Pingree, David (1971), « The Astrological School of John Abramius », *Dumbarton Oaks Papers* 25 : 189–215.

Pingree, David (1982), « An Illustrated Greek Astronomical Manuscript. Commentary of Theon of Alexandria on the Handy Tables and Scholia and Other Writings of Ptolemy concerning Them », *Journal of the Warburg and Courtauld Institutes* 45 : 185–192.

Pingree, David (1985), *The Astronomical Works of Gregory Chioniades. Volume I. The Zīj al-ʿAlāʾī*, Corpus des astronomes byzantins II. Amsterdam : J. C. Gieben.

Pingree, David (1986), *Vettii Valentis Antiocheni Anthologiarum Libri Novem*. Leipzig : Teubner.

Pingree, David (1989), « Classical and Byzantine Astrology in Sassanian Persia », *Dumbarton Oaks Papers* 43 : 227–239.

Pingree, David (1990), « The Preceptum Canonis Ptolomei », in : Jacqueline Hamesse et Marta Fattori (éds.), *Rencontres de cultures dans la philosophie médiévale. Traductions et traducteurs de l'Antiquité tardive au XIVe siècle (Actes du Colloque international de Cassino, 15–17 juin 1989)* : 355–375. Louvain-la-Neuve : Université Catholique de Louvain, Cassino : Università degli Studi di Cassino.

Pingree, David (1997), *Preceptum Canonis Ptolomei*. Corpus des astronomes byzantins VIII. Louvain-la-Neuve : Institut Orientaliste de Louvain.

Pissis, Nikolas (2020), « La bibliothèque princière de Nicolas Mavrocordatos : Pratiques de collection et de lecture », in : André Binggeli, Matthieu Cassin et Marina Détoraki (éds.), *Bibliothèques grecques dans l'Empire ottoman* : 339–353. Turnhout : Brepols.

Pontani, Anna (1991), « La biblioteca di Manuele Sofianòs », in : Dieter Harlfinger et Giancarlo Prato (éds.), *Paleografia e codicologia greca (Atti del II Colloquio internazionale Berlino-Wolfenbüttel, 17–20 ottobre 1983)* : 551–569. Alessandria : Edizioni dell'Orso.

Pontani, Filippomaria (2014), « L'Homère de Pléthon », *Scriptorium* 68 : 25–48.

Pritchard, James Bennett (1969), *Ancient Near Eastern Texts Relating to the Old Testament. Third edition with supplement*. Princeton, N.J. : Princeton University Press.

Proverbio, Delio Vania (2002), « *Theonis Alexandrini fragmentum pervetus Arabice*. Sul più antico manoscritto del *Commentarium parvum* di Teone Alessandrino. Notizia preliminare », *Atti della*

Accademia Nazionale dei Lincei, Classe di Scienze morali, storiche e filologiche. *Rendiconti* IX/13 : 373–386.
Rainolds, John (1611), *Censura librorum apocryphorum veteris testamenti, etc. Tomus primus*. Oppenheim : E Collegio Musarum Hieronymi Galleri.
Ricci, Seymour de (1907), « Liste sommaire des manuscrits grecs de la Bibliotheca Barberina », *Revue des bibliothèques* : 81–125.
Rietbergen, Peter (1987), « Lucas Holstenius (1596–1661), seventeenth-century scholar, librarian and book-collector. A preliminary note », *Quaerendo* 17/3–4 : 205–230.
Rogers, Robert William (1912), *Cuneiform parallels to the Old Testament*. New York : Eaton & Mains, Cincinnati : Jennings & Graham.
Rome, Adolphe (1931a), *Commentaires de Pappus et de Théon d'Alexandrie sur l'Almageste. Tome II. Pappus d'Alexandrie, Commentaire sur les livres 5 et 6 de l'Almageste*, Studi e testi 54. Rome : Bibliotheca Apostolica Vaticana.
Rome, Adolphe (1931b), « Sur la date d'Artémidore », *Annales de la Société Scientifique de Bruxelles* 51 : 104–112.
Rome, Adolphe (1936), *Commentaires de Pappus et de Théon d'Alexandrie sur l'Almageste. Tome II. Théon d'Alexandrie, Commentaire sur les livres 1 et 2 de l'Almageste*, Studi e testi 72. Cité du Vatican : Bibliotheca Apostolica Vaticana.
Rome, Adolphe (1943), *Commentaires de Pappus et de Théon d'Alexandrie sur l'Almageste. Tome III. Théon d'Alexandrie, Commentaire sur les livres 3 et 4 de l'Almageste*, Studi e testi 106. Cité du Vatican : Bibliotheca Apostolica Vaticana.
Ronconi, Filippo (2010), « Juxtaposition/assemblage de textes et histoire de la tradition : le cas du Par. Gr. 1711 », in : Antonio Bravo García et Inmaculada Pérez Martín (éds.), *The Legacy of Bernard de Montfaucon: three hundred years of studies on Greek handwriting* : 503–520. Turnhout : Brepols.
Roueché, Mossman (2011), « Stephanus the Alexandrian Philosopher, the 'Kanon' and a Seventh-century Millenium », *Journal of the Warburg and Courtauld Institutes* 74 : 1–30.
Roueché, Mossman (2012), « Stephanus the Philosopher and Ps. Elias: a case of mistaken identity », *Byzantine and Modern Greek Studies* 36/2 : 120–138.
Sachau, Eduard (1879), *The Chronology of Ancient Nations. An English Version of the Arabic Text of the Athâr-ul-Bâkiya of Albîrûnî or 'Vestiges of the Past'*. Londres : William H. Allen and co.
Sachau, Eduard (1878), *Chronologie orientalischer Völker von Albêrûnî*. Leipzig : F. A. Brockhaus.
Sachs, Abraham et Hermann Hunger (1988), *Astronomical Diaries and Related Texts from Babylonia. Volume I. Diaries from 652 B.C. to 262 B.C.* Vienne : Verlag der österreichischen Akademie der Wissenschaften.
Saint-Allais, Nicolas Viton de (1819), *L'Art de vérifier les dates des faits historiques, des incriptions, des chroniques, et autres anciens monuments, avant l'ère chrétienne ; etc. Tome II*. Paris : Moreau.
Samuel, Alan Edouard (1962), *Ptolemaic Chronology*, Münchener Beiträge zur Papyrusforschung und antiken Rechtsgeschichte 43. Munich : C. H. Beck'sche Verlagsbuchhandlung.
Samuel, Alan Edouard (1972), *Greek and Roman Chronology. Calendars and Years in Classical Antiquity*, Handbuch der Altertumswissenschaft I/7. Munich : C. H. Beck'sche Verlagsbuchhandlung.
Samodurova, Z. G. (1961), « Хроника Петра Александрийского » (Chronika Petra Aleksandrijskogo), *Византийский временник* (*Vizantijskij Vremennik*) 18 : 150–197.
Sattler, Peter (1962), *Studien aus dem Gebiet der alten Geschichte*. Wiesbaden : Franz Steiner Verlag.
Saulcy, Félicien de (1851), « Recherches sur la chronologie des empires de Ninive, de Babylone et d'Ecbatane, embrassant les deux cent neuf ans qui se sont écoulés de l'avènement de Nabonassar à la prise de Babylone par Cyrus », *Mémoires de l'Institut national de France* 19/1 : 184–355.

Savile, Henry (1621), *Prælectiones tresdecim in principium Elementorum euclidis, Oxonii habitae MDCXX*. Oxford : Johannes Lichfield & Jabobus Short.
Scaliger, Joseph Juste (1606), *Thesaurus Temporum. Eusebii Pamphili Caesareae Palaestinae episcopi, Chronicorum canonum omnimodæ historiæ libri duo, interprete Hieronymo, ex fide vetustissimorum codicum castigati. Etc.* Leyde : Thomas Basson.
Scaliger, Joseph Juste (1658), *Thesaurus Temporum, Eusebii Pamphili Cæsareæ Palæstinæ episcopi, Chronicorum canonum omnimodæ historiæ libri duo, interprete Hieronymo, ex fide vetustissimorum codicum castigati. Etc.*, 2ᵉ édition. Amsterdam : Johannes Janssonius.
Schmidtke, Friedrich (1952), *Der Aufbau der babylonischen Chronologie*, Orbis Antiquus 7. Münster : Aschendorffsche Verlagsbuchhandlung.
Schnabel, Paul (1930), « Die Entstehungsgeschichte des kartographischen Erdbildes des Klaudios Ptolemaios », *Sitzungsberichte der preußischen Akademie der Wissenschaften* : 214-250.
Schoene, Alfred (1875a), « Χρονογράφιον σύντομον ἐκ τοῦ Εὐσεβίου τοῦ Παμφίλου πονημάτων », in : Alfred Schoene (éd.), *Eusebi Chronicorum. Liber posterior. Appendices* : 58-102. Berlin : Weidmann.
Schoene, Alfred (1875b), « Excerpta Latina Barbari post Scaligerum e libro Parisino denuo edita », in : Alfred Schoene (éd.), *Eusebi Chronicorum. Liber posterior. Appendices* : 176-239. Berlin : Weidmann.
Schrader, Eberhard (1887a), « Die keilinschriftliche babylonische Königliste », *Sitzungsberichte der königlich preussischen Akademie der Wissenschaften zu Berlin. Sitzung der philosophisch-historischen Classe* XXXI : 579-608.
Schrader, Eberhard (1887b), « Die keilinschriftliche babylonische Königliste », *Sitzungsberichte der königlich preussischen Akademie der Wissenschaften zu Berlin. Gesamtsitzung* XLVI : 947-951.
Semler, Johann Salomo (1750), « Historische und critische Erleuterung des so genanten Canons des Ptolemäus », in : Siegmund Jacob, *Samlung von Erleuterungsschriften und Zusätzen zur algemeinen Welthistorie. Dritter Theil* : 103-292. Halle (Saale) : Johan Justinus Gebauer.
Serruys, Daniel (1913), « Les Canons d'Eusèbe, d'Annianos et d'Andronicus d'après Élie de Nisibe », *Byzantinische Zeitschrift* 22 : 1-36.
Ševčenko, Ihor (1951), « Observations sur les recueils des Discours et des Poèmes de Th. Métochite et sur la bibliothèque de Chora à Constantinople », *Scriptorium* 5/2 : 279-288.
Ševčenko, Ihor (1962), *La vie intellectuelle et politique à Byzance sous les premiers Paléologues. Études sur la polémique entre Théodore Métochite et Nicéphore Choumnos*, Corpus Bruxellense historiae byzantinae, Subsidia III. Bruxelles : Byzantion.
Ševčenko, Ihor (1992), « The Search for the Past in Byzantium around the Year 800 », *Homo Byzantinus: Papers in Honor of Alexander Kazhdan, Dumbarton Oaks Papers* 46 : 279-293.
Signes Codoñer, Juan (2015), « Theophanes at the time of Leo VI », in : Marek Jankowiak et Federico Montinaro (éds.), *Studies in Theophanes* : 159-176. Paris : Association des Amis du Centre d'Histoire et Civilisation de Byzance.
Signes Codoñer, Juan (2021), « Las dos versiones de la *Crónica breve* atribuida al patriarca Nicéforo y su vinculación con la obra de Jorge Sincelo », *Revue des Études Byzantines* 79 : 5-68.
Skeat, Theodore Cressy (1954), *The Reigns of the Ptolemies*, Münchener Beiträge zur Papyrusforschung und antiken Rechtsgeschichte 39. Munich : C. H. Beck'sche Verlagsbuchhandlung.
Skeat, Theodore Cressy (1994), « The Beginning and the End of the Καίσαρος κράτησις Era in Egypt », *Chronique d'Égypte* 69 : 308-312.
Sosower, Mark L. (2006), « Greek Manuscripts acquired by Henry and Thomas Savile in Padua », *Bodleian Library Record* 19 : 157-184.
Speranzi, David (2010), « La biblioteca dei Medici. Appunti sulla storia della formazione del fondo greco della libreria medicea privata », in : Guido Arbizzoni (éd.), *Principi e signori. Le Biblioteche*

nella seconda metà del Quattrocento. Atti del Convegno di Urbino, 5–6 giugno 2008 : 217–264. Urbino : Accademia Raffaello.

Stahlman, Wiliam Duane (1960), *The Astronomical Tables of Codex Vaticanus graecus 1291*, thèse de doctorat soutenue au département d'histoire des mathématiques de la Brown University en juin 1959 (inédite).

Steele, John (2004), « Applied Historical Astronomy: An Historical Perspective », *Journal for the History of Astronomy* 35/3 : 337–355.

Stefec, Rudolf S. (2014), « Die Handschriften der Sophistenviten Philostrats », *Römische historische Mitteilungen* 56 : 137–206.

Stückelberger, Alfred et Gerd Graßhoff (éds.) (2006), *Ptolemaios Handbuch der Geographie*. Bâle : Schwabe Verlag.

Thurn, Hans (2000), *Ioannis Malalae Chronographia*, Corpus Fontium Historiae Byzantinae 35. Berlin, New York : De Gruyter.

Tihon, Anne (1973), « Les scolies des Tables Faciles de Ptolémée », *Bulletin de l'Institut Historique Belge de Rome* 43 : 49–110.

Tihon, Anne (1976), « Notes sur l'astronomie grecque au Ve siècle de notre ère (Marinus de Naplouse – un Commentaire au Petit Commentaire de Théon) », *Janus* 73 : 167–184.

Tihon, Anne (1977), « Le calcul de l'éclipse de Soleil du 16 juin 364 p.C. et le Petit Commentaire de Théon », *Bulletin de l'Institut historique belge de Rome* 46–47 : 35–79.

Tihon, Anne (1978), *Le « Petit commentaire » de Théon d'Alexandrie aux Tables faciles de Ptolémée (histoire du texte, édition critique, traduction)*, Studi e testi 282. Cité du Vatican : Biblioteca apostolica vaticana.

Tihon, Anne (1981), « L'astronomie byzantine (du Ve au XVe siècle) », *Byzantion* 51/2 : 603–624.

Tihon, Anne (1990), « Tables islamiques à Byzance », *Byzantion* 60 : 401–425.

Tihon, Anne (1992), « Les Tables Faciles de Ptolémée dans les manuscrits en onciale (IXe–Xe siècles) », *Revue d'histoire des textes* 22 : 47–87.

Tihon, Anne (1993), « L'Astronomie à Byzance à l'époque iconoclaste (VIIIe–IXe siècles) », in : Paul Leo Butzer et Dietrich Lohrmann (éds.), *Science in Western and Eastern Civilization in Carolingian Times* : 181–203. Bâle : Birkhäuser Verlag.

Tihon, Anne (1994), « Enseignement scientifique à Byzance », in : Anne Tihon (éd.), *Études d'astronomie byzantine* : 89–108. Aldershot : Variorum.

Tihon, Anne (1996), « L'astronomie byzantine à l'aube de la Renaissance (de 1352 à la fin du XVe siècle) », *Byzantion* 66/1 : 244–280.

Tihon, Anne et Raymond Mercier (1998), *Georges Gémiste Pléthon, Manuel d'astronomie*, Corpus des astronomes byzantins IX. Louvain-la-Neuve : Institut Orientaliste de Louvain.

Tihon, Anne (1999), « Theon of Alexandria and Ptolemy's Handy Tables », in : Noel Swerdlow (éd.), *Ancient Astronomy and Celestial Divination* : 357–369. Cambridge, Mass. : MIT Press.

Tihon, Anne (2009), « Les sciences exactes à Byzance », *Byzantion* 79 : 380–434.

Tihon, Anne (2011), Πτολεμαίου πρόχειροι κανόνες. *Les Tables Faciles de Ptolémée 1a, Tables A1–A2 : introduction, édition critique*, Publications de l'Institut Orientaliste de Louvain 59a. Louvain-la-Neuve : Peeters.

Tihon, Anne (2014), « Alexandrian Astronomy in the 2nd Century AD: Ptolemy and his Times », in : Luis Arturo Guichard, Juan Luis García Alonso et María Paz de Hoz (éds.), *The Alexandrian Tradition. Interactions between Science, Religion and Literature*, IRIS Ricerche di cultura europea 28 : 73–92. Berne, Berlin, Bruxelles, etc. : Peter Lang.

Tihon, Anne (2015), « Remarques sur les scolies anciennes de l'*Almageste* », *Almagest* 6/2 : 4–41.

Tihon, Anne (2018), « Le diagramme des horizons et les prosneuses des éclipses dans l'astronomie de Ptolémée », *Almagest* 9 : 60–87.

Toomer, Gerald J. (1975), « Ptolemy (or Claudius Ptolemaeus) », in : Charles Coulston Gillispie (éd.), *Dictionary of Scientific Biography* XI : 186–206. New York : Charles Scribner's Sons.

Toomer, Gerald J. (1984), *Ptolemy's Almagest*. Londres : Duckworth.

Torgerson, Jesse W. (2022), *The Chronographia of George the Synkellos and Theophanes. The Ends of Time in Ninth-Century Constantinople*, Brill's Series on the Early Middle Ages, vol. 28. Leyde, Boston : Brill.

Totomanova, Anna-Marija (2015), « The *Chronicle* of Theophanes the Confessor in the Slavic Tradition », in : Marek Jankowiak et Federico Montinaro (éds.), *Studies in Theophanes* : 207–235. Paris : Association des Amis du Centre d'Histoire et Civilisation de Byzance.

Treadgold, Warren (2015), « The Life and Wider Significance of George Syncellus », in : Marek Jankowiak et Federico Montinaro (éds.), *Studies in Theophanes* : 9–30. Paris : Association des Amis du Centre d'Histoire et Civilisation de Byzance.

Turyn, Alexander (1964), *Codices Graeci Vaticani saeculis XIII et XIV scripti annorumque notis instructi*. Cité du Vatican : Bibliotheca apostolica Vaticana.

Unger, Georg Friedrich (1867), *Chronologie des Manetho*. Berlin : Weidmann.

Usener, Hermann (1880), « De Stephano Alexandrino », *Kleine Schriften von Hermann Usener III* : 247–322. Leipzig : Teubner.

Usener, Hermann (1898a), « Laterculi regum et imperatorum ab astronomis Alexandrinis conditi et Constantinopoli continuati », in : Theodor Mommsen (éd.), *Chronica Minora saec. IV. V. VI. VII. Vol. III*, Monumenta Germaniae Historica Auctorum Antiquissimorum XIII : 438–455. Berlin : Weidmann.

Usener, Hermann (1898b), « Laterculi consulum urbis Romae. Fasti Theonis Alexandrini a. 138–372 », in : Theodor Mommsen (éd.), *Chronica Minora saec. IV. V. VI. VII. Vol. III*, Monumenta Germaniae Historica Auctorum Antiquissimorum XIII : 359–381. Berlin : Weidmann.

Usener, Hermann (1898c), « Laterculi consulum urbis Romae. Fasti Heracliani a. 222–630 », in : Theodor Mommsen (éd.), *Chronica Minora saec. IV. V. VI. VII. Vol. III*, Monumenta Germaniae Historica Auctorum Antiquissimorum XIII : 386–410. Berlin : Weidmann.

Ussher, James (1650a), *Annales veteris Testamenti, a Prima Mundi Origine deducti etc.*, in : Charles Richard Erlington (éd.) (1847), *The Whole Works of the Most Rev. James Ussher, D. D. Lord Archbishop of Armagh, and Primate of All Ireland. Volume VIII*. Dublin : Hodges and Smith, Grafton Street, Londres : Whittaker and Co.

Ussher, James (1650b), *Annales veteris Testamenti, a Prima Mundi Origine deducti etc.*, in : Charles Richard Erlington (éd.) (1847), *The Whole Works of the Most Rev. James Ussher, D. D. Lord Archbishop of Armagh, and Primate of All Ireland. Volume IX*. Dublin : Hodges and Smith, Grafton Street, Londres : Whittaker and Co.

Uthemann, Karl-Heinz (1985), *Anastasii Sinaitae Sermones duo in constitutionem hominis secundum imaginem dei necnon Opuscula adversus monotheletas*, Corpus Christianorum Series Græca 12. Turnhout : Brepols.

Uthemann, Karl-Heinz (1990), « Codex recentior, non deterior? Zur Überlieferung des Hodegos im Codex Vindobonensis theol. gr. 40 », *Jahrbuch der Österreichischen Byzantinistik* 40 : 129–144.

Van Dalen, Benno (2007), « Battānī », in : Thomas Hockey (éd.), *The Biographical Encyclopedia of Astronomers* : 101–103. Berlin : Springer.

Van Dalen, Benno (2021), *Ptolemaic Tradition and Islamic Innovation: the Astronomical Tables of Kūshyār Ibn Labbān*, Ptolemaeus Arabus et Latinus 2. Turnhout : Brepols.

Van der Hagen, Johannes (1735), *Observationes in Theonis fastos græcos priores et in ejusdem fragmentum in expeditos canones etc.* Amsterdam : Joh. Boom.

Van der Waerden, Bartel Leendert (1954), « Bemerkungen zu den Handlichen Tafeln des Ptolemaios », *Sitzungsberichte der mathematisch-naturwissenschaftlichen Klasse der Bayerischen Akademie der Wissenschaft. Jahrgang 1953* : 261–272.

Van der Waerden, Bartel Leendert (1958), « The Astronomical Papyrus Ryland 27 », *Centaurus* 5 (n°s 3–4) : 177–191.

Van Dijk, Jan (1962), « Die Inschriftenfunde », in : Heinrich J. Lenzen (éd.), *XVIII. vorläufiger Bericht über die von dem Deutschen Archäologischen Institut und der Deutschen Orient-Gesellschaft aus Mitteln der Deutschen Forschungsgemeinschaft unternommenen Ausgrabungen in Uruk-Warka. Winter 1959/60* : 39–62. Berlin : Verlag Gebr. Mann.

Van't Dack, Edmond (1982), « Encore la *damnatio memoriae* de Macrin : une innovation παρὰ τὸ καθεστηκός (Dion Cassius 79.8.1) », in : Gerhard Wirth (éd.), *Romanitas – Christianitas. Untersuchungen zur Geschichte und Literatur der römischen Kaiserzeit. Johannes Straub zum 70. Geburtstag am 18. Oktober 1982 gewidmet* : 324–334. Berlin, New York : De Gruyter.

Varona, Patricia (2018), « Chronology and History in Byzantium », *Greek, Roman, and Byzantine Studies* 58/3 : 389–422.

Verpeaux, Jean (1959a), *Nicéphore Choumnos. Homme d'État et humaniste byzantin (ca 1250/1255–1327)*. Paris : A. et J. Picard et Cie.

Verpeaux, Jean (1959b), « Notes prosopographiques sur la famille Choumnos », *Byzantinoslavica* 20 : 252–266.

Villey, Émilie (2014), « Qennešrē et l'astronomie aux VIe et VIIe siècles », in : Émilie Villey (éd.), *Les sciences en syriaque*. Études syriaques 11 : 149–190.

Wachsmuth, Curt (1895), *Einleitung in das Studium der alten Geschichte*. Leipzig : S. Hirzel.

Wallraff, Martin, Umberto Roberto, Karl Pinggéra et William Adler (2007), *Iulius Africanus Chronographiae. The Extant Fragments*, Die Griechischen Christlichen Schriftsteller der ersten Jahrhunderte, Neue Folge 15. Berlin, New York : De Gruyter.

Weddigen, Anne (2016a), « Grec 2492 », Notice BnF Archives et manuscrits, url : https://archivesetmanuscrits.bnf.fr/ark:/12148/cc1027507 (dernier accès : 14/06/2023).

Weddigen, Anne (2016b), « Grec 2497 », Notice BnF Archives et manuscrits, url : https://archivesetmanuscrits.bnf.fr/ark:/12148/cc102751h (dernier accès : 14/06/2023).

Weierholt, Kristen (1966), *Zur Überlieferung der Malalaschronik*. Stavanger.

Witakowski, Witold (2008), « The Chronicle of Jacob of Edessa », in : Bas ter Haar Romeny (éd.), *Jacob of Edessa and the Syriac Culture of His Day* : 25–48. Leyde, Boston : Brill.

Wolska-Conus, Wanda (1989), « Stephanos d'Athènes et Stephanos d'Alexandrie : Essai d'identification et de biographie », *Revue des études byzantines* 47 : 5–89.

Wright, David H. (1985), « The Date of the Vatican Illuminated Handy Tables of Ptolemy and of its Early Additions », *Byzantinische Zeitschrift* 78/2 : 355–362.

Zepeda, Henry (2018), *The First Latin Treatise on Ptolemy's Astronomy: The Almagesti minor (c. 1200)*, Ptolemaeus Arabus et Latinus 1. Turnout : Brepols Publishers.

Ziegler, Joseph (1999), *Susanna. Daniel. Bel et Draco. Editio secunda. Versionis iuxta LXX interpretes textum plane novum constituit Olivier Munnich. Versionis iuxta Theodotionem fragmenta adiecit Detlef Fraenkel*, Septuaginta. Vetus Testamentum Graecum Auctoritate Academiae Scientiarum Gottingensis editum, vol. XVI, pars 2. Göttingen : Vandenhoeck & Ruprecht.

Index général

ἀποκατάστασις 9, 210
Ἐκλογὴ τῶν χρονικῶν 84
ἐποχή 6, 9, 4, 20, 31, 85, 93
νοτάριος 90
συμφωνία 184
Συναγωγὴ χρόνων (*Matrit.* 4701) 225, 226
Σύνοψις εὐσύνοπτος ἀστρονομίας 61
Χρονογραφία σύντομος (*Matrit.* 4701) 237, 238
Χρονογραφικὸν σύντομον 236–239, 243, 261

Abbassides 231, 233, 285
Abou Bakr (calife) 78
Abraham 103, 312, 314
Abramios, Jean 192
Abydenos 220
Achéménides 18, 22, 268, 283
Acropolitès, Georges 148
Adam 32, 90, 91, 102–105, 170, 211, 224, 226, 250, 253, 254, 293, 294, 312, 314
Agathémère 64
akkadien (langue) XI
Al-Aʿlam 189
Al-Battānī 103, 171, 240–244, 247, 249, 260, 285
Al-Bīrūnī 103, 171, 240–244, 247, 249, 286
Aleria 147
Alexandre (empereur byzantin) 53, 69, 79–81, 100, 105, 109, 140–142, 152, 153, 238, 239, 278, 317
Alexandre de Lycopolis 58
Alexandre III le Grand 7, 11, 13, 21–23, 28, 46, 48–51, 53, 57, 59, 62–64, 67, 69, 70, 72, 73, 83, 84, 86–88, 91, 94, 95, 98, 99, 107–109, 119, 123, 127, 142, 149, 152, 155, 166, 167, 171, 197, 202, 210, 216, 218–221, 233, 234, 240, 242–247, 250, 256, 266, 268, 269, 272–274, 280, 299, 315, 320–323
– mort d'Alexandre 7, 12, 14, 31, 33, 94, 206, 214, 222, 233, 241, 253–254, 285, 293–294, 298
Alexandre IV de Macédoine 13, 23, 46, 109, 123, 135, 145, 146, 168, 169, 171, 197, 224–226, 242, 246, 255, 256, 268, 272–274, 279, 295, 315
Alexandre Polyhistor 220
Alexandre VIII (pape) 60

Alexandrie (Égypte) 3, 7, 11, 25, 177, 181, 184–187, 189, 191, 206, 216, 218, 223, 226, 227, 240, 284
Alexis Ier 78, 79, 88, 90, 101, 102, 109, 110, 126, 127, 134, 136, 138, 150, 189, 239, 260, 278, 297, 318
Alexis II 74, 150, 318
Alexis III 318
Alexis IV 37, 105, 318
Alexis V 37, 55, 65, 84, 88, 89, 105, 318
Al-Farghānī 269, 270
Allemagne 183, 271, 287
Almagesti minor 6
Al-Mahdi (calife) 231
Alphonse X 241, 260
Altemps, Giovanni Angelo d' 60
Al-Yaʿqūbī 240–242, 256
Amēl-Marduk 81, 166, 167, 215, 217, 219, 274, 314, 320
Amiroutzès, Georges 60
Ammonios 127, 181, 185, 186
Amsterdam 269, 277
Anakindaraxès 59
Anastase Ier (empereur) 115, 299, 316
Anastase II (empereur) 115, 126, 134, 138, 317
Anastase II (patriarche d'Antioche) 237
Anastase le Bibliothécaire 236, 239, 261
Anastase le Sinaïte 58
Ancône 110
Andronic Ier 51, 59, 78, 79, 318
Andronic II 47, 77, 104, 190, 252, 254, 257, 260, 318
Andronic III 318
Andronic IV 150
Andronikos (chronographe) 249
Angleterre 183, 260, 262, 264, 271–273, 276, 287
année alexandrine, voir calendrier alexandrin
année égyptienne, voir calendrier égyptien
année julienne, voir calendrier julien
Annianos d'Alexandrie 170, 208, 215, 218, 223, 233, 267, 286
anomalie (astronomie) 5, 6, 20, 47, 67, 300
Anthémios 81
Antonin 3, 12, 13, 25, 27, 29, 30, 34, 36, 37, 49, 94, 96, 106, 111, 114, 115, 129, 131, 144, 156, 168, 169, 172, 194, 196, 198–200, 202, 204, 206, 242, 248, 250, 272–274, 277, 296, 315

Apamée (Syrie) 181
Appien 64
Apseudès (archonte) 21
Apsimaros, voir Tibère Apsimaros
Arbakès 59
Arcadius 136, 137, 208
Argyros, Isaac 91, 129, 192
Aristarque 21
Aristide Quintilien 114-116
Aristophane 60
Aristote 56, 64, 158, 267, 271
Arrien 170
Arsamès 216, 217, 220, 321-323
Arsès, voir Artaxerxès IV
Artabanos 321, 322
Artabasdos 77, 122, 136, 145, 149
Artaxerxès Ier 67, 69, 84, 103, 104, 116, 118, 119, 123, 166, 167, 204, 216, 219, 221, 222, 241, 244, 246, 247, 295, 314, 320-323
Artaxerxès II (Arsacès) 18, 22, 67, 79, 91, 103, 104, 166, 167, 216, 220-222, 246, 314, 320-323
Artaxerxès III (Ochos) 22, 68, 73, 91, 166, 167, 216, 220, 222, 244-246, 296, 314, 320-323
Artaxerxès IV (Arsès) 73, 84, 154, 166, 167, 171, 216, 220-222, 241, 244, 246, 314, 320-323
Artémidore (commentateur de Ptolémée) 179
Ascension 4, 5, 9, 31, 187, 188, 192, 282
Asouëros (Assuerus) 219
Aššur-aḫa-iddina (Assarhaddon) 16, 17, 119, 154, 166, 167, 170, 216, 219, 246, 320
Aššur-nādin-šumi XI, 68, 72, 73, 81, 98, 154, 166, 167, 215, 216, 219, 246, 274, 314, 319
astrolabe 6, 53, 86, 91, 92, 112, 119, 125, 127, 128, 130, 133, 145, 146, 148, 175, 192, 257
astrologie, astrologue, texte astrologique 3, 53-56, 84, 86, 91, 110, 125, 129, 130, 133, 175, 186, 189, 200, 231, 257, 265
astronomie perse 19, 55, 190-192, 259, 285
Assyrie, Assyrien 15, 16, 59, 78, 170, 175, 224
Astyage 59, 216, 217, 219, 236
Athènes 21, 181, 206
athyr 8, 13, 14
Augsburg 52
Augusta Vindelicia 147
Auguste (Octave) XI, 8-10, 13-15, 25, 26, 29, 33, 34, 36, 49, 51, 53, 59, 64, 79, 89, 91, 93, 97, 105, 127, 140, 144, 153, 154, 168, 169, 182, 194-196, 199, 200, 202-207, 209, 211-213, 243, 247, 248, 252, 253, 260, 280, 282, 291-294, 298-300, 315
Augustodunum 147
Aurélien 69, 137, 139, 248, 316

Babylone 14-16, 19, 22, 23, 175, 222, 243, 247, 249, 250, 271, 283, 287
– conquête par Cyrus 18, 220
– exil des Juifs à Babylone 217, 218, 220, 234, 250, 312, 313
Bainbridge, John 116, 273-277, 281, 285
Bajazet Ier 88, 150
Bâle 10, 265
Balthazar (roi de Babylone) 219, 244-246
Baluze, Étienne 84, 85
Barberini, Francesco 59
Barcelone 260
Barlow, Thomas 268, 273
Basile Ier 106, 111, 114, 115, 119, 121, 125, 131, 136, 149, 152, 235, 237, 238, 243, 317
Basile II 35, 56, 76, 84, 100, 117, 141, 150, 237, 247, 297, 317
Bède le Vénérable 281
Behm, Johann 273, 274, 277
Bēl-ibni 16, 166, 167, 170, 215, 219, 246, 314, 319
Bélier 300
Benoît XIV (pape) 60
Benoît XV (pape) 62
Bérénice IV 25
Bérose 18, 19, 217, 218, 220, 266, 267, 279
Bessarion 35, 52, 55-57, 60, 63, 65, 66, 71, 72, 77, 80, 92, 113, 149, 261, 287
biblioteca Corviniana 66
biblioteca Medicea 47, 49, 58, 110, 126, 128, 262
bibliothèque royale (France) 55, 85, 90, 132, 262, 263, 265, 274
biblioteca Vaticana 59, 60, 62, 92, 125, 134, 135, 153
bibliothèque Bodléienne 115, 116, 129, 268, 273, 276
bibliothèque Sainte-Geneviève (Paris) 277
bibliothèque du Sérail 263
Bignon, Jean-Paul (abbé) 263
bissextes, année bissextile 5, 8, 9, 26, 28, 48
Bologne 89
Borysthènes 187

Brassicanus, Johannes Alexander 66
Bruni, Leonardo 64
Bryennios, Manuel 32, 47, 67, 190, 254, 293
Buda 66
Bukhtanaşar, voir Nabû-kudurri-uṣur
Bursa (Pruse) 128
Byzance, voir Constantinople

Cabasilas, Nicolas 10, 264
Caius, voir Caligula
calendrier alexandrin 8, 9, 15, 25, 26, 28, 36, 105, 122, 195, 205
calendrier babylonien 13, 18, 21, 22
calendrier byzantin XI, 36
calendrier égyptien XI, XII, 7-14, 18-28, 36, 37, 105, 122, 186, 195, 197, 203, 205, 210-212, 242, 243, 248, 283, 287
calendrier julien XI, 8, 9, 13, 26, 36, 37, 122, 205, 211, 212, 264
calendrier macédonien 23, 24
Caligula (Caius) 34, 69, 71, 72, 76, 80, 168, 169, 195, 196, 199, 200, 248, 315
Callippe 21
Calvisius, Sethus 267-269, 271-274, 277, 282, 283
Cambyse II 18, 22, 29, 166, 167, 215, 219, 222, 246, 314, 320-323
Camillus Venetus, voir Zanetti, Camillo
Candie (Chania) 48, 57
Caracalla 69, 73, 93, 96, 98, 106, 154, 156, 195, 197, 199-201, 228, 241, 249, 298, 316
Carin 70, 121, 143, 243, 296, 316
Carnuntum 148
Carus 70, 121, 143, 144, 243, 248, 294, 296, 316
Casaubon, Isaac 265
Cassiodore 183
Castor de Rhodes 213
Catrarios, Jean 30, 133, 148, 149, 191, 254-256, 258
Caylus, comte de 263
Censorinus 202, 276
Chaldéens 19, 213-215, 233, 234
Charitonyme Hermonyme 52
Chartres 183
Chioniadès, Grégoire 191
choiak 8
Chôra (monastère) 48, 110, 190, 191, 257

Chortasménos, Jean 10, 31, 76, 85, 88-93, 100, 102-105, 186, 192, 229, 254, 259-262, 281, 285, 312-318
Choumnos, Nicéphore 58, 257, 258
Choumnos, Phocas 53, 54, 80, 81, 257, 285
Christ, voir Jésus-Christ
Christmann, Jacob 270
Christophe Lecapène 141
Chronicon paschale 102, 188, 217, 226
Chronique d'Assarhaddon 17
Chronique néo-babylonienne 16-18, 279
Chronographe de 354 27
Chronographeion syntomon 34, 186, 187, 237, 239, 254
Chrysococcès, Georges 55, 191
Chrysoloras, Démétrios 92
Cicéron 56
Claude 67, 71, 76, 168, 169, 194-196, 199, 200, 248, 315
Claude II 70, 248, 316
Clément d'Alexandrie 15, 193, 199, 200, 276, 282
Clément, François 271
Cléomède 129
Cléopâtre VII 25-26, 34, 59, 127, 140, 168-169, 200, 207, 211, 213, 224, 243, 247, 281, 283, 298-299, 315
Cléopâtre Bérénice III 25
Cléoxène 181
climat 5, 6, 187, 188, 282
Cœur du Lion (étoile, α Leo) 9, 179
Colbert, Jean-Baptiste 85
Collège de Clermont (Paris) 125
Colonna, Ascanio 60
Commode 69, 91, 96, 106, 111, 114, 115, 150, 156, 194-201, 241, 248, 279, 298, 316
Compagnie de Jésus, Jésuites 62, 125
concile de Ferrare-Florence 56, 57, 261
concile de Nicée (787) 231, 236
Coner, Andreas 54, 62, 262
Conon de Samos 34, 204
Constance Chlore 46, 49, 53, 57, 63, 97, 98, 104, 107, 121, 136, 137, 229, 230, 258, 296, 316
Constance II 107, 137, 204, 248, 292, 316
Constant II Héraclius 35, 57, 72, 76, 130, 144, 297, 317
Constantin (fils de Léon V) 152, 238

Constantin Ier 32, 33, 37, 49, 73, 97, 106, 107, 111, 119, 121, 136, 137, 149, 155, 157, 229, 230, 243, 248, 258, 278, 292-294, 297, 298, 316
Constantin III Héraclius 72, 76, 317
Constantin IV 89, 122, 317
Constantin V 55, 74, 75, 79, 122, 142, 150, 152, 153, 235, 242, 285, 317
Constantin VI 33, 77, 79, 95, 122, 142, 228, 231, 232, 236, 291-293, 317
Constantin VII 50, 53, 63, 75, 77, 79, 86, 100, 101, 105, 111, 122, 128, 141, 150, 238, 239, 243, 278, 299, 317
Constantin VIII 76, 86, 141, 317
Constantin IX Monomaque 100, 109, 110, 117, 150, 189, 239, 318
Constantin X Doukas 101, 105, 134, 275, 318
Constantin Lascaris (empereur) 150
Constantin Paléologue 59, 60, 78, 85, 108-111, 113, 117, 119, 262, 278
Constantinople 35, 41, 47-49, 51, 52, 54, 56, 57, 63-66, 70, 80, 88, 90, 108, 111-113, 148, 150, 152, 153, 177, 179, 183, 184, 186-191, 208, 228-231, 233, 252, 257, 258, 261, 263, 269-271, 281, 284, 285, 297
– chute de Constantinople (1453) 35, 60, 113, 149, 237, 277
– incendie (1729) 41, 87
– sac de Constantinople (1204) 88, 297
consuls (table), voir table C2
Copernic, Nicolas 265
copistes
– copiste F 127, 133, 191, 258, 259
– anonyme 22 Harlfinger 52
– anonyme 29 Harlfinger 57
Corbie (abbaye) 223
Corfou 128, 129, 132, 262
Corinthe 113
Corinthe (isthme de) 112-113
Coventry 267
Création du monde X, 10, 32, 84, 88, 103, 144, 208, 210-212, 234, 253, 260, 312, 313
Crète 48, 57, 129
Cromwell, Oliver 129
Cyaxare 59
Cyriaque d'Ancône 52, 109, 110, 112, 113, 123, 261

Cyrus II (Cyrus le Grand) 16, 18, 51, 59, 64, 73, 78, 84, 154, 155, 166, 167, 214-222, 234, 235, 246, 266, 267, 296, 314, 320-323

Dacie 132, 148
Dalrymple of Ayr, James 115
Darius Ier 29, 69, 104, 166, 167, 216, 219, 221, 222, 234, 320-323, 314
Darius II 21, 51, 69, 103, 104, 166, 167, 216, 217, 219, 220, 246, 314, 320-323
Darius III 13, 15, 22, 59, 64, 69, 70, 73, 79, 115, 117, 152, 166, 167, 171, 197, 216-218, 220, 221, 233, 234, 236, 244, 246, 247, 280, 283, 296, 315, 320-323
Darius le Mède 241, 244-246
Dèce 46, 49, 62, 67, 69, 104, 137, 152, 194, 195, 199, 201, 248, 316
Déiokès 59
Déluge 102, 103, 312, 314
démotique 22-26
Denys d'Halicarnasse 64
despotat de Morée 60
Devaris, Matteo 54
diagramme 4-6, 48, 129, 141, 148, 183
Didius Julianus 195
Didyme d'Alexandrie 58, 61
Dioclétien XI, 10, 33, 36, 37, 46, 49, 53, 57, 63, 70, 83, 97, 104-107, 109, 119, 121, 127, 131, 136, 137, 143, 144, 153, 155, 157, 180-182, 203-205, 207, 208, 229, 230, 232, 238, 243, 248, 252-254, 276, 278, 279, 282, 285, 291-294, 296, 298, 316
Diodore de Sicile 64, 79, 170
Dion Chrysostome 130
Dodwell, Henry 51, 116, 130, 275-278, 282
Dokéianos, Jean 64, 65
Domenici, Domenico 153
Domitien 29, 69, 128, 168, 169, 194, 199, 200, 248, 315
Dublin, Trinity College 267, 275

éclipse 5, 6, 11, 19, 20, 51, 180, 190, 210, 250, 265, 266
– éclipse de lune (364 AD) 180
– éclipse de soleil (364 AD) 180
– éclipse de soleil (1330 AD) 191, 253

Égypte 15, 18, 22–25, 28, 34, 57, 178, 179, 186, 193, 195, 208, 224–226, 247, 249, 268, 280, 283, 297, 312
– conquête romaine de l'Égypte 8, 25, 26, 36, 209, 211, 212
Éléphantine 23
Élie de Nisibe 11, 171, 218, 240, 241, 244, 245, 247–251, 279, 280, 286
Elisabeth Ière d'Angleterre 272
empire Perse 16, 22
épactes 5, 48, 61, 82, 182, 232
épagomène (jour) 8, 9, 25, 26
Éparque, Andronic 132
Éparque, Antoine XI, 85, 129, 132, 262
Éparque, Georges 132
épigramme 125, 133, 136
épiphi 8, 195
équinoxe 6, 12–14, 20, 197, 198, 206, 295
Ératosthène 20
ère séleucide, voir Séleucides
Eschyle 127
Étienne Lecapène, voir Stéphanos Lecapène
étoiles fixes 5
Eton 267
Euclide 264
Euctémon 21, 34, 204, 295
Eudocie (impératrice, mère de Michel VII) 101, 278
Eusèbe de Césarée 23, 24, 34, 58, 208, 209, 212, 213, 217, 218, 220–222, 233, 248, 249, 255, 266, 286
Eustathe d'Antioche 84
Eutychios 226
Évangile selon Luc 213
Evil-Mérodach, Evilad-Marodach, voir Amēl-Marduk
Excerpta eusebiana 221, 255, 320
Excerpta latina barbari 223–226, 286
Exode 103, 312, 314

Fabriano 89
fastes consulaires, voir table C2
Ferrand, Louis 271
Ferrare 56
filigrane *Briquet 2537* 61 – *Briquet 3404* 61 – *Briquet 6714* 89 – *Briquet 6732* 89 – *Briquet 7478* 89 – *Briquet 7479* 89 – *Briquet 7480* 89 – *Briquet 7924* 53 – *Briquet 7925* 53 – *Briquet 12005* 89 – *Briquet 12028* 89 – *n°11 Harlfinger* 52
Flavius Josèphe 58, 218, 235
Fleury (abbaye) 183
Florence 47, 55–57, 59, 64, 126, 261–263, 282
Fontainebleau 132
Fourmont, Michel 41, 263
France 87, 183, 223, 260, 262–265, 287
Francfort-sur-le-Main 273, 275
Francfort-sur-l'Oder 271, 272
François Ier 125, 132, 262
Frédéric V (compte palatin) 271, 272
Frères Mages (Μάγοι ἀδελφοί) 219, 221, 322, 323
Funck, Johann 265

Galba 14, 15, 27, 36, 195, 199
Galère 97, 278
Galilée 271
Gallien 63, 64, 78, 97, 121, 138, 248, 278, 316
Gaugamèles 22
Gémeaux 300
Gênes 134
Gennadios Scholarios 170
George le Moine 235
Georges le Syncelle XI, 10, 19, 84, 93, 95, 102, 154, 155, 170, 171, 181, 189, 208–218, 220–223, 225, 226, 231, 233–236, 241, 245, 247, 254, 261, 265, 266, 270, 272, 276, 277, 279, 280, 282, 286, 287
Germania Magna 148
Geta 195
Gildas le Sage 281
Golius, Jacob 51, 263, 269–271, 276
Gordien Ier 316
Gordien II 316
Gordien III 55, 65, 74, 138, 194, 196, 198, 200, 248, 316
Gortyne 52
Gratien 80, 119, 128, 137
Grégoire XIII (pape) 264
Grégoras, Nicéphore XI, 48, 54, 92, 110, 191, 253, 257
Grimani, Domenico 52
Guerre de Trente Ans 271

Hadrien 3, 13, 14, 27, 29, 30, 36, 71, 78, 79, 108, 142, 143, 168, 169, 194–196, 199, 200, 243, 248, 299, 315
Halma, Nicolas 264, 277–279
Harmonios d'Athènes (Mourad Rim) 126
Héliodore 181, 185, 186
Héliogabale (Antoninus) 49, 73, 79, 96, 104, 106, 121, 138, 194, 198, 200, 248, 249, 296, 316
Hellespont 187
Héraclée de Bithynie 191
Héraclius 29, 53, 57, 69, 80, 91, 105, 109, 119, 121, 122, 149, 153, 157, 186–188, 229, 230, 257, 260, 279, 294, 317
Héraclonas 122, 155
Hermippe 125, 133
Hérodote 79
Héron d'Alexandrie 61, 62, 65, 129
heure équinoxiale 6, 13, 14
Hiéromonachos, Grégoire 52
Hipparque 18–22, 34, 179, 194, 204, 281, 283, 295, 296
Hippolyte de Rome 58
Historia Brittonum 281
Hoefer, Ferdinand 271
Holobolos, Manuel 148
Holstenius, Lucas 47, 57–59, 68, 69, 262
Hongrie 125, 148, 262
Honorius 248
horoscope 189
Hypatie 185, 205, 286
Hystapès 219, 321, 323

Ideler, Ludwig 279
Iliade 193, 197
indiction 33, 36, 113, 153, 226, 231, 237, 238, 254, 293
interrègne 82, 166, 167, 170, 171, 269, 273, 319, 320, 314
Irène 77, 122, 142, 232, 236, 317
Isaac Argyros, voir Argyros
Isaac Ier 101, 117, 150, 275, 318
Isaac II 318
Isidore de Kiev 133–135, 262
Istanbul, voir Constantinople

Jacques d'Édesse 233, 240, 247–251
Jankovich, Nicolas 125

Jean (copiste du *Paris. gr.* 2394) 87
Jean (copiste du *Plut.* 28/31) 127
Jean Ier Tzimiskès 100, 105, 141, 150, 317
Jean II Comnène 84, 105, 109, 150, 318
Jean III Vatatzès 55, 65, 78, 105, 318
Jean V Paléologue 84, 86, 89, 90, 111, 112, 150, 258, 260, 318
Jean VI Cantacuzène 318
Jean VIII Paléologue 75, 100, 102, 109–111, 117, 259, 318
Jean Philopon 53, 86, 91, 112, 119, 125, 127, 128, 130, 131, 145, 146, 257
Jérusalem 261
– prise de Jérusalem par Nabuchodonosor 218, 220, 246, 312, 313
– siège de Pompée 261
– Temple 103, 218, 220, 312, 314
Jésus-Christ
– Crucifixion 35, 113, 294
– Incarnation 113, 210, 211, 213, 234, 285, 294
– ministère 213
– naissance 35, 208–210, 212
– Résurrection 261, 292
Joiaqim 234, 235
Josué fils de Noun 250
Jovien 37, 59, 78, 99, 109, 112, 128, 137, 204, 316
Jules César 8, 9, 26, 34, 199, 212, 247, 248, 298
Julien de Laodicée 61
Julien 60, 68, 81, 112, 137, 149, 204, 316
Julius Africanus 102, 208, 213, 221, 223–225, 322
Jungmann, Justus Heinrich 272
Jupiter (planète) 181
Justin Ier 128, 138, 155, 182, 316
Justin II 124–125, 133, 138, 155, 316
Justinien Ier 36, 41, 69, 84, 128, 153–155, 182, 223, 226, 292, 316
Justinien II 46, 50, 63, 70, 155, 317

Kandalānu 16, 17, 117, 118, 123, 166, 167, 216, 217, 219, 246, 274, 280, 314, 320
Kavakès, Démétrios Raoul 59, 60, 64, 65, 78–80, 261
Kelpler, Johannes 266, 272, 285
Königsberg 273

Lābāši-Marduk 17, 81, 266, 320
Labbe, Philippe 175

Lami, Giovanni 282
Lascaris, Constantin (érudit) 237
Lascaris, Janus 47-49, 90, 262
latitude 4-6, 147, 179, 183, 184, 187, 188, 197
Leiden, voir Leyde
Leipzig 271-273, 280
Léon Ier (empereur) 128, 130, 138, 279, 316
Léon III (empereur) 48, 57, 72, 74-76, 104, 117, 118, 236, 241, 242, 317
Léon IV (empereur) 33, 79, 95, 142, 152, 228, 231, 232, 236, 238, 291-293, 317
Léon V (empereur) 46, 50, 51, 54, 64, 66, 81, 99, 100, 109, 112, 136, 142, 152, 189, 231, 232, 238, 317
Léon VI (empereur) 100, 107-112, 114, 115, 118, 122, 124, 126, 127, 130, 131, 133, 135, 136, 138-142, 146, 148-150, 152-154, 160, 189, 234, 238, 239, 258, 276, 278, 280, 299, 317
Léonce 73, 76, 317
Leyde (Leiden) 263, 265, 276
Liber generationis 223, 225-227
Lichfield 267
Liste A des rois babyloniens 16-18, 279
Liste d'Uruk 17, 22
Livre de Daniel 14 (deutérocanonique) 217, 220
Livre d'Esdras 220, 234
Livre de Jérémie 220, 235
Livre des Juges 250
Livre des Rois 250
Londres 267, 272, 273
longitude 3, 12, 21, 56, 90, 179, 182, 197, 203
Louis XV 41, 263
Louvre 272
Lucius Verus 72, 80, 96, 106, 156, 228, 298
lune 3, 5, 6, 9, 19, 20, 51, 179, 180, 188, 200, 209, 210, 214, 232, 300
Lydiat, Thomas 267, 268

Macrin 195, 248, 249
Macrobe 56
Mahomet 78
Malalas, Jean 10, 84, 225
Malipiero, Bartolomeo 153
Manéthon 221
Manuel Ier 84, 91, 150, 318
Manuel II 86-88, 90-92, 104, 107, 111, 117, 149, 150, 160, 260, 264, 318

Marc Aurèle 72, 80, 91, 96, 97, 106, 154, 156, 195, 197, 199-201, 228, 241, 248, 298, 315
Marcien 128, 130, 131, 316
Mardokempad, voir Marduk-apla-iddina II
Marduk-apla-iddina II (Merodach-Baladan) 11, 20, 29, 61, 82, 166, 167, 175, 215, 219, 246, 314, 319
Marduk-zakir-šumi II 319
Marianè 147
Marinos de Néapolis 181, 206
Mars (planète) 181
Maurepas, comte de 41, 87
Maurice 49, 53, 62, 71, 73, 76, 80, 153, 316
Mavrocordato, Constantin 87
Mavrocordato, Nicolas 41, 87, 88, 263
Maxime le Confesseur 35, 56, 297
Maximien Hercule 104, 121, 137, 143, 155, 316
Maximin Ier le Thrace 55, 65, 74, 194, 196, 198, 200, 248, 316
Mayence 275
méchir 8
Mèdes 59, 78, 175, 217
Médicis, Catherine de 54, 55, 85, 90, 262, 265, 274
Médicis, Laurent de 126
Meermann, Gerard 125
Mégasthène 267
Mehmed II 64, 113
Méliténiotès, Théodore 10, 19, 20, 91, 102, 103, 191, 192, 312, 313
Ménandre 23
Mercator, Gerhard 265
Mercure (planète) 6, 12, 47, 67
méridien 6, 21
Méroé 187
Mésopotamie 271, 283
mésôri 8, 25, 26, 195
Méthode Ier (patriarche de Constantinople) 237
Métochitès, Théodore 30, 37, 47, 85, 89, 92, 93, 102, 103, 110, 114, 116, 170, 190, 191, 252-254, 256-259, 270, 285, 291, 312, 313
Méton 21, 34, 204, 295
Michel Ier 46, 50, 57, 63, 75-77, 99, 100, 109, 112, 142, 152, 232, 238, 279, 317
Michel II 67, 69, 143, 152, 238, 243, 279, 317
Michel III 77, 150, 152, 189, 237, 238, 243, 279, 317

Michel IV 91, 100, 128, 131, 134, 138, 140–142, 150, 318
Michel V 37, 100, 101, 150, 318
Michel VI 101, 117, 150, 275, 278, 318
Michel VII 150, 278, 318
Michel VIII 55, 59, 65, 72, 74–77, 105, 109, 150, 252, 257, 318
Michel le Syrien 202, 251
Milesi Sarazani, Marzio 62
Mistra 52, 56, 60, 64, 66, 113, 261
Mommsen, Theodor 281
monastère Sainte-Catherine, voir Sinaï
Montagu, Richard 267
Montfaucon, Bernard de 85
Mont-Saint-Michel 183
Morée (despotat) 60
Moschion 58
Mourad 111, 113–115, 118, 120
Mourad Rim, voir Harmonios d'Athènes
Muawiya (calife) 78
Mukīn-zēri 46, 67, 73, 82, 93, 103, 119, 154, 166, 167, 215, 219, 246, 274, 314, 319
Mušēzib-Marduk 16, 82, 96–98, 103, 166, 167, 170, 215, 219, 246, 266, 274, 280, 314, 319

Nabokolassar, voir Nabû-kudurri-uṣur
Nabonassar (Nabû-nāṣir) XI, 7, 10–16, 19–21, 28–30, 32, 46, 48–50, 53, 55, 57, 61–63, 65, 67–70, 80, 82–84, 86–88, 91, 94, 95, 98, 100, 102–105, 107–109, 111, 114, 115, 119, 123, 149, 152, 156, 166, 167, 171, 175, 179, 202, 205, 213–215, 217–222, 233, 235, 240–243, 245, 246, 252, 253, 265, 266, 268, 272–275, 277, 279, 280, 282, 283, 286, 293–295, 299, 312, 313, 314, 319
Nabonide (Nabû-na'id, Nabonadios) XI, 16, 18, 61, 69, 154, 166, 167, 216–220, 234, 241, 244–246, 265, 266, 279, 283, 314, 320
Nabû-apla-uṣur (Nabopolassar) 11, 29, 81, 154, 166, 167, 216–219, 246, 250, 265, 266, 268, 274, 280, 314, 320
Nabû-kudurri-uṣur (Nabokolassar, Nabuchodonosor II) XI, 81, 91, 98, 103, 123, 154, 166, 167, 175, 186, 216–220, 234, 235, 241, 246, 250, 266, 267, 274, 280, 312, 313, 314, 320

Nabû-nādin-zēri (Nādinu) 13, 16, 17, 68, 70, 72, 103, 166, 167, 215, 219, 244, 246, 266, 312, 313, 314, 319
Nabû-na'id, voir Nabonide
Nabû-nāṣir, voir Nabonassar
Nabû-šuma-ukīn 16, 17, 319
Naples 114
Naulot-Duval, Claude 125
Némésios d'Émèse 54, 257
Nergal-šarra-uṣur (Nériglissar) 17, 68, 71, 73, 80, 81, 96, 154, 166, 167, 216, 217, 219, 244–246, 280, 314, 320
Nergal-ušēzib 69, 123, 166, 167, 215, 216, 219, 244, 246, 314, 319
Nériglissar, voir Nergal-šarra-uṣur
Néron 14, 15, 70, 93, 168, 169, 194, 196, 199, 200, 248, 315
Nerva 93, 168, 169, 194, 199, 200, 248, 273, 315
Niccolò di Giacomo da Siena 48
Nicée 56, 75, 150, 191
Nicéphore Grégoras, voir Grégoras
Nicéphore Ier (empereur) 57, 63, 77, 112, 122, 142, 152, 153, 160, 232, 236, 238, 239, 243, 257, 279, 317
Nicéphore Ier (patriarche) 236, 237, 243, 261
Nicéphore II Phocas 50, 100, 111, 141, 317
Nicéphore III 88, 90, 100, 101, 105, 297, 318
Nicétas (cartophylax) 56
Nicolas V (pape) 135
Nicomaque de Gérase 87
Ninos 59
nisanu 18
Nisibe 245
Nitocris 79
Norique 147

obliquité 5, 20
Ochos, voir Artaxerxès III
Octave, voir Auguste
Odyssos 147
olympiade 175, 255
Olympiodore 34
Omar (calife) 78
origine chronologique des tables, voir ἐποχή
Orsini, Fulvio 153
Ostie 62

Othon (empereur romain) 14, 195
Overall, John 267, 269, 271, 272
Oxford 114–116, 129, 262, 264, 271–273, 275, 287
– Merton College 262, 264
– Queen's College 267

P. Duk. inv. 4 193, 197
P. Fouad inv. 267A 7
P. Oxy. 35 193–195, 197, 199, 201
P. Oxy. 2551 193, 196, 197, 199, 201
P. Oxy. 4142 178
P. Oxy. 4143 178
P. Oxy. 4167 178, 184
P. Oxy. 4168 178
P. Oxy. 4169 178
P. Oxy. 4170 178
P. Oxy. 4171 178
P. Ryl. 27 193, 197–199, 201
P. Ryl. 43 197–198
P. Ryl. 523 178
pachôn 8
Padoue 114–116, 262, 264, 287
Palestine 190
Pamphylie 182
Pannonia 147
Panodoros d'Alexandrie 95, 154, 155, 170, 181, 208–213, 215, 216, 218, 220, 223–225, 232–235, 261, 282, 286
Pappos d'Alexandrie 34, 36, 179, 180, 193, 202, 204, 205, 281, 296
Pâques, comput pascal 91, 190, 226, 229, 264
parallaxe 5, 157, 184, 187, 188
Paris 83, 87, 264, 274, 275
Parthes 22
Pascal Ier (pape) 237
Paul III (pape) 54, 62, 125
Pauzoutès 219, 323
payni 8, 181, 195
Pédiasimos, Jean 56, 61, 148, 149
Pellicier, Guillaume 85, 125, 132, 262
Péloponnèse 56, 60
Péluse 22
Pertinax 150, 195, 248, 249, 279, 298
Pétau, Denis 81, 175, 268, 269, 272, 274–277, 282
phaménôth 8

Phanar 41
phaôphi 8
pharmouthi 8
phase (astronomie) 5, 6, 187, 188
Phénicie 6
Philippe II (fils de Philippe l'Arabe) 199
Philippe II de Macédoine 242, 255, 256
Philippe (III) Arrhidée XI, XII, 7, 8, 10, 12–15, 22, 29, 33, 46, 48–51, 53, 57, 62–64, 67, 68, 70–72, 76, 80, 83, 84, 86–89, 91, 94, 99, 103–106, 109, 111, 112, 118–120, 124–128, 130, 131, 133–139, 144, 146, 149, 150, 152, 154, 168, 169, 171, 186, 197, 198, 202, 203, 205–208, 210–214, 218, 224–226, 229–232, 240, 242, 243, 245, 246, 252–256, 268, 269, 274, 276, 278, 279, 281, 291–294, 295, 297, 299, 315
Philippe l'Arabe 106, 137, 194–196, 198–201, 248, 316
Philippicos Bardanès 46, 50, 63, 70, 317
Phocas 46, 49, 51, 53, 57, 62, 67–69, 71, 73, 76, 80, 91, 94, 122, 143, 153, 188, 316
Phraortès 59
Pierre d'Alexandrie (chronographe) 238
Pierre IV (patriarche d'Alexandrie) 237
Pinelli, Gian Vincenzo 114–116, 262, 264
Planude, Maxime 129, 258
Platon de Tivoli 241, 260
Pléthon, Georges Gémiste 52, 55, 56, 60, 64–66, 78, 80, 261
Plutarque 170
Pô 56
Pompée 261
Pont-Euxin 187
Porphyre de Tyr 23, 24, 54, 58, 202, 255, 257
Prague 266
Preceptum canonis Ptolomei 182, 183, 207, 208, 260, 284
précession des équinoxes 20
Probus 195, 248, 316
Proclus 46, 48, 49, 53, 54, 86, 91, 114, 129, 181, 257, 273
Provinces-Unies 265
Pruse, voir Bursa
Pseudo-Plutarque 58
Pseudo-Ptolémée, *Carpos* 54, 129, 257

Ptolémée (Claude)
- *Almageste* 3, 7, 14, 20, 21, 29, 31, 37, 46, 86, 87, 110, 126, 129, 133, 148, 172, 178–181, 184, 185, 189–191, 198, 200, 202, 205–206, 211, 212, 230, 233, 240, 242, 251–253, 264–267, 270–272, 276, 277, 284, 285, 295
- *Hypothèses des planètes* 46, 112, 114, 116, 129, 264, 272, 273
- *Géographie* 3, 21, 91, 132, 133, 148, 158
- *Manuel* des *Tables faciles* 3, 4, 9, 10, 12, 29–31, 46, 112, 114, 116, 170, 178, 184, 185, 253, 268
- Περὶ κριτηρίου 46
- *Tétrabiblos* 3, 54, 86, 129, 257

Ptolémée Ier 23, 24, 68, 69, 93, 120, 142, 168, 169, 204, 224–226, 242, 246, 295, 297, 315
Ptolémée II Philadelphe 24, 29, 34, 71, 93, 138, 168, 169, 196, 204, 224, 246, 295, 315
Ptolémée III Évergète Ier 24, 93, 138, 140, 168, 169, 196, 224, 246, 279, 295, 315
Ptolémée IV Philopator 24, 29, 128, 140, 168, 169, 194, 196, 224, 247
Ptolémée V Épiphane 24, 104, 128, 138, 140, 168, 169, 196, 224, 247, 268, 315
Ptolémée VI Philométor 24, 104, 117, 120, 131, 139–143, 168, 169, 194, 196, 224, 242, 247, 275, 315
Ptolémée VII 24
Ptolémée VIII Évergète II 24, 25, 136–138, 140, 144, 168, 169, 204, 224, 242, 247, 268, 279, 296, 315
Ptolémée IX Sôter II 25, 104, 128, 139–144, 168, 169, 224, 247, 315
Ptolémée X 25
Ptolémée XI 25
Ptolémée XII Néos Dionysos 25, 69, 78, 104, 120, 137, 138, 140, 168, 169, 224, 247, 315
Ptolémée XIII 25
Ptolémée XIV 25
Pūlu (Teglath-Phalasar III) 15, 46, 67, 68, 73, 93, 98, 103, 119, 154, 166, 167, 215, 219, 246, 274, 280, 314, 319

Qennešre 189
quadrivium 61, 189

Rainolds, John 267
Raqqa 240
Reinhold, Erasmus 265
Rhodes 187
Ridolfi, Niccolò (cardinal) 47, 54, 90, 262
Rieti, Cristoforo da 110
Rigault, Nicolas, catalogue Rigault 85, 93
Romain Ier 50, 76, 100, 101, 105, 111, 128, 141, 278, 317
Romain II 37, 46, 50, 57, 63, 69, 70, 75–77, 100, 105, 111, 141, 150, 278, 317
Romain III 37, 86, 91, 100, 101, 105, 141–143, 150, 239, 317
Romain IV 101, 150, 278, 318
Rome 8, 25, 35, 52, 56, 59, 62, 66, 80, 81, 125, 132, 175, 183, 224, 261, 297
- rois de Rome 78
Rossi, Giovan Franceso de 62
Roxane 23

Salinai 132
Salmanazar (roi identifié à Nabonassar) 213–215, 217, 219, 234, 266, 286
Salmanazar V, voir Ulūlāyu
Šamaš-šuma-ukīn (Saosdouchinos) 17, 71, 98, 103, 123, 166, 167, 216, 217, 219, 246, 265, 274, 314, 320
Samuel (personnage biblique) 250
San Silvestro al Quirinale 62
Santamaura, Giovanni 60
Sardanapale 59
Sargon II XI, 16, 17, 72, 80, 81, 96, 166, 167, 170, 171, 215, 216, 219, 246, 314, 319
Šarru-ukīn, voir Sargon II
Saül 250
Saulcy, Félicien de 271
Savile, Henry 115, 116, 130, 262, 264, 267–273, 276, 287
Savile, Thomas 115
Scaliger, Joseph Juste 84, 223, 265–267, 270–272, 275–277, 282, 287
schisme 56
Schrader, Eberhard 279, 280
Scultetus, Abraham 271, 272
Séleucides 17, 22
- ère séleucide 245, 247, 248, 269
Séleucos II 17
Sémiramis 79
Semler, Johann 277

Sennachérib 16, 170, 175, 319, 320
Septime Sévère 69, 73, 79, 96, 106, 156, 194, 195, 197–201, 228, 241, 248, 298, 316
Sérapion 181
Serbition 147
Serge II (patriarche) 56
Sévère Alexandre 194, 198, 200, 248, 316
Sévère Sebokht 184, 185, 189, 240
Sevin, François 41, 263
Sicyone 224
Sienne 54, 62
Sinaï; monastère Sainte-Catherine 57, 263
Sîn-šarru-iškun 17, 320
Sîn-šumu-līšir 17, 320
Sirleto, Guglielmo 60
Smerdios (Smerdes, Smerdis) 219, 321–323
Socrate de Constantinople 248
Sogdianos 220, 221, 321–323
soleil 3, 5, 6, 20, 31, 179–182, 186, 203, 209, 231, 232
solstice 21, 197, 198
Souda 34, 182
Sparte 224
Staurakios 37, 50, 152, 232, 238, 317
Stéphanos d'Alexandrie 10, 33, 36, 37, 46, 47, 92, 102, 105, 129–132, 142, 144, 155, 183, 186–188, 205, 229, 230, 253, 260, 281, 285, 291, 294, 312, 313
Stéphanos le Philosophe 102, 186, 187, 231
Stéphanos (Étienne) Lecapène 50
Strabon 64, 133
Strozzi, Pietro 54, 90, 262
Suczo, Draco 87, 263
Sycelle, voir Georges le Syncelle
Syène 187
Sylburg, Friedrich 265
Synésios 60, 181
Syrie 190, 233, 240
syzygies 46, 133

Table des villes illustres, voir *Tables faciles* G1
Tables faciles
– inventaire des tables 5–6
– *A1* 9, 87, 157, 184, 188–190, 282 ; *A2* 9, 87, 157, 178, 184, 189, 282 ; *A3* 54, 110, 128, 131, 132, 142, 147, 148, 178, 183, 189, 207 ; *A4* 147, 183, 207 ; *A5* 147, 178, 183, 189, 207 ; *A6* 87, 147, 183, 207 ; *A7* 147, 183, 207 ; *A8* 147 ; *A9* 147 ; *A10* 147 ; *A11* 147, 183, 207 ; *A12* 87, 141, 147, 148, 190 ; *A13* 147, 148, 157, 178, 184, 190 ; *A14* 54, 110, 132, 147, 148, 178, 189, 190 ; *A15* 147, 178 ; *A16* 147, 178 , *A 17* 147, 178 ; *A18* 147, 149, 178 ; *A19* 147, 178 ; *A20* 133, 147
– *B1* 74, 87, 130, 184, 188, 282 ; *B2* 87 ; *B3* 87, 130
– *C2* (Table des consuls) 36, 51, 58, 74, 93, 94, 116, 182, 188, 205, 232, 275, 276, 293 ; *C3* 93 ; *C4* 93 ; *C5* 93 ; *C6* 130 ; *C7* 87 ; *C10* 48
– *G1* (Table des villes illustres) : 9, 54, 68, 70, 74, 116, 118, 126, 128, 129, 132–134, 147, 178, 188, 189, 191
– *S2* 133 ; *S3* 147 ; *S8* 147 ; *S14* 147 ; *S18* 87, 130
Taboularioi 54, 257
Tacite (empereur) 248, 249
Taureau 300
Teglath-Phalasar III, voir Pūlu
Tengnagel, Sebastian 66
tetraétéride 37, 61, 82
Théodora (régente de Michel III) 77, 152, 238
Théodora Porphyrogénète 101, 109, 117, 275, 278, 318
Théodore (copiste) 56
Théodore Ier Lascaris 55, 64, 65, 84, 85, 88, 89, 278, 318
Théodore II Lascaris 55, 65, 297, 318
Théodose (copiste) 189
Théodose Ier 70, 73, 99, 119, 137, 150, 273, 274, 316
Théodose II 94, 121, 127, 128, 131, 136, 137, 150, 155, 248, 258, 316
Théodose III 57, 126, 134, 138, 240, 241, 317
Théodotion 217
Théon d'Alexandrie 1, 4, 6, 10, 29–31, 33–37, 46, 48, 50, 51, 53, 54, 61, 63, 86, 91, 92, 102, 109, 110, 112, 114–116, 118–120, 125–127, 129, 131, 133–135, 139, 141, 142, 144, 145, 149, 155, 170, 179–185, 190, 191, 193, 202–207, 211, 228, 230, 240, 242, 247–250, 252–254, 256, 257, 259, 264, 267, 270, 274, 275, 281, 282, 285, 291, 312, 313
Théon de Smyrne 46, 58
Théophane 10, 84, 208, 230, 235, 261
Théophile (empereur) 67, 69, 81, 152, 189, 232, 237–239, 243, 317
Théophile d'Alexandrie (patriarche) 208

Théophile d'Édesse 231, 233
Théophraste 58, 64
Thessalonique 88–90, 124–127, 132, 133, 148, 149, 190, 191, 252, 256, 258, 259, 284
Thomas Magister 60
thôth 7–9, 13, 14, 18, 20, 25, 26, 203, 204, 210, 268
Thou, Jacques Auguste de 265
Thucydide 170
Thulé 147
Tibère 26, 168, 169, 194, 196, 199, 200, 212, 213, 248, 292, 294, 315
Tibère Apsimaros 67, 122, 130, 144, 248, 317
Tibère Constantin 49, 52, 62, 80, 124, 125, 133, 135, 138, 153, 155, 316
Timocharis d'Alexandrie 34, 204, 295
Titus 168, 169, 194, 195, 199, 200, 248, 315
Tolomei, Lattanzio 54, 62
Tomyris 79
Tour de Babel 103, 312, 314
Trajan 27, 29, 36, 79, 128, 131, 139–144, 168, 169, 194, 196, 199, 200, 248, 315
Trébizonde 191
Trébonien Galle 46, 49, 50, 62, 63, 67, 69, 70, 73, 78, 79, 106, 121, 152, 198, 199, 248, 316
Tribonien de Sidè 182
Triclinius, Démétrius 89, 133, 191, 256
Triclinius, Nicolas 89, 127, 128, 133, 191, 258
Trivolis, Démétrios 52, 65, 66, 71, 80, 261
Turner, Peter 116
tybi 8, 180

Ulūlāyu (Salmanazar V) 15, 16, 61, 67, 68, 72, 80, 82, 95, 96, 102, 103, 119, 154, 156, 215, 216, 219, 246, 247, 266, 314, 319
Usener, Hermann 280–282
Ussher, James 267–269, 273, 275, 276

Valachie 41, 86, 87, 148, 263
Valens 73, 76, 80, 99, 119, 121, 137, 316

Valentinien Ier 37, 63, 73, 80, 99
Valentinien II 81, 137
Valérien 46, 50, 51, 64, 70, 78, 79, 97, 98, 104, 121, 138, 248, 316
Van der Hagen, Johannes 94, 276–278, 282
Venetus, Camilus, voir Zanetti
Venise 52, 54, 57, 65, 66, 125, 132, 149, 261, 262
Vénus (planète) 12, 27, 47, 67
Vespasien 14, 79, 128, 168, 169, 194, 195, 199, 200, 248, 315
Vettius Valens 193, 200, 201
Vienne 62, 66
Vierge (signe) 195
Vigili, Fabio 47, 49, 92, 126
Vignoles, Alphonse des 19, 271, 272
Villeneuve, marquis de 41, 87, 263
Virgile 158
Vitellius 14, 195
Volusien 46, 49, 50, 53, 62, 63, 67, 69, 70, 73, 78, 79, 93, 121, 199, 316
Vossius, Isaac 51, 276

Wachsmuth, Curt 280, 281
Wallis, John 130, 275, 276
Winchester 183

Xerxès Ier 69, 104, 216, 219–222, 246, 314, 320–323
Xerxès II 220–221, 321–323

Yazid (calife) 78

Zanetti, Camillo 116, 262, 268, 272
Zarina 79
Zénon 49, 316
zodiaque 4, 6, 148, 188, 300
Zoé (mère de Constantin VII) 50, 75, 239

Index des sources anciennes

Al-Battānī, *Ṣābiʾ Zīj* 228–230 : 240 ; 231 : 241
Al-Bīrūnī, *Kitāb al-āthār al-bāqiyah* 88–89 : 242 ; 92 : 243 ; 93–94 : 243 ; 95–96 : 243 ; 97–98 : 243
Arrien, *Périple du Pont Euxin* 11.2 : 170

Censorinus, *De die natali* 21.9 : 202
Chronicon paschale 321.3 : 217 ; 322–353 : 226 ; 698.11–13 : 188
Chronographeion syntomon 63.1–13 : 254
Clément d'Alexandrie, *Stromate* I. 21, 144.1–4 : 199

Diodore de Sicile, *Bibl. hist.* 2.41.4 : 170

Élie de Nisibe, *Chronographie I* 12.25–13.6 : 250 ; 30.12 : 11 ; 31.11 : 11 ; 32.20 : 11 ; 37.3 : 11 ; 37.3–39.3 : 245 ; 37.11 : 171 ; 37.16 : 171 ; 38.7 : 218 ; 38.24–26 : 247 ; 39.4–7 : 247 ; 39.8–9 : 247 ; 74.18 : 248 ; 75.6 : 248 ; 76.19 : 248 ; 87.26 : 248 ; 89.9 : 248 ; 89.18 : 249 ; 89.21 : 248 ; 90.20 : 249 ;
– *Chronographie II* 5.8 : 245
Eusèbe de Césarée, *Chronique I* 63–65 : 217 ; 104–105 : 321 ; 105 : 218 ; 190–191 : 321 ; 191 : 218 ; 235 : 218 ; 236–237 : 23, 255 ; 251 : 23
– *Chronique II* 214–215 : 217 ; 252–253 : 34 ; 263 : 212
– *Histoire ecclésiastique* I.V.2 : 212 ; I.X.1 : 213
Évangile selon Luc 3.1 : 213 ; 3.23 : 213
Excerpta latina barbari 276.4–280.4 : 224 ; 316.1–13 : 225 ; 320.7–18 : 224

Gennadios Scholarios, *Chronographie* 509.22 : 170 ; 510.10 : 170
Georges le Moine, *Chronique* 284.23–285.7 : 236
Georges le Syncelle, *Chron.* 2.26–32 : 208 ; 33.14–15 : 170 ; 35.6–9 : 208 ; 35.20–22 : 215 ; 35.31–33 : 209 ; 241–308 : 234 ; 243.26–244.2 : 214 ; 244.1–2 : 209 ; 244.5–8 : 233 ; 244.9–31 : 214 ; 244.32–245.4 : 19 ; 245.5–11 : 214, 220 ; 245.12–246.18 : 215, 323 ; 246.19–247.29 : 219, 323 ; 248.12 : 171 ; 248.21 : 171 ; 262.8–283.24 : 220 ; 265.7–28 : 234 ; 269.24–270.2 : 235 ; 272.5–7 : 218 ; 274.3–7 : 235 ; 276.2 : 215 ; 276.5–7 : 215 ; 276.6 : 215 ; 279.10–13 : 235 ; 300.28 : 220 ; 315.1–11 : 222 ; 315.4–7 : 155 ; 378.3–10 : 210 ; 378.4 : 212 ; 378.7–18 : 234 ; 396.12–14 : 208 ; 396.16–22 : 210 ; 396.19 : 212 ; 396.23–397.2 : 211 ; 396.24 : 212 ; 397.2–10 : 212 ; 397.7 : 212
Jacques d'Édesse, *Chronique* 270.4–5 : 251 ; 270.15 : 251 ; 273.25 : 251
Julius Africanus F16b : 102 ; F73 : 322 ; F86 : 24 ; T16g : 102 ; T22a : 102 ; T45 : 102 ; T86a : 24

Méliténiotès, *Tribiblos* II.1.10–12 : 20 ; II.1.13–42 : 19 ; II.2.13 : 103 ; II.2.13–16 : 10 ; II.2.15 : 102 ; II.2.67–75 : 10 ; II.25 : 192
Métochitès, *Éléments d'astronomie* 1.1.35 (439.670–671) : 190 ; 1.20 (176.92–96) : 252 ; 1.20 (178.125–126) : 252 ; 1.20 (178.126–127) : 190 ; 1.20 (184.208–186.242) : 37 ; 1.20 (188.267–268) : 190 ; 1.20 (188.267–271) : 252 ; 1.20 (188.286–288) : 253 ; 1.25 (222.16–20) : 252 ; 1.25 (244.27–32) : 291 ; 1.25 (224.32–35) : 253 ; 1.25 (224.46–225.75) : 254 ; 1.25 (228.81–82) : 291
Michel le Syrien, *Chronique* V.9 : 202

Olympiodore, *in Paulum Alex.* 24.12 : 34 ; 39.2 : 34

Pappos d'Alexandrie, *Commentaire à l'Almageste* 61.12 : 180 ; 132.4 : 180 ; 180.8–10 : 180 ; 196.1–2 : 180 ; 197.9 : 180 ; 197.13 : 180 ; 197.18 : 180 ; 251.19 : 180 ; 271.10 : 180 ; 296.10 : 180 ; 303.16 : 180 ; 306.5 : 180 ; 307.12 : 180
Pierre d'Alexandrie, Ἔκθεσις χρόνων 197.12–26 : 238
Plutarque, *Alcibiades* 36.5 : 170
Preceptum canonis Ptolomei 4 : 207 ; 6 : 207 ; 57 : 182
Ptolémée, *Almageste* I.12 (67.17–68.6) : 20 ; II.7 (133.15–16) : 31 ; II.9 (142.22) : 31 ; II.9 (144.16) : 31 ; II.9 (144.19) : 31 ; II.9 (144.24) :

31 ; II.9 (145.1–2) : 31 ; III.1 (203.7–12) : 21 ;
III.1 (203.7–22) : 21 ; III.1 (204.1–208.2) : 21 ;
III.1 (204.7) : 198 ; III.1 (204.7–8) : 12, 206 ;
III.1 (205.1) : 198 ; III.1 (205.13) : 31 ; III.1
(205.15–206.10) : 295 ; III.1 (206.1) : 198 ;
III.1 (206.4–8) : 21 ; III.1 (206.21–208.14) :
20 ; III.3 (209.24–25) : 31 ; III.7 (254.2–13) :
20 ; III.7 (256.10–13) : 8, 10, 108, 233 ; III.7
(256.10–23) : 14 ; III.9 (263.16–18) : 7 ; IV.2
(270.19–21) : 19 ; IV.5 (294.21–23) : 20 ;
IV.6 (301.1–5) : 21 ; IV.6 (302.12–17) : 20 ;
IV.6 (302.14) : 11 ; IV.6 (303.8) : 11 ; IV.9
(332.14–17) : 21 ; IV.11 (340.1–10) : 20 ; V.14
(418.8) : 11, 265, 266 ; VII.2 (12.4–16.11) : 20 ;
VII.3 (25.15–26.4) : 295 ; VII.3 (28.11–21) :
295 ; VII.4 (36.14–16) : 12 ; IX.7 (263.23) : 12 ;
IX.8 (273.19) : 12 ; X.1 (296.10–13) : 21 ; X.1
(297.5) : 12 ; X.1 (298.9) : 27 ; X.2 (300.8) : 27 ;
X.4 (310.21–311.5) : 295

Ptolémée, *Géographie* 3.8.7 : 132
Ptolémée, *Manuel* des *Tables faciles* 159.3–13 : 3 ;
    160.7–13 : 9 ; 160.20–23 : 268 ; 160.20–25 : 7

Stéphanos, *Commentaire* 88.13–18 : 294 ;
    88.15–17 : 229 ; 89.13–15 : 186 ; 92.4–24 :
    37 ; 95.5–6 : 186 ; 186.12–17 : 187, 188

Théon d'Alexandrie, *Petit Commentaire*
    199.11–200.7 : 7 ; 203.4–205.8 : 37 ;
    205.9–206.5 : 180, 203 ; 205.13 : 30, 31 ;
    206.5 : 30
– *Grand Commentaire* 94,13–14 : 1 ; 112.4–16 :
    203 ; 112.13 : 30 ; 112.20–114.16 : 37
Théophane, *Chronique* 33.10 : 230
Thucydide, *Hist.* 2.80 : 170

Vettius Valens, *Anthologies* I 17 éd. Pingree (1986,
    30–32) = I 19 éd. Kroll (1908, 31–33) : 200

Index des manuscrits

Budapest
Országos Széchényi Könyvtár
(Bibliothèque nationale Széchényi)
– 4° Gr. 01 (Kubinyi 10) : 43, 44, **124–125**, 133, 135, 136, 147, 162, 262, 295, 296

Edinburgh (Édimbourg)
Universitary Library
– Or. 161 : 242, 244

El Escorial (Escurial)
Real Biblioteca del Monasterio de San Lorenzo del Escorial
– Árabe 908 : 240

Erevan
Matenadaran
– arm. 1904 : 322

Firenze (Florence)
Biblioteca Medicea Laurenziana
– Plut. 4/10 : 58
– Plut. 7/1 : 58
– Plut. 9/23 : 58
– Plut. 9/32 : 58
– Plut. 28/7 : 119, 120
– Plut. 28/12 : 33, 43, 44, **45–47**, 50, 58, 59, 67–70, 75, 81, 103, 119, 160, 162, 190, 230, 256, 258, 262, 291–293, 295–300
– Plut. 28/14 : 192
– Plut. 28/18 : 230
– Plut. 28/21 : 43, 44, **124–125**, 126, 132, 135, 136, 145–147, 184, 191, 255, 258, 259, 295, 296
– Plut. 28/26 : 37, 43, 44, 54, 83, 96, 97, 100–102, 105, 106, **108–110**, 112, 117, 118, 120–123, 128, 136–138, 143, 148, 154, 156, 157, 160, 162, 165, 171, 182, 184, 185, 188, 189, 195, 197, 199, 201, 204, 205, 229, 230, 232, 238, 239, 258, 259, 261, 262, 280, 281, 303, 304
– Plut. 28/31 : 43, 44, 101, 105, 108, 120–122, 124, **126–128**, 133–139, 143, 145–147, 160, 162, 191, 255, 259, 293, 294, 297
– Plut. 28/48 : 31, 43–45, **48–49**, 71–78, 119–122, 141, 162, 256–258, 262, 285, 292, 295–297, 299
– Plut. 31/8 : 127
– Plut. 32/2 : 89, 90
– Plut. 70/5 : 48
– Plut. 85/3 : 58

Istanbul
– Beyazıt 4667 : 244
– Topkapı Saray 3043 : 244
– Nuruosmaniye 2893 : 244
– Ayasofya 2947 : 244

Jérusalem
Patriarchiki bibliothiki
– Panaghiou Taphou 24 : 236

Leiden (Leyde)
Bibliotheek der Rijksuniversiteit
– BPG 78 : 31, 34, 43–45, 47, 48, **49–51**, 54, 63, 66–77, 80–83, 87, 93–100, 106, 107, 119–122, 133, 141, 148, 154, 156, 157, 160, 162, 165, 171, 180, 182, 184, 185, 188, 189, 195, 197, 199, 204, 205, 228–232, 238, 239, 254, 256, 257, 261, 263, 269, 271, 276, 277, 280–282, 291–293, 295–300, 305–311
– Voss. Q 44 : 276

London (Londres)
British Library
– Add. 7197 : 245
– Add. 7491 : 244
– Add. 14685 : 251
– Add. 19390 : 236, 237, 239
– Add. 23274 : 244
– Burney 92 : 133
– Harley 2506 : 183
– Suppl. 457 : 244

Madrid
Biblioteca nacional de España
– 4701 : 225, 226, 237–239

Milano (Milan)
Biblioteca Ambrosiana
– A 101 sup. (28) : 116

- B 311 suss. : 114
- C 263 inf. (903) : 116
- E 104 sup. (311) : 114
- H 57 sup. (437) : 31, 43, 44, 76, 105, 108, 110,
  111–114, 116–123, 155, 160–162, 258, 261,
  262, 285, 300
- H 67 sup. (440) : 114

Modena (Modène)
Biblioteca Estense e Universitaria
- α R 7 14 (Puntoni 24, olim III. A. 10) : 119

Moscou
Gosudarstvennyj Istoričeskij Musej (Musée
  historique national)
- Sinod. gr. 86 (Vlad. 76) : 89
- Sinod. gr. 368 (Vlad. 240) : 56

Naučnaja biblioteka Moskovskogo
  gosudarstvennogo universiteta (NBMGU)
- gr. 1 (olim Coislin 229) 238

Rossijskij Gosudarstvennyj Archiv Drevnich Aktov
  (RGADA)
- Φ. 1607 (olim Dresden Da 12) 236

München (Munich)
Bayerische Staatsbibliothek
- Cod. graec. 250 : 89
- Cod. graec. 419 : 53, 54, 257
- Cod. graec. 490 : 43–45, **51–52**, 64, 77–80, 161,
  162, 261
- Cod. graec. 510 : 237, 239

Oxford
Bodleian Library
- Auct. F. 1. 2 (Misc. 85, SC 2946) : 43, 44, 108,
  114–115, 116, 117, 162, 264, 267, 272, 274, 275
- Auct. F. 1. 3 (Misc. 86, SC 2947) : 115
- Barocci 196 : 236
- Cromwell 12 : 43, 44, 124, **128–129**, 132, 139,
  142, 143, 147, 162, 239, 262
- Laud gr. 39 : 236
- Savile 1 (SC 6548) : 115
- Savile 2 (SC 6549) : 43, 44, 108, 114, **115–116**,
  117, 118, 162, 262, 264, 267–269, 272, 273,
  275, 276, 281, 299
- Savile 26 (SC 6572) : 264
- Savile 27 (SC 6573) : 264
- Savile 28 (SC 6574) : 264
- Savile 31 (SC 6577) : 264
- Savile 51 (SC 6611) : 43, 44, 124, **130**, 139,
  143–147, 162, 230, 259, 262, 264, 275, 276,
  281, 294

Christ Church
- Wake 5 : 236

Paris
Bibliothèque de l'Arsenal
- 8322 : 241

Bibliothèque nationale de France
- arabe 1489 (olim suppl. ar. 713) : 244
- Coislin 338 : 254
- gr. 40 : 85
- gr. 233 : 236
- gr. 854 : 238
- gr. 900 : 85
- gr. 950 : 84
- gr. 1303 : 85
- gr. 1310 : 85
- gr. 1320 : 236
- gr. 1336 : 84, 85
- gr. 1711 : 215, 219, 236, 265, 266
- gr. 1764 : 215, 219
- gr. 1765 : 28, 43, 44, **83–85**, 93, 160, 162, 262,
  294, 296
- gr. 1766 : 84, 85
- gr. 1773 : 85
- gr. 1774 : 85
- gr. 2210 : 89
- gr. 2316 : 85
- gr. 2389 : 110
- gr. 2394 : 30, 31, 37, 41, 43, 44, 83,
  86–88, 95, 96, 98–100, 105–107, 120–122,
  124, 131, 149–151, 156, 160–162, 165,
  171, 181, 184, 203, 204, 206, 228–230, 239,
  254, 260, 263, 264, 277, 278, 293–295,
  297–299
- gr. 2399 : 31, 37, 43, 44, 83–85, **88–90**, 92,
  93, 95–108, 156, 160, 162, 165, 185, 191,
  228–230, 238, 253, 254, 259, 260, 262, 264,
  271, 277–280, 293, 294, 296, 297, 299

Index des manuscrits — **367**

- gr. 2480 : 87
- gr. 2491 : 10, 33, 133
- gr. 2492 : 37, 43, 44, 124, 129, 130, **131–132**, 136, 139–147, 162, 230, 259, 262, 299
- gr. 2497 : 31, 43–45, **52–55**, 61, 80–82, 119, 141, 160, 162, 254, 256–258, 262, 274, 285, 292, 296, 298, 300
- gr. 2509 : 129
- gr. 2600 : 255, 321
- gr. 2841 : 179
- gr. 2875 : 85
- lat. 4884 : 223
- NAF 5384 : 41
- suppl. gr. 67 : 237, 239

Sinaï
Μονή Αγίας Αικατερίνης (Monastère Sainte-Catherine)
- Arabe 582 : 226
- Grec 2124 (Benešević 534) : 31, 43–45, **55–57**, 65, 66, 71–80, 105, 119–122, 161, 162, 254, 261, 263, 285, 294–297, 299

Vaticano (Città del, Vatican)
Biblioteca Apostolica Vaticana
- Barb. gr. 362 : 43–45, **57–59**, 68, 162, 291–293, 295–299
- Barb. lat. 3185 : 47, 49, 126
- Ottob. gr. 181 : 43–45, **59–60**, 64, 77–80, 161, 162, 261, 296–298
- Ross. 897 : 43–45, **61–62**, 81, 82, 162, 292
- Urb. gr. 80 : 259
- Urb. gr. 151 : 127
- Vat. gr. 175 : 43, 44, 96, 97, 103, 106, 107, 120–122, 124–128, 131, **132–134**, 135–139, 145–151, 154–157, 161, 162, 165, 171, 184, 188, 191, 195, 197, 199, 201, 204, 229, 230, 239, 241, 255, 256, 258, 259, 262, 295, 296
- Vat. gr. 177 : 133
- Vat. gr. 180 : 20
- Vat. gr. 184 : 133, 148, 149
- Vat. gr. 190 : 181, 190, 230
- Vat. gr. 198 : 44, 133, 206
- Vat. gr. 208 : 44, 132, 208, 254, 291
- Vat. gr. 214 : 43, 44, 124, **134–135**, 136, 138, 139, 147, 162, 259, 262, 281
- Vat. gr. 224 : 89

- Vat. gr. 304 : 44, 144–146, 191
- Vat. gr. 419 : 54, 257
- Vat. gr. 1059 : 10, 37, 43, 44, 83, **90–92**, 96, 102–105, 143, 160, 162, 230, 254, 259, 260, 262, 281, 312–318
- Vat. gr. 1291 : 31, 37, 43, 44, 83, 97, 98, 106, 120–122, 133, 143, 148, **152–153**, 154–157, 160, 162, 165, 171, 182, 184–185, 188, 189, 195, 197, 199, 201, 216, 226, 229–232, 235, 238, 239, 241, 282, 294, 301, 302
- Vat. gr. 1365 : 47, 254
- Vat. gr. 1374 : 58
- Vat. gr. 1594 : 34, 189, 205, 206, 230
- Vat. gr. 1852 : 44, 144, 145
- Vat. gr. 1858 : 57
- Vat. gr. 2210 : 186, 237–239
- Vat. sir. 623 : 185, 189

Venezia (Venise)
Biblioteca Nazionale Marciana
- gr. IX. 21 (coll. 1021) : 65
- gr. Z 303 (coll. 534) : 133
- gr. Z 310 (coll. 301) : 133
- gr. Z 311 (coll. 308) : 133, 191
- gr. Z 312 (coll. 710) : 133
- gr. Z 314 (coll. 733) : 68
- gr. Z 315 (coll. 1028) : 43–45, 50, **62–63**, 69, 70, 75, 81, 119, 160, 162, 256, 258, 261, 298, 299
- gr. Z 323 (coll. 639) : 254
- gr. Z 331 (coll. 552) : 106–107, 122, 124, **147**, 148–151, 157, 161, 162, 184, 188, 189, 204, 230, 239, 258
- gr. Z 333 (coll. 644) : 56, 92, 113
- gr. Z 335 (coll. 645) : 186
- gr. Z 388 (coll. 833) : 133
- gr. Z 406 (coll. 791) : 44, 45, **63–65**, 77–80, 161, 162, 261, 296
- gr. Z 467 (coll. 764) : 89
- gr. Z 473 (coll. 800) : 60
- gr. Z 508 (coll. 844) : 56

Wien (Vienne)
Österreichische Nationalbibliothek
- Phil. gr. 140 : 31, 43–45, **65–66**, 71, 77–80, 105, 119, 161, 162, 261, 294–297, 299
- Phil. gr. 160 : 254

www.ingramcontent.com/pod-product-compliance
Lightning Source LLC
Chambersburg PA
CBHW070806300426
44111CB00014B/2439